Charles Hellstern

Deutsch-Amerikanisches illustriertes Kochbuch

Charles Hellstern

Deutsch-Amerikanisches illustriertes Kochbuch

ISBN/EAN: 9783742896261

Hergestellt in Europa, USA, Kanada, Australien, Japan

Cover: Foto ©Lupo / pixelio.de

Charles Hellstern

Deutsch-Amerikanisches illustriertes Kochbuch

Deutsch-amerikanisches
Illustrirtes Kochbuch.

Anweisung

alle vorkommenden

Speisen, Backwerke und Getränke

nach den besten bekannten Recepten schmackhaft und billig
zuzubereiten.

Mit Beifügung von Recepten

zu den in

Amerika beliebten Speisen, Backwerken, Getränken ꝛc., des amerikanischen
Maaßes und Gewichtes,

eines Speisezettels und eines solchen für Kranke.

Verfaßt von

Charles Hellstern.

New York.

Verlag von G. Heerbrandt.

1888.

Illustrirtes

Deutsch-amerikanisches

Kochbuch

Verfaßt
von
Charles Hellstern.

Verlag
von
G. Noerbrandt.

New York.

Einleitung.

Die in den Vereinigten Staaten erschienenen deutschen Kochbücher verfehlen durch ihre Einseitigkeit mehr oder weniger ihren Zweck, weil in ihnen so wenig Rücksicht auf die klimatischen Verhältnisse und hiesigen Produkte genommen wurde.

Diesem Uebelstande suche ich in dem vorliegenden Buche abzuhelfen, außerdem war es mein Bestreben, den sorgsamen, sparsamen Hausfrauen den Weg zu zeigen, um ein ihren Hilfsmitteln entsprechendes und dabei doch gutes und zuträgliches Mahl zu bereiten. Zu diesem Zwecke habe ich mit größter Sorgfalt mich bemüht, das Gute aus der deutschen Küche herüber zu nehmen, ohne das gleich Werthvolle der hiesigen zu vernachlässigen.

Maße und Gewichte sind selbstverständlich nach hiesiger Berechnung angegeben.

Außer den Vorschriften, welche dieses Werk enthält, gibt es jedoch noch wichtige Punkte, welche ich den sorgsamen, aufmerksamen Hausfrauen besonders an's Herz legen möchte. Diese sind: Reinlichkeit, Ordnung und weise Sparsamkeit. Wo diese in der Küche fehlen, kann nichts Tüchtiges geleistet werden. Es werden Speisereste, Kleinigkeiten, Zuthaten bei Bereitung der Speisen an Eiern, Zucker, Butter, Gewürzen vielfach vergeudet, weil sie nicht richtig verwendet werden. Ein Blick auf ein gutes Kochrecept würde solche Fehler beseitigen und habe ich mich deshalb bestrebt, es in diesem Buche an Winken in Bezug auf Sparsamkeit nicht fehlen zu lassen.

Jeder besonderen Gattung von Gerichten ist eine Erläuterung über die Behandlung derselben beigefügt.

Die eingefügten Holzschnitte sollen theils zweckmäßige Küchengeräthschaften, theils die Art und Weise veranschaulichen, wie einzelne Speisen auf den Tisch zu bringen und Fleisch und Geflügel zu zerlegen sind.

Die beigefügten Küchenzettel sollen mancher Hausfrau die Lösung der wichtigen Frage: was koche ich heute oder morgen? — erleichtern.

Meine langjährigen Erfahrungen als Küchenchef der Fürstin Orloff in Paris und Koch in den bedeutendsten Hotels in Europa und in den besten Clubs in Amerika berechtigen mich zu der Hoffnung, daß das vorliegende Buch, welches ich mit großer Vorliebe und Hingebung bearbeitete, jeden Käufer befriedigen und den Beifall des betreffenden Publikums finden werde.

Der Verfasser.

Küche.

Bei der Zubereitung der Speisen ist der Ort, an welchem dies geschieht, die Küche, besonders zu berücksichtigen. Sie muß vor Allem geräumig und hell sein und Ordnung und Reinlichkeit müssen durchweg als Hauptpunkte festgehalten werden. Sodann ist das nöthige Geschirr sorgfältig zu berücksichtigen und der Herd als Hauptsache ganz besonders. Dieser sollte sich womöglich in der Mitte der Küche befinden; die Speisekammer, in welcher diejenigen Speisen, Gemüse u. s. w. aufbewahrt werden können, welche durch die Hitze nicht leiden, soll hell, kühl und wegen der Wärme des Ofens nicht zu nahe bei der Küche sein. Bei heißem Wetter soll sie während des Tages einige Male geöffnet werden und die Fenster sollen mit Drahtgittern versehen sein, um Fliegen und Ungeziefer abzuhalten. Wo diese nicht vorhanden sind, sollte ein Fliegenschrank nicht fehlen. Wo die Mittel es gestatten, darf natürlich ein Eisschrank, wie solche jetzt für Küchenzwecke sehr praktisch zu haben sind, nicht fehlen.

Küchengeschirr.

Um die in der Küche nothwendigen Arbeiten gut und zweckmäßig ausführen zu können, ist es nöthig, daß kein wesentliches Geräth fehlen darf.

Beim Einkauf des Geschirrs soll man nicht auf die Ersparniß einiger Cents sehen, sondern auf die Güte, denn wohlfeiles nützt sich schnell ab und in schlechtem läßt sich einfach nicht gut kochen. Sodann kommt auf die praktische und bewährte Form des Geschirrs ebenfalls viel an und dürften deshalb nachstehende Abbildungen nothwendiger Geräthschaften mancher Hausfrau willkommen sein.

Fig. 1.   Kupferne oder verzinnte Fleischtöpfe. — Meat Pots.

Fig. 2. Casserolen in verschiedenen Größen und Formen.

Fig. 3.

Die zwei größeren haben hohle Deckel, welche geeignet sind, als Sauce= platten oder Deckel zu dienen; die andern sind geeignet, Kohle oder heiße Asche aufzunehmen.

Fig. 4.

Saucepfanne. — Sauce Pan.

Fig. 5.

Eine ovale Casserole mit dazu gehörigem Rost.   Dient zur Bereitung von jeder Art gedünstetem Fleisch genannt Braisiere.

Fig. 6.

Casserole zum Glaciren des Fleisches
mit eingelassenem Deckel.

Fig. 7.

Casserole zum Glace oder
Fleischextract ins Wasserbad zu stellen.

Fig. 8.

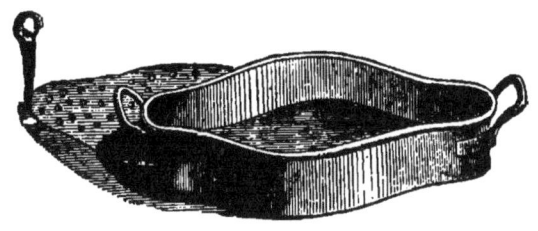

Fischkessel und Pfanne (Fish Pan) beide mit Rost für die flachen, breiten
Fische, wie Turbot, Butten ꝛc.

Fig. 10.

Fig. 9.

Eiserner Rost zum Braten. — Broiler.

Sieb (Colander) von Weißblech.
Dient bei Suppen und Saucen
statt eines Haarsiebs.

Fig. 11.

Zieb (Colander) zum Durchtreiben von

Erbsen 2c.

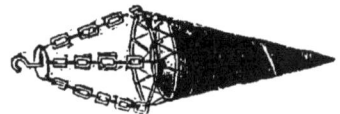

Fig. 12.

Filtrirfack. — Filterbag.

Verschiedene Backformen. Die hier abgebildeten Modelle dienen zu ver=
schiedenem Gebrauch; die zwei ersten sind von Kupfer, haben eine Einfassung

Fig. 13.

und werden zu Zwischengerichten, warmen oder kalten Entrees angewendet.
Der dritte Model dient dazu, Gelees oder Macedoines de fruits zu formen;
der vierte ist ebenfalls von niederer Form; er kann angewendet werden, um
kalte Zwischenspeisen zu formen. Der fünfte ist ein Biscuitmodel von hoher
Form, in welchem man auch Baba backen kann.

Pastetenform.
Fig. 14.

Form zur Gelantine.
Fig. 15.

Form zu Charlotten.

Fig. 16.

Glatte Form mit
Cylinder.
Fig. 17.

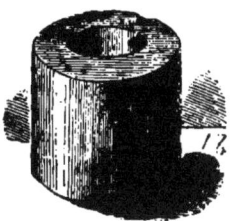

Form zu Baba.

Fig. 18.

Aspic oder Gelee=Bordure.

Fig. 19.

Keffel zum Blanchiren der Gemüfe,

Keffel zum Früchteeinmachen,

Schneekeffel nebst Schneeruthe zum

Schneefchlagen.

Fig. 20.

Fig. 21.

Wafferbad — Waterbath (Bain-marie) zum Heißhalten der Saucen, welche leicht gerinnen.

— ◆ —

Vom Tranchiren, Zerlegen. — Carving.

Der Zweck des Tranchirens besteht hauptfächlich darin, den verfchiedenar=
tigen gekochten, gedämpften oder gebratenen Fleifcharten ein fchönes, gefälliges
Anfehen zu geben und dadurch den Appetit zu reizen, denn nichts ift unappetit=
licher, als zerfetztes Fleifch, Geflügel u. f. w. felbft wenn folches noch fo gut
und fchön zubereitet ift. Es gehört daher ein fchönes Zerlegen des Fleifches zu
einer Hauptbedingung der Kochkunft. Um es nun gehörig vollbringen zu
können, bediene man fich vor Allem einiger theils dünnen, theils ftarken aber
recht fcharfen Tranchirmeffer, fowie einer zweizinkigen ftarken Gabel, damit der
Zerleger mit einer gewiffen Leichtigkeit feine Arbeit verrichten kann.

Rindfleisch.

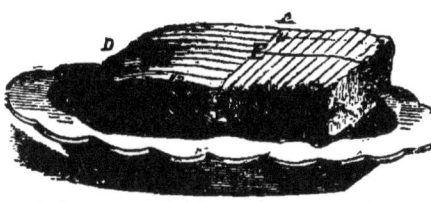

Ein schönes Stück Rindfleisch (Tafelstück) wird, nachdem es aus der Fleischbrühe genommen wor= den, wenn solches zu breit sein sollte, der Länge nach und jede Hälfte desselben der Breite nach wieder in schöne, dünne Scheiben geschnitten, und solche werden, wenn das ganze Stück so zerlegt ist, wieder zu= sammengestoßen auf eine Platte gesetzt, wie die Abbildung zeigt, so daß das Fett oben zu stehen kommt und dann servirt.

Rindsbraten.

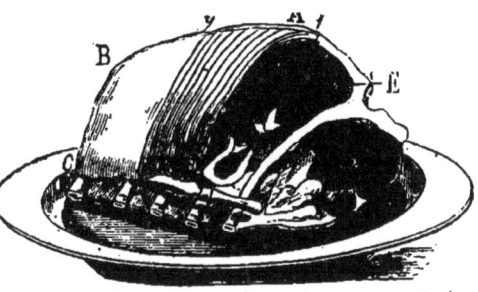

Derselbe wird, nachdem er gehörig zubereitet ist, vor dem Tranchiren des Bindfadens entnommen, in schöne Schei= ben geschnitten, alsdann wie= der zusammengestoßen auf die Schüssel gesetzt mit etwas auf= gelöster Glace oder Fleischex= tract, welcher mit Bouillon oder dem eigenen Safte ver= dünnt wird, glacirt. Nachdem dies geschehen, thut man etwas seine eigene Bratensauce darunter und der Braten wird dann auf diese Weise servirt.

Lendenbraten.

Derselbe wird, wie die Abbildung zeigt, in schöne Scheiben geschnitten.

Kalb, Hammel, Reh, Hirsch, Schinken.

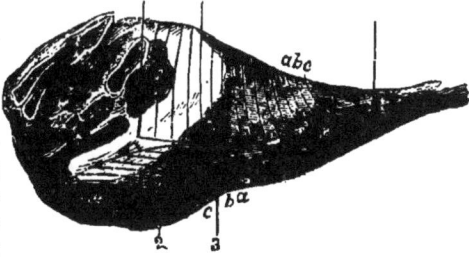

Dieselben werden, am dicken Theile des Kniegelenkes an= fangend, um den Knochen her= um in schöne Scheiben geschnit= ten, angerichtet und servirt. Beim Schinken muß jedoch die Schwarte, das zu dicke Fett und alles Schwarze abgeschnit= ten werden. Der Hirschschle= gel wird in der Regel, ehe man ihn bratet, wieder in kleinere Theile zerlegt; solche werden nun in schöne Scheiben quer über das Gespickte geschnitten, die Scheiben wieder zu einem Ganzen zusammengestoßen und angerichtet.

Kalbs = Nierenbraten.

Derselbe wird, nachdem er gebraten, vom Bindfaden befreit, in schöne Scheiben geschnitten und wie der Rinderbraten beendet.

Kalbs= oder Hammelsschulter.

Derselben wird, nachdem sie gebraten, der Bindfaden abgenommen, die Schulter in schöne Scheiben gelegt und wie das Roastbeef beendet.

Kalbsbrust, gefüllte.

Dieselbe wird nach angegebenem Recepte zubereitet, der Länge nach in 2 Hälften, jede in schöne Tranchen zerlegt und angerichtet.

Kalbskopf.

Die Ohren werden zuerst abgeschnitten, der Kopf wird in 2 Hälften getheilt, solche werden dann wieder in zwei Zoll lange und eben so breite, schöne viereckige Stückchen geschnitten, im Kranze, mit den Ohren in der Mitte, auf die Schüssel gesetzt und servirt.

Hirsch=, Reh= und Hammelsrücken.

Das Fleisch wird in der Regel von dem Knochen abgelöst und quer über das Gespickte in schöne Scheiben geschnitten.

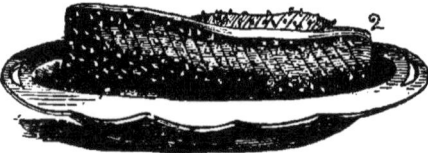

Diese werden wieder zusammengestoßen und angerichtet. Den Ziemer zerschneidet man auch öfters in andere Scheiben, indem man nämlich mit einem starken Messer den Rücken von oben herunter durchschneidet. Man fängt damit am Halse an; diese Stückchen werden alsdann wieder zusammengestoßen und schön auf eine lange Schüssel angerichtet.

Hase.

Zuerst werden die Schlegel abgehauen, in schöne Stückchen zerlegt und alsdann wird der Rücken auf dieselbe Art tranchirt wie beim Rehrücken angegeben ist. Die Stückchen werden dann zu einem ganzen Hasen schön zusammengefügt, auf die Schüssel gesetzt und servirt.

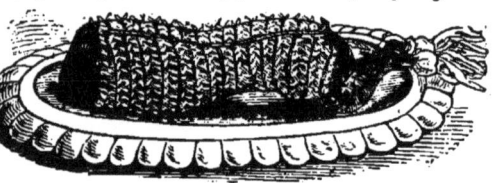

Spanferkel.

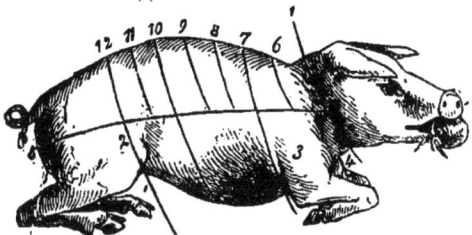

Der Kopf wird vom Rumpfe getrennt und der Länge nach gespalten. Die Schlegel löst man vom Körper ab und theilt sie ebenfalls der Länge nach in zwei Hälften. Die Fülle wird hernach herausgenommen und einstweilen bei Seite gestellt. Sämmtliche Theile werden dann in schöne Stückchen zerlegt, auf einer Platte kranzförmig angerichtet und mit der Fülle zu Tisch gegeben.

Welscher Hahn.

Zuerst schneidet man den Kopf am Welschen ab, alsdann werden die Schenkel ausgelöst, indem man das Messer zwischen dem Schenkel und dem Körper einsetzt und dasselbe mit der Scheide nach außen hindreht, wodurch der Schenkel leicht aus seinem Gelenke gehoben wird. Die dicke Kropfhaut wird entfernt, die beiden Flügel werden ebenfalls in ihrem Gelenke durchschnitten. Das Brustfleisch wird der Länge nach von dem Gerippe gelöst und die Filets werden alsdann in schöne dünne Scheiben zerlegt. Die Schlegel und der Rücken werden ebenfalls mit einem starken Messer in kleine Stückchen gehauen, auf der Platte in gehöriger Ordnung aufgesetzt und zwar soviel wie möglich die weißen Bruststückchen obenauf und das Ganze wird dann auf solche Weise geordnet servirt.

Die Gans, die Ente, das Huhn, die Taube und der Fasan.

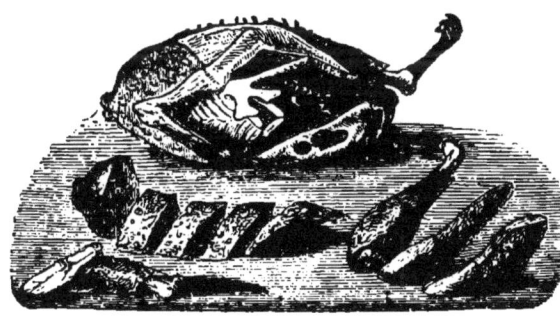

So wie alles größere Geflügel werden alle auf angegebene Weise tranchirt oder man haut, nachdem die Flügelstücke abgetrennt sind und die Brust der Länge nach getrennt ist, jene der Quere nach in mehrere schöne Stückchen.

Schnepfe, Feldhühner, Haselhühner ꝛc.

Die Brüste werden herausgelöst, der Länge nach zerschnitten und wieder zwischen die Schlegel gesetzt, damit dieselben ihre natürliche Lage zurückerhalten.

Kleine Vögel wie

Die Lerche, Krammetsvogel, Wachtel ꝛc.

werden ganz servirt.

Anmerkung. Noch ist zu bemerken, daß jeder dieser angegebenen Gegen=
stände, wie zwar schon beim Roastbeef angeführt worden, bevor sie zu
Tisch kommen, mit einem Löffel voll von ihrem eigenen Safte begossen
werden müssen.

Erklärungen der verschiedenen im Werke vorkommenden fremden Ausdrücke.

Blanchiren d. h. Fleisch, Geflügel, Reis oder Gemüse in kochendem Wasser
eine Zeitlang fortwallen lassen, dann solches wieder abschütten und mit
kaltem Wasser abkühlen.

Degraissiren, d. h. Abfetten.

Dressiren, d. h. einer Sache ein schöneres Ausfehen geben z. B. Geflügel,
Pasteten, oder auch anrichten.

Flambiren, d. h. Geflügel über Spiritus=, Papier= oder Holzkohlen=Feuer
halten, damit sich die feinen Härchen absengen.

Garniren, d. h. verzieren.

Glasiren, d. h. etwas ein glänzendes Ausfehen geben.

Grilliren, d. h. auf dem Roste braten.

Hachiren, d. h. fein hacken.

Legiren, d. h. eine Suppe oder Sauce mit Eigelb, welches unter oder mit
Rahm, Milch oder Wasser verrührt worden, binden.

Liaison d. h. die Verbindung einer Sauce oder Suppe mit Eigelb (Binde=
mittel).

Paniren, d. h. Cotelettes in verschlagenem oder geriebenem Weißbrod oder
fein gestoßenem Cracker umwenden.

Pariren, d. h. einen Gegenstand z. B. Fleisch ꝛc. in nette Form zustutzen.

Passiren, dieses Wort hat in der Küche zweierlei Bedeutung; entweder heißt
es soviel als eine Suppe, Sauce ꝛc. durch ein Sieb oder Tuch seihen,
oder auch Zwiebel, Kräuter ꝛc. in Butter auf dem Feuer leicht rösten
lassen.

Tranchiren, d. h. Zerlegen.

Bain-marie, d. h. Wasserbad, warmes Wasserbad, ein Kupfer oder Blech=
gefäß, welches mit soviel heißem Wasser gefüllt ist, daß die Saucen
oder was sonst etwa darin warm gehalten werden soll, bis zur Hälfte
darin stehen können. Das Gefäß wird sodann an einem Platz auf dem
Herde gestellt, wo das Wasser zwar siedend heiß bleibt, jedoch nicht in's
Kochen kommen darf.

Anmerkung. Ich werde mich zwar so viel wie thunlichst darauf beschrän=
ken, Fremdwörter zu gebrauchen; sollte es dennoch vorkommen, so diene
Obiges als Erklärung derselben.

I. Von den Brühen. — Broths.

1. Kleine Fleischbrühe. 3—4 Pfund Rindfleisch werden mit 7—8
Quart Wasser aufgesetzt, beim Ankochen sorgfältig abgeschäumt, eine Hand
voll Salz beigefügt, hierauf zwei gelbe Rüben, etwas Lauch und Sellerie hinzu=
gethan und dann 3 Stunden kochen lassen.

2. Große Fleischbrühe. 4 Pfund Rindfleisch, ebensoviel Kalbsknochen
und ein altes Huhn werden mit einem Drittheil mehr Wasser als man Suppe
zu haben wünscht, aufs Feuer gebracht. Der aufsteigende Schaum wird mit
einem Schaumlöffel immerwährend so lange abgehoben, bis sich durchaus keine
Unreinigkeit mehr auf der Oberfläche der Brühe zeigt und dieselbe, nachdem das
oben schwimmende Fett rein abgenommen worden ist, hell und klar fortkocht.
Ist dies geschehen, so setzt man genügend Salz hinzu. Man nimmt 2 Sellerie=
köpfe, 2 gelbe Rüben, etwas Lauch, eine Hand voll Petersilie nebst einem Kopfe
Weißkohl, putzt und wäscht alles sehr sauber und bindet das Wurzelwerk mit
einem Bindfaden zusammen und legt es so in die Brühe. Das Ganze wird
nun vom starken Feuer weggesetzt und langsam 3—4 Stunden fortgekocht, nach
welcher Zeit das Rindfleisch zum Anrichten genommen werden kann.

3. Braune Fleischbrühe. Von einer größern Casserole oder Kachel wird
der Boden mit gutem Fleischbrühfett oder Butter ziemlich dick ausgestrichen, mit
ziemlich dicken Zwiebelscheiben und mit geschnittenem, rohem und gesalzenem
Schinken belegt; hierauf kommen 5—6 Pfund Kalbsstorzen oder Knochen, 2
Pfund Ochsenstorzen oder Knochen und 1 altes Huhn, alles vorher zerhackt, dar=
auf, alles wird mit einem Schöpflöffel voll Fleischbrühe begossen und zugedeckt
auf ein schwaches Feuer gesetzt, so daß durch den erzeugten Dampf alle Kraft
des Fleisches auf den Grund des Geschirrs fällt. Nach etwa einer halben
Stunde wird der Deckel abgenommen, und läßt man das Fleisch hellbraun an=
braten, dann wird das helle Fett abgegossen und das Fleisch mit etwa 8 Quart
Fleischbrühe (ungesalzen) oder Wasser angegossen wieder ½ Stunde eingekocht
und dann völlig abgegossen, man läßt dann die Jus aufkochen, schäumt sie ab
und seiht sie nach etwa 2—2½ Stunden zur weiteren Verwendung ab.

Diese Brühe kann auf gleiche Weise von allen Gattungen Wildpret und zahmem Geflügel gemacht werden, welche dann zu den geeigneten Suppen oder Saucen verwendet wird.

4. Hühnerbrühe. Drei Stück alte Hühner nebst 4 Pfund Kalbsknochen werden mit 8 Quart Wasser zum Feuer gesetzt. Die Hühner müssen natürlich zuvor rein ausgenommen, flambirt und gewaschen sein. Das Ganze wird nun zum Kochen gebracht, geschäumt und abgesetzt. Dann gebe man eine gelbe Rübe, 2 Zwiebeln, 2 Petersilienwurzel nebst einer halben Hand voll Salz in die Brühe. Diese wird hernach zugedeckt, 3—4 Stunden langsam fortgekocht und durch ein feines Haarsieb, oder durch eine reine Serviette geseihet. Ist diese Brühe jedoch für Kranke bestimmt, bleiben die Gewürze weg.

5. Doppelte Hühnerbrühe. Dem obigen Recepte fügt man noch, um die doppelte Hühnerbrühe darzustellen, gebratene Hühnerreste oder 2 gebratene Hahnen hinzu, zerstößt dieselben in einem Mörser mit 2 Pfund rohem Rind-fleisch und 3—4 Eiweiß, thut hierauf alles in eine Casserole, läßt es 2 Stunden kochen, seiht es alsdann durch eine Serviette und stellt diese Brühe bis zum Gebrauche warm.

6. Kalbfleischbrühe. Vier Pfund Kalbsknochen, am besten sogenannte Kalbshäfen (Bug), werden mit 4 Quart Wasser zum Feuer gesetzt, angekocht und verschäumt. Hat man etwas Salz beigegeben, dieselben Wurzeln wie bei der Hühnerbrühe beigefügt, noch langsam 2 Stunden die Brühe fortkochen lassen, so wird dieselbe wie die vorhergehende behandelt. Sowohl bei der Hüh-nerbrühe, wie bei dieser bleiben, wenn solche für Kranke bestimmt ist, die Gewürze weg.

7. Kraftbrühe von Wild. Die Knochen und Ueberreste von Reh, Hirsch oder Wildgeflügel, denen man 1 altes Feldhuhn und 1 Hasenschlegel beifügen kann, läßt man auf dem Feuer mit etwas frischer Butter hellgelb anziehen. Ist solches geschehen, so wird es mit 4—5 Quart Wasser aufgefüllt, zum Kochen gebracht, verschäumt und gehörig abgefettet. Eine gelbe Rübe, 1 Selleriekopf, 2 Zwiebeln, Petersilwurzeln, Pfefferkörner, 2 Lorbeerblätter können beim An-ziehen zugefügt werden, oder aber auch erst nach dem Schäumen. Nach Beigabe von ein wenig Salz läßt man die Brühe langsam 2—3 Stunden fortkochen und diese wird dann wie die Hühnerbrühe beendigt.

8. Fastenbrühe. Ein Viertelpfund Butter wird zerlassen; es werden 10 Stück Gelbrüben, 4 weiße Rüben, 4 Zwiebeln, ebenso viele Petersilienwur-zeln, 2 Sellerieköpfe, ein Wirschingkopf, eine Hand voll Körbel, 2 Köpfe Lattig-salat geputzt, gewaschen und in die Casserole ebenfalls gelegt. Wenn Alles auf dem Feuer langsam eine Viertelstunde gedämpft worden ist, werden drei Hände voll dürre Erbsen beigefügt, mit 8 Quart Wasser angegossen, zum Kochen gebracht, verschäumt, etwas Pfefferkörner, ein wenig Salz, 4 Gewürz-nelken noch dazu gegeben, dann wird das Ganze 3 Stunden zugedeckt, langsam fortgekocht, und die Brühe zuletzt durch eine reine Serviette geseihet (passirt).

9. Fastenbrühe von Fischen. 4 Pfund Hecht oder Karpfen oder Barsch 2c. werden geschuppt, ausgenommen, dann mit der Fastenbrühe begossen, 3 Stun-den langsam gekocht und zuletzt durch eine reine Serviette geseihet.

10. Hammelsbrühe. Schneide 1 Pfund Hammelfleisch vom Nierenstück, ohne alles Fett, in dünne Scheiben, lege es in eine Casserole, gieße 2 Eßlöffel voll kaltes Wasser daran und lasse es auf dem Feuer verdämpfen; wenn der Saft verdämpft ist, wird es mit anderthalb Pint Wasser angefüllt und 1 Stunde langsam gekocht. Die Brühe muß sehr hell sein, sie wird dann durch eine feine Serviette abgeseihet. Diese Fleischbrühe wird sehr häufig in England für Kranke zum Trinken gebraucht.

11. Ochsenbrühe für Kranke. (Erste Art.) Zu diesem Gebrauche werden 1 oder 2 Pfund Rindfleisch, welches von aller Haut und Fett entblößt ist, fein gehackt, mit 2 Pint Wasser begossen, eine Stunde langsam gekocht und dann durch eine feine Serviette passirt.

(Zweite Art.) 2 Pfund Fleisch werden, nachdem Haut und Sehnen sorgfältig entfernt sind, fein gehackt, in ein Gefäß gebracht (man hat eigens dazu bestimmte Gläser oder auch eine Flasche mit weitem Halse), einige Eßlöffel voll Wasser darauf gegossen, das Gefäß dann luftdicht verschlossen und in kaltem Wasser auf dem Feuer zum Siedepunkt gebracht. Nachdem man es 5—7 Stunden langsam fortgekocht hat, wird die Brühe durch eine Serviette geseiht, mit Salz versetzt und so genossen. Ist eine vorzügliche Bouillon für Kranke.

12. Tafelbouillon. 10 Pfund Kalbsknochen, ebensoviel Rinderknochen, 6 Stück gebrühte Kalbsfüße und 8 Stück alte Hühner werden in einem Kessel mit 12 Quart reinem, kaltem Wasser, jedoch ohne den mindesten Zusatz von Gewürz, auf das Feuer gesetzt und zum Kochen gebracht, gehörig geschäumt und ungefähr 6—7 Stunden langsam fortgekocht. Nach Ablauf dieser Zeit wird die Brühe durch eine Serviette geseiht, über Nacht stehen gelassen, und den anderen Tag, nachdem alles sich auf der Oberfläche der Brühe angesammelte Fett rein abgenommen worden, durch eine reine Serviette gegossen, damit jede Unreinigkeit in derselben zurückbleibt. Dann wird es wieder zum Feuer gesetzt so schnell wie möglich und zwar unter fortwährendem Abschäumen, eingekocht. Sobald die Brühe jedoch anfängt zu verdicken, nehme man einen hölzernen Löffel und koche die Brühe unter beständigem festem Aufrühren, damit sie nicht anbrenne, bis zur starker Bindfadendicke ein, leere sie nun in beliebige Gefäße z. B. in tiefe Teller ꝛc. aus und lasse sie gänzlich erkalten. Darauf wird sie herausgenommen, die Tafeln werden mehrere Tage der Luft zum Trocknen ausgesetzt und bis zu weiterem Gebrauche aufbewahrt. Diese Bouillon-Tafeln eignen sich vorzüglich für Reisende. Zu einer Tasse Bouillon nehme man ein Stückchen von der Größe einer Nuß, löse solches unter Rühren in einer Tasse warmen Wassers auf, würze dann diese Brühe mit etwas Salz nebst geriebener Muskatnuß und man wird die kräftigste Brühe dadurch erhalten.

Liebig's Fleischextract spielt seit Jahren zur Herstellung von kräftigen Suppen und Saucen eine bedeutende Rolle; bereitet wird dasselbe in Fray Bentos in Südamerika. Ihn selbst zu bereiten würde zu viele Kosten verursachen, man thut daher besser, ihn fertig zu kaufen. Ein Viertel-Theelöffel voll Extract, aufgelöst in einer Tasse heißen Wassers mit Zusatz von Salz ist hinreichend, um augenblicklich kräftige Bouillon zu bereiten.

Man erhält eine gute Suppe für sieben Personen, indem man 2 Quart

Waſſer mit einem halben Pfund grob zerſchlagener Knochen oder 3 Unzen Och=
ſenmark ungefähr eine Stunde mit Suppengemüſen als: gelbe oder weiße Rü=
ben, Lauch, Sellerie, Zwiebeln und einigen Weißkohlblättern kochen läßt und
alsdann 1¼ Unze Fleiſchextract und das nöthige Salz hinzufügt.

II. Von den Suppen. — Soups.

13. Braune Sagoſuppe. In 4 Quart kochende Fleiſchbrühe, welche
mit einem Pint brauner Brühe vermiſcht iſt, läßt man ein halbes Pfund Sago,
nachdem derſelbe mehrere Mal aus warmen Waſſer herausgewaſchen worden,
einlaufen, hierauf noch 20 Minuten langſam fortkochen und dann wird ange=
richtet.

14. Legirte Sagoſuppe. Die vorhergehende Suppe ohne braune Brühe
wird mit 4—5 Eigelb, welche mit einigen Eßlöffeln ſüßen Rahmes oder Milch
verrührt ſind, vor dem Anrichten gebunden (legirt), alsdann mit fein gehackter
Peterſilie beſtreut und angerichtet.

15. Einlaufſuppe. So viel Perſonen, ſo viel Kochlöffel feines Mehl
und ſo viel Eier rührt man mit Milch und etwas Salz zu einem Teig an, der
etwas dicker als Fläbleinsteig ſein muß. Hierauf macht man gute Fleiſchbrühe
in einer Caſſerole ſiedend und läßt den Teig durch einen Schaumlöffel langſam
hineinlaufen, daß es leichte Klümpchen gibt. Wenn die Suppe ein wenig gekocht
hat, wird ſie angerichtet und mit Schnittlauch und Muskatnuß überſtreut.

Bei dieſer Suppe kann man ſtatt der Fleiſchbrühe auch nur Waſſer nehmen
und ſie mit gelb geröſtetem Brod ſchmälzen.

16. Eiergerſteſuppe. Es wird ein feſter Nudelteig von 4 ganzen Eiern
zubereitet, derſelbe mit einem Wiegmeſſer recht fein gewiegt, indem man immer
etwas Mehl unterſtäubt, damit er nicht an dem Meſſer anhängt und die ſo er=
haltenen kleinen Körner werden dann in 3 Quart kräftige, kochende Fleiſchbrühe,
welche mit 2 Pint brauner Brühe vermiſcht iſt, unter einigem Rühren eingeſtreut.
Die Suppe muß noch 5 Minuten langſam fortkochen, und wird hierauf über
etwas fein gehackte Peterſilie angerichtet.

17. Tapioca. Dieſe Suppe wird ebenſo zubereitet, wie die Sagoſuppe,
nur daß ſtatt Sago Tapioca genommen wird, der nicht gewaſchen wird.

18. Nudelſuppe. Für 6 Perſonen nehme man 3 Unzen Nudeln, breche
dieſelben durch, laſſe ſie im kochenden Waſſer einmal überwallen und ſchütte man
ſie in den Durchſchlag, damit das Waſſer rein abläuft. Nun laſſe man die
Nudeln in 2 Quart kochender Fleiſchbrühe eine ½ Stunde anquellen, füge
einige Löffel braune Brühe, etwas gewiegte Peterſilie, Salz und Muskatnuß
hinzu.

19. Italieniſcher Suppenteig. Erleidet ganz dieſelbe Behandlung wie
vorſtehende.

20. Wurzelsuppe. Vier gelbe Rüben, 2 Sellerieköpfe, 2 Petersilien= wurzeln, 4 Lauchzwiebeln, 3 weiße Rüben und 1 Wirsingkopf werden sauber ge= putzt und gewaschen. Die Wurzeln und Zwiebel werden nun in zolllange feine Stückchen, der Kohl jedoch nudelartig geschnitten, hernach in einer Casse= role nebst ¼ Pfund Butter zum Feuer gesetzt, eine ½ Stunde langsam gedämpft mit 3 Quart kräftiger Bouillon aufgefüllt, völlig weich gekocht und über in zoll= lange Stücke geschnittene, im Ofen gelb geröstete Milchbrode angerichtet.

21. Durchgeschlagene Wurzelsuppe. 12—14 gelbe, 4 weiße Rüben, 2 Zwiebeln, ebenso viel Petersilienwurzeln werden sauber geputzt, gewaschen, in Scheiben geschnitten und mit einem ¼ Pfund rohem Schinken, nebst ebenso viel frischer Butter eine ½ Stunde langsam gedämpft, mit 2 Quart guter Fleisch= brühe aufgefüllt und noch 1 Stunde langsam gekocht. Nach diesem werden die weichgekochten Wurzeln durch ein Haarsieb getrieben, dieses Mus mit noch 4 Quart kräftiger, weißer Brühe aufgefüllt, 2— 3 Mal aufgekocht, mit Muskatnuß gewürzt und die Suppe über Semmelschnitten oder etwas in Fleischbrühe weich= gekochten Reis angerichtet.

22. Suppe mit Griesklöschen. In anderthalb Pint Milch kommen 3 Unzen frische Butter; diese wird zum Feuer gesetzt und wenn sie kocht, werden 6 Unzen feines Griesmehl in dieselbe und zwar unter immerwährendem Rühren eingegossen. Die Masse wird dann so lange auf dem Feuer abgerührt, bis sie sich gänzlich von der Casserole loslöst, hierauf von demselben weggenommen und etwas abgekühlt. Alsdann werden 3 ganze Eier und 3 Eigelb in die Masse gerührt und diese noch mit etwas Salz, geriebener Muskatnuß, feingehackter Petersilie gewürzt. Zuletzt werden aus derselben Klöschen geformt, diese in siedender Fleischbrühe gekocht, bis sie innen trocken sind.

23. Butterklöschen. Rühre ein ¼ Pfund Butter schaumleicht, füge all= mälig 3 Löffel voll gesiebtes Mehl, 3 Eier, Salz und ein wenig Muskatnuß bei und lege davon Klöschen in siedende Fleischbrühe, wenn sie schaumig oben auf schwimmen, so sind sie fertig und müssen schnell zu Tisch gegeben werden.

24. Suppe mit Markklöschen. Ein ¼ Pfund rein ausgelassenes Och= senmark wird mit 3 ganzen Eiern und 2 Eiergelb recht schäumig gerührt; dann kommen 3 abgeschälte, in Wasser eingeweichte und wieder ausgedrückte Milch= brode nebst etwas geriebener Muskatnuß und etwas Salz dazu. Aus dieser Masse werden vermittelst der Hände haselnußgroße, runde Klöschen geformt, welche in 6 Quart kochende braune Brühe eingelegt und eine ¼ Stunde langsam gekocht werden.

25. Suppe mit Weckklöschen. 5 abgeschälte, in Wasser oder Milch eingeweichte und wieder ausgedrückte Milchbrode werden mit 2 Unzen frischer Butter auf dem Feuer so lange abgedämpft, bis sich die Masse von der Casse= role loslöst; sodann kommen, nachdem solche etwas verkühlt hat, 2 ganze Eier und 2 Eigelb nebst etwas feingeschnittenem Schnittlauch, geriebener Muskatnuß und Salz dazu. Aus dieser Masse werden nun haselnußgroße, runde Klöschen gefertigt, diese in 6 Quart kochende Brühe eingelegt, noch 5 Minuten langsam gekocht und die Suppe wird dann angerichtet.

26. Suppe mit Hühnerklößchen. Aus der Hühnerfülle werden auf vor=
hergehende Weise Klößchen bereitet, diese werden in 6 Quart kochende Brühe ge=
legt, 8 Minuten langsam gekocht und die Suppe sodann angerichtet.

27. Suppe mit Leberklößchen. Ein ½ Pfund sehr fein gehackte Kalbs=
oder Gansleber streiche man durch ein Haarsieb, alsdann werden 4 Unzen Butter
nebst 2 ganzen Eiern und 2 Eiergelb zu Schaum gerührt und mit 4 Unzen ge=
riebenen, trocknen Milchbrödchen nebst etwas Salz, geriebener Muskatnuß und
feingehackter Petersilie vermischt; worauf dann zuletzt die durchgetriebene Leber
ebenfalls dazu kommt. Es werden nun mit einem Eßlöffel schöne längliche
Klößchen von dieser Masse ausgestochen, solche in 4—6 Quart kochende, braune
Brühe eingelegt, noch 8 Minuten langsam gekocht und die Suppe wird sodann
angerichtet. Aus der Leber des Turkey lassen sich ebenfalls sehr schmackhafte
Klößchen machen.

28. Pfannkuchen= oder Flädleinsuppe. Man backt sehr dünne Pfann=
kuchen, schneidet sie klein würflig, thut sie in kochende Fleischbrühe, läßt es einen
Wall aufthun und richtet die Suppe über ein zerkleppertes Ei an.

29. Suppe mit Maultaschen. Es wird ein Nudelteig bereitet, derselbe
messerrückendick ausgerollt, worauf vermittelst eines runden glatten Ausstechers
von der Größe eines Dollars, Blättchen aus demselben herausgestochen, welche
rund um den Rand mit geschlagenen Eiern bestrichen werden. Darauf wird
von der Croquettenmasse, welche später beschrieben ist, ein kleines Häufchen auf
jedes Blättchen gelegt und diese so überschlagen, daß sie die Form eines halben
dadurch erhalten, nachher drückt man den Rand fest zusammen, kocht die Maul=
taschen eine gute ¼ Stunde in Fleischbrühe und richtet die Suppe sodann an.

30. Maultaschen, gewöhnliches Recept. Für 4 Personen nimmt man 2
Pfund mageres Schweinefleisch — Manche nehmen auch gebratenes Kalbfleisch
oder Rindfleisch, mit Schweinefleisch werden sie jedoch besser — die passende
Portion Weißbrod, welches mit heißer Milch angefeuchtet wird, nachdem es
erkaltet, mischt das Ganze mit 4 Eiern, reibt eine halbe Citrone dazu ab, giebt
Muskatnuß, Petersilie, Pfeffer und Salz und wo gewünscht, Zwiebel dazu,
streicht auf den wie oben angegebenen ausgewellten Nudelteig halbfingersdick
die Masse, schlägt sie etwa 3 Zoll breit übereinander und schneidet es dann in 2
Zoll breite Stücke. Wenn die Maultaschen in der Mitte trocken sind, sind sie
fertig.

31. Suppe von durchgeschlagenem Schwarzbrod. 2 gelbe Rüben, 2
Selleriek;pfe, 2 Petersilienwurzeln und 2 große Zwiebeln werden in ganz feine
Scheiben geschnitten. Dieses Alles kommt nun nebst einem ½ Pfund frischer
Butter in eine Casserole, wird eine ¼ Stunde langsam gedämpft, sodann mit 2
Quart Fleischbrühe übergossen, 2 Pfund in kleine Theile geschnittenes Schwarz=
brod hinzugefügt, das Ganze noch ¾ Stunden fortgekocht und nachdem Alles
zusammen durch ein Haarsieb gestrichen. Diese durchgestrichene Masse wird nun
mit noch 4 Quart Fleischbrühe aufgefüllt, 2—3 Mal aufgekocht und die Suppe
sodann angerichtet.

32. Selleriesuppe. Acht große Stücke Selleriek;pfe werden in feine
Scheiben geschnitten und diese wiederum in messerrückendicke Schnittchen, oder

in kleine verschobene Vierecke geschnitten, mit einem ¼ Pfund frischer Butter zum Feuer gesetzt und einige Minuten abgedämpft, worauf 3 Kochlöffel feines Mehl dazu kommen; nachdem nun der Sellerie und das Mehl etwas hellgelb angezogen haben, gießt man unter beständigem Rühren 2 Quart weiße Fleisch= brühe dazu, läßt die Suppe so lange kochen, bis der Sellerie gänzlich weich geworden ist, füllt nachher durch ein feines Haarsieb noch vier Quart kräftige, weiße Fleischbrühe dazu, läßt die Suppe unter öfterem Abschäumen einige= male aufkochen, und richtet sie über würflig geschnittene in Butter schön gelb ge= röstete Semmeln an.

33. Suppe von Blumenkohl. Die Blumenkohl=Rosen werden sorgsam klein abgeschnitten und abgekocht. Der Rest des Blumenkohles wird, nachdem er sauber geputzt und gewaschen ist, in Wasser halb gar gekocht, dann in Butter fertig gedämpft und hierauf durch ein Sieb gedrückt. Dann wird er mit einigen Löffeln Mehl, welches in Butter hellgelb geröstet wird, in 6 Quart Fleischbrühe aufgefüllt, durchgeschlagener Blumenkohl hinzugethan, einige Zeit fortgekocht. Beim Anrichten bindet man die Suppe mit 3—4 mit kalter Milch oder besser süßem Rahm angerührten Eiern. Dann erst werden die kleinen Rosen des Blumenkohls hinzugethan und die Suppe so servirt. Man kann den Tag vorher gekochten Blumenkohl dazu verwenden.

34. Kräutersuppe. Die gewöhnlichen Suppenkräuter: Petersilie, Por= tulak, Lauch, Mangold, Spinat, Körbel, nebst ein wenig Sauerampfer, werden, nachdem sie sorgfältig klein gehackt, in ¼ Pfund Butter weichgedämpft und dann in kochende Fleischbrühe geschüttet. Beim Anrichten werden 3 Eigelb abgezogen und die Suppe mit ein wenig Muskat bestreut. Sellerie nehme man einige schöne, sauber geputzte Wurzeln, koche sie in siedendem Wasser, bis sie weich sind, schneide sie dann in Rädchen, mache einen nicht allzu dünnen Teig von Mehl, Eiern und ein wenig Rahm und Salz nebst etwas Muskat, verrühre dieses aber wohl und tauche alsdann die Rädchen Sellerie ganz darein, welche hernach in heißer Butter gebacken werden.

35. Kartoffelsuppe. 8—10 große, mehlige Kartoffeln werden mit einer gelbe Rübe, 1 Zwiebel, nebst 1 Selleriekopf, nachdem Alles in Scheiben ge= schnitten wurde, zum Feuer gesetzt, mit 2 Quart Fleischbrühe übergossen und 10 Minuten gekocht; sind sie gehörig weich, streiche man das Ganze durch ein Haar= sieb, fülle das Durchgestrichene mit noch 4 Quart Fleischbrühe auf, lasse die Suppe unter einigem Aufrühren kochen. Der Suppe werden aus Brod ge= schnittene und im Ofen gelb geröstete Würfel beigefügt.

36. Grüne Erbsensuppe. Die Erbsen werden mit kaltem Wasser, etwas Petersilie, Sellerie und einer gelben Rübe beigesetzt, und wenn sie weich sind, mit Fleischbrühe durchgetrieben, dann etwas Mehl, das in Butter gelb geröstet wurde, mit dem nöthigen Salz daran gethan, noch einmal leicht aufgekocht über Weißbrodwürfel, die in Schmalz gelb geröstet sind, angerichtet und sogleich zu Tisch gebracht.

37. Getrocknete Erbsensuppe. ½ Pfund getrocknete Erbsen werden über Nacht in Wasser eingeweicht und andern Tags mit gewöhnlicher Bouillon, welche mit 2 Nelken, ½ Lorbeerblatt, 1 Muskatblüthe, 1 Zwiebel, 1 gelbe Rübe, 1 Stückchen Sellerie und ein wenig Peterling garnirt ist, recht weich gekocht und durch ein feines Haarsieb gestrichen. Dann wird ½ Pfund magerer roher Schin=ken in kleine Würfel geschnitten, in ¼ Pfund süßer Butter oder gutem Nieren=fett gedämpft und das Püree dazu gerührt, mit guter Bouillon zu einer nicht zu dünnen Suppe angerührt, heiß gemacht und mit viereckigen gebackenen Weck=stückchen servirt. Man kann auch anstatt der gebackenen Weckstückchen in Wasser abgekochten Reis hinzufügen.

38. Linsensuppe. Wird ganz wie die vorhergehende Erbsensuppe be=handelt, nur mit dem Unterschiede, daß sie über in dünne Scheiben geschnittene Bratwurst, die vorher schon gebraten und gekocht ist, oder Frankfurter Würst=chen angerichtet wird. Das Brod bleibt weg.

39. Gerstensuppe. 1 Pfund feine Gerste wird mit 3 Unzen frischer Butter und 2 Kochlöffel voll feinem Mehl 5 Minuten langsam geröstet, darauf mit 4 Quart recht kräftiger, weißer Fleischbrühe nach und nach aufgefüllt, 3 Stunden immerwährend langsam gekocht, mit einer Liaison von 4 Eigelb, welche mit eben so vielen Eßlöffeln voll süßen Rahmes verrührt sind, legirt und über feingehackte Peterfilie angerichtet.

40. Gerstenschleim. ½ Pfund feinste Rollgerste wird mit ¼ Pfund guter Butter, 1 kleinen Zwiebel (in welche 2 Nelken und 1 kleines Lorbeerblatt gesteckt sind), 1 gelbe Rübe, ¼ Sellerie und etwas Peterilie, welche zu einem kleinen Bouquet gebunden, ¼ Stunde weiß geröstet, 1 Eßlöffel voll Weißmehl dazu ge=than und dann mit 3 Quart guter Bouillon angegossen, aufs Feuer gesetzt und gekocht, gleichzeitig wird 1 Pfund Kalbsstorzen (Knochen) und ein altes Huhn in heißem Wasser blanchirt und in die Gerste gethan; wenn Storzen und Huhn ausgekocht sind, werden dieselben herausgenommen, in kleine Stückchen getheilt und in die Suppenschüssel gelegt, die Gerste darauf geseiht und so servirt. Der Gerstenschleim wird auch theilweise mit süßem Rahm und Eigelb legirt.

41. Bohnensuppe. Am besten sind hierzu die kleinen weißen Bohnen, da die Suppe nicht durchgerührt wird und sie auch feiner schmecken. Man setze die Bohnen (auf 6 Personen 1 Pfund hinreichend), nachdem man sie tüchtig abge=waschen hat, mit kaltem Wasser auf das Feuer und lasse sie ½ Stunde tüchtig kochen — schütte sie auf den Durchschlag und sogleich wieder in den umgespül=ten Topf und soviel kochendes Wasser darauf, als man Suppe zu haben wünscht. Sie eignet sich besonders gut zu einem Gericht für den Sonnabend, da man an diesem Tage besonders gern die Reste aufbraucht und man in der Bohnensuppe lauter gute Sache verschwinden lassen kann, z. B. eine Schüssel, auf der noch ein kleiner Rest vom Schweinsbraten ist, wird rein in die Suppe gespült, auch kann man sehr gut etwas Rindfleisch, das schon einmal ausgekocht ist, sammt den Knochen noch einmal tüchtig in der Bohnensuppe auskochen, oder was man sonst an Bratenresten hat. Eine nur wenig geräucherte Mettwurst, die man mehrere Male in warmem Wasser abgerieben hat, kann man 2 Stunden darin kochen und nachher dazu essen. Auch schmeckt ein Stückchen geräucherter Schinken darin gekocht sehr gut und ein Stückchen Sellerieknolle und Kartoffeln (man rechnet darin für 1 Person 2 Kartoffeln), 1 Peterfilienwurzel.

42. Griesmehlsuppe. (1.) Auf 3—4 Personen macht man 2 Quart Fleischbrühe siedend, rührt 2 Unzen Griesmehl daran und läßt es mit ein wenig Muskatnuß kochen, bis es oben schwimmt. In der Schüssel werden 1—2 Eigelb mit etwas süßem Rahm daran gegossen.

(2.) Für 5 Personen lasse man 2 Unzen Butter in einer Casserole heiß werden, rühre so viel Griesmehl daran, als die Butter anschluckt, röste dieses schön gelb und lösche es mit guter Fleischbrühe ab. Hierauf lasse man es eine ¼ Stunde kochen und bestreue die Suppe vor dem Anrichten mit Petersilie und etwas Muskat.

43. Kohlsuppe. 2—3 Pfund frischer Ochsenbrustkern und 1 Pfund ge= salzene Schweinsbrust werden mit 5—6 Quart Wasser an's Feuer gesetzt und wenn es zum Kochen kommt, sauber abgeschäumt, dann 1 Zwiebel mit 3 Nelken, 1 kleine Knoblauchzehe, 2 gelbe Rüben, 1 weiße Rübe und 2 kleine sauber ge= waschene und blanchirte Wirsingköpfe, welche halbirt worden sind, hineingethan. Nach etwa 2½ Stunden, wo das Fleisch weich sein wird, wird solches heraus= genommen, die Bouillon abgeseiht und mit dem Kohl, welcher zerschnitten, gel= ben und weißen Rüben und gerösteten Weckschnitten in die Suppenschüssel gethan. Beide Fleischsorten werden mit den noch übrigen Gemüsen auf eine Platte ge= richtet und mit der Suppe zu Tische gegeben.

44. Hirnsuppe. 2 gehäutelte Kalbshirn werden in einer Casserole mit etwas Butter, Zwiebeln, Petersilie und 2 geweichten, aber wieder ausgedrückten Wecken auf Kohlen verrührt, dann mit 4—6 Eiern, Salz und Muskatnuß ver= mischt, diese Masse auf Weckschnitten gestrichen, in Schmalz gebacken, in Fleisch= brühe angekocht, mit Eigelb und saurem Rahm legirt und angerichtet.

Man kann das gehackte Hirn auch mit Zwiebeln und Petersilie rösten, Mehl daran brennen, mit Fleischbrühe ablöschen, aufkochen, mit Eigelb legiren und über gebähte Weckschnitten anrichten.

45. Braune Reissuppe. Ein ¼ Pfund vom besten Reis wird, nach= dem er rein verlesen und gewaschen ist, mit kaltem Wasser zum Feuer gesetzt. Man läßt einige Walle darübergehen (blanchiren), schüttet sodann das Ganze auf einen Durchschlag, kühlt es wieder mit kaltem Wasser ab, läßt es ablaufen und füllt es mit 4 Quart kräftiger, durch ein feines Haarsieb geseiheter Fleisch= brühe nebst einem ½ Pint brauner Brühe, dann setzt man es zum Feuer und läßt es 20 Minuten fortwallen, worauf es mit Petersilie angerichtet wird.

46. Legirte Reissuppe. Vorstehende Suppe wird, ohne braune Brühe, mit 4—6 Eigelb und einigen Löffeln süßen Rahm oder kalter Milch abgerührt, mit fein gehackter Petersilie bestreut und angerichtet.

47. Jägersuppe. Ein großer frischer Hase, oder Feldhühner, Schnepfen ꝛc. werden mit einem Stück Butter, in Scheiben geschnittenen Zwiebeln, etwas Salz, Pfefferkörnern und einem Lorbeerblatt gebraten; hierauf nehme man den Braten aus der Casserole heraus, gebe zu dem Ansatze, der auf dem Boden der Casserole sitzt, 2 Quart braune Brühe und koche denselben los. Unterdessen werden 3 Kochlöffel Mehl mit etwas frischer Butter schön gelb geröstet und mit dieser Brühe nach und nach aufgefüllt; sodann wird das Ziemerfleisch des Hasen in zolllange Stückchen geschnitten und einstweilen zurückgestellt, darauf die Schlegel nebst den Knochen in einem Mörser fein gestoßen, zur Brühe gegeben und das Ganze noch eine Stunde fortgekocht. Die Suppe wird nun durch ein feines Haarsieb gestrichen, ein Gläschen Madeirawein hinzugefügt, unter stetem Aufziehen mit dem Löffel kochend heiß gemacht und über die kleinen Hasenschnitten, oder über kleine runde Wildpretklöschen angerichtet.

48. Falsche Schildkrötensuppe.

Ein gebrühter Kalbskopf wird ausgebeint, in vielem kochendem Wasser eine ¼ Stunde gekocht, dann in kaltem Wasser abgekühlt, und nun in Zoll große verschobene Vierecke geschnitten. Diese werden in eine passende Casserole gethan, mit Fleischbrühe übergossen und 2 Stunden langsam gargekocht. Zu dieser Zeit werden 1 Selleriekopf, 2 gelbe Rüben, 1 Zwiebel, 1 Petersilienwurzel, alles in Scheiben geschnitten, mit drei Unzen Butter und 3 Eßlöffel voll Mehl langsam geröstet, mit 2 Löffel voll brauner Brühe und 2 Löffel voll Fleischbrühe aufgefüllt und mit einem halben Lorbeerblatt, etwas Thymian, 2 Gewürznelken und 10 ganzen Pfefferkörnern belegt. Der aufsteigende Schaum und das Fett wird von Zeit zu Zeit abgenommen und die Suppe nach zweistündigem Kochen mit der Kalbskopfbrühe durch ein Haarsieb getrieben, mit dem nöthigen Salze, ein wenig Cayennepfeffer und einem Glas heißen Madeirawein gewürzt, dann kochendheiß über den aus seinem Sude in die Suppenschüssel gelegten Kalbskopf angerichtet; dazu kommen noch ganz kleine Klöschen, die von der Hühnerfülle gemacht und extra in der Fleischbrühe gargekocht sind. Auch können in Stücke geschnittenen harte Eier beim anrichten dazu gegeben werden.

49. Echte Schildkrötensuppe.

Eine Schildkröte wird auf der Seite zwischen Bauch und Rückenschild der Länge nach mit einem Hackmesser eingehauen, (sollte man sie lebend erhalten, so schneide man zuvor den Kopf sammt den Füßen ab, und lasse sie mehrere Stunden in lauem Wasser ausbluten), worauf nun die Schilde auseinandergebogen werden, und die Schildkröte behutsam mit einem scharfen Messer losgelöst wird. Nachdem nun die Eingeweide nebst der Galle entfernt sind, wasche man sie sehr rein, stelle sie mit kaltem Wasser zum Feuer, lasse sie einmal überkochen, gebe sie hierauf wieder in kaltes Wasser und stelle sie zum zweiten Male mit kaltem Wasser auf, wo man sie nun so lange wallt (blanchirt), bis sich die Haut davon abziehen läßt. Ist dies geschehen und die Schildkröte erkaltet, so schneidet man das Fleisch in schöne, kleine Würfel, giebt ein Stückchen Butter, 1 gelbe Rübe, 1 Zwiebel, 1 Lorbeerblatt, etwas ganzen Pfeffer, feines Salz, 3—4 Gewürznägelchen, 1 Flasche Madeirawein nebst einem Pint guter, brauner Brühe daran und läßt solches ungefähr 2 Stunden zugedeckt gar dämpfen, worauf man es heraus nimmt, in die Suppenschüssel legt und Klöschen nebst den Schildkröteneiern beigiebt. Unterdessen wird eine braune Sauce bereitet, diese mit der braunen Schildkrötenbrühe vereinigt, und das Ganze noch einige Mal aufgekocht, gehörig abgeschäumt und abgefettet, worauf die Suppe dann durch ein feines Haarsieb über das Fleisch geseiht, und nachdem sie mit dem Löffel noch einige Male aufgezogen, so heiß wie möglich auf den Tisch gegeben wird.

50. Krebssuppe.

30 Stück Suppenkrebse werden rein gewaschen mit Salzwasser zum Feuer gesetzt und abgekocht. Sind sie kalt geworden, so reiße

man die Schwänze heraus, breche sie aus ihren Schalen und stelle sie bei Seite; Die Leiber werden ebenfalls ausgebrochen und weggeworfen. Darauf stoße man die Schalen mit ¼ Pfund süßer Butter in einem Mörser so fein wie möglich, gebe sie in eine Casserolle, lasse sie ¼ Stunde langsam rösten, damit die Butter die rothe Farbe der Schalen gehörig annehmen kann. Nachdem man nun noch 1 Quart weißer Fleischbrühe, nebst 1 gelben Rübe, 2 Zwiebeln, 1 Sellerickopf (welches alles in Scheiben geschnitten wird) und 6 abgeschälte Milchbrode beigefügt hat, lasse man es so lange kochen, bis das Wurzelwerk recht weich geworden ist, und treibe darauf das Ganze durch ein Haarsieb. Nun fülle man das Durchgetriebene mit noch 2 Quart weißer Fleischbrühe auf, lasse die Suppe einige Male aufkochen, rühre sie mit einem Gemenge von 4 Eigelb und etwas süßem Rahm ab. Richte sie entweder mit gerösteten Semmelschnitten, weich gekochtem Reis oder über Fischklößchen an, wobei jedoch die Krebsschwänzchen immer dazu kommen müssen.

51. Braune Kalbfleischsuppe. 2 Pfund schönes Kalbfleisch, 1 gelbe Rübe, 1 Zwiebel und 1 Sellerickopf werden, nachdem alles in Scheiben geschnitten ist, mit einem ¼ Pfund Butter zum Feuer gesetzt, 15 Minuten lang gedämpft, mit 1 Quart kräftiger brauner Brühe übergossen und hierauf 6 abgeschälte Weißbrode dazu gegeben. Das Ganze lasse man nun so lange kochen, bis jeder Theil recht weich ist und treibe es dann durch ein Haarsieb. Hierauf gießt man noch 2 Quart kräftige braune Brühe darüber, läßt die Suppe noch einige Male aufkochen und richtet sie über in schöne zolllange Schnittchen geschnittene und geröstete Semmeln an.

52. Weiße Kalbfleischsuppe. Diese Suppe wird gerade so bereitet, wie die vorhergehende, man nehme nur statt brauner, sehr kräftige weiße Brühe, das Verhältniß sowohl wie die ganze übrige Behandlung bleibt dieselbe. Vor dem Anrichten wird die Suppe noch mit 6 Eigelb gebunden.

53. Durchgeschlagene Hühnersuppe. Man bereite eine Hühnerbrühe auf die früher angegebene Art. Nachdem die Hühner ganz rein gekocht sind, nehme man sie heraus, befreie das Fleisch von aller Haut und allen Knochen und stelle dasselbe einstweilen bei Seite. Unterdessen wird ein ½ Pfund Reis mit der nöthigen Fleischbrühe zu einem dicken Brei gekocht. Diesen giebt man nebst dem Hühnerfleisch in einen Mörser, in welchem Alles fein gestoßen wird. Die sodann herausgenommene Masse streiche man durch ein Haarsieb, fülle das durchgestrichene Mus mit 2—3 Quart Hühnerbrühe auf, lasse die Suppe unter stetem Anziehen mit dem Löffel kochendheiß werden, vermeide aber, daß sie wirklich kocht, weil sie sich sonst zersetzen würde, und richte sie alsdann über in Fleischbrühe gekochte Hühnerklößchen oder Brodschnittchen an. Diese Suppe darf weder zu dick noch zu dünn sein, soll sehr weiß aussehen und einen kräftigen Geschmack haben.

54. Englische Taubensuppe. 3 junge Tauben werden ausgenommen, flambirt und mit folgenden Zuthaten gelb gebraten: ¼ Pfund roher Schinken, 1 Zwiebel, 1 gelbe Rübe, ¼ Sellerie, 12—15 Pfefferkörner, 2 Nelken, 1 kleines Lorbeerblatt. Sind die Tauben weich, werden sie kalt gelegt. Das in der

Casserole Zurückgebliebene wird mit 2 Kochlöffel voll weißem Mehl aufgestaubt und noch 5 Minuten gedämpft. Die Brüste der Tauben werden nun in läng= liche kleine Stückchen geschnitten und in die Suppenschüssel gerichtet. Die Schlegel und Körper werden im Mörser zerstoßen und in die gedämpften Ge= müse sammt 2 Quart guter Bouillon oder brauner Brühe gemischt, 4 Eigelb mit etwas Muskatnuß wird darunter gerührt, durchs feine Sieb in die Suppen= schüssel geseiht und mit extra servirten gebackenen Brodwürfelchen aufgetragen.

55. Tomatoessuppe mit Reis.

Ungefähr 20 Tomatoes werden in der Mitte durchgeschnitten, die Kerne sammt dem Safte herausgepreßt und die Tomatoes hierauf mit einem Stück frischer Butter, etwas Salz, weißem Pfeffer und 2 Lorbeerblättern weich gedämpft. Hierauf gebe man etwas Bouillon oder braune Brühe darauf, lasse das Ganze noch eine ½ Stunde fortkochen, dann streiche man das Ganze durch ein Sieb und lasse die Suppe aufkochen. Ist dieselbe zu dünn, rührt man etwas Corn=Starch oder Kartoffelmehl mit etwas Wasser an und gebe es hinein, schmecke sie ab und richte sie über in Wasser ge= kochten Reis an. Conservirte Tomatoes in Büchsen können auch sehr gut dazu verwendet werden.

56. Englische Ochsensuppe.

2 Pfund Rindfleisch werden in kleine Würfel geschnitten, ebenso Lauch, 2 gelbe und 1 weiße Rübe, 1 Zwiebel und 1 Sellerie= kopf. Alles zusammen wird mit etwas Butter oder gutem Nierenfett in eine Casserole gethan und auf dem Feuer ¾ Stunden langsam gedämpft; dann fülle man 2—3 Quart braune Brühe oder auch Bouillon hinzu, und lasse Alles gut weich kochen. Ist dies geschehen, gießt man noch einige Quart Brühe daran, so viel erforderlich erscheint, schmecke die Suppe mit Salz, Pfeffer und Muskat= nuß gehörig ab, und richte sie dann an.

57. Englische Hammelfleischsuppe.

Dieselbe wird ganz wie die vorher= gehende behandelt, nur nimmt man statt Beef dieselbe Quantität Hammelfleisch, und wird beim Andämpfen des Fleisches und Gemüses ½ Pfund Gerste beige= fügt. Die Gemüse können auch ausgestochen werden.

58. Ochsenschwanzsuppe.

2—3 Ochsenschwänze schneidet man in Scheiben und legt sie 1 Stunde in kaltes Wasser. Hernach werden dieselben blanchirt (abwallen) und die Scheiben wieder in kleinere Stückchen zertheilt. Diese Stückchen werden nun mit 2 Lorbeerblättern, 1 gelben Rübe, nebst Pfeffer= körnern in brauner Brühe oder Bouillon ganz langsam 1½—2 Stunden ge= dämpft. Mittlerweile röste man einige Löffel Mehl hellgelb auf dem Feuer ab, füllt dasselbe mit 4 Quart Brühe auf und läßt sie einige Zeit auskochen. Sind die Ochsenschwänze weich, so fügt man deren Brühe der Suppe bei, entfettet dieselbe gut und seiht sie durch ein Sieb oder Durchschlag, prüft die Suppe im Geschmacke, giebt etwas Cayennepfeffer (in dessen Gebrauch man jedoch sehr vor= sichtig sein muß) und ein Glas Madeira oder Sherry hinein. Nun entfernt man noch die größeren Knochen des in Stückchen geschnittenen Ochsenschwanzes (oder löst dieselben gänzlich ab), legt die Stückchen in die Suppenschüssel und richtet die Suppe darüber an.

59. Austernsuppe. 4—5 Dutzend Austern werden in ihrem eigenen Wasser und ½ Quart Weißwein leicht blanchirt und auf die Seite gestellt. Hierauf wird in ¼ Pfund Butter ¼ Pfund Mehl hell geröstet und mit guter Bouillon zu einer nicht zu dicken Suppe angerührt, auch der produzirte Saft der Austern sammt 6 Eigelb, 2 Unzen süßer Butter und einer Messerspitze voll Cayennepfeffer darunter gemischt, aufgekocht und durch ein feines Haarsieb in die Suppenschüssel passirt, die Austern kommen in die Suppe, während dem in Butter geröstete Weckwürfelchen auf einem Teller extra servirt werden.

60. Chicken Giblet. Ein Huhn wird in kleine Stücke zerhackt und dann werden 2 gelbe Rüben, 1 weiße Rübe, 1 Zwiebel, etwas Sellerie und Lauch in kleine Würfel geschnitten, das Huhn nebst den Gemüsen wird mit Butter in einer Casserole 1 Stunde gedämpft. Dann fülle man 2—3 Quart brauner Brühe oder auch Bouillon hinzu, lasse sie solange kochen, bis alle Bestandtheile weich sind. Dieselbe wird nun je nach Erforderniß mit Bouillon verlängert. Schmecke die Suppe mit Salz, Pfeffer, Muskatnuß gehörig ab und servire. Wenns beliebt, kann man auch abgekochten Reis beifügen.

61. Okra- oder Gumbo-Suppe. Ochra, oder Okra, ist ein Gemüse, welches, außer in dem fernen Süden, wo es in großen Quantitäten gebaut wird und sehr beliebt ist, wenig bekannt ist. Eine beliebte Suppe wird davon in folgender Weise bereitet: 2 Quart Okra werden dünn geschnitten, ebenso 1 Quart Tomatoes, 2 Pfund Rindfleisch und ½ Pfund Schinken oder Schweinefleisch in kleine Stücke geschnitten. Das Fleisch und die Okra werden zusammen mit 1 Quart Wasser in den Topf gethan, — gerade genug, um es zu bedecken, und nun dünstet man es 1 Stunde. Dann giebt man die Tomatoes und 2 Quart kochendes Wasser daran, — mehr, wenn das Fleisch und Gemüse nicht ganz davon bedeckt werden. Nun kocht man es ¾ Stunden länger, und schäumt es oft mit einem Silberlöffel ab. Wenn Alles zu Stücken zerkocht ist, giebt man die Butter mit Cayennepfeffer dazu, und Salz, wenn der Schinken nicht genug gesalzen hat. Man seiht es durch und schickt es zu Tisch mit gerösteten Brodstücken obenauf schwimmend.

62. Chicken Okra. Diese Suppe wird im Allgemeinen gerade so behandelt, wie Chicken Giblet, nur daß bei Beendigung derselben, in dünne Scheiben geschnittene Okra, welche vorher in kochendem Wasser blanchirt wurden, beigefügt werden.

63. Mongol-Suppe. Diese Suppe ist eine Composition von frischer Grün-Erbsensuppe, durchgeschlagenen Tomatoes und einer in Butter gedämpften Julienne. Die Suppe muß ziemlich gebunden gehalten werden.

64. Spargelsuppe mit Croutons von Brod. 2 Büscheln grünen dünnen Spargeln werden die Köpfe abgeschnitten und im Salzwasser halb weich gekocht, ins kalte Wasser gethan und dann auf ein Sieb gelegt. Das Zarte der übrigen Spargeln wird auch in kleine Stückchen geschnitten, ebenfalls weich blanchirt und durch ein Sieb gestrichen. 4 Eßlöffel voll Weißmehl wird mit Bouillon angerührt und auf dem Feuer gerührt, bis es kocht. Die sich oben bildende Haut wird sauber abgenommen. Nach etwa einer halben Stunde wird letzteres, nachdem in das Spargelpüree 6 Eigelb nebst ¼ Pfund gute Butter gethan, mit demselben glatt gerührt und heiß gestellt, und zwar im Wasser, da die Suppe nicht mehr kochen darf. Wenig gestoßener Zucker und Muskatnuß wird beige=fügt, die Spargelköpfe in die Suppenschüssel gelegt, die Suppe darauf gegossen und besonders auf einem Teller geröstete kleine Weckwürfelchen servirt.

65. Graham=Suppe.

Die Bestandtheile dieser Suppe sind: Zwiebeln, Carotten, Rüben, Weiß=Kohl, 1 Bund Sellerie und Tomatoes. Alle Gemüse, mit Ausnahme der Tomatoes und des Krautes, werden fein gehackt, und mit etwas mehr als 3 Quart Wasser zugesetzt. Sie sollen langsam eine ½ Stunde kochen, dann wird das Kraut dazu gegeben, welches vorher gekocht und gehackt wurde. Nach 15 Minuten giebt man die Tomatoes und 1 Strauß Kräuter bei und läßt sie nun 20 Minuten gut kochen. Dann drückt man das Ganze durch das Durchschlagsieb, setzt es wieder auf das Feuer, rührt 1 Eßlöffel Butter da=zu, Pfeffer, Salz und eine ½ Tasse süßen Rahm — wenn man welchen hat, mit Stärkemehl verdickt; kocht es auf und es ist fertig für den Tisch.

Fastensuppen. — Lenten - Broths.

Vorbemerkung. Milchsuppen kocht man am besten in ganz eisernen, unglasirten oder irdenen Töpfen. Auch ist zu rathen, einen besonderen Topf zum Kochen der Milchsuppe zu halten, da sie leicht anbrennt, und sehr leicht den Geschmack von den Speisen annimmt, die vorher im Topfe gewesen sind.

66. Milchsuppe mit Reis.

Man rechnet eine halbe Unze Reis für jede Person, setzt denselben mit kaltem Wasser zum Feuer, läßt ihn aufkochen, giebt ihn alsdann auf ein Sieb, gießt kaltes Wasser darüber und schüttet ihn darauf in die kochende Milch, worin sich etwas Zimmt, Citronenschale und Zucker befindet, läßt ihn auf schwachem Feuer langsam gar kochen und rührt zuletzt die Suppe mit Eigelb an.

67. Milchsuppe, warm und kalt zu geben.

Auf 3 Personen nehme man 1 Quart frische Milch und ¼ Quart Wasser, einen gehäuften Eßlöffel gute Stärke, 2 Eidotter, Zucker, Citronenschaale oder etwas Vanille, oder auch ein paar gestoßene bittere Mandeln oder an deren Stelle 2 frische Pfirsichblätter und etwas Salz. Dies wird über starkem Feuer fortwährend bis zum Kochen stark gerührt, dann in die Schüssel gegossen, von dem zu Schaum geschlagenen Ei=weiß Klößchen auf die Suppe gelegt, solche mit Zucker und Zimmet bestreut und schnell zugedeckt, oder es kann auch der Schaum in die Schüssel durchge=schlagen werden. Fehlt es an Zeit zum Rühren, so lasse man die Milch kochen, gebe die Stärke hinzu und rühre die Suppe mit den Eidottern ab; jedoch hat ersteres Verfahren den Vorzug.

Anmerkung. In heißer Jahreszeit macht diese Suppe ein angenehmes und bequemes Essen zum Sonntagabend; man kann sie zu diesem Zweck Vormittags kochen.

68. Milchsuppe von Kartoffelmehl. Man koche frische Milch, wozu 1 Drittheil Wasser genommen werden kann, rühre etwas Kartoffelmehl mit Milch hinzu, lasse sie unter stetem Rühren durchkochen und gieße sie mit etwas Salz in die Schüssel. Wünscht man die Suppe zu verfeinern, so koche man einige Stücke Zimmet in der Milch und gebe etwas Zucker hinzu.

69. Milchsuppe mit Weißbrod. Das Weißbrod schneide man in Würfel, thue es in die Schüssel, koche frische Milch mit etwas Salz, nach Gefallen mit Weißbrod vermischt, und gieße sie auf das Weißbrod.

70. Griesmehlsuppe von Milch. Das Griesmehl wird unter beständigem Rühren in die kochende Milch gethan, mit Salz, Zucker und etwas Butter gekocht, bis die Suppe recht sämig ist. Man kann $\frac{1}{3}$ Wasser dazu nehmen. Auf 1 Person rechne man $\frac{1}{2}$ Quart und reichlich 1 Unze Griesmehl.

71. Buttermilchsuppe. Zu jedem Quart Buttermilch ist 1 Unze feines Weizenmehl ein gutes Verhältniß. Um das Gerinnen zu verhüten, rühre man letzteres mit der Buttermilch glatt an, stelle sie auf ein rasches Feuer, lasse sie unter fortwährend starkem Rühren durchkochen und gebe etwas Salz hinzu; auch kann man die Suppe mit Anissamen kochen, oder auch dieselbe nach holländischem Brauch mit etwas Syrup versüßen. Wünscht man die Suppe feiner zu kochen, so lasse man den Anissamen weg, rühre die nach bemerkter Weise gekochte Suppe mit Zucker, feinem Zimmet und einem frischen Eidotter ab und lege einige in Butter geröstete Weißbrodschnitten in die Schüssel oder gebe frischen Zwieback dazu.

72. Maissuppe. Zur Bereitung dieser sehr nahrhaften und wohlfeilen Suppe läßt man halb Milch und halb Wasser kochen, rührt so viel Maismehl hinein, daß sie eine gute Konsistenz erhält, und gibt etwas Salz hinzu.

73. Chokoladensuppe. $\frac{1}{4}$ Pfund Chokolade wird mit einer Obertasse Wasser aufs Feuer gesetzt, und wenn sie ganz weich ist, zu Brei gerührt, $2\frac{1}{4}$ Quart Milch und Zucker nach Geschmack hinzugegeben, und wenn es kocht, die Suppe mit Vanille oder Zimmet und 1—2 Eidottern angerichtet. Man kann das Eiweiß zu Schaum schlagen und hiervon Klöschen auf die Suppe legen und solche mit Zucker und Zimmet bestreuen. Die Suppe, welche auf 5 Personen berechnet ist, wird auf in Butter gelb geröstete Weißbrodschnitten angerichtet. Die Vanille wird mit Zucker fein gestoßen.

74. Suppe von Endivien. 6 Stück schöne Endivienköpfe schneide man fein nudelartig von der Hand, setze sodann das Geschnittene mit einem $\frac{1}{4}$ Pfund frischer Butter zum Feuer und lasse es einige Minuten langsam dämpfen, worauf dasselbe mit 2 Quart warmen Wasser übergossen, etwas Salz beigegeben und 1 Stunde gekocht wird; vor dem Anrichten verbinde man die Suppe mit 4 Eigelb, welche mit 4 Eßlöffel saurem Rahm verrührt sind, würze sie mit geriebener Muskatnuß und richte sie über geröstete Semmelschnitten an.

75. Wirsingkohlsuppe,

76. Lattichsuppe,

77. Suppe von Welschkohl,

78. Krautsuppe, diese Suppen werden ganz so zubereitet, wie die Endiviensuppe.

79. Zwiebacksuppe für Kranke. Ganz feingestoßener Zwieback wird mit Wasser und 1—2 Citronenscheiben so lange gekocht, bis sich derselbe nicht mehr senkt, Zucker und sehr wenig Salz dazu gegeben und, wenn der Arzt es erlaubt, mit 1 Eidotter abgerührt.

80. Brodsuppe für Kranke. Halb Schwarz-, halb Weißbrod wird in Wasser ganz zerkocht, durch ein Haarsieb gerührt, mit Korinthen, etwas Salz, Zucker und Citronenscheiben gekocht, bis das Brod weich ist, und, falls es dem Kranken nicht versagt ist, mit etwas Wein und einem Eidotter abgerührt.

81. Suppe von Hafergrütze. Ein halbes Quart Hafergrütze setzt man wie 1½ Quart Wasser zu und läßt es gut auskochen, treibt sie alsdann durch einen Durchschlag, thut etwas Butter und wenig Salz dazu, quirlt sie mit 1—2 Eidottern ab und gießt nun die Suppe auf in die Schüssel geschnittene Semmeltheilchen.

82. Graupensuppe für Kranke. Feine Perlgraupen werden in wenig kochendem Wasser mit einem Stückchen frischer Butter bei oftmaligem Nachgießen weich und sämig gekocht, dann würzt man die Suppe mit Salz, feingehackter Petersilie oder Muskatnuß.

83. Sauerampfersuppe. Man macht reichlich Mehl mit guter Butter gelb, läßt junge, gut gewachsene Sauerampferblätter darin zergehen und dann mit Kalbfleischbrühe oder Wasser und dem nöthigen Salz durchkochen. Die Suppe wird mit Muskat, dicker Sahne und einigen Eidottern abgerührt und auf geröstetes Weißbrod angerichtet. Auch können statt des Weißbrodes Eierflöschen darin abgestochen werden. Die Suppe muß zwar etwas gerundet, doch nicht dicklich sein. Ein Zusatz von Fleischextract ist sehr zu empfehlen.

84. Kerbelsuppe. Mehl wird in Butter gelb gemacht, mit Wasser fein gerührt, mit Salz, gewaschenem und fein gehacktem Kerbel durchgekocht, mit etwas Fleischextract und einem Eidotter abgerührt und auf geröstetes Weißbrod angerichtet. Letzteres bleibt für Kranke weg; statt des Mehls kann man die Suppe mit Weißbrod gebunden machen.

85. Mehlsuppe. Man nehme 1½ Unzen Butter oder gutes Fett in eine Casserole, brenne 2 Eßlöffel voll Mehl hellbraun darin ab, gieße unter gehörigem Quirlen 3 Quart Wasser daran und lasse es eine ½ Stunde mit dem gehörigen Salz und Pfeffer aufkochen. Entweder kann man sie mit 2 Eigelb binden, oder ohne Eier über geröstete Weckschnitten anrichten.

86. Zwiebelsuppe. Zwei Zwiebel werden in kleine Würfel geschnitten, in etwa 2 Unzen Butter schön gelblichbraun geröstet, dann mit ungefähr einem halben Quart Wasser aufgefüllt, ein kleiner Teller voll in feine Scheiben geschnittenes Schwarzbrod beigegeben, die Suppe sodann eine halbe Stunde langsam gekocht und mit etwas Salz und gestoßenem Pfeffer gewürzt.

87. Hechtsuppe. Ein Hecht von ungefähr 3 Pfund wird, nachdem er ausgenommen, geschuppt und sauber gewaschen ist, der Länge nach in 2 Hälften gespalten, der Rückgrat, sowie alle Gräte ausgelöst und jede Hälfte auf folgende Art abgehäutelt. Man legt dieselbe mit der Hautseite auf den Tisch, schneidet sie unten am Schwanzende zwischen Haut und Fleisch ein und fährt sodann in einem langsamen Zuge mit einem scharfen, dünnen Messer, welches mit der Schneide etwas nach dem Tische gedreht wird, hindurch), worauf die Haut auf dem Tische liegen bleibt. Das weiße Fleisch wird nun der Quere nach in schöne, zollbreite viereckige Stückchen geschnitten, in Mehl, darauf in geschlagene Eier eingetaucht, alsdann in gestoßenem Brod umgewendet, aus heißem Schmalz zu schön hellgelber Farbe ausgebacken, in die Suppenschüssel gelegt und einige zoll= lange Schnittchen von im Ofen geröstetem Milchbrod denselben beigegeben. Unterdessen wird eine Fastenbrühe (nach No. 8) bereitet, welche vor dem Anrich= ten mit 3 Eigelb, ebensovielen Löffeln süßen Rahmes oder Milch verrührt sind, gebunden, mit etwas feingehackter Petersilie, geriebener Muskatnuß gewürzt und durch ein Sieb oder Durchschlag über den gebackenen Hecht geseiht.

88. Sagosuppe mit Wein. 8 Unzen Sago werden, nachdem derselbe einige Mal in warmem Wasser gewaschen worden, in 1 Quart kochenden ge= zuckertem, rothen oder weißen Wein eingeschüttet und mit etwas Zimmt ¾ Stun= den langsam gekocht, worauf die Suppe angerichtet werden kann.

89. Biersuppe. 1 Quart Bier, eben so viel Wasser, 2 Eßlöffel feines Mehl, 4 ganze Eier, Zucker, 2 Citronenscheiben und Zimmt nach Geschmack, schlägt man mit einem Schaumbesen über starkem Feuer bis vor dem Kochen und gießt es schnell in die Suppenschüssel. Man giebt in Butter geröstete Weißbrodwürfel oder Zwieback dazu. — Kartoffelmehl ist zu dieser Suppe nicht anwendbar.

90. Biersuppe mit Rosinen. Man koche reichlich Rosinen mit Wasser und Weißbrod so lange, bis erstere ganz weiß sind. Dann gieße man so viel Bier hinzu, daß es recht kräftig schmeckt, versüße es mit Zucker und gebe, wenn es kocht, je nach Portion der Suppe ½—1 Eßlöffel Mehl mit Wasser verrührt hinzu, rühre die Suppe, welche weder zu dünn noch zu dick sein darf, mit Eidot= tern und etwas Zimmet ab. In Ermangelung der Eier rühre man das Mehl mit guter Sahne oder auch Milch an.

91. Zwetschgensuppe. Von guten frischen Zwetschgen schneidet man die Kerne aus und kocht sie in Wasser weich. Dann schlägt man sie durch einen Durchschlag, thut Zucker, Zimmt und Wein daran, läßt alles aufkochen und richtet es über geröstete Brodbröckchen an.

92. Citronensuppe. Man läßt 4 Unzen Weißbrod in ½ Quart Wasser und mit der Schale einer Citrone recht zerkochen, seihet es durch, giebt ein ½ Quart Wein, den Saft von einer Citrone und Zucker daran und läßt es noch etwas kochen.

93. Suppe von frischen Kirschen. Man läßt ausgesteinte Kirschen mit Wasser, etwas Citronenschale, Zimmt, Zucker und gestoßenem kleinem Zwieback gar kochen und giebt alsdann Weißwein nach Geschmack hinzu.

94. Quittensuppe. Man siedet 4 Quitten sammt der Schale in Wasser weich, reinigt sie von Schalen und Butzen und treibt sie durch das Haarsieb. Das Durchgetriebene nimmt man in eine Casserole, verdünnt es mit halb Wein und Wasser, schmeckt es mit Zucker und Zimmt ab, läßt es sieden und richtet es über in Schmalz geröstete Semmelbrödchen an.

III. Kaltschalen. — Cold Soups.

95. Erdbeer= und Himbeer=Kaltschale. Die Erdbeeren werden, falls nöthig, leicht abgespült, Himbeeren nicht. Man giebt sie in die Suppenschüssel, streut viel Zucker darüber und läßt sie 1 Stunde stehen, dann mischt man halb weißen Wein, halb Wasser mit Zucker, Saft einer Citrone und feinen Zimmet und gieße es über die Früchte.

96. Ananas= (Pineapple) Kaltschale. Man bestreut eine in Scheiben geschnittene Ananas mit anderthalb Pfund Zucker und läßt sie 2 Stunden stehen; alsdann giebt man 1 Flasche Champagner, 1 Flasche Rheinwein und 1 Flasche sehr guten Franzwein dazu. Nimmt man eingemachte Ananas, so dient die Sauce statt des Zuckers. Es werden feine Törtchen dazu gegeben.

97. Pfirsich=Kaltschale. Man bestreut die geschälten Pfirsiche dick mit feinem Zucker und läßt sie 2 Stunden stehen; alsdann gießt man Rheinwein und Franzwein darauf und giebt sie mit Torte oder Zuckerplätzchen zur Tafel.

98. Apfelsinen=Kaltschale. Man reibe die Schale von einigen Apfelsinen an Zucker ab, schäle die Haut herunter und schneide die Apfelsinen in acht Theile, kehre dieselben in feingestoßenem Zucker um, lege sie in eine Schüssel nebst der abgeriebenen Schale und lasse sie so eine Stunde stehen, dann gebe man halb Wasser und halb Wein darauf, so viel man Kaltschale bedarf. Man giebt kleine feine Törtchen dazu.

99. Kirschen=Kaltschale. 1 Pfund von Steinen freien Kirschen kocht man mit Zucker weich und stellt sie zurück. Die Steine derselben werden gestoßen, dann giebt man eine Flasche Wasser, 1 Stück Zimmt und etwas Citronenschale dazu und läßt dieses eine ¼ Stunde zusammen kochen, giebt dann eine Flasche Wein und ein halbes Pfund Zucker dazu und läßt es kalt werden, worauf man die Kaltschale über die gekochten Kirschen und zerdrückte kleine Zwiebäcke in die Suppenschüssel gießt.

100. Zwetschgen=Kaltschale. Ungefähr 50 Stück ausgekernte Zwetschgen sind mit 1 Quart Wasser, etwas Zimmt und der abgeschälten Schale einer Citrone zum Feuer gesetzt, ¾ Stunden gekocht, alsdann durch ein feines Sieb getrieben, mit einem Gläschen Kirschenwasser, einer Flasche guten Weines und etwas gestoßenem weißen Zucker verrührt in eine Schüssel gegossen und bis zum Gebrauche auf Eis gestellt.

101. Schwäbische Kaltschale. Siede 1 Quart Milch mit Zucker, auf welchem 2 Citronen abgerieben wurden, nehme etwas klein gestoßene süße Mandel, quirle sie mit 2 Eigelb ab, gieße sie in eine Schüssel, belege sie mit dem Schnee der 2 Eiweiß, und laße sie auf dem Eis erkalten.

102. Bier-Kaltschale. 2 Quart gutes Bier werden mit dem nöthigen gestoßenen Zucker versüßt, 1 Stück ganzen Zimmet und etwas Citronenschale dazu gegeben, gut unter einander gerührt, hierauf auf Eis gestellt. Vor dem Anrichten nehme man den Zimmt und die Citronenschale heraus, gieße die Kaltschale sodann über geriebenes Schwarzbrod und bringe sie zu Tische.

103. Wein-Kaltschale mit Schwarzbrod. Etwas große und kleine Rosinen werden sauber verlesen und gewaschen. Hierauf kommen 2 Flaschen guter weißer Wein, ein halbes Pfund gestoßener weißer Zucker, etwas ganzer Zimmt, der Saft und die Schale einer Citrone nebst den Rosinen in eine Schüssel. Diese wird, nachdem Alles gut vermischt ist, bis zum Gebrauche auf Eis gestellt und vor dem Anrichten mit geriebenem Schwarzbrod überstreut.

104. Rahm-Kaltschale mit Sago. 4 Unzen Sago werden gereinigt und in ½ Quart Milch mit 2 Unzen gestoßenem Zucker klar abgedämpft und zum Erkalten gestellt. Inzwischen wird ein ½ Quart süßer frischer Rahm mit 2 Unzen Zucker schäumig abgerührt, durch Zuguß von Wasser etwas verdünnt, 1 Eßlöffel voll Orangenblüthewasser daran gegossen, mit dem erkalteten Milchsago vermischt, aufs Eis gestellt und 1 Stunde später aufgetragen.

IV. Beigerichte. — Side Dishes.

105. Caviar mit gerösteter Brodkruste. Der Caviar (die Eier vom Stör) kommt gewöhnlich aus Rußland, Holland oder Norddeutschland, der russische ist der beste, doch wird in unserer Gegend meistens einer der beiden andern verbraucht. Dieser Caviar wird nun auf kleine Teller etwas erhöht, gerade sowie man ihn erhält, angerichtet; alsdann nehme man Citronen, schneide jede in 8 Theile und lege um jedes Häufchen Caviar einige Stückchen herum: hierauf werden einige Milchbrödchen ebenfalls in Scheiben geschnitten, diese auf der heißen Platte des Herdes schön gelb geröstet, und mit dem Caviar, jedoch wieder auf besonderen Tellern, unmittelbar nach der Suppe servirt.

106. Austern. Die Austern (man nehme stets die besten) werden mit einem starken Messer, welches man in der Fuge zwischen den Schalen der Austern einsetzt, indem man solche in der linken Hand, zwischen einem starken Tuche, festhält, (weil das Messer sehr leicht ausfahren und man sich daher beschädigen könnte) aufgebrochen, die obere flache Schale hierauf weggeworfen und die Austern nun mit der zweiten, tiefen Schale auf die Schüssel gesetzt und servirt, wobei man zu beobachten hat, daß das Wasser der Austern nicht auslaufe. Einige in mehrere Theile geschnittene Citronen werden extra mitservirt. Sollten die Austern etwas trocken sein, so gieße man über jede einige Tropfen Salzwasser.

107. Austern in der Muschel. Man giebt in einen Topf eine Tasse heißen Wassers, eine Tasse Milch, eine Tasse Rahm mit etwas Salz und setzt ihn in einen Kessel mit heißem Wasser, und wenn dasselbe kocht, giebt man 2 Eßlöffel Butter, etwas Salz und Pfeffer zu den vorigen Zuthaten, nimmt nun den Topf vom Feuer und rührt 2 gehäufte Eßlöffel Arrowroot, Reis oder Stärkemehl mit kalter Milch angerührt, dazu. Einstweilen werden die Austern-muscheln gewaschen, mit Butter ausgestrichen und in jede eine Auster gelegt. Besser ist es noch, Clams zu diesem Zwecke zu verwenden, da sie leichter zu be-handeln und eine regelmäßigere Form besitzen. Man reihe sie in einer großen Bratpfanne enge an einander und stütze sie mit Muschelschalen 2c., da sie gerne umkippen. Nun rührt man den Rahm an, gießt ihn über die Austern, bestreut sie mit etwas Crackermehl, beträufelt sie mit etwas heißer Butter, bäckt sie 5—6 Minuten in einem sehr heißen Ofen und servirt sie in der Muschel. Viele neh-men Austernwasser und Milch anstatt des Rahmes in die Mischung, was ebenso vorzüglich ist

108. Andere Art. Die Austern werden aufgemacht, aus ihren Schalen herausgenommen, in einer Casserole zum Feuer gesetzt und in ihrem eigenen Wasser so lange darin stehen gelassen, bis sie steif geworden sind; sodann wird das Wasser abgegossen, die Austern in ihre Schalen gelegt, mit etwas dickgehal-tener, legirter, weißer, deutscher Sauce, welche mit Citronensaft ziemlich stark gehoben ist, begossen. Hierauf bestreut man sie mit feingeriebenen Semmeln, welche zur Hälfte mit geriebenem Parmesankäse vermischt sind, beträufle sie mit etwas zerlassener Butter, gebe sie in einen sehr heißen Ofen, worin sie so lange verbleiben, bis die Kruste eine schöne goldgelbe Farbe erhalten hat; alsdann herausgenommen, bringt man sie zu Tische.

109. Gebackene Austern. Man nimmt zum backen die größten und besten Austern die man bekommen kann, nimmt sie vorsichtig aus der Schale, legt sie auf ein Tuch und preßt ein zweites leicht darüber, um sie zu trocknen. In der Pfanne erhitzt man genügend Butter, um sie ganz zu bedecken und hält feingestoßenes Crackermehl bereit, taucht nun jede Auster in dasselbe und rollt sie darin herum, damit sie ganz davon bedeckt wird, taucht dann jede einzelne in gequirlte Eier und panirt sie noch einmal im Crackermehl. Nun legt man sie vorsichtig in die Pfanne und backt sie rasch hellbraun und servirt sie trocken in einer warmen Schüssel mit kleineren Stückchen Citronen darauf.

110. Sardellen mit Capern. Die Sardellen werden sauber gewaschen, der Länge nach auf die flache Hand gelegt und mit den Fingern der rechten Hand die silbergraue Haut abgeschabt, sodann der Länge nach gespalten; der Rückgrat und alles Unreine wird davon entfernt und nun in schöner Ordnung auf kleine Teller gelegt, mit hartgekochtem, fein gehacktem Eigelb und Capern überstreut und etwas Olivenöl und gutem Weinessig übergossen, worauf sie servirt werden können.

111. Sardellen mit Oliven. Die Sardellen, welche wie oben angegeben zubereitet werden, rolle man in der Form eines Ringes um den linken Zeige-finger herum, hebe diese Ringe sodann wieder heraus und setze sie im Kranze auf kleine Teller. Unterdessen werden schöne Oliven ganz hart um den Kern herumgedreht. Diese kommen dann in die Höhlung der Sardellenringe, werden mit etwas Olivenöl und gutem Essig übergossen, mit ganzer Petersilie schön garnirt servirt.

112. Gebackene Sardellen. Die Sardellen, welche vorher rein gewaschen werden, werden in dem Ausbackteig (siehe Abschnitt von den Teigen) einge-taucht, aus heißem Schmalze zu schön hellgelber Farbe herausgebacken und hier-auf servirt.

113. Sardellen-Schnitte. Von Toastbrod werden kleine fingerdicke Scheiben herzförmig oder länglich viereckig zugeschnitten und aus Olivenöl oder aus Schmalz, nachdem dieses heiß geworden, zu schön hellgelber Farbe heraus-gebacken. Man belege sie nun fingerdick abwechselnd mit hartgekochten Eidot-tern, ebenso Eiweiß, deßgleichen Essiggurken und Petersilie, alles dieses jedoch sehr fein gehackt, und streue nachher etwas kleine Capern darüber, die vorher-gehend beschriebenen Sardellen werden nun in messerrückendicke Streifchen ge-schnitten, solche im Viereck darübergelegt und die Canapes alsdann angerichtet.

114. Marinirter Häring. Dazu nimmt man in der Regel nur neue Häringe, diese werden sauber gewaschen, die Haut abgezogen, die Milch heraus-genommen und die Häringe in 5—6 Stückchen der Quere nach geschnitten; solche werden dann wieder zu einem ganzen Häring zusammengestoßen, auf das bestimmte Plättchen gesetzt und die Milch nebenbei gelegt. Hierauf bereite man eine Sauce bestehend auf feinem Oel, Essig, Pfeffer, Salz, Senf, fein geschnit-tenen Zwiebeln, Essiggurken und fein gehackter Petersilie; dieses Alles wird ge-hörig vermischt über den Häring gegeben, welcher, ehe man ihn servirt, mit noch etwas ganzer Petersilie garnirt wird.

115. Kleine Hohlpastetchen von Austern. Von dem Blätter- oder Butterteig, welcher 4 messerrückendick ausgerollt ist, werden vermittelst eines runden glatten Ausstechers von 2 Zoll im Durchmesser Plättchen ausgestochen, diese auf ein mit kaltem Wasser befeuchtetes Backblech gesetzt, und zwar jedes immer einen Zoll breit vom andern entfernt, die Oberfläche derselben mit zer-schlagenen Eiern bestrichen, wobei zu beobachten ist, daß man nicht an den äu-ßern Rand hinkommt, indem der Teig sonst an einer solchen Stelle nicht auf-geht. Nun werden vermittelst eines zweiten aber runden Ausstechers, von der Größe eines 50 Cents-Stücks, genau in der Mitte des ausgestochenen Plättchen die Deckel der Pastetchen bezeichnet, indem man den Ausstecher ein klein wenig in die Plättchen eindrückt, ohne sie jedoch gänzlich zu durchstechen. Nun werden die Pastetchen in einem ziemlich heißen Ofen zu schön braungelber Farbe heraus-gebacken, die Deckel mit einem Federmesser, sowie der innere fette, mausgebackene Teig behutsam aus denselben herausgehoben und dieser weggeworfen. Hier-auf öffne man die nöthige Partie Austern, lasse sie auf dem Feuer steif werden, putze die Bärte von denselben ab, gebe einige Löffel voll legirte deutsche Sauce darüber, welche mit Citronensaft ziemlich stark gewürzt ist und lasse die Austern mit der Sauce unter beständigem langsamen Schütteln kochend heiß werden, vertheile sie alsdann in die ausgehöhlten Pastetchen, bedecke sie mit ihren Deckeln und bringe sie hierauf sogleich zu Tische.

116. Kleine Hohlpastetchen mit brauner Ragout,

117. Kleine Hohlpastetchen mit weißem Ragout. Diese 2 Arten Pastetchen werden ebenso bereitet wie die vorhergehenden und vor dem Anrichten mit einem der angeführten Ragouts gefüllt. Man kann auch statt dieser Ragout jedes Fricassee oder Hash, sei es von Fleisch, Geflügel, Wildpret ꝛc., daran geben, nach welchem sie alsdann jedes Mal ihren Namen erhalten, wie Patties a la Reine, a la Toulouse ꝛc.

118. Crofetten von Kalbfleisch. Ungefähr 2 Pfund gebratenes Kalbfleisch, am besten von dem Schlegel oder der Schulter (Bug), werden mit einem Wiegmesser sehr fein gehackt, hierauf 3 Unzen frische Butter zum Feuer gesetzt, etwas geschmolzen, sodann eine fein geschnittene Zwiebel nebst etwas fein gehackter Petersilie dazugegeben, und dieses einige Minuten hellgelb geröstet (passirt), worauf dann das feingehackte Fleisch, welches mit den Kräutern etwas verrührt und alsdann mit 4—5 abgeschälten, in Wasser eingeweichten und wieder ausgedrückten Milchbrödchen (welche dann ebenfalls beigegeben werden) so lange auf dem Feuer abgedämpft wird, bis sich die Masse von der Casserole loslöst. Nun nehme man sie vom Feuer hinweg, würze sie mit etwas feinem Salz, gestoßenem Pfeffer nebst geriebener Muskatnuß und rühre, wenn sie etwas erkaltet ist, 3 ganze Eier und 3 Eigelb darunter, worauf man vermitelst geriebenem Milchbrod fingerlange, stark daumendicke Würstchen formirt, welche, nachdem sie in verschlagene Eier getaucht worden, in geriebenem Brod umgewendet (panirt) und aus heißem Schmalze zu schön hellgelber Farbe ausgebacken werden; sodann legt man sie bis zum Anrichten auf Löschpapier und garnirt sie mit gebackener Petersilie.

119. Crofetten von Kalbfleisch. Eine andere Art. Ein Pfund gebratenes Kalbfleisch wird in sehr kleine Vierecfchen geschnitten, hierauf mit soviel sehr dick gehaltener, stark angekochter, weißer Sauce verrührt, gehörig gesalzen, mit feinem, weißem Pfeffer gewürzt und einmal aufgekocht, so daß es einen ganz dicken Brei gibt; dieser wird nun mit 4 Eigelb gebunden (legirt), noch einige Sekunden auf dem Feuer abgerührt, bis sich die Eier mit dem Brei etwas vereinigt haben, hierauf leert man ihn auf eine mit geriebenem Brod bestreute, große flache Schlüssel aus, streicht ihn zollhoch auseinander, bestreut die Oberfläche ebenfalls mit geriebenem Brod und läßt die Masse so lange an einem kalten Orte stehen, bis sie gänzlich fest geworden ist, worauf alsdann fingerlange, daumendicke Würste aus derselben bereitet werden, welche zweimal in zerschlagenen Eiern und feinem weißen geriebenen Brod umgewendet (panirt) und alsdann aus reinem, heißen Schmalze wie vorhergehend zu schöner, goldgelber Farbe ausgebacken, auf Löschpapier zum Ablaufen gelegt und mit gebackener Petersilie garnirt zu Tische gegeben werden.

120. Crofetten von Roastbeef,

121. Crofetten von Turfey,

122. Crofetten von Capaunen,

123. Crofetten von jungen Hühnern,

124. Crofetten von Wildgeflügel,

125. Crofetten von Kalbsbriesdjen werden sämmtlich nach vorhergehender Art bereitet.

126. Crofetten von Salmen. Der in Fischbrühe abgekochte Salmen wird in sehr kleine Stückchen verzupft, diese in eine sehr dick gehaltene weiße Rahmsauce gegeben, so daß es einen ziemlich dicken Brei gibt, der einmal auf dem Feuer aufgekocht, hierauf mit einigem Eigelb gebunden und unter beständigem Rütteln noch einige Sekunden (damit sich die Eier etwas verdicken, jedoch nicht gerinnen) zum Feuer gesetzt wird, bis man dadurch einen ziemlich dicken Brei erhält. Er wird nun, wie vorhergehend, ausgeleert und die Crofetten ebenfalls ganz auf dieselbe Art beendet.

127. Crofetten von Hecht,

128. Crofetten von Barschen,

129. Crofetten von Krebsen. Diese 3 Arten werden ebenfalls wie die von Salmen bereitet. Bei Crofetten von Krebsen werden Krebsschwänze und Champignons in sehr kleine Würfel geschnitten.

V. Gemüse. — Vegetables.

Regeln, welche beim Kochen aller Gemüse anzuwenden sind.

Sie sollen so frisch wie möglich sein. Alte und verwelkte Gemüse sind ungesund und unschmackhaft. Sommer-Gemüse sollen am selben Tage, an dem sie gepflückt wurden, gekocht werden. Man muß sie gut aussuchen und waschen, und alle faulen und unreifen Theile wegschneiden. Wenn man sie kocht, muß man etwas Salz in's Wasser geben und nachdem sie zugesetzt sind, sollen sie stetig fortkochen, bis sie gar sind; dann läßt man sie gut abtropfen und servirt sie heiß.

130. Kartoffeln in der Schale. Die Kartoffeln werden mit der Schale, nachdem sie gewaschen, in Salzwasser weich gekocht, abgeschüttet, in ihrem Dampfe noch einige Minuten zugedeckt stehen gelassen und mit frischer Butter zu Tische gegeben.

131. Geröstete Kartoffeln. Gekochte Kartoffeln werden, nachdem sie geschält sind, in Scheiben geschnitten, etwas gesalzen, gepfeffert und in heißem

Schmalze oder geläuterter Butter unter öfterem Umdrehen zu schön goldgelber Farbe gebraten.

132. Geröstete Kartoffeln mit Zwiebeln. Gekochte Kartoffeln werden, nachdem sie in dünne Scheiben geschnitten sind, mit klein geschnittenen Zwiebeln in Butter geröstet.

133. Speckkartoffeln. Gekochte Kartoffeln werden, solange sie heiß sind, in Scheiben geschnitten und hierauf mit etwas klein gewürfeltem, vorher in ge= nügend Butter, geröstetem Speck und Zwiebeln, nachdem sie gesalzen und ge= pfeffert sind, vermischt.

134. Kartoffeln zum garniren. Gekochte Kartoffeln werden geschält, schön rund abgedreht, gepfeffert und gesalzen und in ausgelassener Butter zu goldgelber Farbe geröstet.

135. Gebackene Kartoffeln. Die Kartoffeln werden roh geschält, in dünne längliche Stückchen geschnitten, dann gewaschen und wieder abgetrocknet; hierauf aus heißem Fett, so daß sie darin schwimmen, herausgebacken, alsdann auf einen Durchschlag geschüttet, abgetropft, mit feinem Salz und Pfeffer bestreut, etwas unter einander geschüttet und sogleich zu Tische gegeben. Sie müssen sehr rösch sein und eine goldgelbe Farbe besitzen.

136. Saratoga Kartoffeln. Dieselben werden ebenso behandelt wie vor= hergehende, nur schneidet man sie der Breite nach in sehr dünne Scheiben.

137. Kartoffelschnitz. Gute mehlige Kartoffeln werden geschält, in meh= rere Theile geschnitten und gewaschen; hierauf in Salzwasser abgekocht, mit frisch ausgelassener Butter übergossen und mit fein gehackter Petersilie oder würfelig geschnittenen, in Butter gelb gerösteten Zwiebeln bestreut.

138. Kartoffelmus. Die geschälten und abgekochten Kartoffeln werden, nachdem sie abgeschüttet sind, durch einen Durchschlag getrieben, 1 Stück frische Butter hinzugefügt, mit guter Milch verdünnt und auf dem Feuer zu einem nicht allzudicken Brei abgerührt, hierauf angerichtet und mit in Butter gelb ge= rösteten Semmelbröseln bestreut. Sollte die Puree jedoch als Unterlage zu einem Ragout verwendet werden, so bleiben die Semmelbröseln weg.

139. Kartoffeln a la Maitre d' Hotel. Kartoffeln werden in ihrer Schale gekocht, geschält und in Scheiben geschnitten, hierauf gesalzen und ge= pfeffert, mit einem Stück frischer Butter und etwas Fleischbrühe oder auch Milch zum Feuer gesetzt, mit feingehackter Petersilie überstreut und unter immerwäh= rendem Schwenken kochend heiß gemacht, dann wird noch etwas Citronensaft daran gegeben und angerichtet. Sollte die Butter ölig hervortreten, so gieße man einige Eßlöffel kaltes Wasser daran und schwenke sie nochmals durchein= ander.

140. Kartoffeln mit Rahmsauce. Die Kartoffeln werden gekocht, ge= schält und in Scheiben geschnitten; nun wird Mehl in Butter gedämpft und mit Milch abgelöscht und aufgefüllt; unter beständigem Rühren läßt man die Sauce kochen, damit sie nicht ankocht, was bei der Milchsauce leicht geschieht. Die

Milch wird vorher gekocht und heiß an die Sauce gethan, sie ist dadurch schneller fertig und feiner von Geschmack. Die Sauce wird mit Salz abgeschmeckt und die noch heißen gerädelten Kartoffeln darein gegeben. So einfach dieses Kartoffelgericht scheint, so fein schmeckt es, wenn ganz genau nach dem Rezept gemacht. Zu Roastbeef sehr passend.

141. Kartoffel-Croketten. 15 rohe Kartoffeln kocht man in Salzwasser weich, läßt das Wasser gut abtropfen, treibt sie durch ein Sieb, vermengt sie alsdann mit 1 Stück Butter, Pfeffer, Muskat und 4—5 Eigelb und 1 ganzen Ei. Von dieser Masse formt man mit unterstreutem Mehl Croketten in beliebiger Form und Größe, — panirt sie in Ei und Crackermehl und backt sie rasch in sehr heißem Schmalz. Die Croketten passen zu frischem Braten und frischen Gemüsen.

142. Glasirte Kartoffeln. Gesottene kleine Kartoffeln werden geschält, mit Butter, einem Stück Zucker und ein wenig Fleischbrühe so lange gekocht, bis sie schön glänzend geworden sind. Sie eignen sich als Beilage zu allen Braten.

143. Saure Kartoffeln. Röste 2 Löffel voll Mehl in ¼ Pfund Butter braun, lösche es mit Fleischbrühe und Essig ab und koche gesottene Kartoffeln, die in Rädchen geschnitten sind, darin auf. Ein Lorbeerblatt ist gut daran.

144. Gedämpfte Kartoffeln. Man schält und wäscht Kartoffeln, schneidet sie zu Rädlein, streut Salz darauf und läßt sie ½ Stunde stehen. Dann wird ein gutes Stück Butter zerlassen, die Kartoffeln nebst fein gewiegten Zwiebeln langsam gedämpft; bis sie ganz weich und braun sind, brauchen sie ungefähr ½ Stunde. Hierauf wird folgende Sauce zubereitet: in einem Stückchen Butter wird Semmelmehl mit Petersilie gelb geröstet, gute Fleischbrühe dazu gegossen, mit Pfeffer und Ingwer gewürzt, und an den Kartoffeln noch ein wenig aufgekocht.

145. Kartoffelauflauf mit Häring. ¼ Pfund Butter wird mit 8 Eigelb schäumig gerührt, hierauf gebe man ¼ Pfund abgekochte, kalte, geriebene Kartoffeln nebst etwas feinem Salze dazu, rühre das Ganze noch einige Minuten fort und untermische es alsdann mit dem festgeschlagenen Schnee von den 8 Eiern, streiche eine Puddingsform gut mit Butter aus und bestreiche sie überall mit feinem Weckmehl (Reibbrod), gebe sodann eine Lage in Rädchen geschnittene Kartoffeln, hierauf etwas von den in kleine Würfelchen geschnittenen Häringen, welche mit saurem Rahme vermischt sind, darauf, alsdann wieder Kartoffeln und so abwechselnd fort, und bedecke es mit obiger Masse bis die Form voll ist. Nun gebe man diese in einen Backofen und backe den Kuchen langsam, ungefähr 1½ Stunden, worauf er herausgenommen, aus der Form auf die Schüssel gestürzt und servirt wird.

146. Gebackene Kartoffeln mit Sardellen oder Häring. Wenn die Kartoffeln gesotten sind, werden sie geschält und zu Rädlein geschnitten, die Sardellen gut gewaschen, von den Gräten abgezogen, die Häringe aber wohl geklopft, die Haut abgezogen und ausgegrätet und in kleine Stücklein geschnitten; dann wird eine Schüssel stark mit Butter bestrichen, eine Lage Kartoffeln darauf ge-

legt, auf diese eine Lage Sardellen oder Häringe, worauf man in Butter ge=
röstete Zwiebeln streut, fährt so abwechselnd damit fort, und bestreut die ein=
gefüllte Masse mit Semmelmehl und Zwiebeln, welche in Butter gedämpft sind,
übergießt sie stark mit demselben und läßt sie backen.

147. Gefüllte Kartoffeln. Eine Partie gleich große Kartoffeln werden rund
geschält, oben und unten glatt zugeschnitten, hierauf gewaschen und mit einem
scharfen Löffel ausgehöhlt, mit Kalbfleischfülle gefüllt und mit Kartoffelscheib=
chen, welche als Deckel dienen, bedeckt; nun setze man sie schön geordnet in eine
flache Casserolle und zwar immer eine neben die andere, gebe Salz, ein Stück
frische Butter und etwas kochende Fleischbrühe dazu, und lasse sie so lange lang=
sam zugedeckt dämpfen, bis sie gehörig weich geworden sind, worauf sie heraus=
genommen, mit einer Buttersauce übergossen und zu Tisch gebracht werden.

148. Gefüllte Kartoffeln. Andere Art. Man nimmt große, schöne
Kartoffeln, bratet sie bis sie weich sind, und schneidet ein kleines rundes Stück
von der Spitze ab, schabt das Innere sorgfältig heraus, um die Schale nicht zu
brechen und setzt die geleerten kleinen Schalen mit den kleinen runden Stückchen
bei Seite. Nun drückt und verreibt man das Innere recht gut und giebt,
während es noch heiß ist, Butter und Rahm darunter — ungefähr ½ Theelöffel
für jede Kartoffel. Man würzt mit Pfeffer und Salz und einer guten Priese
geriebenen Käse auf jede Kartoffel gerechnet; man verarbeitet es recht glatt mit
Milch und giebt es in eine Pfanne, um es zu erhitzen, rührt es gut, um es nicht
anzubrennen. Wenn es siedend heiß ist, rührt man ein gut geschlagenes Ei auf
6 Kartoffeln dazu. Man kocht es einmal auf, füllt die geleerten Schalen mit
dieser Mischung, setzt die kleinen Deckel wieder darauf und giebt sie 3 Minuten
in den Ofen; nun richtet man sie auf eine Serviette in eine tiefe Schüssel, die
Deckel obenauf und ißt sie heiß.

149. Zerdrückte Kartoffeln. Man kocht und zerdrückt die Kartoffeln mit
etwas Milch, schlägt sie mit etwas Butter — 1 Dessertlöffel auf jedes ¼ Quart
Kartoffeln — Salz und Pfeffer nach Geschmack. Nun füllt man kleine Formen
oder mit Butter ausgestrichene Muscheln mit dieser Mischung und bräunt sie in
dem Ofen, nachdem man ein Deßin auf jede gestempelt hat. Man glacirt
sie mit Butter, während sie noch heiß sind und servirt sie in Muscheln. Wenn
man will, kann man etwas geriebenen Käse darüber streuen.

150. Auf dem Rost gebratene Kartoffeln. Man schneidet ganze gekochte
Kartoffeln der Länge nach in ¼ Zoll dicke Schnitte und legt sie auf einen Rost
über ein helles klares Feuer. Man bräunt sie auf beiden Seiten, bestreut sie mit
Pfeffer und Salz, legt ein Stückchen Butter auf jede Schnitte und ißt sie sehr
heiß.

151. Kartoffel=Puffer. Zwei Tassen kalte, zerdrückte Kartoffeln werden
mit 2 Eßlöffel zerlassener Butter so abgeschlagen, daß sie weiß wie Rahm wer=
den. Nun giebt man 2 ganze Eier, leicht geschlagen und eine Tasse Milch dazu,
salzt nach Geschmack. Man schlägt das Ganze gut ab, gießt es in eine tiefe
Schüssel und bäckt es in einem heißen Ofen, bis es schön braun ist. Wenn es
gut gemengt wurde, so muß es leicht aufgepufft und schmackhaft aus dem Ofen
kommen.

152. Fein gebratene Kartoffelbällchen. Die Kartoffeln werden mit dem nöthigen Salz weich gekocht, ganz trocken abgegossen und sehr fein gestampft, einige Eier, ein Stück Butter und ein wenig gute Milch, auch Muskatnuß durchgerührt, runde oder längliche Bällchen davon aufgerollt, mit gestoßenem Zwieback bestreut und in Butter gelb gebraten. Eine angenehme Schüssel zu feinen grünen Blattgemüsen, auch Abends zum Salat.

153. Rheinische Kartoffeln. Die Kartoffeln werden eine kleine Weile abgekocht, dann mit frischem kochenden Wasser und Salz gar gekocht und saure Aepfel, welche geschält, in Viertel oder Scheiben geschnitten, vom Kernhaus befreit und gewaschen sind, nebst Butter hinzugegeben. Nachdem die Kartoffeln und Aepfel ganz weich geworden, werden sie fein gestampft und sollte das Mus zu trocken sein, mit Milch gut durchgekocht. Es gehört hierzu mehr Butter, als zu jeder anderen Kartoffelspeise. Wünscht man dies Gericht aber besonders schmackhaft zu bereiten, so koche man die Kartoffeln allein weich, stampfe sie nach dem Abgießen ganz fein, rühre kochendes Wasser, Apfelmus und reichlich Butter hinzu und lasse es gut durchkochen. Die Schüssel, mit fein gestoßenem, in Butter gelb gebratenem Zwieback dicht bestreut, macht dies Gericht noch wohlschmeckender und feiner. Man kann zu dieser Speise auch etwas gestoßenen Zucker und eine Obertasse voll fein geschnittenen, ausgebratenen Speck, worin eine fein gehackte Zwiebel gelblich geschwitzt ist, dazu geben und durchrühren.

154. Kartoffelnudeln. Reichlich einen tiefen Teller voll geriebene Kartoffeln, die am vorigen Tage in der Schale mit Salz gar gekocht und abgezogen sind, 4 ganze Eier, vier Löffel Sahne oder Milch, eben so viel geschmolzene Butter und das vielleicht noch fehlende Salz. Die Kartoffeln schüttet man auf ein Rollbrett, macht in der Mitte eine Vertiefung, in welche man etwas Mehl thut, so auch die Eier, Sahne, Butter und Salz, verarbeitet dies zu einem Teig, in den man immer und so lange etwas Mehl streut, bis derselbe sich zieht läßt und beim Durchschneiden sich keine Löcher zeigen. Dann rollt man kleine Stückchen davon auf, in Form langer Kartoffeln, läßt sie 8—10 Minuten in kochendem, gesalzenen Wasser kochen, schüttet sie auf einen Durchschlag, und wenn sie abgelaufen sind, noch ganz heiß in eine mit Butter heiß gemachte Küchenpfanne, worin man sie von allen Seiten gelb bratet.

155. Feine Kartoffelklöße. 2 Suppenteller geriebene Kartoffeln, die am Tage vorher mit der Schale gekocht sind, 4 Rührlöffel Mehl, Muskat, Salz, 1 Obertasse geschmolzene Butter oder Bratfett und 6 Eier, das Weiße zu Schnee geschlagen. Dies Alles wird wohl unter einander gerührt, mit dem Eßlöffel zu Klößen abgestochen, in kochendes Wasser mit Salz gegeben und ½ Stunde gekocht. Man giebt braune Butter dazu. Man nehme mehlige Kartoffeln, wässerige machen die Klöße klebrig.

156. Auf andere Art. 1 Pfund nach obiger Angabe geriebene Kartoffeln, 1 Pfund geriebenes Weißbrod, ¼ Pfund geschmolzene Butter, 5 ganze Eier, etwas Salz und Muskat. Man mengt dies gut durcheinander und formt Klöße daraus, die man in kochendem Wasser und Salz ¼ Stunde kocht. Man giebt braune Butter und gekochtes Obst dazu. .

157. Große Kartoffelklöße. Die mit der Schale in Wasser und Salz nicht ganz weich gekochten Kartoffeln werden abgeschält, und nachdem sie völlig kalt geworden, gerieben. Dann nimmt man zu 3 Theilen Kartoffeln 1 Theil geriebenes Weißbrod, bratet die in kleine Würfel geschnittenen Krusten in Butter oder Speck gelb und nimmt davon auf jeden Suppenteller voll 2 Eier, das Weiße zu Schaum geschlagen, 1 Unze Butter, welche braun gemacht wird, oder gutes Bratfett, auch nach Belieben etwas Muskatnuß, und arbeitet dies alles gut durcheinander. Hiervon werden handdicke Klöße aufgerollt, mit Mehl bestreut und in kochendem Wasser und Salz so lange gekocht, bis sie inwendig trocken sind, etwa 15 Minuten. Es wird braune Butter darüber angerichtet und gekochtes Obst dazu gegeben. Eine Hauptbedingung zum Gerathen dieser Klöße sind, wie schon im vorhergehenden Rezept bemerkt worden, mehlige Kartoffeln. Fügt man einen Theelöffel voll Royal Baking powder hinzu, so werden dieselben ungemein leicht und locker.

158. Kartoffeln in Rahmsauce. Eine andere Art. Von 2 Unzen Butter und 2 kleinen Eßlöffeln Mehl macht man eine gute Buttersauce, läßt zuvor gekochte und in Scheiben geschnittene Kartoffeln darin aufkochen, schmeckt sie mit Salz und Muskatnuß ab und rührt vor dem Anrichten ¼ Pint sauren Rahm daran.

159. Schinken-Kartoffeln. Hierzu nimmt man das, was von einem gekochten Schinken nicht mehr in ordentliche Stücke geschnitten werden kann, setzt es mit ein wenig Wasser aufs Feuer, kocht es ganz weich und hackt es fein. Nach Belieben kann man mit dem Schinken auch einen Häring klein hacken. Unterdeß hat man Kartoffeln in der Schale mit Salz gekocht und abgezogen, wobei sie jedoch recht heiß gehalten werden müssen. Nun wird in eine Auflauf-Form oder Schüssel, welche dick mit Butter bestrichen ist, eine Lage Kartoffelscheiben gelegt, darüber Stückchen Butter, dann eine Lage Schinken nebst in Butter gebratenen Zwiebelscheiben, wieder Kartoffeln und so fortgefahren, bis letztere mit Butter den Schluß machen. Sollte den Kartoffeln noch Salz fehlen, so wird unter Berücksichtigung des gesalzenen Schinkens beim Einschichten das fehlende durchgestreut. Bei Mangel an Butter kann feinwürfelig geschnittener, langsam ausgebratener Speck recht gut angewandt werden. Darauf wird die Form in einen heißen Ofen gesetzt, und wenn die Kartoffeln ganz heiß geworden sind, folgender Guß darüber vertheilt und etwas gestoßener Zwieback darüber gestreut: für 4 Personen 3—4 Eier, gut geschlagen, dazu etwa 3 Tassen Milch, Muskatnuß und etwas Salz. Man läßt die Form etwa ¾ Stunde im Ofen.

160. Kartoffeln, Schweinsrippe und saure Aepfel zusammen gebraten. Man setzt in einer etwas flachen Bratpfanne ein Stück Schweinsrippe zur Hälfte mit Wasser bedeckt und etwas Salz auf nicht zu starkes Feuer, deckt die Pfanne fest zu und läßt das Fleisch 1—1¼ Stunde mäßig kochen, und gelblich braten. Alsdann nimmt man es heraus, belegt die Pfanne mit kleinen, rund geschälten Kartoffeln, streut ein wenig Salz darüber, legt die Rippe darauf, und zwar die offene Stelle nach oben, füllt die Höhlung derselben mit geschälten, in 4 Theile geschnittenen sauren Aepfeln, gibt 1 Tasse Wasser hinein, deckt die Pfanne wieder zu und läßt die Kartoffeln darin langsam weich und gelb braten, während man sie einmal umdreht. Dann legt man die Rippe mit den Aepfeln in eine tiefe Schüssel und garnirt sie mit den Kartoffeln.

161. Gefüllte Gurken. Mittelgroße Gurken werden geschält, gespalten, ausgehöhlt und unten etwas glatt geschnitten. 2 Kalbsbrieslein und 2 Euter werden in Salzwasser gekocht, mit etwas Petersilie und 1 kleinen Zwiebel fein gehackt, von einem Weck die Rinde abgeschält, das Innere in Milch eingeweicht, ausgedrückt, unter das Gehackte nebst Salz und Muskatnuß gethan und mit 2 Eiern angerührt. In einer flachen Casserole läßt man ein Stück Butter zergehen, füllt die Gurken mit der angerührten Fülle, legt sie neben einander und läßt sie zugedeckt mit schwachem Kohlenfeuer unten und oben oder im Backofen langsam dämpfen, bis sie gelb sind. Zu der Sauce hackt man eine Zwiebel und ein Stückchen frischen Speck klein, röstet einen kleinen Kochlöffel Mehl in einem Stückchen Butter dunkelgelb, dämpft die gehackten Zwiebeln und den Speck darin, richtet die Gurken auf eine Platte an, rührt das geröstete Mehl an die Sauce, thut von 1 Citrone den Saft dazu, etwas Muskatnuß und Pfeffer daran, läßt die Sauce ein wenig aufkochen und richtet sie über die Gurken an. Ist die Sauce zu dick, so wird sie mit etwas Fleischbrühe verdünnt. Die Gurken werden mit Rippen oder Würsten gegeben.

162. Gefüllte Gurken. Eine andere Art. Die Gurken werden der Länge nach geschält, oben und unten abgeschnitten, mit einem langen, fingerdicken Ausstecher wird behutsam, genau in der Mitte, das Kernhaus durchstochen, mit Kalbfleisch-, Hecht- oder Hühnerfülle gefüllt, an beiden Enden etwas glatt gestrichen, in eine flache Casserole gesetzt, mit Salz, weißem Pfeffer, geriebener Muskatnuß bestreut, ein Stückchen frische Butter, der Saft einer Citrone, nebst einem Löffel kochender, fetter Fleischbrühe dazu gegeben und ein mit Butter bestrichenes rundes Papier darüber gedeckt. Nun verschließe man die Casserole gut mit ihrem Deckel und lasse die Gurken gar dämpfen, glasire sie mit etwas aufgelöster Tafelbouillon oder mit etwas kurz gekochtem Bratensaft, und richte sie über eine spanische Sauce (siehe diese) an.

163. Gemüsegurken. Dieses freilich etwas weichliche, aber sehr leicht zu verdauende Gemüse ist der Küche besonders dadurch anzuempfehlen, daß es in ¼ Stunde zubereitet werden kann. Man schält die Gemüsegurken, welche die Dicke einer großen Flasche haben, schneidet sie in fingerdicke, lange Stücke, wirft sie in kochendes, gesalzenes Wasser und kocht sie nicht zu weich, welches nur einige Minuten Zeit erfordert. Unterdeß schwitzt man einen Theelöffel Mehl mit einem Stich Butter gelb, rührt frische Milch dazu, würzt sie mit Muskatnuß und läßt das Gemüse eben darin durchstoven. Dasselbe erinnert an Blumenkohl. Auch kann man, wenn der Topf vom Feuer genommen ist, etwas Essig wie bei Salatbohnen durchrühren oder man nimmt zum Durchstoven kräftige Fleischbrühe, Muskatblüthe, Salz und gestoßenen, in Butter gelb gerösteten Zwieback. Statt Fleischbrühe kann auch Wasser mit einem Zusatz von Fleischextract gebraucht werden.

164. Glasirte Zwiebeln. Eine Partie sehr kleine, gleichgroße Zwiebelchen werden, nachdem sie geschält sind, in etwas Butter schön gelb geröstet, so-

dann wird ein wenig weißer Zucker darüber gestreut und die Zwiebelchen wer=
den unter öfterem Umschwingen so lange auf dem Feuer gelassen, bis der Zucker
eine braungelbe Farbe angenommen hat. Nun gießt man noch etwas braune
Brühe daran, läßt sie gehörig weich kochen, nach welcher Zeit der Saft zur
Glasur eingekocht sein wird, schwenkt sie noch einige Male darin um, und ge=
braucht sie zum Garniren.

165. Trüffeln zum Garniren. Eine Partie großer Trüffeln, von welchen
die französischen am besten sind, werden aus mehreren Wasser mittelst einer klei=
nen, etwas rauhen Bürste sehr sauber gebürstet und zwar so, daß der Sand und
Schmutz aus allen Fugen herauskommt, dann aus frischem Wasser nochmals
herausgewaschen, in eine Casserole gethan, mit Salz, einer in Scheiben geschnit=
tenen gelben Rübe, 2 Zwiebeln, 1 Stückchen Knoblauch, 2 Lorbeerblättern, 1
Sträußchen Petersilie, etwas rohem, würflig geschnittenem Schinken, 1 Flasche
guten Weißweins zum Feuer gesetzt und ungefähr ¾ Stunde zugedeckt, lang=
sam, bis sie dem Fingerdrucke nachgeben, gar gedämpft, dann herausgenommen,
auf ein Tuch zum Abtrocknen gelegt und gelegentlich verwendet.

165. Geschwungene Trüffeln mit feinen Kräutern. Von den nach vor=
hergehendem Recept gekochten Trüffeln wird die schwarze Schale abgeschält und
dieselben hierauf in schöne messerrückendicke Scheiben geschnitten, läßt sie mit
einigen Chalotten und etwas Petersilie, beides sehr fein geschnitten, in einer
flachen Casserole mit einem Stückchen Butter einige Augenblicke anziehen, dann
gebe man die geschnittenen Trüffeln in etwas spanische Sauce, mit dem Saft 1
Citrone und 1 Glas Sherry, schwinge dies Alles recht gut bis zum Kochen un=
tereinander, worauf die Trüffeln in einer silbernen Terrine oder in Pastetchen
angerichtet werden.

167. Trüffeln in Champagner,

168. Trüffeln in Rothwein. Beide unterliegen nur mit Veränderung
des Weines ganz derselben Behandlung, wie die Trüffeln No. 166 und werden,
wenn sie fertig und ziemlich trocken sind, in Servietten zu Tisch gegeben.

169. Fricassee von Morcheln. 3–4 Handvoll frische Morcheln werden
geputzt (d. h. die Stengel unten etwas abgestutzt), aus mehreren Wassern rein
herausgewaschen und wieder gut ausgedrückt, mit einer Zwiebel, dem nöthigen
Salz, etwas Citronensaft, einem Schoppen gutem weißen Wein in einer Casserole
zum Feuer gesetzt und eine Stunde gekocht, nach welcher Zeit sie ziemlich trocken
sein müssen. Alsdann gebe man etwas legirte deutsche Sauce daran, hebe sie
gut mit Citronensaft, würze sie mit feinem, weißem Pfeffer, bestreue sie mit fein
gehackter Petersilie, schwinge Alles gut, bis es kochend heiß wird, untereinander
und richte die Morcheln hierauf an.

170. Morcheln in einer Butterpastete. Vorhergehendes Fricassee von
Morcheln wird in einer Butterpastete oder auch als Unterlage verschiedener
Fleischgerichte zu Tische gegeben.

171. Fricassee von Champignons. Eine Partie kleine, durchaus ge=
schlossene, frisch gepflückte Champignons, ungefähr 4 Handvoll, werden, nachdem

unten der Stengel etwas abgestutzt wurde, mehrere Male aus frischem Wasser herausgewaschen, in einer Casserole mit 6 Loth frischer Butter, dem Safte einer Citrone zum Feuer gesetzt, mit einer ganzen Zwiebel und dem nöthigen Salze gewürzt und langsam so lange gedämpft, bis die Butter klar hervortritt. Nun gebe man eine legirte deutsche Sauce darüber, bestreue sie mit gehackter Peterfilie und beendige sie wie die Morcheln.

172. Champignons mit Hühnerfülle. Von den etwas größeren Champignons wird der Stiel herausgenommen, die äußere Schale davon abgezogen, das innere Schwarze herausgeputzt, jeder Champignon außen mit Citronensaft abgerieben und diese hierauf in mit etwas Citronensaft gesäuertes Wasser geworfen. Wenn nun alle auf diese Art zubereitet sind, gebe man eine Hühnerfülle in die Höhlung hinein, streiche deren Oberfläche mit einem in heiße Fleischbrühe getauchten Messer glatt, alsdann bestreiche man sie wieder mit verschlagenen Eiern, streue etwas fein geriebenes, weißes Brod darüber, beträufle dieses mit zerlassener Butter, gebe die Champignons in eine mit Butter bestrichene, mit etwas feinem Salz bestreute flache Casserole, stelle sie eine halbe Stunde in einen mittelheißen Backofen, nehme sie dann heraus, richte sie in schöner Ordnung auf eine Schüssel und gebe ein braunes Geflügel-Ragout dazu.

173. Champignons auf dem Rost gebraten. Man schält die feinsten und frischesten, die man finden kann, schneidet die Stiele knapp ab, und schneidet die untere Seite ein. Dann giebt man sie in eine tiefe Schüssel und übergießt sie öfter gut mit zerschlichener Butter, salzt sie und läßt sie eine ½ Stunde in der Butter liegen. Dann bratet man sie auf einem Austernrost über einem heißen Feuer, und wendet sie um, wenn eine Seite braun ist. Man servirt sie heiß, gut mit Butter bestrichen, pfeffert und salzt sie, und drückt einige Tropfen Citronensaft auf jedes Stück.

174. Glasirte Kastanien. Von den Kastanien wird die erste Schale abgeschält, dieselben werden alsdann mit kaltem Wasser so lange auf das Feuer gestellt, bis sich auch die zweite Schale abziehen läßt; wenn nun alle sauber geputzt sind, gebe man etwas frische Butter mit 1 Eßlöffel weißem Zucker in eine Casserole, lasse es unter stetem Rühren auf dem Feuer so lange anziehen, bis der Zucker eine schöne braungelbe Farbe erhalten hat. Man fülle ihn hierauf mit etwas brauner Brühe auf, gebe die Kastanien dazu, bestreue sie mit etwas Salz und lasse sie langsam so lange gar kochen, bis der Saft ziemlich dick geworden ist, wobei man jedoch zu beobachten hat, daß die Kastanien nicht zerfallen, was sehr leicht geschieht. Nun schwinge man sie noch einige Male um, damit sie schön glasiren und verwende sie zum Garniren von Rosen- oder Wirsingkohl, als Beilage zu gebratenen Gänsen ꝛc.

175. Braunes Kastanienmus. Die Kastanien werden, nachdem sie wie vorhergehend geschält sind, in Fleischbrühe recht weich gekocht, durch ein feines Haarsieb gestrichen, etwas gesalzen, ein klein wenig gezuckert und mit einem Stückchen frischer Butter, der nöthigen braunen Brühe, nebst 1 Glas Madeirawein auf dem Feuer zu einer nicht allzudicken Püree abgerührt und als Unterlage zu verschiedenen Fleischgerichten gegeben.

176. Kastanienmus mit Rahm. Die Kastanien werden wie vorhergehend geschält, hierauf in etwas Fleischbrühe weich gekocht, durch ein feines Haarsieb gestrichen, mit Salz und etwas feinem Zucker gewürzt, mit etwas frischer Butter nebst süßem Rahm auf dem Feuer zu einer nicht allzudicken Puree abgekühlt und wie die vorhergehende verwendet.

177. Zwiebelmus a la Soubise. Schöne weiße Zwiebeln werden in Scheiben geschnitten und in kochendem Wasser 10 Minuten blanchirt, gut abgeschüttet und ausgedrückt, damit kein Wasser daran bleibt. Dann läßt man dieselben in einer Casserole mit etwas frischer Butter ¼ Stunde lang dämpfen, thut etwas (Bechamel) Rahmsauce daran und streicht es durch ein feines Sieb. Sehr beliebt zu Schaf- und Lammfleisch.

178. Saubohnen. Die Saubohnen koche man in Salzwasser so lange, bis sich die äußere Haut abschälen läßt, sie werden dann mit feingeschnittenen Chalotten, welche in Butter etwas geröstet werden und in Fleischbrühe mit Salz und weißem Pfeffer versehen, zugedeckt, langsam gar gedämpft und eine Rahmsauce von saurem Rahme darüber gegeben. Nachdem die Bohnen unter einigem Untereinanderschwenken mehrere Male aufgekocht haben, werden sie angerichtet.

179. Getrocknete Bohnen. Dieselben werden gewaschen und über Nacht in lauwarmem Wasser eingeweicht, welches man vor dem Kochen mehrmals gegen wärmeres wechselt. Wenn das geschieht, brauchen sie nur 2 Stunden zum Kochen. Nun tropft man sie auf einem Sieb ab, und drückt sie leicht mit einem Holzlöffel; wenn man sie anrichtet, salzt und pfeffert man sie, und giebt 1 großes Stück Butter dazu.

180. Weiße trockne Bohnen mit legirter Sauce. Die kleinen, weißen Bohnen werden mit kaltem Wasser und Salz zum Feuer gesetzt, sehr langsam weich gekocht, abgeschüttet, gehörig abgetropft, etwas legirte deutsche Sauce, welche ziemlich stark mit Citronensaft gehoben ist, nebst weißem Pfeffer darüber gegeben und die Bohnen unter immerwährendem Schütteln kochendheiß gemacht, worauf sie angerichtet werden können.

181. Weiße trockne Bohnen mit spanischer Sauce. Zu vorhergehend gekochten Bohnen wird nur statt legirter deutscher Sauce spanische genommen; die weitere Behandlung bleibt dieselbe.

182. Weißes Bohnenmus. Die sehr weich gekochten Bohnen werden durch ein feines Haarsieb gestrichen, mit weißem Pfeffer und Salz gewürzt und mit der nöthigen Buttersauce bis zum Kochen gerührt. Hierauf hebe man die Puree noch mit dem Safte einer Citrone, und trage sie alsdann auf.

183. Bohnensalat. Die Bohnen werden wie vorhergehend weich gekocht, mit feiner Peterfilie, Salz und Pfeffer bestreut, 2 Theile gutes Salatöl und 1 Theil Essig beigefügt.

184. Linsen. Linsen werden wie die Erbsen zugesetzt, dann siedet man ein Stück Schweinefleisch halb, füllt die Linsen mit der Brühe davon auf, fügt 1 Sellerie-, einige Peterfilienwurzeln und 2 Lauchstengel bei und thut zu gleicher

Zeit das Fleisch in dieselben. Wenn sie weich sind, nimmt man die Wurzeln heraus, röstet Mehl mit Zwiebeln daran, und läßt sie mit oder ohne Essig, je nachdem man sie sauer oder süß haben will, noch ½ Stunde kochen. Man kann sie so anrichten oder die Hälfte davon durch einen Seiher treiben und unter die andere Hälfte rühren.

185. Lima= und Butter=Bohnen. Man löst sie aus und giebt sie in kaltes Wasser, und läßt sie etwas darin liegen; dann giebt man sie in einen Topf mit viel kochendem Wasser und etwas Salz, und kocht sie wallend, bis sie weich sind. Große Bohnen benöthigen manchmal beinahe 1 Stunde, im Durch= schnitt brauchen sie 40 Minuten. Dann seiht man sie ab, und giebt beim Ser= viren viel Butter und Pfeffer nach Geschmack dazu.

186. Blindhuhn, ein westfälisches Nationalgericht. Es wird ein Stück Schinken oder geräucherter Speck vorab gekocht. Unterdeß werden grüne Boh= nen, welche schon etwas härtlich sein können, tüchtig gewaschen und auf einem Küchenbrett, indem man eine Handvoll zusammenfaßt, in kleine Stücke geschnit= ten, die vorher ausgeschoteten weißen Bohnen hinzugethan, reichlich halb so viel gelbe Wurzeln als grüne Bohnen in kleine Würfel geschnitten, gespült und theil= weise bei jedesmaligem Durchkochen zu dem Schinken gegeben. Hat man Bir= nen, so gibt man einige geschälte, in Viertel geschnittene, und wenn das Gemüse beinahe gar ist, in 4 Theile geschnittene Kartoffeln mit dem nöthigen Salz nebst geschälten, in Stücken geschnittenen Aepfeln hinzu und läßt dies alles weich kochen. Darauf wird das Stück Schinken herausgenommen, etwas Mehl mit wenig Wasser angerührt, hinzugefügt und das Gemüse damit durchgeschwenkt. Blindhuhn muß recht sämig und saftig gekocht sein und von den Aepfeln nur einen etwas säuerlichen Geschmack erhalten. Wenn man zu wenig Aepfel oder gar keine hat, so wird das Mehl mit Essig angerührt. Falls die Bohnen etwas hart wären, wird es besser sein, sie vorab mit einem Stückchen Soda eine reich= liche ¼ Stunde abzukochen. Zeit des Kochens 2—2½ Stunden; Beilagen: roher und gekochter Schinken, Bauchspeck.

187. Grüne Bohnen String Beans. Wenn die Bohnen geputzt sind, sie mögen mit oder ohne Körner sein, werden sie in der Mitte abge= brochen, gewaschen und mit Salz und Bohnenkraut gekocht; wenn sie weich sind, gießt man das Wasser davon ab, röstet 2 Kochlöffel voll Mehl in Butter gelb, dämpft Zwiebeln, Knoblauch und Petersilie darin und löscht es mit Wasser oder kalter Fleischbrühe ab. Wenn man heiße Fleisch= oder Hammelbrühe dar= an gethan, so legt man die Bohnen mit etwas Pfeffer und Muskatnuß darein, läßt sie nicht gar zu dick einkochen, und belegt sie bei dem Anrichten mit Brat= würsten, Hammelfleisch oder Schweinebraten.

188. Grüne Erbsen. Green Peas. Ungefähr 2 Quart kleiner Erb= sen werden in ¼ Pfund Butter, ½ Schöpflöffel Fleischbrühe mit einer klein ge= schnittenen Zwiebel und 1 Eßlöffel klein gehackter Petersilie gedämpft. Sobald sie weich sind, werden 3 Messerspitzen Mehl in Butter lichtgelb geröstet und an die Brockelerbsen gethan. Sind sie kurz eingekocht, so richte man sie an und be= lege sie mit spanischem Brod, gebackenen jungen Hühnern oder Tauben. Zum

Weichkochen der grünen Erbsen in Salzwasser nimmt man stets eine Messing-pfanne, sie bleiben darin schön grün.

189. Grüne Erbsen auf englische Art. 2 Pint grüne Erbsen werden in kochendem Wasser, dem ein wenig Salz beigefügt ist, abgekocht, durch ein Sieb abgeseihet, auf einer Schüssel angerichtet und ein Stück frische Butter darüber gegeben.

190. Grüne Erbsen auf französische Art. 2 Pint feine grüne Erbsen werden in eine Casserole gethan, ¼ Pfund frische Butter darunter gearbeitet, 1 ganze Zwiebel nebst etwas zusammengebundener Peterfilie, sowie das nöthige Salz und etwas Zucker beigefügt. Das Ganze wird alsdann auf's Feuer ge-setzt und zugedeckt langsam gedämpft, bis es weich ist und dann 1 Anrichtlöffel voll weißer Sauce beigefügt.

191. Gelbe Erbsen. Split Peas. Man richte sich bei der Behandlung der Erbsen ganz nach der Erbsensuppe und lasse sie im übrigen nach dem Abgießen in kurzer Brühe mit dem gehörigen Fett kurz einkochen, gebe Salz hinzu, rühre sie durch einen Durchschlag, lasse sie wieder zum Kochen kommen, richte sie in einer Schüssel etwas erhöht glatt gestrichen an, bedecke sie mit in Butter braun gebratenen Zwiebeln und stecke gebratene Weißbrodstreifen rings herum.

192. Gekochte Carotten. Man wäscht und schabt sie gut ab, und lege sie ½ Stunde in kaltes Wasser. Wenn sie groß sind, so spaltet man sie in 2, 3 Stücke. Nun giebt man sie in kochendes, leicht gesalzenes Wasser und kocht sie weich. Große Carotten brauchen ½ Stunde, bis sie gar sind. Junge Carotten brauchen nur gewaschen zu werden, ehe man sie kocht, und nachher reibt man die Haut mit einem Tuch ab. Man muß viel Butter daran geben und sie heiß serviren.

193. Junge gelbe Rüben. Die jungen gelben Rüben bleiben in der Regel ganz, oder wenn sie etwas größer werden, spaltet man sie in 2 Hälften, wäscht sie sauber und giebt sie mit etwas Salz, ein wenig Zucker, der nöthigen Fleischbrühe, nebst einem Stückchen frischer Butter, in eine Casserole, in der sie alsdann zugedeckt langsam gar gedämpft werden. Vor dem Anrichten mische man etwas Buttersauce nebst fein gehackter Peterfilie darunter, schwenke sie gut unter einander, lasse dieselben noch einige Male aufkochen und richte sie hierauf an.

Die alten gelben Rüben werden, nachdem sie geschält sind, in zolllange Filets geschnitten, sauber gewaschen, mit 1 ganzen Zwiebel, welche vor dem An-richten wieder herausgenommen wird, zum Feuer gesetzt, jedoch im Uebrigen wie die jungen behandelt, nur daß sie längere Zeit zum Garwerden brauchen.

194. Junge gelbe Rüben mit grünen Erbsen. Die Erbsen werden gar gedämpft, die gelben Rüben ebenfalls nach vorhergehender Weise. Nun schütte man Beides zusammen, gebe etwas Butter oder Rahmsauce darüber, lasse das Ganze unter einigem Schütteln noch mehrere Male aufkochen und richte das Ge-müse hierauf an.

195. Junge gelbe Rüben mit Spargelſpitzen. Dieſes Miſchgemüſe wird dem Vorhergehenden ganz gleich zubereitet, nur daß die Spargelſpitzen in Salzwaſſer weich gekocht werden.

196. Weiß-Rüben Purée. Man ſchält ſie und legt ſie in kaltes geſalze= nes Waſſer, bis das Waſſer in der für ſie beſtimmten Pfanne kocht. Nun kocht man ſie darin, bis ſie ſehr weich ſind, was von ihrem Alter abhängt. Dann ſeiht man ſie ab, zerdrückt ſie mit einem Holzlöffel im Durchſchlagſieb, rührt 1 Eßlöffel Butter und Pfeffer und Salz nach Geſchmack dazu und ſervirt ſie heiß. Wenn man ſie mit gepökeltem Rindfleiſch ißt, kann man etwas von der Brühe, in welcher das Fleiſch gekocht wurde, dazu nehmen, es in einer Pfanne auf= kochen, abſchäumen und die Rüben darin kochen, oder wenn die Rüben jung ſind, ſo drückt man ſie durch das Durchſchlagſieb; dann giebt man etwas Milch, Butter, Pfeffer und Salz dazu, bringt ſie zum Kochen und ſervirt ſie.

197. Junge weiße Rüben. Man ſchält ſie glatt, ſchneidet ſie zur ſelben Größe und Form und legt ſie eine ½ Stunde in kaltes Waſſer; dann ſetzt man ſie mit kochendem Waſſer zu, giebt 1 Eßlöffel Butter dazu und dämpft ſie, bis ſie weich ſind; dann ſeiht man ſie ab, ohne ſie zu quetſchen oder zu brechen, häuft ſie in eine tiefe Schüſſel und bedeckt ſie mit einer Butterſauce mit Milch. Rü= ben ſollen immer ſehr heiß gegeſſen werden.

198. Teltower-Rübchen. Dieſelben unterliegen ganz derſelben Behand= lung wie die vorhergehenden weißen Rüben; ſie werden zuvor ſauber geſchabt und gewaſchen.

199. Zuckerſchoten. Die zarten Schoten werden, nachdem ſie abgezogen und gewaſchen ſind, mit etwas friſcher Butter, ein wenig weißem Zucker, Salz und der nöthigen Fleiſchbrühe zum Feuer geſetzt, ungefähr 2½ Stunden langſam gedämpft, ſodann mit etwas Butterſauce nebſt fein gehackter Peterſilie vermiſcht, noch einige Male aufgekocht und erhöht angerichtet.

200. Gedämpfte Zwiebel. Zwiebel von mittlerer Größe werden abge= ſchält, in kräftiger Fleiſchbrühe mit Butter, Muskatblüthe und Salz gar gekocht, was 1—1¼ Stunde dauert. Nach Belieben kann auch etwas Citronenſäure da= zu gegeben werden.

201. Gekochte Zwiebel. Man ſchneidet die Wurzeln und das Grüne ab, legt die Zwiebel eine ½ Stunde in kaltes Waſſer, nachdem man ſie geſchält hat, dann giebt man ſie, mit kochendem Waſſer bedeckt, in eine Pfanne oder einen Topf und kocht ſie 15 Minuten, ſeiht ſie dann ab und giebt friſches kochendes Waſſer daran. Man kocht ſie, bis man ſie mit einem Strohhalm durchſtechen kann, dann ſeiht man ſie ab und giebt ſie in eine Schüſſel mit Pfeffer, Salz und ſehr viel Butter. Man darf Zwiebel nie in einem eiſernen Topf kochen.

202. Gefüllte Zwiebel. Man wäſcht und ſchält ſehr große Bermuda= Zwiebel und legt ſie 1 Stunde in kaltes Waſſer; dann überkocht man ſie eine ½ Stunde in kochendem Waſſer. Nun trocknet man ſie ab, und nimmt, während ſie noch heiß ſind, die Herzen heraus, ohne die äußere Schale zu brechen; dann hackt man dieſe Herzen ſehr fein mit etwas Speck oder fettem Schweinefleiſch, giebt Brodkrumen, Pfeffer, Salz und Muskatblüthe darunter und beseuchtet sie mit 1 oder 2 Löffel Rahm. Dann bindet man das Ganze mit einem gut abge= rührten Ei und verarbeitet es zu einem glatten Teig und füllt die Zwiebel da= mit, giebt sie in eine Bratpfanne mit sehr wenig Bouillon oder Wasser und dämpft sie 1 Stunde lang langsam im Ofen, bestreicht sie jedoch im Anfang öfter mit etwas zerlassener Butter; nachher begießt man sie alle 5 Minuten mit der eigenen Brühe. Wenn sie gar sind, nimmt man die Zwiebel vorsichtig heraus und richtet sie mit dem offenen Theil nach oben auf eine Gemüseschüssel an. Zur Brühe in der Bratpfanne giebt man den Saft einer ½ Citrone, etwas Rahm und einige Löffel voll spanische Sauce, in Ermangelung dieser etwas gebrauntes Mehl, kocht die Brühe auf und gießt sie über die Zwiebel.

203. Spinat. Der gut verlesene Spinat wird 3—4 Mal in reichlichem Wasser gewaschen, was am besten in einem tiefen Geschirr geschieht. Dann wird derselbe, damit er seine grüne Farbe behalte, nur 8—10 Minuten in brau= send kochendem Wasser mit Salz offen abgekocht, sogleich in kaltes Wasser ge= than, auf einen Durchschlag geschüttet, mit dem Schaumlöffel stark ausgedrückt und fein gehackt. Darnach läßt man etwas Butter heiß werden, rührt sein ge= stoßenen Zwieback oder ein wenig Mehl eine Weile darin durch, giebt den Spi= nat nebst Muskatnuß und etwas Butter hinein und läßt ihn unter öfterem Um= rühren mit etwas Fleischbrühe oder Milch gut durchkochen.

Bei einem feineren Essen können um die sauber angerichtete Spinatschüssel halbhart gekochte Eier, ungetheilt, eins neben dem andern aufgestellt werden, so daß die Spitze in die Höhe kommt; zwischen jedes Ei setzt man ein Stück stark geröthete und zart gekochte Zunge, mit Salpeter und Salz eingelegt, wie ein Hahnenkamm ausgehackt. Oder man belegt die Schüssel mit in Butter gebra= tenen Weißbrodstreischen und giebt Spiegeleier dazu, oder man garnirt sie mit hart gekochten, der Länge nach in 8 Theile geschnittenen Eiern. Die Kartoffeln werden dazu gebraten, für gewöhnlich gekocht. Zeit der Zubereitung ½—¾ Stunden.

Um grünen Gemüsen beim Abkochen ihre Farbe zu erhalten, gebe man beim Abkochen sogleich ein kleines Stückchen Soda oder Bullrichs=Salz dazu. Bei= des bewirkt auch ein schnelleres Weichwerden. Auch dürfen die Gemüse wäh= rend des Abkochens weder zugedeckt, noch darnach an die Luft gestellt werden.

204. Rosenkohl (Brüßlerkohl). Die grünen geschlossenen Rosen (Knos= pen) werden abgepflückt, die welken Blätter nebst den harten Knoten am Stiele abgeschnitten, doch so, daß die kleinen Rosen ganz bleiben, in kochendem Wasser und Salz rasch gar gekocht und mit dem Schaumlöffel auf einen Durchschlag gelegt, damit sie nicht zerfallen. Vor dem Anrichten werden sie mit einem Stückchen Butter, Salz und Muskatnuß auf ein gelindes Feuer gesetzt, wenn sie erhitzt sind und die Feuchtigkeit verdampft ist, einige Löffel voll ziemlich kräf= tige weiße Sauce daran gethan und damit durchgeschmeckt.

205. Grünen oder braunen Kohl — Sprouts — **nach Bremer Art.** Ersterer ist weniger stark und daher dem braunen vorzuziehen. Wenn der Kohl gefroren ist, wird hierzu noch das Herz mit den nächsten Herzblättern sammt den Stengeln, so weit sie weich sind, genommen und gut gewaschen. Die übrigen

Blätter können zu kurzem Kohl benutzt werden. Am besten ist es, wenn man den Kohl Abends vorher so weit vorbereitet und ihn Nachts wieder frieren läßt. In Gegenden, wo der Kohl starkschmeckend ist, was oft an der Sorte, meistens aber am Boden liegt, koche man ihn in reichlichem Wasser rasch 10 Minuten ab, weil das Starke dem Kohl bei aller Aufmerksamkeit den Wohlgeschmack benimmt. Dann wird etwas kochendes Wasser mit Gänsefett oder Schweineschmalz und Butter aufs Feuer gesetzt, der Kohl lageweise hineingegeben, mit dem nöthigen Salz (nicht zu viel, denn Kohl wird sehr leicht versalzen), etwas Pfeffer, viel kleine Zwiebeln, fest zugedeckt und langsam gekocht. Der Kohl muß zwar vollständig gar, nicht aber zu weich sein und darf nicht zerrührt werden. Fehlt ihm die gewünschte Süße, so wird zeitig 1 Stück Zucker dazu gethan, und beim Anrichten die Brühe, welche kurz eingekocht sein muß, nöthigenfalls mit einer Kleinigkeit Kartoffelmehl oder Stärke gebunden. Langes Kochen macht den Kohl wohlschmeckender, es gehören wenigens 2 Stunden dazu. Man garnirt ihn mit gedämpften Kastanien, welche man jedoch auch durchmischen oder in einem Schüsselchen dazu reichen kann. Die Kartoffeln werden gebraten. Als Beilagen: Gänsebraten, gefüllte Schweinsrippe, Schweinsbraten, Round of Beef, Roastbeef, Rauchfleisch, Bratwurst, Cotelettes von Schweinefleisch.

206. Winterkohl auf gewöhnliche Art. Auf die Person nimmt man 2 Stauden Kohl, schneidet die Rücken von den Blättern, wäscht das Geputzte, wirft es in siedendes, gesalzenes Wasser und läßt es weich kochen. Nun wird es aus dem Wasser genommen, und läßt es gut ablaufen, schüttet kaltes Wasser daran und drückt es aus, dann hackt man es nicht zu klein. Dann röstet man auf 6 Stauden in 3 Unzen Butter 2 Kochlöffel voll Mehl ganz gelb, thut dies in einen Topf, rührt den gehackten Kohl dazu und röstet ihn ein wenig, rührt dann Fleischbrühe oder Wasser nebst etwas Pfeffer und Muskatnuß daran, läßt es unter wiederholtem Umrühren noch ½ Stunde miteinander kochen, damit nur noch ganz wenig Brühe daran ist. Der Kohl wird viel besser, wenn man vor dem Anrichten 1 Löffel Gänseschmalz oder Bratenbrühe daran thut, weil der Kohl viel Fett ertragen kann.

207. Sprossen von grünem oder braunem Winterkohl. Nachdem dieselben (im Frühjahr) verlesen und gewaschen, werden sie in Bündchen gebunden, in Wasser und Salz abgekocht und auf einen Durchschlag gelegt. Die Fäden werden alsdann mit der Scheere durchgeschnitten und entfernt, die Bündchen auf einer heißen Schüssel angerichtet, mit feingestoßenem Zwieback und Muskatnuß bestreut und eine saure Eiersauce dazu angerichtet. Man kann diesen Kohl auch wie Rosenkohl zubereiten, auch nach Belieben etwas Essig daran geben.

208. Schmalz- oder Butterkohl. Die Blätter werden gut gewaschen, auf einem Küchenbrett fein geschnitten, indem man 1 Handvoll fest zusammenhält, nochmals gespült und in reichlichem Wasser weich gekocht. Das Scharfe dieses Kohls im Sommer wird dadurch entfernt, daß man ihn nach dem Abkochen eine Weile in Wasser setzt. Alsdann wird er auf einen Durchschlag geschüttet, mit dem Schaumlöffel stark ausgedrückt und auf zweierlei Weise zubereitet.

Erstens schwitzt man in einem Stück heiß gemachter Butter etwas Mehl gelb, zerrührt es mit kochender Bouillon, giebt Salz hinzu, stovt das Gemüse darin, rührt beim Anrichten etwas Sahne durch und richtet es mit einem Schüsselchen abgekochter Kartoffeln und beliebigem Fleisch an.

Zweitens wird ein Stückchen Speck gekocht und die Brühe zum Kohl benutzt, oder es wird Wasser mit Fett und Salz zum Kochen gebracht, Kartoffeln hineingegeben und der abgekochte Kohl darauf gelegt. Sobald die Kartoffeln gar sind, wird das Gemüse, welches saftig gekocht sein muß, durchgerührt. Sollte dasselbe durch die Kartoffeln nicht sämig geworden sein, so rühre man 1 —2 roh geriebene Kartoffeln durch, welches überhaupt bei derartig gekochten Gemüsen ein vorzügliches Bindungsmittel ist.

209. Weißkraut. 1 Kopf Weißkraut wird durchgeschnitten und der harte Strunk ausgebohrt. Hierauf wäscht man das Kraut sehr sauber, kocht es in Salzwasser weich, schüttet es auf einem Durchschlag ab, drückt es mit den Händen gut aus, giebt eine Buttersauce darüber, läßt es noch einige Minuten fortkochen und bringt es hierauf zu Tische. Nach Belieben kann auch etwas Kümmel beigegeben werden, welcher demselben einen sehr angenehmen Geschmack giebt. Ebenso kann man auch einige in kleine Würfel geschnittene und in Butter blaßgelb geröstete Zwiebeln zugleich mit der Buttersauce demselben beifügen.

210. Gefülltes Weißkraut. 4 Weißkohlköpfe werden geputzt, halbirt und ¼ Stunde in Salzwasser blanchirt, ins kalte Wasser gelegt und nachdem dies abgeschüttet, das Harte herausgeschnitten und tüchtig ausgedrückt; dann wird das Kraut auf ein reines Tuch gelegt, so daß die innere Seite oben ist, gesalzen, gepfeffert und etwas Muskatnuß darauf gerieben. An die ausgeschnittene Stelle wird von der früher beschriebenen Hühner- oder Kalbfleischfarce gelegt und jeder einzelne ½ Kopf zusammengebunden. Dann wird ein breites Geschirr mit Butter dick ausgestrichen, eine Lage roher, in Tranchen geschnittener Schinken, Zwiebel, gelbe Rübe, Sellerie, einige Nelken, ganze Pfefferkörner, 1 Stückchen Lorbeerblatt dazu gegeben, die Kohlköpfe hineingelegt, 2 Schöpflöffel voll Bouillon sammt Fett darüber gegossen, ein Papier darauf gelegt, zugedeckt und während 2—3 Stunden langsam im Ofen gedämpft, dann angerichtet und eine gute braune oder weiße Sauce dazu servirt.

211. Gedämpftes Weißkraut. Das Kraut wird in eine Casserole gelegt, ein Stück frischer Butter nebst etwas Fleischbrühe und Salz darüber gegeben, zugedeckt und langsam gar gedämpft, hierauf auf einer Schüssel erhöht angerichtet, mit etwas gutem Bratensafte übergossen und zu Tische gebracht.

212. Gedämpftes bairisches Weißkraut. Das Weißkraut wird in 4 Theile und jeder Theil wieder fein und dünn von der Hand geschnitten, unterdessen gebe man in eine Casserole ein Stück frischer Butter und in diese verhältnißmäßig einige Löffel weißen Zucker, bis dieser eine braungelbe Farbe erhalten hat, worauf man einige Tropfen Essig und 1 Glas weißen Wein hinzufügt. Dann gebe man das geschnittene Kraut mit dem nöthigen Salz und noch etwas guter Fleischbrühe in die Casserole hinzu, und lasse es noch ½ Stunde dämpfen. Die Süddeutschen lassen den Zucker weg.

213. Wirsing- oder Welschkohl. Derselbe wird wie das Weißkraut behandelt.

214. Gestürzter Wirsingkohl mit jungem Hasen. Der Kohl wird wie das Weißkraut gedämpft und zwar so, daß wenn er gar, er auch ziemlich trocken ist. Unterdessen wird ein junger Hase leicht gebraten und in schöne Theile zerschnitten; nun streiche man eine hohe Puddingsform gut mit frischer Butter aus, gebe 2 fingerhoch von dem gedämpften Kohl hinein, lege einige Stückchen von dem Hasen darauf, alsdann wieder Kohl und wieder Hasen und so fort, bis die Form auf diese Art vollgefüllt ist. Man stelle sie nun eine gute ¼ Stunde in einen mittelheißen Backofen, aus demselben herausgenommen stürze man den Kohl auf die zum Anrichten bestimmte Schüssel und gebe etwas guten Bratensaft dazu. Man kann auch statt des Hasen in kleine Theile geschnittene Bratwürste, Feldhühner zc. nehmen.

215. Bundgemüse mit Enten. Junge Pflückerbsen, kleine geschlossene Knöpfchen Rosenkohl, zolllange egal geschnittene, junge in verschobene Vierecke geschnittene Bohnen, Alles dieses wird, jeder Theil besonders, in Salzwasser weich gekocht, abgeschüttet und mit kaltem Wasser abgekühlt; ebenso gelbe und weiße Rüben, die auf folgende Art dressirt werden. Man schneidet mehrere große weiße und gelbe Rüben in zollbreite Theile und sticht sodann aus diesen vermittelst eines langen Ausstechers von 2 Linien im Durchmesser Wälzchen aus; nun streiche man eine runde, glatte, ziemlich breite Form, wo möglich nicht allzuhoch, mit Butter aus, bedecke den Boden mit einem nach der Größe derselben geschnittenem runden Papier und bestreiche dieses ebenfalls wieder mit Butter; alsdann setze man ein kleines Röschen Blumenkohl in die Mitte des Bodens, gebe ein Kränzchen Erbsen, eine an die andere gereiht, vermittelst einer Nadel um den Blumenkohl herum; dann einen zweiten Kranz gelbe Rübchen, einen dritten Rosenkohl und zuletzt auf dieselbe Art die weißen Rübchen. Sollte der Boden der Form größer sein, so fahre man ebenso mit Blumenkohl-Rösdchen und Bohnen fort; nun setze man die Spargelspitzen mit dem Kopfe nach unten längs der Seitenwand der Form in schiefer Richtung, eine an die andere gereiht, an derselben herum; auf dieselbe Art verfahre man mit den gelben Rübchen, nur in entgegengesetzter Richtung, und so fort abwechselnd, bis an den Rand der Form, so daß das Ganze ein zickzackförmiges Aussehen erhält; unterdessen brate man Enten und zerlege (tranchire) sie in schöne Stückchen, gebe hierauf eine 2 fingerbreite Lage von dem auf vorhergehende Weise zubereiteten, gedämpften Wirsingkohl hinein, eine zweite Lage von den Entenstückchen, eine dritte Lage Wirsing und so fort, bis die Form auf diese Art abwechselnd angefüllt ist; doch muß Wirsingkohl die oberste Lage bilden; man bedecke nun die Form mit einigen Speckbatten (breitgeschnittener Speck), stelle sie in eine flache Casserole mit heißem Wasser, gebe diese in einen mittelheißen Backofen, lasse sie 1 Stunde darin stehen, wobei zu beobachten ist, daß das Wasser in der Casserole nicht in's Kochen geräth; nach Verlauf dieser Zeit nehme man sie heraus, befreie sie von den Speckbatten und stürze sie alsdann behutsam auf die zum Anrichten bestimmte Schüssel, ziehe das runde Papier obenauf langsam ab und gebe die chartreuse mit etwas gutem Bratensaft zu Tische. Statt Enten können ebenfalls junge Hahnen, Feldhühner, Fasanen, junge Hasen zc. verwendet werden.

216. Rothkraut mit Bratwürsten. Das Rothkraut wird fein nudelartig geschnitten und in einem irdenen Gefäße mit einem Stück frischer Butter, einiger

Fleischbrühe, etwas weißem Zucker, Salz, ⅛ Quart Wein und etwas gutem Weinessig auf das Feuer gesetzt und angekocht, alsdann zurückgestellt und mehrere Stunden, bis es weich ist, zugedeckt langsam gar gedämpft. Man gebe hierauf etwas Buttersauce daran, schwenke es gut unter einander, lasse es noch einmal aufkochen, richte es an und garnire dasselbe mit gebratenen Bratwürsten, oder mit schön geschnittenen, gebratenen Enten.

217. Sauerkraut. Sourkrout. Wird am besten ganz einfach mit gutem Bratenfett oder in Ermangelung dessen mit Gänse- oder Schweinefett, der nöthigen Fleischbrühe, einem frischen Stück Schweinefleisch 3—4 Stunden langsam gekocht. Soll das Kraut dick sein, so wird 1 fein geschnittene Zwiebel mit etwas Mehl in Butter geröstet und an das Kraut gerührt. Eine andere Art, welche ganz vorzüglich ist, ist folgende ohne Mehl. Ist das Sauerkraut halbfertig gekocht, so reibt man 3 saure Aepfel und 3 rohe mehlige Kartoffel, röstet sie in etwas Gänsefett, mit kleingeschnittenem magerem Speck und ebenfalls kleingeschnittenen Zwiebeln hellbraun und gibt dies Alles an das Sauerkraut und läßt es nun fertig kochen.

218. Sauerkraut mit Hecht. Das Sauerkraut wird gut gekocht oder gedämpft. 1 Hecht wird in Butter gebraten, und wenn er erkaltet ist, von den Gräten gesäubert und in Stücke zerbrochen. Nun bestreicht man eine tiefe Platte mit Butter, bestreut sie mit Semmel- oder Weckmehl, legt darauf eine Lage Kraut, dann Fisch, einige Stücke frische Butter, 4 Eßlöffel sauren Rahm, dann wieder Kraut, streut Semmelmehl dazwischen und so fort, bis alles zu Ende ist. Es muß mit Kraut endigen; dieses wird mit verrührtem saurem Rahm überstrichen, mit Semmelmehl bestreut, frische Butter darauf geschnitten und so lange im Backofen gebacken, bis es schön gelb ist.

219. Sauerkraut mit Fasan. Wenn der Fasan geputzt, ausgenommen und gereinigt ist, wird er mit Salz und Pfeffer eingerieben und in Butter halb fertig gebraten, er muß aber weiß bleiben. Nun wird er in das schon gekochte Sauerkraut gestellt und darin langsam bis zu seinem völligen Weichwerden gekocht. Beim Anrichten wird er schön tranchirt über das Sauerkraut gelegt.

220. Sauerkraut mit Feldhuhn,

221. Sauerkraut mit Lerchen werden ebenso behandelt wie das Sauerkraut mit Fasan.

222. Kohlraben. Cabbage plant. Die jungen Kohlraben werden geschält, in dünne Scheiben geschnitten, in Salzwasser gekocht, abgeschüttet und abgekühlt. Nun wird eine gute Buttersauce gemacht, mit Salz und Muskatnuß gewürzt und die Kohlraben nur wenig darin gekocht. Die grünen Herzblätter werden gebrüht, gehackt und in der gleichen Sauce besonders gekocht, beim Anrichten zuerst auf die Platte gethan und die Kohlraben in die Mitte gelegt. Beilage: Kalbsbraten, Wienerschnitzel oder Pfannkuchen.

223. Kohlraben auf andere Art. Große Kohlraben werden geschält und in kleinfingers-lange und -breite Stückchen geschnitten, in Salzwasser weich gekocht, abgeschüttet und abgekühlt. 3 Unzen Butter läßt man zergehen, röstet 2 Kochlöffel Mehl hellgelb darin und löscht es mit guter Fleischbrühe ab, läßt die Kohlraben mit etwas Salz und Muskatnuß darin aufkochen, verrührt 3 Eigelb mit 3 Eßlöffeln sauerem Rahm und thut es kurz vor dem Anrichten an das Gemüse.

224. Spargeln mit Sauce. Von geschabten Spargeln werden je 10—12 Stück zusammengelegt, mit den Köpfen leicht auf den Tisch gestoßen, fest zusammengebunden und unten abgeschnitten. ½ Stunde vor dem Anrichten werden sie in kochendes Salzwasser gelegt, weich gekocht, dann herausgehoben, auf die gehörige Platte gelegt und aufgebunden. 3½ Unzen Butter werden leicht gerührt, 6 Eidotter und 1 Eßlöffel feines Mehl hineingerührt, mit guter Fleisch- und Spargelbrühe verdünnt und so lange auf schwachem Kohlenfeuer unter stetem Umrühren gekocht, bis es eine dicke zarte Sauce bildet, man giebt etwas Citronensaft oder Muskatnuß dazu und richtet sie in Mitte der Spargeln an. Man kann gebackene Brieslein, Omeletten, rohen oder gekochten Schinken, oder kalte geräucherte Zunge dazu geben. Bei feinen Mahlzeiten giebt man die Spargeln ohne Beilage, die Sauce dazu besonders.

225. Spargeln mit Krebssauce. 25 Krebse werden gesotten, die ausgeschälten Schwänze zurückbehalten, die Schalen mit etwas Butter gestoßen, in 3½ Unzen Butter gedämpft, mit Fleischbrühe gekocht und durch ein Haarsieb getrieben. 2 Kalbsbrieslein, 2 Euter, 1 Hand voll Morcheln werden verwällt, in längliche Stücke geschnitten und die Schwänze der Länge nach getheilt. 2½ Unzen Butter läßt man in einer Casserole zergehen, röstet 1 Kochlöffel Mehl nur wenig darin, gießt die Krebsbrühe, das Geschnittene, nebst Salz, Muskatnuß und etwas fein geschnittener Petersilie dazu und läßt es kochen. Nun werden 2 Eidotter daran gerührt und inmitten der im Salzwasser gekochten, auf eine Platte gelegten Spargeln angerichtet.

226. Blumenkohl. Cauliflower. Derselbe bleibt ganz, nur werden die kleinen Blättchen aus allen Fugen sauber herausgeputzt, der harte Stengel unten abgeschnitten und der Blumenkohl hierauf in kochendes Salzwasser gelegt und darin ungefähr eine ¼ Stunde weich gekocht. Nun hebe man ihn mit einem Schaumlöffel heraus, lasse ihn etwas ablaufen und gebe, wenn er angerichtet ist, eine legirte Buttersauce, welche mit dem Safte einer Citrone und etwas Blumenkohlwasser vermischt worden, darüber.

227. Blumenkohl aus dem Ofen. Derselbe wird zu kleinen Rosen geputzt (oder in der Regel der nach vorhergehender Art zubereitete, übrig gebliebene Blumenkohl dazu verwendet), diese werden in Salzwasser weich gekocht, hierauf abgeschüttet, etwas erhöht auf eine silberne oder starke Porzellanschüssel angerichtet (dressirt), mit dick gehaltener Buttersauce begossen, fein geriebener Parmesankäse darüber gestreut, dieser mit zerlassener Butter etwas beträufelt und die Schüssel rein abgeputzt; worauf er in einem sehr heißen Backofen so lange gebacken wird, bis er oben eine schöne gelbe Farbe erhalten hat, was in einer kleinen ¼ Stunde der Fall sein kann. Dann nehme man ihn heraus und bringe ihn zu Tische, indem man die heiße Schüssel auf eine zweite kalte setzt.

228. Gebackener Blumenkohl. Der Blumenkohl wird wie vorhergehend gekocht, abgegossen und wenn er verkühlt ist, in eine Terrine gegeben, mit weißem Pfeffer und starkem Essig begossen (marinirt), 1 Stunde zugedeckt lassen, in Viertelg eingetaucht, in heißem Schmalze zu schöner Farbe ausgebacken, hierauf auf Löschpapier gelegt, etwas abgetrocknet und angerichtet.

229. Cardonen. Die Cardonenstöcke werden unten abgeschnitten und diejenigen genommen, welche ein festes, weißes Fleisch besitzen, indem man die löchcrigen nicht gebrauchen kann. Man schneidet sie nun in fingerlange Stücke, putzt die an den Seiten sich noch befindlichen kleinen Blättchen ab und giebt sie erst in kaltes Wasser, alsdann in kochendes, in welchem sie so lange verbleiben, bis sich die obere Haut abreiben läßt, was dadurch geschieht, daß man etwas Salz zwischen die Finger nimmt. Sie werden nun in laues Wasser gelegt und Stück für Stück von ihrer Haut befreit; hierauf gebe man sie in eine Casserole auf eine gute Gluth und lege ein mit Butter bestrichenes Papier darüber, lasse sie langsam 3—4 Stunden zugedeckt dämpfen, nach welcher Zeit sie weich sein können, lege alsdann eine nach der andern in eine zweite Casserole, begieße sie mit der Buttersauce und lasse sie unter einigem Schütteln mehrere Male aufkochen, worauf sie aufgetischt werden können.

230. Artischocken mit Buttersauce. Von den Artischocken werden sowohl unten die Stengel, wie auch die äußersten Spitzen an den obern Blättern abgeschnitten. Nun koche man sie in Salzwasser weich, was man daran erkennen kann, wenn sich ein Blatt leicht herauszziehen läßt; dann lege man sie mit einem Schaumlöffel umgestürzt zum Ablaufen auf einen Durchschlag, ziehe die obersten kleinsten Blätter mit den Fingern, und die Samenfäden mit einem Schaumlöffel heraus, ohne jedoch die Artischocken zu zerbrechen, richte sie zuletzt auf die Schüssel an und gebe eine Buttersauce darüber.

231. Artischocken mit spanischer Sauce. Die Artischocken werden geviertheilt, die Blätterspitzen abgestutzt, die Bärte herausgeschnitten, die Böden geschält, und mit Citronensaft eingerieben, worauf sie in frisches Wasser geworfen und gewaschen werden. Alsdann gebe man sie nebst etwas frischer Butter, dem nöthigen Salz, 1 Trinkglas weißem Wein, dem Saft einer Citrone und ein wenig Fleischbrühe in eine Casserole und lasse sie langsam zugedeckt gar dämpfen. Beim Anrichten werden sie auf eine Serviette zum Abtropfen gebracht und dann in schöner Ordnung auf eine Schüssel gelegt und eine spanische Sauce darüber gegeben.

232. Poke Stalks. Wenn die jungen Stämmchen nicht länger als 2—3 Zoll sind, und nur ein Büschel Blätter an der Spitze einige Zoll über der Erde zeigen, ist es Zeit sie zu sammeln. Sie sind für den Genuß unbrauchbar, wenn sie größer und älter sind. Man schabt die Stämmchen, schneidet aber die Blätter nicht ab. Dann legt man sie mit etwas Salz für 2 Stunden in kaltes Wasser. Nun bindet man sie in kleine Bündel, wie man es mit dem Spargel macht, giebt sie in eine Pfanne mit kochendem Wasser und kocht sie wallend ¾ Stunden. Man legt Toast mit Butter bestrichen in eine Schüssel, bindet die Bündel auf, und häuft die Pflanzen gut mit Butter bestrichen darüber, und besprengt sie mit Pfeffer und Salz. Sie sind ein gutes Substitut für Spargel.

233. Paſtinake. Parsnips. Wenn ſie jung iſt, ſo ſchabt man ſie vor dem Kochen ab, iſt ſie alt, ſo ſchält man ſie achtſam, und wenn ſie groß iſt, ſpaltet man ſie. Man giebt ſie in kochendes Waſſer und kocht ſie, wenn ſie klein und zart ſind, ¾ Stunden, wenn ſie ausgewachſen ſind, mehr als 1 Stunde, tropft ſie ab und giebt ziemlich viel Butter daran, wenn man ſie anrichtet.

234. Gebratene Paſtinake. Man kocht ſie, bis ſie weich ſind, dann ſchabt man die Haut oder Schale ab und ſchneidet ſie in dicke längenweiſe Schnit= ten, beſtäubt ſie mit Mehl, und bratet ſie in heißem Schweineſchmalz oder Bra= tenfett und wendet ſie um, wenn eine Seite braun iſt. Man muß jeden Tropfen Fett abtropfen laſſen, dann pfeffert und ſervirt man ſie.

235. Paſtinak-Fritters. Man kocht ſie weich, zerquetſcht ſie zu einem feinen Brei und entfernt alle holzigen Theile. Auf 3 große Paſtinake rechnet man 2 Eier, 1 Taſſe guter Milch, 1 Eßlöffel Butter, 1 Theelöffel Salz, 3 Eßlöffel Mehl. Die Eier werden leicht abgeſchlagen oder gequirlt, dann die Paſtinake darunter gerührt und gut abgerührt, dann kommt die Butter, darauf die Milch und zuletzt das Salz. Man bratet ſie wie Fritters oder griddle-cakes.

236. Paſtinak-Mus. Man kocht und ſchabt ſie ab, dann zerdrückt man ſie mit einem Holzlöffel oder Kartoffel=Stößer und entfernt die groben Faſern; dann miſcht man 3 oder 4 Löffel Rahm, 1 großen Löffel Butter, und Pfeffer und Salz nach Geſchmack dazu. Man bringt ſie in einer Pfanne zum Kochen und ſervirt ſie. Man richtet ſie in der Schüſſel breiartig an wie Kartoffelbrei.

237. Paſtinake mit Butter. Man kocht ſie weich und ſchabt ſie, dann ſchneidet man ſie längenweiſe in ¼ Zoll dicke Stücke, giebt ſie in eine Pfanne mit 3 Eßlöffel zerlaſſener Butter, Pfeffer, Salz und etwas gehackter Peterſilie. Nun ſchüttelt man die Miſchung über dem Feuer, bis ſie kocht, legt die Paſtinake auf die Schüſſel, gießt die Sauce darüber und garnirt ſie mit Peterſilie. Es iſt eine angenehme Zugabe, einige Löffel Rahm in die Sauce zu rühren und damit aufzukochen.

238. Sellerie in Butterſauce. Die geſchälten und reingewaſchenen Selleriewurzeln werden in beliebige Stücke geſchnitten und im Salzwaſſer weich gekocht; nun macht man eine gute Butterſauce, thut Salz und Muskatnuß dazu und läßt den Sellerie ein wenig darin kochen.

239. Sellerie mit brauner Sauce. Die Sellerie wird in daumendicke und ebenſo lange Stücke geſchnitten, in Salzwaſſer 5—6 Minuten gekocht und abgeſchüttet. In 2½ Unzen Butter werden 3 Eßlöffel Mehl braun geröſtet, Fleiſchbrühe daran gegoſſen, 1 Zwiebel, 1 gelbe Rübe, 1 Lorbeerblatt, 2 Ge= würznelken und 4 Pfefferkörner dazu gethan; wenn man Abfälle von Trüffeln oder Champignons hat, können auch dieſe dazu genommen werden. Nach 12= ſtündigem Kochen wird die Sauce durch ein Sieb getrieben, in eine Caſſerole gethan, mit Salz und Pfeffer gewürzt und die Sellerie darin langſam völlig weich gekocht.

240. Glaſirte Selleriewurzeln. 6—8 ſchöne Selleriewurzeln werden ſo rund als möglich geſchält und ins kalte Waſſer gelegt, ½ Stunde in ſiedendem

Waffer blanchirt und, nachdem fie ins kalte Waffer gelegt und dies wieder abge=
fchüttet, auf ein reines Tuch zum Abtrocknen gelegt. Dann wird ein flaches
Geschirr mit Butter ausgestrichen, einer kleinen Hand voll gestoßener Zucker be=
streut, die Sellerie hineingelegt und gute Jus fo hoch darauf gegossen, bis fie
darüber geht, ein Papier darauf gelegt und gedämpft, bis diefelben fich weich
anfühlen, dann werden fie angerichtet, die Jus ziemlich dick eingekocht und dar=
über gegeben.

241. Schwarzwurzeln (Scorzoneren. Oyster Plant). Nachdem die
fchwarze Haut an den Wurzeln abgeschabt ift, werden diefe fogleich in kaltes
Waffer, das mit Mehl verrührt ift, gelegt, damit fie fchön weiß bleiben. Sie
werden nun in 2 Zoll große Stücke geschnitten, rein gewafchen und im Salz=
waffer weich gekocht, dann abgeschüttet und in kaltem Waffer abgekühlt. 1 Eß=
löffel feines Mehl wird mit 3½ Unzen frischer Butter kalt untereinander gerührt,
mit Salz, Muskatnuß und ein wenig weißem Pfeffer gewürzt, dann mit   ein
Pint kalter Fleischbrühe auf dem Feuer folange gerührt, bis fich eine dicke, zarte
Sauce bildet, die Wurzeln werden hineingelegt, ein paarmal darin umgekehrt
und fchnell zu Tifche gegeben. Vielfach werden die Schwarzwurzeln in Fett
gedämpft und dann wie die gekochten behandelt.

242. Gebackene Schwarzwurzeln. Wenn diefelben wie obige mit
Bouillon weich gekocht, werden fie abgeschüttet, mit Effig, Provenceröl, Pfeffer
und Salz angemacht, ½ Stunde ftehen gelassen und dann in dem hier angege=
benen Teig umgekehrt, röfch in gutem Schmalz gebacken und fervirt. Backteig:
½ Pfund Weißmehl, ½ Quart Bier, 3 Löffel voll Provenceröl und etwas Salz
werden zu einem glatten ziemlich dicken Teige gerührt, dann von 2 Eiweiß der
Schnee darunter gemifcht und verwendet.

243. Eierpflanze. Eggplant. Man fchneidet die Eierpflanze in ½ Zoll
dicke Scheiben, fchält jedes Stück achtfam und legt es in Salzwaffer, befchwert
fie dann mit einem Teller, damit fie unter Waffer bleiben, und läßt fie 1 Stunde
darin. Dann trocknet man jedes Stück ab, taucht es in Ei und dann in Cracker=
Krumen und bäckt fie in heißem Fett fchön braun.

244. Gefüllte Eierpflanze. Eggplant, stuffed. Man koche fie 10 Mi=
nuten, fchneidet fie auf der Seite auf und nimmt die Körner heraus. Nun hält
man den Schnitt mit einem Stück Holz auseinander und legt fie in kaltes ge=
falzenes Waffer, während man die Fülle bereitet. Man macht fie aus Brod=
krumen, kleinen Stückchen Speck, Salz, Pfeffer, Muskatnuß, Peterfilie und ein
wenig Zwiebel fein gehackt, befeuchtet fie mit Rahm und bindet fie mit einem
abgeschlagenen Ei. Die Höhlung der Eierpflanze wird nun damit gefüllt, und
ein weicher Bindfaden herum gebunden, um den Schnitt zu fchließen; dann giebt
man fie mit etwas Waffer in die Bratpfanne und bratet fie. Wie es zu kochen
anfängt, muß man fie mit Butter und Waffer begießen. Man probirt fie, ob
fie zart find und beftreicht fie zuletzt zweimal mit Butter. Man legt die Eier=
pflanze oder Pflanzen in eine Schüffel, giebt in die Brühe 2—3 Eßlöffel Rahm
mit etwas Mehl verdickt und 1 Theelöffel gehackte Peterfilie, kocht fie einmal
auf und gießt fie über das Gemüfe.

245. Gedünstete Tomatoes. Man löst die Haut, indem man kochendes Wasser darüber gießt, schält und schneidet sie auf, entfernt aber alle harten und unreifen Theile. Nun werden sie eine ½ Stunde in einer Pfanne gedünstet, dann giebt man Salz und Pfeffer dazu, 1 Theelöffel voll Zucker und 1 Eßlöffel voll Butter. Man dämpft sie langsam 15 Minuten.

246. Gefüllte gebackene Tomatoes. Man wählt große glatte Tomatoes und schneidet eine dünne Scheibe vom oberen Theile ab und legt dieselbe für späteren Gebrauch bei Seite. Nun höhlt man die Früchte aus und hackt das Innere recht fein, ebenso 2—3 Kalbsbrieslein oder Hühnerfleisch, etwas frischen Mais oder zerdrückten Cracker, Salz, Pfeffer, 1 Messerspitze weißen Zucker und einige Eßlöffel Butter, dämpft einige Chalottenzwiebel dazu und mischt alles gut untereinander, füllt die Tomatoes damit aus, paßt die Deckel darauf, setzt sie kranzförmig in eine tiefe Schüssel und bäckt sie ½ Stunde lang, bis sie hellbraun sind. Man schält die Tomatoes nicht.

247. Ausgezackte (Scalloped) Tomatoes. Man schält und schneidet sie in ¼ Zoll dicke Scheiben und legt sie in Lagen in eine Puddingschüssel, abwechselnd mit einer Farce aus zerriebenem Cracker, Butter, Salz und Pfeffer und etwas weißem Zucker. Man bedeckt jede Lage Tomatoes dick mit dieser Fülle und endigt mit Tomatoes und legt auf jede Scheibe ein Stück Butter. Nun bestäubt man sie mit Pfeffer und etwas Zucker, giebt Brodkrume darüber und backt sie zugedeckt ½ Stunde, dann nimmt man den Deckel ab und backt sie braun.

248. Rostgebackene Tomatoes. Man wählt große, feste Tomatoes, schält sie aber nicht und schneidet sie in ½ Zoll lange, dicke Scheiben und bratet sie auf einem Austernrost. Einige Minuten genügen, um sie zu braten. Unterdessen bereitet man heiße Butter, giebt Salz, Pfeffer, etwas Zucker und ½ Theelöffel Senf dazu und taucht jedes Stück in diese Mischung und legt sie auf eine heiße Schüssel. Wenn alle Scheiben so behandelt worden sind, kocht man die übrig gebliebene Sauce noch einmal auf und giebt sie darüber. Die auf solche Weise zubereiteten Tomatoes sind sehr beliebt.

249. Gebackene Tomatoes. Man schält und schneidet sie in ¼ Zoll dicke Scheiben, packt sie in eine Puddingschüssel und pfeffert, salzt und bestreicht jede Lage mit Butter und streut etwas Zucker darüber. Man backt sie zugedeckt ½ Stunde, dann nimmt man den Deckel ab und bräunt sie 15 Minuten. Fünf Minuten, ehe man sie aus dem Ofen nimmt, gießt man 3 oder 4 Eßlöffel Rahm, der einige Minuten mit zerlassener Butter geschlagen wird, darüber.

250. Gekochter frischer Mais. Man wählt jungen Zucker-Mais (Sweet corn), der völlig reif, aber nicht hart ist; man probirt ihn mit dem Nagel. Wenn das Korn durchstochen ist, so soll die Milch herausspritzen und dick sein. Man giebt die äußeren Blätter weg, legt die inneren vorsichtig um und entfernt jeden sogenannten Seidenfaden; dann deckt man die Kolben mit der dünnen Hülle, die zunächst wächst, zu, bindet sie oben mit Garn zu und kocht den Mais in kochendem, gesalzenem Wasser 20 Minuten oder ½ Stunde, im Verhältniß zu seiner Größe und seinem Alter. Man schneidet die Strunke knapp vor den Kolben ab und schickt sie, in eine Serviette gehüllt, zur Tafel.

Oder, man schneidet die Körner von den Kolben, während sie noch heiß sind und würzt sie mit Butter, Pfeffer und Salz und richtet sie in einer Gemüseschüssel an.

251. Mais und Tomatoes. Man nimmt gleiche Quantitäten frischen, vom Kolben geschnittenen Mais und geschälte, in Scheiben geschnittene Tomatoes, dünstet sie ½ Stunde, giebt Pfeffer, Salz und sehr wenig Zucker dazu. Nun dünstet man das Ganze 15 Minuten und rührt ein großes Stück Butter dazu. Fünf Minuten später richtet man sie an.

252. Succotash. Wird aus frischem Mais und Limabohnen gemacht, obwohl man statt der letzteren auch andere Bohnen, sowie Butterbohnen verwenden kann. Man nimmt den dritten Theil mehr Mais als Bohnen, nachdem der erstere vom Kolben geschnitten und die Bohnen gehülst wurden. Nun giebt man sie in so viel kochendes Wasser, daß sie davon bedeckt sind — nicht mehr — und kocht sie langsam, bis sie weich sind, vielleicht ½ Stunde und rührt sie hin und wieder auf. Dann gießt man beinahe das ganze Wasser weg und fügt eine große Tasse Milch bei und dünstet sie eine Stunde länger; dann giebt man ein großes Stück Butter, einen mit kalter Milch befeuchteten Theelöffel Mehl dazu und Pfeffer und Salz nach Geschmack. Nun kocht man sie einmal auf und gießt sie in eine Gemüseschüssel. Wenn man grüne Bohnen nimmt, so schneidet man sie in ½ Zoll lange Stücke, ehe man sie kocht.

253. Gedünsteter Mais. Man schneidet den Mais vom Kolben und dünstet ihn 15 Minuten in kochendem Wasser, dann gießt man es beinahe ganz ab und giebt kalte Milch daran und dünstet ihn sehr weich; ehe man anrichtet, giebt man ein großes Stück Butter, in kleine Stückchen geschnitten und in Mehl getaucht, dazu, würzt mit Pfeffer und Salz, kocht ihn noch 5 Minuten und servirt ihn.

Kalter Mais, der vom Mittagessen übrig blieb, sollte vom Kolben geschnitten und einige Minuten in etwas Milch gedünstet werden; man würzt ihn wie oben.

254. Sommer-Kürbis (Pumpkin). Es giebt viele Arten dieses Gemüses, aber die gewöhnliche Regel sie zu kochen, ist dieselbe, nur werden diejenigen, welche sehr zart sind, besser geschält, aber nur die äußerste Rinde. Nachdem man den Kürbis in 4 Theile getheilt hat, nimmt man den Samen heraus und legt die Stücke in kaltes Wasser, dann kocht man sie, bis sie weich sind, tropft sie ab, preßt alles Wasser aus, zerdrückt sie zu Brei und giebt Butter, Pfeffer und Salz dazu. Man muß alles sehr rasch thun, damit man den Brei heiß serviren kann.

255. Winter-Kürbis. Man schält sie, nimmt den Samen heraus, schneidet sie in Stücke und dünstet sie, bis sie weich sind, dann tropft man sie ab, drückt sie gut aus, damit kein Wasser darin bleibt und zerdrückt sie mit Butter, Pfeffer und Salz. Sie brauchen länger, um weich zu werden, als die Sommer-Kürbisse und ehe man sie in heißes Wasser giebt, müssen sie wenigstens 2 Stunden in kaltem gelegen haben.

256. Gebackener Pumpkin. Man wählt die schönsten, die man finden kann, nimmt den Samen heraus und schneidet sie längenweise ½ Zoll dick. Nun legt man sie lagenweise — nie mehr als 3 Schnitten tief — in eine flache, aber weite Backschüssel. Man giebt nur ein wenig Wasser dazu und backt sie lang= sam, bis sie nicht nur gar, sondern auch trocken sind. Es braucht eine lange Zeit dazu, da die Hitze nicht groß sein darf. Wenn man sie antischt, so be= streicht man jede Schnitte auf beiden Seiten mit Butter und ißt sie heiß mit Brod und Butter zum Thee.

257. Okra. Die jungen Schoten werden mit heißem, gesalzenem Was= ser bedeckt und gekocht, bis sie weich sind. Dann tropft man sie gut ab und wenn man sie anrichtet, gießt man eine Sauce aus vier Eßlöffel zerlassene Butter, einem Eßlöffel Essig, Pfeffer und Salz nach Geschmack darüber, läßt sie aber zum Kochen kommen, ehe man sie über die Okra gießt.

258. Endivie (Chicory). Die Endivie wird geputzt, in kleine Theile geschnitten, in Salzwasser gar gekocht, dieses abgeschüttet, mit kaltem Wasser abgekühlt und wieder ausgedrückt, hierauf mit Buttersauce übergossen, mit Salz, etwas weißem Pfeffer und Muskatblüthe gewürzt, noch einige Mal durchgekocht und vor dem Anrichten mit einigem Eigelb, welches mit etwas saurem Rahm ver= rührt ist, wie der römische Kohl legirt.

259. Endivie gedämpft. Statt die Endivie abzukochen, setzt man sie mit etwas frischer Butter und Fleischbrühe, wenn sie gewaschen, zum Feuer, giebt das vorhergehend angezeigte Gewürz hinein, und läßt sie zugedeckt so lange dämpfen, bis sie ganz weich und fast trocken ist, dann gebe man spanische Sauce darüber, lasse sie noch einige Mal aufkochen und bringe sie entweder als selbstständiges Gericht oder als Beilage eines Ragout, Kalbsfricandeau oder Lamb Chops, zu Tisch.

260. Römischer Kohl. Die weißen Stiele des Kohles befreie man von den grünen Blättern, schneide sie fein nudelartig und ziehe von jenen die äußere Haut ab, worauf sie in zolllange Filets geschnitten werden; man brühe nun die grünen Blätter in Salzwasser so lange, bis sie gänzlich weich sind, worauf sie abgeschüttet und bei Seite gestellt werden. Die weißen geschnittenen Stiele werden sodann mit Butter, dem nöthigen Salz, Pfeffer, nebst etwas Fleischbrühe zum Feuer gesetzt und zugedeckt weich gedämpft; nun gebe man eine Buttersauce mit einigen Löffeln sauren Rahmes an dieselben. Ebenso wird das abgekochte Grüne, nachdem es mit den Händen ausgedrückt worden, ausgemacht. Beim Anrichten setze man einen Kranz von den Stengeln auf die Platte und gebe das Grüne in die Mitte, oder verfahre auf umgekehrte Weise.

261. Rapunzeln (Rampion). Dieselben werden rein verlesen, geschabt und unten etwas abgeschnitten; hierauf koche man sie in gesalzenem Wasser weich, schütte und kühle sie ab, gebe die nöthige Buttersauce darüber, würze sie mit etwas Salz, Pfeffer und Muskatnuß, lasse sie noch einige Male gehörig durchkochen und legire sie vor dem Anrichten mit einigem Eigelb, welches mit mehreren Eßlöffeln süßen Rahmes verrührt ist.

262. Rapunzelnsalat. Die Rapunzeln werden auf vorhergehende Art weich gekocht, und sodann wie der Kartoffelsalat behandelt.

263. Sauerampfer (Sorrell). Der Sauerampfer wird rein gewaschen und in Salzwasser blanchirt, mit Butter und etwas feinen Zwiebeln abgedämpft, Mehl aufgestaubt und mit Jus oder Bouillon, etwa 2 Eigelb angerührt, noch ¼ Stunde gekocht und durch ein feines Haarsieb getrieben, wieder heiß gemacht und dann servirt.

VI. Salate. — Salads.

Allgemeine Regeln.

Beim Anmachen streut man zuerst Salz und grob gestoßenen Pfeffer über den Salat, giebt vom besten Oel und zuletzt echten Weinessig, jedoch von diesem mäßig, darauf und mengt alles gut unter einander.

Salatkräuter geben dem Salat eine sehr angenehme Würze, besonders Estragon, junge Zwiebelspitzen, Pfefferkraut und breitblätterige Kresse. In Zeiten, wo die jungen Zwiebelspitzen fehlen, sind feingeschnittene Zwiebeln zu manchem Salat unentbehrlich; da jedoch der Zwiebelgeschmack von vielen gescheut wird, so gebe man bei einem Gesellschafts-Essen zu solchem Salat, wo sie passen, einige feingeschnittene Zwiebeln mit etwas Essig versehen besonders.

Rühren der Sauce. Salz wende man bei allen grünen Salaten höchst sparsam an, sie können leicht versalzen werden. Gutes Provenceröl giebt dem Salat den feinsten Geschmack, indeß ist auch frisches Mohnöl sehr gut. Zu einer Salatsauce, wozu hartgekochte Eier angewendet werden, reibe man zuerst die Dotter möglichst fein, rühre etwas Essig und dann das Oel nach und nach hinzu, weil die Sauce auf solche Weise gerührt, sich leichter verbindet, und vermische sie dann unter stetem Rühren mit den übrigen Theilen.

Ein wirklich zu empfehlendes Ersatzmittel der Eidotter zur Salatsauce für Kopfsalat, römischen Bindsalat, Endivien- und Feldsalat, besteht in 1—2 geschälten, weich gekochten Kartoffeln, welche ganz fein gerieben werden, so daß keine festen Theile sich finden. Man rührt sie mit Essig, Milch, Baumöl, Salz nebst beliebigen Salatkräutern zu einer gebundenen Sauce.

In manchen Gegenden wird dem grünen Salat eine Beimischung von Zucker gegeben; da, wo man diesen in den nächstfolgenden Rezepten vermissen möchte, kann derselbe leicht hinzugefügt und in Ermangelung der bei manchen Salaten bemerkten Sahne ein stärkerer Zusatz von Oel gemacht werden.

---o---

264. Kräutersalat. Zu diesen gehören Kresse, Pimpernell, Körbel, Sauerampfer, Wegwarten, Cichorien, Leberpfefferkraut, Rapunzelkraut, ausgedrückte Boragen und Esdragon. Dies alles wird unter einander geschnitten und mit Salz, Pfeffer, Schnittlauch, 1 Kaffeelöffel französischem Senf, 1 fein gehackten harten Ei, 2 Theilen Oel und 1 Theil Essig untereinander gemacht und zu Tische gegeben.

265. Lattichsalat. Der junge, zarte Lattich wird sorgfältig gelesen, ge=waschen, das Wasser in einer Serviette gut ausgeschwenkt und mit etwas Schnitt=lauch, Salz, 2 Theilen Oel und 1 Theil Essig gerade vor dem Auftragen ange=macht und mit hartgekochten, in Schnitze geschnittenen Eiern belegt.

266. Häuptersalat. Die Häupter werden abgeblättert, das Gute an den Blättern in Stücke geschnitten, aus kaltem Wasser gewaschen und rein ab=laufen gelassen, dann mit etwas fein geschnittenem Schnittlauch, Sauerampfer, Körbel, Kresse, Petersilie, fein geschnittenen Boragen, die fest ausgedrückt sind, Salz, 1 fein gehäckelten Ei, etwas Senf, 2 Theilen Oel und 1 Theil Essig an=gemacht und gleich zu Tische gegeben. Statt der Kräuter kann fein geschnitte=ner Schnittlauch genommen werden, Senf und Ei wegbleiben und einige in Schnitze geschnittene Eier darauf gelegt werden.

267. Endiviensalat. Die geputzten Endivien werden fein nudelartig ge=schnitten und 1 Stunde in laues Wasser gelegt, damit sie das Bittere verliert; dann in einer Serviette geschwungen, damit das Wasser so viel als möglich da=von kommt, mit Salz und einer Prise Pfeffer bestreut und mit 2 Theilen Oel und 1 Theile Essig gut untereinander gemengt; man kann auch in Scheiben ge=schnittene rothe Rüben und Kartoffeln darunter mischen. — Salat von Weg=warten wird ebenso bereitet.

268. Feld= oder Ackersalat. Der rein verlesene, gewaschene und in laues Wasser gelegte Ackersalat wird mit etwas Zwiebeln, 2 Theilen Oel und 1 Theil Essig, allein oder mit eben so viel Endivien gemischt, angemacht.

269. Bunter Salat im Winter. 1 Rothkrautkopf wird fein eingeschnit=ten, einige Sellerieköpfe rein geschält, in feine längliche Streifen geschnitten, eben=so gekochte rothe Rüben und Endiviensalat, auch rein verlesener Ackersalat oder Brunnenkresse wird dazu gethan; nun streut man Salz darüber, nimmt 2 hart=gekochte, gehackte Eier, 1 Eßlöffel französischen Senf, das nöthige Oel und Es=sig dazu und mengt ihn gut untereinander.

270. Römischer Salat und Sommer=Endivie wird ebenso bereitet wie der Endiviensalat unter Zusatz von Esdragon und einer fein geschnittenen Zwiebel.

271. Feiner Kartoffelsalat. Man nehme hierzu kleine, nicht mehlige Kartoffeln, koche sie mit Salz weich, ziehe sogleich die Schale davon ab, schneide sie vor dem Erkalten in kleine Scheibchen, gieße 1 Tasse kochendes Wasser da=rüber und decke sie zu, bis die Sauce fertig ist. Zur Sauce nehme man für 6 Personen 3 Salatlöffel feines Oel, eben so viel rothen Wein oder Fleischextract=Bouillon, 4—6 Löffel Essig, je nach der Schärfe desselben auch noch kochendes Wasser, gehörig Pfeffer und Salz, nach Belieben auch etwas Senf. Damit die Scheiben ganz bleiben, gebe man eine Lage Kartoffeln in die Salatschüssel, einige Löffel Sauce darüber und so fort, bis alle Kartoffeln gut angefeuchtet sind.

Man mische auch recht fein geschnittene Zwiebeln durch. Manche nehmen statt des kochenden Wassers und Fleischextract Fleischbrühe.

Mit Ausnahme des Kopfsalates können fast alle grünen Salate zu Kartoffelsalat gegeben werden. Sie mit dem Kartoffelsalat zu vermischen, ist nicht zu empfehlen, da sie dann zu weich und unansehnlich werden. Man richte daher die grünen Salate nach Vorschrift besonders an und gebe sie entweder apart zu dem Kartoffelsalat oder zuletzt, ohne ihn durchzumischen, in einem Kranze um die Schüssel oder in die Mitte.

272. Gewöhnlicher Kartoffelsalat. Frisch gekochte Kartoffeln werden in Scheiben geschnitten und bei möglichstem Warmhalten mit nachstehender Sauce recht saftig vermengt. Man rühre gutes Oel, Essig, etwas Pfeffer, Salz und feingeschnittene Zwiebeln, insofern letztere von allen Tischgenossen gegessen werden. Das Vermengen geht auf folgende Weise sehr gut: Man gebe die geschnittenen Kartoffeln in eine Schüssel, die Hälfte der Sauce darüber hin, lege eine festschließende Schüssel darauf, fasse sie mit beiden Händen fest zusammen und schwinge den Salat darin oder rühre ihn vorsichtig durch; dann gebe man die übrige Sauce hinzu und schwinge weiter, bis die Kartoffeln saftig geworden sind.

Anmerkung. Zur Ersparniß des Baumöls wird in Gegenden, wo fette Gänse geschlachtet werden, häufig geschmolzenes Gänsefett zum Kartoffelsalat angewendet.

273. Salatsauce. 2 Löffel französischer Senf werden mit 2 verrührten Eigelb und 5 Löffel gutem Oel vermischt und mit Salz und etwas Pfeffer gewürzt. Dazu kommen 2 Löffel Esdragonessig, dann ist die Sauce zum Anmachen von jedem grünen und Wurzelsalat geeignet.

274. Rettigsalat. Die rein gewaschenen, abgeschabten großen Rettige werden fein geschnitten oder gerieben und mit Pfeffer, Salz, 2 Theilen Oel und ½ Theil Essig angemacht. Wer will, kann auch etwas Zucker beifügen.

275. Warmer Krautsalat. Man schneidet einen schönen festen Krautkopf wie zum Sauerkraut so fein wie möglich ein, salzt es und beschwert es 2 bis 3 Stunden, alsdann drückt man es aus und schüttelt es leicht auf. Hierauf läßt man feingeschnittenen Speck in einer Pfanne gelb werden, gießt guten Weinessig daran und läßt ihn aufsieden, dann gießt man ihn an das Kraut und mischt den Salat damit.

276. Kalter Krautsalat. Ein Krauthäuptchen wird so fein, wie zu Sauerkraut, eingeschnitten, und mit Pfeffer, Salz, Oel und Essig zu einem Salat angemacht.

277. Salat von rothem Kraut. Die Krautköpfe schneidet man von einander, nimmt die innern Dörschen heraus und schneidet das Kraut recht fein, bis an die Rippen, streut Salz dazu und gießt 1 Trinkglas Essig darüber; wenn es eine Zeit lang gestanden, drückt man das Kraut ein wenig aus und mischt es mit Pfeffer, Zwiebeln, Essig und Oel. Will man einen garnirten Salat, so macht man 1 Hand voll Endivien- und eben so viel grünen Salat besonders an, und nimmt auf das Plättchen einen Ring rothen Salat, dann einen Ring gelben und zuletzt den grünen, in dessen Mitte man Schnitze von Eiern in Form eines Sternes legt.

278. Bohnensalat. Zu diesem nimmt man die sogenannten Salatboh= nen, in Ermangelung derer aber andere dünne Bohnen ohne Kern, zieht ihnen die Fäden ab und schneidet sie der Länge nach fein. Man siedet sie alsdann im Salzwasser weich, gießt sie in einen Seiher und kaltes Wasser darüber, ist dieses wieder abgelaufen, so macht man die Bohnen mit Zwiebel, Pfeffer, Salz, Essig und Oel an. Zur Winterszeit kann man sie mit eingemachten Bohnen ersetzen, und auf dieselbe Art zubereiten.

279. Spargelsalat. Die Spargeln werden, nachdem sie geputzt sind, in zolllange Stückchen bis auf ¼ nach unten gebrochen, in Salzwasser gekocht und wie der Bohnensalat angemacht.

280. Selleriesalat. Mehrere Selleneköpfe werden, nachdem sie geputzt sind, ganz in Salzwasser weich gekocht und darin abgekühlt; hierauf in dünne Scheibchen geschnitten und wie der grüne Bohnensalat angemacht. Man kann auch in Scheiben geschnittene, abgekochte, geschälte Kartoffeln beifügen.

281. Salat von weißen Bohnenkernen. Wenn die weißen Bohnen im Salzwasser weich gekocht, auf dem Sieb gut abgelaufen und erkaltet sind, so macht man sie mit Salz, Pfeffer, feiner Peterfilie, Oel und Essig an.

282. Blumenkohlsalat. Nachdem man von den Rosen schönen Blumen= kohls die äußeren grünen Blätter abgestreift, den Stiel in der Mitte durch= schnitten und alle grünen Blättchen zwischen den Blümchen entfernt hat, kocht man sie in gesalzenem, mit einem Stück frischen Butter versehenen Wasser weich, aber nur so, daß die Blumen hübsch ganz bleiben. Sind sie kalt geworden, läßt man sie auf einem reinen Tuche abtropfen und bildet in einer Salatschale eine Blume aus denselben. Diesen so geformten Blumenkohl übergießt man mit einer Sauce, die man erhält, wenn man das Gelbe von sechs hart gesottenen Eiern, nachdem man es durch ein Haarsieb getrieben hat, mit feinem Provencer= öl abrührt, mit gutem weißem Essig leicht säuert, dann salzt und zwei Eßlöffel voll blanchirte grüne Peterfilie, sowie einen Eßlöffel voll Pimpernell und Esdragon dazu thut. Der so erhaltene Blumenkohlsalat wird dem Braten bei= gegeben.

283. Gurkensalat. Man findet bekanntlich mitunter so bittere Gurken, namentlich bei späteren, daß sie fast ungenießbar sind. Diesem kann leicht ab= geholfen werden. Das Bittere befindet sich nämlich an der Spitze der Gurken und wird mit dem Messer beim Schälen verbreitet. Man schneide daher bei solchen Gurken ein nicht zu kleines Stück von der Spitze und schäle dabei immer vom Stiel nach der abgeschnittenen Seite. Uebrigens schneide man die Gurken in ganz feine Scheiben und vermische sie erst, wenn der Salat gegessen werden soll, vorab mit feinem Oel, dann mit folgender Sauce: Hartgekochte Eier oder dicke, saure Sahne mit scharfem Essig, Pfeffer, Salz und Dragon eine Weile gerührt. Zwiebel kann man darunter mischen oder mit Essig angefeuchtet dazu geben. Einige streuen vor dem Anrühren des Salats Salz zwischen die Gurken, damit der darin befindliche Saft herausziehe. Dies aber benimmt ihnen nicht allein den erfrischenden Geschmack, sondern es macht sie auch zähe und unverdaulicher.

284. Einfacher Gurkensalat. Die gewaschenen Gurken werden fein abgeschält, fein geschnitten, sogleich das nöthige Oel darunter gemischt, damit sie nicht Brühe ziehen und gerade ehe sie aufgetragen werden, mit Pfeffer, Salz dem nöthigen Essig angemacht. Man kann auch Kartoffeln darunter thun.

285. Salat von rothen Rüben. Abgekochte, in Scheiben geschnittene rothe Rüben werden mit etwas Zwiebel, Pfeffer, Salz, Lorbeerblatt, Oel und Essig gut angemacht und schön angerichtet.

286. Häringsalat mit Kartoffeln. 2 rein geputzte, ausgegrätete und klein viereckig geschnittene Häringe werden mit 8—10 großen, gesottenen und noch heiß in Würfel geschnittenen Kartoffeln nebst Pfeffer, wenn nöthig etwas Salz und fein gewiegten Zwiebeln, mit zwei Theilen Oel und einem Theil Essig gut unter einander gemacht. Ist der Salat zu trocken, so wird mit etwas warmer Fleischbrühe nachgeholfen. Man giebt ihn nach mehrstündigem Stehen zu Tisch und kann ihn mit gehackten rothen Rüben, mit Gurken, harten Eiern (das Weiße und Gelbe jedes besonders gehackt), garniren oder auch mit Rothe= rübenbrühe färben.

287. Italienischer Salat. 10—12 Stück Kartoffeln werden abgekocht und geschält, 2 zubereitete Häringe, ohne sie jedoch zu mariniren, 3 abgeschälte Aepfel, ein ¼ Pfund gebratenes Kalbfleisch, desgleichen so viel gekochter Schinken, einige wenige eingemachte rothe Rüben, 8—10 Stück Essiggurken werden dazu genommen. Dieses Alles wird in sehr kleine Würfel geschnitten und so mit einer Hand voll Capern dem Häringsalat gleich angemacht, in die bestimmte Salatschale gegeben, etwas erhöht dressirt, die Oberfläche geglättet und der Salat hierauf abwechselnd mit hartem Eigelb, Eiweiß, eingemachten rothen Rüben, Petersilie, saure Gelee, welches Alles, jedoch jeder Theil für sich, recht fein gehackt wird, regelmäßig garnirt. Dann gebe man in die Mitte ein mit Capern gefülltes Eierkörbchen.

288. Sardellensalat. Man entgrätet gewässerte Sardellen, indem man sie in der Mitte der Länge nach zerreißt, legt sie in eine Salatiere und versieht sie mit Capern, Essiggurken, Cervelatwurst= und marinirten Aalscheibchen. Auch kann man noch Morcheln und Austern dazu thun und in der Mitte ein Stück geräucherten Lachs anbringen, während man den Rand mit Citronenscheibchen bedeckt. Das Ganze übergießt man mit einer Sauce, die man sich aus einigen hartgekochten Eigelb, Weinessig, Oel, Pfeffer und Salz durch Umrühren bereitet hat.

289. Salat von Schnecken. Nachdem die Schnecken im Salzwasser gesotten, rein geputzt und durch mehrere Salzwasser gut gewaschen sind, werden sie mit Salz, Pfeffer und fein geschnittenen Zwiebeln bestreut und mit 2 Theilen Oel und 1 Theil Essig gut untereinander gemengt.

290. Salat von Ochsenmaul. Das rein geputzte und in Salzwasser sehr weich gekochte Ochsenmaul wird, so lange es noch warm ist, ausgebeint; ist es erkaltet, so wird es in feine, kleine, viereckige Stücke geschnitten, mit Salz, Pfeffer und fein geschnittenen Zwiebeln bestreut und mit Essig und Oel untereinander gemischt. In einem gut verwahrten steinernen Topf an einem kühlen Ort hält er sich 8 Tage. — Auf dieselbe Art kann auch der Salat von Kalbsfüßen gemacht werden.

291. Salat von Hirn. Ein Kalbs- oder Ochsenhirn wird in Salzwasser abgekocht, wenn erkaltet hübsch geschnitten, mit Pfeffer, Zwiebel, Schnittlauch oder Petersilie nebst Oel und Essig angemacht.

292. Fischsalat. Reste von gekochten Fischen werden wie der Hirnsalat angemacht. Beide Salate passen sehr gut zu Ochsenfleisch.

293. Tomatoessalat. Die Schalen oder Häute dürfen nicht mit kochendem Wasser entfernt werden, es beeinträchtigt den Geschmack und zerstört die Festigkeit des Apfels. Man schält sie mit einem scharfen Messer; würzt sie mit Pfeffer, Salz und Essig, und rührt ein Stück Eis rasch darin herum, ehe man die Sauce über die Tomatoes gießt; dann stellt man sie auf das Eis bis zum Gebrauch.

Es giebt keinen Salat, ausgenommen vielleicht Kopfsalat und Gurken, der mehr durch Eis gewinnt als dieser.

294. Hühner-Salat. Man nimmt ein Huhn und läßt es kochen. Wenn es abgeschäumt, thut man 1 Zwiebel, 1 Lorbeerblatt, englisches Gewürz und Pfefferkörner hinein und läßt es weich kochen. Dann entfernt man die Haut von dem Huhn und hackt das Fleisch. Darauf schneidet man 2 Stangen englische Sellerie dazu. Man kocht 3 Eier ganz hart; das Weiße hackt man, das Gelbe verrührt man ganz fein, rührt 3—4 Eßlöffel Salatöl hinein und gießt dann Essig dazu, etwas gestoßenen Pfeffer und 4—5 Eßlöffel „Salad dressing", dann etwas von der Hühnerbrühe, die man durchgiebt, mengt alles gut durcheinander. In Ermangelung von englischer Sellerie kann man auch weißen Kohl nehmen, dressirt es auf eine Schüssel aufwärts und deckt es mit Mayonaise zu, welche man gleichmäßig darüber verstreicht, und garnirt die sternförmig angerichteten Felder mit Krebsschwänzen oder Garnellen (Shrimps).

295. Welschhahnsalat. Turkey-Salat wird ganz nach vorhergehender Vorschrift behandelt.

296. Hummer- (Lobster-) Salat. Der Hummer wird gekocht, wie es bei den Fischen bemerkt worden, das Fleisch aus den Schalen gelöst, in längliche Stückchen geschnitten, in eine Salatiere gelegt und mit einer gut gerührten Sauce von hartgekochten Eidottern, Pfeffer, Salz, Provenceröl, Weinessig, weißem Wein, feingehacktem Dragon, Petersilie und etwas Chalotten begossen. Der Salat wird mit aufgerollten Sardellen, Capern, hartgekochten in 8 Theile oder in Scheiben geschnittenen Eiern verziert und der Rand der Schüssel mit gerösteten Semmelschnittchen, welche mit Kaviar bestrichen sind, garnirt. Den Hummersalat kann man auch wie den Hühnersalat mit Sellerie und Mayonaise-Sauce zubereiten.

297. Trüffelsalat. Die frischen Trüffeln werden nicht geschält, sondern zuerst in warmem, dann in kaltem Wasser mit einer Bürste wohl gereinigt, darauf wie Gurkensalat geschnitten oder gehobelt und anstatt mit Essig, mit Citronensaft, feinem Oel, Pfeffer, Salz und Senf angemacht.

VII. Kräuter und Butterforten.

298. Gehackte Kräuter. Eine Hand voll gezupfte Petersilie, eine Hand voll geschälte Chalotten, 2 Hand voll sauber gewaschene und geputzte Champignons werden zusammen sehr fein gewürzt, in etwas Butter geschwitzt und zu verschiedenen Saucen zc. verwendet.

299. Kräuter zu Papierwickeln. Zu vorhergehenden Kräutern gebe man noch einige fein gehackte Trüffeln, schwitze dies Alles in ¾ Pfund Butter einige Minuten, würze es mit Salz und etwas Pfeffer, leere es alsdann aus und lasse es bis zum gänzlichen Erkalten bei Seite stehen. Hierauf verwende man es z. B. für Kalbsmilchner oder Hammelcotelettes.

300. Gehackte Petersilie. Die Petersilie wird abgepflückt, sauber gewaschen, wieder ausgedrückt und recht fein, vermittelst eines Wiegmessers, gehackt; hierauf in ein Tuch gegeben, das Wasser vollends heraus gewunden und die Petersilie zum Gebrauche hingestellt.

301. Gebackene Petersilie. Ganze saubere, ungewaschene Petersilie wird in heißem Schmalz hart gebacken und dann zur Garnitur von verschiedenen Fisch- und Fleischspeisen verwendet.

302. Gehackte grüne Kräuter. Kerbel, Pimpernelle, Brunnenkresse, Schnittlauch, Petersilie, Esdragonblätter, von einem soviel wie vom andern, werden sauber abgepflückt, gewaschen, wieder ausgedrückt und recht fein gewiegt und zum Gebrauche hingestellt. Dieselben werden auch durchgestrichen, dann muß man sie jedoch vorher etwas abkochen.

303. Krebsbutter. Ungefähr 50 Stück Suppenkrebse werden abgekocht, abgeschüttet, verkühlt, hierauf ausgebrochen, die rothen Schalen werden mit 2½ Pfund frischer Butter in einem Mörser so fein wie möglich gestoßen, dann in eine Casserole gegeben und langsam eine ½ Stunde geröstet, hierauf mit soviel Fleischbrühe, daß diese gerade darüber geht, angekocht, etwas abgeschäumt, eine ¼ Stunde fortgekocht, sodann durch ein feines Haarsieb geschlagen (durchpassirt), an einen kalten Ort, im Sommer auf Eis, gestellt, wo die Butter so lange verbleibt, bis sie erkaltet ist und sich abheben läßt; man giebt sie alsdann in ein Terrinchen und bewahrt sie an einem kühlen Orte bis zum Gebrauche auf.

304. Englische Kräuterbutter. Ein ¼ Pfund frische gute Butter wird mit etwas feinem Salze, weißem Pfeffer und Muskatnuß gewürzt, mit feiner Petersilie und dem Safte einer Citrone mit einem Messer untereinander gearbeitet und bis zum Gebrauche aufbewahrt.

305. Sardellenbutter. Zu einem Theile Sardellen, welche gewaschen und ausgegrätet sind, nehme man 2 Theile frische Butter, zerstoße zuerst die Sardellen recht fein in einem Mörser, gebe hierauf die Butter dazu und verstoße das Ganze noch einige Mal, streiche dann die Butter durch ein feines Haarsieb und bewahre sie bis zum weiteren Gebrauche an einem kühlen Orte auf.

306. Italienische Kräuterbutter. Man nehme Chalotten, Esdragon= blätter, Essiggurken, Schnittlauch, Capern, Champignons, von jedem 1 Hand voll. Dieses Alles wird sauber geputzt, gewaschen, ausgedrückt und abgekocht. Die Sardellen, ungefähr 12 Stücke, wasche man sauber und gräte sie aus; nun rühre man ein ½ Pfund frische Butter recht schäumig, so daß dieselbe dadurch schön weiß wird, gebe hierauf obige Ingredienzien, welche alle zusammen sehr fein gehackt werden müssen, sowie etwas Salz, weißen Pfeffer und den Saft einer Citrone dazu, rühre Alles gut durcheinander und bewahre die Butter bis zum Gebrauche an einem kühlen Orte auf.

307. Küchenpfeffer. Es dient zur großen Bequemlichkeit und Zeiterspar= niß, die hauptsächlichsten Gewürze zum Küchengebrauch gestoßen vorräthig zu halten, namentlich Pfeffer, Muskatnelken, Nelkenpfeffer und Muskatblüthe. Jedes einzelne Gewürz werde fein gestoßen und in kleinen Gläsern mit weiten gedrehten Holzstopfen und Etiketten, wie man sie als Pillengläser in den Apothe= ken haben kann, aufbewahrt. Es ist dadurch nicht nur das öftere unangenehme Geräusch des Mörsers und das jedesmalige Ausputzen desselben zu vermeiden, sondern es kann auch gerade so viel Gewürz als wünschenswerth ist, gebraucht werden.

308. Gemischter Küchenpfeffer. Man nehme von folgenden Gewürzen gleiche Theile: von Pfeffer, Nelkenpfeffer, Zimmet, Muskatnuß etwa ½ Unze, dazu 2 Drachmen (drams) Ingwer nebst 10—20 Stück Nelken, stoße dies alles recht fein, mische es gut und bewahre es in einem verschlossenen Glase, um zur Zeit damit braune Suppen, Ragouts und Saucen zu würzen.

VIII. Von den Farcen oder Fülle.

309. Kalbfleischfarce zu Klößen 2c. Von 2 Pfund weißem Kalbscarrée werden Knochen und Nerven sauber ausgelöst, fein gestoßen, durchs Sieb ge= drückt und mit gebrühtem Teig und Butter gleich behandelt wie in Nr. 311.

310. Andere Art. (Godiveau). 1 Pfund Kalbfleisch schön weiß vom Carrée wird fein gewiegt, dem 1 Pfund Ochsennierenfett, welches von den Häuten befreit, nebst einem ganzen Ei, etwas Salz, Muskatnuß und gestoßener Pfeffer beigemischt wird; dann kommt die Masse in den Mörser und wird unter Zuthun von 1 Eigroß gebrühtem Teig und ebensoviel Eis tüchtig durchgestoßen, bis es recht fein ist. Diese Farce wird zu Klößchen in warme Pasteten und zu sogen. kleinen Pastetchen au naturel, wo dann etwas geschnittener Schnittlauch darunter kommt, verwendet.

311. Geflügelfarce. Als Beigabe zu Geflügel= sowie sonstigen Klöße=
arten wendet man neuerdings gebrühten Teig, statt wie bisher Panade oder ein=
geweichte Wecken an, und wird derselbe folgendermaßen bereitet: ½ Quart Wasser
nebst 2 Unzen frischer Butter wird zum Sieden gebracht, und etwa 4—5 Eß=
löffel voll Weißmehl dazu gegeben, mittelst Umrühren tüchtig auf dem Feuer
5—8 Minuten abgetrocknet, dann auf einen Teller gethan und um das Ver=
trocknen zu verhüten, mittelst Butter angestrichen und kalt gestellt bis zum Ge=
brauche.

Das Brustfleisch sowie das weniger nervige Schlegelfleisch eines alten
Huhns wird rein ausgeschabt und in einem Mörser oder Reibstein fein gestoßen,
bis es durch ein Drahtsieb, welches ziemlich weit sein darf, passirt werden kann.
Nun wird ebensoviel gebrühter Teig, ebensoviel Butter als Hühnerfleisch
zusammen im Reibstein feingerieben und auch passirt, dann kommen alle 3 Arten
wieder zusammen in den Reibstein, werden mit etwas Salz, weißem Pfeffer, et=
was wenig Muskatnuß, einem gelben und einem ganzen Ei, nebst 2 Eßlöffel
voll dickem, süßem Rahm tüchtig durchgerieben und durch ein feines Haarsieb
gedrückt, in eine Schüssel gebracht und tüchtig schäumig gerührt. Dann forme
man mittelst Mehl ein kleines Klößchen auf dem Tische und lege es in siedendes
Wasser, worauf man das Wasser bei Seite setzt, da diese Art Klöße nicht kochen
sollen. Sollten die Klöße zu fest sein, so wird Rahm nachgegossen, sollten sie
zu leicht sein oder gar zerfahren, so wird mit Eigelb nachgeholfen. Die Klöße
können mit dem Löffel eingelegt werden.

Diese Farce kann zu Ragouts wie auch zu großen Klößen verwendet wer=
den, was in andern Artikeln zu ersehen sein wird. Man kann jedoch wie schon
oben gesagt, statt dem gebrühten Teig auch eingeweichtes Weißbrod nehmen.

312. Wildfarce. Von Fasanen, Feldhühnern und andern Wildgeflügel=
arten können die Brüste derselben wie in No. 311 und im gleichen Verhältnisse
verarbeitet werden; auch von Reh=, Hasen= und Hirschfleisch re. kann die gleiche
Farce und Klöße zu Wildpretsuppen, Ragouts re. verwendet werden.

313. Hechtfülle. Von einem pfündigen Hechte wird das Fleisch (filets)
der Länge nach losgelöst, gehäutet und entgrätet, hierauf gleich dem Hühner=
fleisch geschabt, ganz auf dieselbe Art weiter behandelt und beendigt. Auf ein ½
Pfund Hechtfleisch nehme man ebenso viel Butter, 3 Milchbrödchen, 2 ganze
Eier und 3 Eigelb und bewahre sie an einem kühlen Orte bis zum Gebrauche
auf. Diese Fülle würze man gleich der von Geflügel. Ebenso kann man die
Hechtfülle auf andere Art mit einer kleinen Abänderung bereiten: Es werden zu
obigem Verhältniß von 4 Eiern Rühreier bereitet, dieselben mit obiger Fülle
gut zerstoßen und statt der vorher angegebenen Eier nur 1 ganzes und 1 gelbes
frisches Ei genommen; im Uebrigen bleibt die Behandlung dieselbe.

314. Karpfenfülle. Diese Fülle unterscheidet sich von der vorhergehen=
den nur dadurch, daß statt Hecht=, Karpfenfleisch genommen wird; im Uebrigen
bleibt das Verhältniß und die Behandlung dieselbe.

NB. Bei allen diesen Füllen ist zu beobachten, daß sie nicht zu fest, aber
auch nicht zu locker seien; ehe man deshalb eine in Gebrauch nimmt, probire
man sie, indem man ein kleines Klößchen macht, und dieses in die kochende

Fleischbrühe wirft; wenn dasselbe gut sein soll, muß es schwammig sein; ist es jedoch zu fest, dann gebe man noch etwas Butter unter die Fülle, ist es zu locker, noch ein ganzes Ei dazu.

315. Farce von Semmel zum Füllen von zwölf Tauben oder einer Kalbsbrust. Man rührt 2—3 Unzen Butter weich, giebt 4 Eier, Muskatblüthe oder Citronenschale, Salz, 14 Unzen geriebenes Weißbrod dazu. Ein Drittel dieser Portion, mit etwas fein gehackter Peterfilie vermischt, reicht hin, 4 Tauben zu füllen. Auch kann man Herz und Leber, fein gehackt, dazu nehmen.

316. Krebsfarce. Wird wie vorhergehende bereitet, nur fügt man etwas fein gehacktes Krebsfleisch und Butter hinzu.

317. Kalte Pastetenfülle. Hierzu nehme man 1 Pfund von aller Haut und allem Fett entblößtes Schweinefleisch und zwar vom Rippenstück, desgleichen eben soviel Schweinefett und hacke jedes besonders fein. Unterdessen wiege man 4 Unzen Capern, 10 Stück ausgegrätete Sardellen und 20 Chalotten, stoße hierauf zuerst die Capern, dann das Magere und zuletzt das Fett, immer jedes besonders, sehr fein, gebe hierauf alle 3 Artikel nebst der Würze von Salz und einer Prise Gewürzpfeffer wieder zusammen in den Mörser, stoße Alles tüchtig mehrmals untereinander, und gebrauche alsdann die Fülle zu verschiedenen Pasteten. Soll die Fülle zu Gansleberpasteten verwendet werden, so gebe man zu diesem Verhältniß noch ein ½ Pfund fette Gansleber, welche ebenfalls erst gehackt und fein gestoßen wird.

318. Trüffelfülle. Man nehme 1 Pfund gesalzenen, geruchlosen Speck, schneide das Gelbe nebst allem Unreinen ab und schabe denselben mit einem Messer sehr fein; hierauf hacke man ungefähr ¼ Pfund sauber gebürstete Trüffel sehr fein, und nehme noch 1½ Pfund Trüffel, welche man, nachdem sie geschält, wenn sie klein sind, ganz läßt, oder wenn sie größer sind, in Hälften oder in Viertel schneidet. Nun setze man den geschabten Speck nebst etwas frischer Butter ans Feuer, gebe sowohl die gehackten wie die ganzen Trüffeln, nebst der Würze von Salz, Pfeffer und Muskatnuß hinzu, lasse alles zusammen eine ½ Stunde schwitzen, dann nehme man es vom Feuer weg, lasse es erkalten und gebrauche alsdann diese Fülle bei vorkommenden Fällen zum Füllen von Geflügel.

319. Panade zum Binden der Farce. 4 Wecken werden, nachdem die Rinde abgeschnitten, in kleine Stücke geschnitten, in Milch eingeweicht und mit 1 nußgroß Butter einige Minuten auf dem Feuer gedämpft und kalt gestellt. Diese Panade kann auch uneingeweicht und nicht gedämpft verwendet werden.

320. Eine andere Art. 2 Unzen Mehl und 2 Unzen Butter werden 5 Minuten auf dem Feuer geröstet, mit ½ Quart süßem Rahm tüchtig abgerührt und zum Gebrauch kalt gestellt. Weich gekochter Carolinerreis thut den gleichen Dienst.

IX. Von den Saucen.

Im Allgemeinen.

Daß die Saucen bei einem Gericht keine Nebensache sind, sondern vielmehr besondere Sorgfalt und Aufmerksamkeit verdienen, braucht kaum erwähnt zu werden; das beste Gericht wird durch eine schlechte Sauce verpfuscht.

Was nun die Recepte zu denselben betrifft, so läßt sich beim besten Willen ein vollkommen zutreffendes Verhältniß nicht bestimmen, denn die Gerichte, bei denen sie verwendet werden sollen, sind nicht immer von gleichguten Stoffen und sind dieselben auch nicht überall von derselben Beschaffenheit.

Da muß also der eigene Geschmack nachhelfen und nachstehende Winke dürften hierzu nützlich sein.

Der Sauce muß ein angenehmer Geschmack von Salz, Gewürz oder Kräutern gegeben werden, doch darf kein Gewürz oder Kraut im Geschmack besonders hervortreten. Aus diesem Grunde darf auch die englisch Soja, welche dazu dient, braune Saucen und Ragouts pikanter und gewürzreicher zu machen, nur theelöffelweise angewandt werden; etwas zu viel verdirbt die ganze Sauce, welche bei richtigem Verhältniß an Wohlgeschmack sehr gewinnt. Wenn zu hellen Saucen Muskatnelken angewandt werden, so entferne man vorher die darin befindlichen Köpfchen, da solche eine dunkle Färbung bewirken.

Die beste Würze einer Sauce ist Kraft. Um nachzuhelfen, oder rasch eine gute Kraftsauce zu bereiten, ist Fleischextract ein unschätzbares Mittel. Es bedarf bei einer fertigen Sauce nur einer großen oder kleineren Messerspitze dieses Extractes, welcher gehörig mit ihr vermischt wird, um den Zweck aufs Beste zu erfüllen.

Zum Warmhalten derselben bediene man sich, namentlich bei legirten Saucen, damit sie nicht gerinnen, folgender Vorrichtung: Man gebe in eine Bratpfanne mit ziemlich hohen Wänden soviel heißes Wasser, daß eine etwas hohe Casserole mit der Sauce bis zur Hälfte darin stehen kann. Man nennt dies warmes Bad (bain-marie). Die Pfanne wird sodann an einen Platz auf dem Herde gestellt, wo das Wasser zwar siedendheiß bleibt, jedoch nicht kochen kann.

321. Große braune Sauce. In eine Casserole gebe man ein ½ Pfund gutes Nierenfett oder auch Butter und in diese sobald sie vergangen ist, soviel Mehl als das Fett fassen kann. Dieses lasse man unter stetem Rühren hinten auf der Herdplatte oder auch im Ofen langsam rösten, bis das Mehl eine braungelbe Farbe erhalten hat; hierauf fülle man es nach und nach unter stetem Rühren mit soviel brauner Brühe auf, bis man eine dünnflüssige Sauce bekommen hat; diese rühre man alsdann auf dem Feuer bis zum Kochen, stelle sie dann zurück, schäume und fette sie gehörig ab und lasse sie langsam, von der Seite ungefähr 2 Stunden kochen. Hierauf seihe man sie durch ein Sieb in eine Schüssel und lasse sie unter öfterem Rühren erkalten. Die Sauce muß alsdann schön klar, weder zu dick noch zu dünn sein und einen kräftigen Geschmack besitzen. Sie wird als Grundsauce zu allen braunen Saucen gebraucht.

322. Große weiße Sauce. Diese Sauce wird gerade so behandelt wie die vorhergehende, darf jedoch nur einige Minuten rösten und durchaus keine Farbe annehmen; statt mit brauner Brühe füllt man diese mit weißer Fleisch=brühe auf, läßt sie ebenfalls 2 Stunden unter beständigem Abschäumen und Ab=fetten langsam kochen, alsdann passirt man sie durch ein Haarsieb in eine Ter=rine und läßt sie unter öfterem Umrühren erkalten. Diese Sauce ist gleich jener die Grundsauce zu verschiedenen weißen Saucen.

323. Spanische Sauce. In eine Casserole gebe man ein eigroßes Stück frische Butter und in dieselbe 2 in Scheiben geschnittene Zwiebeln, 1 gelbe Rübe nebst einem ½ Pfund gewürfelten, rohen Schinken, lasse dieses etwa eine ¼ Stunde langsam rösten und gebe ungefähr 5 große Suppenlöffel von vorher=gehender brauner Sauce, ¼ Quart weißen Wein, etwas Salz, die vorhande=nen Abfälle von Geflügel, als Hälse, sauber geputzte Mägen, Flügel ꝛc., die ab=geschälte Schale einer Citrone, 2 Lorbeerblätter, 1 Eßlöffel ganzen Pfeffer dazu, und lasse die Sauce unter beständigem Abschäumen und Abfetten 1 Stunde kochen, nach welcher Zeit sie ziemlich eingekocht, klar und doch nicht zu dünn vom Löffel fließen muß. Hierauf seiht man sie durch ein feines Haarsieb und stellt sie zum Gebrauche in ein warmes Bad (bain-marie).

324. Pfeffersauce. Man gebe an vorhergehende, spanische Sauce, 2 Eßlöffel starken Weinessig, nebst einer kleinen Messerspitze rothen Cayennepfeffer, lasse sie ungefähr eine ½ Stunde langsam fortkochen, passire sie alsdann durch ein feines Haarsieb und beende sie gleich vorhergehender.

325. Esdragonsauce. Eine Handvoll Esdragonblätter werden in ver=schobene Vierecke geschnitten, in Salzwasser einmal überwallt, abgeschüttet, hier=auf mit obiger Pfeffersauce übergossen und wie diese beendet.

326. Zwiebelsauce. Eine Zwiebel wird in kleine Würfel geschnitten und in Butter schön gelb geröstet, hierauf mit 2 Eßlöffel gutem Weinessig bis zur Hälfte eingekocht und mit 2 Suppenlöffeln durchgeseiheter spanischer Sauce übergossen. Das Ganze wird dann mit dem nöthigen Salz gewürzt noch eine ¼ Stunde gekocht, abgesettet und wie vorhergehende Sauce beendet.

Andere Art. Eine große Handvoll Zwiebeln schneidet man klein, röstet einen Kochlöffel Mehl braun in einem guten Stück Butter und dämpft die ge=schnittenen Zwiebel so lange darin, bis sie weich, aber ja nicht braun werden. Hierauf gießt man gute Fleischbrühe daran und thut 1 Lorbeerblatt, einige Citronenscheiben, gestoßene Nelken und Muskatnuß dazu. Soll die Sauce pi=kant sein, so kommt mehr Citronensaft daran, soll sie aber süß werden, so wird ein Stückchen Zucker dazu gebrannt; sie ist auf beide Arten gut. Statt des Citronensaftes kann auch Essig genommen werden.

327. Senfsauce. Die vorhergehende Sauce wird vor dem Anrichten mit 2 Eßlöffel französischen Senf, nebst einer Prise weißem Pfeffer verrührt und sodann in Gebrauch genommen.

328. Capernsauce. Die Pfeffersauce No. 324 wird vor dem Anrichten mit 2 Eßlöffel kleinen Capern vermischt.

329. Teufels Sauce. Zu vorhergehender Sauce werden statt Capern fein gehackte Chalotten genommen, welche einige Augenblicke in Butter auf dem Feuer leicht geröstet und auf einem Schaumlöffel wieder abgeschüttet werden. Die Sauce wird ziemlich stark mit rothem Cayennepfeffer gewürzt und vor dem Gebrauche mit einem Eßlöffel voll feinem Olivenöl gebunden.

330. Pikante Sauce. Einige Essiggurken, Champignons und Capern, etwas Petersilie und Chalotten werden sehr fein gehackt, hierauf in Butter einige Minuten langsam geschwitzt (passirt), mit Pfeffersauce (No. 324) begossen, aufgekocht, abgefettet, bis zum Gebrauche in ein warmes Bad gestellt und vor dem Anrichten mit einem eigroßen Stückchen Sardellenbutter vermischt.

331. Italienische Sauce. Zu vorhergehenden Kräutern, nebst etwas fein gehackten Trüffeln, jedoch ohne Gurken und Capern, werden, nachdem sie in etwas Butter einige Augenblicke geschwitzt worden, 2 Suppenlöffel spanischer Sauce (No. 323) mit einem Trinkglas guten, weißen Weines gegossen, die Sauce unter Abfetten noch eine ¼ Stunde fortgekocht und vor dem Anrichten der Saft einer Citrone daran gepreßt.

332. Champignonssauce. 20—30 schöne, geschlossene Champignons werden gedämpft, alsdann wird die Butter abgeschüttet, 2 Suppenlöffel spanische Sauce, nebst einem Glas weißen Wein darüber gegeben, der Saft einer Citrone daran gepreßt und die Sauce unter Abfetten noch eine ¼ Stunde fortgekocht. Hierauf stelle man sie bis zum Gebrauche in ein warmes Bad.

333. Trüffelsauce. 6—8 schöne, schwarze Trüffeln schneidet man, nachdem sie sauber gebürstet, gewaschen und geschält sind, in messerrückendicke Scheiben, giebt dieselben mit einem Glas rothen oder Madeirawein, einem Stückchen frischer Butter, etwas Salz und einem Stückchen Tafelbouillon (No. 12) in eine Casserole und läßt sie alsdann unter öfterem Umschwingen so lange auf dem Feuer, bis der Saft auf Glace gefallen (d. h. kurzgekocht ist), und die Trüffeln ziemlich weich geworden sind; alsdann gebe man 2 Suppenlöffel spanische Sauce (No. 323) darüber, lasse das Ganze unter Abfetten noch eine ½ Stunde fortkochen und stelle die Sauce alsdann bis zum Gebrauche in ein warmes Bad. Gleich den in Scheiben geschnittenen Trüffeln können dieselben auch, nachdem sie geschält sind, in haselnußgroße Knöpfchen abgedreht werden; im Uebrigen jedoch werden diese wie die vorhergehenden behandelt. Die Abfälle der Trüffeln können alsdann zu folgender Sauce verwendet werden.

334. Sauce von gehackten Trüffeln. Die vorhergehend gezwälten Trüffeln werden fein gehackt, im Uebrigen wird diese Sauce jedoch wie die vorhergehende behandelt und beendet.

335. Sauce Bordelaise. 2 Chalottenzwiebeln werden fein geschnitten und in Butter hellgelb gedünstet, dann giebt man ein gutes Glas Rothwein hinzu und läßt dieses bis auf die Hälfte einkochen, dann gebe noch einige Löffel voll spanischer Sauce hinzu, welche man eine ¼ Stunde fortkochen läßt. Vor dem Anrichten füge man etwas Fleischextract und Cayennepfeffer bei. Ochsenmark wird in kleine Stückchen geschnitten und blanchirt und in die Sauce gethan, die so zubereitet servirt wird.

336. Madeira Sauce. In 2 Löffel voll spanische Sauce gebe man ½ Quart Madeirawein nebst einem Stückchen Fleischextract und lasse dies unter Abfetten und Abschäumen eine ½ Stunde kochen, passire es hierauf durch ein feines Haarsieb, presse den Saft einer Citrone daran, würze die Sauce und stelle sie bis zum Gebrauch in ein warmes Bad.

337. Tomatcsauce. Ungefähr 20 Tomatoes werden in ihrer Mitte durchgeschnitten, die Kerne sammt dem Saft herausgepreßt und die Tomatoes hierauf mit einem Stück frischer Butter, etwas Salz, weißem Pfeffer und zwei Lorbeerblättern weich gedämpft. Hierauf gebe man 2 Suppenlöffel braune Sauce dazu und lasse das Ganze noch eine ⅛ Stunde kochen; dann streiche man die Sauce durch ein Haarsieb und gebe den Saft einer Citrone daran.

338. Genuesische Sauce. In 2 Suppenlöffel spanische Sauce gebe man 1 Flasche guten rothen Wein, ungefähr 2 Trinkgläser von der Brühe, worin der Fisch, zu welchem man die Sauce geben will, gekocht wurde, nebst einem Gliedchen Knoblauch, 2 Lorbeerblätter, einige Pfefferkörner und 6 Chalotten, koche die Sauce unter Rühren bis auf die Hälfte ein, gebe den Saft einer Citrone dazu, passire sie hierauf durch ein feines Haarsieb und stelle sie bis zum Gebrauche in ein warmes Bad.

339. Braune Buttersauce. Ein ½ Pfund frische Butter wird in einer großen Casserole zum Feuer gesetzt und so lange erhitzt, bis sie zu rauchen anfangt oder dunkelbraun geworden ist; hierauf schütte man ungefähr ein ½ Trinkglas voll starken Weinessig daran, wobei man zu beobachten hat, daß kein Unglück entsteht, indem die heiße Butter außerordentlich in die Höhe spritzt; nun gebe man etwas fein gehackte Petersilie, nebst etwas Salz in die Sauce und gieße sie sehr heiß über verschiedene Gerichte, z. B. über Kalbshirn.

340. Saucenfarbe. Ein ½ Pfund gewöhnlicher weißer Zucker wird in einer Casserole zum Feuer gesetzt und unter Rühren so lange darauf gelassen, bis er eine ganz schwarze Farbe erhalten hat, was man daran erkennen kann, wenn er große, schwarze Blasen wirft. Man gebe alsdann ½ Quart kaltes Wasser darüber, lasse den Zucker noch so lange auf dem Feuer, bis er von dem Wasser gänzlich aufgelöst worden ist, nehme ihn dann vom Feuer weg, lasse ihn erkalten, fülle ihn in Flaschen, stopfe diese gut zu und bewahre sie an einem kühlen Orte auf. Einige Tropfen davon in eine braune Sauce geben derselben eine sehr schöne braune Farbe.

341. Häringssauce. Ein in Milch gewässerter Häring wird fein gehackt. Dann schwitzt man einige feingehackte Chalotten oder Zwiebel in Butter, läßt darin 1—2 Löffel Mehl gelb werden und rührt so viel Bouillon oder Wasser hinzu, daß es eine recht sämige Sauce wird. Die Sauce läßt man mit etwas Pfeffer, 1 Lorbeerblatt, 2—3 Citronenscheiben oder wenig Essig kochen und rührt sie mit etwas Fleischextract, 1—2 Eidottern und einem Stück roher Butter ab. — Zu Fisch und Fleisch.

342. Gurkensauce. ½ Eßlöffel Mehl wird in einem Stückchen Butter hellgelb geröstet und mit Fleischbrühe abgelöscht. Hierauf schneidet man 2—3 kleine Essiggurken in dünne Scheibchen, läßt sie einmal mit aufkochen und zieht die Sauce bei dem Anrichten mit 3 Eigelb und 2 Eßlöffeln Rahm ab.

343. Gurkensauce andere Art. 4 Gurken schält man, schneidet sie, wenn das Mark entfernt ist, gewürfelt, salzt sie ein wenig ein und läßt sie eine ¼ Stunde stehen. 1 Kochlöffel Mehl röstet man in 2 Unzen Butter gelb, dämpft 1 Theelöffel fein geschnittene Zwiebel und die nicht ausgedrückten Gurken darin, thut 3 Eßlöffel Essig, ein ½ Schöpflöffel Fleischbrühe, 1 Eßlöffel Jus, etwas Salz und Pfeffer dazu und läßt es kochen. Diese Sauce ist zu übergebliebenem Hammels-, Kalbsbraten oder anderem Fleischwerk gut.

344. Sardellensauce. In einem Stück Butter werden 2 Eßlöffel Mehl hell geröstet, fein geschnittene Zwiebeln darin gedämpft, mit Fleischbrühe abgelöscht und verrührt. Dazu wird ein wenig Essig, der ja nicht vorschmecken darf, der Sardellen wegen ganz wenig Salz, Pfeffer, Muskat und etwas gewiegte Petersilie gegeben; man läßt alles zusammen eine ¼ Stunde kochen. Ehe die Sauce angerichtet wird, kommen 2 Unzen fein gewiegte Sardellen dazu; mit den Sardellen darf sie nicht mehr kochen, weil sie sonst einen thranigen Geschmack bekommt.

345. Meerrettigsauce. Eine Stange Meerrettig wird geputzt und auf dem Reibeisen verrieben; hierauf gebe man ungefähr 3 Unzen frische Butter, nebst 1 Kochlöffel weißes Mehl daran, rühre dieses Alles mit kaltem Wasser recht glatt, fülle es alsdann mit ungefähr 1 Suppenlöffel kochender Fleischbrühe auf, würze es mit Salz und rühre den Meerrettig sodann auf dem Feuer zu einer ziemlich dicken Sauce ab.

346. Kalter Meerrettig mit Essig. Geriebener Meerrettig wird mit Essig verdünnt und so viel Zucker daran gethan, bis er süß genug ist. Im Winter kann er 10—14 Tage aufbewahrt werden.

347 Wachholderbeersauce zu Wildschwein. In einem Stück heißer Butter röstet man 3—4 Eßlöffel geriebenes Schwarzbrod, giebt 1 Eßlöffel gestoßene Wachholderbeeren, etwas Salz, Pfeffer, ein wenig auf Zucker abgeriebene Citronenschale und einige Löffel Esdragonessig dazu, kocht dies alles mit Fleischbrühe zu einer dicklichen Sauce ein, und thut zuletzt noch 1 Glas Rothwein daran.

348. Rahmsauce zum Wildbraten. Ist das Wildpret (Reh, Hase 2c.) beinahe ausgebraten, so rühre man einen kleinen Kochlöffel voll Mehl mit ½ Quart saurem Rahm an, überstreiche und begieße den Braten mehrmals damit, und thue den Rest nach dem Entfetten zu der Bratenbrühe, die man nun mit etlichen Citronenscheiben und gestoßenen Gewürznelken ein wenig kocht. Ist die Sauce nicht dick genug, so kann man etwas Mehl dazu rösten. Ist das Wildpret angerichtet, so wird die Sauce darüber gegossen, ein wenig Fleischextract beigefügt und über das Wild angerichtet.

349. Zerlassene Butter zu Seefischen. Die Butter darf nur vergehen, aber nicht heiß werden, damit sie den frischen Geschmack behält; man giebt sie dann nicht zu schwach gesalzen zu dem Fische.

350. Bearner Sauce. Sauce Bearnaise. Für 4 Personen nehme eine fein gewiegte Chalotte, lasse sie in einer Casserole in etwas Essig trocken eindämpfen, ohne daß sie ihre helle Farbe verliert und dann kalt werden. Dann giebt man 2 Eigelb, 2 Unzen Butter, 2 Eßlöffel Fleischbrühe und etwas Salz an die erkalteten Zwiebeln, und schlägt diese Sauce in einem Wasserbad mit einer kleinen Schneeruthe ab, bis sie dick wird, nimmt sie vom Feuer, vermischt sie mit etwas fein gewiegter Petersilie und etwas Fleischextract, giebt sie zu Beefsteaks oder Hammelscoteuettes zu Tisch, welches alles vorher fertig sein muß, weil die Sauce, wenn sie fertig ist, sofort aufgetragen werden muß. · Die Sauce wird zuerst auf die Platte gegossen und die Fleischstücke darauf gelegt.

351. Krausemünzsauce. Mint Sauce. Man nimmt 2 Eßlöffel grüne Krausemünze, fein g.hackt, 1 Eßlöffel pulverisirten Zucker, eine ½ Theetasse Eideressig, hackt die Krausemünze, giebt den Zucker und Essig in eine Sauce-Terrine und rührt die Krausemünze hinein, dann läßt man sie an einem kühlen Ort 15 Minuten stehen, ehe man sie zur Tafel giebt.

352. Weiße deutsche Sauce. Allemand. In 2 Suppenlöffel große, weiße Sauce (No. 322) nehme 2 Zwiebel, ½ Quart weißen Wein, 3 Unzen in Würfel geschnittenen rohen Schinken, etwas Salz, 1 Eßlöffel weiße Pfefferkörner und die abgeschälte Schale einer Citrone. Hierauf lasse man die Sauce noch eine Stunde langsam fortkochen, passire sie durch ein feines Haarsieb, rühre sie einige Mal unter einander und gebe sie bis zum Gebrauche in ein warmes Bad.

353. Legirte deutsche Sauce mit Champignons. Vorhergehende Sauce wird vor dem Anrichten mit einer Liaison von 6 Eigelb, welche mit ebensovielen Eßlöffeln süßer Milch und dem Safte einer Citrone verrührt werden, gebunden (legirt), hierauf noch eine kleine Minute auf dem Feuer abgerührt, durch ein feines Haarsieb gestrichen und wie vorhergehende Sauce beendet.

N B. Wird die Sauce als Champignon-Sauce verwendet, so gebe man noch 4 Eßlöffel voll schön weiß gedämpfte, fest geschlossene kleine Champignons, nebst 2 Eßlöffeln von deren Safte vor dem Gebrauche darunter.

354. Weiße Kraftsauce. Sauce Suprême. Zur großen, weißen Sauce (No. 322) nimmt man bei dieser statt gewöhnlicher Fleischbrühe, Hühnerbrühe (No. 4); man behandelt sie alsdann gleich der weißen deutschen Sauce, legirt sie vor dem Anrichten mit einer Liaison von 6 Eigelb, passirt sie durch ein feines Haarsieb und stellt sie bis zum weiteren Gebrauche, gleich den anderen Saucen, bei Seite.

355. Weiße Rahmsauce. In eine Casserole gebe man ungefähr ein ¼ Pfund frische Butter, und in diese 4 Kochlöffel feines, weißes Mehl nebst einem ¼ Pfund in Würfel geschnittenen rohen Schinken und einem ½ Pfund fein geschnittenes rohes Kalbfleisch. Dieses läßt man nun einige Augenblicke sehr langsam rösten, so daß das Mehl keine Farbe nimmt, und füllt es dann nach und nach mit 2 Quart süßen Rahmes und zwar unter beständigem Rühren auf; nun füge man noch 2 Suppenlöffel weiße deutsche Sauce und 1 Zwiebel dazu und lasse die Sauce unter anhaltendem Rühren 2 Stunden langsam kochen, würze sie mit Salz, weißem Pfeffer, geriebener Muskatnuß, passire sie durch ein feines Haarsieb und stelle sie bis zum Gebrauche in ein warmes Bad.

356. Buttersauce zu Gemüsen. In ein ¼ Pfund Butter gebe man 4 Kochlöffel feines Mehl, lasse dieses einige Augenblicke etwas hellgelb anziehen und fülle es hierauf mit 3 Suppenlöffeln kräftiger, weißer Fleischbrühe nach und nach unter beständigem Rühren auf, würze sie mit Salz, lasse die Sauce noch eine ½ Stunde durchkochen und verwende sie alsdann zum Ausmachen der Gemüse (siehe Abschnitt von den Gemüsen).

357. Buttersauce zu Spargeln. 1 Kochlöffel feines Mehl wird mit etwas Wasser glatt gerührt; hierauf gebe man ungefähr ein ¼ Pfund sehr frische, süß schmeckende Butter, nebst 6 Eigelb und dem Safte einer Citrone dazu, rühre Alles gut untereinander, fülle die Sauce mit zwei Drittheil kräftiger Fleischbrühe und einem Drittheil Spargelwasser auf, gebe etwas Salz, weißen Pfeffer, sowie geriebene Muskatnuß und nach Belieben 3—4 Eßlöffel sauren Rahm dazu, und rühre das Ganze auf dem Feuer bis zum Kochen zu einer zarten, ziemlich dicken Sauce ab (kochen darf sie jedoch nicht, indem sie sonst gerinnen würde); nun streiche man sie durch ein feines Haarsieb und stelle sie gleich den vorhergehenden Saucen in ein warmes Bad. Sollte sie zu dick sein, so verdünne man sie mit noch etwas Spargelwasser.

358. Buttersauce zum Blumenkohl. Diese Sauce unterliegt ganz derselben Behandlung und Beendigung wie die vorhergehende; nur nehme man bei dieser halb Fleischbrühe und halb Blumenkohlwasser.

359. Buttersauce zu Artischocken. Auch diese Sauce erleidet dieselbe Behandlung wie die Spargelsauce, nur nehme man hier blos Fleischbrühe und einige Eßlöffel saueren Rahm, indem das Artischockenwasser sehr bitter macht; im Uebrigen jedoch beende man die Sauce wie die für Spargeln.

360. Petersilie Sauce,

361. Capern Sauce, weiß,

362. Holländische Buttersauce. Sauce hollandaise. Gleich den obigen unterliegen auch diese drei Arten ganz derselben Behandlung, nur mit einigen unbedeutenden Veränderungen. In die erstere (No. 360) gebe man ziemlich Citronensaft und vor dem Anrichten 2 Eßlöffel fein gehackte Petersilie. In die zweite, vor dem Anrichten, statt der Petersilie 2 Eßlöffel feine Capern, nebst 1 Eßlöffel Capernessig. Diese werden nur mit Fleischbrühe aufgefüllt, und die dritte, die man meist zu Fischen gebraucht, rühre man mit 2 Theilen kräftiger, weißer Fleischbrühe und 1 Theile von der Brühe ab, worin der Fisch, zu welchem sie bestimmt ist, gekocht wurde; in der Regel giebt man in diese vor dem Anrichten entweder etwas kleine Capern oder fein gehackte Petersilie. Sie werden ebenfalls gleich den andern mit Salz, weißem Pfeffer und geriebener Muskatnuß gewürzt und ebenso beendet.

363. Holländische Buttersauce auf andere Art. 10 Eigelb werden in eine Casserole nebst 1 Anrichtlöffel voll legirter Sauce und einem ¼ Pfund Butter gethan. Man stellt nun diese Casserole in eine größere, worin sich kochendes Wasser befindet und schlägt die Masse so lange mit einem Schneebesen vor, bis sie heiß ist, fügt alsdann 1½ Pfund Butter unter stetem Schlagen, nebst dem

Saft von 3 Citronen bei. Das Ganze wird hierauf durch ein feines Haarsieb durchgeseihet und bis zum Gebrauche in ein warmes Bad gestellt. NB. Sollte diese Sauce während der Herstellung gerinnen, so gieße man etwas kaltes Wasser bei. Diese Sauce kann zu allen abgesottenen Fischen ge= geben werden.

364. Austernsauce. 2 Petersilienwurzeln, 1 gelbe Rübe, 1 Zwiebel werden in Scheiben geschnitten und in 3 Unzen Butter gedämpft, 2 Eßlöffel Mehl darauf gestreut und dies ebenfalls 10 Minuten gedämpft; dann nimmt man 1 Lorbeerblatt, Citronenschale und 4 Gewürznelken dazu, gießt gute Fleisch= brühe und den Saft einer Citrone daran, läßt die Sauce 1 Stunde kochen und preßt sie durch ein Sieb. 24 Austern werden aus ihren Schalen genommen, die abgeschnittenen Bärte und das Wasser aus den Schalen mit ¼ Pint weißem Wein einigemal aufgekocht und an die Sauce geschüttet. Die Austern werden dazu gethan und bis an das Kochen gebracht, dann mit Muskatnuß gewürzt und mit 4 Eidotter abgezogen. Einfacher ist es, wenn man eine helle Butter= sauce mit einigen fein gewiegten Sardellen und Citronensaft kocht, durch ein Sieb streicht und auf die angegebene Weise die Austern dazu thut und mit 3 Eigelb abzieht.

365. Feine Kräutersauce. ¼ Pfund rohen Schinken, 14—16 Chalot= tenzwiebeln, ein kleines Stückchen von einem Lorbeerblatt, einige ganze Pfeffer= körner, ein Stück von einer gelben Rübe und von einer Selleriewurzel dämpft man zusammen in 3 Unzen Butter weich, nimmt 2 Kochlöffel Mehl dazu, dämpft dies auch noch ein wenig mit und füllt es mit guter Fleischbrühe auf, läßt es ¾ Stunden langsam von der Seite kochen, nimmt das Fett ab, läßt es durch ein Haarsieb laufen, nimmt dann 1 Theelöffel fein gehacktes Kerbelkraut, ebensoviel Sauerampfer, Petersilie und Esdragon, salzt die Sauce und rührt die Kräuter, ehe man sie anrichtet, in die kochend heiße Sauce. Dieselbe wird zu jungem zahmen Geflügel gegeben.

366. Krebssauce. Etwa 12—15 Krebse werden mit etwas guter Fleisch= brühe und 1 Glas Weißwein, 1 Zwiebel, 1 gelben Rübe, 1 Stückchen Sellerie, 1 kleinen Bouquet Petersilie, 2 Gewürznelken, einigen Pfefferkörnern, 1 kleinen Stückchen Lorbeerblatt und etwas Salz gekocht, ausgebrochen und die Schalen mit ¼ Pfund guter Butter fein gestoßen, aufs Feuer gestellt und unter fortwäh= rendem Rühren gekocht, bis die Butter hell ist. Dann wird es mittelst eines starken Tuches gut ausgedrückt und kalt gestellt. Die Brühe, die sich unter dem Butter gebildet, wird dann zu 3 Theilen eingekocht und kommt nun weiße Sauce dazu. Vor dem Anrichten mischt man die Krebsbutter und etwas Citronensaft darunter und giebt die Krebsschwänze, welche durchschnitten werden, hinein. Zu Fisch, Geflügel und Kalbfleisch passend.

367. Matrosensauce. Matelotte. 1—1½ Pfd. gewöhnliche Fische werden geputzt und gewaschen, dann mit 1 Glas guten Rothwein, etwas guter brauner Brühe (No. 3), Salz, 1 Zwiebel, gelbe Rüben, Sellerie, Lorbeerblatt, 2 Nelken, ganzem Pfeffer so lange gekocht, bis der Fisch weich ist, letzterer wird herausge= nommen und die Brühe mit brauner Sauce gemischt, bis zur gehörigen Dicke eingekocht und zu Fisch, hauptsächlich Forellen oder Salm, servirt. Auch können obige Stückchen Fisch, wovon die Sauce bereitet, dazu gegeben werden.

368. Polnische Sauce. 2 Eßlöffel voll Mehl werden mit einem Stück frischer Butter gebräunt, mit kochender Zungenbrühe oder Wasser abgerührt, dazu gut 2 Unzen Rosinen, 1 Tasse Rothwein, Citronensaft oder etwas Essig, Citronenschale, Muskatblüthe, einige gestoßene Nelken, etwas Zucker und Salz. Die ganze oder in Scheiben geschnittene Zunge wird in dieser Sauce so lange gestovt, bis die Rosinen weich geworden sind, dann gebe man eine reichliche Messerspitze Fleischextract hinzu, wodurch die Sauce sehr an Geschmack und Farbe gewinnt.

369. Schnittlauchsauce. In hellbraune Einbrenn von 2 Löffel Schweinschmalz giebt man eine Handvoll geschnittenen Schnittlauch und wenn er etwas abgedünstet ist, Fleischbrühe und etwas sauren Rahm und läßt die Sauce verkochen.

370. Selleriesauce. 2 oder 3 gutgereinigte Selleriewurzeln werden in Würfel zerschnitten, mit etwas geriebener Muskatnuß und Salz in einem eigroßen Stück Butter ½ halbe Stunde lang unter fortwährendem Aufschütteln gedämpft. Nun wird ein schwacher Kochlöffel voll Mehl darauf gestreut, den man anziehen läßt und dann so viel gute Fleischbrühe daran gethan, daß nur wenig Brühe da ist. Die Farbe der Sauce wird schöner, wenn man ein Stück Butter mitdämpft.

371. Orangensauce. (Bigarade). 1 Orange wird fein geschält und die Schalen fein länglich geschnitten, in heißem Wasser weichgekocht und auf die Seite gestellt. Der Saft der Orange wird mit 2 Löffel voll guter Jus No. 4 heiß gemacht und mit großer, brauner Sauce No. 321 angegossen, durch's Tuch passirt und obige Schalen vor dem Anrichten dazu gegeben. Die Sauce ist zu Enten, auch zu Ochsenfleisch zu geben.

372. Brodsauce, engl. Breadsauce. Eine zerschnittene Zwiebel wird mit etwas Pfeffer und Milch zu einem Brei gekocht, dieser über geriebenes Weißbrod gegossen, nach einer Stunde mit einem Stück Butter und etwas Mehl aufgekocht und zu Tisch gegeben.

373. Weiße Sardellensauce. Man kocht die Gräten von denjenigen Sardellen, welche zu dieser Sauce gebraucht werden sollen, giebt hiezu etwas grobgestoßenen weißen Pfeffer und Nelken, 1—2 Lorbeerblätter, ein wenig Citronenschale und kräftige Bouillon, welche von Fleischabfall gekocht sein kann. Dann schwitze man einige gehackte Chalotten oder Zwiebel in Butter, lasse 1—2 Löffel Mehl darin gelb werden, zerrühre das Mehl mit der kochenden Brühe und streiche sie durch ein feines Sieb. Darnach bringe man die Sauce zum Kochen, würze sie mit Sardellenbutter oder einigen Sardellen, welche mit Butter fein gehackt werden, Citronensaft, ½—1 Glas weißen Wein, etwas feingestoßene Muskatblüthe und rühre die Sauce mit 1—2 recht frischen Eidottern und einem Stückchen frischer Butter ab.

Anmerkung. Das Abkochen der Gräten ersetzt einige Sardellen. Die Sauce muß stark gebunden sein.

374. Provencersauce. 8—10 Chalottenzwiebel werden sehr fein gehackt und mit 3 Eßlöffel voll gutem Provenceröl gedämpft, das Oel abgeschüttet und kommen zu den Zwiebeln 1 Glas guter Weißwein und 1 Löffel voll weißes Consommee; ist dies stark zur Hälfte eingekocht, dann wird weiße Sauce dazu gethan, richtig gesalzen und zu Fisch, Geflügel oder Kalbfleisch servirt.

375. Mayonnaise oder Oelsauce. Man nimmt eine kleine Schüssel schlägt 2—4 Eigelb hinein und rührt sie mit etwas Salz und Pfeffer, bis sie dick werden und nimmt dann einen Eßlöffel voll Oel und gießt dasselbe tropfenweise unter beständigem Rühren zu den Eigelben. Sowie sich dieselben verdicken, kann immer etwas mehr Oel eingerührt werden und so fort, bis das Oel aufgegangen ist; nun würze man die Sauce mit feinem Salz, weißem Pfeffer und dem Safte einer Citrone und stelle sie bis zum Gebrauche an einen kalten Ort, indem man sie von Zeit zu Zeit einige Male umrührt; sollte die Sauce gerinnen, was hier sehr leicht geschehen kann, so gebe man in ein anderes Schüsselchen noch ein Eigelb und verrühre dieses, indem man nach und nach immer einen Kaffeelöffel voll von der geronnenen Sauce dazugiebt und solches so lange wiederholt, bis die geronnene Sauce aufgegangen und wieder gebunden ist. Oder man macht die Oelbutter auf folgende Art: Acht hartgekochte Eidotter werden durch ein Haarsieb gestrichen, unterdessen rühre man 3 Unz. der besten süßen Butter, nachdem solche etwas vergangen ist, recht schaumig, mische sodann das durchgestrichene Eigelb darunter, füge zuletzt unter stetem Rühren ein Trinkglas feines Olivenöl und ¼ Glas guten Wein- oder Esdragon-Essig theelöffelweise der Butter bei und würze das Ganze mit feinem Salze und weißem Pfeffer. Diese Sauce muß sehr flaumig sein und einen angenehmen Geschmack besitzen.

376. Kalte Häringssauce. 2 gereinigte und völlig ausgegrätete Häringe werden mit nußgroß Butter fein gestoßen. 3 harte Dotter, die fein gehackt sind, werden zu dem gestoßenen Fisch in eine Porzellanschüssel genommen, mit Citronensaft, Weinessig und Oel gut verrührt und mit Jamaicapfeffer gewürzt. Diese Sauce kann zu allen Braten gegeben werden.

377. Sauce Diable, kalt. Einige feingehackte Chalottenzwiebel, Petersilie 6—8 Wachholderbeeren, Mayonnaise mit Senf und wenig gestoßener Zucker darunter.

378. Sauce Tartare. Sauce Mayonnaise mit Senf, gehackten Capern, Essiggurken und Petersilie mit Senf oder Peterilie allein, wird auch Remoulade genannt.

379. Preißelbeer-Sauce (Cranberry Sauce). Man wäscht und sortirt ein Quart reifer Preißelbeeren gut aus, giebt sie mit einer Tasse Wasser in eine Pfanne und dünstet sie langsam und rührt sie oft auf, bis sie die Dicke einer Marmelade erreicht haben. Sie brauchen wenigstens eine und eine halbe Stunde zum Kochen. Wenn man sie vom Feuer nimmt, treibt man sie durch, was aber nicht durchaus nöthig ist, versüßt sie stark mit weißem Zucker. Wenn man sie während des Kochens versüßt, so wird die Farbe nicht schön. Man giebt sie in eine Form und läßt sie kalt werden.

380. Warme Kräuter-Sauce. (Ravigotte). Gleiche Theile Esdragon-blätter, Kerbel, Kresse, Petersilie und etwas Schnittlauch werden sauber ge-waschen und in siedendem Wasser schnell weichgekocht, abgeschüttet, ins kalte Wasser gethan, wiederholt abgeschüttet, tüchtig ausgedrückt und im Mörser mit ¼ Pfund süßer Butter feingestoßen, dann durch ein sehr feines Sieb gestrichen und bis zum Gebrauch aufbewahrt. Unterdessen werden 2 Eßlöffel voll Esdragon-Essig mit einer Prise weißem, gemahlenem Pfeffer zur Hälfte einge-dampft, mit ½ Quart weißer, mit Eigelb abgezogener Sauce aufgefüllt, und wenn dieselbe aufgekocht, durch ein Haartuch geseiht, mit obiger grüner Butter ver-mengt und mit Citronensaft im letzten Augenblicke verschärft. Diese Sauce ist zu Fischen und Geflügel verwendbar.

381. Ravigotte, kalt. Kräuter, wie bei warmer ravigotte, werden ebenso blanchirt, mit einem gekochten Eigelb und etwas Provenceröl fein zerrieben, durch ein feines Haarsieb gestrichen und mit Mayonnaise angerührt. Zu Geflügel, gebackenen und kalten Fischen zu serviren.

382. Cumberland-Sauce zu Pasteten oder Wild. 1 Eßlöffel englischer Senf, der Saft von 1 Citrone, 1 Glas Portwein, 1 Glas Johannisbeer-Gelee und etwas Cayenne-Pfeffer werden kalt untereinander gerührt.

383. Apfel-Sauce. Man schält die Aepfel, nimmt das Kerngehäuse heraus und schneidet sie in Spalten — die Aepfel müssen reif und herb sein ; dann dünstet man sie, mit Wasser bedeckt, bis sie zerfallen. Nun drückt man sie zu einem Brei, rührt ein gutes Stück Butter dazu und zuckert sie nach Ge-schmack.

Apfelsauce gehört stets zu gebratenem Schweinefleisch oder frischem Schweinefleisch in jeder Gestalt. Wenn man will, kann man etwas Muscatnuß dazu geben.

Süße Saucen.

384. Wein-Chaudeau. ½ Quart Weißwein, 10 Eigelb, ¼ Pfd. Zucker wird auf dem Feuer schaumig geschlagen, schließlich 2 Eßlöffel voll guter, alter Rum beigegeben und zu Pudding ꝛc. servirt.

385. Wein-Chaudeau mit Rum — mit Maraschino — mit Kirschen-wasser — mit Vanille. Alle diese Arten Chaudeau werden ganz auf vorher-gehende Weise zubereitet ; bei jenen von Liqueuren gebe man immer auf obiges Verhältniß zu dem Wein ungefähr zwei kleine Gläschen voll von demjenigen Liqueur, welchen man zu dem Weinschaum verwenden will und beende denselben. Bei dem von Vanille nehme man ½ Stange Vanille, spalte dieselbe der Länge nach in zwei Hälften und hole das Mark mit einer Messerspitze heraus, welches alsdann in den Chaudeau gegeben und mit demselben abgeschlagen wird.

386. Abgerührte Weinsauce. Zu 1 Eßlöffel Mehl gebe man 4 Unzen weißen Zucker, 6 Eigelb, ein großes Stückchen frische Butter und rühre dieses mit etwas Wasser nach und nach glatt; gebe hierauf ¼ Quart weißen Wein, ein Stückchen Zimmet, nebst der abgeschälten Schale und dem Safte einer Citrone dazu, rühre dieses auf dem Feuer bis zum Kochen zu einer etwas dicken Sauce ab und passire es durch ein feines Haarsieb. Wie der Weinschaum, unterliegt auch diese verschiedenen Veränderungen; so macht man sie z. B. gleich jenen von Liqueuren, Vanille, Orangen, Zimmt ꝛc.

387. Kalte Punschsauce. Wird gemacht wie die vorhergehende, nur nehme man statt der ganzen Eier 3 große oder 4 kleine Eidotter, rühre die Sauce bis vorm Kochen und mische kalt 1 Glas Arrak durch. — Zu kalten Puddings passend.

388. Rothe Weinsauce mit Corinthen. Es werden 1—2 Unzen ge=reinigte Corinthen, ½ in Scheiben geschnittene Citrone — die Kerne entfernt — und einige Stückchen Zimmt in reichlich ¼ Quart Wasser zugedeckt ¼ Stunde langsam gekocht, wo alsdann die Corinthen weich sein werden. Dann gebe man reichlich ¼ Quart Wein und Zucker hinzu und rühre, wenn die Sauce vor dem Kochen ist, so viel Kornstärke mit etwas Wasser verrührt hinzu, als nöthig ist, sie etwas zu binden, wozu nur eine Kleinigkeit gehört. Die Kornstärke bedarf zum Garwerden nur des Aufkochens.

389. Kalte rothe Weinsauce mit Rum. Dieselbe wird gemacht wie rothe Weinsauce, jedoch stärker versüßt. Nachdem sie vom Feuer genommen ist, wird 2 Wallnuß dick frische Butter durchgerührt und etwas abgekühlt mit einer kleinen Tasse Rum vermischt.

390. Sauce von Kirschen, Himbeeren, Johannisbeeren, Erdbeeren, Aprikosen und Pfirsichen. Alle diese Saucen, sowie noch verschiedene andere Obstsaucen, als von Erdbeeren ꝛc. werden auf folgende Art bereitet: Ungefähr 1 Pfund frische Weichsel= oder Schwarzkirschen werden mit ihren Steinen in einem Mörser gestoßen. Die Himbeeren und Johannisbeeren, ungefähr 1½ Pfund, werden roh durch ein Haarsieb gestrichen, mit dem nöthigen Zucker ver=süßt, die Schale einer Citrone nebst einem Stück ganzen Zimmt und einem Pint weißen Wein beigegeben. Dieses läßt man sodann einmal aufkochen. Unter=dessen verrührt man 1 Eßlöffel Arrowroot=Mehl mit etwas kaltem Wasser zu einer dünnen Brühe und läßt diese unter einigem Rühren in die kochende Sauce einlaufen, damit dieselbe etwas verdickt werde; die Sauce muß sodann noch eine ¼ Stunde fortkochen, worauf sie vor dem Anrichten nochmals durch ein feines Haarsieb passirt wird. Zu der Aprikosensauce nehme man ungefähr 12 Stück Aprikosen, schneide sie auf und nehme die Kerne davon heraus; darauf gebe man sie mit etwas kaltem Wasser zum Feuer und lasse sie so lange darauf stehen, bis sie weich geworden sind; dann streiche man sie durch ein Haarsieb, gebe zu dem durchgetriebenen Mark ungefähr 1 Pint weißen Wein nebst dem nöthigen Zucker und der abgeschälten Schale einer Citrone, lasse die Sauce einigemal gehörig durchkochen, passire sie zum zweitenmal durch ein Haarsieb und verwende sie alsdann zu anderweitigem Gebrauche.

391. Ungekochte Sauce von Johannisbeerfaft. Nachdem die Johannisbeeren wie zu Gelee ausgepreßt sind, gebe man den Saft in eine Schale und rühre ihn kurz vor dem Anrichten mit geriebenem durchgesiebtem Zucker eine ¼ Stunde. Man kann zu 1 Pfund oder zu einem ½ Quart Saft ein ½ Pfund Zucker rechnen.

392. Rahmsauce. 1 Eßlöffel feines Mehl wird mit etwas kaltem Wasser glatt gerührt; sodann gebe man ein nußgroßes Stück frische Butter nebst 6 Eigelb und 2 Unzen weißen Zucker dazu, rührt dies Alles gut untereinander und fülle es hierauf mit 1 Pint süßen Rahm oder guter Milch auf, gebe noch etwas abgeschälte Citronenschale nebst einem Stückchen Zimmt dazu und rühre dieses bis zum Kochen auf dem Feuer zu einer etwas dicken Sauce ab, worauf solche durch ein feines Haarsieb getrieben und verwendet wird.

393. Rahmsauce mit Vanille. Zu vorhergehender Sauce gebe man statt Citronenschale und Zimmt eine halbe, der Länge nach gespaltene Stange Vanille und beende diese Sauce ebenfalls der vorhergehenden gleich.

394. Rahmsauce mit Kirschwasser. Auch diese Sauce erleidet ganz dieselbe Behandlung wie die beiden vorhergehenden; man gebe nur zur Veränderung des Geschmackes 1 Gläschen Kirschwasser statt Zimmt.

X. Von den Fisch-, Dampf-Brühen und Essigbeitzen.

395. Fischbrühe (Sud). Hierzu nehme man 2 Quart guten Weinessig, 6 Quart Wasser, 3 gelbe Rüben, 4 Zwiebel, einige Gewürznelken, 1 kleine Handvoll Pfefferkörner, 3 Lorbeerblatt nebst dem nöthigen Salze, lasse die Brühe ins Kochen kommen und gebe alsdann die Fische hinein.

396. Weiße Dampfbrühe. 2 Zwiebel, 2 gelbe Rüben werden in Scheiben geschnitten und mit einem ½ Pfund frischer Butter eine ½ Stunde langsam geschwitzt, ohne daß die Wurzeln jedoch gelb anziehen, hierauf mit 1 Quart Fleischbrühe aufgefüllt, 2 Lorbeerblätter, ein ¼ Pfund in Würfel geschnittener, gesalzener Speck, 1 Glas weißer Wein, einige Gewürznelken, mehrere Citronenscheiben, Pfefferkörner und etwas Salz der Brühe beigegeben, worauf solche zum Dämpfen sehr verschiedener Fleischarten gebraucht wird.

397. Essigbeitze. Das zum Beitzen bestimmte Fleisch wird mit in Scheiben geschnittenen Zwiebeln, gelben Rüben, Citronen belegt; ganze Pfefferkörner, einige Lorbeerblätter, desgleichen Gewürznelken, ein Sträußchen Petersilie und

etwas Salz werden darüber gegeben, hierauf mit soviel gutem Weinessig über=
gossen, daß derselbe die Oberfläche des Fleisches überdeckt. Dieses muß nun in
dieser Beize 2 Tage liegen bleiben.

XI. Von den Fischen. — Fish.

398. Gekochter Karpfen. Carp. Ein Karpfen wird, nachdem er sau=
ber geschuppt, ausgenommen und gewaschen ist, in zweifingerbreite Stückchen
geschnitten (man kann auch, nachdem die Floßfedern abgehackt sind, denselben
ganz lassen) und diese werden in die kochende Fischbrühe (No. 395) eingelegt,
aufgekocht und läßt man sie dann langsam eine starke ¼ Stunde zugedeckt an=
ziehen; sodann richte man die Stückchen in schöner Ordnung warm an, garnire
sie mit ganzer Petersilie und Citronenstückchen und bringe das Ganze hierauf zu
Tische.

399. Karpfen mit holländischer Sauce. Vorhergehend gekochter Karpfen
wird, nachdem er angerichtet ist, mit einer holländischen Sauce (No. 362 oder
363) begossen und zu Tische gebracht.

400. Karpfen mit holländischer Sauce und Capern,

401. Karpfen mit holländischer Sauce und Petersilie. Bei diesen Ge=
richten vermische man mit der holländischen Sauce entweder kleine Capern oder
etwas feingehackte Petersilie.

402. Karpfen in Rothweinsauce. Man schuppt den Karpfen und fängt
in einer kleinen ½ Tasse Essig das Blut auf, verfährt übrigens mit der Vorbe=
reitung nach vorhergehender Nummer. Sind die Stücke gewaschen, so thut man
sie nebst Salz, geschnittenen Zwiebeln, grobgestoßenem Pfeffer und Nelken,
Citronenscheiben und Lorbeerblättern in eine Casserole, giebt etwas Weißbier
oder Wasser und übrigens so viel Rothwein hinzu, daß der Karpfen eben bedeckt
ist. Sodann nimmt man, so gut es thunlich ist, den Schaum ab, giebt ein
großes Stück Butter nebst etwas feingestoßenem Zwieback hinein und läßt den=
selben nicht gar zu stark kochen. Kurz vor dem Anrichten rührt man das Blut
und ein Stück Zucker durch, legt den Karpfen in eine Schüssel und rührt die
Sauce, welche recht gebunden sein muß, durch ein Sieb darüber.

403. Karpfen mit polnischer Sauce. Die Karpfen werden wie No 402
geschlachtet, dann geschuppt, gespalten, in Stücke geschnitten und das Blut in
Essig aufbewahrt. Zu 3 Pfund derselben nimmt man etwa 3 gelbe Rüben,
1 Pastinake, 2 Petersilienwurzeln, 3 Zwiebel, ¼ Sellerieknolle, schneidet dies
alles in Scheiben, thut es in eine Casserole nebst etwas Ingwer, einigen Nelken,
Pfefferkörnern und etwa 2 Lorbeerblättern, gießt halb Bier, halb Wasser dazu
und läßt es ¼ Stunde kochen. Dann legt man die Karpfen hinein, streut das
nöthige Salz darauf, giebt 3 Unzen Butter, ½ Citrone, woraus die Kerne ent=
fernt, 1 Weinglas voll Essig (das was schon zum Blut gekommen mitgerechnet),

sammt dem Blut hinzu und läßt es fest zugedeckt noch ¼ Stunde kochen. Sind die Karpfen weich, so nimmt man sie aus der Brühe, setzt sie auf eine heiße Stelle, thut Pfefferkuchen oder geriebenes Weißbrod und 1 Glas Rothwein an die Sauce, rührt sie durch ein Sieb und giebt sie theils über die Karpfen, theils dazu. Es werden Kartoffeln dazu gereicht. Das Bier darf nicht bitter und die Sauce muß dicklich sein.

404. Gefüllter Karpfen. Man schuppt den Karpfen, nimmt ihn aus, salzt ihn und löst von der einen Seite das Fleisch, welches zwischen Kopf und Schwanz sitzt, behutsam ab, so daß beide Theile an der Haut hängen bleiben und weder Rückgrat noch Haut beschädigt werden. Dann hackt man das herausgeschnittene Fleisch, nachdem man die Gräten entfernt hat, recht fein, reibt ein reichliches Stück Butter zu Sahne, rührt hinein: 2 Eier, etwas in Wasser eingeweichtes und wieder ausgedrücktes Weißbrod, 1—2 Chalotten, Citronenschale, Salz, Muskatblüthe und zuletzt das gehackte Karpfenfleisch. Findet man die Farce zu weich, so fügt man ein wenig geriebenes Weißbrod, andernfalls etwas Wasser hinzu und streicht sie in die Lücken des Karpfens, so daß er seine vorige Gestalt wieder erhält, bestreut ihn mit Zwieback, legt ihn nebst Butter auf Speckscheiben in eine Pfanne, die gefüllte Seite nach oben und läßt ihn unter öfterem vorsichtigen Begießen im Ofen gar und gelb werden.

Kann man einen Deckel mit Kohlen auf die Pfanne legen, so wird der Karpfen noch besser.

405. Ganzer Karpfen gebacken. Der Karpfen wird geschuppt, gewaschen, nicht der Bauch, sondern der Rücken aufgeschnitten, eingesalzen, nach einer Stunde abgetrocknet, in Ei und Brodkrumen umgewendet, in einer flachen Pfanne in kochender Butter oder mit Schmalz schön gelb gebacken und heiß angerichtet. Die Pfanne darf man beim Backen der Fische nicht zudecken, weil sie sonst weich werden; dasselbe geschieht auch, wenn man sie nicht sofort zur Tafel giebt.

Man kann die Fische auch in Stücke schneiden und im Uebrigen auf die gleiche Weise verfahren.

406. Aal und Karpfen a la matelote. Der Aal wird gehäutet und der Karpfen geschuppt, beide zerschnitten und gesalzen. 1 Dutzend kleine Zwiebeln wird in Butter braun gemacht, einige Löffel Mehl dazu gethan, 1½ Quart Rothwein hineingegossen, Salz, Pfeffer und Küchenkräuter und ein Stückchen ungeschälter Knoblauch dazu gefügt. Nun läßt man alles 20 Minuten dämpfen, thut dann zuerst die Aalstücke und nach ¼ Stunde die Karpfenstücke dazu nebst etwas Cognac und läßt das Ganze abermals ¼ Stunde schmoren, worauf man die Matelote anrichtet.

407. Karpfen in Sulze (Gelee) wird wie Aal in Gelee behandelt, der Karpfen ebenso.

408. Gekochter Hecht. Ein 3—4pfündiger Hecht wird geschuppt oder besser rasirt, d. h. man setzt ein scharfes Messer unten am Schwanze des Fisches zwischen Schuppen und Haut ein und schneidet erstere alsdann weg; er wird hierauf ausgenommen, die Floßfedern werden abgehauen und gewaschen, der

Schwanz wird in den Rachen zwischen die Zähne gesteckt, so daß der Hecht einen Ring bildet; nun setze man das nöthige Salzwasser zum Feuer, gebe, wenn es kocht, den Hecht hinein, lasse ihn einmal aufkochen und alsdann zugedeckt ¼ Stunde langsam anziehen; man hebe ihn hierauf mit einem Schaumlöffel behutsam heraus, lasse ihn ablaufen, richte ihn auf die zum Anrichten bestimmte Schüssel an, bestreue ihn mit feingehackter Petersilie und bringe ihn zu Tische. Rein ausgelassene, frische Butter und abgekochte Kartoffeln werden besonders dazu servirt.

409. **Hecht mit holländischer Sauce,** with hollandaise Sauce. Der auf vorhergehende Art abgekochte Hecht wird angerichtet, mit holländischer Sauce (No. 363) begossen und zu Tische gebracht. Nach Belieben kann er rund umher mit abgekochten Krebsen garnirt werden.

410. **Hecht mit Buttersauce und Capern.** Wird ebenso zubereitet wie vorhergehender, nur daß man die Sauce (No. 362 oder 363) mit einem Theil Fischwasser und zwei Drittheilen Fleischbrühe mengt und Capern in die Sauce legt.

411. **Hecht in Rahmsauce.** Wenn der Hecht geputzt, ausgenommen und die Ohren ausgeschnitten sind, wird er in beliebige Stücke geschnitten und ein Glas Essig darüber gegossen. Dann werden 2 Unzen Sardellen rein gewaschen, von den Gräten gesäubert und nebst ein wenig Citronenschale ganz fein geschnitten. Auf die Platte, worauf der Fisch zu Tisch kommt, schneidet man kleine Stücke Butter, thut etwas Muskatblüthe und die Hälfte von den gehackten Sardellen darauf, nimmt den zerschnittenen Hecht aus dem Essig, trocknet ihn mit einem Tuche ab, legt ihn auf die Platte, schneidet frische Butter darauf, thut die übrigen Sardellen nebst Muskatblüthe und so viel Mehl als zwischen 3 Fingern gefaßt werden kann, darüber, gießt ¼ Quart süßen Rahm oder Fleischbrühe daran, deckt ihn zu und läßt ihn auf Kohlen kochen. Ist es zu wenig Sauce, so wird der Saft einer Citrone und Rahm nachgegossen. Vor dem Auftragen werden 4 Eidotter und der Saft von ½ Citrone wohl verrührt, von der Sauce langsam daran gegossen, dieselbe über den Fisch angerichtet und dieser, ohne weiter zu kochen, gleich zu Tische gebracht.

412. **Gespickter, gedämpfter Hecht,** larded Pike. Der Hecht wird geschuppt, ausgenommen, gewaschen und abgehäutet. Die Floßfedern werden abgehackt und der Fisch fein gespickt; alsdann setzt man ihn mit einer in Scheiben geschnittenen Zwiebel und einer gelben Rübe, 6 Unzen frischer Butter, einem Glas weißen Wein, einigen Pfefferkörnern und einem Lorbeerblatt in eine Bratpfanne, bestreut ihn mit feinem Salz, deckt ein gebuttertes Papier darüber und

dämpft oder bratet denselben im Ofen unter öfterem Begießen ¾ Stunden, passirt nun die Brühe, giebt etwas Citronensaft und Fleischextraft hinein und gießt diese Sauce, nachdem der Hecht angerichtet ist, darüber.

413. Hecht im Ofen, baked Pike. Der Hecht wird roh zubereitet, auf einer Seite gespickt und in einen Ring zusammengebogen, doch so, daß die gespickte Seite nach außen kommt; man bratet ihn alsdann ungefähr 10—12 Minuten, vor dem Anrichten nimmt man ihn einen Augenblick heraus, zieht das Papier davon ab, bestreicht die innere Seite mit zerlassener Butter und streut fein geriebene, weiße Semmeln darüber; er wird zum zweiten Male wieder in den Ofen gegeben und noch so lange darin gelassen, bis er vollends gar geworden und das Brod eine goldgelbe Farbe erhalten hat; dann richte man ihn auf eine Schüssel an, passire den eigenen Fond, welchen man gut abgeschmeckt hat, darüber.

414. Gefüllter Hecht, stuffed Pike. Wird ebenso behandelt wie gefüllter Karpfen (No. 404).

415. Hecht a la Chambord. Ein 4pfündiger Hecht wird fein überspickt, gebraten, über ein Ragout a la financiere (siehe Ragout) angerichtet, mit aufgelöstem Fleischextract bestrichen und rund umher mit Hechtklößchen und glasirten Kalbsmildjuern eingefaßt und obenauf mit ganzen, abgekochten Trüffeln garnirt.

416. Gekochter Aal, boiled Eel. Ein Aal wird, wenn ausgenommen und gewaschen, der Quere nach in 2-fingerbreite Stückchen geschnitten, welche nochmals sauber ausgewaschen werden. Unterdessen setze man Fleischbrühe zum Feuer, gebe in dieselbe, wenn sie kocht, die Aalstückchen, lasse das Ganze einigemal aufkochen und alsdann noch ungefähr 12—15 Minuten zugedeckt langsam anziehen. Die übrige Behandlung und Beendigung kommt indessen jener vom Karpfen ganz gleich).

417. Aal in Sulz, Eel in jelly. Man kocht 4 Kalbsfüße 3 Stunden, schöpft alles Fett von der Brühe ab und gießt diese sehr vorsichtig durch ein Tuch). Von 2 abgezogenen Aalen schneidet man die Flossen ab, macht Stücke, legt sie in eine Casserole mit einigen Chalotten, Lorbeerblättern, Citronenscheiben, Salz, Pfefferkörnern, etwas Peterfilienblättern und Thymian und gießt Weinessig und die Brühe der Kalbsfüße dazu. Wenn dies eine ¼ Stunde langsam gekocht hat, nimmt man den Aal heraus, gießt die abgefettete Brühe durch ein feines Sieb, fügt das zu Schaum geschlagene Eiweiß von 4 Eiern dazu, läßt alles zusammen noch einmal aufkochen, gießt es durch ein Seihtuch und etwas davon in eine beliebige Form; wenn es gestanden, legt man die Aalstücke hinein, halbe Citronenscheiben und Oliven dazu, übergießt es mit der übrigen Sulz und läßt es kalt werden. Bei dem Gebrauch wird die Form in warmes Wasser getaucht und dann umgestürzt. Gewöhnlich giebt man eine Remouladensauce dazu.

418. Aal gebraten, fried Eel. Der Aal wird abgezogen, zertheilt, mit Salz und Pfeffer eingerieben, abgetrocknet, mit Salbei umbunden, mit zerlassener Butter reichlich überpinselt, mit Citronensaft beträufelt und auf dem Rost gebraten; während des Rostbratens wird wiederholt mit Butter und Citronen=saft nachgeholfen und auf heißer Platte servirt. In einer Casserole mit Butter gebraten, bleibt er saftiger. Man stellt Citronenscheiben dazu auf.

419. Aal gebacken, fried. Die Stücke werden vorher gesalzen, in Ei und Weißbrodkrumen umgewendet, in offener Pfanne in gelb gewordener Butter gar, dunkelgelb und gut gebacken.

420. Gebratener Aal. Andere Sorte. Der abgezogene und in passende Stücke geschnittene, gut gereinigte Aal wird mit Salz eingerieben, mit Salbei=blättern umbunden, in offener Butter rasch gebraten und mit oder ohne die Salbeiblätter recht heiß angerichtet und mit Citronenschnitzeln umlegt. Beim Speisen wird der Aal, wie es bei Austern geschieht, mit Citronensaft reichlich beträufelt.

421. Aufgerollter Aal, rolled. Ist der Aal gereinigt und ausgeweidet, so nimmt man auch die Gräten heraus, legt ihn auseinander und streut Salz da=rüber; hat man kleine Aale, so näht man ein paar zusammen, damit die Rolle nicht zu schmal werde. Darauf macht man ein Füllsel von 4—5 hart gekoch=ten Eiern, Petersilie, Chalotten, Thymian und Majoran, alles gehackt, Mus=katnuß und Salz, und giebt, wenn man sie hat, einige kleine Fische gehackt hin=zu. Gut untereinander gemischt, streicht man dies über die inwendige Seite des Aals, rollt ihn fest auf einander, bindet vorsichtig Bindfaden darum, läßt Butter in einem Brattopf zergehen, stellt die Rolle in demselben in die Höhe und läßt sie rund herum gelb und weich braten. Beliebt es, den Aal auf diese Weise gefüllt zu kochen, so bindet man ein Tuch darum und kocht ihn in Wasser und Salz gar. Warm wird er zu jungen Erbsen, kalt in Scheiben geschnitten mit der Sauce Tartar oder a la diable gegeben.

422. Aal, marinirter, pickled. Der Aal wird abgezogen, ein paar Stunden in Wasser gelegt, 1 Stunde eingesalzen, zerschnitten, mit einem Tuche abgetrocknet, in einer sehr sauberen Pfanne in feinem Oel gebacken und zum Er=kalten auf Löschpapier gelegt. Zu dem in der Pfanne zurückgebliebenen Oel werden Chalotten, Pfefferkörner, ganze Muskatblüthe, einige Lorbeerblätter, Citronenscheiben ohne Kerne, gegeben und eine $\frac{1}{4}$ Stunde mit so vielem Essig und etwas Wasser gekocht, als nöthig ist, den Aal zu bedecken. Derselbe wird mit der kalt gewordenen Brühe übergossen und in einem steinernen Topfe bis zum Gebrauch an einem kalten Orte aufbewahrt.

Man kann den Aal ohne weiteres zierlich anrichten; oder es können die Aal=stücke eine gemischte Schüssel bilden. In letzterem Falle werden dieselben mit härtlich gekochten, in Viertel geschnittenen frischen Eiern, kleinen Essiggurken, eingemachten Perlzwiebeln, rothen Rüben zierlich durchgelegt und mit Capern überstreut.

423. Aal=Fricassee. Der abgestreifte Aal wird in zweifingerbreite Stücke geschnitten, in eine Schüssel gelegt, ein $\frac{1}{2}$ Glas Wein und 2 Eßlöffel voll Essig darüber gegossen. In einer flachen Casserole röstet man in 2 Unzen Butter einen kleinen Kochlöffel voll Mehl weiß, gießt den Wein, in dem der

Aal gelegen hat, und etwas Fleiſchbrühe dazu, thut einen ½ Eßlöffel Capern, 1 kleinen Theelöffel fein geſchnittene Peterſilie, halb ſo viel Citronenſchale, Salz und Muskatnuß darunter, und läßt es eine ½ Stunde langſam kochen. Nun legt man den Aal in die Sauce, doch ſo, daß kein Stück auf das andere zu lie= gen kommt; in einer ¼ Stunde iſt er fertig. Ehe der Aal zu Tiſch gegeben wird, verrührt man 3 Eidotter an die Sauce.

424. Aal, geräuchert, smoked. Die Haut wird abgezogen, der Aal in 2 Theile zerlegt, Kopf, Schwanz und Floſſen kommen weg. Man reibt ihn mit 3 Theilen Salz und 1 Theil Salpeter ein, läßt ihn 4—6 Tage liegen, dann wird der eingeſalzene Aal in einen reinen weißen Darm geſetzt oder mit Papier umwickelt und ſo in einen Rauch von Sägſpänen und Wachholderreiſern gehängt. Nach 5—6 Tagen abgenommen, wird er abgeſotten und bildet eine angenehme Beilage zum Sauerkraut oder Winterkohl.

425. Aal im Ofen, baked. Der abgeſtreifte, ausgenommene, gewaſchene Aal wird zuſammen geringelt, und damit er in der ſchönen geringelten Form bleibe, werden 2 hölzerne Spießchen hindurch geſteckt; er wird ſodann in eine flache Caſſerole eingeſetzt, die Dampfbrühe No. 396 darüber gegeben und in derſelben wird er beinahe gar gekocht; alsdann nehme man ihn aus der Brühe heraus, laſſe ihn etwas abkühlen, ſetze ihn in eine mit Butter beſtrichene, kupferne Pfanne, beſtreiche ihn allenthalben mit kalter, ſehr dicker, legirter deutſcher Sauce, ſtreue hierauf fein geriebene Semmeln darüber, beträufle ihn mit zerlaſſener Butter, ſetze ihn in einen mittelheißen Backofen, worin er ſo lange verbleibt, bis er vollends weich geworden iſt und die Brodkruſte eine ſchöne, goldgelbe Farbe erhalten hat; dann gebe man ihn auf die zum Anrichten beſtimmte Schüſſel, ziehe die Spießchen heraus, belege ihn obenauf mit Citronenſcheibchen, gebe eine weiße Kräuterſauce (No. 365) darunter und bringe das Gericht alsdann zu Tiſche.

426. Kalter Aal mit Ravigotte Sauce. Zu dem gekochten kalten Aal wird kalte Ravigotte= (380) oder Kräuterſauce (No. 365) gegeben.

427. Quappe. Eelpout. Unterliegt all den Bereitungsarten wie der Aal. Ihre große Leber wird für etwas Vorzügliches gehalten und muß deshalb mit auf den Tiſch kommen.

428. Salm oder Lachs (Salmon). Der Lachs wird geſchuppt, in zwei= fingerdicke Scheiben geſchnitten und gewaſchen. Dann wird Waſſer, ein Guß Eſſig, Salz, ganzer Pfeffer, Nelken und Nelkenpfeffer, nebſt einigen Lorbeer= blättern, Citronenſchale, auch, wenn man ihn gerade hat, etwas Rosmarin, zum Kochen gebracht, der Fiſch hineingelegt, geſchäumt und 5 Minuten gekocht. Darnach läßt man den Lachs bis zu ¼ Stunde langſam nachweichen. Man giebt ihn mit Kartoffeln und geſchmolzener Butter, welche aber nicht kochen, ſon= dern nur heiß werden darf, und mit feingehackter Peterſilie. Soll der Lachs kalt mit Oel und Eſſig gegeben werden, ſo nimmt man ihn aus der Fiſchbrühe, läßt ſolche erkalten und legt ihn dann wieder hinein bis zum Gebrauch. Es ge= hört zum Kochen des Lachſes weniger Salz als zu andern Fiſchen.

429. Lachs mit holländischer Sauce,

430. Lachs mit Capern Sauce,

431. Lachs mit Petersilie Sauce. Diese 3 Arten Lachs werden wie No. 428 gekocht, und zur ersten Art eine holländische Sauce zugegeben, zur zweiten eine holländische Sauce mit Capern, zur dritten eine holländische Sauce mit Petersilie gegeben.

432. Lachs in Sulz, in Jelly. Siehe Aal in Gelee (No. 417). Der Lachs erleidet die nemliche Behandlung.

433. Lachs mit Gelee, with Jelly. Nachdem der gekochte Lachs in der Fischbrühe erkaltet ist, nimmt man ihn behutsam heraus, läßt ihn abtrocknen und begießt ihn mehrere Mal mit halb erstarrter Fleischsulz, bis derselbe blank damit überzogen ist. Nun richte man den Lachs auf eine Platte an, garnire ihn mit Brunnenkresse oder Petersilie, hart gekochten Eiern und gehackter Sulz.

434. Lachs mit Austern Sauce. Der Lachs wird gekocht wie in No. 428 und mit Salzwasser, Kartoffeln und der in einer Sauciere beigegebenen Austernsauce servirt.

435. Lachs auf dem Roste. Broiled Salmon. Der in Scheiben geschnittene, ausgenommene Lachs wird, nachdem er mit einem Tuche gut abgetrocknet ist, in Oel eingetaucht, mit Salz und Pfeffer bestreut und auf dem Roste über starker Kohlengluth von 2 Seiten behutsam gebraten, so daß er beim Umwenden nicht zerbricht. Hierauf richte man ihn an und garnire ihn mit Citronenstückchen.

436. Lachs in Mayonaise. Salmon in mayonaise. Der weichgedämpfte, erkaltete Lachs wird in Würfel zerlegt und mit Salz, Oel und Essig gewürzt, dann wird eine runde Platte mit schön gelbem Indiviensalat garnirt, aus Kartoffeln, gelben und rothen Rüben und Selleriewurzeln verschiedene Formen geschnitten und mit einigen Löffel voll Mayonaise vermischt und daraus der Fond für die Platte gebildet, die Lachsstücke daraufgelegt, mit Mayonaise übergossen, mit Gurkenscheiben, Sardellen und harten Eiern verziert und aufgetragen.

437. Lachs mit genuesischer Sauce. Salmon in genoise sauce. Zu diesem Gerichte wird der Lachs in Scheiben geschnitten, ausgenommen, gewaschen, in der Fischbrühe gar gekocht und über eine genuesische Sauce angerichtet.

438. Lachs auf russische Art, in Russian style. Der nach No. 428 in Scheiben geschnittene, gar gekochte Lachs wird in schöner Ordnung auf eine Schüssel angerichtet, eine kalte Kräutersauce darunter gegeben; unterdessen werden kleine Zwiebelchen, junge gelbe Rübchen, Spargelspitzen, Blumenkohlröschen, Pflückerbsen, frische Gurken, je nach der Jahreszeit, alles zu gleichen Theilen genommen, nett zugeschnitten, in Salzwasser jedes besonders abgekocht, dann abgeschüttet, erkaltet, mit Pfeffer bestreut, mit etwas Essig begossen, eine Zeit lang stehen gelassen und zuletzt wird abwechselnd der Lachs rund umher mit den Gemüsen garnirt, mit Geleecroutons eingefaßt und zu Tische gebracht.

439. Geräucherter Lachs. Smoked Salmon. Von dem geräucherten Lachs wird die Haut abgelöst, derselbe wird alsdann der Quere nach in messer= rückendicke Scheiben geschnitten, in schöner Ordnung angerichtet, mit ganzer Peterfilie garnirt und zu Tische gegeben.

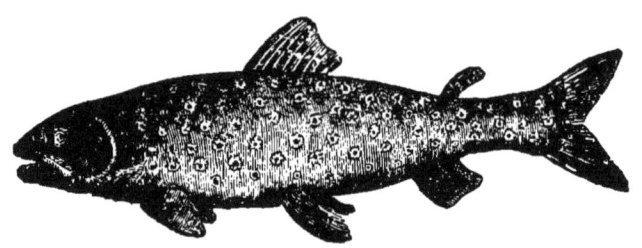

440. Blaue Forelle. Trout. Die Forelle wird ausgenommen und ge= waschen, ohne jedoch den Schleim auf ihrem Körper zu verletzen; hierauf begieße man sie mit kochendem Essig, lasse sie nachher mit dem Essig in die kochende Fischbrühe No. 395 behutsam hineinlaufen und dann noch langsam ungefähr eine ¼ Stunde anziehen. Im Uebrigen wird die Forelle auf alle Arten gleich dem Lachs bereitet.

NB. Bei der Fischbrühe wird hier nicht so viel Essig wie gewöhnlich genommen.

441. Gebackene Forelle, baked. Fluß=Forellen werden vorzüglich wie nachstehend zubereitet und machen eine selten gute Frühstücks= oder Souper= Speise.

Man wäscht und trocknet die Fische ab, taucht sie leicht in Mehl und bäckt sie in Butter, oder geklärtem Bratenfett, oder in Butter und Schmalz gemischt. Das Fett muß sehr heiß sein; man bäckt sie rasch zu einem hellen Braun und nimmt sie den Moment heraus, wie sie fertig sind. Nun legt man sie einen Augenblick auf eine heiße gefaltete Serviette, damit das Fett, das vielleicht an den gesprenkelten Seiten klebt, sich aufsaugt, dann legt man sie nebeneinander auf die gewärmte Schüssel, garnirt sie und sendet sie zur Tafel. Man nimmt nur Salz zur Würze.

442. Zander, gekochter. Der Zander wird geschuppt, ausgeweidet, von den Flossen befreit und tüchtig gewaschen. Ist der Fisch groß, so wird er, um beim Herausnehmen das Zerbröckeln zu vermeiden, am besten auf einem Fisch= heber gekocht, in Ermangelung ziehe man mittelst einer Dressirnadel einen Bind= faden durch den Schwanz und die Augen, binde ihn zusammen, stelle den ge= krümmten Fisch, die Rückseite nach unten, mit kaltem Wasser bedeckt und dem nöthigen Salz aufs Feuer, schäume ihn beim Aufwallen ab und lasse ihn nicht zu stark, aber durch und durch gar kochen. Beim Anrichten lege man ihn auf eine erwärmte Schüssel, schneide den Bindfaden kurz ab und ziehe ihn behutsam heraus. Der Fisch wird mit feingehackter Peterfilie bestreut und eine Krebs= oder Austernsauce, oder die sächsische Fischsauce dazu gegeben.

443. Zander zu backen. Perch-pike. Derselbe wird wie Hecht in reichlich Butter oder Fett gebacken, etwas Weinessig unter die braune Fischbutter gegeben und über dem Fisch angerichtet.

444. Weißfisch auf dem Rost gebraten (Whitefish). Nachdem der Fisch gereinigt und abgetrocknet, werden, wenn er nicht zu groß, kleine Einschnitte auf beiden Seiten gemacht (ist er groß, spaltet man ihn in 2 Theile) dann mit Pfeffer und Salz bestreut, mit etwas geschmolzener Butter leicht bestrichen und auf dem für diesen Zweck gemachten Draht- oder Eisenrost (Broiler) bei gutem Holzkohlenfeuer auf beiden Seiten schön gelb gebraten. Der Rost muß jedoch sehr heiß gemacht werden, ehe man den Fisch darauf thut. Wenn der Fisch gar, nimmt man ihn behutsam vom Rost und servirt ihn mit einer Maitre d' hotel Sauce, die auf folgende Art gemacht wird: Zu ¼ Pfund Butter, welche man auf dem Feuer zergehen läßt — dieselbe darf aber nicht zu heiß werden —, nimmt man den Saft einer Citrone, ein kleines Bündel Petersilie fein gehackt, und etwas fein gestoßenen Pfeffer, rührt alles zusammen und giebt es zu dem Fische.

445. Muskallongen. Muskallonges. Man bereitet ihn wie Hecht, mit dem er überhaupt viel Aehnlichkeit hat.

445. Aesche (Greyling). Wie der Weißfisch in No. 444.

447. Katzenfisch (Catfish). Derselbe wird meistens abgesotten und mit einer Buttersauce gegeben, oder im heißen Fette gebacken.

Von den See- und Salzwasserfischen.

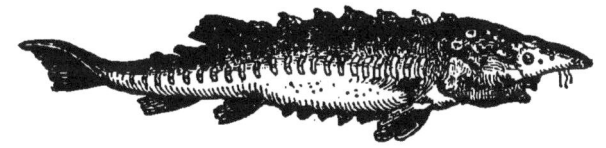

448. Stör (Sturgeon). Ist der Stör geschlachtet und ausgeweidet, so legt man ihn in einem Tuche 1—2 Tage im Keller auf einen Stein, weil sein Fleisch, frisch gekocht, zähe ist. Vor dem Gebrauch reibt man ihn einigemal mit Salz und Wasser ab, damit alles Schleimige entfernt wird, und schneidet ihn je nach seiner Größe in 5—12 Theile, welche nach dem Kochen in beliebige Stücke zerlegt werden. Man bringt ihn mit kaltem Wasser auf's Feuer, läßt ihn langsam zum Kochen kommen und unter fortwährendem Schäumen eine ½ Stunde langsam kochen. Dann legt man ihn in frisches kochendes Wasser, giebt etwa 6—10 Zwiebeln, einige Lorbeerblätter, ein wenig Nelken, passende Portion Pfefferförner, Thymian, Salbei und Majoran hinein und läßt ihn nochmals bis zu 1 Stunde ganz langsam kochen, während man alles Fett sorgfältig abnehmen muß. Erst wenn der Fisch weich ist, giebt man Salz dazu, läßt ihn zum Aufnehmen desselben noch eine Weile im Fischwasser liegen, nimmt ihn dann heraus, entfernt alle hervorstehenden Knorpeln, zerlegt die Stücke, wie schon bemerkt, in kleinere Theile und giebt Butter und guten Senf oder eine Peterfiliesauce dazu.

Die übriggebliebenen Stücke kann man bei Hinzugeben von Essig in der Fischbrühe mehrere Tage aufbewahren und mit Oel, Essig, Pfeffer, Senf und feingehackten Zwiebeln serviren.

449. Stör-Cotelettes. Man nimmt hierzu das übriggebliebene Fleisch aus der Brühe, schneidet es in fingerdicke Scheiben, taucht sie in Eier, Pfeffer und gehackte Chalotten, wälzt sie in gestoßenem Cracker und bäckt sie in gelb-brauner Butter an beiden Seiten rasch hellbraun. Man giebt sie zu jungen gelben Rüben oder allein mit in Butter braun gemachten Zwiebeln.

450. Laberdan (Salted Codfish). Der nur gesalzene Kabeljau wird Laberdan genannt. Derselbe wird in hübsche, viereckige Stückchen geschnitten, alsdann mit frischem Wasser zum Feuer gesetzt, angekocht und langsam zugedeckt gar gesotten; hierauf gebe man ihn mit einem Schaumlöffel auf die zum Anrichten bestimmte Schüssel heraus, bestreue ihn mit klein gewürfelten in Butter gelb gerösteten Zwiebeln und bringe ihn zu Tische. In Salzwasser abgekochte Kartoffeln und ausgelassene, frische Butter werden besonders mit servirt.

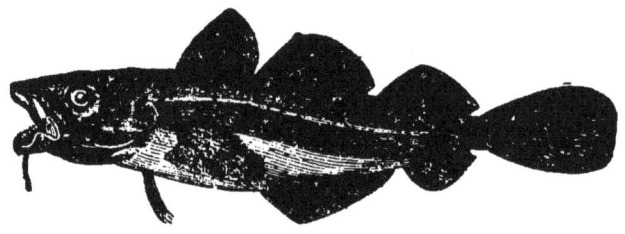

451. Gekochter Stockfisch (Codfish). Der Stockfisch heißt in frischem Zustande Kabliau, gesalzen Laberdan, getrocknet Stock- oder Klippfisch. Der Langfisch ist dem Rundfisch vorzuziehen, und der, welcher von weißlicher Farbe, jedoch vors Tageslicht gehalten röthlich erscheint, der beste. Man rechne vom Stockfisch in trockenem Zustande auf 3 Personen 1 Pfund, will man ihn weich, so wässert man ihn 2—3 Tage und der gewässerte Stockfisch wird mit kaltem gesalzenem Wasser zum Feuer gesetzt und gekocht. Man läßt ihn noch ungefähr eine ½ Stunde langsam zugedeckt anziehen und beendet ihn dann wie Laberdan.

452. Frischer Kabliau. Man schuppt den Kabliau, nimmt das Eingeweide heraus und entfernt die Flossen, wäscht ihn und schneidet Kopf und Schwanz nicht zu kurz ab, das Mittelstück in 2—3 Finger breite Stücke; der Kopf des Kabliau, welcher für viele eine Delikatesse ist, wird, wenn er nicht gar zu groß ist, in 2 Theile gehauen und 5 Minuten vorab in scharf gesalzenes kochendes Wasser gelegt, darnach werden die übrigen Stücke hinzugegeben und noch 10—15 Minuten bei stetem Abnehmen des Schaumes gekocht. Sobald der Fisch gar ist, richte man ihn auf einer heißgemachten Schüssel an, garnire die Schüssel mit Petersilienblättern und gebe Butter und Senf (erstere darf nicht kochen) und abgekochte Kartoffeln dazu, oder man wähle eine andere beliebige Sauce, etwa von Sauerampfer, Petersilie, Garnelen (Strimps), Austern. Bei großen Essen wird neben geschmolzener Butter noch eine zweite Sauce gereicht. Soll der Fisch ganz zur Tafel, wodurch er saftiger bleibt, so legt man ihn auf einem Fischheber in kaltes gesalzenes Wasser und koche ihn auf raschem Feuer wie bemerkt worden. Die Leber kann ihres thranigen Geschmackes wegen nicht gebraucht werden.

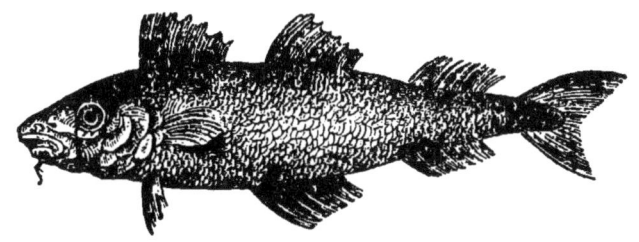

453. Schellfisch (Haddock). Der Schellfisch wird geschuppt, ausge= weidet, gewaschen und je nach der Größe in 3—4 Theile geschnitten. Nochmals abgespült thut man denselben in kochendes, nicht zu schwach gesalzenes Wasser und nimmt den Schaum ab. Wenn dies zu kochen beginnt, ist der Fisch gar, weiter kochen darf er nicht. Zum Aufnehmen des Salzes läßt man ihn noch eine Weile im Fischwasser und richtet ihn recht heiß an.

Beim Versenden werden die Schellfische mitunter ausgeweidet und stark gesalzen. In diesem Falle setzt man sie mit kaltem Wasser aufs Feuer und nimmt hinsichtlich des Salzens beim Kochen Rücksicht darauf, weshalb zu rathen ist, vorher zu versuchen, ob die Fische wenig oder stark gesalzen sind. Geschmol= zene Butter oder Senfsauce werden gewöhnlich dazu servirt.

454. Gekochter Halibut. Der Fisch wird 1 Stunde lang in kaltem Salzwasser liegen gelassen, dann abgetrocknet und die Haut in Vierecke einge= schnitten. Nun giebt man ihn in den Topf, mit so viel Wasser, daß er davon b:deckt wird. Man kocht ihn langsam eine ½—¾ Stunde, im Verhältniß zur Größe des Stückes. Man läßt den Fisch abtropfen, giebt holländische Sauce dazu — entweder über den Fisch gegossen oder in der Sauce=Terrine.

Man hebt für den nächsten Morgen auf, was vom Fisch übrig bleibt, eben= so von der Sauce, zupft ihn wie den Stockfisch, mischt dieselbe Quantität Kar= toffelbrei darunter, beseuchtet ihn mit der Sauce oder, wenn man keine mehr hat, mit Milch und Butter, giebt ihn in eine Wärmeschüssel und rührt ihn um, bis er heiß ist. Man würzt ihn mit Pfeffer und Salz.

455. Gebratener Halibut. Fried. Man nimmt ein Stück von 5—6 Pfund, legt ihn 2 Stunden in Salzwasser, trocknet ihn ab und schneidet die äußere Haut ein. Nun giebt man ihn in die Bratpfanne in einem ziemlich hei= ßen Ofen und bratet ihn 1 Stunde, wobei man ihn aus einer Tasse mit heißem Wasser und Butter oft begießt. Wenn man mit der Gabel leicht durchstechen kann, so ist er gar. Er soll schön braun gebraten sein. Nun giebt man zur Brühe in die Bratpfanne etwas heißes Wasser, wenn nicht genug vorhanden ist, rührt einen Eßlöffel Catsup, oder einen Theelöffel Worcestershire Sauce und den Saft einer Citrone dazu, verdickt das Ganze mit gebräuntem, vorher mit kaltem Wasser angerührtem Mehl, kocht es nochmals auf und richtet es in der Sauce-Terrine an.

Es giebt keine feinere Zubereitung des Halibuts als diese, welche jedoch wenig bekannt ist.

456. Halibut-Steak. Man wäscht und trocknet die Steaks ab, quirlt 2 oder 3 Eier, stößt einige Boston Cracker, oder andere zerbröckelnde Cracker, bis sie so fein wie Staub sind, taucht jedes Steak in die gequirlten Eier, dann in die Brösel (salzt aber den Fisch vorher), und backt es in heißem Schweinefett oder anderm Fett.

Oder man kann die Steaks auf einem bebutterten Rost über einem guten Feuer braten, salzt und pfeffert sie aber vorher. Wenn sie gar sind, legt man sie in eine heiße Schüssel, giebt Butter darauf und deckt sie fest zu. Es wird häufig auch Tomatoesauce dazu servirt.

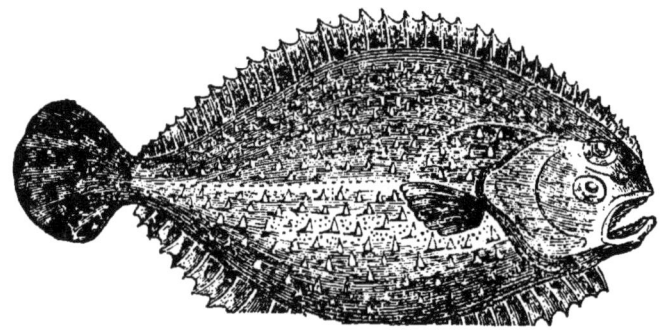

457. Steinbutte (Turbot). Der Turbot wird ausgenommen, indem man oben beinahe am Kopfe auf der schwarzen Seite einen Einschnitt macht und das Eingeweide herausnimmt; sodann schneidet man die Floßfedern mit einer Scheere ab, setzt ihn entweder im Ganzen oder in handbreite Stücke zertheilt, mit kaltem, ungesalzenem Wasser zum Feuer, läßt ihn ankochen, alsdann zugedeckt vollends gar zielen, worauf er gleich dem Kabliau beendet wird.

Für feine und große Festessen, bei welchen der nach obigem Recepte zube-reitete Turbot servirt und wie den bei den Ragout oder bei No. 416 angegebe-nen Garnituren verziert wird.

458. Gekochte Schollen (Plaices). Nach dem Schuppen nimmt man die Schollen auf der weißen Seite aus, schneidet Kopf und Flossen davon ab, wäscht sie in- und auswendig, bestreut sie mit Salz, gießt Essig darüber, und läßt sie so einige Stunden stehen, wodurch das weiche Fleisch etwas fester wird. Dann legt man sie in gesalzenes kochendes Wasser und läßt sie nicht zu weich werden. Man giebt eine saure Buttersauce, Senf und gut gekochte, recht dampfende Kartoffeln dazu.

459. Schollen zu backen. Fried plaices. Große Schollen werden, wenn sie nach vorhergehender Nummer gereinigt sind, in Stücke geschnitten, kleine bleiben ganz. Man legt sie 2 Stunden lang in scharf gesalzenes, wo möglich hartes, mit etwas Essig vermischtes Wasser, trocknet sie dann ab und verfährt übrigens damit wie Butte zu backen.

460. Gekochte Seezunge (Sole). Die Seezungen haben eine weiße und eine graue Seite, erstere wird geschuppt, letztere vom Schwanz aufwärts abgezogen. Man entfernt den Kopf, Spitze des Schwanzes und Flossen, nimmt das Eingeweide heraus, wäscht sie einigemal mit kaltem Wasser und legt sie 1 Stunde in Salzwasser. Darnach werden sie in gesalzenem kochendem, mit Zwiebeln und grobem Gewürz versehenem Wasser in einigen Minuten gar gekocht. Beim Anrichten verziert man den Rand mit grünen Blättchen nebst Citronenscheiben. Man gebe dampfende Kartoffeln und nach Belieben eine Krebs= oder gerührte Buttersauce mit Senf dazu.

461. Seezunge mit holländischer, Butter=, Krebs=, Austern=, Sardellen=, Kräuter= und Champignons=Sauce wird wie vorhergehend gekocht und eine dieser angeführten Saucen darüber gegeben.

462. Seezunge auf normannische Art. Sole à la normande. Die Seezunge wird abgezogen und ausgenommen. Unterdessen werden in einer flachen Casserole 2 Theile Wein, 1 Theil Fleischbrühe, 2 Unzen frische Butter, nebst ein wenig Salz zum Feuer gesetzt, der Fisch wird dazu gegeben, langsam darin gar gekocht, sodann mit einem Schaumlöffel herausgenommen, angerichtet, eine Austernsauce, welche mit 3 Eßlöffeln kleiner, weißer, gedämpfter Champignons vermischt wird, darüber gegeben, das Ganze mit aus heißem Fette zu gold= gelber Farbe ausgebackenen Weißbrodcroutons eingefaßt und zu Tische gebracht.

463. Gebackene Seezunge. Fried Sole. Die Seezungen werden auf beiden Seiten abgezogen. Es geschieht dies sehr leicht, indem man die Spitze des Schwanzes eine Minute an die Flamme eines brennenden Lichts hält, diese mit einem scharfen Messer etwas löst und dann die ganze Haut rasch herüberzieht. Hierauf schneidet man die Zunge in grade oder schräge Stücke, salzt diese 1—2 Stunden ein, trocknet sie sauber ab, macht zum schnelleren Garwerden mit einem scharfen Messer an beiden Seiten 2 leichte Einschnitte, bestreicht sie mit Ei und Muskatnuß, bestreut sie mit gestoßenem Cracker und brät sie in gelbgewordener Butter bei öfterem Begießen gar und dunkelgelb, oder man kann dieselben auch in Milch und Mehl umdrehen und backt sie in Butter oder Fett heraus und giebt Citronenstückchen dazu.

464. Barsch (Perch), **Stint** (Smelt), **Seebarsch** (Seabass). **gebacken.** Man wäscht und trocknet die Fische ab, legt sie in eine Schüssel, salzt sie und taucht sie in Mehl, giebt das Fett in die Pfanne und wenn es heiß ist, bäckt man die Fische hellbraun und schickt sie mit einer Tomatosauce oder Citronen= stückchen zu Tische.

465. Gekochter Seebarsch und Dorsch (Torsk). Dieselben werden ebenso gekocht wie die Steinbutte (No. 457).

466. Marinirter Maifisch (Pickled Shad). Man verfahre damit wie beim Aal in No. 422.

467. Gekochter Shad. Boiled Shad. Der Fisch wird gereinigt, gewaschen, ebenso der Rogen, Beides mit Salz bestreut und in gesalzenem Wasser gekocht, den ebenfalls mitgekochten Rogen legt man um den Fisch herum und servirt irgend eine der angegebenen Fischsaucen dazu oder auch nur zerlassene Butter.

468. Auf dem Rost gebratener Shad. Broiled Shad. Man wäscht, trocknet und spaltet den Fisch, besprengt ihn mit Salz und Pfeffer, und legt ihn auf den Rücken auf den mit Butter bestrichenen Rost. Wenn die untere Seite braun ist, dreht man den Fisch um. Ein Fisch mittlerer Größe ist in ungefähr 20 Minuten gar. Man servirt ihn auf einer heißen Schüssel und legt ein gutes Stück Butter auf den Fisch.

469. Gebratener Shad mit Roggen. Fried Shad with Roe. Eine beliebte und schmackhafte Speise. Man reinigt, wäscht und trocknet einen schönen Rogner, schneidet ihn, nachdem er gespalten ist, in 8 Stücke, jede Hälfte in 4, läßt den Kopf weg und giebt die Schwanzflossen weg. Nun besprengt man ihn mit Salz und taucht ihn in Mehl. In einer Pfanne hat man einstweilen Fett kochend heiß gemacht, giebt den Fisch hinein und bäckt ihn braun, wendet ihn nach 5 Minuten und bräunt die andere Seite. Den Rogen bäckt man in derselben Weise, dann legt man die Fischstücke in die Mitte der Schüssel und den Rogen außen herum, garnirt ihn mit Brunnenkresse und Sprossen eingelegten Blumenkohls, und ißt ihn mit Catsup.

470. Gekochte Makrele (Mackerels). Die Makrele ist ein fetter, weichlicher Fisch. Man weidet ihn so nahe als möglich am Kopfe aus, wäscht und legt ihn 1 Stunde in starkes Salzwasser nebst einem tüchtigen Guß Essig, kocht ihn ganz oder in Stücke zertheilt. Im ersten Fall legt man ihn in runder Form auf eine Schüssel und gießt heißen Essig darüber. Unterdeß läßt man in gesalzenem Wasser, Zwiebeln, Dragon, Thymian, Basilikum, Pfeffer und Nelken auskochen, bringt die Makrelen, wie bei Steinbutt zu kochen bemerkt worden, auf Heber oder Schüssel hinein, kocht sie unter Abnehmen des Schaumes und Hinzugießen von Essig einige Minuten und giebt eine passende Sauce dazu.

471. Gebratene Makrelen. Broiled Mackerel. Man reinigt, wäscht und trocknet die Makrelen, schneidet sie so auf, daß wenn sie flach liegen, der Rückgrat in der Mitte ist. Nun besprengt man sie mit Salz, bestreicht sie leicht mit gutem Oel und legt sie auf den Rost auf ein gutes Feuer mit der inneren Seite nach unten, bis sie braun werden; dann dreht man sie um. Wenn sie fertig sind, legt man sie auf eine Schüssel und einige Scheiben kalte maitre d'hotel Butter darüber und bringt sie zu Tische.

472. Gebackene Bücklinge. Red Herrings. Wünscht man diese auf einem Rost zu braten, wodurch sie besser werden, als in einer Pfanne, so schneidet man sie am Rücken auf, nimmt das Eingeweide heraus, thut ein Stück Butter hinein, schlägt sie wieder zusammen, legt sie in ein mit Butter bestrichenes Papier und brät sie darin gar. Hat man keinen Rost, so werden die Bücklinge an der entgegengesetzten Seite aufgeschnitten und nach dem Herausnehmen des Eingeweides (nicht aber der Milch) leicht in Butter gebraten.

473. Frische Häringe gebacken. Fried Herrings. Man reinigt solche von Schuppen und Eingeweide, wäscht, salzt und trocknet sie ab, wendet sie in Ei um, dann in Craker und Muskatblüthe und backt sie in gelber Butter.

474. Geräucherter Häring. Smoked Herring. Von dem geräucherten Häring wird die Haut abgezogen, das Schwanzende abgeschnitten und derselbe entweder in frischer Butter auf dem Feuer, oder, in seines Oel getaucht, auf dem Roste über schwacher Kohlengluth von zwei Seiten gebraten; hierauf richtet man ihn an, gibt einige gebackene Eier (Ochsenaugen) darüber und bringt ihn zu Tische.

475. Gebackene Froschschenkel. Fried Frogleg. Die Froschschenkel werden sauber gewaschen, alsdann abgetrocknet, mit Salz, Pfeffer und fein gehackter Petersilie bestreut, unter einander gemacht, hierauf noch einige Augenblicke ruhig stehen gelassen, dann in Mehl, verschlagenen Eiern und fein geriebenem Brod umgedreht und in heißem Fette gebacken. Auch werden dieselben häufig in Backteig (s. Backteig) getaucht und schön hellbraun aus dem Fette genommen.

476. Froschschenkel mit weißer Sauce. Frogs-leg à la poulette. Die Froschschenkel werden, nachdem sie sauber gewaschen sind, mit etwas frischer Butter in eine Casserole gegeben, mit Salz und Pfeffer bestreut und ungefähr eine Viertelstunde darin gar gedämpft; sodann gebe man etwas fein gehackte Petersilie, nebst der nöthigen, legirten deutschen Sauce hinzu, oder bestreue sie, nachdem sie gedämpft mit etwas Mehl, thue 1 Glas Weißwein nebst etwas Fleischbrühe oder Wasser hinzu, lasse aufkochen und binde die Sauce mit 2 Eigelb, schwinge das Ganze über dem Feuer kochend heiß und rühre es auf eine tiefe Schüssel an.

477. Cat-Fisch-Chowder. Man häutet und reinigt die Fische, schneidet die Köpfe weg, und die Fische in zweizolllange Stücke, giebt sie in eine Casserole mit einigen kleinen Stückchen Speck — ein Pfund auf ein Dutzend mittelgroßer Fische, eine gehackte Zwiebel, ein Sträußchen Küchenkräuter und Pfeffer. Der Speck salzt genügend. Nun dünstet man sie dreiviertel Stunden, dann rührt man eine Tasse Milch, mit einem Eßlöffel Mehl verdickt, dazu; nimmt eine Tasse von der kochenden Flüssigkeit, und rührt langsam zwei gut gequirlte Eier hinein, gießt sie in die Casserole und fügt noch ein halbes Dutzend gespaltene Boston- oder Butter-Cracker dazu, kocht das Ganze nochmals auf und richtet es in der Terrine an, nimmt aber vorher die Rückgrate der Fische heraus. Man servirt dazu Citronenscheiben und Gurken (Pickles), auch in Scheiben geschnitten.

478. Stockfisch- oder Seebarsch-Chowder (Codfish or Seabass Chowder). Ein Pfund Speck wird in Streifen geschnitten und in heißem Wasser 5 Minuten geweicht. Nun bedeckt man den Boden einer Casserole damit, schneidet 4 Pfund Stockfisch oder Seebarsch in zweizöllige, viereckige Stücke und bedeckt damit den Speck, darauf kommen gehackte Petersilie, Pfeffer, Cayenne oder schwarzer Pfeffer; dann eine Lage gespaltener Boston- oder Butter-Cracker, welche vorher in warmem Wasser erweicht wurden, damit sie durch und durch feucht sind, aber doch nicht brechen, darauf wieder Speck, und so fort in der vorhergehenden Reihenfolge, bis das Material erschöpft ist. Die oberste Lage soll aus gut erweichten, mit Butter vermengten Crackern bestehen. Nun fügt man so viel Wasser zu, daß es knapp darüber steht, deckt die Casserole zu und dünstet es langsam eine Stunde, und sieht, daß das Wasser nicht zu tief einkocht, gießt in dem Falle immer etwas zu. Wenn der Chowder fertig gekocht ist, nimmt man ihn mit einem durchlöcherten Schaumlöffel heraus und giebt ihn in die Terrine, die Flüssigkeit im Topf verdickt man mit einem Eßlöffel Mehl und ditto Butter, kocht sie nochmals auf und gießt sie dann über den Chowder. Man schickt mit dem Chowder Citronen-Scheiben, Pickles und gedünstete Tomatoes zur Tafel.

479. Andere Art. Sechs große Zwiebeln werden geschnitten und in dem Fette von gebratenem Speck geschmort; dann schneidet man fünf Pfund Barsch oder Stockfisch in dreizöllige, einen Zoll dicke Stücke und belegt den Boden eines Topfes damit; dann streut man einige Stückchen Zwiebel, etwas Salz, ein halbes Dutzend schwarze Pfefferkörner, eine oder zwei Gewürznelken, eine Prise Thymian und eine Prise Petersilie darüber, giebt einen Eßlöffel Tomatoes- oder Champignon-Sauce und sechs Austern dazu; darauf kommt wieder eine Lage Cracker und dieselbe Reihenfolge wie oben, bis Alles aufgebraucht ist. Nun bedeckt man das Ganze mit Wasser und kocht es langsam eine Stunde, dann servirt man es mit Capern und Citronen-Scheiben. Es verbessert den Chowder, wenn man eine Tasse Austern-Flüssigkeit, während derselbe kocht, zufügt.

480. Gefüllte Krabbe (Devilled Crab). Diese werden nach dem Recept für gefüllte Hummer bereitet, nur, daß für die Koralle in Essig einige Löffel guten Rahmes substituirt werden. Man servirt sie in der Rückenschale der Krabbe.

481. Harte und weiche Krabben (Hart Shell and Soft Shell Crabs). Die Hart Shell Crabs werden wie der Hummer gekocht; die Soft Shell Crabs werden dagegen, wenn sie gut geputzt und abgewaschen sind, getrocknet, in Milch und Mehl umgedreht und in sehr heißem Fette gebacken. Man servirt sie auf einem Stückchen Toast.

482. Gekochter Hummer (Lobster). Die großen Seekrebse werden ge=
waschen, gebürstet, den Kopf voraus in kochendes Salzwasser gethan, wodurch
sie augenblicklich getödtet werden,
und darin je nach der Größe 20,
25—30 Minuten in fest schließen=
der Casserole gekocht. Man kann
dem Wasser ein Stückchen Butter,
etwas Kümmel und Petersilie bei=
fügen. Sind die Hummer gar,
so bestreicht man sie, sobald sie
trocken sind, mit Oel, damit sie
ein schönes, glänzend rothes Aus=
sehen bekommen. Dann bricht man
die Scheeren ab, entfernt auf der
einen Seite die Schale, spaltet den Rumpf und Schwanz der Länge nach durch,
setzt den Hummer wieder zusammen oder legt ihn geschmackvoll auseinander auf
eine Platte und garnirt ihn mit Petersilie. Man giebt zu warmem Hummer
frische Butter, zu kaltem Essig und Oel oder eine Mayonaise.

483. Hummersalat (Lobster Salad). Siehe No. 292, unter den
Salaten.

484. Gefüllter Hummer (Devilled Lobster). Man nimmt das Fleisch
eines gekochten Hummers, wie zum Salat und hackt es fein, behält aber den
korallenrothen Theil zurück. Man würzt das Fleisch stark mit Senf, Cayenne,
Salz und einer pikanten Sauce, wirft es gut durcheinander, damit es sich gut
vermengt und giebt es in eine Casserole. Nun rührt oder drückt man die Koralle
zu einem feinen Teig, giebt Essig daran, bis sie so dünn ist, daß man sie in die
Casserolle zu dem Uebrigen gießen kann. Es ist nothwendig, die Zuthat früher
zu bereiten, ehe man das Hummerfleisch zusetzt, da es nur einmal aufgekocht
haben soll, ehe die Koralle mit dem Essig beigefügt wird. Nachher rührt man
einen gehäuften Löffel Butter dazu, und wenn es wieder aufkocht, nimmt man
die Casserole vom Feuer. Zu viel Kochen macht das Fleisch hart. Rahmsauce
(Bechamel) als Sauce dazu genommen giebt ein ausgezeichnetes Resultat.
Dieselbe wird kurz eingekocht und dann die Lobsterstückchen hineingegeben. Man
füllt nun die eigens dazu aufgehobenen Hummerschalen damit, streut etwas ge=
riebenen Cracker oder Brodsemmel darauf, läßt etwas zerflossene Butter darauf
träufeln und bäckt sie in einem heißen Ofen, daß sie schön hellbraun werden.

485. Hummer=Croquetten (Lobster). Die Hummer werden in kleine
Stückchen geschnitten, dann in eine kurz eingekochte, mit 2—3 Eigelb legirte
Rahmsauce gethan und leicht erkalten gelassen. Hierauf formt man kleine
Croquetten, oder Stücke in Form von Coteletten, daraus, panirt sie in Ei und
in Crackermehl und bäckt sie in Butter oder Fett zu hellgelber Farbe heraus.
Auch kann man eine einfachere Art bereiten. Zu dem fein gehackten Fleische
eines Hummers giebt man Pfeffer und Salz und pulverisirte Muskatblüthe,
mischt damit den vierten Theil Brodkrumen oder eingeweichtes Brod, mengt
einen Löffel zerlassener Butter darunter, formt die Croquetten und beendigt sie,
wie die vorstehende Art.

486. Hummer nach amerikanischer Art (Lobster in American Styl). Der Hummer wird lebend in Stücke geschnitten und jedes Stück gesäubert. Unterdessen wird eine Casserole mit heißem Oel auf dem Feuer bereit gehalten. In dieser läßt man nun einige feingeschnittene Chalottenzwiebeln andämpfen und fügt dann die Hummerstückchen hinzu, deckt die Casserole zu und läßt den Hummer eine Viertelstunde dämpfen; hierauf giebt man ein gutes Glas Weißwein, etwas Sherry oder Cognac nebst einem guten Löffel brauner Sauce (Espagnol) hinzu, läßt Alles zusammen aufkochen, dressirt die Hummerstücke auf eine Schüssel und gießt die stark gewürzte (Cayennepfeffer-) Sauce darüber.

487. Kleine Wasser-Schildkröten (Terapin). Man giebt die Schildkröte in eine Casserole mit kochendem Wasser und läßt sie 5 Minuten darin liegen; es ist dann leicht, den unteren Theil zu häuten und die hornigen Theile der Füße abzuziehen. Nun legt man sie zehn Minuten lang in kaltes Salzwasser, dann wieder in heißes, nicht zu stark gesalzenes Wasser und kocht sie bis sie weich ist. Die Länge der Zeit hängt von der Größe und dem Alter der Schildkröte ab. Man nimmt sie heraus, läßt sie abtropfen und trocknet sie dann ab. Nun löst man die Schale recht vorsichtig ab, damit das Fleisch nicht verletzt wird, und schneidet sie ebenso vorsichtig auf, damit das Messer den Gallensack nicht beschädigt, welchen man mit den Eingeweiden und den Sandbeuteln wegwirft. Das Fleisch wird nun in kleine Stückchen geschnitten und mit Pfeffer, Salz, gehackten Zwiebeln, Küchenkräuter und einem Theelöffel irgend einer pikanten Sauce gewürzt. Das Fleisch und der Saft, welcher beim Schneiden daraus läuft, wird nun in eine Casserole mit gut schließendem Deckel gethan, langsam fünfzehn Minuten gedünstet, wobei man öfter aufrührt; dann fügt man einen großen Löffel Butter und einen Eßlöffel gebräuntes Mehl, mit Fleischbrühe angerührt, und ein Glas braunen Sherry bei, und zuletzt die gut geschlagenen Dotter eines Eies, zu welchem man etwas von der heißen Flüssigkeit mischt, damit es nicht gerinnt. Man kocht das Ganze nochmals auf und giebt es dann in eine zugedeckte Schüssel. Man giebt feine Schnitten geröstetes Brod dazu.

488. Garnelen oder Crevetten (Shrimps). Die Garnelen werden lebendig in brausend kochendes, scharf gesalzenes Wasser geschüttet und einige Minuten kochen gelassen.

489. Rohe Austern (Raw Oysters). Es giebt verschiedene Arten von Austern, unter welchen die Blue Point die vorzüglichsten sind. Dieselben werden auf der halben Muschel liegend servirt. Man giebt dazu Catsup, Essig oder Citronenstückchen.

490. Gedünstete Austern (Oyster Stew). Man nimmt die Flüssigkeit von zwei Quart fester, fetter Austern, mischt sie mit einer kleinen Tasse heißen Wassers, giebt etwas Salz und Pfeffer daran und setzt sie an's Feuer. Man kocht sie einmal auf, dann giebt man die Austern dazu und läßt sie fünf Minuten, eher weniger als mehr kochen. Wenn sie sich kräuseln, fügt man zwei Löffel Butter bei; den Augenblick, wo diese geschmolzen ist, giebt man eine große Tasse kochende Milch dazu und nimmt sie vom Feuer weg und servirt sie so rasch als möglich mit Austern- oder Cream-Crackers. Austern werden hart.

wenn sie zu lange gekocht werden, oder zu lange stehen, nachdem sie vom Feuer genommen wurden.

Austern Stew über ein Stückchen Toast gegeben nennt man Boston Stew.

491. Gebackene Austern (Fried Oysters). Man nimmt zum Backen die größten und besten Austern, die man bekommen kann, nimmt sie vorsichtig aus der Flüssigkeit, legt sie in Reihen auf ein reines Tuch und preßt ein zweites Tuch leicht darüber, um die Feuchtigkeit zu entfernen. In einer Pfanne erhitzt man genug Butter, um sie ganz zu bedecken und hält fein gestoßene, oder mit dem Rollholz ausgerollte Cracker bereit und taucht nun jede Auster in Ei, welches mit Milch zerschlagen ist, dann rollt man sie in dem Crackermehl, legt sie vorsichtig in heißes Fett und backt sie goldgelb.

592. Scallopirte Austern (Scalloped Oysters). Man rollt einige Hände voll Cracker mit dem Rollholz, giebt eine Lage davon auf den Boden einer mit Butter ausgestrichenen Puddingschüssel, befeuchtet sie mit einer Mischung Austern-Flüssigkeit und gewärmter Milch. Dann kommt eine Lage Austern, über die man Salz und Pfeffer streut und mit Butterstückchen belegt. Nun wieder eine Lage Cracker-Krumen, und so fort, bis die Schüssel voll ist; die oberste Lage soll aus Cracker bestehen und dicker sein als die übrigen; nun quirlt man ein Ei in die Milch, welche man darüber gießt. Man legt Butterstückchen dicht darauf, deckt die Schüssel zu, setzt sie in den Ofen und bäckt sie eine halbe Stunde, wenn die Schüssel groß ist; dann deckt man sie ab und bräunt die Austern, indem man sie auf den oberen Rost des Ofens stellt, oder, indem man ne heiße Schaufel darüber hält.

493. Rahm-Austern in der Muschel (With Cream). Dies Recept befindet sich in No. 107 bei den Beigerichten (Side Dishes).

494. Auf dem Rost gebratene Austern (Broiled Oysters). Man wählt große, fette Austern, trocknet sie ab, bestreut sie mit Salz und Cayenne-Pfeffer und bratet sie auf einem kleinen Rost, welcher zu diesem Zweck überall zu kaufen ist. Man kann, wenn man will, die Austern mit Crackerstaub oder Mehl bestreuen, wenn man sie braun haben will, und Viele sagen, daß dann der Saft besser in den Austern bleibt. Wieder Andere können die Kruste nicht leiden, die sich dadurch bildet. Man muß den Rost gut mit Butter bestreichen und das Feuer recht heiß und hell brennend haben; wenn die Austern tropfen, nimmt man den Rost einen Augenblick vom Feuer weg, bis sich der Rauch verzogen hat. Man schmort oder bratet recht rasch und servirt die Speise heiß, und giebt auf jede Auster ein erbsengroßes Stückchen Butter.

495. Austern-Pfannkuchen (Oyster Fritters). Man nimmt die Flüssigkeit der Austern und giebt zu einer Tasse voll die gleiche Quantität Milch, drei Eier, etwas Salz und Mehl, genug, um einen dünnen Einlauf zu machen. Die Austern werden nun gehackt und roh in diesen Teig gegeben. Man backt sie nun in einer Pfanne in heißem Fett, oder besser Butter, auf beiden Seiten hellbraun. Sollten die Fritters aus ganzen Austern bestehen, so wird der Einlauf dicker gemacht.

496. Austern-Omelette (Oysters Omelette). Man nimmt 12 große Austern, oder 24 kleine, 6 Eier, 1 Tasse Milch, 1 Eßlöffel voll Butter, gehackte Petersilie, Salz und Pfeffer. Die Austern werden fein gehackt, das Gelbe und das Weiße der Eier wird, jedes allein, wie zu einem Kuchen geschlagen — das Weiße zu einem festen Schnee. Nun giebt man drei Eßlöffel Butter in eine Pfanne und macht sie heiß, während man die Omelette vorbereitet. Man rührt die Milch in einer tiefen Schüssel mit den Eidottern und würzt sie; dann giebt man die gehackten Austern nach und nach unter starkem Rühren darunter, und erst wenn sie gut vermengt sind, giebt man 1 Eßlöffel geschmolzener Butter dazu und zuletzt den Schnee, aber so leicht als möglich darunter gerührt. Wenn die Butter in der Pfanne heiß ist, was sie sein soll, damit die Omelette nicht zu leicht anhängt, gießt man die Mischung in die Pfanne. Man soll sie nicht aufrühren, aber wenn sie dick wird, sich setzt, so fährt man mit einem biegsamen Messer an den Seiten herum und unter die Omelette, damit die Butter überall gleichmäßig hinkommt. Sobald die Omelette auf der einen Seite gebacken ist, wird sie herumgedreht und auf dieser Seite ebenso gebacken. Diese Omelette ist sehr gut und leicht zu machen.

497. Austernpastetchen (Oyster-patties), s. Beigerichte No. 114.

498. Gebratene Austern in der Schale (Oysters broiled or baked in the Shell). Man wäscht die Austern-Muschel und trocknet sie ab, dann legt man sie in das Rohr, wenn der Ofen heiß ist, wenn nicht, auf den Heerd oder den Broiler. Wenn sie sich öffnen, so sind sie gar. Man häuft sie auf eine große Schüssel und sendet sie zur Tafel. Man löst die obere Muschel mit einer geschickten Wendung des Messers, würzt die Auster in der untern Muschel mit Pfeffer-Sauce und Butter, oder Pfeffer, Salz und Essig statt der Sauce, und man hat das wahre, reine und unverfälschte Aroma dieser Perle unter den zweischaligen Muscheln.

Oder, man kann die ungekochten Austern aufmachen, läßt die Austern auf der unteren Schale liegen, giebt sie in eine Bratpfanne und bratet sie im eigenen Saft, und giebt vor dem Anrichten Pfeffer, Salz und Butter daran.

499. In Dunst gekochte Austern (Steamed Oysters). Wenn man keinen Dunstkessel hat, so improvisirt man einen mit Hülfe des Durchschlagsiebes und eines Deckels, der genau etwas tiefer in den Rand hineinpaßt. Nun wäscht man einige Austern und legt sie in solcher Weise auf das Sieb, daß die Flüssigkeit nicht ansrinnt, wenn sich die Auster öffnet, d. h. mit der oberen Schale nach unten. Man deckt ein Tuch über das Sieb (cullender) und preßt den Deckel fest darauf, um keine Luft hinein zu lassen. Nun setzt man das Sieb über einen Topf mit kochendem Wasser, in welchen das Sieb paßt, es darf aber vom Wasser nicht erreicht werden, und kocht es wallend zwanzig Minuten; dann macht man eine rasche Untersuchung der Austern: wenn sie offen sind, so kann man den Deckel abnehmen. Man servirt sie auf der Muschel liegend, oder giebt sie auf eine heiße Schüssel, oder Wärmeschüssel, und streut etwas Salz und winzige Butterstückchen darüber; man muß es aber rasch thun, denn das Gute der in Dunst gekochten Auster besteht darin, daß sie heiß gegessen wird.

500. Eingemachte Austern (Pickled Oysters). Zu 100 große Austern nimmt man ½ Quart weißen Weinessig, 12 Blatt Muskatblüthe, 24 Gewürznelken, 24 schwarze Pfefferkörner, 1 große rothe Pfefferschote. Man giebt die Austern mit der Flüssigkeit in eine Kasserole, salzt nach Geschmack und kocht, ohne wallen zu lassen, bis die Austern sehr heiß sind, nimmt sie mit dem Schaumlöffel heraus und läßt sie abkühlen. Zu der in der Kasserole zurückgelassenen Flüssigkeit giebt man nun den Essig und die Gewürze, kocht sie auf, und wenn die Austern beinahe kalt sind, gießt man sie kochend darüber. Den Steintopf, in welchen man sie legt, deckt man gut zu und setzt ihn an einen kühlen Ort. Den nächsten Tag giebt man die eingelegten Austern in Einmach=Gläser mit gut verschließbaren Deckeln. Man läßt sie im Dunkeln, wo sie weniger Gefahr laufen, zu gähren.

501. Scallops. Das Herz ist der einzige Theil, der benutzt wird. Wenn man sie in der Muschel kauft, so kocht man sie und nimmt das Herz heraus. Jene, welche man am Markt kauft, sind gewöhnlich schon hergerichtet, um sie zu backen oder zu dünsten.

Man taucht sie in abgeschlagene Eier, dann in Cracker=Krumen und backt sie in heißem Schmalz.

Oder,

man kann sie dünsten wie die Austern. Die gebackenen Scallops werden aber gewöhnlich vorgezogen.

502. Scalloped Clams. Man hackt die Clams sehr fein, würzt sie mit Pfeffer und Salz. Cayenne=Pfeffer giebt einen besseren Geschmack als der schwarze oder weiße, aber für manche Gaumen ist er unerträglich. In einer anderen Schüssel befeuchtet man gestoßene Cracker mit warmer Milch, dann giebt man die Flüssigkeit der Clams dazu, ein oder zwei abgeschlagene Eier und etwas zerlassene Butter. Dazu rührt man nun die gehackten Clams. Nun wäscht man so viele Clam-Muscheln, als man mit der Mischung füllen kann, trocknet sie ab, streicht sie mit Butter aus und füllt sie hochaufgehäuft, streicht die Fülle mit einem Silbermesser glatt, setzt die Muscheln in Reihen in die Bratpfanne und bratet sie schön braun. Oder, wenn man sich nicht mit den Muscheln plagen will, bratet man die Fülle in kleinen Formen und sendet sie darin zur Tafel, wie man es mit den Muscheln thut.

503. Clam=Pfannkuchen (Clam Fritters). Zu 12 Clams, fein gehackt, nimmt man ½ Quart Milch und 3 Eier. Man mischt die Flüssigkeit der Clams mit der Milch, schlägt die Eier gut ab, giebt Salz und Pfeffer dazu, und so viel Mehl, um einen dünnen Einlauf zu machen, und zuletzt die Clams. Man backt sie in heißem Schmalz; versucht aber zuerst, ob Schmalz und Einlauf richtig sind. Ein Eßlöffel macht einen Pfannkuchen von mäßiger Größe. Oder, man taucht die ganzen Clams in den Einlauf und kocht sie auf diese Weise. Man muß sie rasch backen, sonst werden sie fettig.

504. Clam-Chowder. Fünf oder sechs Schnitten fetten Specks werden knusperig geröstet und fein gehackt. Nun streut man etwas davon auf den Boden einer Casserole, darauf kommt eine Lage Clams; diese bestreut man mit Cayenne=Pfeffer, oder schwarzem Pfeffer, und Salz; streut kleine Stückchen Butter reichlich darüber; nun kommt eine Lage gehackte Zwiebeln, dann kleine

Cracker, die gespalten in warmer Milch erweicht wurden. Auf diese gießt man etwas von dem Fett, welches in der Pfanne blieb, nachdem der Speck geröstet worden war, und dann fängt man wieder von vorne an, bis die Casserole beinahe voll ist, worauf man den Inhalt mit Wasser bedeckt und langsam — den Topf gut zugedeckt — drei viertel Stunden dünstet. Man verdickt es mit Mehl oder noch besser mit gestoßenen Crackers, fügt ein Glas Wein, etwas catsup, und gewürzte Sauce bei, kocht es auf und gießt es über die Clams in der Terrine. Man servirt dazu Nuß- oder Butternuß-Pickles.

505. Gekochte Schnecken (Boiled Snails). Die in ihrem Häuschen fest verschlossenen Schnecken werden gewaschen, in einem starken Salzwasser eine Stunde gesotten und mit einer Gabel aus dem Häuschen gezogen. Der Kräutersack (das Geringelte unten an der Schnecke), die schwarze Haut, der gelbe Ring, die Spitze am Kopf werden abgeschnitten; das Uebrige ist gut, wird mit Salz gerieben und in lauem Wasser gewaschen, was aber drei- bis viermal wiederholt werden muß. Die auf diese Weise gereinigten Schnecken können nun gebraten, in einer Sauce oder als Salat gegeben werden.

506. Gefüllte Schnecken. Zu 25 Schnecken, welche auf die vorhergehende Art gekocht und gereinigt sind, werden 4 Sardellen rein geputzt und fein gehackt, ein Eßlöffel fein geschnittene Zwiebeln und ebensoviel Peterfilie in 3 Unzen Butter einige Minuten gedämpft, eine Handvoll geriebenes Weißbrot, Salz, Pfeffer und Muskatnuß dazu gethan, und dies mit den Sardellen gut untereinander gemischt. Die Häuschen werden mit Lauge rein gewaschen, in kaltem Wasser abgespült und getrocknet. Von der Fülle kommt nun etwas in das Häuschen, dann eine Schnecke und oben von der Fülle darauf. Wenn alle auf diese Art gefüllt sind, werden sie mit der Oeffnung obenhin in ein flaches Geschirr gestellt, mit zerlassener Butter betropft und ¼ Stunde im Ofen gebraten. Beim Anrichten wird in jedes Häuschen etwas Citronensaft gedrückt.

507. Schnecken in weißer Sauce. Die gekochten und gereinigten Schnecken werden mit Butter, einer Zwiebel, die mit einer Gewürznelke besteckt ist, und mit einem Lorbeerblatt auf schwachem Feuer einige Minuten weiß geröstet, dann mit 1 Löffel voll Mehl bestreut, abermals einige Minuten geröstet und so viel Fleischbrühe daran gegossen, daß es eine nicht sehr dünne Sauce giebt. Nach einer Stunde langsamen Kochens wird die Zwiebel und das Lorbeerblatt herausgenommen, das Ganze mit Salz, Muskatnuß, weißem Pfeffer und Citronensaft gewürzt, mit 3 Eidottern abgezogen, angerichtet und mit fein gehackter Peterfilie bestreut.

XII. Vom Rindfleisch — Beef.

808. Ochsenfleisch zu sieden. Ochsenfleisch mit heißem Wasser zugesetzt bleibt kräftiger, wird es mit kaltem Wasser zugesetzt und langsam gekocht, so verliert das Fleisch, dagegen wird die Fleischbrühe um so besser.

Das Fleisch, am besten vom Schwanzstück oder von dem Brustkern, wird gut geklopft, gewaschen und mit kaltem Wasser zugesetzt. Wenn es zu sieden anfängt, wird es fleißig abgeschäumt, bis es recht rein ist. Hierauf salzt man es, thut eine ganze Zwiebel, von allen Arten Wurzeln, Kohl und Endivien daran, und läßt es immer nur langsam kochen. Ist die Brühe fett, so wird sie abgeschöpft. Auf diese Art bekommt man nicht nur ein gutes, schmackhaftes Fleisch, sondern auch eine gute Brühe. Da dieses Fleisch auf den Tisch kommt, so ist zu bemerken, daß es eine schönere Farbe hat, wenn es 15 Minuten lang vom Feuer abgesetzt, in der Brühe liegen bleiben kann.

509. Gedämpftes Ochsenschwanzstück (Beef-Braisée). Ungefähr 8 Pfund altgeschlachtetes Ochsenschwanzstück setzt man, nachdem es zuvor mürbe geklopft worden, mit in Scheiben geschnittenen Zwiebeln, gelben Rüben, in Würfel geschnittenem Speck, einigen Lorbeerblättern, Pfefferkörnern, Citronen- scheiben, mit ½ halb Pfund Butter oder gutem Fett zum Feuer und läßt Alles zusammen leicht anziehen. Dann gießt man noch ein Glas Weißwein und ein Quart Fleisch- oder braune Brühe hinzu und läßt es ungefähr 3—4 Stunden zugedeckt gar dämpfen. Den gezogenen Saft läßt man nun kurz einkochen, giebt einen Suppenlöffel spanische Sauce dazu und läßt es unter gehörigem Abfetten durch ein Sieb laufen und giebt die so gewonnene Sauce darüber. Hat man keine spanische Sauce, so verdickt man den Saft durch in Butter geröstetes Mehl.

510. Sauerbraten (Beef à la Mode). Ein schönes alt- geschlachtetes Schwanzstück wird überall mit fingerdickem Spick- speck durchzogen, indem man vermittelst eines Kochlöffelstiels oder Stahls Löcher in das Fleisch einsticht und in diese den Speck hineinsteckt; hierauf legt man das Fleisch 2—3 Tage lang in eine Essigbeize (No. 397). Man behandelt es ganz wie das vorher- gehende Beef Braisée. Sollte die Sauce nicht sauer genug sein, so giebt man noch etwas Weinessig dazu.

511. Sauerbraten wie Wild zubereitet. Man nimmt das Stück wie zu einem gewöhnlichen Sauerbraten, etwa 6 Pfund schwer, legt es 8 Tage in Bieressig, setzt es mit ½ Pfund gewürfeltem, vorher ganz heiß gemachtem Speck, dem nöthigen Salz und nach Belieben mit einigen frischen Wachholderbeeren auf's Feuer. Nachdem der Braten von allen Seiten unter öfterem Begießen gelb und zur Hälfte gar geworden, läßt man einen gestrichenen Suppenteller ge- schnittener Zwiebeln in dem Fett gelb werden, gießt alsdann nach und nach einen Suppenteller dicken sauren Rahm hinzu und läßt das Fleisch im Ganzen etwa 2½ Stunden auf nicht zu schwachem Feuer schmoren, indem es häufig be- gossen und, ohne hineinzustechen, einmal umgelegt werden muß, wobei der Bra- ten mit den Speckwürfeln bedeckt wird. Ist die Sauce zu viel verbraten, so rührt man beim Anrichten nach dem Abnehmen des Fettes das sich am Topf Angesetzte mit 2 Obertassen Milch oder Fleischbrühe gehörig zusammen, läßt es gut durchkochen und richtet den Braten an.

512. Roastbeef. Zu einer vorzüglichen Zubereitung des Roastbeefs gehört gutes und altgeschlachtetes Fleisch. Vor der Zubereitung wird es tüchtig von allen Seiten geklopft und muß für die geeignete Hitze und fleißiges Begießen

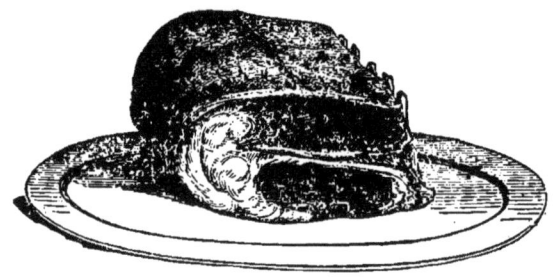

Sorge getragen werden. Man nimmt zum Roastbeef das Rippenstück, salzt und pfeffert es tüchtig und bringt es nun an den Spieß (wenn es an einem solchen gebraten werden soll) und befestigt es mit einer Spille, dann wird dasselbe unter fleißigem Begießen mit geschmolzenem Fett oder Butter bei anfänglich starker Hitze, damit das Fleisch rasch röste, wobei es saftiger bleibt, 2—3 Stunden gebraten. Das Wie-lange hängt von der Größe des Stückes ab, und ob man das Fleisch roh oder gut durchgebraten liebt. Wird das Roastbeef in einem Ofen gebraten, so legt man es in eine Bratpfanne, giebt in Scheiben geschnittene Zwiebeln, gelbe Rüben, einen Löffel voll Bratenfett und ungefähr ½ Quart Wasser daran, stellt es in einen stark geheizten Ofen, damit es rasch zuröstet, und läßt es unter fleißigem Begießen nun etwas langsamer braten, ohne es umzulegen, viel weniger hineinzustechen, wobei späterhin, so oft es nöthig ist, immer etwas Wasser nachgegossen werden kann. Das Fett muß hell bleiben, damit die Sauce ihren feinen Geschmack beibehält. Dieselbe wird, nachdem das Roastbeef aus der Bratpfanne entfernt ist, aufgekocht, gut abgeschäumt, durchgeseiht und darüber gegeben.

513. Roastbeef à la jardinière. Das Roastbeef wird wie in der vorherigen Nummer zubereitet, die Garnituren à la jardinière bleiben dem Geschmack jedes Einzelnen überlassen; ich will jedoch hier einige derselben anführen. Eine einfache Garnitur macht man von Meerrettig, der Länge nach geschabt, wovon der eine Theil mit rothem Rüben-Essig roth gefärbt, der andere aber weiß gelassen wird. Außer dem Meerrettig nimmt man Brunnen- oder Gartenkresse, welche abwechslungsweise mit dem Meerrettig geschmackvoll versetzt um das tranchirte Roastbeef gelegt wird. — Eine andere Garnitur besteht aus Maccaroni und kleinen, in Butter gebackenen Kartöffelchen; eine dritte, für feinere Mahlzeiten aus verschiedenen Gemüsen, bei deren Wahl man sich nach der Jahreszeit richtet. Man nimmt z. B. Blumenkohl, hübsch geformte gelbe und weiße Rüben, Rosenkohl, Kohlrabi, grüne Bohnen, grüne Erbsen u. dergl. Die Gemüse werden, jedes für sich, in Salzwasser weich gekocht, hernach mit süßer Butter durchgeschwenkt, mit Salz und Pfeffer abgeschmeckt und jedes Gemüse für sich in kleinen Häufchen um das aufgeschnittene Roastbeef abwechslungsweise und mit den Farben stimmend angerichtet. Selbstverständlich wird die Sauce immer besonders gegeben.

514. Ochsenfleisch mit Kruste (Breast of Beef baked). Der Brust=kern ist hierzu das passendste Stück; man siedet dasselbe und legt es kurz vor dem Anrichten auf eine Zinnplatte, schneidet von einer geräucherten Ochsenzunge halb fingerlange Stückchen, spickt den Brustkern damit, mengt eine Handvoll ge= riebenes schwarzes Brot, etwas Salz und Ingwer untereinander, überstreicht das Fleisch mit zerlassener Butter, streut das Brod darüber, setzt einen Deckel mit Kohlen darauf oder stellt es in den Backofen und läßt es gelb werden. Man giebt eine Sardellensauce dazu.

515. Wiener Rostbraten (Vienna Roast). Eine Ochsenrippe wird, nachdem sie abgeschnitten ist, mit der glatten Seite eines Hackmessers auseinander getrieben, hierauf mit Salz und Pfeffer bestreut und in einer Pfanne mit frischer Butter acht bis zehn Minuten lang gebraten (doch muß die Butter ziemlich heiß sein, ehe man sie hinein giebt, indem sonst der beste Saft mitquellen und als= dann die Rippe nicht braten, sondern kochen würde). Nachdem sie gebraten ist, gebe man etwas guten Bratensaft darüber und bestreue sie vor dem Anrichten mit in ihrem eigenen Fette gelb gerösteten Zwiebeln. Ebenso kann man auch etwas Sardellen= oder Kräuterbutter darüber geben; will man die Rippe auf dem Roste braten (grilliren), so wende man solche, nachdem sie zuvor gesalzen und gepfeffert wurde, auf beiden Seiten in Olivenöl um, und brate sie unter öfterem Umdrehen über Holzkohlengluth ebenfalls acht bis zehn Minuten lang.

516. Englisches Ochsennierenstück (English Roastbeef). Das Ochsen=nierenstück, welches ungefähr zwanzig bis dreißig Pfund wiegt und ziemlich alt geschlachtet sein muß, wird, nachdem der Lendenbraten (welchen man in der Regel dazu erhält) zuvor herausgeschnitten ist, von allen Knochen ausgelöst, auf der inneren Seite gesalzen und gepfeffert, der Breite nach aufgerollt, mit Bind=fäden gut überbunden und auf folgende Art gebraten. Man giebt drei große Zwiebeln, nebst einer in Scheiben geschnittenen gelben Rübe mit einem Suppen=löffel gutem Bratenfett und ungefähr ein halbes Quart Wasser in eine passende Bratpfanne, legt das gerollte Nierenstück dazu, bestreut es mit dem nöthigen Salz und bratet es alsdann unter immerwährendem Begießen, d. h. man giebt von Zeit zu Zeit einen Löffel voll von seinem eigenen Saft über die Oberfläche des Fleisches, und zwar so lange, bis es gänzlich gebraten ist, vier, fünf, manch=mal sechs Stunden lang, je nach dem Belieben derjenigen, welche dasselbe ge=nießen, indem es theils noch nicht ganz ausgebraten, theils aber mehr ausge=braten gewünscht wird; nun wird der Braten herausgenommen, vom Bindfaden befreit, mit seinem eigenen Safte begossen, mit etwas rohem, geschabtem Meer=rettig garnirt und zu Tische gegeben.

517. Gespickter Lendenbraten (Larded Roast Tenderloin). Ein schöner Lendenbraten wird gespickt und in ein passendes Geschirr mit 2 kleinen Zwiebeln, gelben Rüben, Sellerie, Petersilienwurzel, ganzem Pfeffer, einer Ge=würznelke, ¼ Lorbeerblatt, ¼ Pfund Butter und etwas guter Bouillon, nebst ¼ Pfund rohem Schinken gerichtet und im Backofen, während öfterem Nach=gießen der Jus, schön gelb gebraten. In einem heißen Ofen muß derselbe in

¾ Stunden fertig sein, dann wird er herausgenommen, die Jus abgeseiht, zu einer Madeirasauce gegeben und zu Tische gebracht.

518. Gedämpfter Lendenbraten (Steamed Roast Tenderloin). Derselbe wird abgehäutet, alles Sehnige und das Fett entfernt, dann wird er entbeint und gespickt, und will man ihn sauer haben, eine Stunde in Essig gelegt, mit Salz und Pfeffer eingerieben; die Kachel belegt man mit Speckscheiben, das Fleisch darauf, streut gewiegte Zwiebeln darüber, deckt ihn zu und macht ihn

auf beiden Seiten gelb, dann gießt man Fleischbrühe, und wer will, die Beize daran, und kocht das Fleisch, bis es weich ist; hierauf röstet man einen Kochlöffel voll Mehl und löscht es mit der Brühe ab, giebt Lorbeerblätter dazu, und wenn der Braten damit gekocht hat, richtet man ihn an, treibt die Sauce durch einen Seiher, schöpft das Fett ab und gießt es über das Fleisch.

Lendenbraten verschiedener Art — Tenderloin. Different kind.

519. Lendenbraten mit Pfeffersauce.

520.   „   „ Sauce von frischen Gurken.

521.   „   „ Champignon-Sauce.

522.   „   „ Bearnaise-Sauce.

523.   „   „ Trüffel-Sauce.

524.   „   „ Madeira-Sauce.

524.   „   à la financière.

Von allen diesen Arten wird eine wie die andere behandelt. Der Lendenbraten wird gedämpft oder gebraten und mit einer der obigen Saucen oder einem Ragout à la financière zu Tische gegeben. Siehe Saucen.

526. Lendenbraten nach Godard (Tenderloin à la Godard). Vorhergehender Lendenbraten wird, nachdem er gebraten und angerichtet ist, mit in Champagner gekochten Trüffeln, vermittelst silberner Spießchen besteckt, ein Ragout à la financière, welches mit einem halben Quart zur Hälfte eingekochten Madeirawein gehoben worden, darunter gegeben und mit abgekochten Krebsen, glasirten, gespickten Kalbsmilchnern und Hühnerklößchen, welches Alles an dem inneren Rande der Schüssel aufgestellt wird, garnirt.

527. Lendenbraten mit Kastanien. Der Lendenbraten wird, nachdem er gebraten ist, über Kastanien, welche mit etwas Madeirasauce vermischt worden, angerichtet.

528. Lendenbraten mit Macaroni oder Spaghetti. Nachdem der Lendenbraten soweit fertig ist, giebt man denselben auf die nach italienischer Art zubereiteten Macaroni oder Spaghetti.

529. Beefsteaks (Steaks). Aus dem dicken Theil des Lendenstückes schneidet man fingerdicke, runde Schnitten; Fett und Haut muß weg; jede einzelne Schnitte klopft man leicht, drückt sie wieder zusammen und reibt sie alsdann nach Wohlgeschmack mit Salz und Pfeffer ein. Von da an weicht die Bereitungsart sehr ab; entweder nimmt man gleich den Rost auf starkes Kohlenfeuer, beträufelt die Schnitten mit zerlassener Butter und fertigt sie auf dem Rost schnell (bei starkem Feuer etwa vier Minuten) aus; oder man nimmt eine flache Pfanne, thut süße Butter darein und legt, sobald diese heiß ist, Schnitte an Schnitte; nach 3 Minuten kehrt man sie um, fertigt sie auf dieser Seite ebenso schnell und giebt sie auf einer erwärmten Platte schnell auf den Tisch; in der Mitte dürfen sie, je nach Geschmack, noch mehr oder minder roth sein.

530. Sirloin and Porterhouse Steaks. Man beint diese Rippenstücke vollständig aus, oder sägt, nachdem das Tenderloin ausgelöst wurde, den dadurch frei gelegten Knochen ab, stutzt die oberen Rippen gleichfalls kurz ab, zertheilt nun die Rippen in ½—¾pfündige Steaks, klopft sie, taucht sie in Olivenöl oder zerlassene Butter, bestreut sie mit Salz und Pfeffer und röstet sie auf Holzkohlenfeuer auf dem Rost, bis sie, nach Geschmack, halb oder ganz durchgebraten sind. Bratet man sie in der Pfanne, so muß das Fett oder die Butter recht heiß sein. Gewöhnlich werden sie ohne jede Sauce servirt, man kann jedoch auch Sardellen oder Kräuterbutter darauf legen. Porterhouse wird bereitet, indem man von dem Rippenstück (Shortloin), in welchem sich das Tenderloin noch befindet, eine zwei Zoll dicke Scheibe sammt dem Knochen herunterschneidet oder sägt und gleichfalls auf obige Art beendet.

531. Filet mignorene mit Champignons. Dies sind zwei kleine Tenderloin Steaks, von den Spitzen des Tenderloin genommen. Dieselben werden gesalzen und gepfeffert, in heißem Fett oder Butter gebraten und eine braune Champignonsauce darüber gegeben.

532. Gehacktes Beefsteak (Steaks à la Tartar). Man nimmt einige Pfund Rindfleisch vom Top round oder Top sirloin, entfernt alles Fett und Sehnen, hackt dasselbe sehr fein, salzt und pfeffert es und formt kleine Beefsteaks daraus, legt diese auf eine Platte und macht in der Mitte des Steaks eine kleine Höhlung, in welche man ein Eigelb giebt. Um das Steak herum legt man in kleine Häufchen gehackte Petersilie, feingeschnittene Zwiebeln, ganze Capern und einige Sardellen.

533. Hamburger Steak. Man bereitet das Fleisch wie im Vorhergehenden, nur fügt man beim Hacken einige fein geschnittene Zwiebeln bei, formt die Steaks und bratet sie schnell in heißer Butter auf beiden Seiten braun. Das Innere soll immer noch etwas roh sein.

534. Roulade von Ochsen= oder Rindfleisch (Roulade of Beef). Man salzt den Bauchlappen oder die Wamme von einem Ochsen oder Rind mit Salz und Salpeter gehörig ein, läßt sie einige Tage liegen, wascht sie nach diesem ab, breitet sie auf ein Brett aus, bestreut sie mit gestoßenen Nelken, Pfeffer und ge= hackten Chalotten= oder anderen Zwiebeln, belegt sie mit dünnen Scheiben von Schinken oder Speck und rollt sie wie eine Wurst dicht zusammen; diese Rou= lade wird in eine Serviette gewickelt und mit Bindfaden recht fest zugebunden. Hierauf legt man sie in ein Geschirr mit Wasser, thut Salz, Zwiebeln, Wurzeln und genügend Essig dazu und läßt sie langsam weich kochen. Sie kann kalt, mit Essig oder Oel oder als Beilage zu Gemüse gegeben werden.

535. Ochsen= oder Rindfleischbraten aufzuwärmen. Wenn der Braten in einem Stück aufgewärmt werden soll, so lege man ihn in die Bratensauce mit dem von der Sauce abgenommenen Fett, decke ihn so fest als möglich zu und setze ihn zeitig auf ein schwaches Feuer, damit er allmälig durchwärmt werde, was wenigstens 1—1½ Stunde dauert, und wobei ein fleißiges Begießen nicht zu versäumen ist. Zum Kochen darf der Braten nicht gebracht werden, es würde ihn zähe machen.

Soll derselbe in Scheiben geschnitten aufgewärmt werden, so lege man diese in eine alte Gemüseschüssel mit schließendem Deckel oder in ein ähnliches Geschirr, gebe die Sauce nebst Fett darüber und stelle die Schüssel ½—¾ Stunde lang in einen warmen Ofen, oder dahin, wo das Fleisch allmälig heiß wird, ohne zu kochen. Ein häufiges Begießen ist auch hier nothwendig.

536. Gullasch. Zwei Pfund Ochsenfleisch, am besten vom Lendenbraten oder Rippenstück, wird gut geklopft, abgehäutelt, in daumendicke, viereckige Stücke geschnitten und mit 3 Unzen klein geschnittenem Speck und 1 in Scheiben geschnittener Zwiebel in 2 Unzen Butter mit dem nöthigen Salz so lange ge= dämpft, bis die Zwiebeln sich färben, dann stäubt man ½ Eßlöffel Mehl dar= über, gießt einen Schöpflöffel Fleischbrühe daran, und läßt es nun, fest zuge= deckt, weich dämpfen mit kurzer Sauce. Vor dem Anrichten wird es mit etwas spanischem Pfeffer abgeschmeckt und mit Klößen oder den verschiedenen Kartoffel= speisen gegeben.

537. Echt ungarisches Guljas-hus (Hungarian Guljas). Zu die= sem Gullasch wählt man gelagertes Ochsenfleisch von der hohen Rippe oder vom Blatt. Nachdem man 2 Pfund Fleisch sauber abgewischt hat, schneidet man es in beliebige Würfel, giebt ¼ Pfund grünen Speck gewürfelt geschnitten in eine Casserole und läßt ihn rösten, bis die Speckwürfel ganz braun sind und entfernt dann dieselben. Nun läßt man eine halbe Zwiebel hellbraun darin rösten und dampft darin das in Würfel geschnittene Fleisch nebst einer Messerspitze voll Kümmel so lange, bis sich der entstandene Saft wieder verdünstet hat; hierauf gießt man so viel Fleischbrühe daran, daß dieselbe das Fleisch gerade bedeckt, und läßt dieses darin weich kochen. Erst wenn das Fleisch beinahe weich ist, giebt man, gerade so groß wie die Fleischstücke, gewürfelte rohe Kartoffeln hinein, die man vorher schnell blanchirt hat. Man kocht nun Alles zusammen fertig mit einem Glas Weißwein. Zehn Minuten ehe man den Gullasch zu Tische giebt, rührt man einige Löffel sauren Rahm daran, und schmeckt die

Sauce mit Salz und Paprika (spanischem Pfeffer) ab. Am besten ist der Gullasch von Schlacht= oder Lendenbraten. Man kann auch Gullasch aus dreierlei Fleisch machen, nämlich aus Ochsenfleisch, Hammelfleisch und Kalbfleisch, nur muß alsdann das Kalbfleisch eine Stunde später dazugethan werden.

538. Ochsenmaul (Ox-Muzzle). Es wird nach Ochsenfleischart gesotten, aber so weich, daß die Knochen davon fallen; dann wird das Fleisch in Portionen getheilt, in einem Backteig umgekehrt und in Schmalz gebacken. Zu Blumenkohl eine gute Beilage.

539. Frische Ochsenzunge gekocht. Dieselbe wird mit dem Ochsenfleisch im Fleischkessel oder im Salzwasser mit Suppenkräutern weich gekocht, alsdann geschält, schön gleich in Scheiben geschnitten, kreuzartig auf eine Platte gelegt und eine Sardellen=, Zwiebel=, Madeira= oder Capernsauce daran gegeben.

540. Gebackene Ochsenzunge (Fried Beef Tongue). Eine Rinds= oder Ochsenzunge wird, nachdem sie wie vorhergehend gekocht und in kleine, fingerdicke Scheiben geschnitten ist, etwas gesalzen und gepfeffert, erst in Miehl und hierauf in verschlagenen Eiern und feinen, weißen, geriebenen Semmeln (Cracker) umgewendet, in heißem Schmalz zu schön goldgelber Farbe ausgebacken, auf Löschpapier zum Ablaufen gelegt, in schöner Ordnung auf Schüsseln angerichtet, mit gebackener Petersilie garnirt und als Beilage zu irgend einem Gemüse zu Tische gegeben.

541. Grillirte Ochsenzunge (Broiled Beef Tongue). Die Zunge wird ganz nach vorhergehender Art gekocht, und nachdem die Haut davon abgezogen, der Länge nach in zwei Hälften getheilt ist, gesalzen und gepfeffert, jede derselben in zerlassener Butter und fein geriebenen Crackers umgewendet, auf einem Roste unter öfterem Umdrehen über Holzkohlengluth auf zwei Seiten geröstet und sodann über eine italienische Sauce angerichtet.

542. Königsberger Klopps. Hierzu nimmt man Rindfleisch und Schweinefleisch zu gleichen Theilen, hackt es möglichst fein und entfernt alles, was sich an Haut und Sehnen darin befindet. Vom Abfall wird mit wenigem Salz etwas Bouillon gekocht und abgeseiht. Auf 5 Personen rechnet man 1 Pfd. gehacktes Fleisch, ¼ Pfund Butter, 2 Eier, ½ Pfund altes Weißbrod. Wer Zwiebel liebt, läßt einige feingehackte Chalotten oder 1—2 Zwiebeln in der Butter weich kochen, schüttet sie zum Fleisch, giebt hinzu: die Eidotter, das Weiße schaumig geschlagen, etwas Pfeffer und Muskatblüthe, das geriebene Weißbrod, ein wenig kaltes Wasser, das nöthige Salz, wobei auf das in der Butter befindliche Salz gerechnet wird, mengt Alles gut durcheinander, formt daraus kleine Klöße, welche man in der Bouillon, die mit etwas Muskatnuß gewürzt ist, nur einige Minuten kocht, dann umwendet, wieder aufkochen läßt und herausnimmt. Sobald man inwendig kein rohes Fleisch mehr sieht, sind die Klopps gar und müssen dann rasch herausgenommen und zugedeckt werden. Man giebt zu der Brühe zwei Citronenscheiben, etwas geriebene Semmel, nach Geschmack auch einige feingehackte Sardellen und Capern, legt die Klöße noch einmal in die sämige Sauce und richtet sie in derselben an. Die Klopps werden auch mit gekochten Kartoffeln gegeben.

543. Eine billigere Art mit Verwendung übriggebliebenen Roastbeefs oder Suppenfleisches ist, daß man dieses an Stelle des rohen setzt und nur etwa ½ Pfund Bratwurst-Fülle hinzugiebt; im Uebrigen wird nach obigem Recept verfahren. Mit Sardellensauce schmecken sie sehr fein.

544. Pfeffer-Potthast. Hierzu werden hauptsächlich die sogenannten kurzen Rippen genommen, solche in ½ Hand große Stückchen gehauen, in nicht zu reichlichem Wasser und nicht zu vielem Salz ausgeschäumt. Dann fügt man so viel klein geschnittene Zwiebeln hinzu, daß die Sauce dadurch sämig wird, giebt reichlich Pfeffer und Nelkenpfeffer (ungestoßen), einige Lorbeerblätter und späterhin auch einige Citronenscheiben hinzu. Sollte der Sauce, welche zwar ganz gebunden, aber nicht zu dicklich sein darf, auch nach Pfeffer und Citrone schmecken muß, noch Sämigkeit fehlen, so kann man zuletzt etwas feingestoßenen Zwieback gut durchkochen lassen. Fleischklöschen, in klarer Fleischbrühe oder gesalzenem Wasser gekocht, beim Anrichten in's Ragout gelegt, machen dies Gericht noch angenehmer. Es werden gekochte Kartoffeln dazu gegeben.

545. Rindfleisch-Ragout wie Hasenpfeffer. Es wird dasselbe ganz nach vorhergehender Vorschrift gekocht; jedoch giebt man statt Zwieback braungemachtes Mehl und kurz vor dem Anrichten etwas Birnenmus, Zucker oder Syrup und soviel (etwa ½ bis 1 Tasse) frisches Schweineblut mit Essig angerührt hinzu, daß das Ragout eine dickliche Sauce wie Hasenpfeffer erhält, die auch denselben Geschmack von Gewürz und Essig haben muß.

546. Polnische Erosi. Man nimmt recht schönes Rindfleisch und schneidet es in Scheiben. Dann bereitet man eine Füllung von geriebenem Schwarzbrod, feingeschnittenen Zwiebeln, englischem Gewürz und Salz, und läßt dieselbe in Butter gelblich braten. Man thut nun einen Löffel voll Füllung in jede Scheibe, wickelt und bindet sie zusammen, bratet sie recht langsam in Butter an beiden Seiten braun, gießt dann langsam ein wenig Wasser hinzu und läßt es bei gelindem Feuer dämpfen.

547. Panhas zu bereiten. Dieses ebenso billige als angenehme Gericht für den täglichen Tisch kann sowohl von Rindfleisch als Schweinefleisch, selbst von gekochtem Suppenfleisch und einem zähen Braten, wobei dann reichlich Speck mit feingehackt wird, gemacht werden. Da man den Panhas, wenn er lange genug gekocht ist, im Sommer an einem kühlen, luftigen Orte offenstehend 8, im Winter 14 Tage aufbewahren kann, so ist er zugleich als Aushülfe zu empfehlen. Nach dem Kochen wird er auf folgende Weise gebraten: man macht Butter oder gutes Fett in einer Pfanne heiß, schneidet den Panhas in Scheiben von der Dicke eines kleinen Fingers, legt sie dicht nebeneinander und läßt sie unbedeckt auf beiden Seiten gelb braten, doch dürfen sie nicht austrocknen, müssen vielmehr inwendig weich bleiben. Man giebt den Panhas zu Kartoffelspeisen; besonders angenehm ist derselbe zu Kartoffeln mit Aepfelbrei.

548. Ragout von Suppenfleisch oder Braten. Man schneidet das Fleisch in passende Stücke, macht Bratenfett oder Butter gelb, rührt 1—2 geschnittene Zwiebeln darin gelbbraun, sowie, je nach der Portion, 1—2 Eßlöffel Mehl, giebt Bouillon oder Wasser nebst Bratenbrühe, etwas Pfeffer und Nelken oder Nelkenpfeffer, 2—4 Lorbeerblätter und etwas abgeschälte, in feine Scheiben geschnittene eingemachte Gurken hinzu, läßt letztere weich kochen und das Fleisch in der Sauce ein wenig schmoren; dieselbe muß recht sämig sein. Wenn sie süßlich gewünscht wird, so kann man ½ Eßlöffel Syrup oder Birnenmus durchrühren.

Anmerkung. Soll Braten zum Ragout angewandt werden, so mache man die Sauce fertig, die Gurken darin gar, lege dann erst das Fleisch hinein und lasse es langsam heiß werden, nicht kochen, weil Braten durch Kochen zähe wird.

549. Gebratene Fricadellen von frischem Fleisch. No. 1. Dieselben werden überaus fein und wohlschmeckend, wenn man dazu 1 Theil Rind-, 1 Theil Kalb- und 1 Theil durchwachsenes Schweinefleisch fein hackt und dann zu 1½ Pfund Fleisch ¼ Pfund Butter nimmt. Dazu giebt man 3 Eier, Salz nach Geschmack, Muskatnuß, 3 Unzen gestoßenen Zwieback oder Weißbrod und 1 Tasse kaltes Wasser. Dies wird unter einander gemischt, rund oder länglich geformt, mit der nassen Hand recht glatt gemacht, mit Crackermehl bestreut und mit dem Messer kreuzweis Streifchen darüber gezogen. Dann legt man die Fricadellen in steigende Butter, brät sie unter fleißigem Begießen im Ofen gelb, gießt nach und nach etwas kochendes Wasser an die Sauce, auch, wenn es sein kann, einige Eßlöffel dicken Rahm und läßt sie ¾—1 Stunde dunkelgelb, nicht braun braten.

550. Fricadellen. No. 2. 1½ Pfund fein gehacktes Fleisch mit gut 3 Unzen Fett, knapp 1 Unze Salz, 3 Muskatnelken, ¼ geriebene Muskatnuß, 3 Eier, das Weiße etwas schäumig geschlagen, ¼ Pfund gestoßener Zwieback, reichlich ½ Obertasse kaltes Wasser, eben so viel geschmolzene Butter, wovon der Bodensatz zurückbleibt. Dies Alles wird gehörig durchgeknetet, rund geformt und mit gestoßenen Crackers bestreut, in einem irdenen Geschirr mit vorher heiß gewordener Butter zugedeckt, 1 Stunde gebraten, während man die Fricadellen mit einem Schaumlöffel einmal umwendet.

551. Fricadellen von gebratenem oder gekochtem Fleisch. No. 3. Man nehme hierzu Ueberreste von Fleisch, am besten von gebratenem, hacke sie mit einer Zwiebel oder mit Petersilie recht fein, rühre dazu einige Eier, Salz, ein wenig Nelken oder Muskat, etwas abgeschältes, geriebenes, in Butter gelb gemachtes Weißbrod, nebst Braten- oder übriggebliebener Fleischbrühe. Dann mache man hiervon eidicke Klöße, bestreue sie mit den gerösteten und feingestoßenen Krusten des Weißbrodes und brate sie in Butter gelb. Hat man gekochten Schinken, so kann man etwas durch's Fleisch hacken und dann weniger Butter nehmen.

552. Pökelfleisch (Corned Beef). Das Fleisch muß von einem fleischigen Stück sein und darf nicht weniger als 5—6 Pfund wiegen. Auf drei solcher Stücke rechnet man 1½ Unze Salpeter und 4 Hände voll Salz, 1 Handvoll Wachholderbeeren, ½ Unze Pfeffer, 1 Sechstel Unze Nelken, ¼ Unze englisch Gewürz gröblich gestoßen, eine Handvoll Chalottenzwiebeln, 4 Stück Knoblauch, die Schale einer Citrone, 8 Lorbeerblätter, Esdragon, Basilikum gröblich ge-

schnitten. Dies Alles wird untereinander gemengt, das Fleisch damit eingerie=
ben, in ein Geschirr von Holz oder Stein gelegt, stark beschwert und in den
Keller gestellt. Nach 14 Tagen ist es zum Gebrauche fertig. Es wird, ohne
gewaschen zu werden, im Wasser gekocht und nach Belieben kalt oder warm ge=
geben.

553. Pökelfleisch, andere Art. Fünf Pfund Ochsenfleisch vom Hinter=
stück reibt man mit 1½ Unze Salpeter ein, läßt es über Nacht stehen, kocht von
2 Händen voll Salz, Pfeffer, Nelken, Wachholderbeeren, 1 Lorbeerblatt und
schwach ½ Quart Wasser einen Lack, gießt ihn völlig erkaltet darüber, beschwert
das Fleisch gut und kehrt es alle Tage um. Nach 5—6 Tagen wird es mit
den gewöhnlichen Suppenkräutern und nicht zu viel Wasser langsam weich ge=
kocht.

554. Eingesalzene Ochsenzunge (Salted Ox Tongue). Zum Ein=
salzen nimmt man eine sauber gewaschene und zugerichtete frische Ochsenzunge,
legt sie in eine Schüssel, streut 3 Hände voll Salz, 2 Kaffeelöffel voll gereinig=
ten Salpeter und ebensoviel gestoßenen Zucker darüber, netzt das Salz mit etwas
Wasser an und läßt die Zunge je nach der Jahreszeit, jedenfalls an einem kühlen
Platze, 10—14 Tage darin liegen, wendet sie täglich um, dann kocht man sie
wie Ochsenfleisch und verwendet sie wie die geräucherte Zunge.

555. Geräucherte Ochsenzunge (Smoked Ox Tongue). Man legt
eine solche einen halben Tag in Wasser und siedet sie dann nach Art des Ochsen=
fleisches so weich wie möglich; sie wird warm abgehäutelt. In Scheiben ge=
schnitten ist sie kalt oder warm eine treffliche Beilage zu Winterkohl.

556. Ochsen=Gaumen (Ox Palate). Hierzu nimmt man blos sehr
weiße Ochsengaumen, wäscht dieselben einige Mal aus frischem Wasser heraus,
giebt sie sodann wieder mit frischem Wasser zum Feuer, worauf sie so lange ver=
bleiben, bis sich die äußere Haut abziehen läßt. Man probirt dies öfters, weil
es, wenn sie einmal hart geworden sind, nicht mehr geschehen kann. Nun lege
man sie auf ein Brett, halte sie an einem Ende mit der linken Hand fest, fahre
mit einem Messer mit der rechten Hand darüber, so daß dann auf diese Art die
Haut weggebracht wird. Dann setze man sie mit der Brühe (No. 396) zum
Feuer und lasse sie mehrere Stunden langsam fortkochen, bis sie weich geworden
sind, und schneidet sie, wenn sie gänzlich erkaltet sind, in kleine viereckige Stücke;
hierauf werden sie wieder aufgedämpft und angerichtet und eine Tomatoes=,
Morchel=, italienische, Trüffel= oder Madeirasauce darüber gegeben..

557. Kuttelflecke (Tripe). Die Kuttelflecke werden, nachdem sie sehr
sauber geputzt und aus mehreren Wassern herausgewaschen sind, zum Feuer ge=
setzt und eine halbe Stunde lang blanchirt (abgekocht), nach welcher Zeit sie
wieder in kaltem Wasser abgekühlt und dann in passende Stücke geschnitten
werden. Nun werden sie in kochendem Salzwasser mit Zwiebeln, gelben Rüben
und ein paar Lorbeerblättern mehrere Stunden sehr weich gekocht. Inzwischen
macht man folgende weiße Sauce: man röstet etwas Mehl in Butter weiß,
gießt 2 Schöpflöffel Fleischbrühe dazu, giebt ein wenig abgeriebene Citronen=
schalen, den Saft einer halben Citrone und etwas Muskatnuß daran; die ge=

ſchnittenen Kuttelflecke läßt man noch ¼ Stunde kochen, verrührt dann 2—3 Eigelb, gießt von der Sauce unter immerwährendem Rühren daran und giebt ſie dann zu Tiſch.

558. Kuttelflecke, braun (Tripe à la Lyonaiſe). Die wie oben zu= bereiteten Kutteln werden, nachdem man 5—6 feingeſchnittene Zwiebel hell= gelb geröſtet, mit etwas Mehl verdickt und mit brauner oder Fleiſchbrühe auf= gefüllt hat, hinzugegeben und hierauf unter Beifügung von 2 Glas Weißwein, 1 Löffel Eſſig, etwas Tomatoeſance, Salz und Pfeffer, etwas geſtoßenen Ge= würznelken, 1 Lorbeerblatt langſam gekocht.

559. Ochſenhirn (Beef Brain). Wird ganz genau wie Kalbshirn be= handelt.

560. Ragout von Ochſenſchwänzen (Stewed Ox Tail). Ein gebrühter Ochſenſchwanz wird gelenksweiſe in Stücke geſchnitten und langſam mit Zwie= beln, gelben Rüben, Lorbeerblättern, einem Glaſe Weißwein und etwas brauner oder Fleiſchbrühe 2—3 Stunden gedämpft. Der Satz (Fond) wird nun mit einem Löffel voll ſpaniſcher Sauce vermiſcht, durchgeſeiht und darüber ge= geben.

561. Ochſenſchwanz auf dem Roſte (Broiled Ox Tail). Ochſen= ſchwanzſtücke werden in gleicher Weiſe gedämpft, nur wird hierzu kein Mehl ver= wendet. Sind ſie weich, ſo läßt man ſie in der Braiſe erkalten, legt ſie auf ein Sieb oder reines Tuch zum Abtrocknen, ſalzt und pfeffert ſie nach Bedarf und taucht ſie in zerlaufene Butter, kehrt ſie in Crackermehl um und legt ſie auf einen Beefſteakroſt, worunter aber die Kohlen nicht zu ſtark brennen dürfen. Sind ſie auf allen Seiten geröſtet, werden ſie mit guter Jus auf eine Platte gegeben und eine gute Zwiebelſauce beſonders dazu ſervirt.

562. Beef Stew with Vegetables. Paſſende Stücke Fleiſch, wie der obere Rand an der Shortloin oder vom Topround, werden in ziemlich große viereckige Stücke geſchnitten und mit viel dünngeſchnittenen Zwiebeln an= gedämpft. Nun wird daſſelbe gut geſalzen und gepfeffert, mit brauner Brühe, einem Glaſe Wein aufgefüllt und fertig gekocht. Mittlerweile ſchneidet man gelbe und weiße Rüben wie auch Kartoffeln halbmondförmig aus; auch kann man dieſelben ausſtechen. Dieſe Gemüſe, mit Ausnahme der Kartoffeln, giebt man bei Beginn des Kochens hinzu, die Kartoffeln jedoch zuletzt, damit die= ſelben erſt mit dem Fleiſche fertig werden. Iſt die Sauce nicht ſämig genug, ſo verdickt man ſie mit etwas in Waſſer angerührtem Mehl oder Cornstarch.

XIII. Vom Kalbfleiſch — Veal.

563. Gebratener Kalbsſchlegel (Roast Leg of Veal). Ein ſchöner weißer Kalbsſchlegel wird über dem Knie abgehackt, in eine paſſende Bratpfanne, worin zuvor 2 in Scheiben geſchnittene Zwiebeln und gelbe Rüben gelegt worden,

eingeſetzt, das nöthige Salz darüber geſtreut, ½ Suppenlöffel gutes Bratenfett
oder ebenſoviel friſche Butter, nebſt halb ſoviel Waſſer dazu gefügt, und der
Braten unter öfterem Begießen zwei und eine halbe bis drei Stunden gar ge=
braten. Sodann nehme man ihn aus dem Ofen, gebe noch etwas gute Fleiſch=
brühe zu ſeinem kurzgekochten Safte, laſſe denſelben unter gehörigem Abfetten
einigemal aufkochen, paſſire ihn durch ein Haarſieb, gebe ein wenig Brühe unter
den Kalbsbraten, glaſire die Oberfläche des Bratens nach Belieben mit etwas
aufgelöſtem Fleiſchextrakt und bringe denſelben alsdann zu Tiſche. Der noch
übrige Saft wird beſonders ſervirt.

564. Geſpickte und gedämpfte Kalbsnuß mit ſaurer Rahmſauce (Larded
Veal Fricandeau with sour Cream Sauce). Die Kalbsnuß wird geklopft
und gehäutelt. 1 Glas Eſſig wird mit Salz, Pfeffer, Nelken, einer halben
weißen Zwiebel und ein paar Citronenſcheiben ¼ Stunde lang gekocht und als
Beize über die Schale gegoſſen. Wenn letztere ſo 1 Stunde geſtanden hat,
wird ſie geſpickt, in einem breiten Geſchirr Butter zerlaſſen, die geſpickte Schale
darin gelb gedämpft, die Hälfte von dem Eſſig, worin ſie gebeizt worden, nebſt
etwas Fleiſchbrühe dazu gethan, und wenn es wieder eingekocht iſt, genügend
ſaurer Rahm daran gegoſſen, ½ Kochlöffel Mehl in Butter gelb geröſtet, eine
klein geſchnittene Zwiebel darin abgedämpft, an die Sauce gethan und noch
½ Stunde gekocht. Das Fleiſch wird dann auf eine Platte angerichtet, mit
Citronenſcheiben belegt und die durchgetriebene Sauce beſonders dazu gegeben.

565. Geſpickte Kalbsnuß in ihrem Safte (Larded Veal Fricandeau).
Von einem ſchönen Kalbsſchlegel wird unten an dem dicken Fleiſch die ſoge=
nannte Nuß (Fricandeau), ein ungefähr dreifingerbreites, herzförmiges Stück
Fleiſch, herausgeſchnitten, das hautige Fleiſch obenauf entfernt, dieſelbe gut ab=
gehäutelt, etwas mürbe geſchlagen und fein überſpickt; hierauf gebe man ſie in
eine Caſſerole, dazu 1 in Scheiben geſchnittene Zwiebel, 1 gelbe Rübe, ½
Suppenlöffel braune oder Fleiſchbrühe und 1 Glas weißen Wein. Die ge=
ſpickte Seite kommt nach oben, dieſe beſtreut man mit feinem Salz, bedeckt die
Caſſerole und läßt ſie 1—1½ Stunden im Ofen gar dämpfen, nach welcher Zeit
der Saft ſo kurz eingekocht ſein muß, daß man das Fricandeau damit glaſiren
kann. Nachdem dies geſchehen, richtet man die Nuß auf eine Schüſſel an, giebt
einen halben Suppenlöffel braune Brühe oder Bouillon zu dem Satze (Fond)
der Kalbsnuß und läßt dieſen gehörig loskochen, fettet ihn ab, ſeiht ihn durch
ein Sieb und giebt ihn unter der Kalbsnuß zu Tiſche.

566. Gefüllte Kalbsbruſt (Stuffed Breast of Veal). Eine ſchöne
Kalbsbruſt wird ausgebeint, d. h. die kleinen Knöchelchen werden ausgelöst und
der harte Knochen an den Knorpeln weggeſchnitten, ſodann ein Einſchnitt der
Breite nach zwiſchen der oberen Haut und dem Fleiſch gemacht, mit der Hand
nachgeholfen, ſo daß dadurch ein Sack entſteht, welcher mit der Brodfülle
No. 315 vollgefüllt und mit Bindfaden wieder zugenäht wird. Nun ſchneide
man eine gelbe Rübe und eine Zwiebel in Scheiben, gebe dieſe in eine paſſende
Bratpfanne, die Kalbsbruſt darauf, beſtrene ſie mit feinem Salze, gebe ¼ Pfund
friſche Butter oder ebenſoviel gutes Bratenfett darüber und laſſe die Bruſt unter
häufigem Begießen mit ihrem Safte ungefähr ſtarke 1½ Stunden in einem ziem=

lich heißen Ofen braten, sodann nehme man sie heraus, befreie sie von dem Bind=
faden, gebe zu dem zurückgelassenen Safte etwas wenige Fleischbrühe, lasse den=
selben unter gehörigem Abfetten noch einigemal aufkochen, seihe (passire) ihn
durch ein Haarsieb und gebe ihn mit der Kalbsbrust besonders zu Tische.

567. Gespickte Kalbsbrust mit Champignons.

568. „ „ „ Sauerampfer.

569. „ „ „ Kartoffelmus.

570. „ „ „ Sellerie.

571. „ „ „ Spinat.

572. „ „ „ Zwiebelmus.

573. „ „ „ Kastanienmus.

574. „ „ „ Macaroni.

575. „ „ „ Reis.

576. „ „ „ glasirten Kastanien.

577. „ „ „ Rahmsauce.

578. „ „ „ Champignonsauce.

Zu allen diesen Arten wird das Kalbfleisch wie in der vorhergehenden Num=
mer zubereitet und giebt man die obengenannten Gemüse als Unterlage und
servirt die angeführten Saucen dazu.

579. Gebratene Kalbsschulter, Bug (Shoulder of Veal). Ein schöner
Kalbsbug wird ausgebeint, d. h. die Schaufel und der Beinknochen davon aus=
gelöst, hübsch und fest zusammengerollt, mit Bindfaden überbunden und, gleich
der Kalbsbrust (No. 566), gebraten und beendet.

580. Gebratene Kalbsschulter mit Kräutern (Roasted Shoulder of
Veal with Herbs). Zu vorhergehender Kalbsschulter gebe man, nachdem
solche ausgebeint ist, etwas Zwiebel nebst Petersilie, welche sehr fein gehackt und
in Butter etwas geschwitzt (passirt) worden; die Schulter wird sodann zusammen=
gerollt, mit Bindfaden überbunden, gleich der Kalbsbrust (No. 566) gebraten,
vor dem Anrichten wird der Bindfaden davon entfernt und die Schulter wird
mit einer italienischen Sauce (No. 331) begossen.

581. Gespickter, glasirter Kalbsrücken mit braunem Ragout (Larded
roasted Saddle of Veal). Von einem halben Kalbsrücken werden der Rück=
grat weg= und die Rippenstückchen gleich zugehauen, die obere dicke Haut wird
davon entfernt, wie überhaupt das ganze Rack in schöne Form zugestutzt; hier=
auf der fleischige Theil abgehäutelt und fein überspickt, worauf das Rack, gleich
der Kalbsbrust, ¾ Stunden gar gedämpft und glasirt wird; alsdann nehme man
es heraus und richte es über ein Ragout à la financière (s. dieses) an.

582. Kalbsrücken gebraten und mit Gemüsen garnirt (Saddle of Veal à la jardinière). Ein ungespaltener Kalbsrücken in passender Größe wird schön nach Nr. 566 gebraten, dann auf einer langen Platte angerichtet und mit Gemüsen à la jardinière garnirt wie das Roastbeef

583. Kalbsnierenbraten (Loin of Veal Kidneys Part). Wenn das Kalbsnierenstück ausgebeint und mit Salz und Pfeffer eingerieben ist, wird der herabhängende Lappen gegen den Nieren aufgewickelt und mit einem Spieß befestigt oder mit Bindfaden umbunden, damit der Braten ein besseres Aussehen hat, dann an den Spieß gesteckt und fleißig mit Butter begossen oder im Bratofen saftig gebraten.

584. Kalbsbraten — Polnischer Bock. Eine große Kalbsnuß wird ausgebeint, rein gehäutelt und stark geklopft, mit Salz, Pfeffer und Nelken eingerieben, dann mit Butter überfahren und mit einem großen Eßlöffel fein geschnittener Chalottenzwiebeln, einem ausgegräteten, fein geschnittenen Häring, der fein geschnittenen Schale von 1 Citrone, etwas Peterfilie und 1 Unze Capern bestreut, fest aufgewickelt, in ein Kalbsnetz eingebunden, in Butter gebraten und während des Bratens fleißig mit Citronensaft beträufelt. Wer will, kann auch das Netz weglassen und ihn außen etwas spicken.

585. Polnischer Braten. 6—8 Pfund Kalbsschale wird gut geklopft, dann wird ¼ Pfund Sardellen ausgegrätet und in lange Stücke geschnitten, ebenso wird ¼ Pfund Speck zum Spicken gerichtet. Die Schale wird nun abwechslungsweise mit einer Reihe Speck und einer Reihe Sardellen schön gespickt. Hierauf wird sie in ein Kalbsnetz gewickelt und in Butter wie jeder Kalbsbraten fertig gebraten. In der Sauce werden 1—2 Eßlöffel Mehl mitgedämpft. Ist der Braten fertig, so seiht man die Sauce, vermischt sie mit einigen fein gewiegten und durch ein Sieb getriebenen Sardellen, läßt sie mit diesen nur noch heiß werden, ja nicht kochen, um den thranigen Geschmack der Sardellen zu verhüten, und trägt den Braten sehr heiß auf. Man kann das Kalbsnetz auch weglassen.

586. Kalbsroulade (Calfs Roulade). Für 4 Personen nimmt man 2 Pfund vom Kalbsschlegel, schabt es vom Knochen und schneidet es zu dreifingerbreiten und 1 fingerlangen Stücken messerrückendick und klopft sie wohl. Dann macht man eine Fülle von gebratenem und gewiegtem Schweine- und Kalbfleisch nebst Peterfilie und Zwiebel, verrührt dies mit einigen Eiern und Muskatnuß und bestreicht die Stückchen mit zerlassener Butter, theilt die Fülle darauf aus, wickelt sie und bindet sie mit Faden zusammen. Sind sie fertig, so bestreut man sie mit Salz und dämpft sie in Butter gelb, streut so viel Mehl darauf, als man zwischen 3 Fingern fassen kann, und ist es auch gelb, so gießt man 1 Schöpflöffel Fleischbrühe daran, nebst Citronen und Lorbeerblättern. Wenn Alles weich und durchgekocht ist, richtet man es an.

587. Kalbsrouladchen (Small Calfs Roulade). Nachdem vorhergehende Kalbsschnittchen in Scheiben getheilt sind, schlägt man sie mit einem flachen, naß gemachten Hackmesser messerrückendick aus, ohne sie jedoch zu zer-

reißen, hierauf überspickt man sie fein in zwei Reihen, genau in ihrer Mitte, be=
streicht sie auf der Rückseite mit einer der Füllen (Nr. 310, 311), rollt sie über=
einander der Länge nach zusammen, doch so, daß das Gespickte obenauf zu liegen
kommt; nun streiche man die Enden ebenfalls mit Fülle glatt aus, überbinde sie
mit Bindfaden, gebe sie in schöner Ordnung in eine flache Casserole, bestreue sie
mit Salz, begieße sie mit der nöthigen, kochenden Braise (Nr. 396), lasse sie
darin ungefähr ¾ Stunden zugedeckt dämpfen, nehme sie sodann heraus, befreie
sie von ihrem Bindfaden, glasire sie mit etwas aufgelöstem Extrakt (Nr. 12)
oder kurz gekochtem Bratensaft, richte sie in eine tiefe Schüssel an und gebe den
eigenen Saft darüber.

588. Wiener Schnitzel garnirt. Man schneidet aus einem Kalbs=
schlegel fingerdicke Stücke, entfernt alle Haut und Sehnen, klopft sie tüchtig, be=
streut sie mit Salz und Pfeffer, dreht sie in verrührtem Ei und dann in Semmel=
mehl um, backt sie in Schmalz auf beiden Seiten schön gelb und giebt sie mit
Citronenschnitzen zu Tische.

589. Wiener Schnitzel (naturel). Von einem abgehäutelten Kalbs=
schlegel schneidet man fingerdicke Stücke, klopft und hackt sie gut, salzt und kehrt
sie in Mehl um: nun läßt man Butter in einer Pfanne heiß werden, legt die
Schnitzel fest neben einander hinein, deckt sie zu und läßt sie auf starkem Feuer
schnell auf beiden Seiten gelb werden, oder bestreicht sie mit Oel und röstet sie
auf dem Roste.

590. Kalbs=Coteletten (Cutlet of Veal). Man nimmt die Rippen,
hackt die unteren Knochen ab, streift das Fleisch an der Rippe mit dem Messer
zurück und schneidet ringsum alles Hautige ab. Nun werden sie stark geklopft,
dann wieder in eine gefällige Form zusammengeschoben und mit Salz und
Pfeffer bestreut. Hierauf taucht man sie in verrührte Eier, kehrt sie in geriebe=
nem Milchbrod um und bratet sie in Butter oder Schmalz auf beiden Seiten
schön gelb. Schöne, dicke Coteletten können auch nur in Mehl umgekehrt lang=
sam, in etwa 15 Minuten, in Butter fertig gebraten werden; oder in Oel um=
gedreht und auf dem Roste gebraten, gleich den Wiener Schnitzeln au naturel.

591. Gespickte und glasirte Coteletten (Larded Veal Cutlets). Man
spickt die schönsten ungehackten Coteletten, die etwas dicker als die gewöhnlichen
sein müssen, legt eines an das andere in eine flache Casserole, schüttet so viel
gute Fleischbrühe daran, daß sie davon bedeckt werden, thut das nöthige Salz
nebst etwas Pfeffer und einem großen Stück Butter dazu, bedeckt sie mit einem
Deckel, worauf glühende Kohlen sind, und dämpft die Coteletten auf ziemlich
starkem Feuer. Wenn die daran befindliche Sauce anfängt, sich zu verdicken,
so begießt (glasirt) man sie einigemal damit. Sie können zu jedem feinen Ge=
müse gegeben werden.

592. Kalbsrippen in Papier (Veal Cutlets in Papillotes). Zwei
Eßlöffel Champignons, ebensoviel Trüffeln, die Hälfte so viel Petersilie und

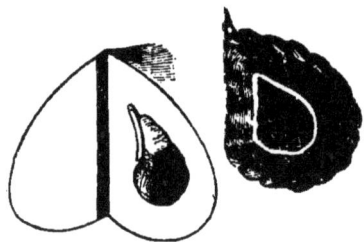

Chalottenzwiebeln, alles fein geschnitten, etwas Salz, weißen Pfeffer und Mus= katnuß werden in 3 Unzen Butter lang= sam gedämpft und dann kalt gestellt. Während dieser Zeit muß doppelt geleg= tes Schreibpapier nach der Größe der Kalbsrippen herzförmig geschnitten wer= den. Die inwendige Seite wird mit fei= nem Salatöl oder Butter bestrichen und die geklopften Rippen mit der angeführ= ten Fülle auf beiden Seiten bestrichen, auf die bestrichene Seite des Papiers ge= legt und dieses ringsum gut eingebogen, daß nichts von dem Saft verloren geht. Sie werden dann auf dem Roste bei schwacher Gluth auf beiden Seiten gebraten. — Schweinsrippen können auf die gleiche Weise verfertigt werden.

593. **Glasirte Kalbsrippen** à la jardinière.

594.   „   „   mit **Spargeln.**

595.   „   „   „ **braunem Ragout.**

596.   „   „   „ **weißem Ragout.**

597.   „   „   „ **Trüffelsauce.**

598.   „   „   „ **Morchelsauce.**

599.   „   „   „ **Champignonsauce.**

600.   „   „   „ **Tomatesauce.**

601.   „   „   „ **Bordelaisesauce.**

Bei allen diesen Arten von Kalbsrippen (Veal Cutlets) bleibt die Be= handlung ganz wie bei Nr. 591. Sie werden entweder über die angeführten Ragouts, Gemüse oder Saucen angerichtet; ebenso können dieselben zu Spinat, Kartoffelmus, Sauerampfer oder Endivien servirt werden.

602. **Kalbsbrieschen (Kalbsmilchner)** gespickt (Sweet Bread). Nach= dem die Kalbsbrieschen einige Zeit in lauwarmem Wasser gelegen haben, läßt man sie in kochendem Wasser einigemal aufwallen, kühlt sie in kaltem Wasser ab, schneidet das Hautige davon weg und spickt sie schön. Die Brieschen werden nun in eine Casserole gelegt, etwas Butter, Salz, Pfeffer und eine kleine Zwie= bel dazu gethan und so unter öfterem Begießen gebraten. Hat man eine gute alte Bratensauce zum Begießen, ist es noch besser.

603. **Kalbsmilchner auf dem Rost** (Broiled Sweet Bread). Man überkocht sie, reibt sie dann gut mit Butter ein und bratet sie auf einem reinen Rost. Man wendet sie oft um und taucht sie manchmal in einen Teller mit zerlassener Butter, was sie verhindert, zu hart und trocken zu werden.

604. **Kalbsmilchner** à la financière (Sweet Bread à la financière). Drei oder vier schöne Kalbsbrieschen werden in kaltem Wasser ausgezogen und

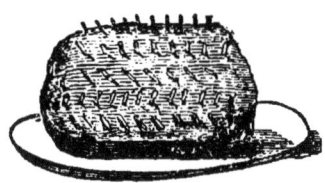

etwa 5 Minuten in heißem Waſſer gebadet, um ſie zu reinigen. Darauf werden ſie abge= kühlt, leicht gepreßt, hübſch geformt, mit feinem Speck durchzogen und mit Speckwürfelchen, klein zerſchnittener Peterſilie, Schnittlauch und Sellerie in die Pfanne gebracht. Von Zeit zu Zeit mit Fleiſchbrühe übergoſſen, werden die Brieschen braun gebraten und beim Anrichten auf der Platte mit einer Garni= tur à la financière eingefaßt und die indeſſen eingekochte Sauce dazu gegeben.

605. Kalbsmilchner mit Trüffeln (Sweet Bread with Truffle). Wenn die Kalbsmilchner, wie oben geſagt, vorbereitet ſind, ſo werden ſie erkaltet, mit etwas Butter, 2 Eßlöffel voll ſcharf geſalzener Fleiſchbrühe, 2 Chalotten, einigen Pfefferkörnern, einem Lorbeerblatt, Kräutern und Wurzeln leicht gedämpft, dann in Scheiben geſchnitten und verkühlt. Während deſſen werden die im Waſſer eingeweichten friſchen Trüffeln mit der Trüffelbürſte vom Sand gereinigt und mit etwas Butter, guter Fleiſchbrühe, einem halben Glas Madeira, einigen Chalotten, etwas Salz und einem Lorbeerblatt 15 Minuten lang gedämpft, die Milchnerſcheiben hineingelegt, 10 Minuten lang zuſammen aufgekocht und dann angerichtet. Die Kalbsbrieschen oder =Milchner können gleich den Kalbsrippen mit denſelben Ragouts, Gemüſen, Saucen, von welchen ſie dann die Namen erhalten, auf den Tiſch gebracht werden.

606. Kalbsherz, geſpickt (Larded Calfs Heart). Das Kalbsherz wird geſpickt, mit Wein, Butter, Pfeffer, Salz, Lorbeerblatt, Gewürznelken, Muskatblüthen und Zwiebeln zugeſetzt. Zur Sauce nimmt man ein paar hellgelb geröſtete Löffel voll Mehl und löſcht mit Wein, Eſſig und Fleiſch= brühe ab.

607. Geſpickte und gefüllte Kalbsherzen (Larded and stuffed Calfs Heart). Drei bis vier rein gewaſchene Kalbsherzen werden mit fein ge= ſchnittenem Speck geſpickt und mit Salz und Pfeffer beſtreut. Nun hackt man 2 Unzen Speck und 1 Zwiebel recht fein, mengt 1 Handvoll geriebenes ſchwarzes Brod, Salz, Pfeffer, 1 Meſſerſpitze Gewürznelken und 8 geſtoßene Wachholder= beeren untereinander, füllt die Herzen damit, ſo weit es ihre Oeffnung erlaubt, zerläßt in einem breiten Geſchirr 3 Unzen Butter, ſtellt die Herzen aufrecht hinein, deckt ſie zu und läßt ſie dämpfen. Wenn ſie gelb ſind, gießt man das Fett ab, thut etwas Fleiſchbrühe und 1 Glas Wein nebſt einigen Citronen= ſcheibchen und 1 Lorbeerblatt daran, deckt ſie zu und kocht ſie langſam, bis ſie weich ſind. Sie geben von ſelbſt eine ſämige Sauce.

608. Kalbsnieren gedämpft oder ſauer (Stewed Veal Kidneys). In einer Caſſerole läßt man etwas fein gewiegte Zwiebel in Butter leicht anziehen, dämpft darin die in feine Scheibchen geſchnittenen Nieren, beſtreut dieſe mit Salz und Pfeffer und ein wenig Mehl; man ſchüttelt ſie, während ſie gar werden, öfters auf, löſcht ſie mit ein wenig Fleiſchbrühe ab und giebt die Nieren, wenn ſie fertig ſind, mit ihrer kurz eingekochten Sauce und mit gewiegter Peterſilie beſtreut zu Tiſch.

Sollen die Nieren sauer sein, so löscht man sie mit etwas Essig und Fleisch=
brühe ab. — Ebenso werden auch die Rindsnieren zubereitet.

609. Nierenschnitten. Die gebratene Niere mit ihrem Fett und einem
Stückchen Schinken, wenn es gerade da ist, nebst etwas Kalbsbraten und Peter=
silie wird ganz fein gehackt, mit einem Ei und 1—2 Eidottern, einigen Eßlöffeln
dicken süßen Rahmes, dem nöthigen Salz, etwas Citronenschale und Muskat=
blüthe oder Muskatnuß und wenig gestoßenem Zwieback untereinander gemischt.
Dann macht man Weißbrodscheiben in Milch und 1—2 Eiern weich, bestreicht
sie dick mit dieser Masse, streicht solche glatt, kerbt sie kreuzweise ein und bestreut
sie mit feingeriebener Semmel oder Zwieback. Ist das geschehen, so läßt man
Butter heiß werden, brät die untere Seite darin gelb und legt sie dann einige
Minuten auf die Nierenseite. Als Nachgericht werden die Nierenschnitten mit
Zucker bestreut, als Beilage zu Gemüsen aber ohne Zucker gegeben.

610. Klein geschnittene Kalbsleber (Stewed Calfs Liver). Eine rein
gehäutelte Leber wird in kleine, dünne Stückchen geschnitten und mit 1 fein ge=
schnittenen Zwiebel in 3 Unzen Butter gedämpft. In 1 Unze Butter röstet man
1 Eßlöffel Mehl braun, löscht es mit kräftiger Fleischbrühe ab und thut den Saft
einer Citrone, Salz und 1 Lorbeerblatt dazu, läßt es kurz einkochen, richtet sie
über die Leber an und faßt die Schüssel mit kleinen gebratenen Kartoffeln ein.

611. Kalbsleber mit saurem Rahm (Calfs Liver with sour Cream).
Die gehäutelte, in kalter Milch gelegene, gespickte Leber legt man in eine Casse=
role, thut 1 Lorbeerblatt, 1 Zwiebel, 1 gelbe Rübe, einige Citronenscheiben, ein
paar Gewürznelken, ganze Pfefferkörner und das nöthige Salz dazu, gießt ge=
nügend sauren Rahm darüber und dämpft die Leber, fest zugedeckt, eine Stunde
lang, womöglich in einem Ofen. Die Leber wird dann herausgehoben, ange=
richtet und die Sauce durch ein Sieb darüber geseiht; sollte diese noch zu dünn
sein, so muß sie bis zur gehörigen Dicke eingekocht werden.

612. Gedämpfte Kalbsleber (Stewed Calfs Liver). Eine rein ge=
häutelte und gewaschene Leber wird in fingersdicke Schnitten geschnitten; in einer
flachen Pfanne läßt man Butter zergehen, legt die Schnitten hinein, überstreut
sie mit einem Löffel Mehl und etwas geschnittenen Zwiebeln, deckt sie fest zu,
läßt sie schnell gelb werden, kehrt sie um und gießt, wenn die eigene Sauce ein=
gekocht ist, etwas Fleischbrühe dazu, richtet sie an, salzt sie, kocht die Sauce mit
noch etwas Fleischbrühe auf und gießt sie über die Leber. Wer es liebt, kann
auch auf die Butter Salbeiblätter legen, die Leber darauf und sie so fertig
machen.

613. Leberklöße (Liver Dumplings). Die Vorschrift ist im Abschnitt
Klöße zu finden.

614. Kalbsleber=Schnitten. Man schneidet die abgehäutelte Kalbsleber
in fingerdicke Scheiben und legt sie eine Stunde lang in kalte Milch, gießt die
Milch davon und trocknet die Stücke mit einem reinen Tuche ab, bestreut sie auf
beiden Seiten mit Pfeffer und Salz und kehrt sie in Mehl um. 2 Eßlöffel
sehr fein geschnittene Zwiebeln und ebensoviel Petersilie werden in 4 Unzen

Butter einige Zeit gedämpft, dann in eine Cotelettenpfanne gegossen, die Leber hineingelegt und schnell auf beiden Seiten gebacken. Die Butter wird nun davon geschüttet und die Leber mit 2 Eßlöffel Essig und ebensoviel Jus begossen, aufgekocht und mit der Sauce angerichtet.

615. Gebackene Kalbsleber (Fried Calfs Liver). Vorhergehende Kalbsleber wird, nachdem sie in Mehl eingetaucht worden, noch einmal in verschlagenen Eiern und weißen, geriebenen Crackers umgewendet und zu schöner goldgelber Farbe in einer Bratpfanne aus heißem Fette herausgebacken, gehörig auf Löschpapier abgetropft, angerichtet und mit gebackener Peterfilie garnirt.

616. Leber-Ragout mit Kräutern (Sächsische Küche). Nachdem die ganz frische Leber gewaschen, enthäutet und in Streifen geschnitten, schwitzte man etwas Chalotten, Schnittlauch, Thymian, Dragon und Peterfilie, dies alles gehackt, in Butter gelb, thue die Leber und Salz dazu und lasse diese so lange schmoren, bis sie weich ist. Dann gebe man geriebene Crackers, Muskatnuß und Nelkenpfeffer, 2 Tassen Bouillon, ebensoviel Wein dazu und lasse es eben miteinander durchkochen.

617. Leberkuchen (Liver Pudding). 4½ Unzen Butter werden mit sechs Eigelb schäumig gerührt, sodann mit einem Pfund der von aller Haut befreiten, fein gehackten Kalbsleber, welche noch durch ein feines Haarsieb gestrichen wird und ⅜ Pfund abgeschälten, in Milch eingeweichten und wieder ausgedrückten Milchbrödchen vermischt, noch ¼ Stunde fortgerührt, mit Salz, Pfeffer, Muskatnuß und Majoran gewürzt, hierauf das zu festem Schnee geschlagene Eiweiß der sechs Eier daruntergezogen, die Masse in eine mit Butter bestrichene Puddingsform eingefüllt und in einem mittelheißen Ofen ungefähr eine Stunde gebacken; oder man stellt die Form in eine Casserole, welche soviel heißes Wasser enthält, daß dasselbe bis an den dritten Theil der Form reicht, giebt dieses zusammen in einen mittelheißen Ofen, doch muß beobachtet werden, daß das Wasser nicht zu stark kocht, sondern nur langsam siedet, stürzt die Kuchen dann behutsam auf eine tiefe, runde Schüssel und giebt eine braune, italienische Sauce darunter.

618. Gebackene Kalbsfüße (Fried Calfs Feet). Wenn die Füße rein geputzt und abgesengt sind, werden sie gewässert und alsdann mit Wasser, Essig, Salz, Zwiebeln, groben Gewürzen und grünen Kräutern weich gekocht. Wünscht man nicht sogleich Gebrauch davon zu machen, so kann man sie in dieser Brühe einige Tage aufbewahren. Dann werden die Knochen herausgemacht, die Füße gespalten, in Crackermehl umgewendet und in Backbutter oder Schmalz gelb gebacken. Man kann die Füße auch blos in Wasser und Salz kochen, dann in Ei und geriebenen Crackers umdrehen und in einer Pfanne gelb backen, oder sie auch im Back- oder Bierteig umdrehen und backen.

619. Fricassee von Kalbsfüßen (Fricassée of Calfs Feet). Wenn sie weich gesotten und die Knochen davon genommen sind, so schneidet man das Fleisch der Länge nach ganz klein, 1 Zwiebel, ein wenig Peterfilie und etwas Citronenschale ebenfalls fein, thut 3 Unzen Butter in eine Casserole, das Geschnittene dazu, 1 Eßlöffel Mehl, etwas Salz und Muskatnuß darunter, rüttelt es ein wenig, schüttet 1 Schöpflöffel gute Fleischbrühe daran und läßt es aufkochen, verrührt 2 Eidotter nebst dem Saft von ½ Citrone und mischt sie beim Anrichten unter das heiße Fricassée. Hat man fertige weiße Sauce, so legirt man dieselbe mit 2—3 Eigelb, etwas Citronensaft und gehackter Petersilie, legt die Kalbsfüße hinein und schwingt sie so lange, bis sie kochend heiß geworden sind. Alsdann richte man sie an und bringe sie zu Tische.

620. Kalbszunge (Calfs Tongue). Wird wie die Ochsenzunge behandelt und man giebt die nämlichen Saucen dazu.

621. Kalbskopf nach Schildkrötenart (Calfs Head en tortue). Man nimmt einen schön weiß gebrühten Kalbskopf, löst ihn von den Knochen ab, wässert ihn, setzt ihn mit kaltem Wasser zum Feuer und blanchirt ihn. Hierauf wird er in kaltem Wasser abgekühlt, in schöne viereckige Stücke geschnitten und dann in einer Casserole mit 1½ Quart Wasser, ¼ Quart Essig, Nelken, Pfefferkörnern, Lorbeerblättern, Citronenscheiben, gelben Rüben und Zwiebeln vollends weich gekocht. Unterdessen wird die Sauce und das Ragout bereitet (siehe

Schildkröten-Ragout). Hat man keine fertige spanische Sauce, so bereite man folgende: man dämpfe 14—16 Stück fein gewiegte Chalottenzwiebeln in Butter; sobald sie hellgelb sind, werden einige Kochlöffel voll Mehl hinzugegeben und vollends braun geröstet, füllt es nun mit ½ Quart Rothwein und 1 Quart guter brauner Brühe oder Bouillon auf, würzt die Sauce mit Salz und Cayennepfeffer und läßt sie unter ständigem Abfetten eine Stunde kochen. Ist sie dick genug eingekocht, so fügt man 1 Glas Madeira, Champignons, gedrehte Oliven und Kalbs- oder Hühnerklöschen hinzu. Der Kalbskopf wird nun bergartig angerichtet und das Ragout und die Sauce darüber gegeben. Die Schüssel wird mit Brod- oder Blätterteig-Croutons, roth gekochten Krebsen und gekochten oder gebackenen Eiern garnirt und das Hirn, nachdem es gekocht, oben auf den Kalbskopf gelegt.

622. Kalbskopf mit Essig und Oel (Calfs Head à la vinaigrette). Der Kalbskopf wird wie in der vorigen Nummer behandelt, auch in viereckige Stücke geschnitten und in demselben Sud weich gekocht. Sodann richtet man ihn bergförmig auf einer runden Platte an und begießt ihn mit einer Essigsauce (vinaigrette), die aus Folgendem besteht: in einer kleinen Schüssel werden fein geschnittene Zwiebeln, gewiegte Petersilie, Schnittlauch, Salz und Pfeffer, Essig und Oel gut untereinander gemengt, wovon man den einen Theil über den warmen Kalbskopf gießt und den Rest in einer Saucière zu Tische giebt. Den Rand der Platte garnirt man mit fächerartig geschnittenen kleinen Essiggurken.

623. Kalbskopf mit legirter, deutscher Sauce (Calfs Head à la poulette). Der (nach) Nr. 621) schön weiß gekochte Kalbskopf wird aus seiner Brühe in die nöthige legirte, deutsche Sauce, welche mit fein gehackter Petersilie vermischt und ziemlich stark mit Citronensaft gehoben worden, gegeben, worauf derselbe dann unter stetem Schütteln kochend heiß gemacht, in schöner Ordnung auf die bestimmte Schüssel angerichtet, mit Croutons von Butterteig und schönen roth abgekochten Krebsen rundum eingefaßt wird.

Calfs Head different Styl.

624. Kalbskopf mit Champignonsauce.

625. „ „ Trüffelsauce.

626. „ „ Morchelsauce.

627. „ „ Austernsauce.

Bei allen diesen verschiedenen Zubereitungen von Kalbskopf wird derselbe immer (nach) Nr. 621) gekocht, angerichtet und eine der obigen Saucen darüber gegeben; ebenso kann man denselben auch mit jeder anderen pikanten, braunen Sauce begießen.

628. Gebackener Kalbskopf (Fried Calfs Head). Der auf vorhergehende Art blanchirte, geschnittene und gekochte Kalbskopf wird aus der Brühe herausgelegt; hierauf panire man die Stückchen in Mehl, verschlagenen Eiern und geriebenen weißen Semmeln (Crackers), backe sie aus heißem Schmalze zu schön goldgelber Farbe heraus, lasse sie nach dem Backen auf Löschpapier ablaufen, richte sie in schöner Ordnung an, garnire sie mit gebackener Petersilie und gebe sie sodann als Beilage eines Gemüses zu Tische. Auch kann der Kalbskopf, wie bei den Kalbsfüßen, in Back- oder Bierteig getaucht und aus dem heißen Schmalze herausgebacken werden.

629. Kalbskopf mit Tartarsauce (Calfs Head with Tartar Sauce). Der auf vorhergehende Art gebackene Kalbskopf wird über einer Tartarsauce angerichtet und obenauf mit Citronenscheiben schön garnirt.

630. Kalbshirn mit brauner Butter (Calfs Brain with brown Butter). Nachdem das Kalbshirn einige Stunden abgehäutelt ist, wird es in Wasser mit Essig, gelben Rüben, Zwiebelscheiben, Lorbeerblatt, Pfefferkörnern und Salz 20 Minuten gekocht. Mann nehme es dann heraus und lasse das

Wasser gut ablaufen, lege es auf eine Schüssel und gebe die in Nr. 339 beschriebene braune Buttersauce darüber.

Verschiedene Arten Kalbshirn — Calfs Brain different Kind.

631. Kalbshirn mit holländischer Sauce.

632.   „   „ italienischer Sauce.

633.   „   „ Capernsauce.

634.   „   „ Provenceersauce.

635.   „   „ Pfeffersauce, (Poivrade).

636.   „   „ Trüffelsauce.

637.   „   „ Tomatoesauce.

638.   „   „ weißem Ragout, (a la Toulouse).

639.   „   „ braunem Ragout, (a la financière).

Das Kalbshirn wird gekocht und eine dieser Saucen oder Ragouts dazu
gegeben.

640. **Gebackenes Kalbshirn** (Fried Calfs Brain). Das gekochte
Kalbshirn wird, nachdem es kalt geworden, halbirt, jede Hälfte wieter der
Quere nach in fingerdicke Scheiben geschnitten, mit etwas Salz und weißem
Pfeffer bestreut, gleich dem Kalbskopf panirt, ausgebacken und angerichtet.
Ebenso kann dieses Kalbshirn auch, nachdem es in Stückchen geschnitten,
in zerlassener Butter und feinen Semmelbröseln oder Crackers umgewendet
worden, einige Minuten über schwacher Kohlengluth unter öfterem Umdrehen
auf dem Roste geröstet werden, worauf es übrigens ganz auf dieselbe Art angerichtet wird.

641. **Fricassee von Kalbsgekröse** (Fricassée of Chitterlings). Man
nimmt das Gekröse in einer Schüssel, reibt es stark mit einer Handvoll Salz,
daß das Schleimige davon kommt, wascht es nach diesem aus drei oder vier
warmen Wassern, schneidet die Drüsen rein aus und siedet es im Salzwasser
weich. Zur Sauce schneidet man 1 Zwiebel, etwas Petersilie und ein wenig
Citronenschale klein, röstet einen Kochlöffel Mehl in 2 Unzen Butter, dämpft
das Geschnittene gelb darin, thut 1 Löffel Fleischbrühe, den Saft von einer
Citrone und Muskatnuß daran. Wenn das Gekröse weich ist, wird es in kaltes
Wasser gelegt, fest ausgedrückt, zu kleinen Stücken in die Sauce geschnitten und
kurz vor dem Anrichten mit 2 Eigelb legirt.

642. **Gebackenes Kalbsgekröse** (Fried Chitterlings). Wenn dasselbe
wie Vorhergehendes gereinigt und gekocht ist, wird es in Stücke zerschnitten.

Drei Eßlöffel voll Mehl und etwas Salz werden mit Milch glatt gerührt und mit fünf Eiern verdünnt; man giebt etwas fein geſchnittenen Schnittlauch dazu kehrt das Geſröſe darin um und bäckt es in Schmalz.

643. Kalbs-Scallop. Man hackt kaltes, gebratenes oder gedünſtetes Kalbfleiſch recht fein und giebt eine Lage davon in eine gut mit Butter ausge= ſtrichene Puddingſchüſſel und ſtreut Pfeffer und Salz darüber. Nun kommt eine Lage fein geſtoßener Cracker mit einigen Stückchen Butter darunter gemiſcht, und mit etwas Milch befeuchtet. Wenn die Schüſſel voll iſt, ſo befeuchtet man den Inhalt gut mit Sauce oder Brühe, mit heißem Waſſer verdünnt. Als letzte Lage giebt man geſtoßene Cracker, die man mit Milch und einem oder zwei Eier und etwas Salz zu einem Teig gemacht hat, und ſteckt kleine Butterſtückchen hinein. Nun ſtürzt man eine Zinnſchüſſel darüber, damit der Dampf ſich nicht verflüchtigt, und bäckt es — wenn es eine kleine Schüſſel iſt, ½ Stunde; ¾ Stun= den iſt genügend für eine große. Man deckt ſie 10 Minuten vor dem Anrichten ab und bräunt ſie.

644. Kalbsohren (Calfs Ears). Die ſauber gebrühten Kalbsohren werden, dem Kalbskopf gleich, gewallt (blanchirt), hierauf, wie derſelbe, lang= ſam gar gekocht; alsdann nehme man ſie heraus, ſetze ſie in ſchöner Einfaſſung auf eine Schüſſel und gebe eine von den Saucen oder Ragouts wie beim Kalbs= kopf dazu.

645. Gefüllte Kalbsohren (Stuffed Calfs Ears). Man ſchneidet die gebrühten, rein geputzten Ohren oben rund zu und kocht ſie 15 Minuten in ſiedendem Waſſer; alsdann verfertigt man eine Fülle (Farce) von ½ Pfund rohem, rein gehäuteltem Kalbfleiſch, ½ Unze friſchem Speck, der Schale von ½ Citrone, ½ Unze Capern und ein wenig Peterſilie, hackt dieſes Alles ganz fein, thut Salz und Muskatnuß dazu und rührt es mit 4 Eidottern untereinander. Die Ohren beſtreicht man inwendig mit verrührtem Ei, füllt ſie mit der Fülle, beſtreicht ein breites Geſchirr dick mit Butter, ſetzt die gefüllten Ohren, alle auf= recht ſtehend, hinein, beſtreicht ſie mit Ei, beſtreut ſie mit Semmel= oder Weiß= mehl und legt auf jedes Ohr ein wenig Butter. Nun gießt man 1 Glas Wein und ein wenig Fleiſchbrühe, aber nur ſo viel, daß nichts in die Fülle kommt, daran, thut noch ein Lorbeerblatt und ein paar Citronenſcheiben dazu, ſetzt das Geſchirr auf Kohlen und einen Deckel mit ſchwachen Kohlen darauf und kocht es ſo lange, bis die Ohren weich ſind. Dann röſtet man 1 Kochlöffel Mehl in Butter gelb, dämpft eine kleine, fein geſchnittene Zwiebel darin und thut es an die Kalbsohren-Sauce, nach welcher immer geſehen werden muß, daß ſie mit Fleiſchbrühe erhalten wird. Wenn die Ohren angerichtet ſind, wird die Sauce mit 2 Eidottern abgezogen und darüber gegoſſen.

646. Eingemachtes Kalbfleiſch (Veal Fricaſſée). Drei Pfund in Stücke geſchnittenes Kalbfleiſch von der Bruſt oder den Rippen wird blanchirt; dann nimmt man 2 Unzen Butter in eine Caſſerole, giebt 3 Kochlöffel Mehl daran, eine fein geſchnittene Zwiebel nebſt etwas klein geſchnittener Peterſilie dazu, dämpft dies zugleich mit dem Mehl in der Butter und ſchüttet nach dieſen ½ Quart Wein, 1 Quart kalte Fleiſchbrühe daran und fügt etwas Salz, 1 Lor=

beerblatt, 2 Citronenscheiben und etwas Muskatnuß bei. Wenn dies zusammen zu kochen anfängt, wird das Fleisch hineingegeben, weich gekocht, die Sauce mit einigen Eigelb verrührt und angerichtet.

647. Eine andere Art. Man kocht eine Kalbsbrust 15 Minuten lang in Wasser, kühlt sie dann in kaltem Wasser ab, schneidet den Brustknochen und die breiten Rippen weg und schneidet sie in zweifingerbreite und fingerlange Stücke. In einer Casserole läßt man 3 Unzen Butter zergehen, dämpft das Fleisch eine Weile darin, streut 3 Eßlöffel Mehl darüber, gießt 1 Glas Wein und einen Schöpflöffel Fleischbrühe dazu, thut eine mit zwei Nelken bestecke Zwiebel, ein paar Citronenscheiben, 1 Lorbeerblatt, etwas Thymian und das nöthige Salz dazu und läßt es zugedeckt 1½ Stunden kochen. Wenn es weich ist, wird das Fleisch auf eine Platte angerichtet, die Sauce durch ein Haarsieb geseiht und mit 3 Eidottern verrührt.

648. Eine andere Art. Dazu müssen 2—3 Pfund fleischige Stücke von der Schale oder dem Bug genommen werden; sie werden rein gehäutet, ge- klopft, in Gries oder Semmelmehl und etwas Salz umgekehrt und in Schmalz (Schmelzbutter) gelb, aber ja nicht hart gebacken. Wenn sie auf Brodschnitten abgelaufen sind, werden sie auf eine Platte gelegt und warm erhalten. In einer kleinen Casserole verrührt man zwei Unzen Butter mit 1 Eßlöffel Mehl, gießt 1 Schöpflöffel Fleischbrühe daran, läßt es unter beständigem Rühren ein wenig aufkochen, verrührt 3 Eidotter mit etwas Citronensaft und Muskatblüthe, gießt die Sauce langsam daran, nach diesem an das gebackene Fleisch, und giebt es recht warm zu Tische. Auf diese Art werden auch Fricassées von jungen Hüh- nern und Tauben gemacht.

649. Kalbs=Fricassee mit Krebsen (Veal Fricassée with Crabs). Man koche das Fricassée nach vorhergehender Vorschrift, gebe aber statt der be- merkten Zuthaten ¼ Stunde vor dem Anrichten Morcheln, Muskatblüthe und in Butter gelb geschwitztes Mehl hinzu, nehme alles Fett von der Sauce und lasse sie beim Hinzuthun von reichlich Krebsbutter noch ein wenig kochen. Beim Anrichten lege man vorgerichtete Krebsschwänze in die Sauce und rühre sie nach Belieben mit 1—2 Eidottern ab.

650. Braunes Kalbsragout (Brown Veal Stew). Man schneidet aus dem Kalbsbug (Vorderschlegel) viereckige Stücke, läßt sie in einer Casserole mit Butter, Zwiebeln, gelben Rüben, 1 Lorbeerblatt, Citronenmark, 1 Nelke, 1 Stückchen Lauch, Pfeffer und Salz leicht anbraten, dann streut man Mehl darüber und läßt dieses langsam darin dünsten, bis es auf dem Boden der Casserole braun wird. Man löscht es alsdann mit Fleischbrühe ab, daß diese über das Fleisch geht und läßt das Ragout darin langsam kochen, damit die Sauce schön gelb wird, giebt ein Glas Rothwein in dieselbe und schmeckt sie mit Cayennepfeffer oder etwas Paprika ab.

651. Kalbsragout à la jardinière (Veal Stew à la jardinière). Wird wie das Obige bereitet; man kocht jedoch halbmondförmig geschnittene gelbe Rüben, weiße Rüben und Kartoffeln im Ragout mit, wobei die Kartoffeln, welche schnell gar sind, erst ¼ Stunde bevor das Fleisch weich ist, beigefügt werden. In Wasser abgekochter Blumenkohl und grüne Erbsen werden, wenn das Ragout angerichtet ist, darüber gegeben.

652. Geſtovte Kalbsbruſt als Voreſſen. Die Kalbsbruſt wird gut geklopft, gewaſchen, mit einem Tuch abgetrocknet, mit Salz gut eingerieben, mit etwas Mehl beſtäubt und in kochend heißer Butter an beiden Seiten langſam gelb gemacht, während der Topf feſt zugedeckt wird. Dann gieße man ſeitwärts ſo viel kochendes Waſſer hinzu, daß das Fleiſch zur Hälfte bedeckt wird, und füge ein kleingeſchnittene Peterſilienwurzel, auch nach Belieben eine Hand voll gut gereinigte Champignons oder 1—2 Untertaſſen voll Scorzonern (Schwarzwurzeln, Oyster Plants) hinzu. Man laſſe dies etwa 1½ Stunden langſam ſchmoren, gebe ¼ Stunde vorher etwas geſtoßene Muskatblüthe, einige Citronenſcheiben an die Sauce, auch, wenn ſie nicht ſämig genug ſein möchte, etwas geſtoßene Crackers und rühre beim Anrichten 1—2 Eidotter mit etwas kalter Milch hinzu.

653. Kalbslunge (Hash of Calfs Light). Da die Kalbslunge nur ſehr wenig gebraucht wird, ſo gebe ich hier auch nur die allgemeinſte Schüſſel davon an. Eine Kalbslunge wird eine Stunde lang gewäſſert, hierauf in Salzwaſſer zwei Stunden lang gekocht, dann herausgenommen, fein gewiegt, in eine Caſſerole gegeben, mit ſechs Loth friſcher Butter eine Zeit lang gedämpft; etwas Salz, Pfeffer, fein gehackte Peterſilie, deßgleichen Citronenſchale, nebſt einem Eßlöffel gutem Weineſſig und ein wenig ſpaniſche Sauce wird dazu gegeben, das Mus hierauf unter Rühren einigemale aufgekocht, dann angerichtet, mit verlorenen Eiern garnirt und zu Tiſche gebracht.

654. Kalbsbraten in Würfel geſchnitten mit Roſinen. Man ſchneide Kalbsbraten in kleine Würfel, laſſe Butter gelb werden, etwas geriebenes Weißbrod oder Mehl darin gelb ſchwitzen, gebe Bouillon oder Waſſer, Bratenbrühe, 1 Glas Wein, etwas Citronenſchale, Muskatblüthe und Salz nebſt reichlich Roſinen hinzu, laſſe ſie in kurzer Brühe weich kochen und den Braten nur darin heiß werden.

655. Ragout von übriggebliebenem Kalbsbraten. 1—2 feingeſchnittene Zwiebel werden in Butter oder Bratenfett gelbbraun geſchwitzt, dann wird ein Löffel Mehl darin gebräunt und einige Taſſen Waſſer, Bratenbrühe, gewürfelte ſaure Gurken, Pfeffer und Salz hinzugegeben. Wenn die Gurken weich ſind, ſo wird der in paſſende Stückchen geſchnittene Kalbsbraten darin heiß gemacht. Wie ſchon bemerkt, macht das Kochen den Braten zähe.

656. Kalbfleiſch gehackt mit verlorenen Eiern (Veal Hash with poached Eggs). Einige fein geſchnittene Zwiebeln werden leicht in Butter (weiß) gedämpft, dann giebt man einen Löffel Mehl hinzu, welches man ebenfalls leicht anziehen läßt, füllt es mit Fleiſchbrühe auf, daß es eine ſehr dicke Sauce bildet, würzt ſie mit Salz, Pfeffer und Muskatnuß und läßt ſie ¼ Stunde langſam fortkochen. Unterdeſſen hackt man den übriggebliebenen Kalbsbraten recht fein, miſcht gehackte Kartoffeln darunter, giebt das Gehackte in die Sauce und läßt es recht heiß werden. Wenn dasselbe dick wie ein Mus ist, richtet man es auf eine Platte an und legt verlorene Eier darüber. Eine andere Art ist, wenn man Kalbfleisch und Kartoffeln fein hackt und in fein geschnittenen Zwiebeln schön braun bratet. Diese Zubereitung gilt für alle Arten Fleisch, Roastbeef-, Corned Beef-, Lamm-, Chicken-, Turkey- und Codfisch Hash, nur daß man letzteres statt mit Fleischbrühe mit Milch oder Rahm zubereitet. Besonders letztere Art ist sehr beliebt zum Frühstückstische.

* * *

XIV. Hammelfleisch — Mutton.

657. Vom Hammel. Vor allen Dingen diene Folgendes als Vorbemerkung: Das Hammelfleisch, welches gekocht oder gebraten werden soll, muß mindestens drei Tage vorher geschlachtet sein, was zwar auch bei allen übrigen Fleischsorten der Fall sein muß, wie es bereits schon einmal beim Ochsenfleisch angegeben wurde; denn sobald das Hammelfleisch frisch geschlachtet zubereitet wird, ist es nicht zu genießen. Sodann muß das Fett schön weiß, die Farbe des Fleisches dunkelroth aussehen und darf dasselbe keinen eigenthümlichen Geruch (sogenanntes Böckeln) besitzen. Deshalb versäume man ja nicht, diese Bemerkung zu beobachten.

658. Gekochter Hammelsschlegel (Boiled Leg of Mutton). Man setzt einen ausgebeinten Hammelsschlegel in eine Casserole mit kochendem Wasser, welches den Schlegel bedecken muß, salzt und kocht ihn, bis man durch Hineinstechen an der dicksten Stelle sich überzeugt hat, daß er fertig ist. Man rechnet ungefähr 12—15 Minuten auf das Pfund zum Kochen. Wenn fertig, zerlegt man ihn und giebt in Salzwasser gekochte Kartoffeln und eine Capernsauce dazu.

659. Gebratene Hammelsschulter (Roast Shoulder of Mutton). Die Hammelsschulter wird gleich der vom Kalb ausgebeint, innen mit Salz und Pfeffer bestreut, zusammengerollt, mit Bindfaden überbunden und in einer Casserole mit zwei Zwiebeln, einer gelben Rübe, etwas gutem Bratenfett und ¼ Quart Wasser nebst einigem Salz ungefähr zwei Stunden lang, gut zugedeckt, gedämpft, nach welcher Zeit der Saft so angezogen haben muß, daß sich die Schulter gehörig darin glasiren kann. Hierauf nehme man sie heraus, befreie sie von dem Bindfaden, koche den Satz mit einem halben Suppenlöffel brauner Brühe unter gehörigem Abfetten los, passire ihn durch ein Haarsieb, gebe etwas davon unter die angerichtete Schulter und servire den übrigen Saft besonders mit derselben. Die Würze von einem Gliedchen Knoblauch ist hier nicht unangenehm, doch nicht allgemein beliebt. Ebenso kann die Hammelsschulter auf oben angegebene Weise noch über verschiedene Unterlagen oder Saucen gleich dem nachfolgenden Hammelsschlegel angerichtet werden.

660. Gebratener Hammelsſchlegel (Roast Leg of Mutton). Ent=
weder bratet man den Hammelsſchlegel gleich dem vom Kalb, nachdem er zuvor
etwas über dem Knie abgehackt und mit der glatten Seite eines Hackmeſſers
recht mürbe geklopft worden, in einer Pfanne, oder man dämpft ihn in einer
gut geſchloſſenen Caſſerole; letztere Art iſt die beſte. Der nun nach dieſer Art
zum Braten beſtimmte Hammelsſchlegel wird mit denſelben Ingredienzien gleich

Vorhergehendem zum Feuer geſetzt, mit Salz beſtreut, nach Belieben mit 2—3
Gliedchen Knoblauch auf der unteren Seite geſpickt, gehörig zugedeckt, anhaltend
ungefähr 4 Stunden langſam gedämpft, nach welcher Zeit er eine ſchöne gold=
gelbe Farbe erhalten haben und der Saft kurz gekocht ſein wird. Man wendet
ihn nun herum, daß er ſich ſchön glaſire, giebt ihn auf eine Schüſſel und be=
reitet ſeinen Saft ganz auf vorhergehende Art, mit welchem er dann auch gleich
der Hammelsſchulter ſervirt wird.

Verſchiedene Arten — Different Kind.

661. Hammelsſchlegel mit glaſirten weißen Rüben.

662.   „   „ weißen Bohnen.

663.   „   „ Kartoffelmus.

664.   „   „ Zwiebelmus.

665.   „   „ glaſirten Zwiebeln.

666.   „   „ Sardellenſauce.

Die nach Nummer 660 gebratenen Hammelsſchlegel werden auf dieſen Ge=
müſen oder Saucen angerichtet.

667. Geſpickter Hammelsſchlegel als Rehbraten (Larded Leg of
Mutton—Imitation of Game). Der abgelegene und mürbe geklopfte Ham=
melsſchlegel wird abgehäutelt, alles Fett davon geſchnitten, geſpickt und 2—3
Tage in die bei Braten von Wildſchwein angegebene Eſſigbeize gelegt. Soll er

gebraten werden, ſo wird er aus der Beize genommen, mit Salz und Pfeffer be=
ſtreut, an den Spieß geſteckt, mit einigen Bogen Butterpapier umbunden und
1½ Stunden gebraten; ¼ Stunde vor dem Anrichten wird das Papier abgenom=
men, daß der Braten Farbe bekommt. Wird er im Ofen gebraten, ſo legt man
ihn mit einigen Speckſcheiben in heiß gemachte Butter oder Schmalz in die
Bratpfanne, giebt Zwiebel, Lorbeerblätter, Citronenſcheiben, einige Nelken,
Pfefferkörner und Wachholderbeeren dazu, legt einen mit Butter beſtrichenen
Bogen Papier darauf, gießt 1 Schöpflöffel von der Beize, ebenſoviel Fleiſch=
brühe und ¼ Quart ſauren Rahm daran, legt ein Stück obere Brodrinde dazu
und läßt ihn unter öfterem Begießen 2—3 Stunden braten.

668. Gebratener Hammelsrücken (Roasted Saddle of Mutton).
Den ungeſpaltenen Hammelsrücken hackt man vom Schlußbein bis über die zwei
erſten Rippen ab und reibt ihn ſtark mit Pfeffer und Salz ein, beint die Rippen
aus, rollt die Bauchlappen nach innen zu übereinander und ſteckt dieſelben mit
kleinen Spießchen feſt. Der Rücken wird dann am Spieße bei ſtarkem Feuer
und unter öfterem Begießen 1 Stunde gebraten. Beim Serviren wird Jus
dazu gegeben. Er kann auch im Ofen gebraten werden.

669a. Hammelsrücken mit Kruſte (Backed Saddle of Mutton). Man
ſetzt den Hammelsrücken mit kaltem Waſſer zum Feuer, thut das gehörige Salz
daran und kocht ihn, gut zugedeckt, 3 Stunden lang. Nach ſeinem Abkühlen
wird er rein zugeſchnitten, abgetrocknet, mit fein gehackter Peterſilie, feinem Salz
und Pfeffer beſtreut, dann überall mit zerlaſſener Butter beſpritzt, mit geriebe=
nem Milchbrot beſtreut und langſam im Ofen gebraten, bis das Brot eine gelbe
Farbe bekommt. Man giebt eine von den pikanten Saucen dazu.

669b. Hammelsrücken auf engliſche Art (Saddle of Mutton, English Style). Vom Schlußbeine bis über die Nieren hinaus wird dieſer ſaft=
reiche Fleiſchtheil des Hammels abgehauen, die Rippen über die Hälfte hinab
ausgelöſt, das Bauchfleiſch nach innen zu aufgerollt und mit hölzernen Spieß=

chen befeſtigt. Sodann wird der Rücken in eine gut ſchließende, paſſende Caſſe=
role, welche am Boden mit Speckſcheiben belegt iſt, gethan, mit einigen Schnitten
derbem Ochſenfleiſche, einem Kalbsjarret, einem Stück rohen Schinken, einigen
in Scheiben geſchnittenen rohen Zwiebeln, gelben Rüben, Porri, Paſtinak, Peter=
ſilienwurzeln, einem Lorbeerblatte, einigen Gewürzkörnern und Salz gewürzt

und, gut zugedeckt, mit unten und oben angebrachter Kohlengluth mit zwei An=
richtlöffeln voll Fleischbrühe gedünstet und zwar in der Art, bis sich der kurz ge=
kochte Saft am Boden lichtbraun färbt. Sodann werden zwei kleine Schöpf=
löffel voll fette Fleischbrühe darüber gegossen und drei Stunden lang, je nach
der Größe und Schwere des Rückens, langsam gedämpft. Beim Anrichten
wird derselbe auf einer langen Schüssel angerichtet und außen herum mit einer
Einfassung von verschiedenen Gemüsen, welche aus Rosenkohl, Blumenkohl,
weißen Rüben, gelben Rüben, Zwiebeln, Kartoffeln besteht, welche alle in ge=
salzenem Wasser weich gekocht, sodann mit sehr frischer Butter geschwungen, in
geschmackvoller Ordnung herum garnirt werden. Eine etwas dünnfließende,
mit Citronensaft gesäuerte Buttersauce wird besonders beigesetzt. Die einge=
kochte, rein entfettete Essenz vom Fleischstücke wird beim Anrichten unter dasselbe
gegossen.

670. Hammelsnierenstück gebraten in seinem Safte (Loin of Mutton).
Vorhergehender Hammelsrücken wird durch den Rückgrat der Länge nach ge=
spalten, hierauf aus der einen Hälfte der Gratknochen herausgelöst, das zuviele
Fett mit den Nieren entfernt, derselbe sodann der Breite nach zusammengerollt,
mit Bindfaden überbunden, zwei Stunden gleich der Hammelsschulter gedämpft,
dann vom Bindfaden befreit und gleich jener beendet.

671. Gedämpfter Hammelsschlegel mit Gurken (Leg of Mutton with
cucumbers). Ein abgelegener und recht mürbe geklopfter Schlegel wird mit
Pfeffer und Salz eingerieben, in eine Casserole gelegt, 1 Quart Wasser daran
gegossen und so lange gekocht, bis das Wasser eingekocht und das Fleisch auf
beiden Seiten schön gelb gebraten ist. Inzwischen schält man 3—4 Gurken,
nimmt die Kerne heraus und schneidet das Uebrige in kleine Würfel. Sollte
das Fleisch zu viel Fett haben, so wird davon abgegossen; nun wird über das
Fleisch 1 Eßlöffel Mehl gestreut, die geschnittenen Gurken und 1 geschnittene
Zwiebel dazu gethan, 1 Schöpflöffel Fleischbrühe und 3 Eßlöffel Essig dazu
gegossen, zugedeckt und 1 Stunde lang gekocht. Das Fett wird beim Anrichten
von der Sauce abgeschöpft.

672. Hammelsrippen (Mutton Chops). Sie werden wie die Kalbs=
rippen zugerichtet, der Rückgrat abgehauen, die Rippen getheilt, die obere fette
Haut rein abgeschnitten, das Fleisch von der Rippe gestreift, gut geklopft und
wieder in eine runde gefällige Form gebracht. Sie werden dann in zerlassene
Butter getaucht, mit Salz und Pfeffer bestreut und auf dem Roste über starker
Gluth schnell 10 Minuten lang gebraten. Werden sie in einer flachen Pfanne
gebraten, so setzt man sie in heiße Butter und bratet sie darin von beiden Seiten
schön gelb, bis sie fertig sind.

673. Grillirte (geröstete) **Hammelsrippen** (Broiled Mutton Chops).
Man rührt 2 Unzen zerlassene Butter mit 2 ganzen Eiern glatt, mischt fein ge=
schnittene Petersilie, Salz, Pfeffer und geriebene Muskatnuß darunter, bestreicht
die geklopften Rippen auf beiden Seiten damit, bestreut sie mit geriebenen
Crackers und bratet sie über schwacher Gluth auf dem Roste auf beiden Seiten
schön gelb. Auf diese Art kann auch übrig gebliebener Hammels=, Schweins=
oder Kalbsbraten zugerichtet werden.

674. Hammelsrippen auf verschiedene Art (Different Kind of Mutton Chops). Die Hammelsrippchen werden gleich den Kalbsrippchen, nachdem sie auf vorhergehende Weise zubereitet sind, auf dieselben Ragouts, Gemüse und Saucen angerichtet.

675. Hammelshals im Ofen gebacken (Mutton Neck). Von einem Hammelshals wird der innere Knochen ausgelöst, alles Blutige weggeschnitten; sodann rollt man ihn zusammen, überbindet ihn mit Bindfaden, kocht ihn vier Stunden langsam weich, nimmt ihn sodann heraus, befreit ihn von dem Bindfaden, streut noch etwas Salz und Pfeffer darüber, taucht ihn in zerlassene Butter und von da wieder in feine Semmelbrösel (Crackers), stellt ihn in einen sehr heißen Ofen, warin er so lange verbleibt, bis er eine goldgelbe Farbe erhalten hat, richtet ihn hierauf an, giebt etwas guten Bratensaft (Jus) darunter und bringt ihn zu Tische.

676. Hammelsrippchen nach Nelsonart (Mutton Chops, Nelson Styl). Die (nach Nr. 672) roh zubereiteten Hammelsrippchen werden, nachdem sie gesalzen und gepfeffert sind, auf zwei Seiten mit frischer Butter einen Augenblick auf starkem Feuer angedämpft und nach ihrem Erkalten nett zugestutzt. Unterdessen wird ein weißes Zwiebelmus zubereitet, das jedoch sehr dick gehalten werden muß, mit 4—5 Eigelb gebunden (legirt) und auf dem Feuer noch einen Augenblick abgerührt, damit das Ganze mehr Bindung erhält. Diese Masse wird nun über jedes der Rippchen zollhoch gewölbt aufgetragen; alsdann bestreue man sie mit Parmesankäse und weißen Semmelbröseln (Crackers), was beides sehr fein gerieben zu gleichen Theilen genommen und zusammen vermischt wird; hierauf setze man die Rippchen in eine mit Butter bestrichene flache Casserole, beträufle sie mit etwas zerlassener Butter, backe sie in einem heißen Ofen zu schön goldgelber Farbe heraus, richte sie im Kranze auf Schüsseln an, gebe etwas Bratensaft (Jus) darunter und bringe sie alsdann zu Tische.

677. Hammelsschweif (Mutton Tail). Die Schweife von Fetthämmeln, wenn mehrere zu bekommen sind, sind in der Küche gut zu verwenden. Sie werden entweder mit dem Rindfleisch gesotten, entbeint und zerhackt zur Suppe gegeben, oder wie Rindfleisch-Ragout behandelt, indem man sie in Stücke schneidet, in Schmalz röstet, mit Citronensaft, Muskatblüthe, Pfeffer, Salz und Ingwer würzt, etwas Essig daran gießt und zusammen aufkochen läßt, anrichtet und mit Salzkartoffeln oder Kartoffelklößchen aufträgt.

678. Hammelshirn (Mutton Brain). Das Hirn des Hammels ist weniger fein als das des Kalbes, doch kann es wie dieses gebacken oder fricassirt zubereitet werden und wird am bürgerlichen Familientisch nicht verschmäht sein.

679. Hammelszunge (Mutton Tongue). Unterliegt in allen ihren Zubereitungen der Art und Weise der Ochsenzunge.

680. Hammelsgehäck (Mutton or Lamb Hash). Wird bereitet wie Kalbfleisch-Hash, welches in Nr. 656 beschrieben ist.

681. Gedämpfte Hammelsnieren (Stewed Mutton or Lamb Kidneys). Von den Hammelsnieren wird die Haut abgezogen und in messerrückendicke Scheiben geschnitten; unterdessen röstet man gehackte Chalottenzwiebeln und etwas Petersilie leicht an, die Nieren werden dann dazu gegeben, mit Salz und Pfeffer bestreut und 2—3 Minuten unter leichtem Schwingen auf dem Feuer gelassen; dann giebt man etwas spanische Sauce hinzu, in Ermangelung dieser werden die Nieren leicht mit Mehl bestreut, mit etwas gutem Bratensaft verdünnt, ein halbes Glas Madeirawein und der Saft einer halben Citrone dazu gegeben. Die Nieren werden nun noch einigemal unter Umschwingen aufgekocht und dann angerichtet. Statt Madeirawein kann auch Champagner oder, wenn man sie sauer haben will, Essig genommen werden.

682. Gebratene Hammelsbrust (Roast Breast of Mutton). Von einer Hammelsbrust wird der untere große Knochen weggeschnitten und die kleinen Knöchelchen werden ausgelöst; hierauf beendet man sie gleich der Hammelsschulter (Nr. 659) und giebt sie mit ihrem eigenen Safte zu Tische.

683. Gebackene Hammelsbrust (Fried Breast of Mutton). Eine ausgebeinte Hammelsbrust wird in Fleischbrühe weich gekocht, hierauf in viereckige Stückchen geschnitten, diese werden mit feinem Salze und Pfeffer bestreut, erst in Mehl, dann in verschlagenen Eiern und fein geriebenen Semmeln oder Crackers umgewendet, aus heißem Schmalze zu schön goldgelber Farbe ausgebacken, auf Löschpapier abgetropft und als Beilage zu einem Gemüse mit gebackener Petersilie oder Tomatoesauce garnirt zu Tische gegeben.

684. Hammelsragout (Ragout of Mutton). Eine Hammelsschulter oder Vorderblatt mit einer Hammelsbrust werden in Stücke geschnitten und in einer Casserole in Butter oder Fett mit Chalottenzwiebeln, Lauch, gelben Rüben, Nelken, 1 Lorbeerblatt, Salz und Pfeffer angebraten; dann streut man Mehl darüber, läßt dieses anrösten, bis es gelbbraun ist, gießt dann Fleischbrühe und 1 Glas weißen Wein über das Ganze, rührt Alles gut auf und kocht darin das Fleisch weich, hernach wird dieses herausgenommen, die Sauce geseiht und abgefettet, eine Prise Cayennepfeffer daran gethan und die Sauce, die nicht zu knapp sein darf, über das Fleisch gegossen.

685. Hammelsragout à la Marengo (Mutton Ragout à la Marengo). Dem in vorhergehender Nummer beschriebenen Ragout werden durchgetriebene gedämpfte Tomatoes beigegeben. Beim Anrichten garnirt man dasselbe mit gebackenen Eiern und in Butter gebratenen Brodcroutons.

686. Hammelsragout à la jardinière (Mutton Ragout à la jardinière). Das Ragout wird nach Nummer 684 gekocht. Gemüse, wie gelbe Rüben, weiße Rüben werden ausgestochen oder halbmondförmig gedreht und im Ragout mitgekocht. Wenn dasselbe angerichtet ist, so legt man noch gekochten Blumenkohl und Erbsen darüber.

687. Hammelfleisch-Fricassee (Mutton Fricassée). Man schneide Fleisch von einem jungen Hammel in mittelgroße Stücke, setze es mit dem nöthigen Wasser und Salz, oder Fleischbrühe, auf's Feuer, gebe eine Stunde später 2—3 mit je einer Nelke durchstochene Zwiebel, welche vor dem Anrichten ent= fernt werden, hinein; falls der Geschmack von Kümmel beliebt ist, so füge man etwas hinzu, auch kann durch Beimischung von Champignons der Wohlgeschmack erhöht werden. So lasse man das Fricassée etwa 2 Stunden langsam nicht zu weich kochen, nehme das Fett ab, brate mit Butter einen Löffel voll Weizenmehl gelblich, aber nicht braun, rühre es dazu, lasse das Ganze nachdem noch etwa 10 Minuten langsam kochen, legire es mit zwei oder drei Eigelb und richte an.

688. Irish Stew. Man schneide das Fleisch, Brust, Schulter oder Hals von einem jungen Hammel in viereckige Stücke, bringe es mit Wasser, daß es darüber geht, auf's Feuer und lasse es einmal aufkochen (blanchiren), schütte es dann ab, thue es wieder in die Casserole mit genügendem Wasser oder Fleisch= brühe, setze es zum Feuer und salze und pfeffere es. Ungefähr 5—10 Minuten nachdem das Fleisch im Kochen ist, gebe man mittlerweile ausgestochene oder ge= schnittene weiße und gelbe Rüben hinzu, in letzterer Linie ebenso geschnittene Kartoffeln. Kurz bevor das Fleisch gar ist, rührt man Mehl mit Wasser an und läßt es hineinlaufen, um die Sauce sämig zu machen, läßt Alles zusammen noch einige Zeit kochen, damit sich der rohe Mehlgeschmack verdunstet, und schmeckt das Ragout ab und bringt es zu Tische. Besser ist es allerdings, wenn man die Sauce wie zum Fricassée bereitet, d. h. das Mehl mit Butter leicht anziehen läßt und dann die abgeseihte Brühe des Stew darein giebt und kochen läßt. Auch wird, wenn es geliebt wird, Weiskraut und Kümmel mit= gekocht.

689. Irish Stew nach englischer Art (English Irish Stew). Das Hammelfleisch wird wie vorhergehend geschnitten und blanchirt. Es werden Zwiebeln dünn geschnitten und mit dem blanchirten Hammelfleisch in Wasser oder Bouillon unter Beifügung eines Lorbeerblattes in eine Casserole gethan, zugedeckt und halb fertig gekocht. Die Zwiebeln müssen ungefähr den dritten Theil des Fleischgewichtes ausmachen. Ist das Fleisch nun soweit fertig, dann werden dem Fleischgewichte entsprechend in vier Stücke geschnittene Kartoffeln und Salz und Pfeffer nach Gutdünken beigefügt. Man läßt nun Alles zu= sammen fertig kochen. Die Kartoffeln müssen ziemlich verfallen, so daß das Ganze wie ein dickes Mus aussieht.

690. Ragout von gekochtem oder gebratenem Hammelfleisch. Man schneidet Zwiebeln in Scheiben und schmort sie in Butter oder gutem Fett, doch nicht in Hammelfett, weich, rührt dann Mehl darin braun, gießt unter bestän= digem Rühren nach und nach wenig kochendes Wasser hinzu, und wenn man sie hat, auch etwas braune Sauce. Dann würzt man diese mit Tragon und Basi= likum, Pfeffer, Nelken, 1—2 Lorbeerblättern, dem nöthigen Salz und etwas Essig, giebt auch, wenn es sein kann, ½—1 Eßlöffel dicken sauren Rahm und eingemachte, abgeschälte und in Scheiben geschnittene Gurken hinzu, läßt die Sauce eine Weile zugedeckt langsam kochen und das in passende Stückchen geschnittene gekochte Fleisch gehörig darin schmoren, gebratenes nur heiß wer= den. Was man von den bemerkten Kräutern nicht hat, kann unbedenklich weg= bleiben.

691. Vom Lamm (Spring Lamb). Lämmer von 2—2½ Monat, mit Muttermilch genährt, sind die besten, was leicht erkenntlich daran ist, daß das Fleisch weiß und gut mit Fett bewachsen ist. Man lagert es an einem kühlen Ort so lange als möglich, bis es verwendet wird. Die Zeit für das Lamm= fleisch ist von Anfang Dezember bis Ende April. Die Zubereitung desselben ist in allen seinen Arten nach den Recepten des Hammelfleisches zu beobachten, mit einigen Ausnahmen, die man wohl beachten mag. Lammfleisch soll wie ge= kocht werden, als beim Dünsten, es ist wegen seiner Unreife geschmacklos und fade, wenn es gekocht wird. Unter den Pasteten ist eine Lammpastete aufgeführt, welche wie eine Wild= oder Rindfleischpastete zubereitet wird und ausgezeichnet ist, während Hammelfleischpasteten gewöhnlich einen strengen talgartigen Ge= schmack haben, der sie für feine Gaumen verdirbt. Zu Lamm= und Hammel= fleisch soll eine in dem Abschnitt Saucen beschriebene Münz(Mint)=Sauce be= nutzt werden, vorausgesetzt, daß man sie liebt. Ebenso sind String Beans ge= mischt mit weißen Bohnen eine sehr beliebte Zugabe.

XV. Vom Schweinefleisch — Pork.

692. Gebratene Schweinskeule (Roast Leg of Pork). Nachdem eine Schweinskeule oder Rippenstück wie Kalbsschlegel oder Kalbsrücken zugehauen worden ist, schneidet man in die Haut der Keule kleine Vierecke, weil es besser zu tranchiren ist; dann wird das Fleisch mit Salz und Pfeffer eingerieben und entweder an den Spieß gesteckt oder etwas Fleischbrühe und 1 Zwiebel in die Bratpfanne genommen und das Fleisch einigemal während des Bratens be= gossen, oder man legt es in eine Casserole mit 1 Zwiebel, gelben Rüben, einigen Nelken und 1 Salbeiblatt oder Bohnenkraut, gießt Wasser oder Fleischbrühe daran und bratet es schön lichtbraun; die entfettete Sauce wird besonders dazu gegeben.

693. Frische Schweinskeule mit einer Kruste (Leg of Pork backed). Nachdem die Schwarte von der Keule abgelöst, wird dieselbe auf etwa 3 Zoll Entfernung mit Gewürznelken besteckt, mit Salz bestreut und in der Bratpfanne mit Wasser in den Ofen gesetzt, der anfangs keine allzu starke Hitze haben darf, damit die Keule nicht von außen gar wird und inwendig blutig bleibt. Es muß diese gut begossen und so oft es nöthig ist, kochendes Wasser hinzugefügt werden. Nachdem sie gar geworden, was an den Seiten durch leichtes Hineinstechen mit einer Gabel zu erkennen ist, wird das Fett von der Brühe abgefüllt, die Schwartenseite beinahe einen Finger dick mit einer Mischung von geriebener Brodrinde, Zucker und etwas feingestoßenen Nelken bestreut und die Keule, ohne sie weiter zu begießen, noch so lange in den Ofen gestellt, bis die Kruste härtlich geworden ist.

694. Schweinskeule wie Wildschweinsbraten zu bereiten (Leg of Pork as Venison of the wild Bear). Man nimmt den Schinken eines

jungen Schweines von 8—10 Pfund, schneidet die Schwarte davon ab und
reibt ihn gut ein mit folgender Mischung: ½ Quart Rothwein, ¼ Quart Essig,
2 große geriebene Zwiebeln, 6 Lorbeerblätter, gestoßener Pfeffer, Nelken und
Nelkenpfeffer, von jedem Gewürz einen Theelöffel voll, 30 frische Wachholder=
beeren, die gehackte Schale einer halben Citrone, einige Stück Ingwer und eine
halbe Handvoll kleingeschnittenen Dragon. Dann legt man die Keule in die
bemerkte Brühe, begießt sie täglich damit und läßt sie mehrere Tage darin liegen.
Darnach macht man sie, mit Salz bestreut, in einer Pfanne mit Butter gelb,
gießt ein paar Tassen kochendes Wasser und von der Brühe dazu und läßt sie
bis zum Weichwerden zugedeckt unter öfterem Begießen 2—2½ Stunden braten;
am besten ist hierzu eine irdene Bratpfanne. Eine Stunde vorher giebt man
2 Tassen Rahm an die Sauce, welche beim Anrichten, nachdem das Fett einiger=
maßen davon abgenommen, mit etwas Mehl sämig gemacht wird, durchgeseiht
und darüber gegeben wird.

695. Gedämpfter Schinken (Ham with red wine). Ein geräucherter
Schinken wird über Nacht in's Wasser gelegt, dann läßt man ihn zwei Stunden
langsam im Wasser kochen. Nun wird er vollends weich gedünstet mit 1 Quart
Rothwein, Pfefferkörnern, Nelken, Lorbeerblatt, in Scheiben geschnittenen Zwie=
beln und gelben Rüben, etwas Citronenmark und Fleischbrühe. Wenn er fertig
ist, so wird die Schwarte mit dem Fette und sämmtlichen schwarzen Theilen ab=
geschnitten, der Schinken mit einer dick eingekochten Jus glasirt und in einer
Madeirasauce heiß zu Tische gegeben.

696. Schinken zu sieden (Ham boiled). Der geräucherte Schinken
wird einen Tag in's Wasser gelegt, darauf mit kaltem Wasser zugesetzt und
äußerst langsam bis an's Kochen gebracht. Sobald das Wasser daran Blasen
wirft, wird der Schinken an die Seite des Feuers gesetzt, um daselbst 3 Stun=
den zu ziehen, jedoch so, daß auf dem Wasser immer die Bläschen sichtbar sind.
Der Schinken muß dann im Sud zugedeckt erkalten, und ist auf diese Art be=
handelt sicher stets zart.

697. Schinken zu backen (Ham baked). Dieser wird ebensolange ge=
wässert, wie der vorhergehende und gleichfalls rein gewaschen. Hierauf nimmt
man so viel Brodteig als erforderlich ist und wellt ihn nach der Form des
Schinkens aus. Wenn der Schinken abgetrocknet ist, wird er darauf gelegt, der
Teig darüber geschlagen und fest gedrückt, daß kein Dampf heraus kann, dann
ein Blech mit Mehl bestreut, der Schinken darauf gelegt und in einem Backofen
gebacken. Er braucht 2—3 Stunden, bis er fertig ist. Wenn davon gegessen
wird, kann das Uebrige immer wieder im Brod aufbewahrt werden.

698. Schweinscoteletten au naturel oder panirt (Pork Chops). Die
Schweinscoteletten werden von dem Rippenstück genau so abgeschnitten und ge=
richtet wie die Kalbscoteletten, nur daß das Fleisch bei den Schweinecoteletten
nicht von den Rippen losgelöst wird, sondern daran sitzen bleibt. Hierauf wer=
den sie gehörig geklopft und mit Salz und Pfeffer bestreut, in Weißmehl umge=
dreht und in einer flachen Pfanne in Schweineschmalz fertig gebraten. — Die

panirten Coteletten werden wie Kalbscoteletten in Ei und Crackermehl umge=
dreht und ebenso in Schweineschmalz fertig gebraten.

699. Schweinscoteletten vom Rost (Broiled Pork Chops). Wie
Kalbscoteletten vorbereitet, werden diese Coteletten mit Pfeffer und Salz ge=
würzt, durch heiße Butter gezogen, bei gutem Feuer von beiden Seiten geröstet
und mit feiner Jus und gerösteten Kartoffeln auf den Frühstückstisch ge=
geben.

700. Schweinscoteletten, elsäßisch (Pork Chops, Alsatian Style).
Klein geschnitten und geformt, werden diese Coteletten Tags zuvor mit Salz
und Pfeffer tüchtig eingerieben und in den Eisschrank gestellt. Des andern
Tages werden sie in heißer Butter von beiden Seiten angebraten und verkühlt.
Zugleich wird ein durchzogenes Stück Schweinefleisch mit einer Schweins= oder
Kalbsleber fein zerhackt und durch ein Sieb getrieben, mit gekochten feinen Kräu=
tern, Zwiebeln, Chalotten, Champignons und Petersilie zu einem dicken Brei
verarbeitet, die Coteletten damit von beiden Seiten überzogen, jedes für sich in
ein Schweinsnetz gebunden und unter fleißigem Begießen mit ihrem Fett noch
15 Minuten lang gebraten und dann angerichtet. Diese Coteletten können
auch kalt gegeben werden und schmecken vorzüglich.

Verschiedene Arten — Different Kind.

701. Schweinscoteletten mit Senfsauce.
702.   „   „ Tomatosauce.
703.   „   „ Trüffelsauce.
704.   „   „ Pfeffersauce.
705.   „   „ Madeirasauce.
706.   „   „ Kastanien.
707.   „   „ gedämpften Aepfeln.
708.   „   „ mit Zwiebelmus.

Bei allen diesen Zubereitungen von Schweinscoteletten bleibt die Behand=
lung immer die gleiche (nach Nr. 700), nur daß eine Veränderung hinsichtlich
der Unterlagen stattfindet.

709. Gespickte Schweinslendchen (Larded Tenderloin of Pork).
Von einem Schweine werden die im Nierenstück längs der Rückgratsknochen
liegenden Lendchen (filets) ausgelöst, abgehäutelt und fein überspickt; sodann
gebe man sie mit etwas frischer Butter, zwei in Scheiben geschnittenen Zwie=
beln und einer gelben Rübe in eine Casserole, bestreue sie mit Salz nebst weißem
Pfeffer und lasse sie zugedeckt ungefähr ½ Stunde gar dämpfen; alsdann glasire
man sie mit ihrer eigenen Brühe oder mit etwas Fleischextrakt. Die Lendchen
können wie die Coteletten auf diese Weise gedämpft, mit allen bei denselben an=
geführten Gemüsen und Saucen zu Tische gebracht werden.

710. Schweinsnieren mit Madeirawein (Pork Kidneys with Madeira). Dieses Gericht wird dem vom Hammel ganz gleich zubereitet und beendet.

711. Schweinsohren und -Rüssel in Capernsauce (Pork Ears and Muzzle). Sie werden in Salzwasser mit etwas Essig und Wurzelwerk weich gekocht, in beliebige Stückchen geschnitten und in einer Capern- oder Senffauce zu Tische gegeben.

712. Schweinskopf (Pork Head). Man nimmt den Kopf eines halb= ausgewachsenen Schweines, reinigt und spaltet ihn, nimmt das Hirn heraus und setzt es an einen kühlen Ort. Nun überkocht man den Kopf mit Salz= wasser, läßt ihn abtropfen, trocknet ihn ab und überstreicht ihn mit abgeschlage= nem Ei; dann bestreicht man ihn dicht mit Brodkrumen, mit Pfeffer, Salz, Salbei und gehackter Zwiebel gemischt, und bratet ihn, begießt ihn zweimal mit Butter und Wasser, dann mit dem Wasser, in welchem er gekocht wurde, und zuletzt mit dem eigenen Safte. Das Hirn wäscht man in mehreren Wassern, bis es recht weiß ist; nun drückt man es zu einer feinen Paste, giebt den vierten Theil Brodkrumen und Pfeffer und Salz dazu, formt es zu kleinen Kuchen und verbindet sie mit abgeschlagenem Ei, rollt sie in Mehl und backt sie in heißem Schmalz hellbraun. Wenn der Kopf angerichtet wird, legt man die kleinen Kuchen herum. Die Brühe fettet man ab, giebt den Saft einer Citrone dazu und kocht sie einmal auf, dann gießt man sie über den Kopf.

713. Gefüllter Schweinskopf (Stuffed Pork Head). Von einem ge= brühten Schweine wird der Kopf beinahe am Ende des Halses abgeschnitten, sauber geputzt, unten zwischen den Kinnladen vom Halse nach dem Rüssel hin, genau in der Mitte eingeschnitten und rund um sein Knochengestell behutsam, so daß es kein Loch giebt, losgelöst; sodann legt man ihn ausgebreitet mit der Außenseite auf den Tisch, bestreut die obenliegende innere Seite mit Salz und weißem Pfeffer, streicht fingerdick von der kalten Pastetenfülle (No. 317) darauf und legt ihn mit rother Rindszunge, weißem, gesalzenen Speck, schwarzen Trüf= feln und kleinen Essiggurken der Länge nach abwechselnd aus; diese Ingredienzien werden sämmtlich in fingerdicke, viereckige Stückchen (filets) geschnitten. Ist der Schweinskopf auf diese Art beendet, so gebe man eine zweite Lage Fülle darauf und ebenfalls wieder eine zweite von den Ingredienzien, worauf man dieses noch so oft wiederholt, bis derselbe, wenn man ihn in seine natürliche Form zu= sammenbiegt, durch diese Füllung seine ursprüngliche Gestalt wieder erhält. Hierauf nähe man ihn mit Bindfaden und einer Nadel längs dem Einschnitte zusammen (bei den Augen und den Spalten neben dem Rüssel geschieht solches schon vor dem Füllen), bedecke die Fülle, da wo er abgeschnitten wurde, mit Speckbatten, wickle ihn in eine Serviette, umbinde ihn sehr fest mit Bind= faden und stecke noch lange hölzerne Spießchen zwischen den Bindfaden und die Serviette ein, so daß der Kopf recht fest eingepreßt wird. Unterdessen wird saure Sulze zum Feuer gesetzt, der Kopf darin drei bis vier Stunden langsam gekocht und in der Brühe erkaltet, dann nehme man ihn heraus, befreie ihn von dem Bindfaden und der Serviette, wische ihn sauber ab, bestreiche ihn mit auf= gelöstem Fleischextrakt, setze ihn auf eine Schüssel, fülle die leeren Räume mit gehackter Sulz (Aspick) aus und garnire ihn ringsum mit Geléecroutons; die Brühe, worin der Kopf gekocht wurde, kann ganz gleich dem Aspick geläutert und wie diese verwendet werden.

714. Preßkopf. Ein nach vorhergehender Art ausgebeinter, sauber ge= putzter Schweinskopf und sechs ausgebeinte Kalbsfüße werden in dem sauren Aspick (Sulz) weich gekocht, dann herausgelegt, erkaltet, und nebst rother Rindszunge und gesalzenem Speck in Würfel geschnitten. Nun gebe man einige Eßlöffel saure Aspick (geklärten Sulz) dazu, würze das Ganze nochmals gut mit Salz und weißem Pfeffer, lasse es noch einmal aufkochen, fülle es in eine glatte, tiefe Form ein, und stürze den Preßkopf nach seinem gänzlichen Erkalten aus seiner Form heraus, indem man solche einen Augenblick in laues Wasser hält und wieder trocken abwischt; dann schneide man ihn in kleine Stückchen, garnire ihn mit ganzer Petersilie und bringe ihn hierauf zu Tische.

715. Gebratenes Spanferkel (Suckling Pig). Man lasse sich von dem Metzger das Milchschwein sauber putzen und roh zubereiten. Die Lunge, Leber und das Herz werden sehr fein gehackt, vier Bröbchen abgeschält, in Wasser eingeweicht und wieder ausgedrückt, drei Viertelpfund Bratwurstfülle ebenfalls dazu genommen, eine fein geschnittene Zwiebel und Petersilie, welche zuvor in Butter etwas abgeschwitzt worden, beigefügt, worauf das Ganze mit feinem Salz, Pfeffer, Muskatnuß und Majoran gewürzt und mit drei Eiern verrührt wird; ist nun die Fülle auf diese Art beendet, so fülle man sie in den Bauch des Spanferkels, nachdem dasselbe zuvor gehörig mit Salz und Pfeffer von innen und außen eingerieben wurde, nähe die Oeffnung mit Bindfaden gut zu, setze das Schweinchen in eine Bratpfanne, mache einen Einschnitt hinten am Kopfe, beinahe dicht am Halse, bestreiche es überall gut mit feinem Salatöl, lasse es unter öfterem Bestreichen ungefähr zwei Stunden braten, oder besser backen, nehme es dann heraus, befreie es von dem Bindfaden, garnire es mit Citronen= stückchen und ganzer Petersilie und bringe es zu Tische.

716. Schweinsfüße (Pork Feet). Die Schweinsfüße werden wie der Schweinskopf (Nr. 711) behandelt.

717. Schweinefleisch mit Sauerkraut (Pork and Sourkraut). Das Fleisch wird drei Tage in Salz gelegt, am vierten Tag in lauem Wasser abge= schwächt, getrocknet, mit gutem Sauerkraut, einer ganzen Zwiebel und einer gelben Rübe in den Fleischtopf gebracht und 10 Minuten lang gesotten, dann wird der Topf gut geschlossen und zwei Stunden in den Ofen gestellt. Nach dieser Zeit wird das Fleisch herausgenommen, die Schwarte abgelöst, dann auch Zwiebel und gelbe Rübe aus dem Kraut entfernt, diesem etwas Butter oder Gänsefett beigegeben, noch 10 Minuten gekocht, auf der Platte angerichtet und mit dem in Scheiben oder Rippentheile geschnittenen Fleisch garnirt.

718. Selberknochen. Hierzu nimmt man die Rüssel, Ohren, Rippchen, den Hals 2c. Das Fleisch wird unter stetem Abschäumen zwei bis drei Stunden langsam gekocht, sodann angerichtet und als Beilage zum Sauerkraut zu Tische gebracht.

719. Schüssel-Pastete von Schweinefleisch (Pork Pie). Man kann sie aus magerem Schweinefleisch machen, von was immer für einem Theil des Schweines, aber der Rücken ist am besten dazu. Die Knochen werden gut zer= hackt und der Rücken in Stücke von zwei Zoll Länge geschnitten. Die Schüssel legt man mit gutem Pastetenteig aus, nachdem man sie vorher mit Butter aus= gestrichen hat, dann giebt man das Fleisch hinein, darauf eine Lage in die Hälfte getheilter halbgekochter Kartoffeln, pfeffert und salzt sie. Wenn die Schüssel voll ist, gießt man ein Quart kaltes Wasser dazu und legt die obere Teigkruste darauf, und schneidet in die Mitte ein kleines rundes Loch, durch welches man heißes Wasser nachfüllen kann, wenn die Brühe sich zu rasch einkocht. Kleine Stückchen Pastetenteig kann man unter die Fleisch= und Kartoffel=Lagen streuen. Man giebt einen Deckel auf die Schüssel und kocht die Pastete ein bis 1½ Stunden. Wenn sie fertig ist, nimmt man die obere Kruste vorsichtig ab und stürzt das Fleisch mit der Brühe in eine tiefe Schüssel, damit man an die untere Kruste gelangen kann; diese legt man nun auf eine heiße Schüssel, dann das Fleisch 2c. darauf und bedeckt es mit der oberen Kruste. Man kann sie bräunen, indem man eine rothglühende Schaufel darüber hält.

720. Cheshire Schüssel-Pastete. Man schneidet zwei oder drei Pfund mageres Schweinefleisch in fingerlange und fingerdicke Streifen, legt eine mit Butter ausgestrichene Schüssel mit Butterteig aus, giebt eine Lage Schweine= fleisch mit Pfeffer, Salz und Muskatnuß dazu; dann eine Lage saftiger Apfel= schnitten mit ungefähr einer Unze weißen Zuckers bestreut; dann wieder Schweine= fleisch, und so fort, bis man die obere Teigkruste auflegen kann; vorher gießt man noch ¼ Quart süßen Cider oder Wein darüber und steckt kleine Stückchen Butter hinein. Nun giebt man die dicke Butterteigkruste darauf, schneidet einen Schnitt hinein, bestreicht sie mit Ei und bäckt sie 1½ Stunden.

721. Bratwürste von Schweinefleisch (Sausage of Pork). Von eini= gen Pfund fettem Schweinefleisch vom Hals oder Lappen schneidet man Knochen, Schwarte und alle Sehnen weg, hackt es dann mit etwas Wasser fein, nimmt Salz, Pfeffer, Nelken, Muskatnuß, Majoran oder Koriander dazu, knetet es gut, nimmt noch das nöthige Wasser dazu und füllt die Masse nicht zu fest in Därme und bindet die Würste in beliebiger Länge. Sie können frisch in Butter gebraten oder geräuchert und dann gekocht werden.

722. Leberwürste (Liver Sausage). 2—3 Pfund Schweinefleisch vom Bauchlappen oder Hals, Schwarten, 2 Kalbszungen und 2 Herzen werden recht weich gekocht, dann läßt man über 2 Schweinslebern nur einige Walle gehen, hackt Alles fein, nimmt es in eine Schüssel, thut 2—3 Schöpflöffel von der Kochbrühe, 1 Gläschen Wein, in Butter gedämpfte Zwiebel, Salz, Pfeffer, Ingwer, Nelken und Majoran nach Geschmack dazu, füllt sie in recht reine Schweins= oder Rindsdärme, doch nicht zu voll, und kocht sie in der Brühe, worin das Fleisch gekocht ist, läßt sie gut abtrocknen und hängt sie dann einige Tage in den Rauch. Sollen die Würste frisch gegessen werden, so läßt man den Wein weg und nimmt etwas mehr von der Brühe.

723. Blutwürste (Blood Pudding). 4 Pfund Schweinefleisch von Brust oder Bauch, Herz, Zunge, Nieren und 1 Kalbskopf werden gekocht und mit 1 Pfund frischem Speck in Würfel geschnitten, Salz Pfeffer, Majoran und Thymian und einige gestoßene Nelken dazu gethan und mit so viel geseihtem Blut verdünnt, daß es leicht mit dem Wursttrichter in die sehr reinen Därme gefüllt werden kann. Sie werden nun in Würste gebunden und eine starke Stunde gekocht, bis beim Hineinstechen kein Blut mehr herauskommt, an der Luft getrocknet und entweder gleich gebraten oder geräuchert, um sie nach Mo= naten noch gebrauchen zu können.

724. Netzwürste (Net Sausage). 1 Pfund rein gehäuteltes Kalb= fleisch, ein wenig Petersilie, eine Zwiebel, ein wenig Citronenschale, etwas Ma= joran und 1 Unze Rindsmark werden sehr fein gehackt, ein Weck in Wasser ein= geweicht, ausgedrückt und der Weck und das Gehackte nebst Salz und Muskat= nuß mit 3 Eiern angerührt. Man nimmt frische Kalbsnetze, schneidet Stücke davon ab, füllt von der Masse hinein und formirt Würste daraus, die in einer Casserole in Butter gelb gebraten werden.

725. Bologneser Wurst, ungekocht (Bologna Sausage raw). Hiezu nimmt man 6 Pfund mageres Schweinefleisch, 3 Pfund mageres Rindfleisch, 2 Pfund Kernfett, 4 Unzen Salz, 6 Eßlöffel schwarzen Pfeffer, 3 Eßlöffel Ca= yenne, 2 Theelöffel pulverisirte Gewürznelken, 1 Theelöffel Neugewürz, eine fein gehackte Zwiebel. Man hackt oder treibt das Fleisch durch die Maschine und mengt die Gewürze gut darunter. Dann packt man das Gemenge in Rinds= därme, die so hergerichtet werden wie die Schweinsdärme. In den Städten bekommt man sie schon gereinigt bei den Fleischern, oder für den Gebrauch ge= richtet bei den Schweinehändlern. Nachdem sie gefüllt sind, bindet man beide Enden zu und legt sie in eine so starke Salzbrühe, daß ein Ei darin schwimmen kann, läßt sie eine Woche liegen, wendet sie aber jeden Tag um; nun wechselt man die Brühe, läßt sie wieder eine Woche darin liegen und wendet sie jeden Tag um. Nun nimmt man sie heraus und räuchert sie (s. Räuchern). Wenn sie gut geräuchert sind, reibt man sie mit Mandelöl ein, oder mit frischer Butter, und hängt sie an einen kühlen dunklen Ort.

726. Bologneser Wurst, gekocht (Bologna Sausage boiled). Man nimmt 2 Pfund mageres Rindfleisch, 2 Pfund mageres Kalbfleisch, 2 Pfund mageres Schweinefleisch, 2 Pfund recht fetten geräucherten Speck, 1 Pfund Kern= fett, 10 Theelöffel pulverisirten Salbei, 1 Unze Majoran, Petersilie, Saturni und Thymian gemischt, 2 Theelöffel Cayennepfeffer und ebensoviel schwarzen Pfeffer, 1 geriebene Muskatnuß, 1 Theelöffel Gewürznelken, 1 gehackte Zwiebel, Salz nach Geschmack. Man hackt das Fleisch und das Fett, giebt die Gewürze dazu, füllt es in die Därme, bindet sie zu, sticht in jeden mehrmals hinein, damit die Luft und der Dampf heraus kann, giebt sie dann in heißes, aber nicht kochen= des Wasser, und läßt sie langsam zum Kochen kommen; kocht sie eine Stunde, dann nimmt man sie heraus und legt sie auf reines Stroh oder Heu in die Sonne zum Trocknen. Dann reibt man sie mit Oel oder zerlassener Butter ein und hängt sie in einen kühlen trockenen Keller. Wenn man sie länger als eine Woche aufheben will, reibt man sie mit Pfeffer und Ingwer ein, den man abwäscht, ehe man sie gebraucht.

XVI. Wildpret — Game.

727. Vom wilden Schwein (Wild Boar). Das zarteste und zum Braten geeignetste Fleisch ist das von einem einjährigen Wildschwein. Das Fleisch älterer Thiere wird gewöhnlich einige Tage in Essig mit Salz, Gewürzen, Zwiebeln, Wurzelkräutern, Wachholderbeeren und Lorbeerblatt eingelegt, um es dadurch zarter zu machen.

728. Einen wilden Schweinskopf zu sieden (Boiled Head of Wild Boar). Wenn der Kopf gewaschen ist, legt man ihn in ein tiefes Geschirr, gießt zu gleichen Theilen Wasser, Wein und Essig daran, bis es über den Kopf geht, thut Salz, ganzen Pfeffer, Nelken, Wachholderbeeren, einige Lorbeerblätter, 1 ganze Zwiebel, 1 in Scheiben geschnittene Citrone dazu und kocht ihn ganz langsam; ist er weich, so wird das herausgesottene Fett abgeschöpft und der Kopf in seinem Sude bis zum Gebrauch aufbewahrt. Wenn er zu Tisch kommt, wird eine von den angezeigten kalten Saucen dazu gegeben.

Soll der Schweinskopf gebeizt werden, so nimmt man das Hirn mit einem kleinen Löffel heraus und wirft es weg, vermischt eine Handvoll gestoßene Wachholderbeeren und einige geschnittene Lorbeer- und Basilikumblätter mit einer Handvoll Salz und grob gestoßenem Pfeffer und reibt den Kopf stark damit ein. Hat man eine kleine Staude (Tonne), in die noch mehr Wildpret dazu kommt, so wird der Kopf aufrecht in die Stande gestellt und das andere Wildpret so fest als möglich darum gelegt. Das übrige Wildpret wird gleich dem Kopf eingerieben, die Hälfte guter Essig und die Hälfte Wein darüber gegossen, ein Brett darauf gethan und stark beschwert. Auf diese Art hält sich das Wildpret sehr lange.

729. Gefüllter Wildschweinskopf (Stuffed Head of Wild Boar). Ein Wildschweinskopf wird ganz nach dem von einem zahmen Schwein (Nr. 713) zubereitet und ungefähr 8 Stunden gekocht, nur mit dem Zusatze, daß zu der Brühe noch 3 Handvoll Wachholderbeeren gegeben werden und man zur Einlage noch fette Gansleber verwendet, welche ebenfalls in fingerlange, viereckige Stückchen geschnitten wird, und noch einmal so viel Trüffeln, wie zu dem zahmen Kopfe; er wird alsdann ganz gleich jenem gekocht, angerichtet, glasirt, die Zwischenräume der Schüssel werden mit gehackter Gelee und mit Geleecroutons garnirt und glasirt; sodann schneide man aus weißen Rüben zwei Fangzähne, befestige dieselben auf beiden Seiten des Rüssels, stecke in diesen eine schöne Citrone und setze ihm einen Lorbeerkranz von frischen Blättern auf den Schädel. Eine kalte Senfsauce wird besonders mitservirt. Will man den Kopf längere Zeit aufbewahren, so giebt man ihn eingebunden in einen steinernen Topf, seine Brühe darüber, und gießt, wenn Alles kalt geworden ist, noch handbreit hoch ausgelassenes, reines Hammelsschmalz darauf, überbindet ihn mit doppeltem Papier und bewahrt dann den Kopf bis zu seinem Gebrauche an einem kalten, trockenen Orte auf.

730. Gekochtes Schwarzwildpret (Ragout of Wild Boar). Von einem mittleren Wildschwein werden zuerst die Büge (Schultern), dann die Schlegel abgelöst, hierauf wird die Brust der Länge nach mit dem Bauchlappen vom Ziemer getrennt und in der Mitte gespalten; von dem Ziemer wird das Fleisch der Länge nach gelöst. Ist nun das Schwein auf diese Art zerlegt, dann löse man von jedem dieser Theile die Knochen aus, von den Schultern und den Schlegeln werden die Füße zuerst abgehauen; dann schneidet man die größeren Stücke in passende, kleine Theile, rollt sie alle zusammen, überbindet sie mit Bindfaden und kocht das Fleisch gleich dem Wildschweinskopf, jedoch nur 3—4 Stunden; die übrige Behandlung wie das Aufbewahren bleibt ganz gleich. Vor dem Anrichten wird das Fleisch aus seiner Brühe herausgenommen, vom Bindfaden befreit, sauber abgetrocknet und mit aufgelöstem Fleischextrakt bestrichen.

731. Braten von Wildschwein (Roast of Wild Boar). Man nimmt einen Schlegel, zieht die Haut ab, reibt ihn mit Salz und Pfeffer ein, nimmt in eine Bratpfanne heißes Schmalz oder Bratenfett, thut den Schlegel, 2 Zwiebeln, 2 Lorbeerblätter, Citronenscheiben, Nelken, Wachholderbeeren hinzu, ½ Quart Wein, etwas Essig und Fleischbrühe daran und bratet ihn, zuerst fest zugedeckt, unter fleißigem Begießen saftig und schön braun in etwa 2½ Stunden. Der Ziemer wird ebenso gebraten, nur ist er früher weich. Ist das Fleisch von älteren Thieren, so muß es einen Tag in folgende Beize gelegt werden: man schneidet einige Zwiebeln, ½ Citrone, 1 Selleriewurzel in Scheiben, legt das gewaschene, abgetrocknete Fleisch mit diesem, Pfefferkörnern, Nelken und Wachholderbeeren in eine irdene Casserole, schüttet ein Quart Essig darüber und kehrt das Fleisch einigemal während des Tages darin um.

732. Wildschweinsrücken oder Ziemer mit Kruste (Baked Saddle of Wild Boar). Der geputzte Ziemer wird mit Fleischbrühe und Rothwein oder Burgunder, Zwiebeln und Wurzelwerk, Lorbeerblatt, Gewürz, Salz und einigen Wachholderbeeren weich gedünstet. Nachdem man ihn in der Brühe hat erkalten lassen, bestreicht man den Ziemer mit Ei, bedeckt ihn dick mit geriebenem Schwarzbrod, das man mit etwas Zucker, Zimmt und Nelken vermischt hat, übergießt die Kruste mit zerlassener Butter und mit wenig von der eigenen Brühe und läßt dann die Kruste im Ofen zu schöner Farbe backen. Man kann eine Kirschen- oder Cranberrysauce dazu geben.

733. Wildschweinsrippchen (Cutlets of Wild Boar). Diese unterliegen in allen Bereitungsarten denen vom zahmen Schweine.

734. Wildschweinsroulade (Roulade of Wild Boar). Man nimmt die Brust mit den Lappen, löst die Knochen von dem Fleisch ab, bestreut die Brust mit Salz und Pfeffer, rollt sie auf, umwickelt sie mit einem Bindfaden und kocht sie in dem gleichen Sud weich, wie beim Wildschweinskopf. Nun läßt man die Roulade in dem Sud erkalten und bewahrt sie darin auf, schneidet sie beim Gebrauch in schöne Scheiben und giebt sie hübsch garnirt mit einer Remouladesauce zu Tische.

735. Bärenschinken (Leg of Bear). Der Bärenschinken wird wie der Wildschweinsbraten (Nr. 731) gebraten. Man macht jedoch mit einem scharfen Messer zolltiefe Einschnitte der Länge nach, in welche man je einige Tropfen Citronensaft hineinträufelt. Dazu wird eine Senf= oder warme Teufelssauce servirt. Er wird meistens der Curiosität halber zubereitet; Delikatesse ist er keine.

736. Bärentatze (Paw of Bear). Diese werden in Salzwasser halb gar gekocht, dann erkalten lassen und in Scheiben geschnitten. Diese Scheiben werden in Rothwein, Pfeffer und Salz mit gehackten Kräutern und Wurzeln weichgekocht. Dazu wird Senf= oder Teufelssauce gegeben.

Die Brühe wird mit guter Fleischbrühe verdünnt, ein Ei hineingeschlagen und kochend über Schwarzbrodschnitten geseiht. Dies giebt die sogenannte Bärensuppe.

XVII. Vom Hirsch und Reh—Venison. Deer and Stag.

737. Gebratener Rehziemer. Der am besten frische oder nach Nr. 397 gebeizte Rehziemer wird gehäutelt, gespickt, mit Salz und Pfeffer bestreut, in eine passende Bratpfanne gelegt, in der ½ Pfund heißgemachte Butter ist, mit Salz und Pfeffer bestreut, 1 gelbe Rübe, 1 Zwiebel, ½ Citrone in Scheiben ge= schnitten dazu gethan, 1 Schöpflöffel Fleischbrühe und etwas von der Beize daran gegossen, ein mit Butter bestrichener Bogen Papier darauf gelegt und unter öfterem Begießen, zuletzt mit saurem Rahm etwa 1½ Stunden im Ofen gebraten. Wird er angerichtet, so mischt man einige Löffel sauren Rahm unter die Sauce und giebt sie besonders. Er kann auch wie der Hirschziemer am Spieß gebraten werden.

738. Gebratener Rehschlegel. Er wird ganz auf dieselbe Weise wie

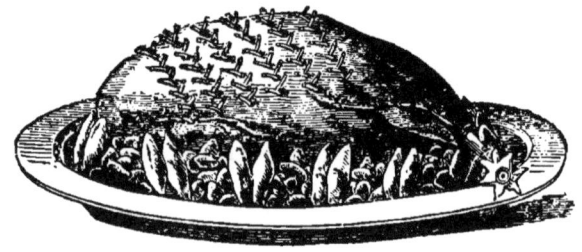

der Rehziemer behandelt, nur braucht er ½ Stunde länger zu dem Fertig= werden.

739. Rehpfeffer (Stewed Venison). Hierzu gebraucht man den Hals, die Schultern und die Brust des Rehes. Man zerschneide sie in kleine Stücke und legt dieselben über Nacht in die Essigbeize (Nr. 395) und setze sie am andern Tag mit ¼ Pfund frischer Butter, 2 in Scheiben geschnittenen Zwiebeln, 2 Lorbeerblättern, 1 Eßlöffel voll Pfefferkörnern, 8 Gewürznelken, 1 Glas Weinessig, 1 Suppenlöffel Fleischbrühe zum Feuer, gebe das nöthige Salz dazu und lasse das Ganze in dieser Brühe weichdämpfen; nach Belieben kann man auch ½ Pfd. durchwachsenen Speck, welcher ohne Schwarte in kleine Würfel geschnitten wird, beifügen. Unterdessen werden 3 Unzen frische Butter mit zwei Kochlöffel Mehl langsam schön braungelb geröstet, welches alsdann mit der Rehbrühe aufgefüllt wird. Man gebe nun die weichgekochten Rehstückchen wieder hinein, lasse sie aufkochen, koste es, würze es stark mit Pfeffer und zuletzt wird unter starkem Schütteln ein halbes Trinkglas voll Reh= oder Schweineblut mit der Sauce vermischt, wonach er jedoch nicht mehr kochen darf. Nach Belieben kann man glasirte Zwiebelchen beifügen und ihn mit runden gebackenen Kartoffelcroquetten garniren.

740. Rehrippchen (Venison Chops). Die Rehrippchen werden ganz gleich wie die vom Hammel zubereitet, mit Salz und Pfeffer bestreut, in eine flache Casserole gethan, worin etwas Butter zerlassen wurde, und auf beiden Seiten rasch gebraten. Alsdann richte man sie an, glasire sie mit kurz eingekochtem Bratensafte und gebe folgende Saucen, Ragouts oder Muße dazu:

741. Rehrippchen mit Trüffelsauce.

742. „ „ **Capernsauce.**

743. „ „ **Tomatesauce.**

744. „ „ **braunem Ragout.**

745. „ „ **weißem Ragout.**

746. „ „ **Pfeffersauce.**

747. „ „ **Zwiebelmus.**

748. „ „ **Sauerampfermus.**

749. „ „ **Chipolata=Ragout.**

750. Rehlendchen (Tenderloin of Venison). Die im Nierenstücke längs dem Rückgratsknochen liegenden Lendchen werden ausgelöst, abgehäutelt und fein überspickt; sodann gebe man sie mit frischer Butter, zwei in Scheiben geschnittenen Zwiebeln und einer gelben Rübe in eine Casserole, bestreue sie mit Salz und weißem Pfeffer und lasse sie zugedeckt ungefähr ¼ Stunde gar dämpfen. Diese Rehlendchen können wie vorhergehende Rippchen mit denselben Saucen, Gemüsen und Ragouts servirt werden.

751. Rehwürste und Rehkuchen (Sausage and Pudding of Venison). Diese beiden Gerichte unterliegen ganz derselben Behandlung, wie jene von Hasen (s. Nr. 766 u. 770). Hierzu verwendet man gewöhnlich nur die Schul-

tern des Netzes, wovon das Fleisch ausgelöst, abgehäutelt und dann dem Hasen=
fleisch gleich beendet wird.

752a. Gebratener Hirschrücken (Roast Saddle of Stag).

752b. Gebratener Hirschschlegel (Roast Leg of Stag).

Diese beiden Zubereitungen von Hirschbraten unterliegen ganz derselben
Behandlung und Beendigung wie jene vom Reh. Der Hirschrücken braucht
ungefähr 2½ Stunden und Schlegel 3—4 Stunden zum Braten. In der Regel
wird das Hirschfleisch immer einige Tage in die Essigbeize gelegt, damit es recht
mürbe wird.

753. Hirschlenden (Tenderloin of Stag). Dasselbe unterliegt in
allen seinen Zubereitungsarten denjenigen der Ochsenlenden, nur bedarf es
weniger Zeit zu seinem Garwerden.

754. Hirschmuß (Fricandeau of Stag). Das Hirsch = Fricandeau
wird gleich dem vom Kalb aus dem Schlegel herausgeschnitten, fein überspickt,
gleich jenem gar gedämpft und glasirt; es wird entweder mit einer pikanten,
braunen Sauce, oder über eines der verschiedenen Muße angerichtet; siehe des=
halb folgende Gerichte:

755. Hirschmuß mit Chipolata=Ragout.

756. 　　„　　„ braunem Ragout.

757. 　　„　　„ Sauerampfermus.

758. 　　„　　„ Kartoffelmus.

759. 　　„　　„ Capernsauce.

760. Hirschrippchen.

761. Hirschragout.

Siehe die Zubereitungsarten gleichen Namens vom Reh.

762. Venison Steaks. Sie werden vom Ziemer oder Schlegel ge=
nommen. Man bestreicht die Steaks mit gutem Oel oder zerlassener Butter,
salzt und pfeffert sie, legt sie auf den Rost bei einem starken Holzkohlenfeuer und
wendet sie oft um, daß kein Saft verloren geht. Nun bereitet man eine Sauce
von zerlassener Butter, Salz, Pfeffer, einem Johannisbeer=Gelee und einem
Glase Weißwein. Die Sauce muß flüssig und warm sein, wenn die Steaks
fertig sind. Man legt jedes Stück einzeln hinein, wendet es darin um, bringt
sie auf eine Schüssel und gießt etwas von dieser Sauce darüber und bringt sie
zu Tische.

763. Venison Pie (Pastry). Beinahe jeder Theil des Wildes kann
dafür benützt werden, aber Hals und Schultern werden gewöhnlich vorgezogen.
Man schneidet das Fleisch von den Knochen und setzt sie mit der Haut, dem

Fett und den kleinen Abfällen für die Sauce bei Seite, giebt sie in eine Pfanne mit einer Chalotte, Pfeffer, Salz, Muskatnuß und Küchenkräutern, bedeckt sie mit Wasser und läßt sie kochen. Einstweilen schneidet man die besseren und schöneren Stücke Fleisch in zollgroße Vierecke und kocht sie in einer anderen Pfanne, bis sie beinahe gar sind. Nun legt man eine tiefe Schüssel mit gutem Butterteig aus, für den Teig zum Deckel muß man das nachfolgende Recept gebrauchen. Das Fleisch, gewürzt mit Salz, Pfeffer und Butter, wird nun eingelegt und eine halbe Tasse der Brühe, in welcher das Fleisch gekocht wurde, darüber gegossen, damit es nicht anbrennt. Nun giebt man einen Deckel von dem letztgenannten Teig darauf und schneidet ein rundes Loch in die Mitte. Wenn man keinen Zinn-Ausstecher hat, so macht man einen aus steifem Papier, gut mit Butter bestrichen, und läßt ihn darinnen stecken. Das Loch muß so groß sein, daß man den Daumen hineinstecken kann. Man bäckt die Pastete und deckt, sobald sie fest wird, einen Bogen Papier darüber, damit sie nicht zu rasch braun wird. Während sie bäckt, bereitet man die Sauce. Wenn aller Saft aus den Knochen gezogen wurde, seiht man die Flüssigkeit, giebt sie zurück in die Pfanne, kocht sie auf, und nachdem man sie achtsam abgeschäumt und abgesettet hat, giebt man ein Glas Portwein, einen Eßlöffel Butter, den Saft einer Citrone und gebräuntes Mehl zum Verdicken dazu, kocht sie nochmals auf, nimmt das eingesteckte Papier heraus und gießt durch einen Trichter, den man sich auch aus Papier machen kann, so viel Sauce hinein, als die Pastete halten kann. Man muß das sehr rasch thun, dann bestreicht man die Kruste mit abgeschlagenem Ei und giebt sie zurück in den Ofen, bis sie schön braun oder besser rothgelb gebacken ist. — Die Pastete muß zu all diesen Operationen nur bis an die Ofenthüre vorgezogen werden, und Alles muß bereit sein, ehe man sie herausnimmt, damit die Kruste leicht und flockig bleibt. Wenn man mehr Sauce hat, als man für die Pastete braucht, so servirt man sie in der Saucière.

Pastetenteig: 1½ Pfund Mehl, 12 Unzen Butter, das Gelbe von 3 Eiern, Salz und Eiswasser. Man trocknet und siebt das Mehl, schneidet die halbe Quantität Butter mit dem Messer gut darunter, bis das Ganze fein und gelb ist; dann salzt man, arbeitet das Eiswasser hinein und zuletzt das Gelbe der Eier leicht abgeschlagen. Man arbeitet den Teig rasch aus, gebraucht die Hände so wenig wie möglich dazu, rollt ihn dreimal aus und zwar sehr dünn, immer mit Butter bestreichend, dann in ein beinahe zolldickes Rund, und behält ein dünneres für Verzierungen. Nachdem man die Pastete zugedeckt hat, schneidet man aus dem andern Stück Teig Blumen, Sterne, Figuren oder was man sonst will, um die Pastete zu verzieren. Die schönsten bäckt man allein auf einem Zinnteller und bestreicht sie mit Ei, wenn man die Pastete bestreicht. Nachdem die Pastete gebacken ist, deckt man das Loch in der Mitte damit zu.

XVIII. Vom Hasen und Kaninchen — Hare and Rabbit.

764. Gebratener Hase (Roast Hare). Von einem jungen Hasen werden der Kopf, die Büge (Läufe), nebst der Brust abgeschnitten, derselbe wird sodann abgehäutet, sauber gewaschen, fein gespickt, der innere Schlegelknochen entzwei gehauen, mit zwei Zwiebeln, einer gelben Rübe, welche in Scheiben geschnitten sind, drei Gewürznelken, zwei Lorbeerblättern, einigen Pfefferkörnern und 3 Unzen frischer Butter, oder ebenso vielem, gutem Bratensaft in eine passende Pfanne eingesetzt, gehörig gesalzen und unter öfterem Begießen ungefähr ½ Stunde langsam gebraten. Hat man keine saure Rahmsauce fertig, wie in Nr. 348, so macht man folgende: der Satz (Fond) des Hasen wird mit einem Kochlöffel Mehl verdickt und auf dem Feuer leicht geschwitzt; dann giebt man ½ Quart sauren Rahm, etwas Braten- oder Fleischbrühe, 1 Lorbeerblatt und den Saft einer halben Citrone hinzu, läßt die Sauce 10 Minuten kochen. Diese muß sämig sein und seiht man sie beim Anrichten über den Hasen.

765. Hasenpfeffer. Von einem jungen, schönen Hasen nimmt man den Kopf, aus dem die Augen entfernt sind, Hals, Brust, Bauchlappen, Herz, Lunge Leber, wäscht Alles recht sorgfältig und legt es über Nacht in Essig; den andern Tag setzt man es mit einem Theil des Essigs, Fleischbrühe, Salz, Zwiebeln, 1 Lorbeerblatt, einigen Wachholderbeeren und Pfefferkörnern auf das Feuer und kocht die Hasenstücke weich, röstet 2 Eßlöffel Mehl in Butter braun und löscht es mit der geseihten Hasenbrühe ab. In der gut durchgekochten Sauce läßt man die Stücke einigemal aufkochen, richtet den Hasenpfeffer an und giebt Weck- oder Kartoffelklöße dazu. Wenn Blut zum Hasenpfeffer genommen werden soll, so röstet man nur 1 Eßlöffel Mehl, da es sehr dick, und rührt 1 Tasse Schweins- oder Hasenblut kurz vor dem Anrichten in die kochend heiße Sauce, läßt es aber nicht mehr kochen. Der Hasenpfeffer, bereitet wie der Rehpfeffer in Nr. 739, ist ein vorzügliches Gericht.

766. Hasenkuchen. Von zwei jungen Hasen wird das Fleisch von den Knochen, der Haut und Sehnen losgelöst. Dann wird das Fleisch ganz fein geschnitten und mit 1 Pfund geschabtem Speck und mit 4 abgeschälten, in Wasser eingeweichten, wieder ausgedrückten und in Butter schnell gedämpften weißen Tafelbrödchen oder 12 Wecken, einigen gehackten Champignons und Chalotten, Peterfilie, Salz, Pfeffer, Muskat in einem Reibstein oder Mörser fein gestoßen und dann durch ein Sieb getrieben und die Masse in eine Schüssel gethan. Nun schneidet man eine Handvoll gekochte Ochsenzunge und ebensoviel gekochten Speck in Würfel, vermengt beides gut mit der Masse, giebt einige Eßlöffel Madeira und ebensoviel braune Sauce und fein geschnittene Trüffeln dazu. Eine flache runde Form wird mit Butter bestrichen, mit einem sauber ausgewaschenen Schweinsnetz belegt, und die Masse in die Form gedrückt, worauf man das Netz

zusammen schlägt und den Kuchen in einem nicht zu heißen Ofen in $1\frac{1}{2}$ Stun=
den fertig backt. Inzwischen werden die zerhackten Hasenknochen mit Fleisch=
brühe und Suppenkräutern ausgekocht, durchgetrieben und mit $\frac{1}{3}$ Glas Madeira
und etwas Mehl dick eingekocht. Von dem gebackenen Kuchen läßt man das
Fett ablaufen, übergießt ihn mit etwas Sauce und giebt den Rest in einer
Saucière zu Tische.

767. Hasenkuchen in Gelee. Nachdem der nach der vorigen Nummer
bereitete Hasenkuchen erkaltet ist, nimmt man dieselbe Form, in der der Kuchen
gebacken worden ist, und gießt eine dünne Lage Fleischgelee (Sulz) hinein, läßt
sie erstarren und legt einen schönen Stern von hübsch geschnittener Ochsenzunge,

Hühnerfleisch, Trüffeln und Essiggurken darauf. Dieses wird nun wiederum
mit Gelee bedeckt; ist diese Lage wieder erstarrt, so legt man den Hasenkuchen
darauf und füllt den noch leeren Raum in der Form vollends mit Gelee aus.
Vor dem Anrichten taucht man die Form in heißes Wasser und stürzt sie schnell
auf eine Platte, die schön garnirt zu Tisch gegeben wird.

768. Ragout von Hasen oder Kaninchen. Man schneidet aus den
Schlegeln und dem Ziemer Portionen, häutelt und spickt sie, legt sie auf ein
Brett, bestreut sie mit Salz, Pfeffer, Nelken und etwas Mehl, zerläßt in einem
breiten Geschirr $\frac{1}{4}$ Pfund Butter, legt die Stücke auf die gestreute Seite hinein,
streut sie oben nochmals mit Mehl, schneidet 1 Zwiebel und 1 Unze Speck
klein, nimmt, wenn der Hase auf beiden Seiten gelb ist, das Geschnittene daran,
läßt es noch ein wenig mitdämpfen, thut $\frac{1}{2}$ Schöpflöffel Fleischbrühe, einige
Citronenscheiben, 1 Lorbeerblatt, nach diesem $\frac{1}{2}$ Quart sauren Rahm und $\frac{1}{2}$
Eßlöffel Capern daran, deckt es zu und dämpft es so lange, bis der Hase
weich ist.

769. Hasenrippchen mit Trüffelsauce. Von einem abgehäutelten Hasen
wird alles Fleisch ausgelöst, von aller Haut und allen Fasern befreit, dann mit
einem halben Pfund Speck so fein wie möglich gehackt; hierauf gebe man es in
einen Mörser, würze es mit Salz, Pfeffer, geriebener Muskatnuß, etwas ge=
stoßenen Gewürznelken, Thymian und Majoran, dann schwitze man etwas fein

gehackte Chalotten und Petersilie, gebe solche ebenfalls dazu und füge hierauf noch zwei ganze Eier nebst drei Eigelb bei; alsdann stoße man das Ganze tüch= tig untereinander. Unterdessen werden die Hasenbrüste in Fleischbrühe abge= kocht, die Rippenknöchelchen herausgezogen und schön abgehackt; dann formire man aus der zubereiteten Hasenfülle Coteletten nach der Größe der vom Lamme, indem man sich hierzu eines breiten, naßgemachten Messers bedient, um die Form schön herauszubekommen und denselben ein glattes Ansehen geben zu können; sodann stecke man in jedes von ihnen ein Hasenrippchen, gebe hierauf in eine flache Casserole etwas zerlassene Butter, setze die Coteletten darein, brate sie über starkem Feuer rasch auf zwei Seiten gar, richte sie dann im Kranze auf eine Schüssel an und bestreiche sie mit kurz eingekochtem Bratensafte und gebe eine Trüffelsauce dazu.

770. Hasenwürste nach Richelieu (Sausage of Hare, Richelieu Style). Zu vorhergehend zubereitetem Hasenfleisch nehme man noch drei ab= geschälte, in Wasser eingeweichte und wieder ausgedrückte Milchbrödchen und noch ein ganzes Ei mehr dazu; nachdem solches recht fein gestoßen ist, mische man noch vier Eßlöffel fein gehackte, schwarze Trüffeln darunter; ist nun die Fülle auf diese Art beendet, dann streue man etwas Mehl auf den Tisch und formire Würste aus derselben, drei Zoll lang und von der Gestalt eines Bröd= chens; hierauf gebe man in eine flache Casserole gesalzene Fleischbrühe, lasse die= selbe aufkochen und gebe dann die Würste hinein, welche ganz langsam so lange darin sieden müssen, bis sie fest und gar geworden sind; alsdann nehme man sie mit einem Schaumlöffel heraus, lasse sie auf einer Serviette ablaufen, bestreiche sie, wenn sie etwas verkühlt sind, mit zerlassener Butter, streue fein geriebene Semmeln (Crackers) darüber, setze sie dann in eine mit Butter bestrichene, ver= zinnte Kupferpfanne, lasse sie in einem sehr heißen Ofen so lange stehen, bis die Brodkruste eine schöne, goldgelbe Farbe erhalten hat; dann richte man sie an, gebe eine kräftige Trüffelsauce darunter und bringe sie zu Tische.

771a. Wildes Kaninchen (Rabbit). Diese werden, wie schon Eingangs vom Hasen gesagt, in gleicher Weise bereitet und beendet

771b. Fricassirte Kaninchen (Fricassée of Rabbit). Man reinigt zwei junge Kaninchen, schneidet sie in Stücke und weicht sie eine Stunde in Salzwasser. Dann giebt man sie mit einem halben Quart Wasser in eine Pfanne, fügt Küchenkräuter, eine fein gehackte Zwiebel, eine Prise Muskatnuß, eine Prise Muskatblüthe, Pfeffer, Salz, und ein Pfund in Stückchen geschnitte= nen Speck bei, deckt sie zu und dünstet sie, bis sie weich sind. Nun nimmt man die Kaninchen heraus und hält sie in einer Schüssel warm. In die Sauce giebt man eine Tasse Milch oder Rahm, zwei gut abgeschlagene Eier, nach und nach eingerührt, und einen Eßlöffel Butter; kocht sie einmal auf — nachdem man sie mit gebranntem, mit Milch angerührtem Mehl verdickt hat — und nimmt sie vom Feuer weg. Nun preßt man den Saft einer Citrone dazu, rührt dabei fortwährend, und gießt sie über die Kaninchen. Kopf und Hals kocht man nicht mit.

772. Gebackene Kaninchen (Fried Rabbit). Für diesen Zweck müssen sie sehr zart sein. Man zergliedert sie, weicht sie eine Stunde in schwachem

Salzwasser, trocknet sie ab, taucht sie in zerschlagene Eier und wendet sie (panirt) in gestoßenen Crackers um und bäckt sie in heißem Schmalze oder Butter braun. Man servirt eine Zwiebelsance dazu und garnirt sie mit Citronenscheiben.

773. Barbecued Kaninchen (Barbecued Rabbit). Man reinigt und wäscht das Kaninchen, welches sehr jung sein muß, und spaltet es die ganze untere Seite entlang; dann trocknet man es ab und bratet es ganz auf dem Roste, mit Ausnahme des Kopfes, nachdem man 8—10 Einschnitte dem Rücken entlang eingeschnitten hat. Wenn es zart und braun ist, giebt man auf eine heiße Schüssel Pfeffer, Salz und viel Butter, dreht das Kaninchen darin um, damit es die Butter ganz aufsaugt, deckt es zu und giebt es fünf Minuten in den Ofen und erhitzt es in einer Pfanne. Mit einem Eßlöffel Senf und zwei Eßlöffel Essig bestreicht man das Kaninchen und sendet es mit gebackener Peter=silie garnirt zu Tische.

774a. Kaninchenpastete (Rabbit Pie). Man schneidet ein paar Kanin=chen je in acht Stücke, weicht sie eine halbe Stunde in Salzwasser und dünstet sie mit Wasser bedeckt, bis sie halb gar sind. Einstweilen hat man ¼ Pfund Speck in Streifen geschnitten und 4 Eier hart gekocht. Nun legt man Stückchen von dem Speck in eine tiefe Schüssel, darauf eine Lage Kaninchenfleisch, darüber dünne Schnitten der hartgekochten Eier mit Butter und Pfeffer bestreut; auch streut man etwas Muskatblüthe und tropft Citronensaft auf jedes Fleischstück. In dieser Weise fährt man fort, bis die Schüssel voll ist; die oberste Lage muß Speck sein. Das Wasser, in dem die Kaninchen gekocht wurden, gießt man darüber, nachdem man es gesalzen hat und einige in Butter gerollte Stücke Brod dazu gegeben hat. Man deckt die Schüssel mit Butterteig zu, schneidet in die Mitte einen Schnitt, bäckt sie eine Stunde und legt Papier darauf, damit sie nicht zu rasch braun werden.

774b. Eichhörnchen (Squirrel). Das große graue Eichhörnchen wird im Norden selten gegessen, aber in Virginien und anderen südlichen Staaten steht es in großem Begehr. Es wird gewöhnlich barbecued, genau wie die Kaninchen, auf dem Rost gebraten, fricassirt, oder — am beliebtesten von allen — als Brunswick=Gedünstetes zubereitet. Es hat seinen Namen vom Kreis Brunswick im Staate Virginien und ist ein ausgezeichnetes Gericht. Bekannt ist dasselbe unter dem Namen Barbecues.

775. Brunswick=Stew. Hierzu nimmt man 2 Eichhörnchen — 3, wenn sie klein sind, 1 Quart Paradiesäpfel (Tomatoes) geschält und in Scheiben geschnitten, ½ Quart Butterbohnen oder Limabohnen, 6 Kartoffeln, überkocht und in Scheiben geschnitten, 6 Maiskolben, die Körner vom Kolben geschnitten, ½ Pfund Butter, ¼ Pfund fetten Speck, 1 Theelöffel schwarzen Pfeffer, ¼ Thee=löffel Cayenne, 1 Gallone Wasser, 1 Eßlöffel Salz, 2 Theelöffel weißen Zucker und Zwiebel, fein gehackt. Man kocht das Wasser mit dem Salz fünf Minu=ten, dann giebt man die Zwiebel, Bohnen, Mais, Speck in Streifen geschnitten, Kartoffeln, Pfeffer und die Eichhörnchen dazu, welche aber vorher, zergliedert, in kaltem Wasser gelegen haben, damit das Blut ausgezogen wurde. Nun deckt man sie zu und dünstet sie langsam 2½ Stunden, und rührt sie oft auf. Dann giebt man die Paradiesäpfel (Tomatoes) und den Zucker dazu und dünstet sie noch eine Stunde. Zehn Minuten ehe man sie herausnimmt, giebt man einige nußgroße, in Mehl gerollte Stückchen Butter dazu, kocht sie noch einmal auf, kostet sie, um zu sehen, daß das Gewürz nach Geschmack ist, und gießt sie in die Suppen-Terrine. Man ißt sie von Suppentellern. Hühner können statt der Eichhörnchen genommen werden.

XIX. Vom zahmen Geflügel — Poultry.

776. Vom Dressiren des Geflügels. Bevor von den verschiedenen Zubereitungsarten des Geflügels die Rede ist, ist einiges über die Dressur desselben zu bemerken, welche namentlich dazu dient, ihm ein schönes Aussehen zu geben. Das Geflügel theilt sich in zwei Abtheilungen ein, in das Brat- und DämpfGeflügel. Bei dem zahmen Geflügel ist vorzüglich darauf zu sehen, daß dasselbe nicht zu frisch geschlachtet in Gebrauch genommen wird und hübsch fett ist.

Das Geflügel, welches gebraten werden soll, wird rein ausgenommen und flammirt, d. h. das Stück wird von allen Seiten über Spiritus-, Papier- oder Holzkohlenfeuer gehalten, damit sich die feinen Härchen absengen; ist dieses geschehen, so wird es sauber gewaschen, abgetropft und alsdann auf folgende Art und Weise dressirt:

Der Kopf sammt dem Halse wird abgeschnitten, die Füße werden in das Feuer gehalten, die Haut wird von denselben alsdann mit einem groben Tuche abgestreift, die Klauen der Füße werden abgehackt und die Schenkel zurückgedrückt; nun wird vermittelst einer Dressirnadel da, wo die Schenkel einen Winkel bilden, auf der einen Seite hinein-, den Körper durch und durch zu dem andern Winkel des Schenkels herausgestochen, das Stück auf die Brust gelegt, mit der Nadel durch das dicke Theil des Flügels auf der Seite, wo die Nadel herausgekommen, durchgestochen, die Halshaut durch einen Durchstich mitgenommen und zu dem dicken Theil des zweiten Flügels herausgefahren; sodann wird der Bindfaden abgeschnitten und die beiden Enden des Fadens, indem solche fest angezogen werden, damit die Brust recht herauskommt, gebunden; hernach wird das Stück wieder auf den Rücken gelegt, mit einem zweiten Faden auf der einen Seite oberhalb der Füße durchstochen und auf der anderen Seite wird die Nadel wieder unterhalb derselben zurückgeführt, so daß man beide Füße zwischen dem Bindfaden hat; beide Enden werden dann wiederum fest angezogen und gebunden; das Stück wird nun mit einer Speckbatte belegt und diese mit Bindfaden umbunden, damit es beim Braten recht weiß und saftig bleibt (bei Gänsen und Enten bleibt dieses jedoch weg); alsdann wird solches bis zu weiterem Gebrauch zurückgestellt.

Das zum Dämpfen bestimmte Geflügel unterscheidet sich von der vorhergehenden Art nur dadurch, daß, nachdem das Geflügel sauber flammirt und gewaschen ist, die Füße, die bei der Bratendressur gerade hinausstehen, hier rückwärts liegen müssen. Dies geschieht dadurch, daß man einen kleinen Einschnitt über dem Knie macht und solche zurückdrängt, darauf wird es auf diese Art, wie bereits bei der Bratendressur angegeben ist, weiter dressirt. Einfacher ist es aber, wenn man die Füße, was namentlich bei kleineren Stücken, wie bei jungen Hühnern, Tauben, Feldhühnern ꝛc. geschieht, ganz am Knie abhaut, einen kleinen Einschnitt in jede Seite des Körpers macht, in welchen alsdann die beiden Schenkel eingesteckt werden; zuletzt wird der sogenannte Steiß oder Bürzel in den Körper hineingedrückt und das Stück, ohne es jedoch mit Speckbatten zu umbinden, ebenfalls bis zu weiterem Gebrauche zurückgesetzt.

777. Gebratenes junges Huhn (Roast Chicken). Man legt das Huhn auf die Brust, schneidet die hintere Halshaut, längs des Halses, vom Anfange des Rückens bis zum Kopfe ein, löst den Kropf behutsam, ohne ihn zu zerreißen, davon aus und entfernt ihn sogleich, dann legt man das Huhn wieder auf den Rücken, schneidet dasselbe unten am sogenannten Bürzel etwas auf, nimmt die Eingeweide heraus, flammirt das Huhn von allen Seiten und wäscht es sauber, läßt es wieder ablaufen, steckt den Magen, die Leber nebst dem Herz, nachdem ersterer ausgeputzt und von der Leber die Galle ausgeschnitten worden, in den Leib desselben hinein und dressirt es auf erstere Art (s. Dressur des Geflügels); sodann belegt man es mit einer Speckbatte, überbindet es mit Bindfaden, giebt es in eine Bratpfanne, fügt eine in Scheiben geschnittene Zwiebel und gelbe Rübe, nebst sechs Loth frischer Butter und zwei Eßlöffel Wasser dazu, bestreut es mit Salz und läßt es dann ungefähr ¼ Stunde langsam schön braun braten; hierauf legt man es heraus, nimmt die Speckbatte davon ab, schneidet den Bindfaden auf und zieht ihn heraus, giebt zwei Eßlöffel braune Brühe zu dem zurückgebliebenen Safte, läßt denselben unter Abfetten einigemal aufkochen, seiht (passirt) ihn durch ein Haarsieb, giebt etwas davon unter das angerichtete Huhn, steckt unten in die Oeffnung desselben etwas ganze Petersilie und servirt den noch übrigen Saft (Jus) besonders dazu.

778. Gedämpftes junges Huhn (Steamed Chicken). Von dem auf vorhergehende Art ausgenommenen, jungen Huhn wird der Kopf sammt dem Halse abgeschnitten und dasselbe auf die zweite Art (siehe Dressur des Geflügels) dressirt, sodann reibe man die Brust desselben mit Citronensaft gut ein, setze es mit etwas Fleischbrühe, 1 Unze frischer Butter, einer in Scheiben geschnittenen Zwiebel und gelben Rübe und dem nöthigen Salze zum Feuer und dämpfe dasselbe ungefähr eine starke Viertelstunde, zugedeckt, langsam darin.

779. Gespickte junge Hahnen (Larded Chicken). Den geputzten jungen Hühnern bricht man das Brustbein aus, spickt sie mit klein geschnittenem Speck, umbindet die Hühner mit einem mit Butter bestrichenen Papier, legt in den Leib ein Stückchen Butter, etwas Salz und Petersilie, nimmt in die Bratpfanne 1 ganze Zwiebel und die nöthige Butter dazu und bratet sie im Ofen unter öfterem Begießen saftig. Werden sie am Spieße gebraten, so umbindet man sie mit Butterpapier oder Speckscheiben und bratet sie rasch unter öfterem Begießen mit Butter; kurz vor dem Begießen nimmt man den Speck weg, damit sie sich etwas färben.

780. Gebackene junge Hühner in Bierteig (Fried Chicken). Zwei Kochlöffel voll Mehl und etwas Salz werden mit ¼ Quart Bier zu einem Teige angerührt. Hierauf werden drei zu festem Schnee geschlagene Eiweiß darunter gemischt und zwei Eßlöffel voll heißes Oel zugefügt, dann ein junger Hahn in vier Stücke geschnitten, gesalzen und jedes Stück in diesem Teige um= gewendet, in heißem Fette schön gelb gebacken, auf eine Schüssel angerichtet, mit einigen Citronenschnittchen und gebackener Peterſilie garnirt und dann zu Tische gebracht.

781. Wiener Backhändl (Chicken Vienna Styl). Von einem aus= genommenen jungen Huhn werden die Füße und der Hals entfernt; dann zer= schneidet man ihn in 4 Theile, salzt und pfeffert sie, wendet sie hierauf zuerst in Mehl, dann in zerschlagenen Eiern und fein geriebenem Semmelbrode, und backt sie langsam aus dem Schmalze zu schön goldgelber Farbe heraus, tropft sie ab, gibt sie sodann auf eine Schüssel und grüne Peterſilie darauf. Oder man be= reitet sie wie zum Backen vor, schlägt zwei Eiweiß zu Schnee, wendet die Stückchen darin um, bestreut sie ein wenig mit Semmelmehl, backt sie langsam aus dem Schmalze, gibt selbe sodann auf eine Schüssel mit grüner oder ge= backener Peterſilie darauf.

782. Hühnerfricassee mit Reis (Chicken Fricassée with Rice). Für 6 Personen nimmt man 2 schöne junge Hühner. Nachdem dieselben aus= genommen und gewaschen sind, läßt man sie unzerschnitten in einer Casserole in Butter mit Zwiebeln, 1 Stückchen gelbe Rübe, 1 Stückchen Lorbeerblatt, Ci= tronenmark, ein wenig Lauch, Pfeffer und Salz dünsten. Ehe die Butter Farbe bekommt, gießt man Fleischbrühe an die Hühner, daß sie gerade darüber geht, läßt letztere darin weich kochen, macht dann von 1 Unze Butter, 1 Löffel Mehl und von dieser Brühe eine Fricassee=Sauce, gibt 1 Gläschen Weißwein daran, schmeckt sie gut ab, zieht sie mit 3 Eidottern ab und gießt sie über die zerlegten Hühner, die man auf eine runde Platte entweder auf, oder um den in der Mitte derselben bergförmig angerichteten, weich aber noch körnig mit gesalzenem Wasser etwas gedünsteten Reis legt. Befindet sich in der Küche ein Reisraud, so bestreicht man denselben dick mit Butter, füllt den etwas trocken gekochten Reis darein, stürzt die Form auf eine runde Platte, richtet dann in der Mitte des Reisrandes die Hühner an und giebt die Sauce darüber.

783. Huhn mit Reis auf türkische Art (Pillav), (Chicken with Rice, Turkish Style). Man putzt ein junges Huhn, schneidet ihm Hals und Füße ab, salzt es innen und außen ein und dreſſirt es schön auf. Nun wird ¼ Pfund Karolinerreis verlesen und sauber gewaschen, mit siedendem Wasser abgebrüht, der Reis nach ½ Stunde in ein Haarsieb geschüttet, damit er ablaufe, dann ein Geschirr genommen, das auf den Tisch gegeben werden kann, frische Butter hinein geschnitten, in die Mitte das junge Huhn, und der Reis neben herum gelegt, den man mit Salz nebst ein wenig weißem, gestoßenem Pfeffer vermischt hat. Ein passender Deckel wird darauf gethan, daß ja kein Dampf herausgeht, und das Geschirr auf schwache Kohlen gesetzt. In ¾ Stunden ist der Reis fertig.

784. **Fricassee von Hühnern mit Krebssauce.**

785. „ „ mit **Austernsauce.**

786. „ „ mit **Spargel.**

787. „ „ mit weißem **Ragout.**

Bei diesen Gerichten unterliegt die Behandlung ganz derselben Zubereitung wie das Hühnerfricassee mit Reis ohne den letzteren, jedoch mit den hier angeführten Unterlagen.

788. **Gebackenes Hühnerfricassee** (Fried Chicken Fricassée). Die nach Nr. 787 gar gedämpften, zerschnittenen Hühnerstückchen werden, nachdem sie kalt geworden sind, mit dickgehaltener, legirter, deutscher Sauce (Nr. 353), welche ebenfalls kalt sein muß, überall bestrichen, dann in feinen weißen Crackers, von da nochmals in verschlagenen Eiern und Crackers umgewendet (panirt) und aus heißer, ausgelassener Butter zu schön goldgelber Farbe ausgebacken; man läßt sie hierauf auf Löschpapier etwas abtrocknen, setzt sie in schöner Ordnung auf Schüsseln, gibt eine legirte, deutsche Sauce (Nr. 353) darunter und bringt das Fricassee dann zu Tische. In der Regel verwendet man hierzu nur die übrig gebliebenen Hühner.

789. **Gedämpfte Hühnerbrüstchen** (Stewed Chicken Breast). Von drei jungen, sauber geputzten Hühnern werden zuerst die Schlegel abgelöst, die Haut abgezogen und alsdann die Brüstchen der Länge nach ausgelöst. Nun löse man ebenfalls aus diesen Brüstchen die sogenannten Unterbrüstchen (Filets Mignons) aus. Beide Brüstchen werden vermittelst eines sehr dünnen, scharfen Messers abgehäutet, was dadurch geschieht, daß man dieselben mit der oberen Seite auf den Tisch legt, dann das Messer zwischen seinem Häutchen und dem Fleische einsetzt und langsam hindurch fährt, so daß auf diese Art das Häutchen papierdünn auf dem Tische liegen bleibt; hierauf setzt man die Unterbrüstchen wieder in ihre frühere Lage ein, giebt etwas frische Butter in eine Casserole, läßt sie auf dem Feuer etwas vergehen, setzt die Brüstchen hinein, bestreut sie mit feinem Salze und läßt sie über raschem Feuer ungefähr zwei Minuten auf jeder Seite, bis sie dem Fingerdrucke etwas spröde widerstehen, dämpfen. Unterdessen wird von den übrigen Abfällen der Hühner eine Brühe (siehe Nr. 354) bereitet, desgleichen schneidet man aus trockenen Semmeln Schnittchen (Croutons) ganz nach der Form der Brüstchen, folglich lang herzförmig, welche in frischer, ausgelassener Butter zu schön goldgelber Farbe ausgebacken werden. Nun richte man das Gericht im Kranze und zwar jedesmal abwechselnd, erst ein Brüstchen, dann ein Brodschnittchen, in schiefer Richtung aufeinanderliegend, immer mit dem spitzen Theile nach unten, auf eine Schüssel, gebe die schöne, legirte Kraftsauce darunter und bringe das Ganze hierauf zu Tische. Man kann auch diese so zubereiteten Hühnerbrüstchen mit weißem Ragout, braunem Ragout mit Krebssauce, mit Trüffelsauce, Tomatoesauce ꝛc. als Unterlage serviren.

790. **Hühnerpudding** (Chicken Pudding). Zu einem Pfund erst fein gehacktem, dann gestoßenem und durchgestrichenem Hühnerbrustfleisch nimmt

man ungefähr ein Drittheil weniger abgeschälte, in Milch eingeweichte und wieder ausgedrückte Milchbrödchen, zwei Unzen Butter, nebst acht Eigelb. Man rührt zuerst die Butter, welche man zerlaufen läßt, mit den Eigelben recht schäumig, fügt dann das Brod nebst dem Hühnerfleisch dazu, giebt die nöthige Würze von Salz und geriebener Muskatnuß daran, rührt das Ganze gehörig untereinander und fügt zuletzt den festgeschlagenen Schnee von den acht Eigelben unter die Masse. Unterdessen wird eine runde, platte Puddingsform gut mit Butter ausgestrichen, die Masse hinein gefüllt, dann stellt man die Form in eine mit kochendem Wasser gefüllte Casserole, so daß sie ungefähr bis zur Hälfte darin steht, giebt Alles in einen mittelgroßen Backofen, läßt den Pud= ding ungefähr anderthalb Stunden darin, nimmt ihn dann heraus, stürzt ihn behutsam auf die zum Anrichten bestimmte Schüssel, gibt eine weiße Cham= pignons= (Nr. 353) oder Kraftsauce (Nr. 359) darunter und bringt ihn zu Tische.

791. Hühnermus (Chicken Mash). Von einem gebratenen Huhn wird alles Fleisch ausgelöst, welches von aller Haut und allen Nerven befreit, fein gewiegt, gestoßen, mit etwas Bechamel verrührt und durch ein feines Haar= sieb gestrichen wird; alsdann gebe man zu den Durchgestrichenen die noch nöthige Bechamel, so daß es einen ziemlich dicken Brei gibt, würze das Ganze mit Salz, weißem Pfeffer und geriebener Muskatnuß, rühre es auf dem Feuer so lange ab, bis es kochend heiß geworden ist, vermische noch ein eigroßes Stück= chen frische Butter mit demselben und richte es hierauf an.

792. Auflauf von Hühnern. Von drei jungen, gebratenen Hühnern wird ein Mus ganz nach vorhergehender Art bereitet, dann rührt man 3 Unzen frische Butter mit 6 Eigelben recht flaumig, fügt das Hühnermus dazu und noch soviel dickgehaltene, kalte Bechamel bei, so daß es einen ziemlich dicken Brei gibt; man würzt dann das Ganze mit feinem Salz, weißem Pfeffer, nebst ge= riebener Muskatnuß, rührt es noch zehn Minuten fort, zieht hierauf das zu festem Schnee geschlagene Eiweiß der sechs Eier unter die Masse, füllt dieselbe in kleine, viereckige Papierkapseln von starker Mittelfingerlänge und zwei Finger= breit Höhe ein, setzt diese auf ein Backblech, giebt sie dann in einen mittelheißen Ofen, backt sie ungefähr zwanzig Minuten, worauf sie herausgenommen und sogleich nach der Suppe zu Tische gebracht werden.

793. Hühner sautirt als Ragout. Zwei junge Hühner werden roh zerschnitten, die Schlegel zuerst abgelöst, dann das Uebrige regelrecht zerschnit= ten. Die Stückchen werden in ein flaches Geschirr mit einigen Zwiebelscheiben, ganzer Petersilie und einigen Löffel voll gutem Oel, Salz und Pfeffer neben einander gelegt, zugedeckt und langsam auf beiden Seiten schön gelb gebraten, so daß die Zwiebeln nur gelb werden. Dann werden die Geflügelstücke heraus= gelegt, das Oel herausgeschüttet und ein Löffel voll guter brauner oder Fleisch= brühe, 6—8 gedämpfte oder durchgedrückte Tomatoes dazu gethan und läßt es mit einigen Löffel voll spanischer Sauce 10 Minuten aufkochen, seiht die Sauce auf die Hühner, giebt etwas Cayennepfeffer hinzu, servirt sie auf einem Reis= rand oder Butterteigpasteten mit Trüffeln oder Champignons. Ebenso werden die Hühner à la financière, à la Marengo 2c. bereitet. Bei ersterem gibt man ein braunes Ragout, bei letzterem gebackene Eier und Brodcroutons.

794. Der Kapaun (Capon). Die Zubereitung desselben ist meisten=
theils wie die junger Hühner, nur nimmt er wegen seines größeren Gewichtes
längere Zeit zum braten in Anspruch.

795. Gefüllter Kapaun mit Aspik (Stuffed Capon with Gelee).
Ein fetter Kapaun wird sauber flammirt (siehe Dressur des Geflügels), dann
lege man ihn auf die Brust, schneide die Haut auf dem Rücken genau in
der Mitte vom Halse bis zum Bürzel herunter und bis auf das Gerippe durch,
hierauf löse man das Fleisch rund um letzteres los und alle Knöchelchen und
Nerven behutsam ab, ohne das Fleisch jedoch zu zerreißen; alsdann breite man
ihn, mit der äußeren Seite auf dem Tische liegend, auseinander, fülle ihn ganz
auf dieselbe Art wie den Schweinskopf mit Kalbfleischfülle, lege ihn abwechselnd
gleich jenem mit Trüffeln, blanchirten Kalbsmilchnern, schön rother, gesalzener
Rindszunge, gesalzenem Spickfett, feinen Gänselebern aus (alles dieses in
lange fingerdicke Stücke geschnitten). Ist nun der Kapaun auf diese Art be=
endet, dann nähe man ihn mit der Dressirnadel und feinem Bindfaden auf dem
Rücken zu, daß er wieder seine schöne Form erhält, wickle ihn in ein grobes
Tuch ein, umbinde ihn mit Bindfaden, stecke noch einige hölzerne, nach der
Länge des Kapauns geschnittene Spießchen zwischen Tuch und Bindfaden ein,
damit derselbe recht gepreßt ist; dann koche man ihn in der Brühe (Nr. 306)
ungefähr eine Stunde langsam gar, nehme ihn hierauf heraus, lege ihn in eine
flache, irdene Schüssel, gebe ein langes, hölzernes Brettchen darüber, beschwere
ihn leicht mit einigen Gewichtsteinen und lasse ihn über Nacht erkalten. Den
andern Tag schneide man den Bindfaden los, hebe den Kapaun aus dem Tuche
heraus, schabe das daran befindliche Fett ab, ziehe hinten auf dem Rücken den
Bindfaden heraus, setze ihn auf die zum Anrichten bestimmte Schüssel, fülle die
leeren Zwischenräume derselben mit fein gehacktem Aspick aus, garnire ihn rund
umher mit Gelee=Croutons, belege die Oberfläche der Länge nach mit Citronen=
scheibchen, deren Rand zickzackartig ausgeschnitten ist und bringe ihn zu Tische;
er kann in der Küche gleich der Quere nach geschnitten, in kleinen, fingerdicken
Scheibchen wieder zu einem Ganzen zusammengefügt, garnirt und dann zu
Tische gebracht werden.

796. Gebratener Kapaun mit Trüffelfüllung (Stuffed Capon with
Truffel Filling). Ein fetter, junger Kapaun wird, nachdem er ausgenommen,
flammirt und sauber gewaschen ist, zum Füllen vorbereitet und dann sowohl der
Leib, wie auch die Brust, zwischen der losgebrochenen Haut und dem Fleisch mit
der Trüffelfülle (Nr. 318) gefüllt, zum Braten (siehe Dressur des Geflügels)
dressirt, erst mit Speckbatten bedeckt, dann in zwei aufeinandergelegte, mit
Butter bestrichene Bogen von weißem Papier eingewickelt, mit Bindfaden über=
bunden, zwölf Stunden in ein reines Tuch geschlagen stehen gelassen, ungefähr
drei Viertelstunden unter häufigem Begießen langsam schön weiß gebraten; er
wird alsdann herausgenommen, von seinem Bindfaden, Papier und Speckbatten
befreit, der zurückgelassene Saft mit etwas brauner Brühe unter Abfetten los=
gekocht und durch ein feines Haarsieb zu etwas kräftiger Trüffelsauce (No. 333)
gegossen; hierauf lasse man die Sauce gehörig durchkochen, gebe sie unter den
Kapaunen, schneide von Holz dünne Spießchen, befestige an die obere Spitze

ganz gekochte Trüffeln, stecke die untere Spitze in die Brust des Kapaunen und bringe ihn alsdann auf diese Art garnirt, hübsch angerichtet zu Tische.

797. Puter, Welschhahn (Turkey). Ein fetter, weißer, junger welscher Hahn wird ausgenommen, flammirt, rein gestoppelt und dressirt (siehe erste Art vom Dressiren des Geflügels, Nr. 776), wobei der Kopf gleich dem gebratenen Huhn daran bleibt; nun bindet man denselben in Speckbatten und in ein mit Butter bestrichenes Papier ein (siehe Kapaun mit Trüffelfülle Nr. 318), bratet ihn gleich jenem ungefähr zwei und eine halbe Stunde unter heftigem Begießen, befreit ihn sodann von seinem Bindfaden, dem Papier und den Speckbatten, gibt etwas braune Brühe zu dem zurückgebliebenen Satze, läßt diesen unter Abfetten gehörig loskochen, seihet den Saft durch ein feines Haarsieb, richtet dann den Welschhahn auf eine Schüssel an, bestreicht ihn mit aufgelöstem, kurz gekochtem Bratensaft, giebt etwas von seinem Safte darunter und bringt ihn alsdann zu Tische; der noch übrige Saft wird besonders mit servirt.

798. Gefüllter welscher Hahn (Stuffed Turkey). Bei wie vorher zubereitetem Welschhahn wird der Kropf, ehe er dressirt wird, mit derselben Fülle gefüllt, wie sie bei dem Milchschwein (Nr. 715) bereits angegeben; nur daß hier blos die Leber des Hahns, nachdem sie recht fein gehackt worden, dazu genommen wird; ist der Kropf damit vollgefüllt, dann näht man die Oeffnung wieder zu, dressirt, bratet und beendet übrigens denselben, wie im vorhergehenden Artikel bereits angezeigt worden.

799. Gebratener welscher Hahn mit Trüffelfülle (Stuffed Turkey with Truffle Filling). Bei dem nach vorhergehender Art zubereiteten, rohen Welschen werden der Kropf und Körper mit der Trüffelfülle (Nr. 318) gefüllt und die Oeffnung sowohl oben am Kropfe, wie unten am Bürzel wird zugenäht; dann dressirt man ihn ganz nach vorhergehender Art und beendet ihn wie den Kapaun, nur daß er ungefähr 2½ Stunden zu seinem Garwerden gebraucht.

Von der Taube — Pigeon — Squab.

800. Gebratene Taube (Roast Pigeon or Squab). Die junge, fette Taube wird gleich dem jungen Huhn ausgenommen, flammirt und gewaschen, der Hals sammt dem Kopfe werden weggeschnitten, die Klauen an den Füßen abgehauen und dieselben mit dem Knie in den Körper eingesteckt (s. Dressur des Geflügels); sie wird alsdann gleich dem jungen Huhn, ohne in Speckbatten eingebunden zu werden, gebraten und überhaupt wie dieses beendet.

801. Gefüllte gebratene Taube (Roast stuffed Pigeon or Squab). Von vorhergehend dressirter Taube wird die Brusthaut losgelöst und in diesen Sack von der in Nr. 315 beschriebenen Fülle eingefüllt; die Kopfhaut wird alsdann unter die Flügel gezogen, diese darüber geschlagen und die Taube ganz auf vorhergehende Art gebraten und beendet.

802. Tauben auf dem Roste (Broiled Squabs). Die jungen, ausgenommenen, flammirten, dressirten Tauben werden der Länge nach auf der Brust genau in der Mitte durchschnitten, etwas auseinander gebogen, mit der flachen Seite eines Hackmessers etwas platt geschlagen, gesalzen und gepfeffert, dann in zerlassener Butter und fein geriebenen Crackers umgewendet (panirt), auf dem Roste über schwacher Kohlengluth von zwei Seiten langsam gar gebraten und zuletzt mit der Rückseite nach oben über eine kalte Senssauce angerichtet.

Junge Tauben oder "Squabs" (Nestlinge) werden mit Recht für eine große Delikatesse gehalten. Sie werden gereinigt, gewaschen und vorsichtig mit einem Tuch abgetrocknet, dann dem Rücken entlang gespalten und wie Hühner auf dem Rost gebraten. Man salzt und pfeffert sie und giebt beim Anrichten reichlich Butter darauf.

803. Tauben en compote (Ragout of Pigeons). Ein halbes Pfund geräucherter, magerer Speck wird in Würfel geschnitten und einige Stunden in Wasser eingeweicht; dann gebe man ihn in eine Casserole, worin er mit frischer Butter einige Minuten langsam geröstet wird. Unterdessen werden vier junge Tauben, nachdem sie rein ausgenommen, flammirt, gewaschen und die Füße eingesteckt worden sind, in vier Theile geschnitten; diese gebe man nun zu dem Speck, streue etwas Salz nebst weißem Pfeffer darüber und lasse dies Alles noch ein Weilchen fort rösten, stäube alsdann einen Eßlöffel Mehl darüber, lasse es ebenfalls noch etwas hochgelb anziehen, fülle es dann unter stetem Rühren mit einem Glase rothen Wein und etwas brauner Brühe auf, gebe ein Lorbeerblatt, einen halben Eßlöffel Pfefferkörner und eine Zwiebel daran, lasse das Ganze vollends gar kochen, lege hierauf sämmtliches Fleisch in eine andere Casserole heraus, seihe die Sauce durch ein feines Haarsieb darüber, presse den Saft einer Citrone daran, füge eine Handvoll, in Salzwasser weich gekochte, grüne Erbsen und Spargelspitzen dazu, schwinge die Compote auf dem Feuer bis an das Kochen und richte sie alsdann auf die zum Anrichten bestimmte Schüssel.

804. Frikassee von Tauben (Fricassée of Pigeons). Dieses wird wie Hühnerfrikassée zubereitet.

805. Pigeon Pie, siehe Wildtauben (Nr. 839).

Von der Gans — Goose.

806. Junge Gans gebraten. Eine junge Gans, die man in der Sommerzeit braten will, soll nie gefüllt werden, weil erstens dieselbe eher fertig wird, als die Fülle durchgekocht ist, und zweitens, weil sie zu sehr von ihrem eigenen feinen Geschmack verliert. Sie wird schön dressirt, mit Salz und Pfeffer bestreut, dann in eine Bratpfanne mit etwas Zwiebel und gelben Rüben gelegt, mit heißer Butter übergossen und in rascher Hitze im Ofen unter öfterem Begießen fertig gebraten.

807. Gefüllte Gans (Stuffed Goose). Nachdem die junge Gans geschlachtet, rein gerupft, gebrüht und abgesengt ist, schneidet man die Schlegel und Flügel am ersten Gelenke, den Kopf und den Hals, von dem man die Haut abgestreift hat, ab, nimmt die Gans, wenn sie nicht mehr warm ist, aus, wäscht sie gut und hängt sie an einem lustigen, kalten Ort auf. Den andern Tag, besser aber nach 2—3 Tagen, wenn sie gebraten werden soll, reibt man sie innen und außen mit etwas Salz und Pfeffer ein, dann werden 2 Wecken in Wasser geweicht, die Leber und etwas Fett von derselben oder ein Stückchen Speck zu kleinen Stücken geschnitten, dies und der ausgedrückte Weck nebst klein geschnittener Petersilie, einer fein geschnittenen Zwiebel, Pfeffer, Salz und etwas geriebenem Mojoran in eine Schüssel gethan und mit 3—4 Eiern angerührt, die Gans damit gefüllt, zugenäht, in eine Bratpfanne gelegt, gesalzen, mit Butter und ihrem eigenen Fett belegt, Wasser daran geschüttet, und 1½ Stunden unter öfterem Begießen recht saftig gebraten. Beim Anrichten wird der Faden herausgezogen, das Fett abgegossen, der Satz mit 1 Löffel Jus vermischt, durch einen Schaumlöffel gegossen und als Sauce zu Tisch gegeben. Wird die Gans mit Kartoffeln gefüllt, so nimmt man eine große Handvoll in Würfel geschnittene, gekochte Kartoffeln, dämpft 1 Eßlöffel fein geschnittene Zwiebeln und ebensoviel Petersilie mit 1 Eßlöffel Speck in 2 Unzen Butter, nimmt dies, die Kartoffeln, die fein gehackte Leber, Salz, Pfeffer und Muskatnuß dazu, vermengt es gut untereinander und füllt die Gans damit.

808. Gans mit Kastanien (Goose with Chestnuts). Zu der auf die vorhergehende Art zugerichteten Gans nimmt man ungefähr 2 Pfund Kastanien, schält dieselben und siedet sie so lange im Wasser, bis das gelbe Häutchen sich leicht wegziehen läßt; dann werden sie mit ½ Löffel Jus, Salz, Pfeffer, etwas Zucker und einem Stückchen Butter beinahe weich gedämpft, mit der fein gehackten Gansleber, 1 Eßlöffel fein geschnittenen Zwiebeln und noch einmal so viel Petersilie vermengt, in die Gans gefüllt und dieselbe auf die oben angegebene Art lichtbraun und rösch gebraten.

809. Gans mit Aepfeln gefüllt (Goose with Apples). Die Gans wird wie in den vorhergehenden Nummern zugerichtet, dann mit ganzen, ungeschälten Aepfeln, die man mit einem Tuch sauber abgerieben hat, gefüllt, und die Gans dann fertig gebraten. Beim Anrichten nimmt man die Aepfel mit einem Löffel behutsam heraus und legt sie um die Gans auf eine Platte.

810. Ganspfeffer — Gänseklein (Stewed Goose). Der Hals, der Kopf, aus dem die Augen entfernt sind, die Flügel, Füße, Magen und Lungen werden in gesalzenem Wasser weich gekocht, 2 Eßlöffel Mehl in Butter nicht zu dunkel geröstet, fein geschnittene Zwiebeln darin gedämpft, mit der Brühe abgelöscht und mit einigen Citronenscheiben, 1 Lorbeerblatt, Nelken, Pfefferkörnern und etwas Essig gut durchgekocht. Die Gänsetheile werden darin aufgekocht und zu Salzwasserkartoffeln oder Klößen gegeben. Soll das gleich beim Schlachten mit einigen Löffeln Essig verrührte Blut dazu genommen werden, so röstet man nur 1 Eßlöffel Mehl und rührt das Blut kurz vor dem Auftragen unter die heiße Brühe.

811. Gebratene Gansleber (Fried Goose Liver). Diese wird zu etwas dickeren Schnitten geschnitten als die Kalbsleber, ebenfalls in Mehl, mit etwas Salz und Gewürz vermischt, umgekehrt und etwas länger als die Kalbsleber in Butter gebacken. Sie ist sehr gut zu Sauerkraut.

812. Gansleber mit Kastanien (Goose Liver with Chestnuts).
Eine schöne weiße und feste Leber von einer gemästeten Gans schneidet man in
Scheiben, dreht sie in Weißmehl um und backt sie in Butter schön gelb
fertig, bestreut sie dann mit Salz und Pfeffer, giebt ein paar Tropfen
Citronensaft daran, garnirt sie dann mit glasirten Kastanien und giebt sie
sofort zur Tafel.

813. Gansleber in Trüffelsauce (Goose Liver with Truffle Sauce).
Wenn die Leber sauber mit Milch gewaschen ist, belegt man eine Casserole mit
dünnen Speckscheiben, bestreut sie mit zwei Unzen klein geschnittenem Schinken,
legt die Leber hinein, streut etwas Salz, Pfeffer, Nelken und Muskatnuß darüber, gießt 1 Glas guten Wein dazu und läßt sie fest zugedeckt dämpfen. —
Die Sauce dazu wird auf folgende Art gemacht: 2 Unzen rein geputzte Trüffeln
werden in messerrückendicke Scheiben geschnitten und in ⅛ Quart Wein gekocht;
1 Kochlöffel Mehl röstet man in 1½ Unzen Butter, hackt eine halbe Zwiebel
nebst einigen Citronen- oder Pomeranzenscheiben fein, dämpft sie in dem gerösteten Mehl, gießt die Trüffeln sammt dem Wein und einen halben Schöpflöffel gute Fleischbrühe daran, legt die Leber, sobald sie fertig ist, auf eine
Platte, schöpft das Fett von der Sauce, gießt die Sauce durch einen Seiher
an die Trüffelsauce, läßt diese noch ein wenig aufkochen und richtet sie über die
Leber an.

814. Von der Ente (Duck). Wird genau so behandelt wie gebratene
junge Gans (Nr. 806). Zur gebratenen Ente kann man auch weiße Rüben
oder Teltower Rübchen geben. Die Ente wird schön zerschnitten in der Mitte
einer Schüssel aufgestellt und ringsum die schön glasirten und kurz eingekochten
Rüben gelegt und die Sauce darüber gegossen.

815. Ente mit Rothkraut.
816. „ „ **Wirsingkohl.**
817. „ „ **grünen Erbsen.**
818. „ „ **Kastanien.**
819. „ „ **glasirten Zwiebelchen.**
820. „ „ **Morchelsauce.**
821. „ „ **Chipolata-Ragout.**
822. „ „ **Orangensauce.**

Bei allen diesen verschiedenen Gerichten von Enten wird dieselbe gebraten
und über eine dieser Unterlagen angerichtet.

823. Salmi von Enten mit Oliven oder Trüffeln (Salmy of Duck
with Olives or Truffles). Eine Ente wird gebraten und dann in schöne
Stückchen zerlegt; hierauf stoße man die Abfälle, als die Knochen, den Rücken ꝛc.
in einem Mörser sehr fein, gebe sie zu dem Satze der Ente, füge ⅛ Quart rothen
Wein oder ein Trinkglas Madeira nebst einem Suppenlöffel kräftiger, spanischer
Sauce (Nr. 323) und eine Prise weißen Pfeffer dazu, lasse die Sauce unter be-

ständigem Abschäumen und Abfetten bis zu ziemlich starker, glänzend schwarzer Dicke einkochen, presse noch den Saft von zwei Citronen daran, streiche sie durch ein feines Flanelltuch oder Haarsieb, gebe drei Eßlöffel von den Trüffeln oder Oliven nebst den Entenstückchen dazu, schwinge das Ganze bis zum Kochen auf dem Feuer, richte das Salmi dann in schöner Ordnung auf eine Schüssel an, gebe die Sauce darüber und garnire es mit aus weißem Brod geschnitte= nen, im Schmalze zu goldgelber Farbe ausgebackenen Croutons.

XX. Vom wilden Geflügel — Wild Poultry.

824. Wilde Gans zu braten. Von wilden Gänsen sind nur junge ge= nießbar. Wenn eine solche gerupft und rein geputzt ist, wird sie mit Kräuter= speck durchzogen und einige Tage in folgende Essigbeize gelegt: 2 mittelgroße Zwiebeln, 2 gelbe Rüben, ½ Citrone werden in Scheiben geschnitten, eine kleine Handvoll zusammengebundene Petersilie, etwas Thymian, 1 Eßlöffel ganzer Pfeffer, halb so viel ganze Gewürznelken werden mit 1 Quart gutem Essig ¼ Stunde gekocht, in ein passendes Geschirr gethan und die Gans, wenn der Essig kalt ist, hineingelegt. Nach Verlauf dieser Zeit wird sie herausgehoben und in einer Dampfcasserole oder fest zugedeckten Kachel, die mit Speckscheiben, 1 Zwiebel, 1 gelben Rübe, 4 Citronenrädchen, etwas ganzem Pfeffer und 1 Gewürznelke belegt ist, mit dem nöthigen Salz, ½ Pfund Butter, Fleisch= brühe und einem Glase Wein während 3—4 Stunden wohl zugedeckt weich ge= dämpft, und dabei öfters begossen und umgewendet. Sollte die Brühe zu kurz eingekocht sein, so wird mit guter Fleischbrühe nachgeholfen. Einige Minuten vor dem Anrichten wird die Gans herausgehoben, das Fett abgeschöpft, in die zurückgebliebene Sauce ¼ Quart sauer Rahm, etwas Bratenjus und Citronen= saft gethan, auf dem Feuer umgerührt und recht heiß zu der Gans gegeben.

825. Wilde Ente (Wild Duck.) Wenn die junge Ente gerupft, flam= mirt und rein geputzt ist, wird sie mit Kräuterspeck durchzogen und einige Tage in die Essigbeize, die bei der wilden Gans angegeben ist, gelegt, dann heraus= gehoben, mit Salz, Pfeffer und Nelken eingerieben, mit Speckscheiben belegt, mit Papier umbunden und am Spieße gebraten. In die untergestellte Brat= pfanne nimmt man 1 Schöpflöffel von der Beize, ebensoviel Fleischbrühe und begießt die Ente während des Bratens fleißig damit. In der Casserole wird sie ebenso wie wilde Gans gebraten.

826. Gebratener Fasan (Pheasant). Die Zeit des Fasan ist vom Dezember bis Ausgangs Februar, das Alter erkennt man bei den Hähnen an den Sporen, welche bei jungen klein, bei älteren aber größer und scharf gespitzt.

sind, bei Hühnern theils an dem Fett, welches bei jüngern weiß, bei ältern aber röthlich gelb ist.

Der mehrere Tage abgelegene Fasan wird gerupft, Kopf und Schwanz ungerupft abgehackt, der Vogel flammirt und sorgfältig ausgenommen, daß man ja nicht nöthig hat, ihn zu waschen, mit Salz, Pfeffer und Nelken eingerieben, die Brust mit Speckscheiben belegt, überbunden, an den Spieß gesteckt, in einen mit Butter bestrichenen Bogen Papier eingewickelt, mit gutem Fette begossen und recht saftig gebraten. Sobald er fertig ist, nimmt man das Papier ab, rückt ihn näher zum Feuer, daß er Farbe bekommt, nimmt ihn vom Spieß ab, legt ihn auf eine Platte, ziert ihn mit dem Kopf und dem Schwanz und giebt die Sauce nebst ganzen Citronen dazu. Soll der Fasan in der Casserole ge-braten werden, so spickt man Brust und Schlegel mit feinem Speck, reibt ihn innen und außen mit Salz und Pfeffer ein, überbindet ihn auf der Brust mit Speckscheiben und bratet ihn mit einer Zwiebel und einer gelben Rübe in Butter mit etwas Fleischbrühe und Wein saftig und schön. Bei beiden Arten kann der Fasan mit Trüffeln gefüllt werden (s. Trüffelfülle, Nr. 318).

827. Wilder Truthahn (Wild Turkey). Derselbe wird, nachdem er sauber gerupft, ausgenommen, dressirt (s. Dressur des Geflügels) und einige Tage in die Essigbeize, wie sie bei der wilden Gans beschrieben ist, gelegt. Man wischt die Höhlung mit einem trockenen Tuche gut aus, ehe man sie füllt. Nun bereitet man eine Fülle aus Wecken oder Toastbrod, welches man einweicht, etwas fettem, recht fein gehacktem Speck, Pfeffer und Salz, verrührt es mit eini-gen Eiern und zerlassener Butter, setzt den Vogel mit Gemüsen, Salz und Butter bei. Sobald er angebraten ist, begießt man ihn mit Wasser, welches man sehr oft wiederholt. Ist genug eigener Saft vorhanden, so benutzt man natürlich diesen. Ist der Vogel durch und durch gar, schön braun gebraten, so zerlegt man ihn und servirt Johannisbeergelée oder Cranberrysauce dazu.

828. Gebratene Wachteln (Roast Quail). Am fettesten sind sie im Herbst; man muß sie nicht allzu lange vor dem Gebrauch liegen lassen, da das Fett leicht einen ranzigen Geschmack annimmt. Wenn sie gerupft, ausgenom-men, gesalzen, dressirt sind, in jede etwas Thymian, Zwiebel, Petersilie gethan ist, und sie mit Speckscheiben umbunden sind, bratet man sie in Butter unter öfterem Zugießen von etwas Fleischbrühe schön gelb und saftig.

829. Gebratene Krammetsvögel (Field-Fare.) Die Krammetsvögel, Lerchen, sowie andere kleine Vögel haben ihre eigene Art der Dressur; nachdem sie rein gerupft, Magen und Gedärme ausgenommen sind und die Haut vom Kopfe abgezogen ist, werden die Augen ausgestochen, die Füße etwas gedreht, zusammengebogen, so daß die Klauen in die Schenkel sich einkrallen; der Kopf wird nun auf die Seite, dem Schenkel gleich, gebogen, und mit dem linken Knie, indem man es durch die Augenhöhle steckt, in dieser Lage festgehalten, die Flügel werden geschränkt. Die auf diese Weise dressirten Vögel werden mit Speckscheiben belegt und mehrere zusammen an einen kleinen Spieß gesteckt, dann an den großen Spieß gebunden und an starkem Feuer 8—10 Minuten gebraten. Sie werden nach dem Abnehmen mit feinem Salz bestreut und auf Brodschnitten angerichtet, die aus Weißbrod in dünne viereckige Scheiben geschnitten sind, und während des Bratens unter die Vögel gestellt werden, um das herabträufelnde Fett aufzufangen. — Werden die Krammetsvögel in einer Casserole gebraten, so kommen sie, nachdem sie dressirt, mit Salz und Pfeffer eingerieben, mit Speck belegt sind, in eine Bratpfanne, die mit Butter, Zwiebel=, Gelberübenscheiben, einigen Wachholderbeeren belegt ist, und werden mit etwas Fleischbrühe weich und hellgelb gebraten. Sie werden auf Brod= schnitten, die in dem Fett gelb gebacken sind, angerichtet. Der abgefettete und angezogene Saft wird mit etwas Jus aufgekocht und zu den Krammets= vögeln gegeben.

830. Feld= und Rebhuhn (Partridge). Das Rebhuhn wird mit Er= öffnung der Jagd, das ist Ende August, Anfang September geschossen. Junge Rebhühner erkennt man am besten an den gelben Füßen, und im Oktober, wo sie vollständig ausgewachsen sind, an der ersten Schwungfeder in der Flügel= spitze, welche bei den jungen spitz und bei den alten rund ist, auch ist der Schna= bel der jungen Rebhühner gelblich, der der alten braun.

Nachdem die jungen Feldhühner ausgenommen, flammirt und rein geputzt worden sind, werden sie mit Salz und Pfeffer bestreut, in den Leib wird ein Stückchen Butter gesteckt, mit Speckscheiben belegt, eingebunden, an den Spieß gesteckt und bei starkem Feuer 10—15 Minuten gebraten. Sie werden mit Citronen zu Tische gegeben. Werden die Feldhühner im Ofen gebraten, so kommen sie in eine Bratpfanne, die mit Zwiebel= und Gelberübenscheiben belegt ist, sie werden mit Salz und Pfeffer bestreut, in Speckscheiben eingebunden, mit hinreichender Butter und etwas Fleischbrühe und Wein in einem ziemlich heißen Ofen fünf Viertelstunden lang gebraten. Von dem angezogenen Safte wird die Butter abgeschüttet und derselbe mit Jus aufgekocht, durch ein Sieb geseiht und als Sauce zu den Feldhühnern gegeben.

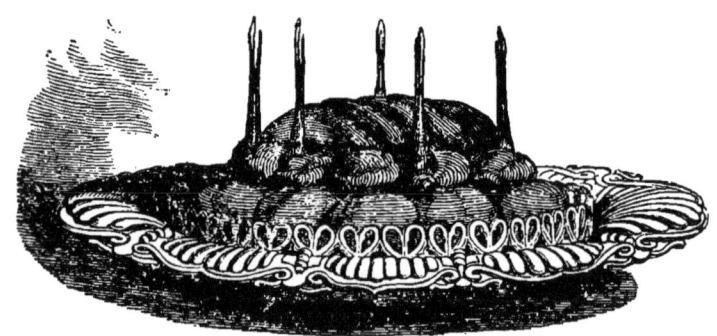

831. Salmi von Schnepfen, Feldhühnern, Krammetsvögeln und wil= den Enten (Salmi of Snipes, Partridges and Wild Ducks). Man legt einige Scheiben rohen Schinken in einen Topf, das Wild darauf, gibt dazu wenig Salz, einige gelbe Wurzeln, einige geschnittene Chalotten oder Zwiebel und Butter und brät das Geflügel, fest zugedeckt, gelb, gießt gute Fleischbrühe hinzu und läßt es vollends weich werden. Dann zerlegt man solches mit einem scharfen Messer in kleine, zierliche Stückchen, stößt, was nicht zerlegt werden kann, nebst Lunge, Leber und dem Schinken im Mörser und rührt es mit der Brühe durch ein Sieb. Zu dieser Sauce giebt man noch etwas gehackte Chalotten und eine Messerspitze Pfeffer und kocht sie mit Fleisch eben durch. Die Sauce zu Salmi muß eigentlich nur von durchgerührtem Fleisch sämig gemacht werden; doch kann man auch auf andere Weise etwas nachhelfen, indem man Mehl in Butter röstet und daran giebt.

832. Schnepfe (Snipe). Eine Schnepfe wird, nachdem sie sauber gerupft, flammirt und ausgenommen ist, auf folgende Art dressirt: der Kopf bleibt nämlich daran, die Haut wird von demselben abgezogen und die Augen werden herausgehoben, sodann die Klauen an den Füßen abgehauen, die Schenkel derart zurückgedrängt, daß die Brust recht in die Höhe kommt, worauf der spitze, lange Schnabel am dicken Theil des einen Schenkels hinein, den Körper hindurch und zu dem dicken Theil des zweiten Schenkels wieder herausgestochen wird; dann belegt man die Schnepfe mit einer Speckbatte, überbindet sie mit Bindfaden und bratet sie gleich dem Feldhuhn gar; hierauf befreit man sie vom Bindfaden, richtet sie dem Feldhuhn gleich an, giebt etwas von ihrem Safte darunter und den übrigen besonders dazu, garnirt sie rund umher mit Schnepfenbrod und bringt sie zu Tische.

Die Bereitungsart des Schnepfenbrodes ist folgende: Man löst von den Eingeweiden den Magen aus und wirft ihn weg; jene werden alsdann sehr fein gehackt, ebensoviel geschabter, gesalzener Speck, etwas mehr geriebenes Brod dazu gefügt, das Ganze mit Salz, Pfeffer und geriebener Muskatnuß gewürzt und mit einem ganzen Ei gebunden. Diese Masse wird dann auf stark halbfingerlange, zweiliniendicke, herzförmig oder viereckig zugeschnittene, trockene Milchschnitten, welche in verschlagene Eier eingetaucht werden, erhöht platt aufgestrichen, in eine etwas tiefe Pfanne eingesetzt und im Backofen gar gemacht oder werden sie auf dem Roste gebraten.

833. Waldschnepfe (Woodcock). Man schneidet sie dem Rücken entlang auf und bratet sie auf dem Rost über einem guten Feuer. Wenn sie gebraten sind, giebt man Butter, Pfeffer und Salz daran und legt sie fünf Minuten zwischen zwei heiße Schüsseln, ehe man sie zur Tafel schickt. Kleine Schnepfen sind sehr gut auf diese Weise gebraten; ebenso Wanderdrosseln (robins) und Tauben.

834. Ortolane, Rohrvögel, Land- und Wasser-Rallen (Ortolan, Doe Bird) könnten in derselben Weise gebraten werden. Eine gute Art ist auch, eine Auster in Cracker-Krumen zu rollen, nachdem man sie vorher in zerlassene Butter getaucht hat, man salzt und pfeffert sie und gibt eine in jeden Vogel, ehe man ihn bratet. Nun begießt man dreimal mit Butter und Wasser, giebt die Brod-Rinde darunter und begießt reichlich mit zerlassener Butter. Sie brauchen ungefähr zwanzig Minuten, bis sie gar sind und werden sehr gut befunden.

Lerchen werden ebenso behandelt.

835. Birkhuhn (Heath Cock) wird wie das Feldhuhn zubereitet.

836. Pastete von Wildgeflügel (Pie of Wild Poultry). Man reinigt und wäscht die Vögel, schneidet die Wachteln in die Hälfte, und die Birkhühner in vier Theile. Die schlechteren Stücke, als da sind: Hälse, untere Rippen ꝛc., giebt man nebst dem Magen und Lebern mit drei Viertel Quart Wasser, wenn man sechs Vögel zur Pastete benöthigt, in eine Pfanne. Während sie dünsten, macht man einen guten Butterteig, belegt damit eine große Puddingschüssel, und hebt soviel davon auf, um einen halbzolldicken Deckel zu machen. Wenn die Lebern weich sind, nimmt man sie heraus und läßt die Sauce in der zu= gedeckten Pfanne weiter dünsten. Nun spickt man die Brüste der Vögel mit dünnen Speckstreifen, hackt auch etwas davon mit den Lebern, sowie etwas Peter= silie, Majoran, Thymian, einer kleinen Chalotte, gibt Pfeffer und den Saft einer Citrone dazu, und macht daraus mit Brodkrumen, die mit warmer Milch be= feuchtet werden, eine Farce. Man giebt nun dünne Streifen gepökelten (nicht geräucherten) Schinken in die mit Teig ausgelegte Schüssel; darauf legt man Stücke des Geflügels, pfeffert sie und giebt Butter daran; nun eine Lage Farce, und so weiter, bis die Schüssel voll ist. Die Sauce seiht man, setzt sie wieder an's Feuer, würzt sie mit Pfeffer und Salz und einem Glas Wein. Man läßt sie nun zum Sieden kommen und gießt sie über die Pastete und bedeckt dieselbe mit dem Teig=Deckel, den man in der Mitte aufgeschnitten hat. Man verziert mit Blättern aus Teig, die man in einem Kranz herumlegt und bäckt sie bei mäßiger Hitze.

837. Wachtel=Pastete (Quail Pie). Die Vögel werden gereinigt, dres= sirt und gefüllt. Die Gelenke werden mit einem Messer gelockert, aber nicht zerschnitten. Man überkocht sie zehn Minuten, während man den Butterteig bereitet, mit dem man eine tiefe Schüssel auslegt. Zuerst giebt man einige Speck= oder Schinkenschnitten, dann eine Lage hart gekochter Eier mit Butter= stückchen und gut gepfeffert, dann werden die Vögel mit Pfeffer und gehackter Petersilie bestreut; auf die Brüste legt man Butterstücke, in Mehl gerollt; bedeckt die Vögel mit Scheiben hartgekochter Eier, dann mit fein aufgeschnittenem Schinken, gießt die Brühe darüber, in der die Wachteln überkocht wurden, giebt den Teigdeckel darauf und bäckt sie eine Stunde.

838. Wilde Tauben (Wild Pigeons). Wenn die wilde Taube gerupft und ausgenommen ist, wird sie auf der Brust fein gespickt, über Nacht mit Essig, einigen Gelberüben= und Zwiebelscheiben, einem Lorbeerblatt, einigen ganzen Wachholderbeeren und etwas Petersilie gebeizt. Beim Braten werden die Tauben mit Salz und Pfeffer bestreut, in eine Casserole mit der nöthigen Butter gelegt, die Kräuter aus der Beize dazu genommen und saftig gebraten. Vor dem Anrichten wird gute Fleischbrühe daran gegossen, die Jus aufgekocht und darüber geseiht.

839. Wilde Tauben=Pastete (Wild Pigeons Pie). Wird genau so gemacht, wie die Wachtelpastete, nur daß man die Tauben in vier Theile schnei= det und nicht füllt. Man überkocht sie und legt sie lagenweise in die Schüssel abwechselnd mit Speck (Bacon) und hartgesottenen Eiern. Man macht die Sauce besser als für die Wachteln, womöglich mit einigen Löffeln spanischer

Sauce, wenn nicht, so taucht man ein gutes Stück Butter in Mehl und giebt es unter gutem Rühren darunter, ehe man es aufkochen läßt; Wildtauben sind gewöhnlich zäher als die Haustauben.

XXI. Von den kleinen Ragouts.

840. Kalbsmilchner (Sweetbread). Sechs Stück schöne weiße Kalbs=milchner wasche man sehr sauber, gebe sie in einer Casserole zum Feuer, lasse sie eine Stunde langsam ausziehen, so daß sie meist ganz weiß werden. Nun stelle man in einer zweiten Casserole Wasser zum Feuer, und wenn dieses kocht, gebe man die ausgezogenen Kalbsmilchner hinein, walle (blanchire) sie einige Minuten unter Abschäumen, bis sie fest geworden sind; dann bringe man sie wieder in kaltes Wasser, lasse sie verkühlen, befreie sie von ihren Knorpeln, schütte sie hierauf ab, schneide sie in kleine Würfel und setze diese mit 2 Unzen frischer Butter, einer Zwiebel und etwas Fleischbrühe auf ein langsames Feuer, bestreue sie mit Salz und Pfeffer und lasse sie ungefähr acht oder 10 Minuten verbleiben, bis sie weich geworden sind.

841. Karpfenmilchner (Soft Roe). Dieselben werden ganz wie die vorhergehenden Kalbsmilchner blanchirt und gar gedämpft.

842. Hahnensteinchen (Chicken Kidneys). Die Hahnensteinchen werden nur in Salzwasser einige Minuten gewallt und hierauf einige Augen=blicke in frischer Butter gedämpft.

843. Hahnenkämme (Chicken Crests). Von den abgeschnittenen Hahnenkämmen werden oben die Spitzen etwas abgestutzt, mit kaltem Wasser, welches jedoch blos lauwarm bleiben darf, auf den Heerd gesetzt und stehen ge=lassen, bis sie ganz ausgezogen haben und weiß geworden sind; hierauf gebe man sie in ein zweites kaltes Wasser, lasse sie so lange auf dem Feuer, bis sich die äußere Haut zwischen den Fingern vermittelst etwas Salz abreiben läßt. Wenn nun alle auf diese Art geputzt sind, gebe man sie in etwas Butter und Fleischbrühe, würze sie mit Salz und Citronensaft und lasse sie langsam weich dämpfen.

844. Hahnenleber (Chicken Liver). Von der Hahnenleber wird die Galle sorgfältig abgelöst und jene in etwas Fleischbrühe langsam gar gekocht; hierauf nehme man sie heraus, stu.. sie nett zu, dämpfe sie noch einige Minuten in etwas frischer Butter und würze sie mit feinem Salze.

845. Weißes Ragout nach Toulouser Art (White Ragout, Toulouse Style). In zwei Suppenlöffel voll deutscher Sauce gebe man Hahnenkämme, Hahnensteinchen, kleine runde Klöschen von Hühnerfülle, Hühnerleber, Trüffeln und Champignons, alles zu gleichen Theilen, lasse das Ragout einigemal durchkochen und stelle es zum Gebrauch in ein warmes Bad.

846. Braunes Ragout (Brown Ragout, Financière Style). Dieses Ragout wird ganz mit denselben Ingredienzien, mit Beifügung von Champignonköpfen und Trüffeln bereitet, nur daß hier zwei Suppenlöffel voll Madeirasauce darüber gegeben werden.

847. Chipolata Ragout. Glasirte Zwiebelchen, glasirte Kastanien und Champignons werden mit ebensoviel klein abgedrehten und gebackenen Bratwürsten in eine Madeirasauce gegeben und das Ragout einigemal aufgekocht, wie die vorhergehenden beendet.

848. Mouglas Ragout. Trüffeln, gedämpfte, fette Gansleber, Brüste von gebratenem Geflügel, Champignons, alles zu gleichen Theilen genommen, werden in kleine Würfel geschnitten, in zwei Suppenlöffel Madeirasauce gegeben und wie die vorhergehenden beendet.

849. Matrosen-Ragout (Ragout, Mariner Style). Zwei Löffel braune, spanische Sauce werden gut mit Citronensaft gehoben und mit einem Pint Rothwein eine halbe Stunde gekocht. Dann gebe man einige Karpfenmilchner nebst einer kleinen Partie Zwiebeln in die Sauce und beendige sie gleich den vorhergehenden.

850. Schildkröten-Eier (Turtle Eggs). Acht Eier werden hart gekocht, durch ein Sieb gestrichen und mit drei frischen Eidottern verrührt, mit Salz, weißem Pfeffer, etwas Muskatnuß gewürzt und vermittelst etwas Mehl erbsengroße Klöschen daraus geformt, welche, nachdem sie einige Minuten in Salzwasser gekocht haben, auf ein Haarsieb abgeschüttet werden.

851. Schildkröten-Ragout (Turtle Ragout). In zwei Suppenlöffel Madeirasauce gebe man Hahnenkämme, Kalbsmilchner, Hahnensteinchen, Kalbskopf, Trüffeln und Eierklöschen (siehe vorhergehende Nummer), würze es mit einer guten Prise Cayennepfeffer und stelle es bis zum Gebrauche in ein warmes Bad.

852. Salpikon von Kalbsmilchnern (Salpicon of Sweetbread). Sechs Stück Kalbsmilchner werden nebst einigen Champignons in sehr kleine Würfel geschnitten, mit etwas dick gehaltener, legirter deutscher Sauce begossen, gut mit Citronensaft gehoben und in ein warmes Bad gesetzt.

853. Salpikon von Kalbsmilchnern und Krebsschwänzen (Salpicon of Sweetbread and Crabs, Cardinal Style). Sechs Kalbsmilchner werden gedämpft, mit zwanzig ausgebrochenen Krebsschwänzen und ebensovielen Champignons in Würfel geschnitten, mit der nöthigen Krebssauce begossen und gleich der vorhergehenden Sauce beendet.

854. Melirtes Salpikon (Mixed Salpicon). Zu diesem Salpikon nehme man Kalbsmilchner, schöne, rothe Rindszunge und recht schwarze Trüffeln, schneide sie in kleine Würfel, gebe etwas legirte, deutsche Sauce darüber und beende es gleich dem von Kalbsmilchnern.

855. Kalbskopf-Ragout (Calfs Head Ragout.) Ein schöner weißer Kalbskopf wird nach seinen Regeln gar gekocht, in seiner Brühe verkühlt, mit einem runden glatten Ausstecher von der Größe eines halben Dollarstückes Plättchen aus demselben herausgestochen, oder er wird in schöne kleine Vierecke geschnitten.

856. Ragout à la Chambord. Nachdem man eine feine Madeirasauce hergestellt hat, siedet man 12—18 Stück gleichgroße Krebse in Weißwein, dünstet mehrere gespickte Kalbsmilcher in einer mit Butter bestrichenen Casserole in kräftiger brauner Brühe (Jus) hellbraun und weich, dämpft einige Trüffeln in Madeira, zerschneidet sie in dünne Scheibchen, nimmt Champignons, 1 Dutzend weichgekochter Hahnenkämme und ebensoviel in Bouillon gekochter Hühnerklößchen, giebt dies in die Sauce, läßt das Ragout heiß werden, schärft die Sauce mit etwas Sardellenbutter ab und servirt das Ragout für sich allein oder als Garnitur um gespickten Karpfen oder Salm, Hecht, Welschhahn oder Kapaun.

857. Gourmand-Ragout. Man dünstet ¼ Pfund Trüffeln in Butter, ebenso 10—12 Champignons mit Citronensaft; sechs Karpfenmilcher und einige Hechtlebern werden in Wasser mit Salz, Citronensaft und ein wenig Butter gekocht, 30—40 Krebse gekocht und ausgeschält, 3—4 Dutzend Austern, 2 Unz. ausgegrätete und ausgewässerte Sardellen und alles nebst ¼ Pfd. gekochter Pöckelzunge in gleichmäßige Würfel zerschnitten. ½ Quart weiße Sauce siedet man mit etwas Geflügel-Essenz und einer halbe Flasche Champagner auf starkem Feuer bis zur Hälfte ein, legirt die Sauce mit 4—6 Eigelb, schärft sie mit dem Saft einer Citrone ab und schüttet sie über die Bestandtheile des Ragouts, das man im Wasserbade wieder heiß werden läßt und in einem Butterteigrand oder Pastete giebt.

858. Curry von Kalb-, Lammfleisch, Hühnern und Stockfisch (Curry of Veal, Lamb, Chicken and Codfish). Die Hauptbedingungen zum guten Gelingen des Gerichtes sind: gute und starke Fleischbrühe, passende Gewürzmischung und die gehörige Menge von besonders dazu bereitetem Reis, der den vornehmsten Bestandtheil jeder Curry-Schüssel bildet. Das gekochte oder rohe Fleisch obgenannter Fleischsorten wird in kleine Stücke geschnitten und mit in Scheiben geschnittenen Zwiebeln in Butter gedämpft, bis es leicht gebräunt ist. Dann gießt man etwas starke Fleischbrühe daran, läßt es eine Zeitlang damit durchkochen und verdickt dieselbe mit Curry-Pulver, und falls man es liebt, mit Reismehl. Der in Wasser gekochte Reis wird entweder in einem Ringe auf dem Schüsselrande aufgelegt oder separat dazu gegeben. Curry-Pulver ist leicht herzustellen (siehe Abschnitt Pulver). Dasselbe giebt vielen sonst fad schmecken-den Speisen eine höchst angenehme Würze, wenn es maßvoll angewandt wird, nur darf man nicht von dem völlig falschen Grundsatz ausgehen, daß die näm-liche Mischung von Gewürzen für Kalbfleisch, Hühner, Fische, Seekrebse geeignet sei, sondern man muß darauf bedacht sein, die Zusammenstellung derselben der Art des zu verwendenden Fleisches und womöglich dem persönlichen Geschmacke der Esser anzupassen.

Curry von Stockfisch. Gut geräucherter Stockfisch wird etliche Stunden vor der Zubereitung in Stücke geschnitten und etwas gesalzen, mit zwei zer-schnittenen Zwiebeln in Butter braun gebraten, mit ½ Pint Kalbfleischbrühe, zwei Theelöffel voll Curry-Pulver, einem nußgroßen Stücke Butter, das man in Mehl rollt, 4—5 Eßlöffeln Rahm und einer Prise Cayennepfeffer langsam weichgekocht und mit Reis servirt. Auf dieselbe Art bereitet man auch das Curry von frischen Fischen.

XXII. Klöße — Dumplings.

859. Hühnerklößchen (Chicken Dumplings). Von der Hühnerfarce (Nr. 311) werden, nachdem diese Fülle gut verarbeitet ist, kleine Klößchen be-reitet, indem man mit den Händen, welche man in Mehl eintaucht, haselnuß-große runde Kugeln oder auch längliche, welche man vermittelst eines Kaffee-löffels aussticht, formt, diese in 3 Quart kochende Bouillon oder braune Brühe einlegt und 5 Minuten lang langsam kocht.

860. Klößchen von Wild (Dumplings of Game). Von der Wild-farce (Fülle) Nr. 312, werden ebensolche Klößchen wie vorhergehende geformt und ebenso beendet.

861. Krebsklößchen (Crabs Dumplings). Siehe Krebsfülle (Farce) Nr. 316.

862. Klößchen von Kalbfleisch (Veal Dumplings). Von der Kalb-fleischfülle (Farce) werden Klöße wie oben geformt zum Gebrauch für Suppen-Ragout und Pasteten. Will man dieselben jedoch allein geben mit Sauce oder in einer Blätterteigpastete, dann formt man dieselben mittelst eines Suppen-löffels.

863. Fischklöße (Fish Dumplings). Diese werden wie die Kalbfleisch=klöße bereitet. Man benutzt hiezu die Fischfülle (Nr. 313).

Stockfisch=Klöße (Codfish Dumplings). Der Stockfisch wird bereitet wie zum Kochen. Nachdem er gehörig eingeweicht und getrocknet wurde, schneidet man ihn in Stücke und kocht sie zwanzig Minuten, dann schüttet man ihn auf einen Durchschlag, giebt frisches heißes Wasser darüber und kocht den Fisch wei=tere zwanzig Minuten, dann kocht man ihn ab und legt ihn in eine Schüssel zum Trocknen. Wenn er ganz kalt ist, zerreißt man ihn mit einer Gabel sehr fein und nimmt die Gräten und jede Idee von Haut ab. Wenn dies gethan ist, giebt man eine ebenso große Quantität Kartoffel=Mus dazu, verarbeitet das Ganze zu einem dicken Brei, zu dem man ein Stück Butter und Milch gegeben hat, und wenn man es sehr gut machen will, ein gequirltes Ei. Nun bemehlt man sich die Hände und formt Klöße oder kleine Kuchen, giebt sie in kochendes Schmalz und formt sie braun.

864. Feine Kalbfleischklößchen (Godiveau, Veal Dumpling an other kind). Man nimmt zu gleichen Theilen gehacktes Kalbfleisch, Panade, und etwas weniges Nierenfett. ½ Pfund zartes Kalbfleisch und 6 Unzen Nierenfett wird jedes für sich sehr fein gehackt. Alsdann wird beides mit der fertigen Panade von ½ Pint Wasser im Mörser gestoßen, mit Salz, Pfeffer, Muskate und 3—4 Eiern vermengt und durch ein Sieb getrieben. Auf einem mit Mehl bestreuten Brett werden kleine längliche und runde Klößchen in der Größe einer Haselnuß geformt und im Salzwasser fertig gekocht. Dieselben können anstatt von Kalbfleisch von beliebigen Fischresten gemacht werden; die Klößchen werden zu feinen Suppen, Ragouts, Frikassée, Vol-au-Vent u. dgl. mehr genommen.

865. Klöße von Ochsenfleisch (Beef Dumplings). ½ Pfund rohes Ochsenfleisch, am besten vom Schlachtbraten, wird sehr fein gehackt, 2 Unzen Butter leicht gerührt; 2 Eidotter, 2 geriebene, nicht zu kleine Milchbrode, Salz, Muskatnuß und das Fleisch stark unter einander gerührt, der Schnee eines Ei=weiß hinein gemischt und kleine Klöße fünf Minuten in Fleischbrühe gekocht. Sie können auch zu Fricassée und Ragout verwendet werden.

866. Fleischklöße anderer Art (Beef Dumpling, another Style). 1½ Pfund feingehacktes Kalb= und Schweinefleisch wird im Mörser oder Reib=stein mit 6 Eigelb, 3 abgerindeten, in Wasser eingeweichten und wieder aus=gedrückten Wecken, Salz und Muskatnuß sehr fein gestoßen, dann formt man haselnußgroße Klößchen auf dem mit Mehl bestäubten Backbrett und kocht sie in der Fleischbrühe. Sie passen auch sehr gut zu Pasteten, Ragout und Fricassée.

867. Königsberger Klopps (siehe Abschnitt 12, Nr. 542).

868. Gebrühte Klöße. 1 Quart Milch, ½ Pfund feines Mehl, 1 Unze Butter, 7—8 Eier, das nöthige Salz. In die siedende Milch wird die Butter und das Salz gethan; ist diese vergangen, so rührt man schnell und vorsichtig das Mehl über dem Feuer hinein, so lange bis der Teig sich von der Pfanne schält, dann wird er abgenommen und sogleich 1 Ei hineingerührt; ist er halb erkaltet, so werden die Eier nach und nach eingerührt. Von diesem Teig legt man kleine Klöße in heißes Schmalz; dieselben müssen hoch auflaufen und schön hellbraun gebacken sein; sie sind Inlagen von Suppen oder Beilagen zu Gemüse.

869. Feine Weißbrodklöße (Bread Dumplings). Zu einem Ei dick geschmolzener Butter rühre man 4 Eidotter, Salz, Muskat, 2 kleine hölzerne Löffel Mehl, ¾ Pfund Weißbrod ohne Kruste, welches in Wasser eingeweicht und ausgedrückt ist, und mische zuletzt den Schaum der Eier durch. Das Weiß= brod zu Klößen darf weder frisch sein, noch in warmes Wasser gelegt werden, weil es andernfalls eine klebrige Masse würde. Man lege es eine kleine Weile in kaltes Wasser, drücke es dann aus und zerreibe es. Zwar sind die Recepte möglichst genau bestimmt, da es jedoch bei manchen Klößen auf eine Kleinigkeit mehr oder weniger Flüssigkeit ankommt, so ist zu rathen, vor dem Formen ein Klößchen zu kochen, wo dann nach Bedürfniß etwas Weißbrod oder Wasser zu= gesetzt werden kann.

870. Eine andere Art Weißbrodklöße (Bread Dumplings, another kind). Man schneide von ¾ Pfund Schwarzbrod die Oberrinde kleinwürflig und brate sie in Butter oder Speck gelb, gieße so viel Milch auf das Brod, daß es gut darin weichen kann, zerreibe es, gebo stark 4 hölzerne Rührlöffel voll Mehl, vier Eier, Salz, Muskat, 1 Löffel geschmolzene Butter und die gebratene Kruste dazu, rühre dies alles gut untereinander und koche die Klöße nach vor= hergehender Vorschrift.

871. Frankfurter Klöße (Francfort Dumplings). 4 Weißbrode werden zu Würfeln geschnitten und nur über die Hälfte ½ Quart süße Milch gegossen, den andern Theil röstet man in Butter gelb, dämpft 5 Unzen frischen, fein geschnittenen Speck und 1 Eßlöffel Petersilie und Zwiebeln, nimmt nun alles zusammen in eine Schüssel, ½ Pfund Mehl, Salz, Pfeffer und Muskat= nuß dazu und rührt es mit 4 Eiern leicht untereinander. Man macht runde Klöße, so groß wie ein Hühnerei, kocht sie ½ Stunde in Salzwasser, röstet ge= riebenes Weißbrod in Butter gelb und schmälzt damit die angerichteten Klöße. Man kann auch ½ Pfund mageren, in kleine Würfel geschnittenen Schinken dazu nehmen.

872. Marktklöße (Marrow Balls). 2 Unzen Butter und 2 Unzen Ochsenmark werden leicht gerührt, 2 Eier, das Geriebene von 2 Milchbroden mit fein gewiegter Petersilie, Muskatnuß und Salz darein gethan, runde Klöß= chen geformt und in guter Fleischbrühe gesotten. Sie können auf jeder Fleisch= suppe gegeben werden.

873. Gebackene Marktklöße (Fried Marrow Balls). Von 3 Milch= broden reibt man die Rinde ab, weicht sie in Milch ein, drückt sie aus, thut 2 Unzen sehr rein gehäuteltes und verrührtes Ochsenmark, 1 Kochlöffel Mehl, Salz und Muskatnuß dazu und rührt es mit zwei ganzen Eiern und 2 Dottern an, macht davon kleine runde Klöße, und backt sie schön im Schmalz. Man giebt sie in einer Buttersauce, die mit Eidotter abgezogen ist, zu Tische.

874. Schwammklöße (Sponge Dumplings). In Fleischsuppe, auch in frisches Erbsengemüse (in ersterer für 14—16, in letzterem für 6—8 Perso- nen) nimmt man ¼ Pfund feines Mehl, ¼ Pfund Butter, ¼ Quart Wasser, 4 Eier, etwas Muskatblüthe.

Die Hälfte der Butter wird kochend heiß gemacht, das Mehl mit der Milch angemengt und nebst einem Eiweiß zu der Butter gefügt und gerührt, bis die Masse nicht mehr am Topfe klebt. Dann wird die übrige Butter weich ge- rieben, Muskatblüthe, ein Eidotter nach dem andern, und dann die etwas aus- gedampfte Masse hinzugefügt. Bei schwach gesalzener Butter würde auch etwas Salz nöthig sein. Zuletzt rührt man das zu steifem Schaum geschlagene Eiweiß durch, sticht mit einem naßgemachten Löffel Klößchen davon ab und kocht sie zugedeckt 10 Minuten in Suppe oder in einem Erbsengemüse.

Anmerkung. Die Erbsen müssen, bevor die Klöße hineinkommen, völlig gar sein und eine so reichliche Brühe haben, daß sie mit dem Löffel ge- gessen werden.

875. Eierklöße (Egg Dumplings). Eine Stunde vor dem Anrichten wird ¼ Quart Fleischbrühe oder Milch mit 4 Eiern wohl geschlagen und nebst fein gehackter Petersilie, Muskatblüthe und Salz in einen mit Butter bestrichenen Topf gefüllt. Man läßt es in kochendem Wasser dick, nicht hart werden und sticht Klößchen davon in die angerichtete Suppe.

876. Suppenbiscuit (Biscuit Dumpling). Man rührt ½ Pfund Butter leicht, giebt dann zwölf Eigelb, Salz, ½ Pfund Mehl und den steifen Schnee, dann Eiweiß daran. Nun werden längliche Kapseln oder sonst eine Form mit Butter bestrichen, die Masse eingefüllt und in einem nicht zu heißen Ofen gebacken, darnach in feine Schnittchen geschnitten, mit kochender Fleisch- brühe übergossen und mit Schnittlauch zu Tische gegeben.

877. Zwiebackklöße (Zwieback Dumplings.) Man rühre ½ Ei dick Butter zu Schaum und rühre sie mit 2 ganzen Eiern und Muskatnuß eine ge- raume Weile, gebe dann nach und nach unter fortwährendem starkem Rühren 4 gehäufte Eßlöffel fein gestoßenen Zwieback hinzu, von dem man, da die Masse sehr weich sein muß, ½ Eßlöffel zum Aufkochen zurückläßt. Die Klöße gebe man alle zugleich in kochende Bouillon, lasse sie einmal aufkochen, nehme dann rasch den Topf vom Feuer und stelle ihn fest zugedeckt fünf Mi- nuten hin.

878. Hefenklöße (Yest Dumplings). Man rührt ¼ Pfund Butter zu Schaum, schlägt ein ganzes Ei und 2 Dotter dazu und mengt nach und nach, mit einer Tasse Milch und ebensoviel guter Hefe, so viel schönes Weizenmehl darunter, daß der Teig sich bequem kneten läßt, wozu man ungefähr 1 Pfund brauchen wird, salzt die Masse nur ein wenig, formt Klöße in der Größe eines Apfels, setzt sie neben einander auf ein mit Mehl bestaubtes Brett und läßt sie eine Stunde an einem warmen Ort gähren. Indessen setzt man in einem nicht zu kleinen Kessel Wasser auf, da die Klöße sehr auflaufen und mehr Raum als andere bedürfen, salzt es und legt, wenn es wallt, die Klöße hinein, die man öfters niederdrücken muß, damit sie sich umdrehen und gleichmäßig gar werden können. Sticht man sie mit einem Hölzchen und es klebt kein Teig mehr daran, so sind sie gut. Beim Anrichten reißt man sie mit zwei Gabeln oben ein wenig auseinander und gießt braune Butter in die Oeffnung und reicht auch braune Butter dazu. Auch beim Verspeisen muß man die Hefenklöße mit der Gabel theilen, sonst werden sie fest.

879. Griesmehlklöße (Farina Dumplings). Man rühre 2—3 Unzen Griesmehl mit ½ Quart halb Wasser, halb Milch und einer Wallnuß dick Butter über Feuer so lange, bis die Masse ganz steif ist. Dann reibe man noch reichlich ebensoviel Butter weich, gebe Muskatnuß, Salz, 3 Eidotter hinzu, das etwas abgekühlte Griesmehl und zuletzt das zu Schaum geschlagene Weiße von zwei Eiern. Dies wird theelöffelweise in die kochende Suppe gegeben und zehn Minuten langsam gekocht.
Für 8 Personen.

880. Andere Art Griesmehlklöße (Farina Dumplings, an other kind). 5 Unzen frische Butter und ¾ Quart gesalzene Milch werden in einer Casserole aufgekocht, sodann ¾ Pfund Griesmehl unter Rühren hineingegossen. Diese Masse wird nun so lange auf dem Feuer abgedämpft, bis sie sich von der Casserole loslöst; hierauf wird sie von demselben weggenommen, etwas abgekühlt, 6 ganze Eier und 6 Eigelb werden hinein gerührt und vermittelst eines Eßlöffels werden ovale Klöße in kochendes, gesalzenes Wasser eingelegt, welche, nachdem sie noch 15 Minuten langsam gekocht haben, mit einem Schaumlöffel auf eine tiefe Schüssel erhöht angerichtet, mit geriebenen, in Butter gelb gerösteten Semmeln oder Crackermehl bestreut und dann zu Tische gebracht werden. Nach Belieben kann auch etwas feingehackte Petersilie und etwas geriebene Muskatnuß in die Masse kommen.

881. Hessische Semmelklöße (Hessian Bread Dumplings). Ein Viertelpfund frische, zerlassene Butter wird mit 6 ganzen Eiern schäumig gerührt; sodann schneide man 12 Milchbrödchen in kleine Würfel, begieße sie mit ½ Quart kalter Milch und gebe sie dann nebst etwas fein gehackter Petersilie und feinen Zwiebelchen, welche einen Augenblick in etwas Butter geröstet (passirt) worden, dem nöthigen Salze und zerriebener Muskatnuß zu der Masse, rühre Alles gut unter einander und lasse das Ganze einige Minuten ruhen; hierauf steche man mit einem großen Eßlöffel ovale Klöße aus der Masse heraus, lege dieselben in kochendes, gesalzenes Wasser ein, lasse sie ungefähr noch zwanzig Minuten langsam kochen, hebe sie sodann mit einem Schaumlöffel auf tiefe Schüsseln heraus, bestreue sie mit in Butter gelb geröstetem Crackermehl und bringe sie zu Tische.

882. Speckklöße (Dumplings with Bacon). Ein Viertelpfund Speck wird in kleine Würfel geschnitten, gelb geröstet und auf einen Schaumlöffel abgeschüttet; alsdann hacke man etwas Petersilie und Zwiebeln sehr fein und röste (passire) dieses einige Augenblicke in frischer Butter; zuletzt werden noch zwölf trockene Milchbrödchen in kleine Würfel geschnitten und in Butter gelb geröstet. Das Ganze würze man nun mit Salz und Pfeffer und mache es mit 6 ganzen Eiern und der nöthigen kalten Milch zu einem ziemlich festen Teig an. Nach einigem Aufrühren lege man vermittelst eines Eßlöffels ovale Klöße in kochen= des Wasser ein, lasse sie langsam noch 20 Minuten darin fortkochen, hebe sie dann mit einem Schaumlöffel auf tiefe Schüsseln heraus, bestreue sie mit ge= riebenen, in Butter gelb gerösteten Semmeln und bringe sie zu Tische.

883. Leberklöße (Liver Dumplings) für 8 Personen. 1 Pfund Kalbs= leber, 8 Wecken, 6 Eier, gedämpfte Zwiebeln und Petersilie, eine Handvoll Weckmehl, Salz, Majoran, Pfeffer, Muskate. Die Wecken werden in feine Suppenschnittchen geschnitten und mit ungefähr ½ Quart siedender Milch ange= brüht; sind dieselben aufgequollen, daß kein Tropfen der Milch in der Schüssel mehr sichtbar ist, so werden die Eier in einem Topf verrührt und unter die Wecken gemengt, dann rührt man die Würzen, die rein gehäutelte und fein ge= hackte Leber und endlich das Weckmehl darunter. Die Masse wird sehr naß sein, das thut aber nichts, die Klöße halten doch, man formt sie eigroß mit dem Eßlöffel und siedet sie in ruhig kochendem Salzwasser. Sie werden mit in Butter geröstetem Brod geschmälzt.

884. Klöße von Kalbshirn (Calfs Brain Dumplings). Das Hirn wird gehäutelt, ausgewaschen, mit kaltem Wasser zugesetzt und nur einmal auf= gekocht; erkaltet hackt man es, dämpft fein geschnittene Zwiebeln und Petersilie in Butter und nimmt sie zu dem Hirn in eine Schüssel; soviel man Hirn hat, soviel Semmel= oder Weckmehl wird eingerührt, 2—3 Eier, Salz und Muskate; man legt mit dem Eßlöffel ein Probeklößchen ein, hält es nicht, so hilft man mit Semmelmehl nach.

885. Heidenheimer Klöße. Vier altgebackene Wecken schneidet man in Würfel, gießt siedende Milch darüber, so viel sie anschlucken mögen; indessen dämpft man in 1½ Unzen Butter gehackte Zwiebeln, Petersilie, Lauch, thut die= selben an die Wecken, nebst Salz, Pfeffer, Muskate; quirlt in einem Topf acht Eier, die nun an die Wecken geschüttet und mit diesen wohl durcheinander ge= macht werden; zuletzt wird ¾ Pfund Mehl vorsichtig eingemengt, faustgroße Klöße davon geformt und in Salzwasser gesotten. Zum Schmälzen halbirt man die Klöße.

886. Mehlklöße (Flour Dumplings). Zwei Pfund Mehl werden mit vier ganzen Eiern, dem nöthigen Salz und kalter Milch zu einem nicht allzu festen, zähen Teig tüchtig mit einem Kochlöffel abgeschlagen, sodann drei in kleine Würfel geschnittene, in Butter gelb geröstete Milchbrödchen (Semmeln) ebenfalls darunter gebracht. Aus diesem Teig werden vermittelst eines Eß= löffels ovale Klöße in kochendes, gesalzenes Wasser eingelegt, 20 Minuten in demselben gar gekocht, alsdann mit einem Schaumlöffel auf tiefe Schüsseln herausgehoben, mit geriebenen, in Butter gelb gerösteten Semmeln oder Crackers bestreut und zu Tische gebracht.

887. Spätzlein. Zu 1 Pfund feinem Mehl rechnet man 3 Eier, 1 Thee= löffel Salz, 1 Glas Wasser, und sollte der Teig noch zu fest sein, etwas Milch; der Teig wird ¼ Stunde geklopft und muß so fest bleiben, daß wenn ein Löffel voll auf ein schmales Brettchen genommen wird, der Teig nicht von demselben abläuft, sondern mit dem Messer auseinander gestrichen werden kann. Mit dem Spätzleinmesser werden nun längliche, dünne Spätzlein in siedendes Wasser ge= legt, ein paarmal aufgekocht, mit dem Seiher herausgefangen, in warmes Wasser gelegt, zum Ablaufen in einen Seiher geschüttet, angerichtet und mit heißer Butter und gerösteten Brosamen geschmälzt. Spätzlein von gröberem Mehl sind schmackhafter als die von feinem, weil das letztere fast nur Stärkemehl und viel weniger Stickstoff enthält.

888. Spätzlein mit geriebenen Kartoffeln und geröstet. 1 Pfund Mehl, 3 Eier, das nöthige Salz wird mit lauem Wasser zu einem streichbaren Teig geklopft; langes Klopfen macht die Teige leicht; dieser darf nicht nässer sein als der vorhergehende, obgleich ½ Quart geriebene Kartoffeln in den Teig kommt, dies geschieht kurz vor dem Einlegen der Spätzlein. Man siedet und schmälzt sie wie die vorhergehenden. Beide Arten sollen nicht eher gesotten werden, als man sie braucht, weil vom längeren Angerichtetsein die Spätzlein sich an einander hängen. Will man diese oder die vorhergehenden geröstet, so macht man in einer flachen Pfanne Schmalz (Schmelzbutter) heiß, röstet die mindestens einige Stunden vorher gekochten Spätzlein schön hellgelb, verrührt 3 Eier mit einigen Eßlöffeln saurem Rahm und etwas Salz; gießt dieses über die Spätzlein, läßt sie anziehen und giebt sie gleich zu Tische.

889. Aufgezogene Spätzlein. Zu den nach der vorletzten Nummer ge= kochten Spätzlein verrührt man 3 Eier mit ½ Quart saurem Rahm und etwas Salz, mengt die Spätzlein hinein und füllt sie in eine messerrückendick mit Butter bestrichene Form, schneidet etwas Butterscheiben darauf und zieht sie im Back= ofen oder zwischen Kohlen auf.

890. Kartoffelklöße (Potatoe Dumplings). Siehe Abschnitt V, Nr. 157.

891. Karthäuser Klöße. Von 12—14 frischgebackenen Milchbroden reibt man die Rinde ab und theilt sie in 4 Theile. 10 ganze Eier verrührt man mit ½ Quart kalter Milch und einer Messerspitze Salz und gießt es über die Milchbrode. Wenn sie von der Milch und den Eiern ganz durchdrungen sind, ohne jedoch verweicht zu sein, werden sie auf ein Sieb gelegt, damit sie etwas abtrocknen, in der abgeriebenen Rinde umgekehrt und dann in schwimmendem Schmalz schön gelb gebacken. Aus dem Schmalz herausgenommen, werden sie stark mit Zucker bestreut und eine süße Sauce oder gekochtes Obst dazu ge= geben.

892. Süße Mandelklöße (Almond Dumplings). Zu 5—6 zuvor abgeschälten und in ½ Quart lauer Milch eingeweichten Milchbroden läßt man, wenn sie weich sind, ¼ Pfund frische Butter warm werden, dämpft die Milch= brode gut damit ab, rührt, so lange diese Masse noch warm ist, 2 ganze und 4 gelbe Eier darein, stoßt oder reibt 5 Unzen abgezogene Mandeln ganz fein und rührt sie nebst ein wenig Salz, 1½ Unzen fein gehacktem Citronat, dem Ab= geriebenen von 1 Citrone und einem Eßlöffel feinem Zucker hinein, macht sie auf einem Nudelbrett mit ein wenig Mehl rund, oder legt sie mit einem Eß=

löffel in 1 Pfund heißes Schmalz; (Schmelzbutter) ein, backt sie langsam gelb, legt sie auf Brodschnitten zum Ablaufen, thut sie in eine tiefe Platte und richtet eine Cranberrysauce kochend heiß darüber an. Man kann auch Kirschensauce oder Chaudeau (Schodo) dazu geben.

893. Süße Klöße von Kirschen (Cherry Dumplings). 2 Pfund aus= gesteinte schwarze Kirschen werden mit Zucker, Zimmt, ein wenig. Nelken, ½ Quart Wasser und ½ Quart Wein gekocht. Nach ½ Stunde schüttet man sie in das feine Sieb, nimmt das markige Kirschenfleisch in eine Schüssel, giebt das gezupfte Weiche von 8 Wecken dazu, rührt 4 Dotter daran, sticht Klöße mit dem Theelöffel aus und backt sie in heißem Schmalz.

894. Reisklöße (Rice Dumplings). ½ Pfund rein verlesenen und ge= waschenen Reis setzt man mit Wasser über's Feuer, gießt ihn, wenn er ½ Viertel= stunde gekocht hat, in ein Haarsieb, thut ihn in kaltes Wasser, gießt ihn wieder auf das Sieb und läßt ihn gut ablaufen. Hierauf macht man 1¼ Quart Milch siedend, thut den Reis hinein, stellt ihn auf ein langsames Feuer, läßt ihn, ohne darin zu rühren, ganz einkochen, rührt dann 6—8 Eigelb hinein, reibt eine Citrone auf Zucker ab, nimmt dies nebst ein wenig Salz; und einem Eßlöffel fein gestoßenem Zucker dazu und backt sie wie die Mandelklöße; auch die näm= lichen Saucen können dazu gegeben werden.

XXIII. Von den Pasteten und Teigen —
Pastry-Pies and Paste.

895. Gänseleberpastete mit Trüffeln (Goose Liver Pie). Von dem Quantum Pastetenteig (Nr. 952) wird ein Drittheil genommen und dasselbe zu einem runden Ballen bearbeitet; in die Mitte desselben setzt man nun die beiden Daumen ein und breitet ihn nach und nach zur Form eines Nestes aus, jedoch so, daß der Rand desselben höchstens 2—3 Zoll Höhe erhält, oben etwas schief zuläuft und das Nest ungefähr 6 Zoll im Durchmesser beträgt; nun bestreicht man zwei aneinandergelegte Bogen Schreibpapier mit frischer Butter, giebt die= selben in eine tiefe Bratpfanne und setzt das Nest darauf. Unterdessen wird von dem übrigen Teige ein Streifen (längliches Viereck) stark fingerdick ausge= rollt, von ungefähr 10 Zoll in der Breite und 24 Zoll in der Länge, das Nest außen gut mit verschlagenen Eiern bestrichen, der Streifen rund umher ange= stellt und fest an letzteres angedrückt. Die beiden Enden des Streifens werden ebenfalls mit verschlagenen Eiern bestrichen, nachdem sie zuvor an ihrem Schluß etwas schief abgeschnitten worden, damit sie sich gut in einander fügen können. Ist solches geschehen, so zwickt man das Pastetenhaus außen rund umher, unten am Boden anfangend, vermittelst eines Pastetenzwickers der Art, daß die erste

Linie rechts schief läuft, die zweite links, die dritte wieder rechts und so fort, bis das Haus beendet und das Gezwickte auf diese Art ein zick= zackiges Ansehen erhalten hat. Nun legt man innen den Boden überall mit dünnen Speckbatten aus und giebt folgendes hinein: Von 5—6 schönen, weißen, ungewässerten, fetten Gänselebern werden unten die Gallen aus=, die Spitzen abgeschnitten und solche hierauf halbirt; alsdann durchsticht man sie reichlich mit fingerdick geschnittenen, abgeschälten, recht schwarzen Trüffeln, bestreut sie mit Salz und Pfeffer und giebt von der Pastetenfülle (Nr. 318) eine Lage in das dressirte Haus, eine zweite Lage von den Lebern und so fort, bis solches auf diese Art vollgefüllt ist, wobei noch zu bemerken, daß bei allen Pasteten die oberste Lage immer Fülle sein muß. Hierauf rollt man den noch übrigen Teig drei Messerrücken dick aus, schneidet nach der Größe der Oeffnung der Pastete einen runden Deckel, sticht mit einem runden, glatten Ausstecher in dessen Mitte ein zollbreites Loch aus, belegt die Fülle der Pastete obenauf mit Speckbatten, bestreicht den Rand ringsum mit verschlagenen Eiern, deckt den Deckel darüber, drückt ihn fest an den bestrichenen Rand an, zwickt die Kante rund umher eben= falls ein, bestreicht hierauf das Ganze gut mit verschlagenen Eiern, setzt auf den Deckel kleine Verzierungen, welche aus messerrückendick ausgerolltem Teige, ver= mittelst kleiner Ausstecher, Halbmonde, Dreiecke, Vierecke ꝛc. bildend, ausge= stochen werden, umgiebt das kleine Loch im Deckel mit einem kleinfingerdick erhöhten Rändchen von obigem Teige, zwickt es etwas, umbindet die Pastete mit mehreren Bogen aneinandergelegtem, gut mit Butter bestrichenem Schreib= papier, giebt sie dann in einen etwas abgekühlten Backofen und backt sie je nach der Größe 3—4 Stunden lang; hierauf nimmt man sie heraus, läßt sie gänz= lich erkalten, befreit sie von dem Papier und bringt sie, mit gehacktem Gelee rund umher garnirt, zu Tische. Beim Gebrauche wird der Deckel am Rande rund umher losgeschnitten, abgehoben und der Inhalt mit einem Eßlöffel aus=. gestochen.

Häufig bedient man sich auch der sogenannten Straßburger Pasteten= terrinen von Fayence; die Lebern und die Fülle werden ganz auf vorhergehende Art in die Töpfe hineingegeben, welche jedoch nicht mit Speckbatten ausgefüttert werden; man setzt sie hierauf, mit ihren Deckeln bedeckt, in eine Bratpfanne, gießt soviel kochendes Wasser in dieselbe, daß die Töpfe ein Drittheil tief darin stehen, deckt noch ein naßgemachtes Tuch darüber, giebt sie in einen Ofen, läßt sie ebenfalls 3—4 Stunden darin stehen, dann nimmt man sie heraus, gießt das zuviele Fett davon ab und läßt sie über Nacht erkalten. Den andern Tag drückt man den Inhalt der Pastete mit der gewölbten Seite eines in heißes Wasser getauchten Eßlöffels etwas fest ein, streicht die Oberfläche hübsch glatt zu, wäscht und trocknet die Terrine sauber ab und gießt sie sodann mit schön weißschäumig gerührtem, aber noch laufendem, ausgelassenem Schweineschmalz aus, bedeckt sie mit den Deckeln und verklebt sie rundum am Rande derselben mit einem dreifingerbreiten Streifen von eingezacktem Schreib= oder farbigem Papier. Die Pasteten halten sich auf diese Art 6—8 Monate an einem kühlen Orte frisch und gut. Beim Gebrauch schneidet man das Papier an den Deckeln durch, hebt diese nebst dem Fette obenauf ab, giebt etwas gehacktes Gelee (Aspick) darüber, bedeckt sie wieder mit ihren Deckeln und bringt sie zu Tische.

896. Kalte Pastete von Feldhühnern (Cold Partridge Pie). Sechs Stück junge Feldhühner werden ausgebeint (s. Galantine von Kapaun), sodann ausgebreitet, eine Lage Wildpretfülle (Nr. 312) hineingegeben, eine zweite Lage geschälte, fingerdick geschnittene Trüffel und ebenso dick geschnittener, gesalzener Speck darüber gelegt, hierauf wieder Fülle und so fort, bis die Feldhühner sämmtlich eingefüllt sind. Dann lege man sie in ihre alte Form wieder zusammen, setze sie gleich den vorhergehenden Gänslebern in das Pastetenhaus oder in eine Terrine ein und beende sie in jeder Beziehung wie vorhergehende Art.

897. Kalte Pasteten von Fasanen (Cold Pheasant Pie). Diese Pastete wird wie die vorhergehende behandelt und beendet; statt 6 Feldhühner nehme man hierzu 3 Fasanen.

898. Kalte Pastete von Schnepfen (Cold Snipe Pie). Auch diese Pastete wird der von Feldhühnern ganz gleich zubereitet. Das Eingeweide der Schnepfen wird ohne Magen fein gehackt und unter den Theil der Wildpretfülle (Nr. 312) gemischt, welche man zum Füllen derselben verwendet.

899. Kalte Wachtelpastete (Cold Quail Pie). Ungefähr 20 Wachteln werden ausgebeint, mit Wildgeflügelfülle (Nr. 312), welche zur Hälfte mit kleinwürflig geschnittenen Trüffeln vermischt wird, gefüllt, sodann wieder in ihre vorige Form zusammengelegt und im Uebrigen ganz wie die Feldhühnerpastete beendet.

900. Kalte Krammetsvogelpastete (Cold Field Fare Pie).

901. Kalte Lerchenpastete (Cold Lark Pie).

Diese beiden Pasteten werden ganz wie jene von Feldhühnern behandelt und beendet. Man nimmt entweder 30 Krammetsvögel oder 48 Stück Lerchen; die Eingeweide dieser beiden Vögel werden ohne Magen sehr fein gehackt und nebst einem Theile in kleine Würfel geschnittenen, schwarzen Trüffeln unter etwas Wildpretfülle (Nr. 312) gemischt, welche zum Füllen der ausgebeinten Vögel bestimmt ist. Da das Ausbeinen dieser beiden Vögel zu viel Zeit erfordert, so kann man, nachdem sie sauber gerupft, flammirt und dressirt sind, den Rücken derselben in der Länge durchschneiden, das Eingeweide herausnehmen, die Fülle hineingeben, sie dann wieder in ihre ursprüngliche Form leicht zusammenpressen und im Uebrigen ganz wie oben beendigen.

902. Kalte Pastete von Kapaunen (Cold Capon Pie). Zwei schöne, fette Kapaunen werden (Galantine von Kapaunen) ausgebeint, ausgebreitet, mit Salz und Pfeffer bestreut, eine Lage der Fülle (Nr. 317) wird hinein und eine zweite Lage, bestehend in fingerdicken Stücken geschnittener und geschälten, schwarzen Trüffeln, gesalzenem Speck, fetten Gänslebern und schön roth gekochter, gesalzener Rindszunge, abwechselnd über die erstere gegeben, was so oft wiederholt wird, bis die Kapaunen vollgefüllt sind. Man lege sie alsdann wieder in ihre ursprüngliche Form zusammen, setze sie wie die Gänsleber (Nr. 952) mit obiger Fülle in das Pastetenhaus ein und beende das Ganze, wie es in Nr. 895 bereits angegeben worden.

903. Kalte Taubenpastete (Cold Pigeon Pie). Wird gleich der vor=
hergehenden kalten Pastete vom Kapaun bereitet.

904. Kalte Hasenpastete (Cold Hare Pie). Von 2 jungen, großen,
abgehäutelten Hasen wird das Rückenfleisch der Länge nach abgelöst, mit halb=
fingerlang und kleinfingerdick geschnittenem Speck, der mit Salz, Pfeffer, fein
geschnittenen Chalottenzwiebeln bestreut ist, durchzogen. Dieses kommt nun in
eine flache Casserole mit 2 Unzen Butter, 2 Eßlöffeln fein gehackten Trüffeln
und ebensoviel Champignons, mit dem nöthigen Salz und Pfeffer auf ein
starkes Feuer und wird 10 Minuten lang gedämpft, dann zurückgestellt und nach
einigem Abkühlen herausgelegt. Das von aller Haut und Fasern befreite Fleisch
von den Hasenschenkeln wird mit ebensoviel frischem Speck sehr fein gehackt, dann
in einen Mörser gethan und während des Stoßens mit 8 rein gewaschenen und
ausgegräteten Sardellen, ¼ Pfund Butter, 1 Eßlöffel fein geschnittenen und in
Butter weich gedämpften Chalottenzwiebeln vermengt; dann mit etwas weißem
Pfeffer, Muskatnuß und gestoßenen Gewürznelken, Thymian gewürzt und die
Sauce, in der das Fleisch gedämpft wurde, darunter gerührt. Man belegt eine
ovale Form mit Pastetenteig, füllt die Hälfte der Fülle hinein, legt das Fleisch
der Länge nach darauf, bedeckt es mit der übrigen Fülle, macht einen Teigdeckel
darüber und backt die Pastete eine Stunde.

905. Kalte Wildpretpastete (Cold Venison Pie). Von einem frischen
oder gebeizten Rehschlegel werden handgroße und dreifingerdicke Stücke ge=
schnitten, die, wie bei der Hasenpastete, mit Speck durchzogen und gedämpft
werden. Man nimmt die schon bei der Feldhühnerpastete angezeigte Fülle und
beendigt die Pastete gleich jener.

906. Kalbfleischpastete (Veal Pie). Zwei schöne Kalbs=Fricandeaus
werden, nachdem sie gehäutet sind, mit kleinfingerdick geschnittenem Spickspeck
durchzogen, sodann dämpft man sie gleich den Hasenfilets (Nr. 904), mit den=
selben Kräutern eine halbe Stunde lang, schneidet sie hierauf in kleinere, läng=
liche Stücke, setzt sie, gleich den Hasenfilets, in das Pastetenhaus mit der Fülle
(Nr. 317) abwechselnd ein und beendet im Uebrigen die Pastete ganz jener von
Gänslebern gleich.

907. Hechtpastete (Pike Pie). Von zwei vierpfündigen Hechten wird
das Fleisch in Stücken abgelöst, welche, nachdem sie gesalzen und gepfeffert sind,
abwechselnd mit in mehrere Theile geschnittenen, abgeschälten, in frischer Butter
gar geschwungenen Trüffeln in das Pastetenhaus eingesetzt werden; nur daß
statt Fleisch= hierzu Hechtfülle (Nr. 313) verwendet wird. Die übrige Be=
handlung und Beendigung der Pastete kommt indessen den vorhergehenden ganz
gleich.

908. Kalte Pastete von Salm (Cold Salmon Pie).

909. Kalte Pastete von Aal (Cold Pie of Eel).

Bei ersterer Pastete wird der Salm gleich dem Hecht in kleine Stücke ge=
schnitten und bei der zweiten von dem Aal, nachdem er abgezogen ist, das Fleisch

längs des Rückgrates losgelöst, in kleinere Stücke geschnitten; im Uebrigen be=
endet man diese beiden Pasteten gleich derjenigen vom Hecht.

910. Kalte Schinkenpastete (Cold Ham Pie). Ein großer Schinken
wird einen Tag lang in kaltes Wasser gelegt und dann in Wasser gekocht. Nach
seinem gänzlichen Erkalten wird ein Stück ohne alle Schwarte oder sonst etwas
Schwarzem herausgeschnitten, etwas Fett darf daran bleiben. Nun wird eben=
soviel aus einem Kalbsschlegel geschnitten, mürbe geklopft, gehäutelt und mit
fingerdickem Speck, der mit Salz, Pfeffer und fein gehackten Chalottenzwiebeln
bestreut ist, durchzogen. Nun wird das Kalbfleisch in ein tiefes Geschirr in
folgende Oelmarinade (Beize) gelegt. Man gießt ½ Quart vom feinsten
Provencer=Oel darüber, thut eine Handvoll zusammengebundene Petersilie, 2
Lorbeerblätter, 1 Zwiebel, ½ Citrone, 1 gelbe Rübe, Alles in Scheiben ge=
schnitten, 1 Eßlöffel ganzen weißen Pfeffer und die Hälfte soviel Gewürznelken
dazu, und läßt das Fleisch 2—3 Stunden in dieser Beize liegen. Nach diesem
nimmt man das Fleisch heraus, schneidet es in dreifingerbreite und zweifinger=
hohe Stücke und ebenso den Schinken. Zur Fülle nimmt man 1 Pfund rohes,
von aller Haut gereinigtes Kalbfleisch vom Schlegel, das mit ebensoviel frischem
Speck sehr fein gehackt, dann in einen Mörser gethan und während des Stoßens
gut gewürzt wird mit Salz, 1 Eßlöffel fein geschnittenen und in Butter weich
gedämpften Chalottenzwiebeln, mit etwas weißem Pfeffer, geriebener Muskat=
nuß, fein gestoßenen Gewürznelken, Thymian, Majoran und Lorbeerblatt. Beim
Einfüllen in die mit dem Teig Nr. 952 ausgelegte Pastete wird zuerst von der
Fülle gelegt, dann Kalbfleisch, wieder Fülle, dann Schinken und so fort, bis
alles zu Ende ist; oben muß immer Fülle liegen, noch ¼ Pfund Butter wird
darauf geschnitten, mit einem Deckel von Teig bedeckt und wie die Feldhühner=
pastete behandelt.

Warme Pasteten — Hot Pies.

911. Krebspastete (Crabs Pie). Man siedet 100 Krebse, löst die
Schwänze davon ab, stößt die Schalen klein, dämpft solche in ½ Pfund Butter,
gießt ein paar Eßlöffel gute Fleischbrühe daran, kocht es auf, preßt es durch ein
Tuch und stellt das Durchgepreßte über Nacht in den Keller. Zum Butterteig
wird 1 Ei, ein Fünftel Quart saurer Rahm und ein wenig Salz genommen, so
viel feines Mehl dazu gerührt, daß der Teig auf dem Brett gewürgt werden
kann. Er wird halbfingersdick ausgewellt, die Hälfte von der Krebsbutter auf
einer Serviette abgetrocknet und auf den halben Theil des Teiges gelegt, die
leer gebliebene Hälfte darüber geschlagen und zweimal ausgewellt. Dann bleibt
der Teig liegen. Zur Fülle kommt das Innere von 2 kleinen Wecken, welches
in ein Glas süßen Rahm eingeweicht wird, 2 gekochte Milchner, 2 Euter, eine
Handvoll abgesottene Morcheln; dieses hackt man zusammen klein nebst ein
wenig Citronenschale, Petersilie und Schnittlauch. Die übrig gelassene Krebs=
butter wird mit 3 Eidottern abgerührt, der eingeweichte Weck ganz leicht aus=
gedrückt und mit dem Gehackten an die gerührte Butter gethan; die Krebs=
schwänze werden zerschnitten und nebst Salz und Muskatnuß auch dazu genom=
men. Von der Hälfte des verfertigten Butterteiges wird ein Stück, so groß als

die Pastete wird, ausgewellt, das Blatt auf einem Backblech auf Papier gelegt und die gerührte Masse darein gefüllt, die andere Hälfte wird ebenfalls zu einem Boden gewellt, darüber gelegt, nach Gefallen ausgeschnitten, mit 1 Ei bestrichen und die Pastete gelb gebacken.

Weit schöner und mit viel weniger Mühe werden die Pasteten, kalte wie warme, in kupfernen oder blechernen zerlegbaren Formen oder Reifen, die mehrere Charniere haben, gebacken. Man belegt die gut mit Butter bestrichene Form mit halbfingerdickem Butterteig oder stellt den mit Butter bestrichenen Reif auf dick mit Butter bestrichenes Papier auf ein Backblech, legt Boden und Reif mit Butterteig aus, und füllt die Pastete ein, legt einen Teigdeckel darüber, macht in der Mitte ein thalergroßes Loch als Kamin, umgiebt es mit Teig und backt es gut aus.

912. Blinde Pastete (Vol-au-vent). Man theilt den dazu bestimmten Teig in 2 Theile, wellt jeden Theil einen starken Messerrücken dick aus, legt eine runde Platte oder die Form, die die Pastete erhalten soll, darauf und schneidet ihn darnach aus; dann legt man den einen Theil als Boden auf ein mit Mehl besätes Blech, den abgefallenen Teig nimmt man zusammen, wellt ihn noch einmal aus, schneidet 2—3 Finger breite Streifen daraus, bestreicht den äußeren Kreis des Bodens mit Eidotter, legt von den Streifen einen Rand darauf, rollt eine Serviette schneckenförmig zusammen, wickelt sie in ein feines, reines Papier, legt sie in die Mitte, einen Deckel von Teig behutsam darüber, drückt ihn auf den andern Teig leicht an, sticht von dem übrigen Teig Figuren aus, belegt den Deckel damit, bestreicht die ganze Pastete mit Eigelb und backt sie in frischer Hitze.

Einfacher und schöner wird sie in den bei „Krebspastete" angegebenen Pastetenformen gebacken, nur darf keine Oeffnung in dem Deckel gemacht werden, weil sonst die Serviette gelb würde. Nach dem Backen wird der Deckel behutsam abgeschnitten, die Serviette herausgenommen, das Weiche des Teiges mit einem Löffel herausgeschabt und die Fülle, wozu jede Art von Fricassées und Ragouts von Fischen, Geflügel und anderem Fleisch gebraucht werden kann, heiß eingefüllt und der Deckel wieder darauf gelegt.

913. Kalbfleischpastete (Veal Pie). Der obere Theil (Schale) eines Kalbsschlegels wird gut geklopft, abgehäutet, gespickt und mit Salz und Pfeffer eingerieben, dann in 2 Unzen Butter mit einem Glas Wein, Zwiebel, gelbe

Rübe, 2 Nelken und einigen Pfefferkörnern halb weich gedämpft und zum Er=
kalten in seinem Safte auf die Seite gestellt. Zur Fülle (Farce) nimmt man
1 Pfund halb fertig gebratenes Kalbfleisch, ½ Pfund Speck, etwas Citronen=
schale und =Mark, Zwiebel und Petersilie und hackt es sehr fein, reibt 2 Milch=
wecken ab, weicht sie in Wasser ein, drückt sie fest aus und stößt sie mit dem
Fleisch, dem nöthigen Salz, etwas Pfeffer und 2 ganzen Eiern recht fein und
streicht die Fülle durch ein Sieb. Nun wird von einem der zu warmen Pasteten
angegebenen Butterteige eine Pastete aufgesetzt, mit seinen Speckscheiben aus=
gelegt und von der Fülle fingersdick darauf gestrichen, von dem in schöne Schei=
ben geschnittenen Kalbfleisch wird darauf gelegt, wieder Fülle, dann Fleisch und
zuletzt Fülle, sodann eine Speckscheibe darüber und mit dem Teigdeckel bedeckt.
Man backt sie 1½ Stunden langsam. Von dem mit etwas Wein aufgekochten
Saft gießt man beim Anrichten 4 Eßlöffel in die Pastete und giebt sie recht
heiß zu Tische

914. Kapaunpastete (Capon Pie). Ein schöner, fetter Kapaun wird,
wenn er ausgenommen und gewaschen ist, in Stücke geschnitten, gesalzen und in
3 Unzen Butter mit einer kleinen Zwiebel 10 Minuten lang gedämpft, unter
einmaligem Umdrehen, damit das Fleisch nicht gelb wird, dann rührt man 1
Eßlöffel feines Mehl in die Butter und löscht es mit 1 Schöpflöffel kräftiger
Fleischbrühe ab, thut einige Citronenscheiben dazu und läßt den Kapaun darin
weich kochen, macht die Hälfte der in Nr. 862 angegebenen Fleischklöße, zieht
die Sauce mit 3 Eigelb und 1 Löffel saurem Rahm ab und füllt nun das
Fricassée in die schon fertige heiße Pastete.

915. Pastete von Hühnern (Chicken Pie). Hierzu ist eine 5—6 Zoll
hohe Form nöthig; diese wird mit stark messerrückendick ausgewellten Butter=
oder Pastetenteig ausgelegt und auf folgende Art gefüllt: man schneidet 2 Pfund
gebratenes Kalbfleisch klein, nimmt 2 Unzen gewaschene, ausgegrätete Sardellen,
2 Unzen Ochsenmark, 2 Unzen Capern, die Schale und das Mark einer Citrone
und 1 kleine Zwiebel, hackt dies Alles sehr fein oder stößt es im Mörser und
rührt es mit 2 Eidottern, dem Saft einer Citrone nebst Salz und Muskatnuß
an. 2 oder 3 rein geputzte junge Hühner theilt man in 4 Theile und dämpft
sie mit dem nöthigen Salz in 3 Unzen Butter, belegt den Boden der Form
fingerdick mit der angerührten Fülle, dann mit den Hühnern und der übrigen
Fülle darauf, bestreut sie oben mit etwas Semmelmehl, schneidet kleine Stük=
chen Butter darauf, deckt sie mit dem Teigdeckel, in den ein Loch zum Ausdampfen
gemacht ist, und backt sie in dem Ofen. Zur Sauce werden 2 Unzen Speck
und eine kleine Zwiebel fein gewiegt, in 2 Unzen Butter ein Kochlöffel Mehl
hellbraun geröstet, die geschnittene Zwiebel nebst dem Speck darin gedämpft, ein
Schöpflöffel gute Fleischbrühe, ein Eßlöffel Capern, eine Messerspitze gestoßene
Gewürznelken, der Saft einer Citrone und das nöthige Salz dazu gethan und
½ Stunde lang gekocht. Etwas Sauce wird in die Pastete gegossen und d'
übrige besonders dazu gegeben. Pastete von Tauben wird ebenso bereitet.

916. Pasteten von Feldhühnern.

917. „ „ Fasanen.

918. Pasteten von Wildenten.

919. „ „ **Wachteln.**

920. „ „ **Krammetsvögeln.**

921. „ „ **Lerchen.**

Alle diese Arten werden gleich jenen von jungen Hühnern und Tauben be=
reitet und eine etwas kräftige Madeira= oder Trüffelsauce vor dem Anrichten in
die Pastete gegeben.

922. Wildpretpastete (Venison Pie). Diese Art von warmen Pasteten
wird ganz wie die kalten gleichen Namens behandelt. Das Fleisch wird zuerst
nach jenen Arten gar gemacht, alsdann mit einer Wildpretfülle (Nr. 312) und
geschwungenen Trüffeln eingesetzt und im Uebrigen ganz nach Nr. 906 (Kalb=
fleischpastete) beendet. Eine Trüffel= oder Madeirasauce wird hineingegeben.
Hasenpastete wird gleich dieser bereitet.

923. Pastete von Salmen (Salmon Pie). 2 Pfund frischer Salmen
wird abgehäutelt, ausgegrätet, in zweifingerdicke Schnitten geschnitten, gesalzen
und mit 2 Eßlöffeln fein gehackten Trüffeln, ebensoviel Champignons, 1 Eßlöffel
Petersilie und 1 Eßlöffel Chalottenzwiebeln in ¼ Pfund Butter einige Minuten
gebraten. Nun macht man folgende Fülle (Farce): 1 Pfund rohes, von Haut
und Gräten gereinigtes Fleisch von irgend einem beliebigen Fisch wird fein ge=
stoßen, dann während des Stoßens mit ½ Pfund Butter und 5 Unzen einge=
weichtem und ausgedrücktem Milchbrod oder Weck gut vermengt, mit Salz,
Pfeffer und Muskatnuß, 1 Theelöffel fein geschnittener Petersilie und 4 Eiern
angerührt. Sollte die Fülle zu dick sein, so nimmt man etwas Rahm dazu.
Eine runde Form wird mit Butter= oder Pastetenteig ausgelegt, von der Fülle
fingerdick darauf gestrichen, der Salmen hineingelegt und wieder mit Fülle be=
deckt. Ein Deckel von Teig wird darauf gelegt und die Pastete eine Stunde
lang gebacken. Ebenso wird, wie in vorhergehender, eine kräftige braune
Trüffel= oder Champagnersauce oder auch ein weißes Ragout à la Toulouse,
eine Krebssauce, weiße Sardellen= oder Austernsauce hineingegeben.

924. Pastete von Hecht (Pike Pie).

925. Pastete von Aal (Eel Pie).

Diese zwei Arten werden ganz genau wie vorhergehende vom Salm be=
reitet.

926. Kleine offene Pastetchen mit Ragoutfülle (Patties with Ragout).
Es wird ein nach Nr. 961 sorgfältig bereiteter Blätterteig in der Dicke von Ein=
dollarstücken ausgewellt. Mittelst eines Wasserglases oder Blechringes werden
aus diesem Teig so viele runde Platten ausgestochen, als man Pastetchen haben
will. Aus der Mitte dieser runden Plättchen werden mit einem kleineren Blech=
ringe (etwa in der Größe eines Halbdollarstückes) wiederum runde Plättchen
ausgestochen, welche später als Deckel der Pasteten dienen. Der übrig bleibende
Teig wird nun noch einmal laubdünn ausgewellt, dann sticht man mit dem=

selben Wasserglas oder größeren Blechring ebenso viele runde Platten aus als im Anfang, legt diese zuletzt ausgestochenen dünnen Platten als Boden der Pastetchen auf ein mit Mehl bestreutes Backblech, bestreicht sie mit Ei, setzt auf diese Böden die zuerst ausgestochenen runden Platten und bestreicht diese ebenfalls mit Ei. Die kleinen als Deckel ausgestochenen Plättchen werden besonders auf das Backblech gesetzt, mit Ei bestrichen und Alles zusammen in einem heißen Ofen rasch gebacken. Die fertigen, hoch aufgegangenen Pastetchen werden dann heiß mit nachstehender heißer Fülle oder mit dem Ragout der anderen kleinen Pastetchen gefüllt und die kleinen Deckelplättchen oben aufgesetzt.

Einfache, viel gebrauchte Fülle für kleine Pastetchen: in eine kräftige weiße Buttersauce, die man mit einem Gläschen Weißwein und Citronensaft aufkochen läßt, thut man in kleine Würfel geschnittenen kalten Kalbsbraten, Schinken oder geräucherte Zunge, läßt dieses Alles zusammen heiß werden und füllt die heißen Pastetchen damit.

927. Kleine gebackene Krebspastetchen (Crabs Patties). Die von 50 Krebsen verfertigte Butter wird in eine Schüssel gethan und mit 3 ganzen Eiern und 3 Dottern leicht gerührt. Von 4 Milchbroden wird die Rinde abgerieben, die Brode in Milch eingeweicht, fest ausgedrückt und nebst Salz und Muskatnuß in die Butter und Eier gerührt. — Zum Ragout siedet man zwei Kalbsbrieslein und ebenso viele Euter in Salzwasser, eine Handvoll Morcheln wird in Wasser verwällt und ½ Unze Trüffeln in Wein gesotten. Alles dies schneidet man nebst den Krebsschwänzen recht klein, läßt 2 Unzen Butter in einer Casserole vergehen, röstet einen Theelöffel Mehl lichtgelb darin, dämpft das Geschnittene nebst einem Theelöffel gehackter Petersilie, thut Krebsbrühe, den Wein von den Trüffeln, Salz und Muskatnuß hinein. Wenn es ein wenig gekocht hat, läßt man es erkalten, bestreicht kleine Formen mit Butter, bestreut sie mit Semmelmehl, füllt sie mit der Masse halbvoll, von dem Ragout in die Mitte, deckt sie mit der Masse zu und backt sie im Ofen.

928. Krebspastetchen auf andere Art (Crabs Patties another kind). Man belegt kleine Formen mit Butterteig, siedet 2 Milchner und 2 Euter in Salzwasser und ½ Unze Trüffeln in Wein, schneidet beides, sowie 25 Krebsschwänze klein. Einen kleinen Eßlöffel Mehl läßt man in 2 Unzen Butter anziehen, dämpft das Geschnittene nebst Petersilie und Muskatnuß darin und thut etwas Krebs- oder Fleischbrühe und das nöthige Salz daran und füllt sie in die gebackenen Pastetchen oder füllt man erkaltet die ungebackenen Pastetchen damit, thut einen Deckel von Butterteig darüber und macht eine Oeffnung hinein. Ein Ei verrührt man mit einem Eßlöffel Krebsbutter, bestreicht sie damit und backt sie schön gelb.

929. Kleine Pastetchen von Kalbfleisch — Rissolen (Patties of Veal). 2 Pfund Kalbsbraten (vom Nierenbraten ist es am besten), 2½ Sardellen, 2½ Unzen Capern, die halbe Schale einer Citrone sammt dem Mark werden klein gehackt, ein Theelöffel klein gewiegte Zwiebeln und ebensoviel Petersilie dazu gethan. Dies Alles dämpft man in 2 Unzen Butter und einem kleinen Eßlöffel Mehl, thut Salz, Muskatnuß, ein halbes Trinkglas voll Wein dazu, läßt es ein wenig kochen und füllt es heiß in die offenen Pastetchen. Oder man läßt es erkalten, sticht mit einem Trinkglas aus einem ausgewellten Butterteig Plättchen aus, legt von der Masse darauf, ein Plättchen als Deckel darüber, macht einen kleinen Schnitt in die Mitte der Pastetchen, bestreicht sie mit Ei und backt sie in frischer Hitze. Es giebt eine große Platte.

930. Casserolepastete von Macaroni (Timbale with Macaroni). Eine glatte, hohe, runde Form oder Casserole wird gut mit Butter ausgestrichen, sodann der Boden mit schönen Zeichnungen, welche aus Sternen, Halbmonden, verschobenen Vierecken, Ringen ꝛc. bestehen, geschmackvoll ausgelegt; dieselben werden vermittelst kleiner Ausstecher, welche diese Formen besitzen, aus ganz dünn ausgerolltem Nudelteig (Nr. 960) ausgestochen; sodann rolle man von dem Teige (Nr. 954) eine dreiliniendicke Platte aus, schneide aus dieser einen runden Kreis, fingerdick breiter als der Boden der Form, bestreiche die Zeichnung mit verschlagenen Eiern, setze denselben behutsam, ohne die Zeichnung zu verrücken, ein und drücke das breite Rändchen an die Wand der Form fest an; nun rolle man eine zweite, ebensodicke Platte Teig von der Höhe der Form zu einem langen Viereck aus, bestreiche das Rändchen am Boden der Form mit verschlagenen Eiern, stelle dann das lange Stück Teig innen rund um die Seitenwand derselben auf, drücke es daselbst, wie auch unten an dem Rändchen fest an, bestreiche die beiden Enden ebenfalls mit verschlagenen Eiern und presse sie fest zusammen, fülle die Form hierauf mit Macaroni, wenn solche kalt geworden sind, bis auf fingerbreit unter dem Rande voll; dann schneide man aus einem dreimesserrückendick ausgerollten Stück Teig einen nach der Größe der Form runden Deckel, bestreiche den oben frei gelassenen Rand ebenfalls mit verschlagenen Eiern, setze den Deckel darauf, drücke ihn fest an letzteren an, durchsteche ihn einige Male mit einer Messerspitze, bringe das Ganze in einen mittelheißen Backofen und backe die Timbale ungefähr anderthalb Stunden zu schöner Farbe; alsdann nehme man sie heraus, stürze sie behutsam auf die zum Anrichten bestimmte Schüssel, hebe die Form davon ab und bringe sie zu Tische. Man kann auch den mürben Teig (siehe Nummer 954) zu den Timbalen benützen.

931. Casserolepastete mit Macaroni und Schinken (Timbale with Macaroni and Ham). Man gebe abwechselnd lagenweise kalt gewordene Macaroni und gehackten Schinken.

932. Casserolepastete mit Macaroni und braunem Ragout à la financière (Timbale with Macaroni and brown Ragout). Lagenweise kalte Macaroni und kaltes braunes Ragout werden in die Pastete gegeben. Im Uebrigen beende man sie ganz nach Nr. 930.

933.	**Casserolepastete mit Nudeln und Parmesankäse.**	
934.	"	" Nudeln und Schinken.
935.	"	" braunem Ragout.
936.	"	" weißem Ragout.
937.	"	" Monglas-Ragout.
938.	"	" Gourmand-Ragout.

Bei allen diesen verschiedenen Casserolenpasteten kommt die Behandlung und die Beendigung der in Nr. 930 ganz gleich, nur daß der Inhalt, nachdem derselbe kalt geworden ist, verändert wird, wonach die Pastete alsdann ihren Namen erhält.

Ebenso kann man auch die Casserolepasteten mit dem Inhalte der warmen Pasteten (siehe diese Artikel) füllen; die Saucen werden dann jedesmal, statt hineingegeben, besonders dazu servirt. Außerdem lassen sie sich noch mit jedem Obst, z. B. mit kurz gedämpften, frischen, entkernten Zwetschgen, Mirabellen, Kirschen oder Aprikosen, oder auch mit einem Aepfelmus, wozu jedoch der dritte Theil weniger Zucker genommen wird, füllen. Die Beendigung bleibt alsdann immer dieselbe, nur daß die Timbale, nachdem sie gebacken und aus der Form gestürzt ist, noch mit feinem Zucker bestreut wird.

939. Bundgericht von Geflügelfülle (Chartreuse of Chicken Stuffing). Eine runde, glatte Form wird gut mit Butter ausgestrichen, sodann ein nach der Größe des Bodens der Form geschnittenes, rundes Papier unten hineingelegt, und dasselbe ebenfalls mit Butter bestrichen; nun lege man den Boden mit Krebsschwänzen, kleinen, geschlossenen, gedämpften Champignons, Hahnensteinchen und -Kämmchen, schwarzen Trüffeln und rother, gekochter Rindszunge in hübschen Zeichnungen geschmackvoll aus; füttere alsdann sowohl den Boden, ohne die Zeichnung zu verrücken, wie auch die Seitenwand der Form daumendick mit Hühnerfülle aus, gebe ein feines Ragout, welches jedoch erst kalt sein muß, bis auf Daumenbreite unter dem Rande in die Form hinein und bedecke diese mit ihrem Deckel. Derselbe wird auf folgende Art darauf gebracht: man schneidet nämlich ein rundes Papier nach der Größe der Form, bestreicht dasselbe mit frischer Butter, streicht von obiger Geflügelfülle daumendick hübsch glatt darauf, stürzt dieses über die Form, hält ein heißes Eisen darüber, damit die Butter des Papiers schmelzen und man letzteres dann abziehen kann. Der Deckel wird nun vermittelst eines in heiße Fleischbrühe getauchten Messers mit der Fülle an der Seitenwand gehörig vereinigt, das Ganze in eine Casserole gesetzt, welche so viel heißes Wasser enthält, daß dieses bis an den dritten Theil der Form reicht. Man gebe nun Alles in einen mittelheißen Ofen, nehme es nach Verlauf von ungefähr 1½ Stunden, wenn die Fülle fest geworden ist, wieder heraus, stürze das Bundgericht sehr behutsam über die bestimmte Schüssel aus der Form, ziehe das Papier über der Zeichnung ab und bringe das Gericht dann zu Tische.

940. Reispastete, Kruste (Rice Crust). Zwei Pfund vom besten Reis werden, nachdem er sauber verlesen ist, mehrmals aus warmem Wasser herausgewaschen, sodann mit ungefähr 1 Quart fetter Fleischbrühe zum Feuer gesetzt, angekocht, gehörig verschäumt und zugedeckt langsam ¾ bis 1 Stunde fortgedämpft, in welcher Zeit er öfters angerührt werden muß (sollte derselbe zu trocken und noch nicht ganz gar sein, so müßte man noch etwas Fleischbrühe nachgeben), nach welcher Zeit er weich, gehörig gequollen und geschmeidig sein wird; im Falle er noch nicht genug Bindung hat, müßte man noch etwas kaltes Wasser darunter arbeiten; sodann stürze man ihn auf einen verzinnten Casseroledeckel um und arbeite ihn, nachdem er etwas verkühlt ist, mit den naßgemachten Händen zu einer vier Zoll hohen, fünf Zoll im Durchmesser haltenden, runden, glatten Casserole in die Höhe, schneide in eine gelbe Rübe eine beliebige Figur, als ein Dreieck, verschobenes Viereck, kleinfingerbreit tief ein, tauche sie in heiße Fleischbrühe, drücke sie, unten anfangend, rund herum in die Reispastete ein, was so oft wiederholt wird, bis dieselbe ganz damit verdeckt ist; nur müssen die Eindrücke immer fingerbreit von einander abstehen und gleiche Linien eingehalten werden. Auf der Oberfläche, zwei Finger breit vom Rande ab, rund um den= selben herum, bezeichne man mittelst eines kleinen Einschnittes mit einem Messer den Deckel der Pastete, bestreiche letztere hierauf allenthalben mit klarer, zer= lassener Butter und gebe sie ungefähr 1½ Stunden in einen heißen Backofen, bis sie eine röthlich gelbe Kruste erhält. Dann nehme man sie heraus, hebe den Deckel ab, höhle die Pastete aus und servire sie mit einem der in den Nummern 845—849 angegebenen Ragouts.

941. Englische Fleischpastete (Meat Pie). ½ Pfd. feines Mehl, ¼ Pfd. Butter, etwas Salz und Wasser wird unter einander gehackt, dann gut gewirkt und nach der Größe der Schüssel ausgewellt. In diese legt man in nette Stücke geschnittenen kalten Braten, etwas Schinken, ein hart gekochtes zerschnittenes Ei mit ziemlich viel Bratensauce, deckt den Teigdeckel darauf und backt es etwa ¾ Stunden lang. Der Teig soll nicht zu hart gebacken und das Fleisch recht saftig sein.

942. Fleischpastete mit Kartoffelkruste (Meat Pie with Potatoe Crust). Man hackt einige Stücke halbgares Roastbeef, oder kaltes gepökeltes Fleisch, wenn es nicht zu gesalzen ist, dann giebt man Pfeffer und Salz dazu und macht davon die erste Lage in der Puddingschüssel. Nun kommt eine Lage Kartoffel=Pürée mit kleinen Stückchen Butter untermischt, dann wieder Fleisch, und so fort, bis die Schüssel voll ist. Man nimmt auf eine große Tasse Kar= toffelmus zwei Eßlöffel zerlassene Butter, ein gut geschlagenes Ei, zwei Tassen Milch, und schlägt Alles zusammen gut ab, bis es recht leicht ist. Dann arbeitet man so viel Mehl darunter, daß man es aufrollen kann, es darf aber nicht zu fest sein; und nachdem man zu dem Fleisch und den Kartoffeln eine Sauce gegeben hat, aus warmem Wasser, Butter, Milch, Catsup und der übrig gebliebenen Bratenbrühe bestehend, bedeckt man die Pastete mit einer dicken zarten Kruste, die man in der Mitte ein wenig öffnet.

Man kann diese Kartoffelkruste für jede Art von Fleischspeisen benutzen. Es sieht gut aus, wenn man sie, ehe sie aufgetragen wird, mit zu festem Schnee geschlagenen Eiern bestreicht.

943. Beef Steak Pie. Aus 4—5 Pfund Rindslende schneidet man Scheiben, bratet dieselben wie gewöhnlich, bestreut sie dann mit in Butter ge= dünsteten Champignons und nach Belieben mit 2—3 gehackten Zwiebeln, und richtet sie bergförmig auf einer runden Schüssel an, füllt die Lücken mit runden und in Butter gebratenen Kartöffelchen aus, bereitet eine Champignon= oder Sardellensauce, von der man einige Löffel voll in die Pastete gießt, und bedeckt dieselbe mit einem auf einem Bleche vorher gebackenen Deckel von Butterteig, während die übrige Sauce nebenbei servirt wird. Die Kartöffelchen und der Butterteigdeckel müssen zur selben Zeit fertig sein, wenn die Beefsteaks aus der

Pfanne kommen, damit letztere nicht hart werden, ehe die Pastete aufgetragen wird.

944. Kalbfleisch-Pie. Das Kalbfleisch muß recht saftig, aber nicht zu fett sein. Man löst die Knochen aus und giebt sie mit dem Fett und anderen kleinen Abfällen in eine Casserole mit einer Tasse kalten Wassers, um eine Sauce davon zu machen. Anstatt das Fleisch zu hacken, schneidet man es in dünne gleichförmige Stücke. Nun belegt man eine Puddingschüssel mit einem guten Pastetenteig und giebt eine Lage Fleisch darauf; dann eine Lage hartgekochter, in Scheiben geschnittener Eier, die gepfeffert und mit Butterstückchen belegt werden müssen; diese bedeckt man nun mit einer Lage dünner Schnitten von Schinken oder Speck und träufelt etwas Citronensaft auf den Schinken. Nun kommt wieder eine Lage Kalbfleisch u. s. f., bis Alles aufgebraucht ist, und dann gießt man die Sauce darüber. Die Sauce muß eine halbe Stunde gedünstet worden sein mit einer Beigabe von Pfeffer und aromatischen Kräutern. Man seiht sie durch ein Tuch und gießt sie dann über die Pastete, welche man mit einer Teig-Lage bedeckt und zwei Stunden im Ofen bäckt.

Oder.

Man streicht eine Schüssel gut mit Butter aus und belegt sie mit Scheiben von hart gesottenen Eiern. Dann giebt man in senkrechten Lagen Kalbfleisch, in dünne Scheiben geschnitten und gepfeffert, und darauf folgend Schinken, jede Schnitte mit Citronensaft beträufelt und gepfeffert, dann wieder Kalbfleisch und so fort, bis die Schüssel bis zum Rande voll ist. Nun deckt man eine dicke Lage Teig darüber, aus Mehl und heißem Wasser gemacht, so fest, daß man ihn eben leicht ausarbeiten kann, preßt ihn fest gegen die Außenseite der Schüssel, die nicht fettig sein darf, und läßt ihn einen halben Zoll über den Rand hinausstehen. Nun setzt man die Schüssel oder Bowle in einen Topf mit heißem Wasser, aber nicht so tief, daß das Wasser darüber wallt. Es ist besser, wenn es den Rand des Teiges nicht berührt. Man kocht die Pastete nun unausgesetzt, aber nicht zu stark, wenigstens drei Stunden. Den nächsten Tag nimmt man die Teig-kruste ab, wenn Bowle und Inhalt ganz erkaltet sind, und stürzt die Pastete auf eine flache Schüssel, schneidet sie in runde Stücke, so dünn wie Oblaten, und hat eine ausgezeichnete Speise für das Supper oder eine Zwischenspeise für das Dinner. Man setzt sie an einen kühlen Ort, und im Winter hält sie sich einige Tage.

Das ist der "weal and hammer pie," von Mr. Wegg als ein gutes Ding "for mellering the organ" anempfohlen und ist eine beliebte Speise in England.

945. Lammfleisch-Pie. Wird ebenso hergestellt wie Kalbfleisch-Pie in voriger Nummer.

946. Chicken Pie. Zwei fleischische junge Hühner werden ausgenommen und in Stücke zerlegt. Magen, Herz und Lebern, der Hals und sonstige Abgänge werden mit Salz, Muskatblüthe, etwas Wurzelwerk und feinen Kräutern, sowie etwas guter Fleischbrühe zwei Stunden lang gekocht. Unterdessen legt man eine Pie-Schüssel mit Blätterteig aus, giebt auf den Boden

einige Hühnerstücke, dann rohe Schinkenscheiben und darauf eine Schichte Kalb=
fleischfarce, welche pikant gewürzt ist, dann wieder Hühnerstücke und so fort, bis
die Form gefüllt ist. Nun übergießt man das Fleisch mit einer Obertasse voll
Fleischbrühe, deckt einen Teigdeckel darüber und bestreicht ihn mit geschlagenem
Ei, stellt den Pie in den Ofen und bäckt ihn zwei Stunden bei mäßiger Hitze.
Sobald der Pie fertig ist, hebt man den Deckel ab, gießt die leicht gebundene
Brühe von den Knochen, Magen 2c. darüber, legt den Deckel wieder darauf und
servirt.

947. Boiled Chicken Pie.

Man legt den Boden und die Seite
eines Topfes mit gutem Pastetenteig aus, behält Teig zurück für die obere Kruste
und um kleine viereckige Stückchen mit einzufüllen. Der Topf muß gut mit
Butter ausgestrichen werden, sonst bleibt der Teig kleben und brennt an. Nun
schneidet man ein großes Huhn und ein halbes Pfund gepökelten Schinken oder
Speck in Stücke, giebt eine Lage vom letzteren in den Topf, streut Pfeffer dar=
über, dann kommt eine Lage von dem Hühnerfleisch dazu und kleine Stückchen
vom Pastetenteig. Wenn man Kartoffeln dazu geben will, muß man sie über=
kochen, ehe man sie in die Pastete giebt, da das erste Wasser, in dem sie gekocht
werden, faul und ungesund ist. Die Kartoffeln müssen in Scheiben geschnitten
werden und neben den Stückchen Teig eingelegt werden. Nun kommt wieder
eine Lage Speck oder Schinken und so fort, bis das Huhn aufgebraucht ist.
Man deckt die Pastete mit dem sehr dick aufgerollten Teig zu und schlitzt ihn
in der Mitte. Man kocht sie langsam zwei Stunden, dann stürzt man sie
in eine große Schüssel, damit die untere Kruste nach oben kommt, und der Saft
herum.

Kalb= und Rind=Steaks, Lamm (nicht Hammelfleisch), Hasen 2c. können
anstatt der Hühner genommen werden; der Speck wird genügend salzen.

948. Feld= oder Rebhühner=Pie (Partridge Pie).

Zwei bis drei
junge Feldhühner werden gut gereinigt, in= und auswendig mit ein wenig Salz,
gestoßener Muskatblüthe und Cayennepfeffer gewürzt, mit Speckbatten um=
bunden und mit einer reichlichen Obertasse Fleischbrühe eine halbe Stunde ge=
dünstet. Unterdessen macht man eine Fülle (Farce) aus 6 Unzen Kalbfleisch,
6 Unzen Kalbsleber, 6 Unzen Speck, hackt Alles fein, mischt Salz, Pfeffer, sowie
zwei Eier und etwas gewässertes Brod darunter, streicht die Hälfte dieser Fülle
auf den Boden einer gebutterten Pie=Schüssel, legt die Hälfte des Specks, der
um die Hühner gebunden war, darauf, dann die in Stücke zerlegte Vögel, bedeckt
sie mit dem übrigen Speck und dem Reste der Fülle und gießt 3 Löffel voll von
der Rebhühnerbrühe darüber. Nun setzt man einen Teigrand um die Schüssel,
deckt einen Teigdeckel darauf, verbindet die mit Ei bestrichenen Bänder gut,
macht eine Oeffnung in die Mitte des mit Ei bepinselten Deckels und bäckt
den Pie eine Stunde. Bevor man ihn zu Tische giebt, gießt man eine leicht
gebundene, aus der Rebhühnerbrühe hergestellte braune Sauce hinein.

949. Schüsselpastete von Truthenne.

Die Truthenne wird ausgenom=
men, geflammt und entbeint. Dann wird folgende Farce gemacht: 1½ Pfund
Speck ohne Schwarte werden mit ebensoviel Kalbfleisch ohne Fett und Haut ge=
hackt, mit aromatischem Salz gewürzt, zerstoßen und ein Löffel Fleischbrühe

darangegossen. Ist die Truthenne gehäutelt, so wird sie mit gewürzten Speck=streifen an den Schlegeln und auf dem Rücken gespickt. Hernach wird eine Schüssel von hinlänglicher Größe genommen, diese im Fond mit einem Theil der Farce belegt, die Truthenne mit 1 Unze aromatischem Salz gewürzt, mit Farce überzogen und in die Schüssel gelegt, mit einer neuen Lage Farce über=deckt, darüber eine Speckschwarte und zwei Lorbeerblätter und dann mit dem Deckel geschlossen. Dann wird die Pastetenschüssel in eine zweite Schüssel mit Wasser (bain marie) gebracht, diese an das Feuer gestellt und langsam drei Stunden gekocht. Nachdem man sich mit der Nadel überzeugt, daß das Fleisch weich ist, zieht man die Schüssel ab. Wenn die Pastete aufbewahrt werden soll, nimmt man die Truthenne heraus, läßt sie abtropfen, bringt sie in die Schüssel zurück, übergießt sie mit Schweinefett, wenn dieses erkaltet, bedeckt man sie mit einem Papier, darüber der Deckel und bewahrt sie an einem kalten Ort auf.

950. Schüsselpasteten von Hühnern, Kapaunen und Gänsen. Die Pasteten von diesen drei Geflügelarten werden wie die vorige bereitet; dabei ist zu beachten, daß das Huhn und der Kapaun, weil von geringerem Gewicht als die Truthenne, auch im Verhältniß weniger gewürzt wird, so daß auf 4 Pfund Fleisch und Farce zusammen 2 Unzen aromatisches Salz genommen wird.

951. Schüsselpastete von Reh. Die Nuß der Rehkeulen wird gehäutelt, mit gewürzten Speckstreifen durchzogen, gewürzt und 24 Stunden gebeizt, dann in Butter gedämpft und verkühlt. Nun werden die Fleischreste mit eben so viel Bauchfett zerstoßen, durch ein Sieb ge=trieben, mit aromatischem Salz ge=würzt und wie bei der Truthahnpastete verfahren.

Die Schüsselpasteten des übrigen Wildes werden wie diese bereitet.

Von den Teigen — Paste.

952. Kalter Pastetenteig (Paste for cold Pies). Ein Quart Wasser wird mit ungefähr ⅓ Pfund ausgelassenem Rindsfett ins Kochen gebracht. Un=terdessen werden vier Pfund Mehl auf dem Backtisch erhöht aufgestrichen, oben in die Mitte eine kleine Grube gemacht, das kochende Wasser hineingegeben, das Ganze zuerst vermittelst eines Backmessers und sodann mit den beiden Händen tüchtig zu einem glatten Teige verarbeitet, der sogleich verwendet wer=den muß.

953. Warmer Pastetenteig (Paste for hot Pies). Zwei Pfund Mehl werden auf dem Backtisch bergartig aufgestrichen, oben eine kleine Grube hinein gemacht; in dieselbe gebe man ein Pfund frische Butter, zwei Messerspitzen feines Salz, acht Eigelb und ein halbes Trinkglas kaltes Wasser; dieses wird zusammen zu einem glatten Teige verarbeitet, den man in eine Serviette eingeschlagen eine halbe Stunde an einem kühlen Orte ruhen läßt.

954. Mürber Teig (Short Paste). 1 Pfund feines Mehl, ½ Pfund Butter, 1—2 ganze Eier, Salz und ½ Tasse Wasser. Das Ganze wird rasch zu einem mürben Teig geschafft.

955. Geriebener Teig (Puff Paste). Ein Pfund Mehl, ein halbes Pfund Butter, sechs Eigelb, 2 Unzen Zucker, etwas feines Salz; dieses Alles wird mit einem halben Trinkglas frischem Wasser oder Wein zu einem glatten Teige verarbeitet.

956. Saurer Rahmteig (Sour Cream Paste). Drei Viertel Pfund Mehl, 6 Unzen Butter, vier Eigelb, ½ Quart saurer Rahm und etwas Salz, dieses Alles wird zu einem Teig verarbeitet.

957. Teig zu Weingebackenem (Wine Paste). Sechs Eigelb, ¼ Quart guten Wein, eine Handvoll Zucker nimmt man in eine Schüssel und rührt so viel feines Mehl hinein, bis der Teig zum Wellen tauglich ist, nimmt ihn dann auf das Brett und würgt ihn nur wenig, damit er nicht zu warm wird. Nun wird er halbfingerdick ausgewellt, auf die Hälfte ein Pfund Butter geschnitten, die andere Hälfte darüber geschlagen und nun so dünn wie möglich ausgewellt, alsdann wie ein gewöhnlicher Butterteig noch zweimal überschlagen, mit kleinen Blechformen ausgestochen, mit Ei überstrichen und gebacken. — Zu Torten ist der Teig ebenfalls sehr gut.

958. Sandteig. Ein halb Pfund gestoßener Zucker, ½ Pfund Butter, 2 ganze Eier, etwas abgeriebene Citronenschale und 1 Pfund gesiebtes Mehl werden zu einem glatten Teige verarbeitet.

959. Linzer Teig (Linzer Paste). Dreiviertel Pfund Zucker, ¾ Pfd. Mehl, ¾ Pfund Butter, ¾ Pfund Mandeln, letztere fein gestoßen, werden mit 10 Eiern zu einem glatten Teige verarbeitet. Wer es liebt, kann auch etwas Zimmt, Nelken, Muskatnuß und Citronenschale nebst 2 Löffel Kirschwasser dazu thun. Diesen Teig hebt man nun zum Gebrauche auf.

Bei allen diesen Teigen ist sehr darauf zu achten, daß sie namentlich im Sommer nicht zu viel verarbeitet werden, da sie sonst verbrennen und alsdann keine gehörige Bindung mehr besitzen.

960. Nudelteig (Paste for noodles). Dreiviertel Pfund feines Mehl und vier ganze Eier verarbeitet man auf einem Backtische mit den Händen zu einem glatten Teige. Dieser wird alsdann in 3 oder 4 kleinere Stückchen geschnitten, jedes derselben nochmals besonders mit dem Ballen der rechten Hand glatt gearbeitet, sodann mit einem Rollholze zu messerrückendicken Platten ausgewellt, diese werden auf einen Tisch, welcher mit einem reinen Tuche bedeckt ist, ungefähr eine Stunde zum Abtrocknen gelegt und hierauf, je nachdem man sie gebraucht, in feinere oder gröbere Nudeln geschnitten.

961. Butter= oder Blätterteig (Butter or Puff Paste). Ein Pfund recht feste, frische, zähe Butter wird ausgewaschen, d. h. das Wasser herausgedrückt, zuerst glatt und alsdann mit dem vierten Theil eines Pfundes Mehl gut verarbeitet und nach der Form eines kleinen Backsteines gebildet; man stellt sie nun, in eine Serviette eingeschlagen, einstweilen an einen kühlen Ort, hierauf streiche man die übrigen drei Viertelpfund Mehl, nachdem es gesiebt ist, auf einen Backtisch erhöht auf, mache oben eine kleine Grube, gebe in diese ungefähr ein halbes Quart Wasser, nebst einer Messerspitze feinem Salz und verarbeite solches mit den Händen nach und nach zu einem glatten Teig (Wasser= oder Vorteig genannt), welcher ungefähr die Festigkeit der Butter besitzen muß; dieser wird hierauf zu einer viereckigen Platte ausgerollt, mit Mehl unten und oben bestäubt, die Butter genau auf die Mitte desselben gesetzt, und alsdann von allen vier Seiten mit dem hervorstehenden Teig überschlagen, so daß sie auf diese Art ganz in den Teig eingeschlossen ist (der Teig muß so ausgerollt sein, daß er von allen Seiten 5—6 Zoll breit an der Butter hervorsieht) und sodann zu einem großen, halbfingerdicken Viereck ausgerollt (man muß sich sehr in Acht nehmen, daß die Butter nicht ausbricht, und deßhalb öfters Mehl unterstäuben), welches alsdann wieder von allen vier Seiten über sich zusammen geschlagen wird (Tour genannt); nun läßt man den Teig zehn Minuten ruhen, rollt ihn hierauf auf oben beschriebene Weise zum zweiten Male aus, schlägt ihn wieder auf dieselbe Art zusammen, läßt ihn nochmals zehn Minuten ausruhen, und wiederholt das ganze Verfahren noch einmal, so daß der Teig drei solcher Touren erhalten hat, und verwendet ihn nach einigem Ruhen zu den verschiedenen Bäckereien.

962. Süßer Butterteig (Sweet Butter Paste). Zu einem mittelgroßen Kuchenblech nimmt man 6 Unzen Mehl, ¼ Pfund Butter, 2 Unzen Zucker, 4 Eßlöffel guten Wein und 1 Eigelb, hackt alles gut unter einander, würgt den Teig leicht und wellt ihn aus. Zu Guß= und Obstkuchen ist er sehr gut.

963. Süßer Butterteig auf andere Art (Sweet Butter Paste, another kind). Ein halbes Pfund Mehl wird auf ein Backbrett genommen und mit ¼ Pfund Butter und 2 Unzen Zucker zusammen gehackt, hierauf gießt man 1 Eßlöffel Arak daran, und so viel Wasser, in dem etwas Salz aufgelöst wurde, bis man den Teig würgen kann, und schafft ihn zu einem glatten, feinen Teig, worauf er gleich gebraucht werden kann. An einem kühlen Ort aufbewahrt hält er sich mehrere Tage ungebacken.

964. Bierteig oder Backteig. Ein Pfund Mehl rühre man mit einem halben Quart warmem Bier oder weißem Weine mit zwei Eßlöffeln feinem Olivenöl oder ebensovieler zerlassener Butter zu einem glatten Teig an, welcher dann mit dem festgeschlagenen Schnee von drei Eiweiß vermischt wird. Dieser Teig muß so dick sein, daß er sich stark messerrückendick an die zum Ausbacken bestimmten Gegenstände anlegt.

965. Gebrühter Teig. Man macht ein halbes Quart Milch oder Wasser in einer Casserole siedend mit 2 Unzen Butter und rührt ½ Pfund Mehl daran, bis es ein fester glatter Teig ist. Man arbeitet ihn so lange, bis er sich von der Casserole loslöst, läßt ihn etwas verkühlen, rührt aber noch, so lange er noch warm, zwei Eier hinein. Wenn der Teig abgekühlt ist, rührt man nach und nach fünf weitere Eier und das nöthige Salz hinein. Dieser Teig wird zu Verschiedenem gebraucht, zu Klößen, Strauben, Windbeuteln ꝛc.

XXIV. Aspick, saure Gelée oder Sulze — Sour Jelly.

966. Meat or sour Jelly. In einen Kessel kommen 4 Pfund Rindfleisch, 5—6 Pfund Kalbsknochen, nebst 8 Stück gebrühte Kalbsfüße. Dieses wird mit 5 Quart Wasser übergossen, auf das Feuer gesetzt, zum Kochen gebracht und verschäumt. Unterdessen werden 2 Sellerieköpfe, 4 Lauchzwiebeln, 4 Petersilienwurzeln, eine Hand voll Peterfilie, 3 Zwiebeln, 2 gelbe Rüben in einen Strauß zusammengebunden, mit einer Hand voll Salz, ebensoviel Pfefferkörnern, die abgeschälten Schalen von 2 Citronen, 3 Lorbeerblätter, 6 Stück Gewürznelken, ein Trinkglas Essig und eine Flasche weißen Wein der Brühe beigegeben, welche langsam 4 Stunden fortkochen muß, in Folge dessen die Füße so weich werden, daß das Fleisch sich von den Knochen ablöst. Die Füße kommen nun aus der Brühe heraus, werden auf eine Schüssel gelegt und aufbewahrt. Den andern Tag verwendet man sie als Beilage zum Gemüse, die Aspick hingegen wird durch ein Haarsieb geseiht (passirt) und über Nacht abgekältet. Wenn sie nun fest geworden, wird alles sich an der Oberfläche befindliche Fett rein abgenommen und die Brühe, jetzt Stand genannt, nebst 4 ganzen, frischen Eiern zum Feuer gesetzt (soll sie roth werden, so kommt noch eine ganze, in Scheiben geschnittene rohe, rothe Rübe dazu), wobei man vermittelst einer hölzernen Schneeruthe unter stetem Schlagen solche bis zum Kochen bringt. Sie wird dann augenblicklich zurückgestellt, die Casserole zugedeckt in einen warmen Ofen gestellt oder deren Deckel mit glühenden Kohlen belegt, worauf sie noch eine Stunde ruhig auf dem Herde stehen bleibt, ohne jedoch zu kochen, damit jede Unreinigkeit sich vollends zusammenziehen kann. Während dieser Zeit wird eine reine Serviette aufgespannt, welche an den 4 Füßen eines umgekehrten Stuhles festgebunden wird, doch so, daß sie in der Mitte eine Vertiefung (Sack) bildet, ein reines Gefäß untergestellt, ein zweites ebenfalls zur Hand genommen und die Gelée auf die Serviette abgeschüttet. Hat sich das erste Gefäß mit der durchgelaufenen Gelée angefüllt, so stellt man das zweite unter und giebt den Inhalt des ersten wieder auf die Serviette, und so wechselt man fortwährend mit dem Ausleeren der Gefäße, bis die Gelée krystallhell durchläuft.

967. Saure Sulz oder Fleischgelée auf einfache Art mit Gelatine (Sour Jelly an other kind). Dasselbe ist wegen seiner einfachen Zubereitungsart jeder Hausfrau zu empfehlen.

Zu ½ Quart kalter kräftiger Fleischbrühe, am besten von Kalbsknochen, die rein abgefettet ist, nimmt man ⅛ Quart Weißwein, 3 Eßlöffel Essig, 2 Pfefferkörner, 1 Lorbeerblatt, 1 Scheibe Citrone, 1 Nelke und 1 Prise Salz. Alles zusammen läßt man auskochen und auf der Seite des Feuers noch eine halbe Stunde stehen, damit die Fleischbrühe einen kräftigen Geschmack erhält.

Nun kommt die zubereitete Gelatine (1—1½ Unzen), 2 etwas geschlagene Ei= weiß, nebst den Eierschalen hinein, die Fleischbrühe wird auf dem Feuer tüchtig geschlagen, bis sie anfängt zu kochen; alsdann zieht man sie vom Feuer, läßt sie daneben stehen, bis das Eiweiß sich oben zusammenzieht, fest wird und das Gelee sich klärt. Nun wird die fertige Sulz durch eine über einen Stuhl ge= spannte Serviette geseiht, und so oft von Neuem durch die Serviette gegossen, bis sie anfängt, ganz langsam durchzulaufen. Durch das öftere Aufgießen und langsame Durchlaufen wird die Sulz außerordentlich klar; um nicht zu schnell in der Serviette kalt zu werden, deckt man sie mit einer Porzellanplatte zu. Die durchgelaufene Sulz (Gelee) färbt man mit gebranntem Zucker, oder theilt sie in zwei Theile, färbt den einen mit Zucker und den andern mit flüssigem Karmin, heller oder dunkler, je nach Geschmack.

968. Hausenblase zuzubereiten (Isinglass). 1½ Unzen Hausenblase wird fein geschnitten, gewaschen und in einem irdenen Topf mit 1 Quart Wasser eine Stunde eingeweicht, dann zum Sieden gebracht, zurückgestellt und langsam fortgekocht. Der aufsteigende Schaum wird sorgfältig abgenommen, und wenn es auf die Hälfte eingekocht ist, durch ein feines Tuch geseiht und bis zum Ge= brauch kalt gestellt.

969. Gelatine für Sulzen, Gelees und Creames vorzubereiten. Die französische Gelatine ist die beste, da sie am reinsten von Geschmack ist.

Das obige Quantum Gelatine wird ungefähr 10 Minuten in kaltem Wasser eingeweicht und dann das Wasser abgegossen. Nun setzt man die Gelatine mit frischem Wasser neben das Feuer, wobei man auf 1½ Unzen Gela= tine ⅛ Quart Wasser rechnet, rührt sie öfters auf, bis sie sich ganz aufgelöst hat, alsdann gießt man die aufgelöste Gelatine durch ein feines Siebchen in die Masse. Die Gelatine darf beim Auflösen nicht kochen, weil sie sonst ihre Binde= kraft verliert.

970. Agar-Agar, ein neueres, viel Gallertstoff enthaltendes Bindungs= mittel, besteht in dem Produkt eines ostindischen Seegewächses, und zwar als poröse, federleichte Masse von 1 Fuß breiten und eben so hohen Stangen von gelblichweißer Farbe.

Der Agar-Agar ist der Gelatine seiner reinlichen und appetitlichen Be= standtheile wegen sehr vorzuziehen; auch ist die Anwendung vortheilhafter.

Zweck und Anwendung des Agar-Agar: Derselbe dient nach gemachten Proben zu Gelees jeder Art, zu Wein-Fruchtsaft, Milch-Chokolade, nicht weni= ger zu Fisch= und Fleisch=Gelees. Zum Stürzen einer Geleeschüssel nehme man zu einer Stange ¾ Flüssiges, die Auflösung mitgerechnet.

Die Auflösung kann sowohl durch Wasser als Wein stattfinden, durch Wein wird sie indeß rascher erzielt; bei allen mit Milch zusammengesetzten Speisen kann nur von Wasser die Rede sein. Zur Auflösung weiche man den

Agar-Agar wenigstens ½ Stunde in reichlichem frischen Wasser ein, wodurch nichts von seinem Gehalt verloren geht, selbst nicht, wenn es länger geschehe, spüle und drücke die schwammig gewordene Masse aus, zerpflücke sie in kleine Theilchen und gebe zu jeder Stange entweder ⅞ Quart Wasser oder ¼ Quart leichten Wein, stelle solches in einer Casserole oder irdenen Geschirrchen zugedeckt auf eine heiße Platte und lasse es langsam kochen bis zur gänzlichen Auflösung, welche während oder nach einer halben Stunde erfolgen wird. Dann gebe man solche durch ein Mulltüchlein, das in den Rezepten Bestimmte dazu, bringe dies Alles in einem glasirten oder irdenen Topf nicht ganz zum Kochen, gieße die Flüssigkeit gleichfalls durch ein Mulltüchlein in eine mit feinem Oel bestrichene, oder nach näherer Bemerkung mit kaltem Wasser umgespülte Porzellanform und stürze die Gelee erst kurz vor dem Gebrauche; Wein-Gelee kann auch umgestürzt gegeben werden, sie bedarf dann weniger Konsistenz. Je rascher die Gelees überhaupt erkalten, desto schöner und fester werden sie.

Anmerkung. Weingelee kann man ohne weiteres in irgend eine beliebige Form gießen; völlig erkaltet, hält man die Form einen Augenblick in warmes Wasser, trocknet die Form schnell mit einem Tuche ab und stürzt die Gelee sofort um.

971. Forellen in Sulz — Aspick (Trouts in Jelly). Man legt die blau abgesottene Forelle in die dazu bestimmte Schüssel über eine Unterlage von gehäckelter Aspick, gießt die gekochte und rein abgelaufene Sulz darüber und

garnirt sie mit Lorbeerblättern und Citronenscheiben, oder man gießt fingerhoch Sulz in eine Form, belegt sie, wenn sie gestanden, zierlich mit Schnitzen von harten Eiern, Krebsschwänzen, Capern, Citronenrädchen u. dgl., bedeckt sie mit Sulz und legt, wenn es wieder gestanden, den Fisch verkehrt darauf und füllt die Sulz darüber. Sobald sie fest gestanden ist, hält man die Form einen Augenblick in warmes Wasser, trocknet sie rasch ab und stürzt sie.

972. Karpfen in Gelee (Carp in Jelly). Nach dem Schuppen wird der Fisch in beliebige Stücke zerschnitten, gewaschen, auf eine Platte gelegt und mit ¼ Quart Essig übergossen. Nun läßt man ihn stehen und nimmt zur Sulz nach der Größe des Karpfens 4—6 zerhauene Kalbsfüße, setzt sie mit 1 Theil Wein, 1 Theil Essig und 2 Theilen Wasser zu, thut Salz, grob gestoßenes Gewürz, etliche Lorbeerblätter, ½ Citrone und ein paar ganze Zwiebeln daran, und kocht dies so lange, bis die Füße weich sind. Alsdann wird die Sulz durch einen Seiher gegossen, das Fett rein abgeschöpft, die Sulz in eine Casserole und der abgebläute Fisch nebst dem Essig darein gethan. Wenn der Fisch fertig ist, legt man die Stücke auf eine Platte, daß sie abkühlen, schlägt das Weiße von 6 Eiern zu Schaum, rührt denselben an die Sulz, bindet eine Serviette an vier Stuhlfüße, gießt die Sulz ganz langsam und so oftmals darauf, bis sie hell abläuft. Dann wird der Boden von dem Geschirr, worin der Fisch gesulzt werden soll, mit der hellen Sulz begossen, der Fisch, sobald die Sulz gestanden ist, darauf gelegt, mit Citronen und Lorbeerlaub geziert, die übrige Sulz darüber gegossen, recht kalt gestellt, und, wenn sie völlig gestanden ist, vor dem Auftragen gestürzt.

973. Kapaun in Sulz (Capon in Jelly). Der rein ausgenommene und dressirte Kapaun wird auf der Brust mit Citronensaft eingerieben, daß er weiß bleibt, dann mit Wasser, dem nöthigen Salz, einigen Citronen-, Gelberüben- und Zwiebelscheiben, 1 Petersilie-, ½ Selleriewurzel, einigen ganzen Pfefferkörnern und Gewürznelken weich gekocht, dann läßt man ihn erkalten, gießt von der Sulz Nr. 967 halbhandhoch in eine ovale Zinn- oder Porzellanform, legt ausgeschnittene Lorbeerblätter und Citronenrädlein darauf, legt den Kapaun auf die Brust in die Mitte und füllt die übrige Sulz darauf. Wenn sie recht fest gestanden ist, wird die Form einen Augenblick in siedendes Wasser gehalten, gut abgetrocknet und umgestürzt. Diese Sulz muß länger als die gewöhnliche eingekocht werden, damit sie nicht von dem Kapaun abfällt. Will man es einfacher, so legt man den Kapaun auf eine Unterlage von gehäckelter Sulz und garnirt ihn mit schönen Stücken geschnittener Sulz und Citronen.

Gesalzte junge Hühner werden wie der Kapaun behandelt.

974. Turkey in Gelee.

975. Ente „ „

976. Gans „ „

Diese drei Arten werden ganz so behandelt und beendigt wie der Kapaun in Nummer 973, nur daß bei Turkey und Gans die Knochen ausgelöst werden.

977. Kalbfleisch in Gelee (Veal in Jelly). Man schneide das Vorder-
theil eines gut gemästeten Kalbes in kleine viereckige Stücke, wasche sie mit
heißem Wasser und bringe sie mit zwei blanchirten Kalbsfüßen und Salz zum
Kochen, gebe nach dem Abschäumen reichlich Weinessig, Pfefferkörner, ganze
Nelken und Nelkenpfeffer, einige Lorbeerblätter, auch, wenn man sie gerade hat,
etwas Citronenschale oder einige Stück Muskatblüthe hinzu und lasse das Fleisch
langsam weich kochen, dann nehme man es heraus, koche die Brühe, wenn sie
noch zu reichlich ist, mit den Kalbsfüßen etwas ein, doch nicht länger, bis sie
kalt zu Gelee wird, rühre das schäumig geschlagene Weiße einiger Eier durch
und lasse die Brühe durch einen Geleebeutel fließen. Das Fleisch wird nun in
einige mit Provenceröl bestrichene Geschirre gelegt und die Brühe darüber gegossen. Statt mit Kalbsfüßen kann die Gelee vollkommen so gut mit Agar-
Agar zubereitet werden.

978. Kalbfleisch in Gelee a la Küstelberg (besonders angenehm im
Sommer). Man nehme ansehnlich geschnittene Stückchen Kalbfleisch, wie zum
Fricassée, lege solche in einen hohen Steintopf, dazwischen Citronenschale und
ein wenig Nelkenpfeffer und streue, wenn der Topf gefüllt ist, das nöthige Salz
darauf, übergieße das Fleisch mit einer Mischung von ⅔ braunem Bieressig,
⅓ Wasser und binde den Topf mit einer Blase fest zu. Darauf setze man
denselben in ein mit Wasser gefülltes eisernes Gefäß und lasse es drei Stunden
kochen.

Es müssen sich zwischen dem Fleisch viele Knochenstücke befinden und muß
das Ganze nur lose in den Topf gelegt werden, damit sich die Gelee bilden kann.
Man gebe Sauce à la Diable oder Senf mit Zucker dazu.

979. Beef Royal. Ein Stück gutes Ochsenfleisch aus der Mitte des
Binnerspalts von 8—10 Pfund legt man 8 Tage in Essig, spickt es gehörig
und läßt es mit 8 Kalbsfüßen, Lorbeerblättern, Chalotten, einer in Scheiben
geschnittenen Citrone, weißem Pfeffer, Salz und 1½—2 Flaschen rothem Wein
3 Stunden fest verschlossen langsam kochen. Dann nimmt man das Fleisch
heraus, giebt etwas gebrannten Zucker zum Färben dazu und gießt die Brühe
durch ein feines Haarsieb über das Fleisch und läßt es erkalten.

XXV. Eier-, Milch- und Mehlspeisen —
Preparation of Eggs, Milk
and Flour.

980. Weiche Eier (Soft boiled Eggs). Frisch gelegte Eier werden
einige Minuten in reines Wasser gelegt, sodann wird mit grobem Salze der
Schmutz abgerieben; sie werden sauber gewaschen und in kochendem Wasser

2—3 Minuten lang gekocht; hierauf werden sie herausgenommen, abgetrocknet und auf einer zusammengelegten Serviette zu Tische gebracht.

981. Harte Eier (Hard boiled Eggs). Dieselben werden auf vorhergehende Art zehn Minuten lang gekocht, alsdann geschält und zum Gebrauche verwendet.

982. Wachsweiche Eier. Die Eier werden gleich den vorhergehenden fünf Minuten lang gekocht, alsdann geschält und zu Tische gegeben. Man ißt sie meistens zum neuen Salat.

983. Gebackene Eier (Fried Eggs). Sechs bis acht frische Eier werden behutsam in heiße, ausgelassene Butter oder in feines, heißes Provenceröl eingeschlagen, das Weiße wird vermittelst eines Schaumlöffels um den Dotter herumgebogen, daß derselbe gut von dem Weißen eingeschlossen ist, und die Eier werden alsdann zu schön gelber Farbe ausgebacken; alsdann lege man sie auf Löschpapier heraus, lasse sie gut ablaufen, bestreue sie mit feinem Salz; und gebe sie entweder als selbstständiges Gericht oder als Beilage eines Gemüses zu Tische.

984. Gerührte Eier (Scrambled Eggs). Acht frische Eier schlage man in eine Casserole, gebe ein eigroßes Stückchen frische Butter, vier Eßlöffel kalte Milch, das nöthige Salz nebst etwas weißem Pfeffer und geriebener Muskatnuß daran und rühre sie mit einem Kochlöffel so lange über dem Feuer ab, bis sie sich verdicken, richte sie alsdann an und bringe sie zu Tische. Sie müssen mehr weich als zu hart oder fest sein; nach Belieben kann man auch etwas fein gehackte Peterfilie oder Schnittlauch darunter geben.

985. Gerührte Eier mit Trüffeln (Scrambled Eggs with Truffles). Zwei bis drei große, geschälte Trüffeln werden in kleine Würfel geschnitten, diese in frischer Butter mit Salz bestreut, über dem Feuer einige Minuten geschwungen, sodann unter vorhergehende Rühreier gegeben, mit diesen abgerührt und angerichtet.

986. Rühreier mit Champignons (Scrambled Eggs with Mushrooms). Unter die in Nr. 984 beschriebenen Rühreier gebe man zwei Eßlöffel gedämpfte Champignons, rühre sie mit denselben ab und richte sie auf vorhergehende Art an.

987. Rühreier mit Schinken (Scrambled Eggs with Ham). In das nach Nummer 984 bereitete Rührei giebt man klein gewürfelten Schinken hinein.

988. Rühreier mit Sardellen.

989. „ „ **Bücklingen.**

990. „ „ **Krebsschwänzen.**

991. „ „ **Parmesankäse.**

992. „ „ **Spargelerbsen.**

Alle diese verschiedenartigen Gerichte von Rühreiern sind nur eine kleine Veränderung der vorhergehenden. Bei denen von Sardellen und Bücklingen schneide man dieselben, nachdem erstere sauber gewaschen und letztere abgezogen, beide aber entgrätet sind, in kleine Würfel; die ausgebrochenen Krebsschwänzchen bleiben ganz. Der Parmesankäse wird gerieben und die Spargelerbsen werden in Salzwasser abgekocht. Von einem dieser Gegenstände nehme man nur immer zwei Eßlöffel voll, mische sie unter die Rühreier (Nr. 984), rühre sie mit denselben ab und richte sie wie jene an.

993. Verlorene Eier (Poached Eggs). 1 Quart Wasser wird mit einem Glas Essig und Salz in's Kochen gebracht, dann schlägt man stets nur 2—3 Eier behutsam dicht über der Casserole hinein und zieht mit einem Schaumlöffel das Eiweiß immer um den Dotter, daß das Ei eine hübsche Form behält. Ist das Ei nach Geschmack hart genug, so nimmt man es mit einem Schaumlöffel heraus, legt es auf eine Serviette, schneidet die zackigen Ecken, die sich etwa durch das Kochen gebildet haben, ab und giebt das verlorene Ei in Suppen oder zu Gemüse, in einer pikanten Sauce oder auf geröstete Brod= schnitten gelegt, zum Frühstück. Das Wasser muß in leichtem Kochen erhalten bleiben.

994. Verlorene Eier mit brauner Butter (Poached Eggs with brown Butter). Vorhergehend verlorene Eier werden über eine braune Butter= sauce angerichtet und zu Tische gebracht.

995. Spiegeleier, gesetzte Eier, Ochsenaugen (Fried Eggs). In einer recht sauberen Pfanne läßt man Butter heiß werden, schlägt die Eier be= hutsam hinein, so daß jedes Ei ganz bleibt, streut etwas feingemachtes Salz darüber und schiebt sie, wenn das Weiße dicklich geworden ist, ohne sie umzu= wenden, auf eine Schüssel, schneidet den Rand glatt und richtet sie an.

996. Spiegeleier mit brauner Butter (Fried Eggs with brown Butter). Bei diesen beiden Arten von Eiern werden dieselben nach einer der zwei letzteren, vorhergehenden Arten gebacken und mit brauner Buttersauce be= gossen und zu Tische gebracht.

997. Eier mit Schinken (Ham and Eggs). Von einem rohen Schin= ken werden hübsche, dünne Schnitten heruntergeschnitten, sodann wird in eine Cotelettenpfanne ein Stückchen frische Butter gegeben, der Schinken dazu gelegt, welcher alsdann auf zwei Seiten leicht gebraten wird; indessen werden in eine flache Schüssel einige frische Eier behutsam, so daß die Dotter nicht zerreißen, aufgeschlagen, welche man alsdann über den Schinken hingleiten läßt; sie wer= den hierauf mit noch ein wenig Salz, weißem Pfeffer und fein gehackter Peter= silie oder mit gehacktem Schnittlauch bestreut, gleich vorhergehenden Eiern gar ge= macht, zuletzt wird das Ganze auf eine runde, flache Schüssel angerichtet und zu Tische gebracht.

998. Omelette. Sechs Eier werden aufgeschlagen, zwei bis drei Eß= löffel kaltes Wasser oder Milch, nebst der Würze von Salz und weißem Pfeffer dazu gefügt und Alles zusammen mit einem hölzernen Kochlöffel gehörig ver=

schlagen. Nun setze man eine Pfannkuchenpfanne mit einem nußgroßen Stückchen frischer Butter zum Feuer, gebe, wenn letztere heiß geworden, die Masse
hinein, lasse sie einen Augenblick über dem Feuer anziehen und bewege hierauf
die Pfanne immerwährend rasch, indem man vermittelst eines langen, dünnen
Messers das unten Angebackene wieder heraushebt; sobald nun auf der Oberfläche des Kuchens wenig Flüssigkeit mehr vorhanden ist, dann untergreife man
den Kuchen mit dem Messer von zwei Seiten, schlage ihn über sich zusammen,
so daß er eine längliche, vierfingerbreite Wurst bildet, gebe ihn auf eine lange
Schüssel und bringe ihn zu Tische.

999. Omelette mit feinen Kräutern. In vorhergehende Eiermasse gebe
man vor ihrem Backen etwas fein gehackte Petersilie oder Schnittlauch.

1000. Omelette mit Nieren oder Hash (Omelette with Kidneys or
Hash). Die Nieren werden gedämpft und, wenn man will, einige Tropfen
Madeira daran gegossen. Eine Omelette von drei Eiern wird gebacken, mit
den gedämpften Nieren oder Hash belegt, zusammengerollt und angerichtet; in
der Mitte der Länge nach wird ein Einschnitt gemacht, damit die Nieren sichtbar werden.

1001. Omelette mit Schinken (Omelette with Ham). Man quirlt
drei Eier mit wenig Salz tüchtig durch, mengt eine gewürfelt geschnittene
Scheibe Schinken darunter und backt die Omelette auf einer Seite fertig und
überschlägt sie.

1002. Omelette mit Eingemachtem (Omelette with Jelly). Sechs
Eier werden mit etwas Milch oder Rahm verschlagen, etwas Salz und Zucker
dazu gethan, dann macht man die Butter heiß und backt unter öfterem Rütteln
die Omelette, legt auf die eine Hälfte eingemachte Himbeeren, Aprikosen oder
dergleichen, schlägt die andere Hälfte behutsam darüber, bestreut sie mit Zucker
und brennt die Omelette mit einem glühenden Eisen.

1003. Omelette mit Rum (Omelette with Rum). 5—6 Eier werden mit einem Theelöffel Citronen- oder Orangenzucker und mit einem Eßlöffel
starkem Rum oder Arak genau verrührt und davon eine Omelette gebacken, die
nach dem Backen mit Citronensaft bespritzt, stark mit Zucker bestreut und mit
einer glühenden Schaufel gebrannt wird; oder beim Anrichten gießt man einen
Eßlöffel voll Rum über die dick mit Zucker bestreute Omelette, zündet ihn an
und servirt sie brennend.

1004. Aufgelaufene Omelette (Scalloped Omelette). Sechs Eidotter
werden mit einem Eßlöffel Citronenzucker gut untereinander gerührt und dann
mit dem sehr festen Schnee von 10 Eiern vermischt. Nun wird eine schon heiß
gemachte Omelettepfanne mit heißer Butter begossen oder auch nur mit Speck
bestrichen, die Hälfte von der Masse darauf gegossen und derselben unter leichter
Bewegung von unten eine gelbe Farbe gegeben. Diese Omelette wird nun geschickt umgewendet und auf der andern Seite ebenfalls schön gelb gebacken, so
daß sie einem leichten Kuchen ähnlich sieht; behutsam wird sie auf die bestimmte
Schüssel gelegt und mit beliebigem Eingemachtem, am besten Marmelade, be-

strichen. Die übrige Masse wird nun ebenfalls gebacken und die erst gebackene Hälfte damit bedeckt. Das Ganze wird stark mit feinem Zucker bestreut, mit Citronensaft bespritzt, nochmals mit Zucker bestreut und 15 Minuten lang in abgekühltem Ofen gebacken, bis es eine rothbraune Farbe hat.

1005. Fricassirte Eier (Fricassée of Eggs). Die Eier werden hart gekocht, dann querüber in die Hälfte geschnitten und die Dotter herausgenommen. Nun hackt man dieselben recht fein und verrührt sie mit etwas geriebener Zunge, Schinken oder kaltem Geflügel, etwas Petersilie, zerlassener Butter und ein klein wenig Senf. Wenn es gut abgearbeitet ist, füllt man das hartgekochte Weiße der Eier damit und setzt sie eng aneinander in eine tiefe Schüssel, mit den offenen Enden nach oben. Nun bringt man in einer Pfanne Kalbsbraten-sance oder Hühnerbrühe zum Kochen, giebt einen halben Theelöffel gehackte Petersilie, Salz, Pfeffer und zuletzt drei Eßlöffel Rahm auf eine Tasse Suppe dazu; man kocht es auf und gießt es heiß über die Eier, läßt sie fünf Minuten fest zugedeckt stehen und schickt sie zur Tafel.

1006. Scallopirte Eier. Man macht eine Fülle aus gehacktem Schin-ken — gerieben ist besser — feinen Brodkrumen, Pfeffer, Salz, etwas gehackter Petersilie und etwas zerlassener Butter, erweicht sie mit Milch und füllt kleine Formen oder Muscheln halbvoll damit. Dann schlägt man vorsichtig obenauf ein Ei, bestäubt es mit Pfeffer und Salz und seiht fein pulverisirte Cracker-krumen darüber, stellt sie in den Ofen und bäckt sie bis die Eier gut stocken — ungefähr 8 Minuten. Man ißt sie heiß. Sie sind sehr gut. Man kann statt des Schinkens geriebene Zunge nehmen.

1007. Chinesisches Vogelnest aus Eiern. Man macht eine weiße Sauce wie folgt: ein halbes Pfund Kalbfleisch wird gedünstet, in Streifen geschnitten, mit einem Bischen Petersilie und einem Quart Wasser zugesetzt und gekocht, bis es auf die Hälfte eingekocht und das Fleisch zerkocht ist. Man seiht es durch ein Stück Tarlatan oder Spitzengrund und giebt die Brühe nebst einer halben Tasse Milch in die Pfanne zurück. Wenn sie kocht, verdickt man sie mit etwas Reis oder Weizenmehl, würzt sie mit weißem Pfeffer, Salz und dem Saft einer Citrone. Man läßt sie auf der Herdecke stehen, damit sie warm bleibt. Man hält nun sechs oder acht, oder gar zehn hart gekochte Eier bereit, nimmt die Dotter achtsam heraus und schneidet das Weiße in kleine Stückchen. Nun häuft man die Dotter in der Mitte einer flachen Schüssel auf und richtet das Weiße nestförmig um dieselben herum; dann rührt man die Sauce nochmals auf und gießt sie vorsichtig über die Eier. Sie soll nicht höher steigen als bis zur halben Nesthöhe. Man garnirt mit Petersilie.

1008. Devilled Eier. Sechs oder acht Eier werden hart gekocht; dann läßt man sie in kaltem Wasser liegen, bis man sie braucht und bis sie kalt sind, schneidet sie in die Hälfte und schneidet kleine Scheibchen ab, damit sie aufrecht stehen bleiben. Die Dotter nimmt man heraus und verreibt sie mit etwas zer-lassener Butter, Cayennepfeffer, einer Idee Senf und einem Tropfen Essig. Nun füllt man sie zurück in das Weiße und legt sie auf ein Bett von gehackter Kresse, die mit Pfeffer, Salz, Essig und etwas Zucker angemacht wurde. Dieser Salat soll zwei Zoll hoch sein und ein gehäufter Löffel davon zu jedem Ei vorgelegt werden. Man kann auch grünen Salat oder weißes Kraut statt der Kresse geben.

1009. Eierkörbchen. Man macht sie für das Frühstück, den Tag nach=dem man gebratene Hühner, oder eine Ente, oder Truthahn zu Tisch gehabt hat. Man kocht sechs Eier hart, schneidet sie entzwei und nimmt das Gelbe heraus, welches man mit zerlassener Butter, Pfeffer und Salz verarbeitet und bei Seite stellt. Das gehackte Fleisch des kalten Geflügels wird fein gestoßen und mit dem Gelben vermischt; man befeuchtet es während des Stoßens mit zerlassener Butter, oder mit Brühe, wenn man welche hat. Man schneidet vom Weißen der Eier kleine Scheibchen, damit sie stehen, füllt sie mit dem Gemenge und reiht sie dicht aneinander auf eine flache Schüssel und gießt die Sauce, die vom Braten übrig blieb, und die mit ein paar Löffel Milch oder Rahm aufgekocht wurde, darüber.

1010. Pfannkuchen (German Omelette). Vier Eßlöffel voll Mehl werden mit kalter, dann mit siedender Milch glatt angerührt und mit 4 Eigelb und Salz recht gut geschafft, mit Milch verdünnt und das zu steifem Schnee geschlagene Eiweiß darunter gemengt. In der Pfannkuchenpfanne läßt man Butter oder Rindschmalz (Schmelzbutter) heiß werden und backt die Pfann=kuchen schön gelb. Man kann auch Zwiebeln, Speck oder Schnittlauch in den Teig thun.

1011. Pfannkuchen, andere Art (German Omelette, another kind). Auf ein Ei nimmt man einen Kochlöffel voll Mehl, macht davon unter Zugabe von Milch einen dünnen Teig. Wer will, kann auch noch etwas zerlassene Butter, Schnittlauch oder Zwiebeln daran thun. Von diesem Teige gießt man nun soviel in das in der Bratpfanne heißgemachte Schmalz oder Butter, daß der Pfannkuchen halbfingerdick wird und läßt ihn auf beiden Seiten schön gelb backen.

1012. Kleine Pfannkuchen mit Zucker (German Omelette with Sugar). Zwei Kochlöffel des feinsten Mehls werden mit drei ganzen Eiern und 8 Eigelb, 1½ Quart Milch, frischer Butter nebst ein wenig Salz, einem Eßlöffel feinem Zucker und etwas abgeriebener Citronenschale zu einem flüssigen Teige angerührt (die Milch läßt man mit der Butter aufkochen und rührt, nach=dem sie erkaltet ist, den Teig damit an). Von dieser Masse werden nun in einer kleinen flachen Eierkuchenpfanne kleine Kuchen ausgebacken, die Pfanne wird ent=weder nur mit Speckschwarten ausgestrichen, oder sehr wenig geschmolzene, klare Butter darein gegeben; ebenso müssen auch die Kuchen selbst so dünn wie mög=lich gebacken werden; nach ihrem Backen gebe man sie zum Abtrocknen auf eine Serviette, rolle sie wurstähnlich zusammen, setze sie auf eine Schüssel, bestreue sie mit feinem Zucker, glasire sie mit einer glühenden Schaufel, welche über denselben gehalten wird, damit er schmilzt, und bringe sie zu Tische.

1013. Kleine Pfannkuchen mit Aprikosenmarmelade (German Ome-lette with Apricot). Vorhergehend gebackene Kuchen bestreiche man messer=rückendick mit Aprikosenmarmelade, streue einige geriebene, süße Makronen dar=

über, rolle sie wurstähnlich zusammen, schneide sie der Quere nach in mehrere dreifingerbreite Stückchen, richte dieselben im Kranze auf eine Schüssel an, bestreue sie mit feinem Zucker, glasire sie wie die vorigen mit einer glühenden Schaufel und bringe sie alsdann zu Tische.

1014. Aufgelaufener Eierkuchen im Ofen (Omelette Soufflée). Acht Eigelb und vier Unzen feiner, weißer Zucker werden mit geriebener Citronen- oder Orangenschale, dem Safte einer Citrone, recht schäumig gerührt; hierauf ziehe man das zu festem Schnee geschlagene Eiweiß der acht Eier behutsam darunter, bestreiche eine Auflaufform oder eine tiefe Schüssel mit frischer Butter, gebe die Masse darein, backe sie ungefähr 30—36 Minuten in einem abgekühlten Ofen, nehme sie dann heraus, streue feinen Zucker darüber und bringe den Kuchen sogleich zu Tische.

1015. Eierkäse (Egg Cheese). Ein halbes Quart kalte Milch wird mit fünf ganzen Eiern und drei Eigelb, einem Stäubchen Salz, einem Eßlöffel feinem Zucker und dem Safte einer halben Citrone mit einer Schneeruthe tüchtig verschlagen, einigemal durch ein Haarsieb gegossen, hierauf auf dem Feuer so lange abgerührt, bis die Masse sich verdickt (gerinnt); sie wird alsdann von demselben weggenommen, noch einen Augenblick fortgerührt, dann in Eierkäseformen (eigene hierzu gemachte Formen mit vielen kleinen Löchern versehen) eingefüllt; wenn die Brühe abgelaufen und der Käse kalt geworden ist, stürze man ihn auf die bestimmte Schüssel, begieße ihn mit einer kalt gewordenen Vanille- oder Obstsauce und bringe ihn zu Tische.

1016. Schneeeier (Snow Eggs). Von 8—10 frischen Eiern wird das Weiße zu sehr festem Schnee geschlagen; unterdessen werden 1½ Quart gute Milch oder süßer Rahm gehörig gezuckert, eine halbe Stange Vanille der Länge nach gespalten, dazugefügt, und solches sodann in's Kochen gebracht; nun steche man mit einem Eßlöffel kleine Theilchen aus dem geschlagenen Schnee heraus, streiche sie nach der Form von Eiern mit einem Messer glatt zu, nehme sodann einen zweiten Eßlöffel, tauche diesen in die kochende Milch, hebe damit das Schneeei aus ersterem Löffel heraus, gebe es in die nur schwach kochende Milch und wiederhole dieses so oft, bis der Schnee all geworden oder man die nöthige Anzahl Eier erhalten hat; nachdem sie ungefähr 2—3 Minuten unter einmaligem Umwenden gekocht haben, lege man sie auf ein Haarsieb zum Erkalten und Ablaufen heraus, binde (legire) die zurückgelassene Milch, worin sie gekocht worden, mit den acht Eigelben, lasse dann diese Sauce unter Rühren noch einen Augenblick über dem Feuer anziehen, seihe sie durch ein feines Haarsieb, lasse sie ebenfalls unter einigem Rühren kalt werden, richte hierauf die Eier erhöht auf eine Schüssel an, gebe die Sauce darüber und bringe dann das Ganze zu Tische.

1017. Deutsche Eierkuchen mit Semmelschnitten (German Pancakes with Bread). Vier trockene Semmeln (Milchbrödchen) werden in kleine, fingerdicke Scheiben geschnitten, in kalte, gesalzene Milch etwas eingeweicht, sodann in eine mit zwei Eßlöffeln frischer, klarer Butter ausgegossene Eierkuchenpfanne eingesetzt, von der Pfannkuchenmasse (Nr. 1011) wird darüber gegeben und die Kuchen im Uebrigen von zwei Seiten gebacken, dann auf eine runde, flache Schüssel angerichtet, mit feinem Zucker bestreut und zu Tische gebracht. Gekochtes Obst wird in der Regel mit servirt.

1018. Reisbrei (Rice Porridge). Man nehme dazu 2½ Quart Milch, 1½ Quart Wasser, 1 Pint Reis, 1 Stückchen Butter. Der Reis wird gut ge= waschen und 1—2mal mit kochendem Wasser gebrüht, dann mit kaltem Wasser auf's Feuer gesetzt. Wenn er gequollen ist, giebt man die Milch dazu, auch ein Stückchen Zimmt und Salz; Zucker nach Belieben. Man muß fleißig rühren, damit er nicht anbrennt. Dann giebt man ihn mit Zucker und Zimmt bestreut zur Tafel.

1019. Reisbrei auf andere Art (Rice Porridge an other kind). Unter vorhergehend gekochten Reisbrei mische man vor dem Anrichten noch 4 Unzen sauber verlesene, gewaschene, große und kleine Rosinen, einen Eßlöffel kleinwürflig geschnittenes Citronat und 6 Stück gestoßene, bittere Makronen und beende ihn dem vorhergehenden ganz gleich.

1020. Milchbrei (Flour Porridge). Ein Viertelpfund feines, gesiebtes Mehl wird mit kalter Milch zu einem dünnflüssigen Teige glatt gerührt; hierauf koche man 1 Quart mit Zucker versüßte, gute Milch oder süßen Rahm einmal auf, lasse den dünnflüssigen Teig unter Rühren hineinlaufen und ihn alsdann langsam hinten auf dem Herde unter öfterem Umrühren noch 20 Minuten fort= kochen, richte ihn sodann an, bestreue ihn mit feinem Zucker und bringe ihn zu Tische. Er wird meistens nur für kleine Kinder bereitet.

1021. Milchbrei von Kartoffelmehl (Milk Porridge).

1022. Milchbrei von Reismehl (Milk Porridge in Rice Flour).

Diese beiden Arten Brei werden dem vorhergehenden ganz gleich zu= bereitet; man nehme nur statt 4 Unzen gewöhnliches Mehl 3 Unzen Reis= oder Kartoffelmehl; die übrige Behandlung bleibt indessen ganz dieselbe.

1023. Griesmehlbrei (Farina Porridge). In 1 Quart etwas gut gezuckerte, kochende, gute Milch lasse man 3—4 Unzen schönes Griesmehl unter stetem Rühren eine Viertelstunde fortkochen, richte den Brei hierauf an, bestreue ihn mit gemischtem Zucker und Zimmt und bringe ihn zu Tische.

1024. Wiener Mus (Vienna Porridge). Man rührt ½ Pfund Butter leicht, schlägt 12 Eidotter nach und nach daran, nimmt 5 Unzen geschälte und ganz fein gestoßene Mandeln und 3 Eßlöffel fein gesiebtes Stärkemehl dazu. Wenn die Masse recht gerührt ist, thut man noch 2 Unzen gewaschene und auf einem Tuch abgetrocknete Rosinen, ¼ Quart süßen Rahm, ¼ Unze Zimmt und 3 Unzen gestoßenen Zucker dazu, bestreicht eine Form mit Butter, füllt die Masse hinein und zieht sie zwischen Kohlen oder im Ofen langsam auf.

1025. Mandelbrei (Almond Porridge) für 6—8 Personen. Man nimmt 2 Kochlöffel feines Mehl, ¼ Pfund geschälte und zart gestoßene Man= deln, ebensoviel Zucker, sechs Eier, etwas Citronenschale oder Zimmt in eine

Schüssel, und rührt es ¼ Stunde, macht dann in einer Casserole 2 Quart Milch siedend, rührt sie an die Masse, thut alles zurück in die Pfanne und läßt es unter starkem Rühren etwa 5 Minuten kochen, bis es dick ist. Hierauf wird der Brei angerichtet und warm oder kalt zu Tische gegeben.

1026. Citronenbrei (Lemon Porridge). 1 Citrone wird am Zucker abgerieben, 2 Kochlöffel Mehl nebst dem Abgeriebenen in einer Casserole mit ein wenig Wein glatt gerührt, 6 Eidotter daran gethan und mit ½ Quart weißem altem Wein, nebst dem Saft von der Citrone vollends angerührt, Zucker und 1 kleines Glas Wasser dazu genommen, unter beständigem Rühren aufge= kocht und dann angerichtet.

1027. Hirsenbrei (Millet Porridge). Ein halbes Pfund schöne Hirse wird, nachdem sie einigemal in kaltem Wasser gewaschen worden, mit heißem Wasser einigemal gebrüht, wieder abgeschüttet und mit kaltem Wasser wieder abgekühlt, sodann in 2½ Quart kochende, gute Milch eingerührt, unter öfterem Umrühren noch 20 Minuten langsam fortgekocht, hierauf angerichtet, mit ge= mischtem Zucker und Zimmt bestreut und zu Tische gebracht.

1028. Backcrême (Prepared Cream). Eine Handvoll feines, gesiebtes Mehl wird mit 1 Quart süßem Rahm oder guter Milch glatt gerührt, 3 Unzen frische Butter, 10 Eigelb, 7 Unzen feiner Zucker nebst der abgeriebenen Schale einer Citrone werden beigegeben und auf dem Feuer so lange abgerührt, bis die Masse sich gehörig verdickt hat; man nehme hierauf die Crême von demselben weg, leere sie in ein anderes Gefäß um und verwende sie alsdann.

1029. Backcrême mit Vanille.

1030.   „   „ **Orangenzucker.**

1031.   „   „ **Zimmt.**

Die Behandlung bleibt die gleiche wie bei vorhergehender Nummer 1028, nur daß man Vanille, Orangenzucker oder Zimmt hineingiebt.

1032. Backcrême mit Chocolade.

1033.   „   „ **Rosinen.**

1034.   „   „ **Makronen.**

1035.   „   „ **Kaffee.**

1036.   „   „ **Thee.**

Zu Backcrême mit Chocolade giebt man 4 Unzen geriebene Chocolade, ¼ Pfund gelesene, sauber gewaschene Rosinen und Corinthen oder 3 Unzen ge= stoßene süße Makronen. Zu Crême mit Kaffee giebt man gut 3 Eßlöffel voll Kaffee=Essenz darunter, oder man brennt 3 Unzen frischen Kaffee und wirft den= selben in den zur Backcrême zu benützenden kochenden Rahm, läßt ihn gut zu= gedeckt erkalten und seiht ihn durch ein reines geruchloses Tuch. Zu Backcrême von Thee wirft man 3 Kaffeelöffel voll Thee (grünen) in den kochenden Rahm und verfährt wie beim Kaffee.

1037. Rahm- oder Milchguß. Ein halbes Quart kalte Milch oder süßer Rahm wird mit zwei ganzen Eiern, drei Eigelb und zwei Unzen feinem Zucker mit einer hölzernen Schneeruthe gehörig verschlagen, mehrmals durch ein feines Haarsieb gegossen und bei vorkommendem Gebrauche verwendet.

1038. Straßburger Milchnocken. In ¾ Quart Milch gebe man vier Unzen frische Butter und etwas Salz, lasse dieses aufkochen, rühre dann 1½ Pfd. feines Mehl hinein und dämpfe die Masse so lange auf dem Feuer ab, bis sie sich von der Casserole loslöst, lasse sie einen Augenblick verkühlen und rühre dann 12—14 ganze Eier darunter. Aus dieser Masse werden vermittelst eines Eßlöffels ovale Klöße ausgestochen, in ein Quart gezuckerte, kochende Milch ein-gelegt und langsam so lange darin gekocht, bis sie gar sind und sich nach der Oberfläche hindrängen. Man nehme sie alsdann mit dem Schaumlöffel heraus und richte sie auf einer tiefen Schüssel an, begieße sie mit einer der beiden Rahm-saucen von Nr. 393 u. 394 und bringe sie zu Tische.

1039. Straßburger Nocken mit Rahmguß. Die auf vorhergehende Art gekochten Nocken (man kann hier eine halbe Stange Vanille spalten und in die kochende Milch werfen) werden herausgenommen und, nachdem sie verkühlt sind, wird eine mit Butter bestrichene Auflaufform bis auf Daumenbreite unter dem Rande damit angefüllt. Den Rahm oder die Milch, worin sie gekocht worden, lasse man nun erkalten, bereite von einem halben Quart derselben einen Guß (ganz nach Nr. 1037), gieße denselben über die Nocken, gebe hierauf das Ganze in einen mittelheißen Backofen, backe es ungefähr ¾ Stunden darin, bis sich der Rahmguß oben fest anfühlen läßt, setze dann die Form auf eine flache Schüssel, oder in einen lackirten Auflaufring, in welchen die Form paßt, bestreue die Ober-fläche mit feinem Zucker und bringe das Gericht alsdann zu Tische.

1040. Dampfnudeln auf gewöhnliche Art. Man thut 1 Pfund Mehl in eine Schüssel und macht in der Mitte des Mehls eine Vertiefung, rührt zwei Eßlöffel Bierhefe mit ¼ Quart lauwarmer Milch an und macht damit einen Vorteig in der Mitte des Mehls. Wenn dieser aufgegangen ist, nimmt man ¼ Pfund zuvor zerlassene Butter, 3 Eier, etwas Salz und die nöthige laue Milch an den Teig und schafft ihn so lange in der Schüssel, bis er sich losgeschält hat, läßt ihn dann wieder gehen, macht auf einem Brett runde Laibchen daraus, etwas größer als ein Hühnerei, und setzt sie in ein mit Butter bestrichenes Blech. Wenn sie noch einmal aufgegangen sind, werden sie mit zerlassener Butter oder verrührtem Ei bestrichen und im Ofen gebacken.

1041. Gesalzene Dampfnudeln. Die nach der vorhergehenden Num-mer bereiteten Dampfnudeln läßt man auf einem mehlbestreuten Brett gehen, gießt in ein Blech ein starkes ¼ Quart Wasser, thut 2 Unzen Butter und ziem-lich viel Salz dazu; wenn das Wasser siedet, setzt man die Dampfnudeln hin-ein; das Wasser darf dabei nicht höher als bis an die Hälfte der Dampfnudeln gehen. Nun wird ein passender Deckel darauf gesetzt und die Dampfnudeln auf Kohlenglut eine Viertelstunde gekocht, bis man sie braten hört. Hiezu wird Boeuf â la mode oder eingemachtes Kalbfleisch gegeben. — Wer die Dampf= nudeln mit Milch liebt, bereitet dieselben ebenso und nimmt nur statt Wasser die nöthige Milch und kein Salz.

1042. Bairische Dampfnudeln. 2 Pfund feines, getrocknetes und warm gestelltes Mehl wird mit ¼ Pfund frischer Butter, 4 Eßlöffeln Bierhefe, 4 Ei= dottern, ein wenig Salz, 2 Unzen gestoßenem Zucker und der nöthigen lau= warmen Milch zu einem nicht zu festen Teig abgeschlagen. Wenn er aufge= gangen ist, macht man kleine runde Nudeln aus dem Teig, setzt sie auf ein mit Mehl bestreutes Tuch und läßt sie an einem warmen Ort aufgehen. Ist dies geschehen, so gießt man in ein Aufzugblech ¼ Quart Milch, thut 2 Unzen Butter und ebensoviel Zucker dazu, setzt, sobald die Milch siedet, die Dampfnudeln hinein und zieht sie zwischen Kohlen auf.

Anmerkung. Bei allen Dampfnudeln ist zu bemerken, daß die Milch nie höher als halb an die Dampfnudeln gehen darf.

1043. Bairische Dampfnudeln, kleine, für 4 Personen. Man nimmt 1 Pfund feines Mehl in eine Schüssel, rührt in der Mitte einen Vorteig an und läßt ihn gehen. Dann klopft man 3 Unzen süße Butter hinein, 2 Dotter, Salz, Hefe und die nöthige Milch. Der Teig wird so lange geschafft, bis er vom Rührlöffel fällt, man stellt ihn zur Wärme und läßt ihn gehen. Auf ein mit Mehl bestreutes Blech setzt man Nudeln auf, nicht größer als eine welsche Nuß, läßt diese nicht bis zum Reifwerden gehen und backt sie dann nach Art Nr. 1040. Wenn sie gebacken sind, wird die Krustenseite aufwärts gestellt, mit Zucker be= streut und mit Vanillesauce servirt.

1044. Dukatennudeln für 8 Personen. Von 3 Löffeln Bierhefe und etwas Milch wird in 1½ Pfund feinem, getrocknetem Mehl ein Vorteig gemacht; ist er gegangen, so wird er mit 5 Eidottern, etwas Salz und warmer Milch zu einem nicht zu festen Teig gut geschlagen. Der Teig wird mit Mehl bestäubt, mit einem Tuche bedeckt und zum Aufgehen an einen warmen Ort gestellt. So= bald der Teig noch einmal so hoch, als er war, aufgegangen ist, wird er auf ein mit Mehl besätes Brett genommen und kleine runde Nudeln daraus geformt, diese auf ein Tuch, das ebenfalls mit Mehl bestäubt ist, gelegt und noch einmal zum Aufgehen warm gestellt. Zum Backen gießt man in eine flache Casserole mit gut schließendem Deckel jedesmal ¼ Quart süße Milch, dazu 2 Unzen Butter und 3 Unzen Zucker, setzt die Nudeln dicht zusammen in die kochende Milch und deckt sie fest zu. In einer Viertelstunde sind sie fertig. Man macht 1 Quart Milch mit 2 Unzen Zucker und etwas Vanille oder Citronenschale siedend, rührt 3 Eidotter daran und giebt sie besonders dazu.

1045. Rahmnudeln mit Vanille. Von dem Nudelteig (Nr. 960) wer= den federfeine Nudeln geschnitten, dieselben in 2 Quart kochenden, gezuckerten Rahm, worin eine halbe, der Länge nach gespaltene Stange Vanille ausgekocht worden, eingelegt, 5—6 Minuten fortgekocht, ein eigroßes Stückchen frische Butter wird darunter geschwenkt, dann werden sie angerichtet, mit feinem Zucker bestreut und zu Tische gebracht; das Ganze soll ein saftiger Brei sein; ebenso

können auch nebst dem Zucker einige fein geriebene, süße Makronen über die=
selben gestreut werden.

1046. Schinkennudeln. Für 8 Personen wird von 2 ganzen Eiern und
2 Dottern ein fester Nudelteig gemacht und derselbe ganz dünn ausgewellt.
Wenn die Kuchen abgetrocknet sind, schneidet man kleinfingerbreite Nudeln,
siedet solche im Salzwasser und gießt sie in einen Seiher, dämpft darauf eine
klein gehackte Zwiebel und ein wenig fein geschnittene Petersilie in einem Stück=
chen Butter, schneidet nach Belieben gekochten Schinken ohne Fett klein, ver=
rührt in einer Schüssel 6 ganze Eier und 6 Eidotter tüchtig mit ½ Quart gutem
saurem Rahm, thut das Gedämpfte nebst dem Schinken dazu, ½ Kaffeelöffel
Muskatblüthe hinein, und dann erst die gesottenen Nudeln, mischt dies Alles
untereinander, bestreicht eine Form mit Butter, füllt die Masse hinein, backt sie
im Backofen oder setzt einen Deckel mit Kohlen darauf und läßt sie langsam auf=
ziehen.   In ½ Stunde sind sie fertig.

1047. Wiener Speise für 8—10 Personen.   In ½ Quart Milch, worin
¼ Pfund Butter vergangen ist, rührt man auf dem Feuer 2—3 Unzen Gries=
mehl ein und kocht es zu einem zarten Brei; dieser wird in ein anderes Geschirr
umgeleert, mit 2½ Unzen Zucker versüßt und nach einigem Abkühlen 8 Eidotter
darin verrührt, und das zu Schnee geschlagene Eiweiß darunter gemischt. Als=
dann backt man 8 oder 9 dünne Flädlein, bestreicht eine Form mit Butter, legt
ein Flädlein hinein, auf das Flädlein von der angerührten Masse, wieder ein
Flädlein, welches mit Aprikosenmarmelade oder eingemachten Aprikosen stark
überstrichen wird; die bestrichene Seite muß auf den Brei zu liegen kommen,
dann thut man wieder Brei darauf und fährt so fort, bis Alles zu Ende ist, und
backt es im Backofen.   Es braucht eine Stunde zum Backen.

1048. Flädlein zu Suppe. Es wird Mehl mit Milch glatt gerührt,
Eier nach Belieben dazu genommen und dann mit Milch verdünnt, bis der Teig
zum Backen recht ist.   Hernach wird die Pfanne heiß gemacht, jedesmal mit
Speck bestrichen und dünnere Flädlein gebacken; dieselben können entweder ganz
zusammengelegt oder aber in Stückchen geschnitten werden.   Man gießt sodann
Fleischbrühe darüber und läßt sie eine kurze Zeit stehen.

1049. Bienennest in Milchsauce oder Schneckennudeln. Man rührt
4—6 Eßlöffel voll heißen Rahm, 2 Eßlöffel voll Rosenwasser, ebensoviel Hefe
und ein wenig Salz untereinander, rührt soviel Mehl hinein, bis es einen locke=
ren Teig giebt, und läßt ihn gehen.   Wenn er aufgegangen ist, wird er auf das
Backbrett genommen, leicht gewürzt, halbfingerdick ausgewellt, ½ Pfund Butter
auf die Hälfte des Teiges geschnitten, wie ein Butterteig überschlagen und mehr=
mals ausgewellt.   Dann überschlägt man ihn, läßt ihn stehen und macht die
Fülle auf folgende Art: ¼ Pfund kleine, ¼ Pfund große Rosinen werden, nach=
dem sie verlesen und gewaschen sind, in einer Casserole mit ½ Quart Wein und
einem Stückchen Zucker zugesetzt, ganz eingekocht, bis keine Sauce mehr daran
ist, umgeleert und abgekühlt, dann 2 Unzen geschälte und gestoßene Mandeln,
2 Unzen Citronat, ¼ Unze gestoßenen Zimmt und die abgeriebene Schale einer
Citrone zu den gekochten Rosinen genommen.   Hierauf wellt man den Teig

kleinfingerdick aus, schneidet 4—5 Zoll lange und zweifingerbreite Streifen davon ab, streut von der Fülle darauf, rollt sie wie Schnecken zusammen, bestreicht ein Blech mit Butter, setzt die Schnecken hinein und backt sie, wenn sie noch einmal aufgegangen und mit Ei bestrichen sind, in dem Backofen. Zur Sauce wird 1 Quart Milch mit etwas Citronenschale siedend gemacht, mit Zucker versüßt, 4 Eigelb daran verrührt und besonders dazu gegeben.

1050. Krebsstrudeln. ½ Pfund Mehl wird auf ein Brett genommen und mit dem allerdicksten sauren Rahm und ein wenig Salz zu einem Teig angemacht. Dann werden Kuchen wie kleine Flädlein davon ausgewellt, 38 Krebse gesotten und geputzt, die Schwänze und Scheeren davon geschält, 6 Eier auf Kohlen verrührt, bis sie hart sind; hierauf hackt man die Krebsschwänze und die Eier klein, stößt die Krebsschalen, dämpft sie in 6 Unzen Butter und gießt 1 Quart siedende Milch daran. Wenn es ein wenig gekocht hat, preßt man es durch ein Tuch, hebt die Butter davon ab und läßt es erkalten, rührt hierauf das Gehackte mit 3 Eidottern, Muskatblüthe und etwas Salz an, bestreicht die Kuchen mit der abgenommenen Krebsbutter, streicht von der Fülle darüber, rollt die Kuchen wie Schnecken zusammen, bestreicht eine Platte oder ein Blech mit Krebsbutter, setzt die Schnecken hinein, gießt von der durchgepreßten Milch bis an die Mitte der Schnecken und zieht sie zwischen Kohlen auf. Die übrige siedende Milch wird mit 3 Eidottern abgezogen, und ehe man die Strudeln auf den Tisch giebt, vollends daran gegossen.

1051. Krebsnudeln mit Hefe. Man rührt sechs Unzen Butter leicht, schlägt 5 Eidotter daran, thut 2 Eßlöffel gute Bierhefe, mit ebensoviel süßem Rahm, ½ Pfund feines Mehl und etwas Salz dazu, läßt den Teig bei gelinder Wärme gehen, wellt den ganzen Teig leicht halbfingerdick, sticht mit einem Trinkglas runde Blättchen aus und läßt sie, wenn alle auf dem Brett sind, wieder gehen. Dann werden von 25—36 gesottenen Krebsen die Schwänze geputzt und nebst ein wenig Petersilie klein geschnitten, Muskatnuß und etwas Salz daran gethan und mit 4 Eidottern angerührt. Wenn die Schalen gestoßen und in ¼ Pfund Butter gedämpft sind, gießt man 1 Quart gute Milch daran und treibt sie durch ein Haarsieb, hebt die Butter ab und bestreicht die Hälfte der Blättchen damit, belegt sie mit der angerührten Fülle und legt ein leeres darauf. Man bestreicht eine Form mit Krebsbutter, legt die gefüllten Nudeln hinein, überstreicht sie, sobald sie wieder gegangen sind, mit Krebsbutter und stellt sie in den Backofen. Die durchgetriebene Milch wird siedend gemacht, mit 4 Eigelb abgezogen, leicht gesalzen und besonders zu den Nudeln aufgesetzt. Sollen die Nudeln süß werden, so nimmt man statt der Petersilie und der Gewürze gestoßene Mandeln und Zucker zu den Krebsen.

1052. Reis-Strudel.

1053. Gries-Strudel.

Der in Nr. 1050 beschriebene ausgebreitete Strudelteig wird zuerst mit frischer, zerlassener Butter, und alsdann mit einer der beiden Massen, (s. Reis- oder Griesküchelchen) welche nur um eine Handvoll belesener, gewaschener, kleiner

Rosinen vermehrt wurden, gleichmäßig überstrichen; im Uebrigen jedoch behandle und beende man diese beiden Strudel ganz wie vorhergehenden.

1054. Rahmstrudeln für 6 Personen. Von 4 Eiern wellt man sehr feine Nudelkuchen; sind sie halb trocken, so schneidet man sie in Hälften, bestreicht jede derselben mit dickem saurem Rahm, legt 3 Stückchen Butter in der Größe einer Haselnuß darauf, legt jede Hälfte dreifach zusammen, dann alle in einem mit Butter bestrichenen Aufzugblech im Kreise herum, setzt das Blech auf Kohlen, gießt ½ Quart siedende Milch daran, in die man das nöthige Salz gethan hat, deckt den Kohlendeckel darauf oder stellt sie in den Backofen und sorgt, daß die Nudeln schnell in die Höhe steigen; haben sie unten Scharre und oben lichtbraune Farbe, so sind sie fertig. Will man süße Rahmstrudeln haben, so macht man von 3 Eiern, 1 Eßlöffel saurem Rahm und etwas Zucker Nudelkuchen, die Kuchen werden zerschnitten, mit der Fülle bestrichen, aufgerollt und in das dick mit Butter bestrichene Blech gesetzt. Erst wenn sie anfangen aufzuziehen, gießt man vorsichtig heiße Milch hinein, daß sie aber nicht auf die Nudeln kommt. Zur Fülle rührt man 2 Unzen Butter leicht, thut einen Eßlöffel Mehl, 3 Eigelb, Zucker, das Abgeriebene einer Citrone und ¾ Quart Rahm dazu und zuletzt den Schnee der 3 Eiweiß. Statt des Mehls kann auch ein Löffel fein gestoßene Mandeln genommen werden.

1055. Gefüllte Rahmstrudeln für 8 Personen. Von 3 Eiern macht man 6 große, dünn gewellte Nudelkuchen; wenn diese halb getrocknet sind, so bestreicht man sie mit folgender Fülle: ½ Quart sauren Rahm rührt man an gehacktes und mit Zwiebeln und Petersilie in Butter wohl durchdämpftes Bratenfleisch (weniger als ½ Pfund darf es nicht sein), man schmeckt die Fülle mit Salz, Muskat, Citronengelb und 3 Eßlöffeln Essig oder etwas Citronensaft ab. Die bestrichenen Kuchen werden nun aufgerollt, in eine dick mit Butter bestrichene Form gesetzt, ein halbes Quart siedende Milch zugegossen und schnell im Backofen oder mit Kohlen aufgezogen. Die Speise wird im Blech aufgetragen.

1056. Rahmstrudel, andere Art. Zu diesem Strudel backe man eine Anzahl kleiner Pfannkuchen, bestreiche dieselben zweimesserrückendick mit Backcrème (Nr. 1028), rolle sie einer Wurst ähnlich über sich zusammen, lege sie schneckenförmig in eine mit Butter bestrichene, passende, runde, platte Form ein, gebe von dem Milchguß Nr. 1037 darüber, stelle sie in einen mittelheißen Backofen, lasse den Strudel ¾ Stunden darin backen, nehme ihn dann heraus, stelle ihn mit der Form auf eine Schüssel, bestreue ihn mit feinem Zucker und bringe ihn zu Tische.

1057. Chocoladestrudel.

1058. Rosinenstrudel.

1059a. Vanillestrudel.

1059b. Makronenstrudel.

Alle diese Arten Strudeln werden dem vorhergehenden gleich behandelt und beendet, nur fülle man sie mit einer der verschiedenen Backcrême (Nr. 1028 bis 1036).

1060. Apfelstrudel. Auch dieser Strudel erleidet ganz dieselbe Behand=
lung und Beendigung wie der Rahmstrudel (Nr. 1056), nur daß die Pfann=
kuchen statt mit Crême mit gedämpften Aepfeln bestrichen werden.

1061. Aprikosenstrudel.

1062. Mirabellenstrudel.

1063. Zwetschenstrudel.

1064a. Reineclaudestrudel.

1064b. Kirschenstrudel.

Bei diesen verschiedenen Arten von Strudeln werden die Früchte entfernt,
mit dem nöthigen Zucker (siehe Abschnitt „Compot") zu Brei (Marmelade) ziem=
lich dick eingekocht, sodann über die vorhergehend angegebenen, kleinen Pfann=
kuchen gestrichen und dieselben alsdann ganz nach Nr. 1012 beendet. Diese
Obststrudel können ebenfalls auf eine andere Art zubereitet werden. Man macht
nämlich einen Hefenteig (nach Nr. 1040), läßt ihn an einem lauwarmen Orte
in die Höhe steigen, stürzt ihn auf eine mit Mehl bestreute Tafel, treibt ihn so
dünn wie möglich auseinander, bestreicht ihn mit einer der kalt gewordenen, ge=
kochten Obstarten, rollt ihn wurstähnlich zusammen, setzt ihn in eine passende,
mit Butter bestrichene, runde, platte Form schneckenartig ein, läßt ihn nochmals
an einem lauwarmen Orte aufgehen, bestreicht die Oberfläche ebenfalls mit zer=
lassener Butter, backt den Strudel in einem mittelheißen Ofen ungefähr drei
Viertel= bis eine Stunde zu schön braungelber Farbe, setzt ihn mit der
Form auf eine Schüssel, bestreut ihn mit feinem Zucker und bringt ihn zu
Tische.

1065. Tyrolerstrudel. Man bereitet eine Mandelmasse von 2 Unzen
Mandeln, 4 Unzen Zucker, 8 Eigelb und 1½ Unzen Mehl, etwas geriebener
Citronenschale und 4 zu Schnee geschlagenen Eiweißen, streicht diese über den
vorhergehend ausgeriebenen Hefenteig, behandelt und beendet im Uebrigen den
Strudel ebenfalls ganz wie die vorhergehenden von Hefenteig.

1066. Gestürzter kalter Rahmgries (Shaped cold Farina).

1067. Gestürztes kaltes Reismehl (Shaped cold Rice Flour).

Zu diesen Gerichten nehme man entweder 4 Unzen Reismehl oder ebenso=
viel gutes Griesmehl, lasse dasselbe unter Rühren mit 3 Unzen Zucker und
etwas Salz in ein halbes Quart gerührten kochenden Rahm einlaufen, gebe ein
Stückchen Zimmt dazu, lasse es ¼ Stunde unter öfterem Umrühren zu einem
dicken Brei aufquellen, nehme dann den Zimmt heraus, lasse den Brei einen
Augenblick verkühlen, drücke ihn sodann in große, mit frischem Wasser genetzte
Obertassen fest ein, lasse ihn gänzlich darin erkalten und fest werden, stürze ihn

hierauf auf die zum Anrichten bestimmte Schüssel um und begieße sie mit einer kalten Rahm= oder Obstsauce.

1068. Gestürzte Reiscrême (Shaped Rice Cream). Ein Viertel= pfund reiner, verlesener, hübscher Reis wird abgebrüht (blanchirt), sodann ab= geschüttet, abgetropft, mit ½ Quart süßem Rahm, nebst einer halben, der Länge nach gespaltenen Stange Vanille oder einem Stückchen ganzen Zimmt zum Feuer gesetzt, angekocht, hierauf drei Viertel= bis eine Stunde zugedeckt langsam gar gedämpft; man nehme ihn alsdann vom Feuer weg, binde (legire) ihn mit sechs rohen Eigelben, lasse ihn noch einen Augenblick auf dem Feuer anziehen, nehme die Vanille oder den Zimmt heraus, leere ihn in eine Schüssel um, gebe 4 Unzen feinen Zucker, nebst 2 Unzen aufgelöste Gelatine oder 1 Unze aufge= löste Hausenblase dazu, rühre das Ganze so lange, bis es zu sulzen anfangen will, oder besser, bis die Masse zwar schon kalt, aber noch flüssig ist; mische als= dann ¾ Quart guten, geschlagenen Rahm darunter, fülle die Crême in eine schöne Modelform ein, lasse sie darin fest werden, dann tauche man die Form einen Augenblick in laues Wasser, trockne sie wieder gut ab, stürze die Crême behutsam auf die zum Anrichten bestimmte Schüssel heraus und bringe sie zu Tische.

1069. Gestürzte Sagocrême (Shaped Sago). Man nimmt 4 Unzen weißen Sago, wascht ihn einigemal aus heißem Wasser heraus und giebt ihn sodann in ½ Quart kochenden, mit Zimmt oder Vanille gewürzten Rahm (siehe vorhergehende Reiscrême) und behandelt und beendigt ihn diesem ganz gleich.

1070. Malteser Reis. 6 Unzen vom besten Reis werden verlesen, dann sauber gewaschen und blanchirt; sodann gebe man ihn in 1 Quart kochen= den, süßen Rahm, füge 3 Unzen feinen Zucker dazu und lasse ihn zugedeckt drei Viertel= bis eine Stunde gar dämpfen, nach welcher Zeit er gehörig gequollen und alle Flüssigkeit an sich gezogen haben muß; man nehme ihn sodann vom Feuer weg, rühre ihn einigemal durch, lasse ihn etwas verkühlen und mische un= gefähr 2 kleine Gläschen Marasquino=Liqueur darunter. Nun bringe (dressire) man ihn vermittelst eines Messers in die Form eines türkischen Bundes (Turban), drücke in dessen äußere Seite, rechts schief liegend, rund herum mit einem langen, scharfkantig geschnittenen Stückchen gelbe Rübe Eindrücke, jeder zwei Finger breit von dem andern entfernt, und gebe in diese wieder abwechselnd kleinfinger= breite, in ihrer Länge durchschnittene, eingemachte Nüsse und Aprikosen; oben auf den Turban setze man, dicht aneinander gereiht, eine Schnur eingemachter Kirschen. Die Höhlung des Bundes fülle man mit Aprikosenmarmelade aus und bringe ihn zu Tische.

1071. Reis mit Aepfeln (Rice with Apples). Man brüht ½ Pfund Reis, läßt ihn auf dem Sieb ablaufen und kocht ihn in 1 Quart Milch mit Zucker und Citronenschale oder etwas Vanille weich. Hernach setzt man das fertige Compot von 6 Aepfeln, mit der ausgehöhlten Seite nach unten, berg= förmig in die Mitte einer echten Porzellanplatte oder emaillirten Platte, streicht den noch warmen, gekochten Reis darüber, so daß alle Aepfel damit bedeckt sind.

Nun schlägt man 5 Einweiß zu steifem Schnee, mischt schnell ¼ Pfund Zucker darunter, bestreicht damit den kalt gewordenen Reis und backt ihn 25—30 Minuten in nicht zu heißem Ofen. Diese Mehlspeise muß, wenn sie fertig ist, die Farbe von Merinken haben.

Anstatt der Aepfel kann man auch eingemachte Himbeeren nehmen, nur darf kein Saft daran sein.

1072. Reiskuchen (Rice Cake). 6 Unzen verlesener Reis wird gewaschen und mit siedendem Wasser angebrüht, auf ein Sieb geschüttet und, wenn das Wasser gut abgelaufen ist, mit 1 Quart siedender Milch recht dick eingekocht. ¼ Pfund Butter rührt man leicht, thut 12 Eigelb, 4½ Unzen Zucker, ¼ Pfund Rosinen und den abgekühlten Reis dazu, schlägt die Einweiß zu steifem Schnee, mischt ihn in die Masse, füllt ihn in ein mit Butter und Weckmehl bestreutes hohes Blech und backt ihn langsam, stürzt ihn dann auf eine Platte und giebt eine Chaudeau- oder Rosinensauce dazu.

1073. Nudeln, gewöhnlich (Vermicelli). Von dem Nudelteig werden Böden von der Größe einer mittleren, runden Schüssel so dünn wie möglich ausgerollt, jede derselben sodann, nachdem sie zuvor über ein ausgebreitetes Tischtuch gelegt und etwas abgetrocknet worden, in handbreite Streifen geschnitten, welche erst auseinander gelegt und dann der Quere oder der Breite nach in stark messerrückendicke Nudeln geschnitten werden; dieselben lege man alsdann in kochendes, gesalzenes Wasser, koche sie ungefähr 6 Minuten lang, schütte sie dann auf einen Durchschlag ab, richte sie auf eine Schüssel bergartig an, bestreue sie mit geriebenen, in Butter gelb gerösteten Semmeln und bringe sie zu Tische.

1074. Nudeln mit Parmesankäse. Vorherrschend m Salzwasser abgekochte, abgeschüttete Nudeln werden in ungefähr 6 Unzen zerlassene, frische Butter gegeben, ¼ Pfund geriebener Parmesankäse nebst etwas weißem Pfeffer und geriebener Muskatnuß dazu gefügt; das Ganze wird auf dem Feuer einigemal tüchtig umgeschwungen, sodann erhöht auf die Schüsseln angerichtet und zu Tische gebracht.

1075. Nudeln im Ofen. Vorhergehend zubereitete, angerichtete Nudeln werden auf ihrer Oberfläche mit gemischtem, geriebenem Parmesankäse und geriebenen Cracers bestreut, mit zerlassener Butter beträufelt und in einem heißen Ofen zu einer schön goldgelben Farbe gebacken, sodann herausgenommen und sogleich zu Tische gebracht.

1076. Nudeln mit Schinken. Die Nudeln werden ganz wie m Nummer 1074 behandelt und beendet; nur daß statt einem Viertelpfund geriebenem Parmesankäse 6 Unzen fein gehackter, magerer, gekochter Schinken darunter gegeben werden.

1077. Spinatstrudeln oder Maultaschen. Man macht für 6—7 Personen von 4 Eiern und 4 Eßlöffeln Mehl einen Nudelteig und wellt ihn in 6 Kuchen. Zur Fülle brüht man einige Hände voll Spinat, hackt ihn fein und dämpft ihn in 2 Unzen Butter, weicht 3 Wecken im Wasser ein, drückt sie fest

aus, nimmt sie, ½ Pfund gebratenes Kalb= oder Schweinefleisch, das mit Peter=
silie und Zwiebeln fein gewiegt ist, Salz, Muskatnuß und etwas Pfeffer dazu,
rührt es mit 5 Eiern an und streicht auf jeden der etwas abgetrockneten Kuchen
einige Löffel Fülle herum, rollt sie 3 Finger breit zusammen und schneidet jeden
in 4—5 Stückchen, oder man bestreicht den Rand der Kuchen mit Ei, bestreicht
die eine Hälfte jedes Kuchens mit der Fülle, drückt die andere Hälfte fest
darauf, schneidet verschobene Vierecke daraus und siedet sie eine Viertel=
stunde in gesalzenem Wasser, richtet sie an und gießt in Butter geröstetes Brod
darüber.

1078. Macaroni auf italienische Art. Ein Pfund gute Macaroni wird
ungefähr ¾ Stunden in Salzwasser weich gekocht, sodann auf einen Durchschlag
abgeschüttet, abgetropft, mit kaltem Wasser abgekühlt und wieder in eine Casse=
role gegeben; 6 Unzen frische Butter, ebensoviel geriebener Parmesankäse, ein
halber Suppenlöffel weiße, deutsche Sauce nebst etwas feinem Salz, weißem
Pfeffer und geriebener Muskatnuß werden beigefügt und das Ganze wird über
dem Feuer kochend heiß geschwungen; sodann richtet man sie auf eine Schüssel
erhöht an und bringt sie zu Tische. In der Regel werden sie als Unterlagen
zu einer Fleischspeise, z. B. gespickter Lendenbraten ꝛc., verwendet.

1079. Macaroni mit Schinken. Diese Macaroni werden ganz auf vor=
hergehende Art behandelt und beendet, nur daß statt 6 Unzen geriebener Parme=
sankäs nur 4 Unzen und ebenso viel fein gehackter, gekochter Schinken zu den=
selben genommen wird.

1080. Macaroni im Ofen. Die (nach Nr. 1078) gekochten, abgeschüt=
ten Macaroni werden mit einem halben Pfund frischer Butter, ebenso viel
geriebenem Parmesankäse, mit feinem Salz, weißem Pfeffer und geriebener
Muskatnuß bestreut, kochend heiß geschwungen, sodann auf eine tiefe Schüssel
erhöht angerichtet, mit gemischtem, geriebenem Parmesankäse und fein geriebenen,
weißen Crackers bestreut, mit zerlassener Butter beträufelt, in einem heißen Ofen
zu schön goldgelber Farbe gebacken, dann herausgenommen und zu Tische ge=
bracht.

1081. Gebackene Weckschnitten. 4 Milchwecken werden in Schnitten
geschnitten, in Milch getaucht und fest aufeinander gesetzt. 2 Eßlöffel Mehl
rührt man mit etwas Milch und Salz an, schlägt 2 Eier hinein und gießt,
wenn nöthig, etwas Milch nach; nun kehrt man die Schnitten darin um und
backt sie in heißer Butter auf beiden Seiten schön gelb. Sie passen zu Obst,
wie zu grünen Gemüsen.

1082. Italienischer Reis. Eine große Zwiebel und 3 Unzen Nierenfett
werden so fein als möglich gehackt und zusammen gedämpft. 1 Pfund rein
gewaschener Reis und ¼ Pfund Butter werden dazu gethan und nur 10 Minuten
lang mitgedämpft. Nun wird nach und nach löffelweise siedende Fleischbrühe
daran gegossen, nur wenig darin gerührt, damit der Reis ganz bleibt, und so
lange gekocht, bis er weich ist und die beliebige Dicke hat. Dann wird derselbe
lagenweise mit geriebenem Käse in eine tiefe Schüssel gegeben, gemischter ge=

riebener Parmesankäse und Cracker darüber gebracht und mit zerlassener Butter beträufelt und im Uebrigen ganz wie vorhergehende Macaroni beendet.

1083. Eierschmarren, Eierhaber mit Rosinen. Aus ½ Pfund Mehl, ¼ Quart Milch und 6 Eier wird ein dicker Teig angerührt, in die Backpfanne wie zum Pfannkuchen gegeben und in heißer Butter oder Rindsschmalz in kleinern Stücken unter fleißigem Umwenden gelb gebacken, dann kurz vor dem Anrichten etwas gereinigte Rosinen eingestreut und auf der Platte gezuckert.

1084. Gekochter Hominy. Die größere Art, aus gebrochenem aber nicht gemahlenem Mais bestehend, wird von Specerei=Händlern im Norden fälschlich "samp" genannt. Das ist der indianische Name für alles Feinkörnige. Um Confusion zu vermeiden, wollen wir das Eine groß, und das Andere klein nennen. Das Große weicht man über Nacht in kaltem Wasser. Den andern Tag giebt man es in einen Topf mit wenigstens zwei Quart Wasser auf ein Quart hominy, und kocht es langsam 3 Stunden oder bis es weich ist. Man seiht es durch das Durchschlagsieb, häuft es in einer Schüssel auf und rührt Butter, Pfeffer und Salz darunter.

Das kleine hominy weicht man auf dieselbe Weise ein und kocht es in ebenso viel Wasser recht langsam und oft aufrührend, gegen das Ende sogar fortwährend. Es muß so dick wie Brei sein und wird gewöhnlich zum Frühstück mit Zucker, Rahm und Muscatnuß gegessen. Es ist ein gutes und äußerst ge= sundes Gericht, besonders für Kinder. Das Wasser, in welchem es gekocht wurde, muß leicht gesalzen werden. Wenn man es in warmem Wasser einweicht und dasselbe öfters wechselt, so ist es in einer Stunde gekocht. Man kocht es in dem letzten Wasser, in welchem es geweicht wurde.

1085. Gebratener Hominy. Man giebt ein Stück Butter oder gutes Bratenfett in eine Bratpfanne und läßt es heiß werden. Dann giebt man das kalte, gekochte Hominy hinein und bratet es, bis es auf der unteren Seite braun ist, dann giebt man eine Schüssel über die Pfanne und stürzt das Hominy heraus, damit die braune Kruste obenauf kommt.

Das kleine hominy schneidet man in Schnitten und bratet es in heißem Fett oder Bratenfett. Oder, man erweicht es mit Milch zu einer weichen Paste, dann rührt man zerlassene Butter darunter, legirt oder bindet es mit einem ab= geschlagenen Ei und formt mit den Händen runde Kuchen, bestäubt sie mit Mehl und bratet sie hellbraun.

1086. Hominy-Croquetten. Auf eine Tasse kleiner, kalten, gekochten hominy's nimmt man einen Eßlöffel zerlassene Butter und rührt ihn gut da= runter, dann giebt man nach und nach etwas Milch darunter und erweicht es zu einem Brei. Nun giebt man einen Theelöffel weißen Zucker und zuletzt ein abgeschlagenes Ei dazu; rollt es mit bemehlten Händen in ovale Kuchen, taucht sie in zerschlagenes Ei und dann in Crackerkrumen und bäckt sie in heißem Fette.

1087. Gebackenes Hominy. Auf eine Tasse kalten, gekochten hominy's (kleine Gattung) rechnet man 2 Tassen Milch, ein nußgroßes Stück Butter, einen Theelöffel weißen Zucker, etwas Salz und 3 Eier. Die Eier schlägt man leicht, das Gelbe und Weiße separat. Nun rührt man das Gelbe zuerst unter das Hominy abwechselnd mit der Butter. Wenn es durchaus vermengt ist, giebt man Zucker und Salz dazu, schlägt es fortwährend ab, und giebt nach und nach die Milch dazu. Man muß Acht geben, keine Brocken im hominy zu lassen. Zuletzt rührt man das Weiße dazu, und bäckt es in einer gut mit Butter ausgestrichenen Puddingschüssel, bis es leicht, fest und hellbraun ist.

Das kann zum Dessert gegessen werden, ist aber ein herrliches Zugemüse, und das beste Substitut, das man erfinden kann, für frischen Mais-Pudding.

1088. Hafergrütze (Oatmeal porridge.) Die Hafergrütze wird mit heißem Wasser einmal abgequirlt, das Wasser abgegossen, dann mit kaltem Wasser, einem nußgroßen Stücke Butter und Salz, unter jeweiligem Umrühren langsam zu einem steifen Brei gekocht. Ebenso setzt man die Grütze mit Milch, etwas Butter und Salz zu, läßt sie langsam völlig ausquellen, giebt sie mit kalter Milch separat auf den Tisch. Nach Belieben kann auch Zucker dazu genommen werden.

1089. Weizenschrotmehl (Cracked Wheat.) Wird ebenso bereitet wie Oatmeal.

1090. Kleine Puffertskuchen von Weizenmehl. 1 Quart warme Milch, 2 Unzen geschmolzene und abgeklärte Butter, 3—4 Eier, 1 Eßlöffel Zucker, 1 Pfund feines erwärmtes Mehl, 4—6 Unzen Korinthen, Zimmt oder Muskatblüthe und etwas Salz.

Das Mehl wird mit der Milch fein gerührt, mit dem Uebrigen vermischt, der Teig tüchtig geschlagen, mit den erwärmten Korinthen vermengt und zum langsamen Aufgehen zugedeckt an einen warmen Ort gestellt. Wenn nach Verlauf von 1½—2 Stunden der Teig gut aufgegangen ist, backt man ihn in einer offenen Kuchenpfanne mit Butter oder Schmalz zusammen heißgemacht, zu kleinen Kuchen von der Größe einer Untertasse, welche nur einmal umgelegt werden, und zwar dann erst, wenn sie oben ganz trocken geworden sind.

1091. Kartoffelpfannkuchen. Man nehme hierzu, sowie auch zu nachstehenden Vorschriften, recht gute dicke Kartoffeln, wasche sie vor und nach dem Schälen recht sauber und reibe sie roh auf dem Reibeisen. Man nimmt nun ½ Quart Kartoffeln, ¼ Quart Milch, 6 Eier, 2—3 geriebene Zwiebeln, Salz und 4 Kochlöffel voll Mehl, rührt dieses Alles gut untereinander und backt es in heißem Fette, in welches man sie vermittelst eines Suppenlöffels legt und glatt streicht, zu hellgelber Farbe heraus.

1092. Westfälische Reibekuchen — Kartoffel-Pfannkuchen (wohlfeil, locker und schmackhaft, welche Mittags zurückgesetzt werden können.) Man nehme einen etwas gehäuften Suppenteller roh geriebene Kartoffeln, gebe dazu eine etwas gehäufte Untertasse gekochte, ganz kalte geriebene Kartoffeln, 1 Ei und Salz, rühre solches gut unter einander und backe in reinschmeckendem heiß gemachtem Schmalz rasch kleine Kuchen davon in offener Pfanne. Es werden von bemerkter Masse 7 Stück.

1093. Zwetschenpfannkuchen. Man nehme einen beliebigen Pfannkuchenteig. Dann gebe man etwa ein Drittel davon in eine mit Butter heiß gemachte Pfanne, lege die abgeriebenen und entsteinten Zwetschgen, nachdem der Teig ziemlich gebunden ist, eine neben die andere, die offene Seite nach unten, hinein, vertheile den übrigen Teig darüber und backe den Kuchen, nachdem die Flüssigkeit eingezogen, bis zum Umwenden zugedeckt, auf mäßigem Feuer so lange, bis die Zwetschgen weich geworden sind und der Kuchen eine gelbbraune Farbe erhalten hat.

1094. Schnellgemachte Buchweizen=Pfannkuchen. Dazu gehören ein Quart Buchweizenmehl, ½ Tasse Mais= oder Weizenmehl, etwas Salz; und nach Belieben 2 Eßlöffel Syrup. Hiervon mache man mit kaltem Wasser einen ziemlich dünnen Teig und thue 2 Eßlöffel Backpulver dazu.

1095. Pfannkuchen von Buchweizenmehl, No. 1. Man nehme zwei Pfund Buchweizenmehl — es kann auch 1 Tasse Weizenmehl darunter sein — ungefähr 3 Pint halb Wasser, etwas Salz, 4 Theelöffel Backpulver. Hiervon macht man einen ziemlich dicken Pfannkuchenteig und backt dann mit gutem Fett kleine Pfannkuchen. (Doch darf man von dem Fett nur sehr wenig in die Pfanne thun.) Will man sie mit Hefe machen, was auch geht, so rührt man sie einige Stunden vor dem Backen, oder, wenn sie Morgens gegessen werden sollen, wo sie am leichtesten verdaulich sind, Abends vorher an. Sie werden mit Syrup oder frischer Butter gegessen.

1096. Pfannkuchen von Buchweizenmehl, No. 2. Zwei gestrichene Ober= tassen Buchweizenmehl mit 3 Tassen heißem Wasser und Salz angerührt, eine Tasse kalte, geriebene Kartoffeln, locker durchgemischt und sogleich, wie im Vor= hergehenden bemerkt, gebacken.

1097. Pfannkuchen von Buchweizenmehl, No. 3. Zwei gestrichene große Obertassen feines Buchweizenmehl, 3 Tassen heißes Wasser, 1 Tasse dicke saure Sahne und Salz.

Gut gerührt, und ohne den Teig hinzustellen, sogleich in recht heiß ge= wordener Butter oder halb Butter, halb Schmalz gelbbraun gebacken.

1098. Pfannkuchen von Buchweizenmehl, No. 4. Drei gestrichene Obertassen Buchweizenmehl mit 5 Tassen nicht saurer Buttermilch oder heißem Wasser und Salz angerührt, mit Speck gebacken.

1099. Puffertskuchen von fein ausgesiebtem Buchweizenmehl. Man nehme zu jeder gestrichenen großen Obertasse Mehl eine gleiche Tasse heißes Wasser, einen reichlichen Eßlöffel dicke saure Sahne, in Ermangelung so viel geschmolzene Butter oder Schmalz, ¼ Unze Hefe und etwas Salz. Auch kann man Korinthen hinzufügen.

Nachdem der Teig angerührt, wird solcher mit einem Löffel stark geschlagen, zum Aufgehen hingestellt und zu großen oder kleinen Kuchen gebacken.

1100. Roggenmehl=Pfannkuchen. Man mache von Roggenmehl und saurer Milch einen Pfannkuchenteig, thue etwas Salz und ein wenig Soda hinein, und backe sie in einer Pfanne, worin etwas Fett heiß gemacht ist.

1101. Welschkorn-Pfannkuchen. Man nehme dazu 1 Pint Welschkorn-mehl, 2 Eßlöffel geschmolzene Butter, 1 Theelöffel Salz, 2 Eier, 1 Eßlöffel Zucker, soviel saure Milch, daß der Teig die rechte Dicke erhält, und etwas Saleratus. Sollte zu viel Saleratus hineingerathen sein, so gieße man ein paar Tropfen Essig dazu.

1102. Welschkorn-Pfannkuchen auf andere Art. Man nimmt 1 Pint Welschkornmehl und 2 Eßlöffel Weizenmehl in eine tiefe Schüssel, giebt 1 Thee-löffel Salz dazu, schlägt 2 Eier hinein und rührt sie in das Mehl, gießt dann lauwarme Milch dazu, bis der Teig die nöthige Dicke hat, und mischt noch einen Eßlöffel voll Schweineschmalz hinein. Wenn der Teig eine halbe Stunde an einem warmen Ort gestanden, ist er gut zum Backen.

1103. Cornmeal-Griddle-Cakes. Man weiche ¾ Pint Kornmehl über Nacht in 3 Tassen saure Milch und 1 Tasse sauren Rahm. Morgens rühre man noch 1 Pint Weizenmehl, 3 Eier und ein wenig Salz dazu und so viel Backsoda, daß es nicht mehr sauer schmeckt. Hiervon backt man in halb Fett, halb Butter kleine Pfannkuchen.

1104. Arme Ritter, für 6—8 Personen. Von 8—9 Milchbroden reibt man die Rinde ab, schneidet das Uebrige zu ganz dünnen Schnitten, bestreicht eine Form oder tiefe Schüssel mit ¼ Pfund Butter, legt die Schnitten darauf, streut eine Handvoll gewaschene kleine Rosinen dazwischen, rührt 2 Unzen ge-stoßenen Zucker, 1 Theelöffel gestoßenen Zimmt mit 10 ganzen Eiern ¼ Stunde, 2 Quart gute süße Milch noch dazu, gießt solches über die Schnitten, legt dünne kleine Scheiben Butter darauf, vermischt 2 Unzen geschälte und zart länglich ge-schnittene Mandeln mit 1 Unze gestoßenem Zucker, streut sie darüber und backt es zwischen Kohlen oder im Ofen. Statt der Rosinen können auch einige fein geschnittene und eingezuckerte Aepfel oder Kirschen genommen werden.

1105. Arme Ritter schnell und gut zu backen. Es eignen sich hierzu am besten große doppelte Zwiebäcke, welche nur einmal im Ofen gewesen sind, oder auch Semmel. Von ersteren nehme man zu 6 Stück, an Gewicht 18 Unzen, 1 Quart Milch und 6 Eier. Die Zwiebäcke werden gespalten, die Milch wird mit etwas Muskatblüte, Citronenschale oder Zimmt und ein wenig Salz eben aufgekocht und mit einem Löffel darüber vertheilt, wobei man bald nachher die untersten weichen Schnitten nach oben legt. Unterdeß schlägt man die Eier, legt die Schnitten nach beiden Seiten hinein, daß die Eier gut einziehen, und backt sie in heißgemachter Butter mit Schmalz vermischt dunkelgelb.

Man bestreut sie stark mit Zucker und giebt sie womöglich mit frischem Compot recht heiß zur Tafel.

1106. Italienische Polenta. Das Maismehl schüttet man in gesalzenes siedendes Wasser in die Mitte des Topfes, ohne zu rühren, so daß sich ein schwimmender Haufen bildet, den man so lange kochen läßt, bis er nieder-gesunken ist und das darüber stehende Wasser mehreremal aufgewallt hat. Dann nimmt man das Gefäß vom Feuer, rührt das Ganze zu einem steifen Brei, den man gleich und glatt drückt und wieder aufs Feuer stellt, bis Dampf auszuströmen anfängt. Man kann den Sterz wie Polenta benutzen, gewöhnlich wird er in Scheiben geschnitten und entweder mit heißer brauner Butter übergossen oder in der Pfanne in Butter gebacken.

1107. Maisbrei. Derselbe wird wie Maissuppe, doch dicker gekocht; es ist ein nahrhaftes und wohlfeiles Essen.

XXVI. Von den Charlotten, Aepfelspeisen, Compotes — Charlottes, Apples and different Compotes.

1108. Aepfel Charlotte (Apple Charlotte.) Eine runde glatte Form wird auf folgende Art ausgelegt; man schneidet aus Toastbrod halbfingerdicke, spitzwinklige Dreiecke, rundet die breite Seite derselben ein klein wenig zu, taucht eines nach dem andern in zerlassene, klare Butter und setzt sie dicht aneinander gedrängt, mit der breiten Seite nach der Wand und die Spitzen nach der Mitte des Bodens der Form zu, in dieselbe ein, doch darf durchaus nicht der mindeste Zwischenraum bemerkt werden; sodann schneide man aus dem übrigen Toastbrode genau nach der Höhe der Seitenwand der Form stark zweifingerbreite, halbfingerdicke Scheiben, tauche dieselben ebenfalls wieder in klare, zerlassene Butter und stelle sie ebenfalls fest, eine an die andere gedrängt, aufrecht an derselben herum und schneide das über die Form hervorstehende Brod nach der Höhe dieser ab; ist solche nun auf die beschriebene Weise ausgefüttert, dann fülle man sie mit gedämpften Aepfeln voll, gebe sie in einen mittelheißen Backofen, lasse sie ungefähr eine halbe Stunde darin, dann nehme man sie heraus, stürze sie behutsam auf eine Schüssel um, bestreue sie mit feinem Zucker, glasire sie mit einer glühenden Schaufel, welche über den Zucker gehalten wird, damit dieser schmilzt und gebe sie zu Tische. Das Brod muß rasch gebacken sein und eine rothgelbe Farbe besitzen.

1109. Aprikosen-Charlotte.

1110. Mirabellen-Charlotte.

1111. Pflaumen-Charlotte.

1112. Zwetschen-Charlotte.

1113. Kirschen-Charlotte.

1114. Pfirsich-Charlotte.

Bei allen diesen Charlotten werden obige Früchte entkernt und gleich den Compotes marmeladeartig gekocht, worauf die Charlottes alsdann auf vorhergehende Art beendet werden.

1115. Russische Charlotte. (Russian Charlotte.) Eine glatte runde Form wird inwendig mit Biskuits ausgelegt, dann mit geschlagenem Rahmschnee gefüllt und in Eis gestellt. Das Auslegen mit Biskuits geschieht auf folgende Art: Zuerst wird der Boden der Form, die dünn mit süßem Mandelöl bestrichen ist, ausgelegt; die Biskuits müssen so zugeschnitten sein, daß man dieselben etwas über einander gehend legen kann, und nirgends ein unbedeckter Raum bleibt. Die Seiten der Formen werden mit den glatt geschnittenen Biskuits aufrecht stehend belegt, die ebenfalls über einander gehen müssen. Dann

wird 1 Quart guter Schlagrahm, der wenigstens eine Stunde in Eis gestanden hat, in einer tiefen Schüssel mittelst einer Schneeruthe 15—20 Minuten lang zu einem dicken Schaum geschlagen. Nach einigem Ruhen wird der Schaum auf ein Haarsieb gelegt, damit alle Flüssigkeit abtropfen kann, das Uebrige wird wieder geschlagen und so fort. Nun wird der Rahmschnee mit 2 Eßlöffeln Vanillezucker und dem nöthigen anderen Zucker versüßt, ¼ Unze gekochte und wieder abgekühlte Hausenblase oder eine Stange Agar-Agar darunter gemengt, in die mit Biskuits ausgelegte Form gefüllt und ins Eis gestellt. Beim Anrichten wird die Form über die Schüssel gestürzt und sogleich zu Tische gegeben.

1116. Russische Charlotte andere Art (Russian Charlotte another kind.) 5 Unzen Zucker, an dem die Schale von 1 Citrone abgerieben, werden mit 12 Eigelb schaumig gerührt, dann ¼ Quart Milch dazu gegossen und auf dem Feuer bis zum Kochen mit dem Schneebesen geschlagen; nun mengt man 1 Unze gekochte und geseihte Hausenblase oder 2 Unzen Gelatine darunter, schlägt es fort, bis es abgekühlt ist und anfängt dick zu werden; schnell mengt man den gut abgetropften Schnee von 1 Quart Schlagrahm darunter und füllt den dritten

Theil davon in die mit Bisknits ausgelegte Form, einige mit Punschessenz an=
gefeuchtete Bisknits daranf, wieder Crème, Bisknits und zuletzt Crème, steckt es
in Eis oder in Ermangelung dessen in sehr kaltes Wasser und läßt es gestehen.
Völlig erkaltet wird die Form gestürzt und gleich zu Tisch gegeben.

1117. Gedämpfte Aepfel auf gewöhnliche Art. Eine gute Sorte
Aepfel, ungefähr zwanzig werden geschält, geviertheilt, die Kernhäuser heraus
genommen und die Aepfel dünnblätterig geschnitten; alsdann setze man sie mit
2—4 Unzen frischer Butter und ungefähr einem Viertelpfund weißen Zucker
(je nach ihrer Süße oder Säure nehme man von diesem mehr oder weniger dazu),
nebst einem Stückchen ganzen Zimmt, der dünn abgeschälten Schale einer Citrone
und einem Glase Wasser zum Feuer, lasse sie zugedeckt gehörig weich dämpfen,
verrühre sie hierauf zu Brei, nehme den Zimmt nebst der Citronenschale heraus
und verwende die Aepfel bei Gelegenheit.

1118. Aepfel-Compote (Stewed Apples.) Eine gute Sorte Aepfel,
die im Kochen nicht leicht zerfallen und weiß bleiben, werden geschält und entzwei
geschnitten. Sind es 10—12 Aepfel, so werden ½ Pfund Zucker mit drei
Viertel Quart Wasser, der Schale einer halben Citrone, einem Stückchen ganzen
Zimmt und einige Nelken in einer passenden Casserole aufgekocht, die Aepfel
nebeneinander gelegt und behutsam weich gekocht, doch so, daß sie ganz bleiben.
Sie werden dann auf die Compoteschale schön angerichtet, der Saft kurz einge=
kocht und darüber gegossen. Man kann auch etwas Rosinen mitkochen.

1119. Feines Compote von ganzen Aepfeln. Gute mürbe Tafeläpfel
mittlerer Größe werden recht rund und glatt geschält, die Kerngehäuse heraus=
gebohrt, der Länge nach mit feinen Einschnitten versehen und gut abgespült.
Dann lasse man in einer Casserole reichlich Wein, stark mit Zucker versüßt,
einige Stücke ganzen Zimmt und Citronenschale kochen, ein Zusatz von Erdbeer=
saft macht das Compot besonders angenehm, lege so viel Aepfel, als neben ein=
ander liegen können, hinein und lasse sie auf mäßigem Feuer zugedeckt einige
Minuten kochen. Dann lege man sie mit einem Eßlöffel auf die andere Seite
— das Hineinstechen mit einer Gabel macht sie unansehnlich — begieße sie,
falls sie nicht völlig bedeckt sind, häufig mit dem Wein, nehme nach und nach die
weich gewordenen Aepfel heraus, lege sie auf eine flache Schüssel, thue wieder
andere beim Hinzuthun von Wein und Zucker hinein, gieße die Flüssigkeit von
der Schüssel zum kochenden Saft und lasse ihn, nachdem die Aepfel herausge=
nommen, recht sämig einkochen. Unterdeß richte man das Compote zierlich an,
gebe die Hälfte des Saftes durch ein Siebchen gleichmäßig darüber, desgleichen
die andere Hälfte erst kurz vor dem Gebrauch. Ist das geschehen, so lege man
auf jede Oeffnung eine eingemachte Hagebutte oder etwas Aprikosen=Marmelade,
oder Gélee von Aepfeln, Johannisbeeren oder Kirschäpfeln.

1120. Aepfelmus. Je feiner die Aepfel, desto besser wird das Compote.
Man schäle und schneide sie in 4 Theile, mache das Kerngehäuse sorgfältig
heraus, wasche sie sauber und lasse mit Wein oder Wein mit Wasser verletzt,
Zucker, ganzen Zimmt und Citronenschale auf dicht starkem Feuer, ohne zu
rühren, völlig zerkochen. Dann nehme man das Gewürz heraus und rühre

das Aepfelmus möglichst fein. Möchte man vorziehen, dasselbe durch ein Sieb zu rühren, so muß solches nicht nur höchst sauber, sondern vorher gut gescheuert sein, indem das Compote sonst eine graue Farbe erhält. Man streiche das Mus beim Anrichten recht glatt und verziere nach dem Kaltwerden die Compotière mit Frucht-Gelée, oder mache eine Verzierung darauf von Zimmt.

1121. Gebackenes Aepfelcompote mit Mandelguß. Es wird ein fein zubereitetes dickes Aepfelmus gekocht, zu einer Compotière 2 zu Schaum geschlagene Eiweiß heiß durchgerührt und solches glatt angerichtet. Dann wird eine Handvoll geriebene Mandeln mit Zucker, Zimmt, etwas Citronensaft und dem Schaum von 2—3 Eiern vermischt, das Compote damit bestrichen, gelb gebacken und, wenn's beliebt, kalt mit Gelée verziert.

1122. Aepfel-Compote mit Schaummasse. Die nach No. 1119 ganz gekochten Aepfel werden erhöht glatt auf eine Schüssel angerichtet, alsdann schlage man 4 Eiweiß zu recht festem Schnee, mische 4 Eßlöffel feinen Zucker unter denselben und streiche diese Masse über die Aepfel und lasse sie im Backofen schnell Farbe bekommen.

1123. Aepfelsalat. (Ein feines Compote von rohen Aepfeln und Apfelsinen.) Gute abgeschälte Borsdorfer Aepfel, woraus das Kerngehäuse entfernt, auch Apfelsinen, welche jedoch nicht bitter sein dürfen, werden beim Wegnehmen der Kerne mit einem Messer in ganz feine Scheiben geschnitten und abwechselnd lagenweise mit fein gestoßenem Zucker und etwas Wein in eine Schale gelegt. Der Wein dient, das Compote zu durchziehen, es darf aber keine Brühe entstehen und muß die letzte Lage Apfelsinen und Zucker sein.

1124. Süße Aepfel zu kochen. Man setze die Aepfel, nachdem sie geschält, in 4 Theile geschnitten und abgespült sind, mit Wasser, Anissamen, einem Stückchen Butter und nach Verhältniß ½—1 Tasse Essig aufs Feuer und lasse sie weich kochen. Der Essig befördert ein schnelleres Weichwerden und benimmt den Aepfeln das Weichliche.

1125. Süße Aepfel roth zu kochen. Man nehme zu 2 Theilen geschälter und halbdurchgeschnittener Aepfel 1 Theil ausgesuchte und gewaschene Preißelbeeren, koche zu 1¼ Quart Beeren 5—6 Unzen Zucker mit 2 Tassen Wasser, schütte die Beeren hinein und nehme sie, nachdem sie weich geworden, mit einem Schaumlöffel aus dem Saft. Zu diesem Safte gebe man 4—6 Nelken, einige Stücke ganzen Zimmt und koche die Aepfel darin langsam und fest zugedeckt weich. Möchte Brühe fehlen, da süße Aepfel eines viel längeren Kochens bedürfen, so gieße man etwas Wasser hinzu. Die Aepfel werden nachher mit dem dicklichen Saft und den Preißelbeeren durchgerührt und angerichtet.

1126. Aepfel im Ofen. Von zehn bis zwölf Borsdorfer oder Reinettäpfeln werden die Kernhäuser ausgestochen, die Aepfel geschält, in eine flache Casserole eingesetzt, gut mit Zucker bestreut und ein Glas weißer Wein darunter gegeben, worauf dieselben in einem mittelheißen Backofen zu schöner Farbe herausgebacken, auf eine Schüssel im Kranze angerichtet, die Durchstiche mit verlesenen, sauber gewaschenen, gemischten Sultanini- und kleinen Rosinen (Korinthen) ausgefüllt werden. Das Ganze begieße man hierauf mit dem zurückgelassenen Safte und bringe es zu Tische.

1127. Wiener Aepfelmehlspeise (Vienna Apple Bread Pudding). Ein halbes Pfund zerlassene Butter wird nach und nach mit 10 Eigelben schäumig gerührt, sodann eine Handvoll geriebene, süße Macronen, ebensoviel fein geriebene, mürbe, trockene Semmeln, desgleichen gestoßene Biscuits und ¼ Pfund rein verlesene, große und kleine Rosinen darunter gemischt; hierauf schneide man, ungefähr ebensoviel als diese Masse beträgt, gute Aepfel, wenn solche geschält, geviertheilt, die Kernhäuser herausgeschnitten sind, in kleine Würfel, wende sie in gemischtem Zucker und Zimmt um und rühre sie unter die Masse; zuletzt vermische man das Ganze noch mit dem festgeschlagenen Schnee von fünf Eiern, fülle die Masse in eine mit Butter bestrichene Auflaufform, gebe sie in einen mittelheißen Backofen, backe sie eine bis fünf Viertelstunden, dann nehme man die Mehlspeise heraus, bestreue sie mit feinem Zucker und bringe sie in ihrer Form zu Tische.

1128. Allgemeines hierüber. Bei dem Compote (gekochten Früchten) soll sich mit der Kunst des Kochens, daß die Früchte weder zu roh noch zu verweicht sind, auch die des geschickten Anrichtens vereinigen. Früchte wie Aprikosen, Pfirsiche, Aepfel werden in hübsche Hälften getheilt, und die innere Seite nach unten gelegt, die gewölbte obere Seite läßt sich nun in geschmackvoller Weise ordnen und das Compote mit Gelée oder eingemachten Früchten hübsch verzieren.

1129. Compote von Birnen (Pear Compote). Die Birnen werden von oben nach unten schön geschält, die Stiele zur Hälfte abgeschnitten, geschabt und in kaltes Wasser gelegt, das mit Citronensaft vermischt ist. Dann werden sie aus dem Wasser gehoben und in geläutertem Zucker, woran zuvor eine Citrone abgerieben worden, weich gekocht. Wenn es 16—18 große Birnen sind, kann ½ Pfund Zucker genommen werden. Die Birnen werden dann auf die Compoteschale gestellt, so daß die Stiele in die Höhe stehen, und der Saft darüber gegossen.

1130. Muscatellerbirnen (Another kind). Die Birnen werden geschält, die Butzen ausgeschnitten, die Stiele halb gelassen und die Birnen sogleich in frisches Wasser gelegt, damit sie nicht roth werden; nun nimmt man sie wieder aus dem Wasser und wiegt sie ab, kocht sie dann in Wasser halb weich), läutert halb so viel Zucker, als sie gewogen haben, und kocht sie darin fertig.

1131. Compote von Quitten (Quince Compote). Dieselben werden dünn geschält, mitten durchgeschnitten, das Kerngehäuse heraus gemacht und solches mit den Quitten in Wasser mit Zucker und etwas ganzem Zimmt weich gekocht. Dann giebt man ein Glas Wein dazu, richtet die Quitten an, läßt nöthigenfalls den Saft noch etwas einkochen und gießt ihn durch ein Sieb darüber.

Anmerkung. Das Gehäuse macht den Saft schneller dicklich und die Kerne geben eine schöne Färbung.

1132. Zwetschgencompote (Damson Compote). Vierzig bis fünfund=
vierzig hübsche Zwetschgen werden in der Länge gespalten, entkernt, sodann mit
1 Pfund Zucker, ½ Quart weißem Wein oder Wasser, einem Stückchen ganzen
Zimmt und etwas abgeschälter Citronenschale zum Feuer gesetzt, weich gekocht,
dann in eine Compoteschale angerichtet und warm oder kalt zu Tische gebracht.
Sollte der Saft derselben zu dünn sein, so werden die Zwetschgen herausge=
nommen und eingekocht.

Auf eine andere Art setzt man die Zwetschgen mit kaltem Wasser zum Feuer,
rührt sie öfters um, bis die Schalen derselben auffspringen, zieht solche alsdann
ab und kocht und beendet die Zwetschgen ganz auf obige Art.

1133. Pflaumencompote (Plums Compote). Dieselbe wird gerade so
behandelt und beendet wie vorhergehende Zwetschgencompote.

1134. Compote von gedörrten Zwetschgen (Prunes Compote). Die
dürren Zwetschgen, Kirschen, Mirabellen oder Prünellen werden, nachdem sie
einige Male aus warmem Wasser herausgewaschen worden sind, mit dem nöthigen
Zucker, etwas weißem Wein, etwas ganzem Zimmt und Citronenschale zum
Feuer gesetzt, angekocht und sodann ganz langsam ungefähr sieben Viertelstunden
weich gekocht.

1135. Kirschencompote (Cherries Compote). Von 3 Pfund hübschen
Kirschen (am besten Weichselkirschen) werden die Stiele abgezupft und die
Kirschen sodann mit 1 Pfund weißem Zucker, ½ Quart weißem Wein, einem
Stückchen ganzen Zimmt und der dünn abgeschälten Schale einer Citrone zum
Feuer gesetzt, unter Abschäumen ungefähr ¼ Stunde lang gekocht, sodann mit
einem Schaumlöffel herausgenommen, der Saft derselben wird eingekocht, nach
einigem Verkühlen über die Kirschen gegossen und diese werden sodann wie die
Zwetschgen angerichtet.

1136. Mirabellencompote (Mirabelles Compote).

1137. Reineclaudencompote (Reineclaude Compote). Auf 2 Pfund
Mirabellen oder Reineclauden rechnet man 1¼ Pfund weißen Zucker, ½ Quart
Wein, etwas ganzen Zimmt und die dünn abgeschälte Schale einer Citrone;
stellt Alles zum Feuer, läßt es unter gehörigem Abschäumen weich kochen und
richtet es sodann den Zwetschgen (Nr. 1132) gleich an; sollte der Saft noch zu
dünn sein, so müßten die Früchte zuerst herausgenommen, der Saft müßte ein=
gekocht und sodann über dieselben gegossen werden.

1138. Compote von Aprikosen (Apricots Compote). Die schön ge=
schälten, entzwei geschnittenen Aprikosen werden, nachdem die Steine herausge=
nommen sind, in geläutertem Zucker vorsichtig weich gekocht, doch so, daß sie
ganz bleiben; sie werden dann auf eine Schale schön angerichtet und mit
dem zum Breitlauf eingekochten Zucker begossen. Die Steine werden aufge=
schlagen, die Kerne herausgenommen, länglich geschnitten und die Aprikosen da=
mit besteckt.

1139. Compote von Pfirsichen (Peaches Compote). Es wird ganz
wie das vorhergehende Aprikosencompote behandelt, nur bleiben die Kerne weg.

1140. Orangen-Compote (Oranges Compote). Die Orangen wer=
den, nachdem sie geschält sind, in 8 Theile geschnitten, in die bestimmte Compote=
schale angerichtet, stark mit seinem Zucker überstreut, eine halbe Stunde stehen
gelassen und sodann zu Tische gegeben. Nach Belieben können sie auch mit
Zucker und mit etwas gutem Madeirawein übergossen werden.

1141. Himbeeren, Erdbeeren u. s. w. (Raspberries, Strawberries
etc.), überhaupt saftreiche Früchte werden nur einmal im Zuckersud umgewen=
det, dieser aber länger gekocht, die Früchte begossen und nun mehrmals das Ge=
fäß gerüttelt, damit der heiße Sud die Früchte durchdringe. Zu 1 Quart
Himbeeren rechnet man mindestens ½ Pfund Zucker, zu Erdbeeren, Brombeeren
ebensoviel, zu ebensoviel Heidelbeeren 1 Pfund Zucker, zu 2 Pfund Johannis=
beeren 1 Pfund Zucker.

1142. Heidelbeer-Compote (Bilberries or Huckleberries). 1 Quart
rein verlesene und gewaschene Beeren legt man in eine fest schließende Schüssel,
läutert sechs Unzen Zucker zur Perle und übergießt die Beeren damit, mengt
den Zucker gut darunter, deckt sie fest zu und füllt sie erkaltet in die Compote=
schale. Sollte der sich bildende Saft zu dünn sein, so wird er etwas ein=
gekocht.

1143. Ananas-Compote (Pine-Apple Compote). Die Ananas ist eine
der feinsten Früchte zu Compote. Sie wird von der Schale befreit, in Scheiben
geschnitten und mit Zucker bestreut. Von 2 Orangen preßt man den Saft aus,
giebt ebensoviel Wasser dazu und kocht darin einen Löffel voll Zucker, schäumt
es ab, gießt das Gekochte über die eingezuckerten Ananas und läßt sie er=
kalten.

1144a. Compote von Rhabarber (Rhubarb Compote). Die dicken
Stengel, so weit und so lange diese weich sind, was bis Anfang Juli der Fall
ist, werden zu Compotes gebraucht. Man zieht von den Stengeln die Haut
ab, schneidet sie in kurze Stückchen, wäscht und setzt sie mit kaltem Wasser auf's
Feuer und läßt sie nicht ganz zum Kochen kommen, oder brühe sie mit kochen=
dem Wasser, lasse sie 5 Minuten ziehen, dann legt man sie auf ein Sieb und in
den kochenden Zucker, den man mit etwas Weißwein oder Wasser und ein wenig
Zimmt, auch mit wenig Citronenschale würzen kann, und läßt nun den Rha=
barber rasch weich kochen. Dann macht man das Compote mit etwas feinge=
stoßenem Zwieback sämig, läßt es noch ein wenig kochen und giebt erkaltet in
Butter geröstete Semmelscheiben dazu.

Anmerkung. Der Rhabarber hat einen etwas säuerlichen Geschmack
und einige Aehnlichkeit mit Stachelbeeren. Statt Citronenschale kann in Zucker
eingelegte Orangenschale gebraucht werden.

1144b. Compote von Rhabarber einfacher zu bereiten (Rhubarb,
another Style). Man stelle den vorgerichteten Rhabarber ohne Weiteres mit
dem nöthigen Zucker auf's Feuer, lasse ihn weich kochen, mache die Brühe mit
etwas gerührter Kornstärke oder fein gestoßenem Zwieback bindend und gebe das
Compote kalt.

1145. Compote von unreifen Stachelbeeren (Gooseberries Compote). Hierzu nimmt man die Stachelbeeren, wenn sie die Hälfte ihrer Größe erreicht haben, schneidet Stiele und Blüthen davon ab und wäscht sie klar. Dann bringt man etwas Wasser mit reichlichem Zucker und einigen Stücken Zimmt zum Kochen, thut einen kleinen Theil der Beeren hinein, nimmt solche, sobald sie weich geworden sind, mit dem Schaumlöffel heraus, wozu indeß große Aufmerksamkeit gehört, da die Beeren leicht zerkochen, thut wieder neue hinein und fährt so fort. Dann läßt man den Saft so viel als nöthig einkochen und füllt ihn über das Compote. Auf solche Weise gekocht, bleiben die Beeren ganz und es gehört weniger Zucker dazu.

1146. Andere Art. Die vorgerichteten Stachelbeeren stellt man mit kaltem Wasser stark bedeckt auf schwaches Feuer. Sobald das Wasser recht heiß geworden, gießt man sie auf ein Sieb, wodurch den Beeren viel Säure entzogen wird. Darnach werden sie wie vorstehend zubereitet.

1147. Compote von reifen Stachelbeeren. Nachdem man von den Stachelbeeren Stiel und Blüthe entfernt hat, schütte man sie in kochendes Wasser, und sobald sie nach wenigen Minuten weich geworden sind, auf einen Durchschlag. Darnach rühre man sie durch denselben, bringe das Mus mit Zucker, etwas gestoßenem Zimmt, während man es öfter durchrührt, zum Kochen und verdicke es nach Belieben mit gestoßenem Zwieback oder mit etwas Kornmehl und dickem süßem Rahm.

1148. Compote von Melonen (Melon Compote). Ist die Melone hart oder wünscht man sie nicht roh zu gebrauchen, so kann man ein gutes Compote davon bereiten. Sie wird geschält, in lange Stücke geschnitten, in Wasser, Wein, Zucker und reichlich Citronenscheiben weich gekocht und mit dem kurz eingekochten Saft angerichtet.

1149. Wald-Erdbeeren zum Dessert vorzurichten. Die Erdbeeren werden eine Stunde vor dem Serviren wo nöthig leicht abgespült, recht reichlich mit gestoßenem Zucker bestreut, etwas Wasser darüber gegeben und zugedeckt hingestellt. Durch Uebergießen von Wein verlieren die Erdbeeren ihr Aroma.

XXVII. Von Schmalzgebackenem — Backing or Frying in Lard or Butter.

1150. Apfelküchelchen (Apple Fritters). Sechs Stück gute Aepfel werden, nachdem sie geschält sind, der Runde nach in kleinfingerdicke Scheiben geschnitten, alsdann vermittelst eines fingerdicken, runden, glatten Ausstechers die Kernhäuser ausgestochen. Diese so zubereiteten Apfelschnitten gebe man nun in eine Terrine, bestreue sie mit feinem Zucker, gieße etwas guten Rum darüber und lasse sie in dieser Marinade zwei Stunden stehen; nach Verlauf dieser Zeit tauche man sie vermittelst einer Gabel in Ausbackteig (Nr. 964), backe sie aus heißem, schwimmendem Schmalze zu schön rothgelber Farbe heraus, tropfe sie ab und wende sie in gemischtem Zucker und Zimmt, lege sie auf eine Schüssel und bringe sie zu Tische.

1151. Andere Art (Apple Fritters, another kind). Man macht einen Einlauf aus 6 Eiern, 1 Quart Milch, 1 Pfund Mehl, etwas Backing Powder und Salz. Die Milch wird mit dem Mehle verrührt, dann die Eigelbe, Salz und Backing Powder zuletzt, das Eiweiß wird zu Schnee geschlagen und darunter gegeben. Häufig werden jedoch auch die ganzen Eier dazu benutzt. Die Aepfel werden nun wie im Vorhergehenden zubereitet und in den Einlauf eingetaucht und gebacken.

1152. Birnenküchelchen (Pear Fritters).

1153. Pfirsichküchelchen (Peach Fritters).

1154. Aprikosenküchelchen (Apricot Fritters).

Alle diese Arten Küchelchen werden fast ganz auf vorhergehende Art behandelt und beendet; die Birnen, welche zart und süß sein müssen, werden geschält, geviertheilt und die Kernhäuser he-ausgeschnitten, die Aprikosen und Pfirsiche halbirt, die Kerne entfernt und die Schalen abgezogen. Sämmtliche Früchte werden alsdann ganz den Aepfeln gleichmarinirt und wie jene beendet.

1155. Kirschenküchelchen (Cherries Fritters). Von schönen, großen Schwarz- oder Weichselkirschen werden die Stiele abgestutzt, dieselben sodann in Backteig oder Einlauf eingetaucht und wie die Aepfelküchelchen beendet.

1156. Orangen-Fritters (Orange Fritters).

1157. Melonen-Fritters (Melon Fritters).

1158. Erdbeeren-Fritters (Strawberries Fritters).

Bei den Melonen-Fritters wird die Frucht, nachdem sie geschält ist, in halbfingerlange Stückchen geschnitten, etwas rund zugedreht, sodann gleich den vorhergehenden beendet. Bei den Orangen-Fritters werden zwei Orangen geschält, in 6 oder 8 Theile geschnitten, sodann in geläutertem Zucker einige Minuten gekocht; nach ihrem Erkalten wird etwas Madeirawein dazu gegossen und läßt man es eine Stunde stehen. Hierauf wird es gleich den Aepfel-Fritters in Backteig oder Einlauf getaucht und beendet. Erdbeeren-Fritters werden wie die Kirschen-Fritters behandelt.

1159. Reisküchelchen (Rice Fritters). Ein halbes Pfund guter Reis wird, nachdem er sauber verlesen und gewaschen ist, gewallt (blanchirt), sodann mit ungefähr 1 Quart Milch und 2 Unzen frischer Butter zum Feuer gesetzt, angekocht und langsam zugedeckt eine halbe Stunde gar gedämpft, nach welcher Zeit er ziemlich trocken und gehörig gequollen sein muß; man nehme ihn hierauf vom Feuer, gebe ein Stäubchen Salz, 2 Unzen feinen Zucker, nebst etwas ge=riebener Citronen= oder Orangenschale oder gestoßene Vanille daran, binde (legire) ihn mit sechs Eigelb, rühre ihn auf dem Feuer noch einen Augenblick ab, stürze ihn auf eine mit Crackermehl bestreute Platte, streiche ihn auseinander und lasse ihn erkalten; hierauf bilde man ihn vermittelst Crackermehl in wallnuß=große, runde Küchelchen, wende dieselben erst in verschlagenen Eiern, dann in geriebenen, weißen Semmeln um und backe sie aus schwimmend heißem Schmalze zu schön goldgelber Farbe heraus, lege sie zum Abtropfen einige Augenblicke auf Löschpapier, wende sie in gemischtem Zucker und Zimmt um und bringe sie hübsch bergartig angerichtet zu Tische; nach Belieben kann auch eine warme Obst= oder Weinsauce besonders dazu servirt werden.

1160. Reiskrone.

1161. Reisbirnen.

1162. Reisapfel.

1163. Reiscroquetten.

Alle diese Arten Küchelchen sind nur hinsichtlich ihrer Formen einer Ver=änderung unterworfen. Bei der Reiskrone wird der gekochte Reis bis zu Finger=dicke auf der mit geriebenem Crackermehl bestreuten Platte ausgebreitet, die Oberfläche ebenfalls mit Crackermehl bestreut und aus demselben sodann mit einem 1 Zoll im Durchmesser haltenden runden, glatten Ausstecher Plättchen ausgestochen, welche wieder mit einem zweiten, einen halben Zoll im Durch=messer haltenden Ausstecher genau in der Mitte durchstochen werden, so daß man auf diese Art kleine Ringe erhält; diese werden nun in verschlagenen Eiern, dann in Crackermehl umgedreht und aus schwimmend heißem Fette oder Butter zu schön goldgelber Farbe herausgebacken. Man tropfe sie dann gut ab, wende sie in gemischtem Zucker und Zimmt um und bringe sie hübsch bergartig angerichtet zu Tische. Bei den Birnen und Aepfeln suche man aus dem vorhergehend ge=kochten kalten Reis die Gestalt dieser beiden Früchte zu bilden, stecke oben an=statt des Butzens eine Corinthe und unten statt des Stieles ein länglich ge=schnittenes Stückchen Citronat hinein, behandle sie jedoch im Uebrigen ganz wie vorhergehende Küchelchen. Bei den Croquetten wird der Reis in finger=lange, dicke Würstchen geformt, welche dann ebenfalls nach vorhergehender Art beendigt werden.

1164. Griesküchelchen (Farina Fritters).

1165. Reismehlküchelchen (Rice Flour Fritters).

1166. Nudelküchelchen (Vermicelli Fritters).

In 1 Quart Milch werden 3 Unzen frische Butter gegeben, und wenn dieses kocht, werden 8 Unzen feines Gries= oder Reismehl oder auseinander ge=zupfte spanische Nudeln langsam eingegossen und die Masse alsdann so lange abgedämpft, bis sie sich von der Casserole loslöst. Man nehme sie hierauf vom Feuer weg, gebe 2 Unzen feinen Zucker nebst etwas Citronenschale daran, binde sie wie den Reis in Nummer 1159 (mit 6 Eigelb) und beendige sie gerade so wie jene.

1167. Rahmküchelchen (Cream Fritters). Aus einer der Backcrêmen von Nr. 1028—1036 werden, nachdem dieselbe kalt geworden ist, ganz nach vorhergehender Art, vermittelst geriebener Semmeln, Würstchen geformt, welche wie jene von Chocolade in Ei und Semmeln panirt, ausgebacken und mit Zucker bestreut zu Tische gegeben werden.

1168. Kartoffel-Croquetten (Potatoe Croquettes). 16—20 Stück große Kartoffeln werden in der Asche gebraten, gerieben, sodann mit einem halben Quart süßen Rahm und 2 Unzen Butter auf dem Feuer abgedämpft; hierauf nehme man die Masse vom Feuer weg, lasse sie etwas verkühlen, rühre sodann 12—14 Eigelb, ¼ Pfund verstoßene, süße Makronen, noch etwas feinen Zucker und kleingeschnittenen Citronat darunter, bilde hierauf vermittelst fein geriebener Semmeln fingerlange, daumendicke Würstchen, panire, backe und beende solche im Uebrigen jedoch ganz nach Nr. 1163.

1169. Harte Sauce (Hard Sauce). Man rührt zu Rahm: 1 Tasse Butter und 3 Tassen pulverisirten Zucker. Wenn es recht flaumig gerührt ist, giebt man ¾ Tassen Wein, den Saft einer Citrone und 2 Theelöffel Muskatnuß dazu. Man schlägt es lang und gut ab, bis die Farbe einige Schattirungen heller geworden ist und wie Rahm an Dicke. Man formt es mit einem breiten Messer, in kaltes Wasser getaucht, recht glatt und preßt es mit einem Holzstempel, der zuerst in heißes und dann in kaltes Wasser getaucht wurde; hierauf setzt man es auf das Eis, bis der Pudding servirt wird.

1170. Gebackene Schneeballen, Windbeutel (Snow Balls). In ¾ Quart Milch gebe man 4 Unzen frische Butter und etwas Salz, lasse dieses aufkochen, rühre sodann 1½ Pfund feines Mehl hinein und dämpfe die Masse so lange auf dem Feuer ab, bis sie sich von der Casserole loslöst, lasse sie einen Augenblick verkühlen und rühre dann 12—14 ganze Eier darunter. Aus dieser Masse steche man nun vermittelst eines Eßlöffels nußgroße, runde Stückchen heraus, lege diese in heißes, schwimmendes Schmalz ein, backe sie unter stetem, leichtem Bewegen zu schön gelbbrauner Farbe heraus, lasse sie auf Löschpapier einige Augenblicke abtrocknen, wende sie in gemischtem Zucker und Zimmt um, richte sie bergartig auf Schüsseln an und bringe sie zu Tische. Nach Belieben kann auch eine abgerührte Weinsauce besonders mitservirt werden.

1171. Strauben. Der in der vorigen Nummer angegebene Teig wird mit noch einigen Eiern zu einem dickflüssigen Teig gerührt, den man dann durch den Straubentrichter in siedendes Schmalz laufen läßt und heiß mit Zucker bestreut.

1172. Strauben mit Wein. ½ Pfund feines Mehl und 2 Pfund gestoßener Zucker werden in ein Glas siedend gemachten weißen Wein glatt eingerührt und mit 4 bis 5 Eiern zu einem dickflüssigen Teige verdünnt. Die Masse läßt man durch den Straubentrichter in heißes Schmalz laufen und backt Kuchen daraus, die man, wenn sie schön gebacken sind, zum Ablaufen auf ge= schnittenes Brot legt, mit gestoßenem Zucker und Zimmt bestreut, und warm zu Tische giebt.

1173. Fastnachtskrapfen (Dough Nuts). 1 Pfund Mehl, ¼ Pfund frische Butter, etwas Salz; und 5 Eier werden zu einem Teige angemacht, welcher, nachdem er einmal ausgerollt worden, von allen Seiten übereinander geschlagen und nochmals zu 2 Messerrückendicke ausgerollt wird; aus demselben werden nun fingerlange, dreifingerbreite, verschobene Vierecke vermittelst eines Back= rädchens abgerädelt, aus heißem Schmalze zu schön goldgelber Farbe heraus= gebacken, auf Löschpapier abgetrocknet, in gemischtem Zucker und Zimmt umge= wendet und hübsch angerichtet zu Tische gebracht.

1174. Fastnachtsküchlein mit Hefe (Crullers). Aus Mehl, ¼ Pfund Butter, 6 Eiern, 3 Löffeln Hefe und Milch wird ein Teig ganz nach Art der Hefenteige gemacht. Wenn er in der Schüssel gegangen, so sticht man mit einem Eßlöffel Stücke aus der Masse, drückt sie halbfingerdick auseinander, rädelt oder schneidet verschobene Vierecke davon, läßt sie auf einer mit Mehl bestreuten Ser= viette gut gehen, hält eine Pfanne mit siedendem Schmalz bereit und backt sie unter öfterem Umdrehen schön gelb; gebacken legt man sie einen Augenblick auf Brotschnitten zum Ablaufen und bestreut sie mit Zucker und Zimmt. Bei allem Schmalzgebackenen muß die Platte erwärmt sein, auf die es zu liegen kommt. Da die Fastnachtsküchlein sehr aufgehen in heißem Schmalz, so darf man nicht zu viele auf einmal einlegen.

1175. Gebrühte Fastnachtsküchlein (Dough Nuts.) Man setzt ½ Quart Milch mit 3 Unzen Butter und etwas Salz auf das Feuer, rührt, wenn die Butter vergangen, ehe die Milch siedet, so viel Mehl hinein, bis es ein Teig zum Würgen ist, schlägt 1 Ei darein und läßt ihn auf dem Backbrett abkühlen. Dann wellt man den Teig dünn aus, schneidet mit dem Backrädchen Stückchen und backt sie unter beständigem Rütteln in siedendem Schmalz, daß sie recht auf= laufen, und bestreut sie mit Zucker.

1176. Mandelkrapfen in Schmalz gebacken (Almond Crullers.) ¼ Pfund geschälte und fein gestoßene Mandeln, ebensoviel gesiebten Zucker rührt man mit 1 ganzen Ei und 2 Eigelb, 1 Eßlöffel Rosenwasser und etwas fein geschnittener Citronenschale ¼ Stunde. Zum Teig nimmt man vier Eigelb, den Rahm von 1 Quart saurer Milch, schafft Mehl und ein wenig Salz darein, wellt den Teig, schneidet auf die Hälfte ¼ Pfund Butter, schlägt die andere Hälfte darüber, wellt ihn wie einen Butterteig und zum zweitenmal eines Messerrücken dick aus, legt den Teig der Länge nach hin, thut von der gerührten Masse löffelweise auf den halben Teig, bestreicht mit Ei ringsum die Fülle, schlägt die leergelassene Hälfte darüber, drückt den Teig fest an, schneidet halbrunde Kräpflein mit einem groß= zackigen Backrädchen ab, backt sie im Schmalz gelb, und überstreut sie nachher mit Zucker und Zimmt. — Die Kräpflein können auch mit eingemachten abge= tropften Himbeeren gefüllt werden.

1177. Hefenkrapfen (Crullers with yest). Von 1 Pfund Mehl,
¼ Pfund Butter, 2 Unzen Zucker, etwas Salz; und 2 Eigelb wird mit Hefe und
Milch ein ziemlich fester Teig geschafft. Wenn er gegangen, macht man kleine
runde Kuchen wie kleine Dampfnudeln davon, läßt sie auf dem Nudelbrett gehen,
backt sie in schwimmendem Schmalz gut durch, bestreut sie mit Zucker und giebt
sie zu Obst.

1178. Berliner Pfannkuchen (Berlin Crullers). 1 Pfund Mehl nimmt
man in eine Schüssel, rührt in der Mitte des Mehls einen Vorteig an mit lau=
warmer Milch und einem Eßlöffel Bierhefe, schneidet 4 Unzen Butter auf dem
Teig herum, stellt ihn zur Wärme und läßt ihn gehen. Sobald der Vorteig
gegangen und die Butter weich ist, klopft man sie hinein, nimmt 2 Eier und
2 Dotter, 2 Eßlöffel Zucker, etwas Salz, Hefe und weitere Milch in die Schüssel,
klopft alles zu einem nicht zu weichen Teige und stellt ihn noch einmal zur
Wärme, damit er geht. Dann nimmt man ihn auf das Backbrett, wellt ihn
kleinfingerdick aus, sticht ihn mit einem Trinkglase aus und läßt die Küchlein
gut gehen; nun bestreicht man den Rand der Küchlein mit Eiweiß, setzt in die
Mitte etwas eingemachte Himbeeren, legt ein ungefülltes Küchlein darüber und
backt sie in einer Pfanne voll siedendem Schmalz. Zum Auftragen bestreue
man sie mit Zucker.

1179. Pfaffenmocken. 3 Weißbrode werden zu fingerdicken Schnitten ge=
schnitten, aus einer Schnitte drei gemacht, 7 Eier mit ½ Quart Wein stark ver=
rührt, die Stückchen darin eingeweicht, einmal umgekehrt, sobald sie weich sind
im Schmalze gebacken und noch warm stark mit Zucker und Zimmt überstreut.

1180. Zimmtrollen (Cinnamon Rolls). 1 Pfund Mehl, ½ Pfund
fein geschnittene Butter, ¼ Pfund fein gestoßene Mandeln, ebensoviel gestoßener
Zucker, die fein geschnittene Schale von ½ Citrone, 1 Messerspitze voll gestoßene
Nelken und ½ Unze gestoßenen Zimmt macht man mit einem ganzen Ei und
2 Dottern, 2 Eßlöffeln saurem Rahm und ½ Glas weißem Wein zu einem
Teige, würgt ihn, überschlägt ihn ein paarmal wie einen Butterteig, wellt ihn
messerrückendick aus, schneidet fingerbreite Streifen davon, wickelt sie auf hölzerne
Formen, die aber nur daumendick sein dürfen, umbindet sie mit Bindfaden und
backt sie in Schmalz. Nach dem Backen wird der Faden entfernt, die Hölzer
behutsam herausgedreht, die Rollen mit Zucker bestreut und mit irgend einer be=
liebigen Marmelade gefüllt.

1181. Hobelspäne (Shavings.) 2 Eier nebst einer welschen Nuß groß
zerlassener Butter werden mit etwas Salz gut verrührt, dann so viel Mehl dazu
gethan, daß man einen nicht zu festen Teig davon würgen kann; davon werden
3—4 Kuchen gewellt, von diesen, wenn sie etwas ausgetrocknet sind, mit dem
Backrädchen zweifingerbreite Streifen abgeschnitten, diese in Schmalz gelb ge=
backen und dann dick mit Zucker bestreut.

1182. Mandelschnitten in Milchsauce. 3 Unzen süße Mandeln stoßt
man mit einem Eiweiß oder mit Rosenwasser sehr fein, thut 1½ Unze gestoßenen
Zucker, Citronengelb und feinen Zimmt nach Geschmack daran, rührt solches

mit 2 Eiweiß an, bestreicht Schnitten aus Milchbrod auf beiden Seiten mit obiger Masse, überfährt sie mit verkleppertem Ei und backt sie nun in siedendem Schmalz gelb, doch nicht hart. In einer Citronenmilchsauce werden sie einmal aufgekocht und sogleich zu Tische gegeben. Sie können auch in Hagenbutten= sauce gegeben werden, beide Arten sind Abendspeisen.

1183. Weckschnitten. Die geschnittenen Milchbrodscheiben werden in ge= salzener, kalter Milch etwas erweicht, dann auf einen Durchschlag abgetropft, in Pfannkuchenteig (Nr. 1011) umgewendet, aus heißem Schmalze zu schön gold= gelber Farbe ausgebacken, auf Löschpapier einen Augenblick abgetrocknet, in ge= mischtem Zucker und Zimmt umgewendet, heiß über ein beliebiges, gekochtes Obst (Compote), als Zwetschgen, Kirschen, ꝛc. im Kranze angerichtet und zu Tische gebracht.

1184. Brandnudeln. Man gebe 2 Pfund gesiebtes Mehl in eine Schüssel, lasse es an einem warmen Orte etwas lau werden, mache dann in die Mitte desselben ein Loch, verrühre ½ Quart lauwarme Milch mit 4—6 Eßlöffeln guter Hefe, gebe dieses sodann in die Vertiefung des Mehls, rühre einen dicken Brei mit demselben an und lasse den Ansatz an einem lauwarmen Ort in die Höhe treiben; hat er nun gehörig gehoben, so gebe man ¾ Quart laue Milch, 10 Eigelb, ein Stäubchen Salz, nebst 3 Unzen Butter dazu, schlage ihn mit einem Kochlöffel so lange, bis er recht glatt ist und von dem Löffel abfällt, stürze ihn hierauf auf eine mit Mehl bestreute Tafel um, forme vermittelst der Hände und etwas Mehl wallnußgroße, runde oder ovale Klöße, setze diese auf eine gut mit Mehl bestreute Serviette, welche über ein Brett ausgebreitet ist und lasse sie nochmals an einem lauen Orte etwas in die Höhe treiben, wobei zu bemerken ist, daß sie sich nicht zu viel heben dürfen, indem sie sonst zu fettig werden. Nun backe man sie aus heißem, schwimmenden Schmalze von allen Seiten zu schön braun= gelber Farbe heraus, lege sie einige Augenblicke auf Löschpapier zum Abtropfen, bestreue sie mit gemischtem Zucker und Zimmt, oder richte sie erhöht auf eine tiefe Schüssel an, gebe eine Vanillensauce darüber und bringe sie sogleich zu Tische.

1185. Erdbeeren=Schnitten (Strawberry Slices). Dünn geschnittene Brodscheiben werden lang herzförmig zugestutzt und dann in ausgelassener, frischer Butter zu schöner Farbe ausgebacken; nun wende man sauber gelesene, in einer Serviette gut abgetrocknete, frische Erdbeeren in Zucker um, häufe (dressire) dieselben über jede der Brodschnitten erhöht an, setze sie in schöner Ordnung auf eine tiefe Schüssel, begieße sie mit kalter Erdbeersauce und bringe sie zu Tische. Die Sauce wird auf folgende Art zubereitet: Man streiche eine Partie Erdbeeren durch ein feines Haarsieb und verrühre das Durchgestrichene mit weißem Wein und feinem Zucker zu einer dünnflüssigen Sauce.

1186. Gefüllte Milchbrode. Von 4 Stück frischen, runden Milchbrödchen wird die Kruste auf einem Reibeisen rund herum abgerieben und in dieselben fingerbreit von einander bis auf den Boden herunter eingeschnitten (man muß sich sehr in Acht nehmen, daß man sie nicht ganz durchschneidet). Diese Ein= schnitte fülle man nun mit folgenden Ingredienzien, welche mit einander gehörig vermischt werden: Stiftlich geschnittene, abgezogene Mandeln, kleine und große,

gut gelesene, gewaschene Rosinen werden zu gleichen Theilen genommen und sodann 2 Eßlöffel klein würflig geschnittener Citronat, ein Theelöffel abgeriebene
Citronenschale, ebensoviel gestoßener Zimmt, nebst drei Eßlöffel feiner Zucker
dazu gefügt; nachdem nun die Einschnitte der Milchbrödchen damit gefüllt sind,
umbinde man letztere mit einem Bindfaden, lasse sie in 8 ganzen Eiern, welche
mit ¾ Quart kalter Milch und ein wenig Salz verschlagen worden, gut durch-
weichen, lege sie dann auf einen Durchschlag zum Abtropfen, backe sie dann von
allen Seiten zu goldgelber Farbe, lasse sie wieder abtropfen, befreie sie von dem
Bindfaden, wende sie in gemischtem Zucker um und richte sie über eine Frucht-
oder Obstsauce an.

1187. Gewöhnliche Waffeln (Wafers). Dreiviertel Pfund feines Mehl,
½ Pfund gute, süße Butter, reichlich ½ Quart lauwarme Milch, 7 frische Eier,
1½ Eßlöffel frische Hefe und etwas Milch aufgelöst, ⅛ Weinglas Arrak oder
Rum, Muscatblüthe oder Citronenschale.

Die Butter wird zu Sahne gerieben; abwechselnd die ganzen Eier, Mehl,
Hefe, nebst Gewürz hinzugerührt, der Teig geschlagen, bis er Blasen wirft, der
Branntwein durchgemischt und zugedeckt so hingestellt, daß er erst in 3—4 Stunden
aufgegangen ist. Sobald die Masse stark gährt, fängt man bei gleichmäßigem,
nicht starkem Feuer zu backen an, wobei man zuweilen das Eisen mit einem
Stückchen Butter, welches in ein Läppchen gebunden wird, oder mit einer Speckschwarte bestreicht. Dann giebt man einen kleinen Rührlöffel voll Teig hinein,
hält das Eisen eine kleine Weile auf beiden Seiten ins Feuer, öffnet und klappt
dasselbe zum Loslassen zusammen und bestreut die gelbgewordenen Waffeln beim
Herausnehmen mit Zucker.

1188. Schwäbische Waffeln (Suabian Wafers). Der Butterteig (Nr.
961) wird messerrückendick zu einer Platte ausgerollt, sodann werden aus derselben Stückchen nach der Größe des Waffeleisens geschnitten, eine beliebige
Marmelade wird darüber gestrichen, der Rand neben mit Wasser etwas angefeuchtet, hierauf ein zweites ebenso großes Plättchen darüber gegeben, am Rande
etwas fest angedrückt, dann werden sie in ein heißes Waffeleisen gegeben, auf
zwei Seiten wie vorhergehend gebacken, beschnitten, mit feinem Zucker bestreut,
eine glühende Schaufel wird darüber gehalten, damit der Zucker schmilzt und
sich glasirt, und alsdann werden sie zu Tische gebracht.

1189. Rahmwaffeln (Cream Wafers). Drei Viertelpfund frische, zerlassene Butter wird mit 10 ganzen Eiern und 6 Eigelb schäumig gerührt, sodann
werden 1½ Pfund feines gesiebtes Mehl, die abgeriebene Schale einer Citrone,
nebst 3 Eßlöffeln feinem Zucker darunter gemischt und zuletzt ½ Quart geschlagener
Schlagrahm nebst dem festgeschlagenen Schnee der 6 Eier gleichfalls langsam
darunter gegeben; aus dieser Masse werden Waffeln gebacken, welche, nachdem
sie mit Zucker bestreut sind, sogleich zu Tische gebracht werden.

1190. Holländische Waffeln (Dutch Wafers). 1 Pfund feinstes Mehl,
½ Pfund gute Butter, 8 frische Eier, reichlich ½ Quart lauwarme Milch, 1½ Eßlöffel frische Hefe, wenn es beliebt auch etwas Gewürz.

Der Teig wird wie im Vorhergehenden behandelt, zum langsamen Aufgehen 4 Stunden hingestellt, und wenn derselbe im vollen Gähren ist, vor dem Backen ein halbes Bierglas kaltes Wasser hinzugegossen und einmal durch= gerührt.

XXVIII. Abschnitt. Auflaufe und Puddings — Fine baked Puddings.

1191. Von den Auflaufen (Soufflées). Die Auflaufe bestehen fast ganz aus denselben Bestandtheilen wie die Puddings und werden fast ebenso zubereitet wie jene, nur müssen die Massen bedeutend feiner gehalten werden. Man giebt sie entweder in starke mit Butter bestrichene, porzellanene, tiefe Schüsseln oder in runde, platte, hohe, ebenfalls mit Butter bestrichene Formen, backt sie darin, bestreut sie mit feinem Zucker und bringt sie so schnell wie möglich, indem sie sonst gleich wieder zusammen fallen, zu Tische. Da jedoch die Formen durch das Backen etwas unappetitlich aussehen, so ist es gut, wenn man große, nach der Höhe derselben hübsch lackirte Ringe hat, in welche die Formen genau passen. Man setzt diese Ringe auf die zum Anrichten bestimmte flache Schüssel, giebt den gebackenen Auflauf mit seiner Form hinein und bringt ihn alsdann zu Tische.

1192. Schweizerauflauf (Switzer Soufflée). 2 Quart Milch läßt man sieden, nimmt Citronensaft oder etwas Essig und 10 verrührte Eier dazu und läßt es unter stetem Rühren gerinnen, schüttet es in ein Tuch und läßt es ab= laufen. Dann reibt man im Reibstein oder stoßt im Mörser ½ Pfund Butter mit ¼ Pfund Mandeln, nimmt dazu den Käse nebst 10 Eigelb und reibt oder stoßt alles recht leicht, rührt dann den Schaum der 10 Eier, Zucker und ein wenig Citronenschale hinein, füllt es in eine bestrichene Form und zieht es mit Kohlen auf oder backt es im Ofen.

1193. Käse=Auflauf (Cheese Soufflée.) In 3 Unzen frische, zer= lassene Butter gebe man 3 Unzen feines Mehl, mische es unter einander und dämpfe es mit ¾ Quart kochender Milch so lange ab, bis sich die Masse leicht von der Casserole loslöst, nehme sie sodann vom Feuer weg, mische 4 Unzen ge= riebenen Parmesankäse darunter, lasse die Masse verkühlen, verrühre sie noch mit 6 Eigelb, etwas Salz, nebst einer Messerspitze weißem Pfeffer, ziehe zuletzt das zu festem Schnee geschlagene Eiweiß der 6 Eier darunter und beende den Auflauf ganz nach Nr. 1192. Er wird ungefähr 24 Minuten lang gebacken.

1194. Aufgelaufene Käseküchelchen (Cheese Soufflée). Drei Milch= brödchen werden abgeschält, in Milch eingeweicht, wieder leicht ausgedrückt und mit 6 Unzen frischer Butter auf dem Feuer so lange abgedämpft, bis sich die

Maſſe von der Caſſerole loslöſt; nun nehme man ſie vom Feuer weg, laſſe ſie erkalten, rühre ſodann ¼ Pfund geriebenen Parmeſankäſe, 3 Eßlöffel ſauern Rahm, 5 ganze Eier und 8 Eigelb, etwas Salz, weißen Pfeffer und geriebene Muskatnuß und zuletzt das zu feſtem Schnee geſchlagene Eiweiß der 8 Eier darunter, fülle die Maſſe in kleine mit zerlaſſener Butter beſtrichene, ſtark finger= lange, dreifingerbreite und ebenſo hohe papierne Käpfelchen halbvoll, gebe dieſe auf ein Backblech und backe ſie in einem mittelheißen Backofen ungefähr eine Viertelſtunde zu ſchöner Farbe heraus. Sie werden ſodann in den Käpfelchen auf eine flache Schüſſel geſetzt und gleich ſervirt. Man giebt ſie meiſtens nach der Suppe als Side dishes.

1195. Auflauf von Stachelbeeren (Gooseberries Soufflée). Die Beeren dürfen nicht völlig reif ſein, man reinigt ſie von Butzen und Stielen und nimmt zu 1 Pfund Beeren ¾ Pfund geſtoßenen Zucker, ſetzt Zucker und Beeren in einer Caſſerole auf ſchwache Kohlen und kocht ſie weich. Nun leert man ſie in ein anderes Geſchirr um und miſcht, wenn ſie erkaltet ſind, den ſteifen Schnee von 10 Eiweiß, 2 Unzen Zucker, nebſt der auf Zucker abgeriebenen Schale und dem Saft von 1 Citrone dazu, beſtreicht eine Form mit Butter, füllt das An= gerührte ein und zieht es langſam zwiſchen Kohlen auf.

1196. Auflauf von friſchen Johannisbeeren (Currant Soufflée). Man nimmt ½ Quart Milch, macht ſie ſiedend und rührt Semmel= oder Weckmehl darein, bis es ein dicker Brei iſt, läßt ihn ein wenig kochen und dann erkalten. ¼ Pfund Butter wird leicht gerührt, der abgekühlte Brei, das Gelbe von 5 Eiern, eine Handvoll Zucker und etwas Zimmt darunter gerührt, dann das Weiße von 3 Eiern zu Schnee geſchlagen und auch darunter gemiſcht. ½ Quart Johannisbeeren wird abgezupft und eine Stunde vorher mit einigen Händen voll geſtoßenem Zucker vermengt, eine Form mit Butter beſtrichen, die Hälfte der Maſſe hineingefüllt, die Johannisbeeren darauf gethan, die andere Hälfte darüber geſtrichen und im Ofen langſam aufgezogen. Er wird in derſelben Form aufgetragen.

1197. Kaſtanienauflauf (Chestnut Soufflée). ¼ Pfund Butter wird leicht gerührt, dann kommen nach und nach 4 ganze Eier und 10 Eigelb daran, 2 Unzen abgezogene und fein geſtoßene Mandeln, ½ Pfund gekochte, abgezogene und geriebene Kaſtanien, 2 Unzen Zucker, Citronengelb und der Schnee von 6 Eiern. Iſt dies Alles gut unter einander gerührt, ſo füllt man es in eine mit Butter beſtrichene Form ein und bäckt es im Ofen.

1198. Kapuzinerauflauf (Capuchin Soufflée). Von 4 Wecken reibt man die Rinde ab, ſchneidet das Innere zu dünnen Schnitten, kocht ſie mit ½ Quart ſüßem Rahm und läßt es erkalten. Nun rührt man ¼ Pfund Butter leicht, nimmt den abgekühlten Weck dazu, rührt 6 Eigelb daran, nebſt der ab= geriebenen Schale von einer halben Citrone, 1 Theelöffel geſtoßenen Zimmt, 2 Unzen Zucker, ¼ Pfund gewaſchene große und kleine Roſinen, und zuletzt den ſteifen Schnee der 6 Eiweiß. Die Maſſe wird in eine mit Butter be= ſtrichene Form gefüllt und langſam gebacken.

1199. Ein feiner Apfelauflauf, Nr. 1 (Fine Apple Soufflée). Feine mürbe Aepfel, Eingemachtes zum Füllen derselben, ¼ Pfund Butter, ¼ Pfund Mehl, ¼ Pfund Zucker, 6 Eier, ¼ Quart Milch und die Hälfte der Schale einer Citrone.

Die Aepfel werden geschält und so ausgebohrt, daß sie an der Stielseite unverletzt bleiben, die Höhlung wird mit etwas Eingemachtem gefüllt und in eine mit Butter bestrichene Schüssel, in welcher man backen kann, neben einander gestellt. Dann wird die Hälfte der Butter geschmolzen, Mehl und Milch angerührt, hinzugefügt und über Feuer gerührt, bis es sich vom Topfe ablöst. Unterdeß rührt man die übrige Butter weich, giebt Eidotter, Zucker, Citronenschale und die etwas abgekühlte Masse dazu und mischt, wenn Alles gut gerührt ist, den festen Schaum der Eier leicht durch und giebt dies über die Aepfel. Der Auflauf wird sogleich in den Ofen gestellt, in mittelmäßiger Hitze eine Stunde backen und in derselben Schüssel aufgetragen.

1200. Aepfelauflauf, andere Art, Nr. 2 ((Another kind). Man nimmt 2 Suppenteller steifes Aepfelmus, vermengt es mit 1½ Pfund zwei Tage altem geriebenem Weißbrod, ¼ Pfund zerlassener Butter, 8 Eigelb, Zucker und Zimmt, rührt den Schaum der Eier durch und backt den Auflauf in einer Form 1¼ Stunde.

1201. Gewöhnlicher Auflauf von Aepfeln (Nr. 3), der jedoch von allen Früchten gemacht werden kann. ½ Pfund Mehl, 3 Unzen Butter, ¾ Quart Milch, 2 Eßlöffel Zucker, 6 Eier, Citronenschale oder 8 Stück gestoßene bittere Mandeln und 1½ Theelöffel Salz.

Nachdem die bemerkten Theile nach vorhergehender Angabe zusammengesetzt sind, gebe man davon den vierten Theil in eine gut zugerichtete Form oder Schüssel, lege 2 gehäufte Suppenteller in 4 Theile geschnittene mürbe, säuerliche Aepfel darüber hin, bestreue sie mit Zucker und Zimmt, bedecke sie mit der übrigen Masse und backe den Auflauf 1¼ Stunde.

Derselbe kann, wie oben bemerkt, von allen Früchten gebacken werden. Zwetschen, sowohl frische als getrocknete, werden ausgesteint, letztere aber vorher weich gekocht; bei saftigen Früchten, als: sauren Kirschen, Heidelbeeren, Johannisbeeren 2c. wird des Saftes wegen gestoßener Zwieback mit dem Obst vermischt, und je nachdem solches mehr oder weniger Säure hat, mehr oder weniger versüßt. — Für 10—12 Personen.

1202. Auflauf von Aprikosen. 6 Eßlöffel Aprikosenmarmelade werden mit 3 Eßlöffel feinem Zucker gut verrührt und mit dem sehr steif geschlagenen Schnee von 6 Eiweiß vermischt, in eine mit Butter bestrichene Form oder tiefe Platte eingefüllt, stark mit Zucker bestreut und in abgekühltem Ofen gebacken.

1203. Auflauf von Aepfeln und Reis. Im Verhältniß zu der Form ½—¾ Pfund Reis, Milch, 4—7 Unzen Zucker, 3—5 Unzen Butter, 4—6 Eier, 12—15 saure Aepfel, Wein, Citrone, Apfelsine.

Man kocht den abgebrühten Reis in Milch und einem Stück frischer Butter gar, aber nicht zu weich. Zugleich kocht man geschälte und halb durchgeschnitteue Borsdorfer Aepfel in Wasser, Wein, Zucker, Citronensaft und Schale gar, doch müssen sie ganz bleiben, nimmt sie aus der Brühe, giebt zu derselben noch so viel Zucker, daß sie geleeartig wird, und drückt den Saft einer Apfelsine dazu. Nun reibt man die übrige Butter weich, rührt Eidotter, Zucker, den Reis hinzu und mischt den steifen Eiweißschaum leicht durch. Darnach legt man in eine gut zugerichtete Form eine Lage Reis, eine Lage Aepfel und bedeckt diese wieder mit Reis. Die Aepfel dürfen die Seiten der Form nicht berühren und auch nicht aus dem Reis hervorstehen. Dann streut man gestoßenen Zwieback dar= über und legt kleine Stückchen Butter darauf, läßt den Auflauf etwa eine Stunde backen, oder so lange, bis er eine schöne gelbe Farbe bekommen hat, stürzt ihn dann auf eine Schüssel und giebt die geleeartige Sauce darüber. — Für 15—18 Personen.

1204. **Reisauflauf mit Aprikosen, sehr gut** (Rice Soufflée with Apricots). Drei Viertelpfund Reis, ¼ Pfund Butter, ¼ Pfund Zucker, Vanille, knapp 1¾ Quart Milch, 8 Eier, in Zucker eingekochte Aprikosen, Apri= kosenmus, und Vanille.

Der Reis wird zum Kochen gebracht, abgegossen und nachher mit Butter, Zucker, einem Stück Vanille und der Milch langsam weich und steif gekocht, die Körner müssen ganz bleiben. Alsdann läßt man ihn abdampfen, rührt die Ei= dotter und das zu steifem Schnee geschlagene Weiße leicht durch, giebt eine Lage Reis und eine Lage in Zucker eingekochte Aprikosen abwechselnd in die Form und läßt dieses eine Stunde backen. Es muß gleich anfangs etwas weniger Feuer darunter gelegt werden.

Beim Herausziehen des Auflaufs wird Aprikosenmus in die Mitte und rund herum gelegt. — Für 10—12 Personen.

1205. **Omeletteauflauf** (Omelette Soufflée). Siehe Nummer 1014, bei den Eierspeisen.

1206. **Omeletteauflauf auf andere Art.** 6 Eier, 4 Eßlöffel feingestoße= ner Zucker, 1 Eßlöffel feines Mehl, ¼ Pfund Butter.

Die Eidotter werden mit dem Zucker ¼ Stunde gerührt, erst in dem Augen= blick, wenn man backen will, wird das zu festem Schaum geschlagene Eiweiß mit dem Mehl hinzugerührt. Dann wird auf einem schwachen Feuer die Butter ohne Salz in einer Pfanne geschmolzen, das Angerührte hineingegossen und immer durchgezogen, so daß der Boden heraufkommt. Wenn die Omelette die Butter an sich gezogen hat, so giebt man sie auf eine Schüssel, schlägt sie doppelt und bestreut sie mit Zucker und Zimmt, oder mit in Zucker gestoßener Vanille, oder man legt Confitüren dazwischen. Auch kann man den Saft einer Citrone darüber träufeln und dann mit Zucker bestreuen, auch Rum darüber gießen und solchen anbrennen.

1207. **Rhabarberauflauf** (Rhubarb Soufflée). Hierzu ein Compote von Rhabarber und die Hälfte des Loth= oder Schwammpuddings. Von letz= terem gebe man einen Theil in eine zugerichtete Form, streiche das Compote darüber, bedecke es mit der übrigen Masse und backe den Auflauf drei Viertel= stunden.

1208. Sagoauflauf (Sago Soufflée). Ein halbes Pfund Sago, Milch, sechs Eier, drei Unzen Butter, drei Unzen Zucker, Citronenschale nach Belieben, zwei Unzen fein gestoßene Mandeln, worunter sechs Stück bittere sein können.

Der Sago wird abgebrüht, in 1 Quart Milch gar und steif gekocht, daß er sich vom Topfe ablöst. Dann rührt man Butter zu Rahm, giebt nach und nach Eidotter, Zucker, Citronenschale, Mandeln, den etwas abgekühlten Sago und zuletzt das zu Schaum geschlagene Weiße hinzu.

Auch kann man Citronen und Mandeln weglassen und dem Auflauf einen Geschmack von Vanille geben, die mit Zucker gestoßen wird. Man läßt denselben eine Stunde backen. — Für 10 Personen.

1209. Reisauflauf (Rice Soufflée). ½ Pfund Reis, ¼ Pfund Butter, 8 Eier, ¼ Pfund Zucker, Citronenschale und Zimmt, einige Zwiebäcke, ⅛ Pfund gewaschene und ausgesteinte Rosinen und 1 Quart Milch.

Der Reis wird in Wasser einige Minuten gekocht, abgegossen und mit kochender Milch aufs Feuer gesetzt, ohne ihn zu rühren, gar und steif gekocht; dann rührt man die Butter weich, giebt Eidotter, Zucker, Gewürz, den etwas abgekühlten Reis, einige gestoßene Zwiebäcke, Rosinen hinzu, mischt den Schaum durch und backt den Auflauf eine Stunde. — Für 10—12 Personen.

1210. Vanilleauflauf (Vanilla Soufflée). Man kocht 1½ Pint Milch, 3 Unzen feines Mehl, 3 Unzen Butter, dieses über Feuer gesetzt und gerührt, bis es vom Topfe losläßt; dann gebe man 3 Unzen Zucker, 8 Eigelb und Vanille, zuletzt den festen Schnee von 8 Eiern hinzu und bäckt es in Mittel-Hitze eine halbe Stunde. Wenn der Auflauf fertig ist, wird er mit Zucker bestreut.

1211. Orangenauflauf (Orange Soufflée).

1212. Citronenauflauf (Lemon Soufflée).

1213. Auflauf von Orangenblüthe (Orange Blossom Soufflée).

1214. Auflauf von Rum (Rum Soufflée).

1215. Auflauf von Punchliqueur (Punch Liquor Soufflée).

1216. Auflauf von Marasquino (Marasquino Soufflée).

Auch diese Arten Auflaufe werden ganz so wie der Vanilleauflauf (Nr. 1210) zubereitet und beendet; man gebe nur statt Vanille vor dem Vermischen des Schnees, je nachdem man den Auflauf stark oder schwach schmeckend haben will, etwas von einem dieser verschiedenen Liqueure in die Masse, nehme jedoch zum Abrühren etwas Milch oder Rahm weniger.

1217. Chocoladeauflauf (Chocolate Soufflée) wird auf gleiche Art wie der Vanilleauflauf (Nr. 1210) behandelt, nur daß man statt Vanille drei Unzen in Wasser aufgelöste Chocolade darunter nimmt.

1218. Auflauf von Kaffee.

1219. Auflauf von Thee.

1220. Auflauf von gebranntem Zucker (Caramel Soufflée).

Auch bei diesen Auflaufen wird immer das Verhältniß der verschiedenen Bestandtheile wie bei dem von Vanille (Nr. 1210) beibehalten und werden sie ebenso beendet wie dieser. Man gebe nur in die kochende Milch entweder drei Unzen feinen, frisch gebrannten, gemahlenen Kaffee oder drei Theelöffel feinen, grünen Thee, lasse dieses 8 Minuten zugedeckt darin gut ausziehen, seihe die Milch sodann durch eine reine, geruchlose Serviette, lasse sie noch einmal auf= kochen und dämpfe alsdann die Masse (ganz nach) Nr. 1210) ab. Bei dem Auflauf von gebranntem Zucker werden 2 Unzen Zucker zu rothbraunem Cara= mel gekocht, in der kochenden Milch aufgelöst und sodann der Auflauf (ganz nach) Nr. 1210), wobei die Vanille jedoch wegbleibt, beendet.

1221. Reismehlauflauf (Rice Flour Soufflée).

1222. Kartoffelmehlauflauf (Potatoe Starch Soufflée.)

1223. Griesmehlauflauf (Farina Soufflée).

Alle diese Arten Auflaufe werden gerade so zubereitet und beendet, wie der von Vanille (Nr. 1210), nur daß hier statt Mehl ebensoviel Reis=, Kartoffel= oder Griesmehl genommen wird, die Vanille wegbleibt und statt dieser etwas geriebene Citrone in die Masse gegeben wird

1224. Citronenauflauf (Lemon Soufflée) für 4 Personen.

¼ Pfund fein gesiebter Zucker wird mit der fein abgeriebenen Schale von 2 Citronen und 9 Eidottern ½ Stunde gerührt, das Weiße zu Schnee geschlagen, leicht darunter gemischt, kurz vor dem Einfüllen der rein ausgepreßte Saft von 3 Citronen dazu gethan, die Masse auf eine mit Butter bestrichene Steingutplatte gefüllt, diese auf glühende Asche, darauf ein Kohlendeckel gesetzt oder im Backofen lang= sam aufgezogen.

1225. Kaiserauflauf (Emperor Soufflée).

Ein halbes Pfund Zucker, ¼ Pfund Butter, 10 Eigelb, der Saft und die abgeriebene Schale einer Citrone werden auf dem Feuer zu einer dicken Sauce abgerührt, sodann wird die Masse, wenn sie kalt geworden ist, mit dem zu festem Schnee geschlagenen Eiweiß der 10 Eier und einer Unze feinem Mehl vermischt, in die bestimmte Form ein= gefüllt und ganz nach dem Vanilleauflauf (Nummer 1210) gebacken und be= endet.

1226. Weißbrodauflauf (White Bread Soufflée).

Man läßt 6—8 Zwiebäcke, mit kochender Milch übergossen, weichen und rührt die Masse, so lange sie noch heiß ist, mit einem Stich Butter ganz fein (sie darf nicht zu dünn sein), giebt 2 Unzen geriebene Mandeln, 8—10 Eigelb, Zucker, Citrone nach Geschmack, eine Obertasse vorher gequellte Rosinen und schließlich das zu Schaum geschlagene Eiweiß hinzu und backt es in der Auflaufform eine Stunde.

Wenn der Auflauf gar ist, überstreicht man ihn mit Johannisbeer= oder einer andern Gelee, und giebt darüber das von 4—5 Eiern zu steifem Schnee ge= schlagene und mit Zucker vermengte Eiweiß, läßt es im Ofen einigermaßen fest werden und giebt es zur Tafel. — Für 10—12 Personen.

1227. Schwarzbrodauflauf (Rye Bread Soufflée). Nachdem man 7 Unzen Butter zu Rahm gerieben, werden nach und nach hinzugerührt: 10 Ei= dotter, 5 Unzen Zucker, etwas Nelken, Zimmt, Cardamom und Citronenschale, 7 Unzen geriebenes und durchgesiebtes Schwarzbrod, 3 Unzen Corinthen, auch nach Belieben 1 Unze Mandeln und zuletzt der feste Schaum leicht durch die Masse gemischt und eine Stunde gebacken. — Für 9 Personen.

1228. Zwiebackauflauf (Biscuit Soufflée). Etwa 15 Stück Zwie= bäcke werden gestoßen, mit Milch angefeuchtet und dazu 2 Unzen Butter zu Schaum gerührt, 6—8 Eidotter, 2 Unzen gestoßener Zucker und schließlich das zu Schnee geschlagene Eiweiß hinzugegeben. Eine Auflaufform wird mit Butter bestrichen und mit gestoßenem Zwieback bestreut, der Boden mit frischem Obst= compote oder eingemachten Früchten bedeckt, der Auflauf darüber gegeben und im Ofen ½—¾ Stunden gebacken.

1229. Kartoffelauflauf (Potatoe Soufflée). ¼ Pfund zu Rahm ge= riebene Butter, 8 Eidotter, ¾ Pfund Zucker, ½ Unze gestoßene Mandeln, worunter 6 Stück bittere sind, auch nach Belieben Citronenschale oder Zimmt. Dies Alles wird nach vorhergehender Angabe gemischt und eine Weile gerührt, dann 11 Unzen am Tage vorher in der Schale halb gar gekochte, abgezogene und geriebene Kartoffeln mit 3 Unzen geriebenem Weißbrod durchgerührt, sowie auch nachher der feste Schaum der Eier. Man läßt den Auflauf eine Stunde backen. — Für 10 Personen.

1230. Auflauf von Nudeln (Vermicelli Soufflée) für 4—6 Personen. In Ermangelung von Reisnudeln mache man von 2 Eiern einen Nudelteig, wie solcher in Abschnitt 22, Nr. 960 beschrieben ist. Dann koche man die Nudeln in Salzwasser ab, nehme solche heraus, thue sie in kaltes Wasser, rühre sie einigemal um und breite sie zum Abtrocknen auf ein Sieb aus. Darnach wer= den 6 Eidotter mit 5 Unzen gestampftem Zucker und ¼ Pfund geklärter Butter eine Weile gut gerührt, die abgetrockneten Nudeln, ¼ Pfund gut gewaschene und in einem Tuche abgetrocknete Corinthen, 2 Unzen süße gestoßene Mandeln, die abgeriebene Schale einer halben Citrone, ein gestoßener Zwieback und eine Messerspitze Zimmt hinzugefügt; nachdem dies Alles gut verbunden ist, wird das zu steifem Schaum geschlagene Eiweiß langsam durchgezogen und die Masse in einer gut vorgerichteten Mehlspeiseform 1¼ Stunde gebacken.

1231. Schwarzer Magister (Auflauf für einen täglichen Tisch). ¾ Pfd. Weißbrod wird in Scheiben geschnitten und in Butter gebraten, ein Pfund Pflaumen, die am vorhergehenden Tage gewaschen, abgekocht und nachdem ein= geweicht sind (man kann sie über Nacht in den Bratofen stellen), werden ausge= steint und mit dem Weißbrod lagenweise in eine Springform gelegt, dann wird stark ½ Quart Milch, die mit Pflaumenbrühe vermischt wird, mit zwei Eiern geklopft, darüber gegossen, etwa zwei Unzen Butter in Stückchen zertheilt, darüber gelegt und im Backofen eine Stunde gebacken. — Für 6—7 Personen.

1232. Bitterer Macronenauflauf (Bitter Macaron Soufflée). ⅓ Pfd. bittere Mandelmacronen werden sehr fein gestoßen und dann mit ½ Unze feinem Mehl, mit 3 Unzen frischer Butter und ¾ Quart kochendem Rahm oder Milch auf dem Feuer zu einem glatten Teig abgebrüht. Nach dem Umleeren in ein anderes Geschirr wird dieser Teig mit 2 Unzen Zucker versüßt, mit 8 Eidottern gut gerührt und mit dem zu Schnee geschlagenen Eiweiß vermischt, in eine mit Butter bestrichene Form gefüllt und gebacken.

1233. Auflauf von Kartoffeln mit Häring (Potatoe and Herring Soufflée) für 8 Personen. Man rührt ½ Pfund Butter leicht, rührt 8 Eidotter und ¾ Pfund den Tag vorher gesottene und geschälte, auf dem Reibeisen geriebene Kartoffeln, nebst Salz und Muskatnuß dazu, rührt einen Kochlöffel Mehl mit einem Glas süßen Rahm besonders an, und nun beide Theile untereinander. Nun putzt man zwei Häringe sauber, schneidet sie klein gewürfelt, dämpft einen Theelöffel fein geschnittene Zwiebeln in ein wenig Butter weich, nimmt Zwiebel und Häringe in ein Geschirr und rührt sie mit einem halben Quart sauren Rahm an, bestreicht eine Form mit Butter, belegt es mit in Scheiben geschnittenen gesottenen Kartoffeln, thut die Häringe darauf, schlägt die 8 Eiweiß zu Schnee, mengt sie leicht unter die Masse, füllt diese darauf und backt sie langsam.

1234. Auflauf von Fischen (Fish Soufflée). 5 Milchbrode schneidet man zu kleinen Schnitten, gießt ½ Quart süßen Rahm daran, setzt es fest zugedeckt in einem Geschirr auf heiße Asche und schüttet es, sobald es vollkommen dick ist, in eine Schüssel, in der man es erkalten läßt. Hierauf wird ein zweipfündiger Fisch von beliebiger Gattung entweder gebraten oder in Salzwasser gesotten und rein von den Gräten gesäubert; ½ Pfund Speck wird klein geschnitten, an das gekochte Brod gethan, mit 8 Eidottern gut verrührt, 2 Unzen gewaschene und ausgegrätete Sardellen mit etwas Petersilie und Citronenschale gehackt, nebst Salz und Muskatnuß an die Masse gethan, 3 Eiweiß zu Schnee geschlagen, dieser mit ½ Quart saurem Rahm und dem Fisch leicht unter die Masse gerührt und in einer mit Butter bestrichenen Form aufgezogen.

1235. Auflauf von Macaroni mit Schinken (Soufflée of Macaroni and Ham). ½ Pfund Macaroni wird in Stücke gebrochen, in Salzwasser weich gekocht und in den Seiher geschüttet zum Ablaufen. Nun hackt man ein halbes Pfund mageren Schinken fein, verrührt ein halbes Quart Milch mit vier Eiern und etwas Salz, mischt sie unter die Macaroni und füllt die Hälfte davon in eine reichlich mit Butter bestrichene Aufzugform, thut die Hälfte des Schinkens darauf, legt einige Butterscheibchen darüber, bedeckt ihn mit Macaroni, wieder Schinken und zuletzt Macaroni, schneidet Butterscheibchen darauf und backt sie in heißem Ofen etwa eine Stunde. Wer es liebt, kann auch etwas geriebenen Käse unter die Macaroni mischen.

1236. Auflauf von Krebsen (Crabs Soufflée). Man siedet 38 Krebse ohne Salz, nimmt die Schwänze weg, entfernt die Galle davon, stößt die Schalen fein und dämpft sie in einer Casserole mit 5 Unzen Butter, gießt ein Quart siedende Milch daran, läßt es aufkochen und preßt es durch ein Tuch. Ist das Durchgepreßte erkaltet, so hebt man die Butter in eine Schüssel ab, reibt von 2 Wecken die Rinde, weicht das Innere in die Milch ein, rührt die Butter leicht und thut 6 Eidotter, ¼ Pfund abgezogene, fein gestoßene Mandeln und den ausgedrückten Weck daran. Ist dies leicht gerührt, so kommt noch die abgeriebene Schale einer Citrone, 3½ Unzen gestoßener Zucker und die klein geschnittenen Krebsschwänze dazu. Das Weiße von den Eiern schlägt man zu Schnee und rührt es leicht unter die Masse, füllt es in eine bestrichene Form oder Platte und bäckt es.

1237. Von den Puddings. Bei allen Puddings ist zu beobachten, daß diese, nachdem sie mit dem Schnee vermischt sind, sogleich gekocht werden müssen. Das Kochen selbst geschieht auf folgende Art: Man bestreicht eine runde, glatte Puddingsform gut mit zerlassener Butter und streut sie dann mit geriebenen, weißen Semmeln oder Cracker aus, giebt die verschiedenen Puddingsmassen bis auf fingerbreit unter dem Rande der Form in diese hinein, stellt sie in eine flache Casserole oder tiefe Pfanne, welche soviel kochendes Wasser enthält, daß dasselbe bis an den dritten Theil der Form reicht (bain-marie), bringt die Puddings hierauf in einen Backofen, (wobei zu bemerken ist, daß das Wasser zwar langsam siede, jedoch ja nicht zu stark koche, indem sonst die Masse aus der Form herausläuft) und läßt sie so lange darin, wie solches bei den folgenden Puddings näher bezeichnet ist. Sollte das Wasser während des Kochens gänzlich eingegangen sein, so müßte noch so viel kochendes Wasser nachgegeben werden; dann nehme man die Puddings aus dem Ofen, stürze sie behutsam aus der Form über die bestimmte Anrichtschüssel, bestreue sie mit feinem Zucker, gebe entweder die Sauce darüber, oder servire solche besonders dazu und bringe das Ganze hierauf zu Tische. So können die Puddings auch auf dem Herde gekocht werden; man giebt nämlich das Wasser in eine Casserole, welche mit einem gut schließenden Deckel versehen ist, stellt die gefüllten Formen hinein, bedeckt die Casserole genau mit ihrem Deckel und kocht die Puddings sehr langsam und ebenso lange wie im Ofen; die Deckel dürfen jedoch so wenig wie möglich gelüftet werden.

1238. Mandelpudding (Almond Pudding). Drei Unzen süße, abgezogene Mandeln werden in einem Mörser mit 2 Eiweißen so fein wie möglich gestoßen, sodann mit 4 Unzen feinem Zucker, 8 Eigelben und der abgeriebenen Schale einer Citrone recht schäumig gerührt; nun schlage man das Eiweiß von 6 Eiern zu festem Schnee, rühre dasselbe mit 2 Unzen Mehl langsam in die Masse, fülle diese in die Form ein, koche den Pudding eine Stunde lang und bringe ihn mit einer Vanillensauce zu Tisch.

1239. Schwarzbrodpudding (Rye Bread Pudding). Man gebe in vorhergehende Mandelmasse vor dem Vermischen des Schnees statt des Mehles 2 Unzen braun geröstetes, gestoßenes, mit einem Gläschen Rum angefeuchtetes Schwarzbrod, 1½ Unze gestoßenen Zimmt, eine kleine Messerspitze voll gestoßene

Nelken, ½ Unze klein würflig geschnittenen Citronat und ½ Unze Chocolade, welche mit einem Eßlöffel voll Mehl vermischt wird und beende im Uebrigen den Pudding ganz auf vorhergehende Art. Eine rothe Weinsauce wird darüber gegeben.

1240. Kartoffelpudding (Potatoe Pudding). 5 Unzen Butter werden weiß gerührt, 7 Eigelb, 9 Unzen den Tag vorher gesottene, geriebene Kartoffeln, ein klein geschnittenes Kalbsbrieslein, das zuvor blanchirt werden muß, Salz und Muscatnuß wird langsam darüber gerührt; das Eiweiß wird zu einem steifen Schnee geschlagen und auch daran gerührt, und die Masse in eine Form, die mit Butter bestrichen und mit Crakermehl bestreut ist, eingefüllt und eine Stunde gesotten. Eine Buttersauce mit Brieslein und Morcheln wird dazu gegeben. Will man den Pudding süß, so werden statt des Brieslein 3 Unzen gestoßene Mandeln, die klein geschnittene Schale einer Citrone und Zucker genommen.

1241. Süßer Kartoffelpudding (Sweet Potatoe Pudding) für acht Personen. ¼ Pfund Butter wird leicht gerührt, dann 12 Eigelb, 2 Unzen gestoßene Mandeln, Zucker und Citronenschale gut damit gerührt und 12 Löffel geriebene Kartoffeln und der steife Schnee der Eiweiß leicht darunter gemengt, schnell in eine stark mit Butter bestrichene und mit Weckmehl bestreute Form gefüllt und eine Stunde lang gesotten. Eine Chocoladesauce wird dazu gegeben.

1242. Kastanienpudding (Chestnut Pudding). In ¾ Pfund schöne Kastanien werden oben in die Schale kleine Einschnitte gemacht und diese (am besten in einer eisernen, tiefen Bratpfanne) über dem Feuer so lange geröstet, bis sie sich schälen lassen, sodann auf einem Reibeisen gerieben. Nun rühre man ½ Pfund frische, zerlassene Butter mit 9 Eigelben, einem ganzen Ei und einem halben Pfund feinem Zucker recht schäumig, gebe alsdann 2 Unzen geriebene, süße Makronen nebst die Kastanien dazu, rühre Alles gut unter einander, mische zuletzt das zu festem Schnee geschlagene Eiweiß von 5 Eiern darunter und beende den Pudding ganz nach Nr. 1238. Er wird anderthalb Stunden gekocht und mit einer Vanille-Rahmsauce zu Tische gebracht.

1243. Chocoladepudding (Chocolate Pudding). Ein Viertelpfund süße, abgezogene Mandeln werden mit 2 ganzen Eiern so fein wie möglich in einem Mörser gestoßen, hierauf mit 6 Eigelben und ¼ Pfund feinem Zucker recht schäumig gerührt. Nun gebe man 4 Unzen gute, in einem Backofen aufgelöste Chocolade nebst ½ Unze klein gewürfeltem Citronat und der abgeriebenen Schale einer Citrone zu der Masse, rühre das zu festem Schnee geschlagene Eiweiß der 6 Eier langsam darunter und beende den Pudding ganz nach Nr. 1238. Er wird anderthalb Stunden gekocht und mit einer Chocoladensauce zu Tische gebracht.

1244. Mehlpudding (Flour Pudding). Man verarbeitet 3 Unzen feines Mehl mit frischer Butter zu einem Teig, gebe diesen in ½ Quart gute, kochende Milch und dampfe dieses so lange auf dem Feuer ab, bis sich die Masse von der Casserole löst, nehme sie dann von demselben weg, lasse sie etwas verkühlen, rühre hierauf 6 Eigelb, 2 Unzen Zucker nebst der abgeriebenen Schale einer Citrone in die Masse und vermische diese zuletzt mit dem zu festem Schnee geschlagenen Eiweiß der 6 Eier. Der Pudding wird sodann ganz nach Nr. 1238 beendet, anderthalb Stunden gekocht und mit einer der Saucen zu Tische gebracht.

1245. Mehlpudding mit Chocolade (Flourpudding with Chocolate). In vorhergehende Puddingmasse gebe man noch, so lange sie warm ist, 2 Unzen fein geriebene Chocolade und beende diesen Pudding ebenfalls ganz wie vorhergehenden.

1246. Mehlpudding mit Orangengeschmack.

1247. Mehlpudding mit Vanille.

1248. Mehlpudding mit süßen Mandeln.

1249. Mehlpudding mit kleinen Rosinen.

1250. Mehlpudding mit bitteren Makronen. Alle diese Arten von Mehlpuddings werden ganz nach Nr. 1244 behandelt und beendet; man gebe nur noch vor dem Vermischen des Schnees entweder 2 Kochlöffel Vanille- oder Orangenzucker, 2 Unzen belesene, sauber gewaschene, kleine Rosinen (Korinthen) oder 2 Unzen bittere Makronen in die Masse.

1251. Weintraubenpudding. ¼ Pfund Butter, 8 Eier, ¼ Pfund feingestoßene Mandeln, ½ Pfund durchgesiebten Zucker, Zimmt, auch nach Belieben etwas Citronenschale, drei Viertelpfund abgeschältes Weißbrod, ein Suppenteller voll abgepflückter Trauben.

Man weicht das Weißbrod in kalte Milch ein, drückt es aus, rührt die Butter zu Sahne, giebt Eidotter, Zucker, Gewürz, das Weißbrod dazu, und mischt, nachdem die Masse stark gerührt ist, die Trauben nebst dem Eiweißschaum durch.

Man lasse diesen Pudding 2 Stunden kochen.

1252. Roth- oder Schwammpudding (Sponge Pudding). 7 Unzen ganz feines Mehl, 12 Eier, ¼ Pfund Butter, ¼ Pfund Zucker, die abgeriebene Schale einer Citrone, drei Achtel Quart Milch.

Zum vorzüglichen Gerathen dieses Puddings richte man sich beim Abrühren der Masse ganz nach der Bereitungsweise des Corinthen-Puddings unter Beachtung der obigen Bemerkungen, koche ihn alsdann 2—2½ Stunden stark und ohne Unterbrechung und servire ihn mit einer guten Schaum-, Rothwein- oder Fruchtsauce. Eine weichliche Sauce paßt nicht dazu. — Für 12—14 Personen.

Anmerkung. Wie überhaupt, muß besonders dieser Pudding sogleich in die Form und ins kochende Wasser gesetzt werden.

1253. Schwäbischer Rothpudding (Suabian Pudding). 5 Unzen feines Mehl, 5 Unzen feingestoßene Mandeln, 5 Unzen Butter, 5 Unzen Zucker, 9 Eier, ¼ Quart Milch und die abgeriebene Schale einer Citrone.

Der Pudding wird wie der vorhergehende zubereitet, 2 Stunden gekocht und mit einer der bemerkten Saucen gegeben.

1254. Corinthenpudding (Currant Pudding). ¼ Pfund Butter, ½ Pfund feines Mehl, stark ½ Quart Milch), 8 ganze Eier, 3 gehäufte Eßlöffel feinen Zuckers, das Abgeriebene einer Citrone oder ½ Muskatnuß, ½ Pfund gute gewaschene und wieder getrocknete Corinthen, 7 Unzen altes Weißbrod und reichlich ⅛ Glas Rum oder Arrak.

Nach einem neuen, zu empfehlenden Verfahren beim Abrühren der Pud=dingsmasse über Feuer wird, während man die Milch zum Kochen bringt, das Mehl mit der Butter zum Teig geknetet und dieser nach und nach stückchenweis hineingethan, wodurch sich das Mehl völlig auflöst und sich zu einer ganz feinen Masse bildet, welche man so lange rührt, bis sie sich gänzlich vom Topfe löst. Ist dieselbe etwas abgekühlt, so werden allgemach Eidotter, Zucker, Gewürz, Corinthen und Weißbrod hinzugerührt, dann wird der feste Eiweißschaum mit dem Rum leicht durchgemischt, die Masse sofort in die vorher zugerichtete Form gefüllt und gut verschlossen 2½—3 Stunden gekocht. Eine Schaumsauce, auch Obstsauce, dazu.

1255. Reispudding (Rice Pudding). ¼ Pfund rein verlesener und gewaschener Reis wird mit siedendem Wasser abgebrüht, dann 1 Quart siedende Milch daran gegossen, auf Kohlen dick eingekocht und auf ein Sieb zum Erkalten und Ablaufen geschüttet. Von 2 Milchbroden oder Semmeln verzupft man das Weiche, gießt etwas siedende Milch darauf, daß es kaum angefeuchtet wird, rührt 2½ Unzen gestoßene Mandeln, 7 Eigelb, Citronenschale, etwas gestoßenen Zimmt und 3 Unzen Zucker recht gut damit, nimmt den Reis und das zu steifem Schnee geschlagene Eiweiß dazu, füllt es in eine mit Butter bestrichene und mit Weckmehl bestreute Form und kocht ihn 1½ Stunden. Zur Sauce stößt man 2 Unzen Mandeln ganz fein; will man sie vor der Gebrauchszeit stoßen, so gießt man 2 Eßlöffel Milch darauf, damit sie nicht ölig werden, rührt sie und 1 Theelöffel Mehl mit Milch glatt, thut 4 Eigelb, Zucker und 1 Quart Milch dazu, und läßt sie unter beständigem Rühren auf Kohlen aufkochen.

1256. Reispudding mit Mandelsauce. 3 Unzen verlesener, rein ge=waschener und gebrühter Reis wird in ½ Quart siedende Milch gelegt, zugedeckt und langsam eine Stunde gekocht. Ist er völlig weich, so wird er in ein anderes Geschirr umgeleert, 3 Unzen Butter leicht gerühre, 4 Eidotter, die am Zucker abgeriebene Schale einer Citrone, 3 Unzen Zucker und der erkaltete Reis dazu gethan, das Weiße von den Eiern zu Schnee geschlagen und leicht darunter ge=mengt. Eine Puddingform wird gut mit Butter bestrichen, mit Semmelmehl bestreut, die Masse hineingefüllt, in eine Casserole gestellt, die bis zur Hälfte der Form mit kochendem Wasser angefüllt ist, und anhaltend 1½ Stunde kocht. — Sauce dazu: Chocoladesauce, oder folgende Mandelsauce: 3 Unzen geschälte, länglich geschnittene, und 1 Theelöffel fein gestoßene Mandeln verrührt man mit ½ Quart Milch, läßt diese kochend heiß werden, thut etwas Zimmt, Zucker und Citronenschale dazu und rührt vor dem Anrichten 4 Eidotter daran.

1257. Griespudding (Farina Pudding). In 1 Quart Milch kocht man 3 Unzen Griesmehl mit 2 Unzen Zucker und 2 Unzen Butter zu einem steifen Brei, nimmt ihn dann in eine Schüssel, rührt 8 Eigelb, die abgeriebene Schale einer Citrone, 2 Unzen fein geschnittenen Citronat, 2 Unzen gewaschene und abgetrocknete Rosinen, recht stark damit, mischt den Schnee der Eier hinein und füllt die Masse in eine mit Butter bestrichene und mit Weckmehl bestreute Form, in die man einen Kranz von großen Rosinen gelegt hat und kocht ihn ¾ Stunden. Eine Wein- oder Früchtesauce wird dazu gegeben.

1258. Reismehlpudding (Rice-flour Pudding). 7 Unzen Reismehl, stark ½ Quart Milch, ¼ Pfund Corinthen, 3 Unzen Butter, 6 Eier, 3 Unzen Zucker, Citronenschale und etwas Salz. Man richte sich bei Zubereitung nach Griespudding und lasse den Pudding 1 Stunde kochen.

1259. Weißer Sagopudding (Sago Pudding). 7 Unzen gereinigter Sago, mit Milch gar und dick gekocht, 10 Eier, ¼ Pfund Butter, ¼ Pfund Zucker, Zimmt und Schale einer Citrone, 5 Unzen gestoßener Zwieback, 1 Tasse gute süße Sahne. Wie Reispudding zubereitet und gekocht; auch dieselbe Sauce. Für 14 Personen.

1260. Citronenpudding (Lemon Pudding). Es werden 8 Eigelb mit ¼ Pfund Zucker, ¼ Pfund Butter in eine Casserole gethan und in einem bain-marie auf dem Feuer so lange gerührt, bis die Masse anfängt dicklich zu werden, dann stellt man sie weg und läßt sie erkalten. Nun rührt man 3 Unzen Stärke- oder Kartoffelmehl, die Schale und den Saft einer Citrone daran, und zuletzt den Schnee von 8 Eiweiß, läßt die Masse 1 Stunde im Ofen, der nicht heiß sein darf, im bain-marie kochen, und giebt eine Rothweinsauce dazu.

1261. Prinzregentenpudding (Prince Regent Pudding), sehr gut. ¼ Pfund ausgekernte Rosinen, ¼ Pfund Corinthen, ¼ Pfund feingeschnittene Mandeln, 6 Unzen Zucker, 14 Eier, knapp drei Viertelquart Milch, 18 Unzen 2 Tage altes Milchbrod, ohne Rinde gewogen.

Das Brod wird in Scheiben geschnitten, in Butter gelb gebraten und in Würfel gebrochen. Milch, Zucker und Eier nebst Citronenschale werden zusammen geschlagen; das Uebrige wird lagenweise in die zugerichtete Form gelegt und wie Zwiebackpudding mit der Eiermilch übergossen.

Man läßt den Pudding 2—2½ Stunden kochen und giebt eine Himbeer- oder Johannisbeersauce dazu.

1262. Weißbrodpudding (White Bread Pudding), sehr wohlschmeckend. 2 Pfund 2 Unzen zwei Tage altes Weißbrod, ¼ Pfund Butter, 10 Eier, ¼ Pfund Zucker, ¼ Pfund Corinthen, Zimmt oder Citronenschale und ein kleines Glas Rum oder Arrak. Ein Zusatz von 2½ Unzen feingeschnittenen oder gröblich ge= stoßenen Mandeln, ½ Unze Citronat, etwas Nelken und Kardamom macht diesen Pudding ganz besonders fein.

Das Weißbrod wird abgeschält, gerieben, über Feuer mit der Hälfte der Butter gerührt, bis es recht heiß geworden, die Rinde mit Milch zu einem dicken Brei gekocht und fein gerührt. Dann reibt man die übrige Butter weich, rührt nach und ·nach Eidotter, Zucker, Gewürz, Corinthen, das etwas abgekühlte Weißbrod hinzu sowie auch den festen Schaum der Eier und zuletzt den Rum. —

Der Pudding wird 2½ Stunden gekocht und eine Schaum= oder Rumsauce dazu gegeben. — Für 16—18 Personen.

1263. Obstpudding (Fruit Pudding). 2 Pfund 2 Unzen zwei Tage altes Weißbrod, knapp 1 Quart Milch, ¼ Pfund Butter, 10 Eier, je nachdem das Obst viel oder weniger Säure hat, 6—8 Unzen geriebener Zucker; Citronen= schale und Zimmt, auch nach Gefallen ¼ Pfund Corinthen.

Das Weißbrod wird dünn abgeschält, in kleine Stücke gebrochen, mit der Milch und Butter so lange über Feuer gerührt, bis es sich vom Topfe löst, und zum Abdampfen hingestellt. Dann rührt man obige Theile — den steifen Eiweiß= schaum zuletzt — hinzu, giebt die Masse abwechselnd lagenweise mit in Scheiben geschnittenen sauren Aepfeln oder mit Kirschen in die Form und kocht den Pud= ding 2 Stunden. Derselbe kann ohne Sauce mit Zucker gegeben werden. — Für 12—15 Personen.

1264. Feiner Mehlpudding mit Hefe (Fine Flour Pudding). 1½ Pfund feinstes Mehl, 6 Unzen Corinthen, 6 Unzen ausgekernte Rosinen, 6 Unzen Butter, 1—2 Unzen trockne Hefe, 6 Eier, stark ½ Quart lauwarme Milch, ¼ Pfund Zucker, Schale einer Citrone, ½ Muskatnuß.

Nachdem die Butter weich gerührt, werden nach und nach die ganzen Eier, abwechselnd Mehl und Milch und das Uebrige hinzugerührt, zuletzt wird die mit etwas Milch zerrührte Hefe durchgemischt, die Masse mit einem flachen höl= zernen Löffel tüchtig geschlagen, so daß sie Blasen wirft, in die zugerichtete Form gegeben, in lauwarmes Wasser gestellt und 2½ Stunden gekocht. Es kann eine Rumsauce dazu gegeben werden.

1265. Gewöhnlicher Mehlpudding mit Hefe (Common Flour Pud- ding). Sieben Viertelpfund gutes Mehl, 1—2 Unzen trockne oder 4 Eßlöffel gewässerte dicke Hefe, 3—4 Unzen geschmolzene Butter, 4 Eßlöffel Zucker, Rosinen und Corinthen nach Belieben, zusammen etwa 7—8 Unzen, knapp drei Viertelquart lauwarme Milch, 2 Eier.

1266. Englischer Aepfelpudding (English Apple Pudding). Ein Pfund feines Mehl, ½ Pfund festes, eine Nacht gewässertes und ganz fein ge= schabtes Nierenfett, 1 gehäufter Theelöffel voll pulverisirter Ingwer, desgleichen Salz. Dies alles reibt man gut untereinander und macht dann mit kaltem Wasser einen Teig daraus, der wie Weißbrodteig tüchtig verarbeitet wird und nicht an den Händen klebt. Dann rollt man den Teig rund aus, legt eine Serviette in eine tiefe Schüssel, stäubt etwas Mehl darüber, legt das ausgerollte Blatt hinein, füllt es mit in Viertel geschnittenen sauren Aepfeln und einigen ganzen Nelken, drückt den Teig oben fest zusammen, bindet das Tuch zu und kocht den Pudding in kochendem Wasser und 2 Eßlöffel Salz 2 Stunden stark und ununterbrochen, ohne welches der Pudding einen dichten Streifen erhält. Man servirt ihn ohne Sauce mit Zucker.

1267. Englischer Corinthenpudding (English Currant Pudding). Es wird 1 Pfund feines Mehl mit ½ Pfund feingehacktem Nierenfett und etwas Salz vermengt, dann werden zwei schäumig geschlagene Eier, reichlich ¼ Quart fette Milch, 2 Unzen Zucker, 7 Unzen Corinthen, 7 Unzen ausgesteinte Rosinen, Gewürz nach Belieben dazu gerührt, zuletzt ein Glas Rum durchgemischt und diese Masse in einer Form von 4—6 Stunden gekocht.

Es kann eine Wein- oder Rumsauce dazu gegeben werden. Für den täglichen Tisch ist folgende Sauce zu empfehlen: Man läßt etwas feines Mehl mit Butter anziehen, rührt kochendes Wasser dazu, läßt solches mit Zucker, Zimmt und etwas Salz kochen, nimmt die Sauce vom Feuer und rührt weißen Wein, nach Belieben auch einen Eßlöffel Rum durch. — Für 15 Personen.

Anmerkung. Das vom Pudding Uebriggebliebene kann in der Form wieder gekocht werden, und soll dies durch nochmaliges Kochen selbst dem frischen Pudding vorzuziehen sein.

1268. Plumpudding. Man nehme fein gehacktes Ochsennierenfett, geriebenes Schwarzbrod, mit 4 Eiweiß in einem Mörser fein gestoßene, abgezogene Mandeln, von jedem dieser verschiedenen Bestandtheile ein halbes Pfund, sodann ¼ Pfund rein verlesene, gewaschene, große und kleine Rosinen, 1½ Unzen kleinwürflig geschnittenen Citronat, ½ Unze feinen Zimmt, etwas abgeriebene Citronenschale, eine Messerspitze gestoßene Nelken, ein halbes Trinkglas guten Rum und 4 ganze Eier nebst 3 Eigelb, arbeite dieses Alles in einer Schüssel tüchtig unter einander, bestreiche sodann eine reine Serviette sehr dick mit frischer Butter, gebe die Masse darein, nehme die Serviette von allen Seiten zusammen, umbinde sie fest mit Bindfaden, so daß man dadurch einen großen runden Knopf erhält, welcher sodann in ein leicht gesalzenes, kochendes Wasser eingelegt und anhaltend 3 Stunden lang darin gekocht wird; nun nehme man ihn heraus, tauche ihn einen Augenblick in kaltes Wasser, stürze ihn mit der schönen, runden Seite nach oben auf eine Schüssel, befreie ihn von dem Bindfaden, ziehe die Serviette behutsam ab, bestreue ihn stark mit feinem Zucker, gebe ein Glas guten Rum oder Arac darüber, stecke denselben kurz vor dem Serviren mit einem brennenden Fidibus an und bringe den Pudding sodann auf diese Art brennend zu Tische. Die Rumsauce wird besonders dazu gegeben.

1269. Frucht-Valise-Pudding (Fruit Valise Pudding). 1 Quart Mehl, 1 Eßlöffel Schweinefett, 1 Eßlöffel Butter, 1 Theelöffel Soda in heißem Wasser aufgelöst, 2 Theelöffel Weinstein mit dem Mehle gesiebt, etwas Salz, 2 Tassen Milch, oder genug, um das Mehl zu weichem Teig zu verrühren, 1 Quart Beeren oder gehackte Aepfel, halb zerschnittene Pfirsiche oder andere Früchte, Conserven, Marmelade, Dunstobst kann statt der Beeren genommen werden.

Man rollt den Teig ¼ Zoll dick zu einem länglichen Flecken aus, bedeckt ihn dick mit den Früchten und streut dick Zucker darauf. Nun beginnt man an einem Ende den Teig fest zusammen zu rollen. Man läßt am andern Ende einen schmalen Teigstreifen ohne Früchte und schlägt die Enden nun überall fest darauf, damit der Saft nicht ausläuft. Dann näht man die Rolle in ein ebenso geformtes Tuch, bemehlt es aber gut, ehe man sie einnäht, und taucht es vorher in heißes Wasser und preßt es gut aus. Man kocht den Pudding eine und eine halbe Stunde und servirt ihn heiß mit Sauce und schneidet ihn scheibenartig auf.

1270. Neuer aufgerollter, englischer Pudding (Rolly Polly Pudding).
1 Pfund feines Mehl, ½ Pfund feingeschabtes Nierenfett, 1 Ei, eine kleine Tasse kaltes Wasser, 1 Löffel Zucker.

Dies Alles wird zu einem Teig gerührt, tüchtig verarbeitet, zweimesser= rückendick länglich ausgerollt, mit feinen Johannisbeeren oder sauren ausge= steinten Kirschen oder Pflaumen belegt, die dann mit dem nöthigen Zucker be= streut werden. Oder man bestreicht den Teig mit jedem beliebigen Eingemach= ten oder mit gutem Compote, rollt ihn der Länge nach auf, drückt den Teig an beiden Seiten zu, rollt ihn in eine Serviette, die man an beiden Seiten zuschlägt, und kocht ihn in kochendem Wasser ununterbrochen zwei volle Stunden.

Dieser Pudding wird ohne Sauce mit geriebenem Zucker gegeben. Kalt kann er als Kuchen servirt werden und ist als solcher sehr zu empfehlen; doch muß dann zum Teig statt Nierenfett Butter genommen werden. — Für 16 Per= sonen.

1271. Der König der Plum=Puddinge (The King of Plum-Puddings).
1 Pfund Butter, 1 Pfund Kernfett, von den Fasern befreit und fein gehackt, 1 Pfund Zucker, 2½ Pfund Mehl, 2 Pfund Rosinen, ausgekernt, gehackt und mit Mehl bestäubt, 2 Pfund Weinbeeren, gut ausgeklaubt, nachdem sie ge= waschen sind, ¼ Pfund Citronat, in feine Spänchen geschnitten, 12 Eier, das Weiße und Gelbe einzeln geschlagen, ½ Quart Milch, 1 Tasse Branntwein, ¼ Unze Gewürznelken, ½ Unze Muskatblüthe, 2 geriebene Muskatnüsse.

Die Butter und der Zucker werden zusammen zu Rahm abgerührt, dann die gut geschlagenen Eigelb darunter gegeben, hierauf die Milch, das Mehl ab= wechselnd mit dem Schnee, dann der Branntwein und das Gewürz und zuletzt die gut bemehlten Früchte. Man mischt Alles recht gut, dann ringt man das Puddingtuch in heißem Wasser gut aus, bemehlt es stark und giebt den Pudding hinein; man kocht ihn fünf Stunden.

1272. Stachelbeerpudding (Gooseberries Pudding). Ein halbes Quart reife oder beinahe reife Stachelbeeren, 6—8 Schnitten geröstetes, alt= gebackenes Brod, 1 Tasse Milch, ½ Tasse Zucker, 1 Eßlöffel zerlassene Butter. Die Stachelbeeren werden 10 Minuten lang sehr langsam gedünstet, damit sie nicht aufspringen. Das Brod, von dem die Rinde wegbleibt, schneidet man in Schnitten, die in die Puddingschüssel passen, und röstet sie auf beiden Seiten braun. Jede Schnitte taucht man noch heiß in Milch und bestreicht sie mit der zerlassenen Butter. Dann bedeckt man den Boden der Schüssel damit und giebt darauf eine Lage Stachelbeeren, dick mit Zucker bestreut, dann wieder Toast (geröstetes Brod), Stachelbeeren und so weiter, bis die Schüssel voll ist. Man deckt den Pudding gut zu und dünstet ihn in einem mäßig heißen Ofen 20—25 Minuten. Nun stürzt man ihn auf eine heiße Schüssel und gießt Pudding= sauce darüber.

Es wird für ein sehr gesundes Frühstücksgericht gehalten und ist jedenfalls sehr gut. In diesem Falle läßt man die Sauce weg und bestreut den Pudding mit Zucker.

1273. Newarkpudding. 1 Tasse feine Brodkrumen, 1 Quart Milch, 5 Eier, 2 Eßlöffel Reismehl, ½ Pfund Rosinen, ausgekernt, entzwei geschnitten und mit Mehl bestäubt, Vanille oder bittere Mandel-Essenz, 2 Eßlöffel zerlassene Butter, ½ Theelöffel Baking Powder.

Die Eigelb werden gut geschlagen, dann die geweichten Brodkrumen und die Milch dazu gegeben und zu einem guten Einlauf verrührt; dann giebt man das Reismehl hinein, welches vorher mit kalter Milch angeseuchtet wurde; hierauf die übrige Milch, den Geruch, die Butter und Früchte und zuletzt den festen Schnee. Man bäckt ihn eine Stunde in einer mit Butter ausgestrichenen Form, stürzt ihn heraus und gießt Sauce darüber, oder man servirt eine dicke Rumsauce damit.

1274. Rhabarberpudding (Rhubarb Pudding). Man bereitet die Stämme wie zu Pie, dann giebt man in eine mit Butter ausgestrichene Schüssel Brodschnitten mit Butter bestrichen, bedeckt sie mit kleinen Stückchen Rhabarber und bestreut sie dick mit Zucker, dann wieder eine Lage Butterbrod und so fort, bis die Schüssel voll ist. Nun deckt man sie zu und backt den Pudding eine halbe Stunde, dann nimmt man den Deckel ab und backt ihn 10 Minuten, bis er braun ist.

1275. Cokosnußpudding (Cocoanut Pudding). ½ Pfund geriebene Cokosnuß, ½ Tasse Biscuitkuchen-Krumen, 1 Tasse Zucker, 1 große Tasse gute Milch oder eine kleine Tasse Rahm, wenn man ihn bekommen kann, 6 Eier, 2 Theelöffel Vanille- oder Rosenwasser.

Butter und Zucker werden zu Rahm abgerührt und die geschlagenen Eigelb dazu gegeben; wenn sie gut gemischt sind, kommt die Cokosnuß dazu und wird gut verrührt, ehe man die Milch, Kuchenkrumen, den Geruch, und zuletzt den Schnee von zwei Eiern beifügt. Das übrige Eiweiß wird mit drei Eßlöffel Zucker zu festem Schnee geschlagen, Vanillegeruch dazu gegeben, und ehe man den Pudding aus dem Ofen nimmt, wird diese Méringue darüber gestrichen und leicht gebräunt. Man backt den Pudding ¾ Stunden.

1276. Cracker-Kernfett-Pudding (Breastfat Cracker Pudding). Ein Viertelpfund Kernfett, von Fasern ꝛc. gereinigt, zu Pulver verrieben, 1 Tasse feine Crackerkrumen, 2 Eßlöffel Zucker, 4 Eier, 3 Tassen Milch, 1 Prise Soda, 1 Theelöffel Salz.

Die Eigelb werden mit dem Zucker verrührt und dann die Milch mit den seit einer Stunde darin geweichten Crackers dazu gegeben und fein verarbeitet, ehe man das Fett und die Soda beifügt. Der Schnee der Eier wird zuletzt dazu gerührt, dann bäckt man es beinahe eine Stunde. Man deckt Papier darüber, falls sich zu rasch eine Kruste bilden sollte.

Wird heiß mit Weinsauce gegessen.

Man kann diesen Pudding auch kochen, oder in Dunst kochen.

1277. Frucht-Cracker-Pudding (Fruit Pudding with Crackers). Eine Tasse gestoßene Cracker, in einem halben Quart Milch geweicht, ¼ Pfund Kernfett, von allen Fasern befreit und zu Pulver verrieben, ½ Pfund Rosinen, ausgekernt und entzwei geschnitten, ¼ Pfund Weinbeeren, gewaschen und abgetrocknet, 3 Unzen Mandeln, 5 Eier, ½ Tasse Zucker, 1 Theelöffel Muskatnuß, ebenso viel Zimmt, Rosenwasser nach Geschmack.

Die Mandeln werden blanchirt und in dünne Spähne geschnitten. Die Eigelb werden mit dem Zucker gut abgeschlagen, dann die Cracker und die Milch dazu gemischt, das Fett, die Früchte gut bemehlt, das Gewürz und Rosenwasser und zuletzt die Mandeln. Man backt den Pudding in einer mit Butter aus= gestrichenen Form 1½ Stunde, dann stürzt man ihn heraus und giebt Wein= sauce dazu. Oder man kocht ihn in einer gut mit Butter ausgestrichenen Form.

1278. Dorchester Cracker=Plum=Pudding (Dorchester Cracker Plum Pudding). 2 Quart Milch, 6 Boston=Cracker, getheilt und mit Butter be= strichen, 8 Eier, recht gut abgeschlagen, 2 Tassen Zucker, Muskatnuß und Zimmt nach Geschmack, 1 Theelöffel Salz, 1 Pfund Rosinen, ausgekernt und entzwei geschnitten.

Man macht eine Crème von der Milch, den Eiern und dem Zucker und den Gewürzen, indem man sie beinahe zum Kochen bringt; dann nimmt man sie vom Feuer und giebt nach und nach die Eigelb, den Zucker, den Geruch und den Schnee dazu. Man darf sie nicht wieder kochen lassen. Nun streicht man eine Puddingschüssel mit Butter aus, giebt eine Lage Cracker auf den Boden und befeuchtet sie mit einigen Löffeln von der heißen Crème. Darauf legt man einige Rosinen, bedeckt sie mit Cracker, die bebutterte Seite nach unten gelegt, befeuchtet sie mit der Crème und fährt so fort, bis Alles aufgebraucht ist. Man muß die Crème aufgießen, bis nur die letzte Oberfläche der letzten Lage sichtbar ist, aber nicht so viel, daß sie schwimmt. Nun deckt man den Pudding fest zu und stellt ihn über Nacht in den Keller. Am Morgen fügt man den Rest der Crème bei, in Zwischenräumen von 5—6 Minuten zwischen jeder Tasse. Nun bäckt man ihn 2 Stunden in einem mäßig heißen Ofen. Wenn er oben zu rasch gar wird, bedeckt man ihn mit Papier.

Er wird heiß mit Sauce gegessen.

1279. Crackerpudding. 1 Quart Milch, 1 Tasse gestoßene Cracker, 5 Eier, 2 Eßlöffel zerlassene Butter, ½ Theelöffel Soda in kochendem Wasser aufgelöst.

Die Milch wird leicht erwärmt und über die Cracker gegossen, die man nun 15 Minuten weichen läßt. Nun rührt man zuerst die abgeschlagenen Ei= gelb dazu, dann die Butter und Soda; schlägt Alles gut ab und giebt zuletzt den Schnee der Eier dazu. Man giebt eine Weinsauce dazu.

1280. Stärkemehlpudding (Cornstarch Pudding). 4 Eßlöffel Stärke= mehl, 1 Quart Milch, 4 Eier, das Gelbe und Weiße einzeln geschlagen, ¾ Tassen Zucker, Muskatnuß und Zimmt, 1 Eßlöffel Butter.

Das Stärkemehl wird in etwas kalter Milch aufgelöst, und nachdem man den Rest der Milch kochend heiß gemacht hat, rührt man es ein und kocht es 3 Minuten, immerfort rührend. Nun nimmt man es vom Feuer und während es noch heiß ist, rührt man die Butter hinein, stellt es weg bis es kalt ist, schlägt die Eier gut ab, den Zucker und das Gewürz mit, und rührt Alles in das Stärkemehl und schlägt und rührt es zu einer feinen Crème. Nun gießt man es in eine mit Butter ausgestrichene Schüssel und bäckt es eine halbe Stunde. Dieser Pudding wird kalt mit Zucker bestreut gegessen.

1281. Einlaufpudding (Eggdrop Pudding). Ein Quart Milch, 10 Eßlöffel Mehl, 7 Eier, 1 Theelöffel Salz, ½ Theelöffel Soda, in heißem Wasser aufgelöst, 1 Theelöffel Weinstein, mit dem Mehl gesiebt.

Das Mehl wird nach und nach mit der Milch zu einem feinen Teig verrührt, dann giebt man die abgeschlagenen Eigelb und das Salz und die Soda, zuletzt den festen Schnee der Eier dazu. Nun bäckt man ihn in einer mit Butter ausgestrichenen Schüssel 1 Stunde, und servirt ihn gleich. Wird heiß mit Sauce gegessen.

Wenn man ihn kocht, muß man genug Raum im Tuch oder Beutel lassen, daß der Pudding aufschwellen kann, und kocht ihn 2 Stunden.

1282. Gekochter Maismehlpudding (Boiled Cornflour Pudding). 1 Quart Milch, 1 Quart Maismehl, 3 Eier, 3 gehäufte Eßlöffel Zucker, ein Theelöffel Salz, ½ Pfund Kernfett zu Pulver gehackt.

Die Milch wird kochend heiß gemacht, und während sie noch heiß ist, das Fett und Salz darunter gerührt. Wenn sie kalt ist, giebt man die mit Zucker abgeschlagenen Eigelb dazu, dann den Schnee. Nun taucht man das Pudding-Tuch in heißes Wasser, bemehlt es, und füllt es halb voll mit der Mischung, da sie sehr aufschwillt. Man kocht den Pudding 5 Stunden.

1283. Tapioca-Pudding (Tapioca Pudding). 1 Tasse Tapioca, 1 Quart Milch, 5 Eier — das Gelbe und Weiße einzeln geschlagen, 2 Eßlöffel zerlassene Butter, 2 Eßlöffel Zucker.

Der Tapioca wird mit kaltem Wasser bedeckt 2 Stunden geweicht; dann seiht man das Wasser, wenn es nicht aufgesaugt ist, ab und weicht ihn noch zwei Stunden länger in Milch, die leicht gewärmt sein soll. Wenn der Tapioca ganz weich ist, rührt man die Butter und den Zucker zusammen ab, giebt die Eigelb, die Milch und den Tapioca dazu und zuletzt den Schnee. Man rührt recht gut ab und bäckt ihn in einer mit Butter ausgestrichenen Schüssel. Man ißt ihn warm mit einer süßen Sauce.

Man kann Sago-Pudding auf dieselbe Weise machen.

1284. Macaroni-Pudding (Macaroni Pudding). 1 Tasse Macaroni, in zollange Stücke gebrochen, 1 Quart Milch, 4 Eier, ½ Citrone — den Saft und geriebene Schale, 2 Eßlöffel Butter, ¾ Tassen Zucker.

Die Macaroni werden in der halben Milch langsam gekocht, bis sie weich sind. Während sie heiß sind, rührt man die Butter dazu und die Eigelb gut mit Zucker abgeschlagen, dann die Citrone und zuletzt den Schnee. Man bäckt ihn in einer mit Butter ausgestrichenen Form eine halbe Stunde, oder bis er schön braun ist.

1285. Biskuitpudding (Biscuit Pudding). ¼ Pfund Zucker und die am Zucker abgeriebene Schale und Saft von ½ Citrone werden mit 6 Eigelb schaumig gerührt, 3 Unzen feines Mehl dazu gethan, das Weiße der Eier zu festem Schnee geschlagen, leicht darunter gerührt und in eine mit Butter bestrichene Form und mit Semmelmehl bestreute Puddingform gefüllt, in kochendes Wasser gestellt und eine Stunde lang gekocht. — Sauce dazu: 6 ganze Eier, 2 Eigelb, ¼ Pfund Zucker, ½ Quart weißer Wein und das Gelbe von einer auf Zucker abgeriebenen Citrone werden in einem passenden Geschirr auf schwachem Feuer mit einer hölzernen Ruthe so lang geschlagen, bis sich ein zarter, dicker Schaum bildet, dann sogleich vom Feuer weggenommen und noch einige Zeit fortgeschlagen. Wenn sich auf der Oberfläche des Schaumes zarte Streifen bilden, die wie Oel aussehen, ist die Sauce fertig.

1286. Schwedischer Pudding (Swedish Pudding). Sechs trockene Milchbrödchen (Semmeln) werden abgeschält, in kalte Milch eingeweicht, leicht ausgedrückt und mit 3 Unzen frischer Butter auf dem Feuer so lange abgedämpft, bis sich die Masse von der Casserole loslöst; nun leere man sie in ein anderes Gefäß um, lasse sie verkühlen, rühre sodann 2 Unzen feinen Zucker, 6 Eigelb, etwas abgeriebene Citronenschale, ein wenig gestoßenen Zimmt nebst 2 Unzen gemischte, verlesene, rein gewaschene Sultanini= und kleine Rosinen (Corinthen) gut darunter, vermische zuletzt das Ganze mit dem zu festem Schnee geschlagene Eiweiß der 6 Eier und beende den Pudding ganz nach dem Mandelpudding. Er wird anderthalb Stunden gekocht und mit einer Frucht= oder Weinsauce zu Tische gebracht.

1287. Milchbrodpudding (Milk-bread Pudding). 4 Unzen frische, zerlassene Butter werden mit 6 Eigelben und 2 Unzen feinem Zucker gut schäumig gerührt, sodann gebe man 4 abgeschälte, in Milch eingeweichte und wieder aus= gedrückte Semmeln (Milchbrödchen) nebst 2 Unzen gemischter, verlesener, rein gewaschener Sultanini= und kleiner Rosinen (Corinthen), etwas feinem Zimmt, abgeriebener Citronenschale und 2 Eßlöffel klein würflig geschnittenen Citronat in die Masse, rühre Alles gut unter einander, mische zuletzt das zu festem Schnee geschlagene Eiweiß der 6 Eier langsam darunter und beende den Pudding ganz nach Nr. 1238, er wird anderthalb Stunden gekocht und mit einer süßen Rahm= oder Vanillesauce servirt.

1288. Schwäbischer Kirschenpudding (Suabian Cherries Pudding). Drei Milchbrödchen werden abgeschält, klein würflig geschnitten und mit Kirsch= wasser angefeuchtet; sodann rühre man 6 Unzen zerlassene Butter mit 8 ganzen Eiern schaumig, füge ½ Pfund feinen Zucker, ¼ Pfund abgezogene, mit 3 Eiern in einem Mörser feingestoßene Mandeln, 4 Pfd. ausgekernte, schwarze Kirschen, wovon die Stiele abgezupft sind, ¼ Pfund klein würflig geschnittenen Citronat, ¼ Unze feinen Zimmt, eine Messerspitze gestoßene Nelken, etwas geriebene Citronenschale dazu, rühre Alles gut unter einander, fülle die Masse in eine gut mit Butter bestrichene und mit geriebenen Semmeln ausgestreute Form ein und backe den Pudding 1½ Stunden in einem mittelheißen Ofen, stürze ihn dann auf eine Schüssel heraus, bestreue ihn mit feinem Zucker und bringe ihn mit einer der Fruchtsaucen zu Tische.

1289. Pudding mit Schaummasse (Pudding Meringuer.) Dieses Gericht bildet eine ausgezeichnete Sparschüssel; man verwendet hierzu jeden der vorhergehend übrig gebliebenen Puddings und schneidet dasselbe in fingerdicke

Scheiben, dann streiche man auf eine Schüssel halbzolldick gekochten Reis, gebe sodann eine Schicht Pudding, eine zweite gedämpfte Aepfel oder eine sonstige beliebige Marmelade, eine dritte wieder Pudding und wiederhole dieses so oft, bis letztere gänzlich aufgegangen ist; dann streiche man alle leere Zwischenräume ebenfalls mit obigem Reis aus, überziehe das Ganze kleinfingerdick mit Schaummasse, spritze durch eine Düte, welche von einem halben Bogen Papier gemacht wird, oben hübsche Verzierungen von derselben Masse darauf, bestreue das Ganze mit feinem Zucker, gebe es in einen mittelheißen Backofen, backe es zu schön goldgelber Farbe heraus und bringe das Gericht sogleich zu Tische.

1290. Kabinetspudding (Cabinet Pudding.) Mit einem Theil von ½ Pfund Biskuit oder Zuckerbrod wird der Boden und Rand einer stark mit Butter bestrichenen Form ausgelegt; 5 Unzen große Rosinen, ¼ Pfund kleine Rosinen werden recht rein gewaschen und 3 Unzen Citronat fein gewürfelt geschnitten; nun streut man von den Rosinen und Citronat darüber, legt wieder Zuckerbrod darauf und macht so fort, bis alles zu Ende ist, verrührt 4 Eier und 6 Eigelb mit 1 Quart Milch und ½ Pfund Zucker, vermengt 1 Gläschen Maraschino damit, gießt es über das Eingelegte und läßt es 1 Stunde in einer Casserole mit siedendem Wasser kochen, stürzt den Pudding behutsam und giebt eine Schaumsauce (Chaudeau) darüber.

1291. Punschpudding (Punch Pudding). ½ Pfund Zucker rührt man mit 9 Eigelb recht schaumig, thut die Schale einer halben, den Saft einer kleinen Citrone, 3 Unzen Mehl und 4 Eßlöffel Arrak dazu, schlägt die Eiweiß zu steifem Schnee, mengt diesen leicht hinein und füllt die Masse in eine gut mit Butter bestrichene und mit Crackermehl bestreute Form und stellt diese in einer Casserole mit siedendem Wasser ohne Deckel in den Backofen. In einer starken halben Stunde ist er fertig. Eine Punsch- Arrak- oder Chaudeausauce wird dazu gegeben.

1292. Orangepudding (Orange Pudding). ½ Pfund Zucker, die an Zucker abgeriebene Schale von 2 Orangen werden mit 8 Eigelb schaumig gerührt, 3 Unzen Mehl und ½ Quart süßer Rahm gut eingemengt, der Orangensaft, 1 Kaffeelöffel fein geschnittene kandirte Orangeblüthe und der steife Schnee der Eiweiß hineingemengt und die Masse in eine dick mit Butter bestrichene und bestreute Form gefüllt und ¾ Stunden lang gekocht oder gebacken. Eine Weinsauce wird dazu gegeben.

1293. Makronenpudding (Macaroon Pudding). Zu einem mittelgroßen Pudding nimmt man 5 Unzen Makronen, weicht sie in Milch ein, drückt sie fest aus und rührt sie mit 3 Unzen Zucker, der fein gesiebt sein muß, glatt, thut 12 Eigelb an die Masse und rührt sie eine halbe Stunde, schlägt das Eiweiß zu Schnee und mengt es leicht darunter. Hierauf füllt man die Masse in eine mit Butter bestrichene und im Boden mit weißem bestrichenem Papier belegte Form, setzt sie in siedendes Wasser und läßt sie eine halben Stunde kochen; das Wasser darf nur zwei Finger breit an der Form heraufgehen. Man kann eine Weinsauce dazu geben.

1294. Hefenpudding (Yest Pudding). Von 2 Pfund Mehl, 12 ganzen Eiern, 2 Unzen Bierhefe und etwa ein Fünftelquart Milch wird ein Teig gemacht, recht geschafft und dann noch ein halbes Pfund Butter, ein wenig Salz, 2 Unzen Rosinen und 3 Unzen Zucker hineingearbeitet. Nun läßt man ihn noch ein wenig in der mit Butter bestrichenen Form gehen, bäckt ihn in einem Geschirr, das mit siedendem Wasser halb gefüllt ist, im Ofen und giebt eine Milch- oder weiße Weinsauce dazu.

1295. Pudding von Fischen (Fish Pudding) für 5—6 Personen. Man reibt 4 Milchbrode ab, macht ¼ Pfund Butter warm nebst ein Zehntelquart süße Milch, gießt solches über das geriebene Milchbrod, deckt es zu und läßt es stehen. Nun nimmt man 2 Pfund gekochte, gebackene oder gebratene Fische, liest die Gräten rein davon, thut zu den verlesenen Fischen 3 Unzen geputzte Sardellen, eine Zwiebel, ein wenig Petersilie, etwas Basilikum, Citronenkraut oder Citronenschale, 3 Unzen Ochsenmark oder ebensoviel geschnittenen und in der Milch gesottenen Speck und Kapern, und hackt dies alles zusammen, aber nicht zu fein. Hierauf wird das eingeweichte Milchbrod mit 6 Eigelb angerührt, das Weiße von 4 Eiern zu einem Schaum geschlagen, das Gehackte nebst Salz und Muskatblüthe zu dem Milchbrod genommen, leicht unter einander gerührt, der Schnee schnell darein gethan, eine Serviette oder Form mit Butter bestrichen, Weck- oder Semmelmehl darauf gestreut, das Angerührte hineingefüllt und, wenn in der Serviette, in Salzwasser gekocht. Man kann eine Sardellen- oder Citronensauce dazu geben.

1296. Pudding von Krebsen (Crabs Pudding). Für 6 Personen werden 36 Krebse gesotten, die Schwänze davon genommen, die Schalen klein gestoßen, in ¼ Pfund Butter gedämpft, 3 Schöpflöffel Fleischbrühe daran gegossen, eine Viertelstunde lang gekocht und durchgepreßt. Wenn das Durchgepreßte erkaltet ist, hebt man die Butter ab, rührt sie leicht, thut 9 Eigelb hinein, weicht 6 zuvor abgeriebene Milchbrode in Milch ein, drückt sie aus, schneidet die Krebsschwänze nebst etwas Petersilie klein, rührt sie mit dem Milchbrod nebst Salz und Muskatnuß unter die Butter und mengt den steifen Schnee der Eier hinein. Hierauf bestreicht man eine Form mit Butter, bestreut sie oder nicht, wegen der Farbe, und kocht sie gleich den vorhergehenden eine Stunde. Nun macht man eine Buttersauce von der Krebsbrühe mit gehackten Morcheln und gießt sie über den angerichteten Pudding, den man mit Krebsscheeren bestecken kann.

1297. Pudding von kaltem Kalbsbraten (Pudding of cold Roast Veal), am besten warm, doch auch kalt zu geben. 1¼ Pfund von Haut und Sehnen befreiter Kalbsbraten von ganz frischem Geschmack, sehr fein gehackt, 8 Eier, knapp 6 Unzen Butter, 2—3 Unzen 2 Tage altes abgeschältes und geriebenes Milchbrod, eine halbe Obertasse süße Sahne, 6 kleingehackte Chalotten, Salz und etwas Muskatnuß.

Die Chalotten werden in 1 Unze der bemerkten Butter geschwitzt, dann 2 Eier mit 2 Eßlöffel Wasser zerklopft, hinzugegeben und solches zu weichem Rührei gemacht. Darnach reibt man die übrige Butter zu Sahne, giebt nach und nach 6 Eidotter hinzu und rührt es eine Weile stark nach einer Seite hin, wo dann Rührei, Milchbrod, Sahne, Muskatblüthe, Kalbsbraten, das nöthige Salz unter stetem Umrühren hinzugefügt und darauf das zu steifem Schaum geschlagene Eiweiß durchgemischt wird. Der Pudding wird in einer gut vor= gerichteten Form 1½ Stunde gekocht und mit einer Champignons=, Krebs= oder Kraftsauce heiß zur Tafel gegeben. Kalt wird derselbe mit einer Sauce servirt, die von einigen hartgekochten, feingeriebenen Eidottern, reichlich feinem Oel, Weinessig, Zucker, Kapern, etwas Senf und Pfeffer gut gerührt wird.

1298. Pudding von Nudeln (Vermicelli Pudding). Für 3 bis 4 Personen macht man Nudeln von 2 Eiern, läßt sie in siedendem Wasser einige Wall thun, gießt sie in einen Seiher und läßt sie kalt werden. Unterdeß rührt man ¼ Pfund Butter mit 5—6 Eigelb recht stark ab, fügt nach Belieben Zucker, Gewürz und einige Löffel voll süßen Rahm bei, schlägt das Eiweiß zu Schnee, rührt ihn sammt den Nudeln langsam daran, bindet ihn in ein mit Butter be= strichenes Tuch und kocht ihn eine starke Stunde in siedendem Wasser.

XXIX. Von den Creams — Creams.

1299. Allgemeines über Creams. Die Festigkeit der Crêmes besteht in Eiern und die der Gelées in Zucker; um beide Arten und namentlich Wein= sulzen noch fester zu machen, bedient man sich auch thierischer Stoffe, der Kalbs= füße, der Hausenblase und der Gelatine. Da sie aber leicht Beigeschmack haben, so nimmt man so wenig als möglich. Gute Hausenblase ist viel theurer, aber reiner an Geschmack als Gelatine, von der man mehr braucht; von letzterer nehme man nur die beste Sorte. Jetzt wird auch vielfach das Agar=Agar angewendet, eine gallertige indische Meeralge, die ohne Beigeschmack ist und in federleichten, porösen Stangen von etwa 10 Zoll Länge und 1 Zoll Dicke verkauft wird. (Siehe Bereitung Nr. 967—970.)

1300. Rahmschnee mit Vanille (Vanilla Snow Cream). Ein halbes Quart guter, dicker Schlagrahm wird in einer großen irdenen Schüssel mit einer hölzernen Schneeruthe an einem kalten Orte ¼ Stunde lang gepeitscht, sodann 10 Minuten stehen gelassen und vermittelst eines Schaumlöffels, so weit er dick= schäumig ist, auf ein großes umgestürztes Haarsieb, worunter man eine tiefe Schüssel gestellt hat, abgehoben, bis man untenhin auf den noch flüssigen Rahm gelangt; dieser wird alsdann ebenfalls wieder gepeitscht, stehen gelassen und wieder abgehoben, was man noch so oft wiederholt, bis aller Rahm auf diese Art geschlagen ist (ist der Rahm gut, dann läßt er sich gleich das erstemal fest schlagen und man hat sodann nicht nöthig, ihn abzuheben); nun vermische man ihn leicht mit 4 Unzen feinem weißen und 2 Eßlöffeln Vanillezucker, richte ihn in eine tiefe Schüssel erhöht an, garnire ihn auf der Oberfläche mit dressirten Biscuits

1301. **Rahmschnee mit Zimmt** (Snow Cream with Cinnamon).

1302.   „   „ **Orangenzucker** (Snow Cream with Orange Sugar).

1303.   „   „ **Citronenzucker** (Snow Cream with Lemon Sugar.)

1304.   „   „ **Thee** (Snow Cream with Tea).

1305.   „ **Caffee** (Snow Cream with Coffee).

1306.   „   „ **Chocolade** (Snow Cream with Chocolate).

1307.   „   „ **Kirschwasser** (Snow Cream with Cherry Brandy).

1308.   „   „ **Marasquino** (Snow Cream with Marasquino).

1309.   „   „ **Punchliqueur** (Snow Cream with Punch Liquor).

In den nach Nr. 1300 geschlagenen Rahmschnee mische man 4 Unzen feinen Zucker, welcher mit einem Theelöffel voll Zimmt gestoßen ist, abgeriebenen Orangen oder Citronen gut durch einander, mit Caffee nimmt man einen Theelöffel voll gute Caffeeessenz, bei Chocolade geriebene Chocolade oder etwas Cacao-Pulver, bei den Liqueuren mische man irgend einen der oben angeführten darunter. Die übrige Behandlung bleibt indessen ganz dieselbe, wie bei dem Vanille-Rahmschnee, Nr. 1300.

1310. **Rahmschnee mit Erdbeeren.**

1311.   „   „ **Aprikosenmarmelade.**

Acht Eßlöffel durch ein feines Haarsieb gestrichenes Erdbeerenmus von frischen Erdbeeren oder ebensoviel Aprikosenmus werden, ersteres mit 6 Unzen und letzteres mit 4 Unzen feinem Zucker verrührt, sodann nach und nach mit dem in Nr. 1300 angezeigten Quantum geschlagenen Rahmschnee statt der Vanille vermischt und hierauf ganz wie jener beendet. Ebenso können auch drei Handvoll frische Erbeeren, nachdem sie sauber verlesen sind, mit 6 Unzen feinem Zucker darunter gemischt werden.

1312. **Rahmschnee mit Kastanienmus.** Ein halbes Pfund abgeschälte Kastanien werden mit einem halben Quart süßen Rahm, 2 Caffeelöffel Vanillezucker und ¼ Pfund weißem Zucker weich und kurz gekocht und alsdann durch ein feines Haarsieb gestrichen; nun richte man den Vanille-Rahmschnee (Nr. 1300) erhöht platt auf eine Schüssel an, gebe das kalt gewordene Kastanienmus in eine Backspritze, welche unten eine Zotte hat, worin 6—8 kleine Löcher sind, spritze es um den angerichteten Rahmschnee herum und bringe das Ganze hierauf zu Tische.

1313. Mandelmilch-Crême (Blanc-Manger). Ein halbes Pfund ge=
schälte, in kaltem Wasser rein abgewaschene Mandeln werden in einem Mörser
mit einem Glas frisches Wasser so fein als möglich gestoßen. Dann werden
sie mit einem Quart frisches Wasser verrührt und durch ein reines Tuch ge=
preßt. Das Durchgelaufene muß wenigstens zweimal auf die Mandeln ge=
gossen werden, damit die Mandelmilch möglichst kräftig wird; diese wird nun
mit zehn Unzen Zucker versüßt und mit zwei Unzen aufgelöster Hausenblase
(Nr. 967) oder einer Stange Agar=Agar (Nr. 970) vermischt, in eine Crême=
form gegossen und zum Gestehen auf's Eis gestellt. Beim Anrichten wird die
Form in warmes Wasser getaucht, mit einem Tuche überall abgetrocknet und
auf die dazu bestimmte Platte gestürzt. — Die Crême soll, wenn sie gelungen
ist, ein glänzend weißes Aussehen haben.

1314. Eine andere Art. 1¼ Pfund in heißem Wasser gebrühte Mandeln
werden geschält, einigemal aus reinem, kaltem Wasser herausgewaschen und
sodann mit 1½ Quart süßem Rahm oder guter Milch in einem Mörser mehl=
fein gestoßen; das Gestoßene gebe man nun in einen Porzellantopf (Terrine),
füge den übrigen Rahm von den 1½ Quart nebst ¾ Pfund vom feinsten, weißen,
gestoßenen Zucker dazu, rühre Alles so lange unter einander, bis sich der Zucker
gänzlich aufgelöst hat; sodann nehme man wo möglich zwei Personen, welche
eine reine Serviette (jede an zwei Enden) halten, gieße etwas von der Substanz
auf letztere, stelle ein reines, tiefes Gefäß unter und lasse die Mandelmilch tüch=
tig auspressen, indem die beiden Personen die Serviette etwas vertieft halten,
damit die Substanz in die Mitte derselben kommt, solche gut zusammen nehmen
und der eine seine beiden Enden rechts, der andere die seinigen links fest zu=
sammendreht. Ist die Mandelmilch das erste Mal auf diese Art ausgepreßt,
so gieße man sie nochmals über die Mandeln in die Serviette und presse sie
durch; nun vermische man sie gut entweder mit 2 Unzen aufgelöster Gelatine
oder mit 1¼ Unze Hausenblase oder auch mit dem aufgelösten Agar=Agar,
rühre Alles gut unter einander, fülle die Crême sodann in eine mit feinem
Olivenöl ausgestrichene Modelform (Gelee= oder Crêmeform) ein, lasse sie darin
sulzen (fest werden) und stürze sie auf die dazu bestimmte Platte.

1315. Mandelmilch-Crême mit Vanille (Blanc-Manger with Vanilla).
Eine halbe, der Länge nach gespaltene Stange Vanille wird in etwas Milch
5 Minuten lang ausgekocht, die Vanille dann herausgenommen und die Milch
mit Gelatine oder Agar=Agar zu der Mandelmilch gegeben. Siehe vorher=
gehende Nummer.

1316. Mandelmilch-Crême mit Chocolade (Blanc-Manger with
Chocolate). Man löse 6 Unzen der feinsten Chocolade mit etwas wenigem
Wasser auf dem Feuer auf, gebe sie alsdann in einen Porzellantopf, verrühre
sie nach und nach mit der Mandelmilch (Nr. 1314), gebe die Gelatine oder
Agar=Agar hinzu und beende sie ganz wie jene Crême.

1317. Colorirte Mandelmilch=Crême (Colored Blanc-Manger).
Man theile die zubereitete, mit ihrem Stande vermischte Mandelmilch (Nr. 1314)
in 5 Theile ab und gebe jeden derselben in ein kleines, reines Töpfchen; nun

laſſe man einen Theil ganz weiß, färbe den zweiten mit etwas aufgelöſter Cho=
colade hübſch braun, den dritten mit aufgelöſter Cochenille zart roſa, den vierten
mit Safranauflöſung (ein Theelöffel voll wird mit etwas wenigem, warmem
Waſſer einige Augenblicke angebrüht und ſodann durch ein leinenes, reines
Läppchen gepreßt) goldgelb und den fünften Theil mit Spinatgrün hübſch grün;
nun ſtreiche man die beſtimmte Crêmeform mit feinem Olivenöl aus, ſetze ſie
an einen kühlen Ort (im Sommer in fein geſtampftes Eis) und gebe fingerhoch
eine beliebige, weiße, ſüße Gelee hinein, und wenn dieſe feſt geworden iſt, eine
zweite Lage rothe, ſüße Gelee, laſſe dieſe ebenfalls wieder ſulzen, und bringe
ſodann obige, verſchiedenartig gefärbte Mandelmilch ganz auf die eben ange=
gebene Art in die Form (jede Lage der gefärbten Mandelmilch muß nämlich
ebenfalls immer erſt feſt geworden ſein, ehe man eine andere darauf giebt), bis
dieſe gänzlich vollgefüllt iſt; nur muß man die Crême der Art zuſammenſetzen,
daß die Farben gut auf einander paſſen; man laſſe nun die oberſte Lage eben=
falls feſt werden und beende ſie hierauf wie vorhergehende.

1318. Blanc-Manger, einfache Art.

1½ Quart Milch, 2⅓ Unzen
Stärke, 10 Eiweiß, 2⅓ Unzen ſüße und 4 Stück geriebene Mandeln, 3 Unzen
Zucker, Citronenſchale und ganzer Zimmt.

Milch, Mandeln, Zucker und Gewürz werden langſam zum Kochen ge=
bracht, damit letzteres gut ausziehe, dann entfernt. Iſt dies geſchehen, ſo laſſe
man die Stärke, mit etwas kaltem Waſſer zerrührt, gut durchkochen, nehme den
Topf vom Feuer, rühre den ſteifen Eiweißſchaum durch und ſchütte das Blanc-
Manger in eine ungeſpülte Form.

Erkaltet, ſtürze man daſſelbe auf eine Schüſſel und gebe eine Frucht= oder
eine kalte Weinſauce dazu. — Für 14—16 Perſonen.

1319. Blanc-Manger, andere Art.

1¾ Quart Milch, knapp 5 Unzen
Kornſtärke, 10 friſche Eier, ¼ Pfund ſüße und einige bittere geriebene Mandeln,
5 Unzen Zucker, Vanille oder Zimmt und Citronenſchale.

Das Blanc-Manger wird nach voriger Nummer gekocht, vom Feuer
genommen, der ſteife Eiweißſchaum durchgerührt, kalt umgeſtürzt mit einer
der in derſelben Vorſchrift bemerkten Saucen gegeben. — Für 18 Perſonen.

1320. Taſſen=Mandelmilch=Crême.

1¼ Quart Milch, 2⅔ Unzen ge=
riebene ſüße Mandeln, 2⅔ Unzen Stärke, gut 3 Unzen Zucker, 10 Eiweiß und
die abgeriebene Schale einer Citrone.

Man koche dieſe Speiſe wie Blanc-Manger Nr. 1318, fülle mit derſelben
12 Untertaſſen und gebe dazu eine Vanilleſauce, beſſer aber Fruchtſaft. — Für
12 Perſonen.

1321. Oswego=Crême.

Ein halbes Quart Milch läßt man beinahe
an's Kochen kommen, verrührt indeß 4 Eßlöffel Oswego Maismehl, 4 Eßlöffel
Zucker und die abgeriebene Schale von einer halben Citrone (nach Belieben kann
auch Vanille=Zucker oder Zimmt genommen werden) mit ½ Quart Milch, gießt
dies an die ſiedende Milch und läßt es unter beſtändigem Rühren 4 Minuten
lang kochen, füllt es in eine mit Waſſer ausgegoſſene Form und ſtürzt es nach
dem Erkalten. Soll das Blanc-Manger leichter und ſchaumiger werden, ſo

mengt man noch auf dem Feuer vor dem Einfüllen den steifen Schnee von 3—4 Eiweiß darunter.

1322. Victoria-Crême. 2 Stangen Agar-Agar, in Ermangelung 2 Unzen Gelatine, 2½ Unzen Biscuitchen, ¼ Pfund halb gut gereinigte Sultan= rosinen, halb Corinthen, oder statt derselben eingemachte, in Stückchen geschnit= tene Pfirsiche, Schale einer und Saft von 2 Citronen, ½ Flasche Weißwein, ¼ Pfund Zucker, 10 Eidotter und 2 ganze Eier.

Agar-Agar (siehe Gelees) wird mit Wein, Gelatine mit Wasser aufgelöst. Der Wein wird mit gestoßenem Zucker, Eiern und Citronen unter stetem Schla= gen mit dem Schaumbesen aufgekocht, vom Feuer genommen und das aufgelöste Bindungsmittel nebst dem Eiweißschaum gut durchgerührt. Dann füllt man in die mit feinem Oel ausgestrichene Porzellanform die Hälfte der Crême, legt die Biscuitchen, in Marasquino getunkt, darüber hin, streut die Rosinen und Corinthen oder Pfirsiche darauf, bedeckt solches mit der übrigen Crême, stellt es zum Erstarren auf Eis oder an einen kalten Ort und giebt die Speise umge= stürzt ohne Sauce zur Tafel.

1323. Citronen-Crême, vorzüglich (Lemon Cream). Eine Flasche Weißwein, 11 frische Eier, ½ Pfund Zucker, 3 frische Citronen, 1 Unze Hausen= blase, oder 1½ Stange Agar-Agar, oder 1 Unze Gelatine, 1 Eßlöffel Korn= stärke.

Nachdem das eine oder andere aufgelöst, lasse man es durch ein Mull= läppchen fließen. Dann reibe man 2 Citronen auf dem Zucker ab, presse aus 3 Citronen den Saft, zerrühre die Eidotter und lasse solches nebst Wein und der mit Wasser aufgelösten Stärke unter fortwährendem Rühren bis vor's Kochen kommen. Schnell den Topf vom Feuer genommen, rühre man den steifen Schaum gut durch und schütte die Masse in eine mit feinem Oel bestrichene Form. — Für 24 Personen.

1324. Rothe Schaum-Crême (Red Skim Cream). 1⅛ Quart mit Rothwein oder Wasser vermischter Johannisbeer= oder Kirschensaft nebst Zucker, ¼ Pfund Kornstärke, sechs bis neun Eiweiß, nach Belieben auch einige Stückchen Zimmt.

Nachdem die Flüssigkeit zum Kochen gebracht, wird die mit etwas Wasser aufgelöste Stärke hinzugerührt und gut durchgekocht. Dann nimmt man den Topf vom Feuer, mischt den steifen Eiweißschaum leicht durch, läßt die Masse noch einmal aufkochen und schüttet sie in eine umgespülte, mit Zucker bestreute Porzellanform.

Kalt gestürzt, wird der Pudding mit einer Vanillesauce servirt. — Für 12—14 Personen.

1325. Wein-Crême (Wine Cream). 1 Flasche guter Rheinwein, 12 Eidotter, ½ Pfund Zucker, Stand von 2 Kalbsfüßen, Saft und abgeriebene Schale einer Citrone, ganzer Zimmt. Statt Kalbsstand kann man auch 1½ Stangen Agar-Agar oder 1½ Unzen Gelatine nehmen. Wünscht man diese Speisen nicht zu stürzen, sondern in Assietten (Teller) zu serviren, so ist von dem einen oder anderen Bindungsmittel etwas weniger hinreichend.

Wein, Zucker und Gewürz setze man fest zugedeckt auf's Feuer, lasse es bis vor's Kochen kommen, gebe die Gelee hinzu, lasse sie durchkochen, nehme den Topf vom Feuer, das Gewürz heraus und rühre die Eidotter, mit etwas kaltem Wasser zerrührt, gut durch die Masse, damit sie nicht gerinnen, gieße dieselbe schnell in eine Schüssel, rühre sie noch einige Minuten und gebe sie in eine mit Mandelöl bestrichene Porzellanform.

Dieser Pudding, ebenso fein als angenehm von Geschmack, wird nach dem Erkalten gestürzt und mit einer Vanillesauce zur Tafel gegeben. — Für 24 Personen.

1326. Crême a la Sultan. Man nimmt 3 Unzen Zucker nebst einem halben Glas frischem Wasser in eine Casserole oder messingene Pfanne, läßt es auf Kohlen, bis der Zucker kastanienbraun ist, thut 1 Quart siedende Milch daran, etwas ganzen Zimmt dazu, siedet es ein wenig, gießt es durch ein Sieb und läßt es erkalten. Hierauf wird eine Citrone am Zucker abgerieben, das Gelbe von 8 Eiern dazu genommen, die durchgetriebene Milch daran geschüttet, wieder durch das Sieb gegossen, auf eine Platte gethan, diese in siedendes Wasser gestellt und ein Deckel mit schwachen Kohlen darauf gesetzt. Sobald es fest ist, nimmt man es aus dem Wasser, läßt es abkühlen, schlägt das Weiße von 8 Eiern zu einem steifen Schaum, thut das Abgeriebene von einer halben Citrone nebst einer Handvoll gesiebten Zucker darunter, macht einen Ring von dem Schaum um die Crême herum, und in der Mitte derselben eine runde Kugel von dem Schnee, bestreut den Schaum mit Zucker, brennt ihn mit einem glühen= den Eisen, oder stellt die Platte zum Glasiren in den Ofen.

1327. Gestürzte Vanille=Crême. In ¾ Quart kochende Milch werden ¼ Pfund Zucker und eine halbe in Stücke geschnittene Stange Vanille gethan, 5 Minuten lang mitgekocht, herausgenommen und dann die Milch recht vor= sichtig an einen Kaffeelöffel voll Stärkemehl und 6 Eigelb gerührt. Unter stetigem Rühren läßt man es aufkochen, nimmt es vom Feuer, mischt ½ Unze aufgelöste Hausenblase oder ½ Unze Gelatine oder eine halbe Stange Agar= Agar darunter, preßt es durch ein feines Haarsieb, und nachdem es unter star= kem Rühren beinahe kalt ist, mischt man ¾ Quart geschlagenen Rahmschnee dar= unter und füllt es in die mit kaltem Wasser ausgespülte Form und stellt es in Eis. Beim Anrichten hält man die Form einen Augenblick in warmes Wasser, trocknet sie gut ab und stürzt sie auf eine Schüssel. Ebenso können Crêmes von Citronen= oder Orangenschale gemacht werden.

1328. Gestürzte Chocolade und Marasquino=Crême. Wird wie ge= stürzte Vanille=Crême gemacht, nur nimmt man 1 Unze warm aufgelöste Cho= colade oder Cacaomasse dazu. Bei Marasquino=Crême wird statt Vanille etwas Marasquino darunter gemischt.

1329. Gestürzte Arrakcrême. 3 Unzen Stärkemehl rührt man mit ¼ Quart Milch glatt, macht 1 Quart Milch mit 5 Unzen Zucker, an dem die Schale von ½ Citrone abgerieben ist, siedend, und kocht nun das Stärkemehl mit 2 Unzen geschälten, fein gestoßenen Mandeln, von denen die Hälfte bitter sein sollten, wie einen Kinderbrei, schlägt von 15 Eiweiß einen recht steifen Schnee, mengt ihn hinein und läßt ihn nur einmal aufkochen, mengt 3—4 Eßlöffel Arrak darunter, benetzt die Formen mit Arrak, füllt die Masse ein und stellt sie zum Erkalten in den Keller. Beim Anrichten stürzt man sie vorsichtig auf Platten und giebt folgende Arraksauce dazu. Man schlägt ½ Pfund Zucker mit 8 Eigelb, etwas Citronenschale und dem Saft von ½ Citrone recht schaumig, thut ½ Quart Wein dazu und schlägt es auf dem Feuer, bis es steigt, mischt den Schnee von 3 Eiweiß und 4—5 Eßlöffel Arrak darunter und stellt sie auch kalt.

1330. Rahmsulz von Kalbsfüßen (Cream with Jelly of calfsfeet). Sechs zerhauene Kalbsfüße werden mit neun Fünftel Wasser bis auf ½ Quart eingekocht, dies wird durchgepreßt, kalt gestellt und das Fett rein abgenommen. Nun nimmt man das Weiße von 4 Eiern in ein Geschirr, 1 Theelöffel gestoßenen Zimmt, 3 Unzen gestoßenen Zucker, die auf Zucker abgeriebene Schale einer Citrone und ¼ Quart süßen Rahm dazu und rührt es recht stark unter einander. Die reine, in Stücke geschnittene Sulz nimmt man in eine passende Casserole, das mit dem Rahm angerührte Eiweiß dazu und rührt es so lange auf Kohlen, bis es zu kochen anfängt. Es wird nun in die dazu bestimmte Geléeform gefüllt und an einen kühlen Ort gestellt.

1331. Crême von Vanille, gekochte, (Boiled VanilleCream). In 1 Qrt. kochende Milch oder süßen Rahm wird eine in kleine Stücke geschnittene Stange Vanille ½ Stunde gelegt und 10 Minuten gekocht, dann die Casserole bedeckt und zurückgestellt. Nun werden 6 Eigelb und 2 ganze Eier mit 5 Unzen feinem Zucker mit einer Schneeruthe geschlagen und mit der abgekühlten und durchge=seihten Milch genau vermischt; das Ganze läßt man ein paarmal durch ein Haar=sieb laufen, füllt es dann in Becher oder in eine Schale, setzt diese in heißes Wasser, einen Deckel mit Kohlen darauf und läßt es 1½ Stunden dämpfen. Fühlt sich die Crême fest an, so ist sie fertig und wird kalt gestellt. Orangen= oder Citronencrême wird ebenso bereitet. Beim Anrichten wird die Form in heißes Wasser getaucht, mit einem Tuch rein abgetrocknet und auf eine Platte gestürzt.

1332. Bairischer Rahm (Bavarian Cream). 1 Quart süßer Rahm, 4 Dotter, ½ Unze Gelatine oder Hausenblase, 1 kleine Tasse Zucker, 2 Theelöffel Vanille oder bittere Mandel=Essenz.

Die Gelatine wird, von kaltem Wasser bedeckt, 1 Stunde geweicht; dann seiht und rührt man sie in ein halbes Quart Rahm, der zum Sieden erhitzt wurde. Die Dotter werden mit dem Zucker abgerührt und die kochende Mischung beigefügt, aber nur nach und nach. Nun läßt man es, ohne zu kochen, so heiß werden, bis es dick wird, nimmt es vom Feuer, giebt den Geruch dazu und, während es noch heiß ist, rührt man das andere halbe Quart Rahm dazu, welches zum festem Schlagrahm in einem andern Gefäß geschlagen worden war. Man rührt ihn aber nur löffelweise hinein, bis die Crême die Consistenz von Biscuitkuchen=Teig hat. Man taucht eine Form in kaltes Wasser, gießt die Mischung hinein und stellt sie aufs Eis zum Festwerden.

1333. Geschlagener "Syllabus." ½ Quart guten Rahm, ¼ Tasse pulverisirten Zucker, 1 Glas Wein, 1 Theelöffel Vanille= oder anderen Extrakt.

Der Rahm wird versüßt und wenn der Zucker darin ganz aufgelöst ist, schlägt man ihn zu einem festen Schaum; zuletzt rührt man den Wein und Geruch vorsichtig darunter und servirt ihn gleich.

Man füllt ihn in Gläser und ißt ihn mit Kuchen.

1334. Crême von Makronen (Cream of Macaroon). Man stößt 8 große bittere Makronen zart und kocht sie mit 1 Stückchen ganzem Zimmt und dem nöthigen Zucker in ¾ Quart Milch), treibt es durch ein Haarsieb und rührt den Schnee von 4 Eiweiß, nachdem es etwas erkaltet ist, hinein; nun wird es noch einmal durchgetrieben, in eine Crêmeschale oder in Becher gefüllt, diese in heißes Wasser gestellt und mit einem Deckel, worauf glühende Kohlen sind, bedeckt. Wenn sich die Crême fest anfühlt, wird sie aus dem Wasser genommen, rein abgeputzt, kalt gestellt und zu Tische gegeben.

1335. Orangen-Crême (Cream of Oranges). ¼ Quart guter Wein, 2 Apfelsinen, 1 Citrone, ¼ Pfund Zucker, 6—8 Eier.

Apfelsinen und Citronen werden am Zucker abgerieben, doch erstere nicht zu stark, damit der Geschmack nicht zu sehr vorherrscht; dann wird der Saft ausgepreßt und alles über lebhaftem Feuer mit einem Schaumbesen stark geschlagen, bis es kocht. Die Crême wird alsdann rasch in ein Geschirr geschüttet, noch eine kleine Weile geschlagen und in die zum Gebrauch bestimmte Form gefüllt.

1336. Chocoladencrême mit Rahmschnee (Chocolate Cream with Snow). Mit ¼ Quart Wasser kocht man ¼ Pfund Vanillechocolade zu einem dicken Brei, läßt ihn erkalten und rührt, ehe die Crême aufgetragen wird, den steifen Schnee von ½ Quart Schlagrahm und 3—4 Unzen Zucker hinein.

1337. Chocoladecrême (Chocolate Cream). ¼ Pfund Vanillechocolade werden mit ½ Quart Milch und Zucker gut verkocht, mit 5 Eigelb vorsichtig abgezogen, recht kalt gestellt und vor dem Auftragen mit dem steifen Schnee der 5 Eiweiß vermischt.

1338. Chocoladecrême (andere Art). 3 Unzen Chocolade werden in kleine Stückchen gebrochen und im warmen Ofen erweicht, dann mit ebensoviel Zucker und 1 Quart kochender Milch glatt angerührt und nach einigem Abkühlen mit 6 verrührten Dottern und 2 ganzen Eiern vermischt, in Becher oder in eine Schale gefüllt und wie die Vanillecrême gekocht.

1339. Rahm- (Sahne) Crême mit Arrak (Cream with Arrack). Ein Viertelpfund Zucker rührt man mit 6 Dottern wie einen Biskuit-Teig und vermengt 2 Eßlöffel Arrak darein. In dem Augenblick, ehe die Crême soll aufgetragen werden, rührt man ½ Quart steifen Rahmschnee leicht hinein, füllt sie auf den Crêmeteller und garnirt sie mit rundem Zuckerbrod.

1340. Crême mit Kaffee (Coffee Cream). ¼ Pfund frisch gerösteten Kaffee von der feinsten Sorte siedet man ungemahlen in 1 Quart Rahm ein paar Minuten lang, dann stellt man ihn fest zugedeckt ¼ Stunde beiseite, gießt nun den Rahm ab, quirlt daran 8—10 Dotter mit ¼ Pfund Zucker und läßt die Crême unter langsamem Umrühren über dem Feuer anziehen und beedet sie wie die gekochte Crême von Vanille.

1341. Gestürzte Kaffeecrême. 2 Unzen feinen, frisch gerösteten, ge= mahlenen Kaffee läßt man in ½ Quart kochender Milch 10 Minuten anziehen, verrührt 6 Eigelb mit etwas gestoßener Vanille und Zucker, gießt die durchge= seihte Milch daran und läßt es auf dem Feuer bis an das Kochen, nimmt es gleich weg und mischt 12 Blatt aufgelöste Gelatine hinein. Die Creme wird nochmals durchgeseiht und fortgeschlagen, bis sie beinahe kalt ist, nun wird ¼ Quart steifer Schlagrahm eingemengt, in eine mit kaltem Wasser ausgespülte Form gefüllt und in Eis gestellt.

1342. Crême mit Thee. In 1 Quart kochende Milch wird ½ Unze recht guter schwarzer Thee gethan, fest zugedeckt und kalt gestellt. Nun werden 6 Dotter und 2 ganze Eier mit ¼ Pfund fein gestoßenem Zucker mit einer Schneeruthe gut geschlagen, die durchgeseihte Milch daran gegossen, zweimal durch ein Sieb getrieben und gleich der gekochten Vanillecrême behandelt.

1343. Punschcrême (Punch Cream). ½ Quart Weißwein läßt man mit Citronen= und Orangenschalen kochend werden, stellt ihn dann neben das Feuer und läßt ihn mit den Citronen= und Orangenschalen ziehen. Während= dessen werden 10 Unzen Zucker mit 12 Eigelb abgerührt, dann giebt man den heißen Wein nebst dem Saft von 1 Orange und 1 Citrone nebst ¼ Quart Arrak dazu, läßt dies alles unter beständigem Rühren auf dem Feuer anziehen, bis die Crême dicklich wird, worauf man sie durch ein Haarsieb gießt und mit 1 Unze Gelatine vermischt. In die erkaltete Crême mengt man den Schnee von 6—9 Eiweiß und füllt sie in eine in Wasser getauchte Form zum Gestehen in Eis oder kaltem Wasser.

1344. Kastaniencrême. ½ Pfund Kastanien werden geschält und dann in kochendes Wasser gethan, bis sich die Haut davon abziehen läßt. Nun kocht man sie in ¾ Quart Rahm mit 5 Unzen Zucker weich, treibt sie durch ein Sieb, mischt etwas gestoßene Vanille und 1 Unze aufgelöste Gelatine darunter. Wenn die Masse anfängt kalt zu werden, mischt man ½ Quart geschlagenen Rahm hinein, füllt die Crême in die Form und läßt sie im Keller oder im Eis fest werden.

1345. Haselnußcrême (Hazelnut Cream). ¼ Pfund Haselnußkerne werden im Bratofen oder in einer Pfanne heiß gemacht, bis die Schale losspringt und abgerieben werden kann. Dann werden sie grob gestoßen und mit 2 Unzen Zucker in einer Pfanne vorsichtig geröstet, damit sie nicht braun und bitter werden. Sie werden in 1 Quart kochende Milch gethan und ½ Stunde darin stehen lassen. Währenddem rührt man ¼ Pfund Zucker mit 10 Eigelben glatt, gießt die Haselnußmilch daran und läßt alles unter beständigem Rühren auf dem Feuer anziehen, bis es anfängt dick zu werden. Alsdann zieht man die Crême vom Feuer, rührt 1 Unze Gelatine hinein und seiht sie durch ein Haar= sieb; wenn sie anfängt zu erkalten, so mischt man 1 Quart steif geschlagenen

Rahm darunter, füllt die in Wasser getauchten Formen damit und läßt die Crême im Keller oder im Eis fest werden.

1346. Diplomaten-Crême. In 1½ Quart Milch kocht man ½ Stange Vanille auf und läßt sie noch ½ Stunde darin stehen, nimmt 8 Eigelb und fünf Unzen Zucker und die Milch in eine Pfanne, läßt es auf dem Feuer anziehen und mischt noch warm 12 Blatt aufgelöste Gelatine darunter. Die Crême wird geschlagen, bis sie beinahe kalt ist, wenn nöthig, durch ein Haarsieb ge= strichen und ein kleines Glas Marasquino hineingethan. In 2 kleine Pudding= formen legt man lagenweise in Stückchen geschnittene Biskuits, die mit Maras= quino angefeuchtet sind, Citronat und Pomeranzenschale, große und kleine Rosinen und gießt die Crême langsam daran. Im Sommer stellt man die Formen in Eis zum raschen Gestehen.

1347. Tutti frutti. Es wird ein Blancmanger gekocht von stark ½ Quart Milch, 2 Eßlöffel Zucker, zwei Drittelunzen Stärke, 3 Eiern, einem Stück frischer Butter von Wallnußgröße und Vanille oder Citronenschale, oder statt dessen einige Stückchen ganzen Zimmt und 4 Stück geriebene bittere Mandeln; dann wird eine Schüssel mit Biskuit oder Zuckerplätzchen, oder auch mit ge= wöhnlichen Plätzchen belegt, eingemachtes Obst oder gut gekochte frische Com= pote darüber gegeben und mit dem abgekühlten Blancmanger überzogen.

1348. Schnell zu machende Vanillecrême. 1½ Quart Milch, 8 recht frische Eier, 1 knapper Eßlöffel echte Weizenstärke oder feines Mehl, Zucker nach Geschmack und ein Stück Vanille.

Dies alles wird in einem recht sauberen Topf mit einem Schaumbesen tüchtig geschlagen bis eben vor dem Kochen, dann nehme man die Crême vom Feuer, schlage sie noch eine kleine Weile und fülle sie in einen Teller. Es paßt eine Schaum=, auch Fruchtsauce dazu.

1349. Milchcrême mit Arrak (Milk Cream with Arrack). 1½ Quart Milch, 10 Eidotter, 1 gehäufter Eßlöffel feines Mehl, ¼ Pfund Zucker und Citronenschale, 2 Wallnuß dick frische Butter, ½—1 Tasse Arrak.

Butter und Mehl läßt man heiß werden, bis letzteres kraus wird, dann vom Feuer genommen, rührt man Milch, Eidotter, Gewürz und Zucker hinzu, schlägt es stark bis vorm Kochen, schüttet es rasch in eine Schale und schlägt den Arrak nach und nach hinzu.

1350. Mandelcrême (Almond Cream). 1½ Quart frische Milch, ¼ Pfund geriebene Mandeln, gut 3 Unzen Zucker, 8—10 Eidotter, 2 Eßlöffel Stärke, Vanille oder Citronenschale.

Dies alles lasse man unter starkem Rühren fast zum Kochen kommen, schütte die Crême schnell in eine Schale, rühre noch eine Weile, bis sie nicht mehr heiß ist, und richte sie an.

1351. Himbeercrême (Raspberry Cream). Von 2 Pfd. auserlesenen Himbeeren drückt man den Saft aus, quirlt daran 12 Dotter, ¼ Quart weißen Wein, 6 Unzen gestoßenen Zucker, setzt nun alles übers Feuer unter beständigem

Umrühren, bis es einmal aufgekocht, nun mengt man den Schaum von 6 Eiweiß darunter, setzt die Crême vom Feuer ab, rührt sie noch eine kleine Weile und füllt sie halb erkaltet in die Crêmeschalen. Will man sie ganz fest, so mischt man 1 Unze aufgelöste Hausenblase oder 1 Stange Agar-Agar darunter.

1352. Himbeercrême, gestürzte. ½ Quart Himbeeren wird durch ein Sieb gestrichen, dann mengt man 1 Unze aufgelöste Gelatine, stark ¾ Quart Schlagrahm und Zucker nach Geschmack darunter, füllt sie in eine in Wasser getauchte Form, und läßt sie rasch in Eis gestehen.

1353. Erdbeercrême kann ebenso gemacht werden, nur nimmt man etwas weniger Beeren.

1354. Crême mit Erdbeeren (Strawberry Cream). ¾ Quart Erdbeeren werden durch ein Haarsieb getrieben, mit ¼ Pfund Zucker, an dem eine halbe Citrone abgerieben wurde, versüßt, unter den geschlagenen festen Schnee von einem halben Quart Rahm gemischt und auf eine Platte aufgehäuft; der Rand derselben wird mit schönen Erdbeeren verziert. Himbeercrême kann auf dieselbe Art gemacht werden, nur nimmt man etwas mehr Himbeeren. Zur Orangecrême reibt man 1 Orange an 3 Unzen Zucker ab und mengt dieses unter den Schaum.

1355. Johannisbeer-Crême (Currant Cream). 1½ Quart Johannisbeeren werden von ihren Kämmen abgestreift und mit 1 Quart verlesenen Himbeeren durch ein Haarsieb getrieben; dieser Saft wird mit 1½ Unzen Gelatine und 9 Unzen Zucker verrührt, und ehe das Ganze kalt wird, mit ¾ Quart steif geschlagenem Rahm vermengt, in die Formen gefüllt und bis zum Gestehen in Eis gestellt.

1356. Stachelbeer-Crême (Gooseberry Cream), auch auf Torten anzuwenden. Zwei Pfund reife Stachelbeeren, 1 Pfund Zucker, 6 Eier, 1 Glas Wein, etwas Zimmtwasser.

Die Stachelbeeren befreit man von Stiel und Blüthenstelle, kocht sie in Wasser weich, läßt sie ablaufen und rührt sie durch ein Sieb. Dann kocht man Zucker und Wein, fügt die Marmelade und etwas Zimmtwasser hinzu und verfährt weiter nach vorheriger Angabe.

1357. Stachelbeer-Crême, andere Art (Recept von der Insel Föhr). Stark 1 Quart unreife, von Stiel und Blume befreite Stachelbeeren lasse man mit stark 1 Quart Wasser weich kochen, reibe sie durch ein Sieb und versüße sie nach Geschmack. Dann setze man das Mus auf's Feuer, gebe ½ Pfund Reismehl, welches mit dem gewonnenen Saft angerührt ist, hinzu, lasse es unter stetem Rühren eine Weile kochen und gieße die Masse in eine naßgemachte Form. Es wird rohe Sahne dazu gereicht.

1358. Himbeerschaum in Gläser zu füllen (Raspberry Skim). Fünf Eiweiß schlägt man zu sehr steifem Schnee und mischt 3 Eßlöffel Himbeergelee und 3 Eßlöffel Zucker durch.

1359. Erdbeerschaum in Gläser zu füllen (Strawberry Skim). 1⅛ Quart der reiffsten Walderdbeeren, ⅔ Quart dicke süße Sahne, ½ Pfund Zucker und etwas abgeriebene Citronenschale oder feiner Zimmt.

Die Beeren werden mit der Sahne zerrührt, durch ein Sieb gerieben, mit Zucker und Gewürz zu Schaum geschlagen, in Gläser gefüllt.

1360. Crème von Himbeer- und Johannisbeersaft, in Assietten oder Gläser zu füllen. Stark ½ Quart halb Himbeer-, halb Johannisbeersaft, 12 Eier. Der Zucker richtet sich nach der Beschaffenheit des Saftes. Zu frischem Saft nehme man ½ bis ¾ Pfund geriebenen Zucker, zu eingekochtem den fehlenden.

Saft, Zucker und Eidotter schlägt man mit einem Schaumbesen bis vor's Kochen, nimmt den Topf rasch vom Feuer, fährt zu schlagen fort, indem man den sehr steifen Schaum von 8 Eiern durchmischt.

Wünscht man diese Crème, sehr angenehm von Farbe und Geschmack, in Gläser zu füllen, so kann man jedes Glas auf ein feines Tellerchen stellen, ein paar bittere Makronen oder ein großes Biscuit nebst einem Theelöffel dazu legen und die Teller auf einem Präsentirteller herumreichen lassen.

1361. Russische Crème von Citronen (Russian Lemon Cream). 12 Eigelb, 6 Unzen feiner Zucker, ½ Quart weißer Wein, der durch ein Haarsieb geseihte, ausgepreßte Saft und die dünn abgeschälten Schalen von vier Citronen werden zusammen auf dem Feuer in einer Casserole so lange abgeschlagen, bis diese Substanz einmal aufgekocht hat; sodann nehme man sie schnell weg, schlage sie noch einige Minuten kalt, seihe sie durch ein feines Haarsieb in einen großen Porzellantopf (Terrine), füge 1½ Unze aufgelöste Gelatine, 1 Unze Hausenblase oder den aufgelösten Stand von 4 Kalbsfüßen dazu, rühre die Substanz an einem kühlen Orte (im Sommer über fein gestampftem Eis) so lange, bis sie gänzlich kalt, aber noch flüssig ist, vermische sie sodann gut mit dem zu festem Schnee geschlagenen Eiweiß von 10 Eiern, fülle die Crèmemasse in eine mit feinem Olivenöl ausgestrichene Modelform (Crème- oder süße Gelee-form), lasse die Crème sulzen (fest werden), stürze sie sodann über die bestimmte, flache Schüssel aus der Form und bringe sie zu Tische.

1362. Russische Crème von Orangen (Russian Orange Cream). Diese Crème wird gerade so behandelt und beendet wie vorhergehende von Citronen, nur nehme man blos den Saft und die Schale von 2 Citronen, und statt der beiden andern den durch ein Haarsieb geseihten, ausgepreßten Saft und die dünn abgeschälten Schalen von 2 Orangen.

1363. Russische Crème von Madeira (Russian Cream with Ma-deira).

1364. „　　„　　„ **Malaga** (Russian Cream with Ma-laga).

1365. „　　„　　„ **Rum** (Russian Cream with Rum).

1366. „　　„　　„ **Marasquino** (Russian Cream with Marasquino).

Alle diese Arten Crêmes werden genau so behandelt wie jene von Citronen (No. 1361), nur daß man nach dem Durchseihen der Substanz diese mit einem von den obigen Liqueuren oder Weinen, je nachdem man die Crême stark oder schwach schmeckend haben will, vermischt. Ebenso können auch alle diese Crêmes nach ihrem Durchseihen ohne Stand und Schnee in kleine Schüsseln gefüllt wer=den und nach ihrem Erkalten oben mit Biscuit oder süßen Makronen hübsch garnirt werden.

1367. Flummery von Gries (Flummery of Farina). In 1 Quart Rahm oder frische Milch thut man 2 Eßlöffel gestoßenen Zucker, die auf Zucker abgeriebene Schale einer Citrone und 10—12 geschälte und gestoßene bittere Mandeln, läßt den Rahm zum Sieden kommen und rührt ¼ Pfund feinen Gries darein, welcher unter Umrühren aufgequellt wird. Hierauf mischt man 1 Unze frische Butter und den steifen Schnee von 4 Eiweiß unter die kochende Masse, schüttet sie in eine genäßte Form und läßt sie kalt werden und reicht eine kalte Kirschen= oder Punschsauce dazu. Anstatt der Mandeln kann man auch Vanille in den Flummery thun und diesen überdies nach Belieben noch mit einigen Ei=dottern verrühren.

1368. Flummery von Stärkemehl (Flummery of Starch). In ein Quart siedende, mit 6 Unzen Zucker versüßte Milch rührt man ¼ Pfund in kalter Milch aufgelöstes Stärkemehl und kocht davon unter fortgesetztem Um=rühren einen ziemlich steifen Brei, den man ein wenig auskühlen läßt und mit einem Glase Marasquino nebst dem Schnee von 6 Eiweiß oder auch 6 zer=quirlten Eigelb und 2 Unzen gestoßenen, bitteren Makronen vermischt, und im Uebrigen wie vorhergehend beendet.

1369. Flummery von Obstsaft und Wein (Flummery of Fruitjuice and Wine). Man vermischt in einem sauberen, irdenen Topf eine halbe Flasche guten Rothwein mit ebensoviel frischem Himbeersaft oder Saft von sauren Kirschen, versüßt die Flüssigkeit, erhitzt sie allmählich bis zum Kochen und rührt hierauf 5 Unzen in kaltem Wasser zerquirltes Kartoffelmehl oder Weizenstärkemehl hinein, läßt das Ganze unter beständigem Umrühren einmal aufkochen, schüttet es in eine mit kaltem Wasser ausgespülte Form, läßt es mehrere Stunden erkalten und stürzt den Flummery auf eine flache Schüssel. Man giebt versüßten, nach Belieben gewürzten Rahmschaum dazu.

1370. Flummery von Chocolade (Flummery of Chocolate). 1¼ Quart Milch wird zum Kochen gebracht, worauf man ½ Pfund geriebene, feine Chocolade mit ¼ Pfund Gries zusammen darin verrührt und ¼ Stunde unter stetem Rühren kochen läßt. Hierauf schüttet man den Brei in eine mit kaltem Wasser oder Milch benetzte Form, läßt ihn erkalten, stürzt ihn heraus und servirt ihn mit einer Vanillesauce. Man kann den Flummery auch aus Buchweizen=grütze, Fruchtsäften, Hirse, Kirschen, Sago ꝛc. herstellen.

1371. Feiner Flummery. 2 Unzen Gelatine werden ¾ Stunden lang in ¾ Quart Wasser gekocht und durch ein Tuch geseiht, dann fügt man 3 Unzen

Zucker, ½ Quart Sherry, die auf Zucker abgeriebene Schale einer Citrone und den Saft von drei hinzu, vermischt unter fortwährendem Rühren diese Masse mit ½ Quart gekochtem und wieder erkaltetem Rahm und füllt sie in eine große, in Wasser eingetauchte Form oder in mehrere kleinere, läßt sie über Nacht kalt stehen und verziert sie nach dem Ausstürzen mit rund herum gesteckten, dünnen Mandelstreifen oder mit eingemachten Kirschen. Anstatt des Rahmes kann man auch 7—8 gut verrührte Eigelb zu dem Flummery nehmen.

XXX. Süße Gelees und Gefrorenes — Sweet Jellies and Ice Cream.

1372. Auf eine gewöhnliche Geleeform rechnet man entweder den Stand von 2 Unzen Gelatine, 1½ Unzen Hausenblase, den Stand von 6 Kalbsfüßen oder aber eine Stange Agar-Agar. Da die Gelatine größtentheils noch in Gebrauch ist, so sind hier nebst der Agar-Agarstange sämmtliche Gelees mit diesen beiden behandelt. Die Gelatine wird, nachdem sie sehr langsam mit 10 Unzen Zucker und etwas kaltem Wasser auf dem Feuer aufgelöst wurde, erkaltet und sodann rein und klar unter gehörigem Abschäumen mit 2 verschlagenen Eiweiß gleich dem Zucker geläutert. Nach dem letzten Abschäumen gebe man den Saft und die dünn abgeschälten Schalen von Citronen oder Orangen dazu, lasse Alles noch einige Minuten fortkochen und gieße diese Substanz sodann durch eine naßgemachte, reine Serviette in einen Porzellantopf (Terrine); nach einigem Abkühlen versetze man sie mit dem Wein, den verschiedenen Fruchtsäften oder Liqueuren, fülle sie in die bestimmte Form, setze sie an einen kühlen Ort (im Sommer in gestampftes Eis), lasse sie sulzen (fest werden), tauche vor dem Anrichten die Form einen Augenblick in warmes Wasser, trockne sie schnell überall mit einem reinen Tuche ab und stürze hierauf die Gelee aus derselben über die bestimmte Schüssel heraus. Will man die Gelee von Hausenblase bereiten, so schneide man obige 1½ Unzen, nachdem sie in kaltem Wasser gewaschen worden, in sehr kleine Stückchen, setze sie mit ungefähr 1 Quart reinem Brunnenwasser in einer reinen Casserole zum Feuer, lasse sie ankochen, sodann von einer Seite, indem der aufsteigende Schaum immer vermittelst eines silbernen Eßlöffels rein abgenommen wird, so lange fortkochen, bis sie auf ¼ Quart reducirt und hell und klar geworden ist; dann nehme man sie vom Feuer weg und gieße sie durch eine reine, naßgemachte Serviette in einen Porzellantopf; unterdessen wird der Zucker geläutert und nach dem letzten Abschäumen der Saft und die Schalen der Citronen oder Orangen demselben beigegeben und solches noch 2 Minuten fortgekocht; sodann gieße man den Zucker ebenfalls durch eine zweite, reine, naßgemachte Serviette in einen Porzellantopf, gebe nach gehörigem Verkühlen die beiden Bestandtheile zusammen, mische den Wein, Liqueur oder Fruchtsaft darunter und

beende die Gelee ganz wie die obige von Gelatine. Die Gelee von Kalbsfuß-
stand wird auf folgende Art zubereitet: der Stand von 6 Kalbsfüßen wird mit
2½ Quart Wasser bis auf ½ Quart eingekocht; nach seinem Erkalten wird alles
Fett obenauf abgenommen und derselbe mit seinem weißen Zucker, dem nöthigen
Wein, dem Saft und der dünn abgeschälten Schale von Citronen oder Orangen,
3 ganzen Eiern, nebst den Schalen derselben gerade wie die saure Gelee auf
dem Feuer abgeschlagen und ganz wie jene durch eine angespannte, reine, naßgemachte Serviette filtrirt; nach dem gänzlichen Verkühlen gebe man sodann die
Liqueure oder Fruchtsäfte darunter und beende die Gelee gerade so wie die beiden
vorhergehenden von Gelatine und Hausenblase. Bei beiden letzteren Gelees
wird immer das gleiche Verhältniß aller Bestandtheile wie bei den Gelees von
Gelatine beibehalten. Von Agar-Agar wird eine Stange in kaltes Wasser gelegt und dann fest gedrückt. Man zupft sie dann in kleine Stücke, setzt sie in
¼ Quart Wein oder etwas mehr Wasser auf das Feuer, läßt sie langsam kochen
(½ Stunde), seiht sie durch ein Tuch, gebe sodann die Säfte, Wein oder Liqueure
hinein und verfahre wie bei Gelatine.

1373. Wein-Gelee von Agar-Agar (Wine Jelly of Agar-Agar).
Sieben Achtelquart Weißwein, ½ Pfund in kleine Stücke geschlagener Zucker,
Saft von 2 saftreichen Citronen, von 1 Citrone die feine gelbe Schale, welche
man eine Weile in Wein ausziehen läßt, worauf sie entfernt wird, und eine
Stange Agar-Agar.

Nachdem der letztere aufgelöst, läßt man den Wein, worin der Zucker aufgelöst ist, in einem glasirten oder irdenen Töpfchen zugedeckt heiß werden, mit
der Auflösung des Agar-Agar vors Kochen kommen, gießt es durch ein Mulltuch
in eine Kristallschüssel und stellt sie an einen kalten Ort. Wünscht man die
Gelee zu stürzen, so nehme man 1¼ Stange und verfahre nach nächstem Recept.

1374. Wein-Gelee von Agar-Agar in Gläsern zu reserviren (Wine Jelly of Agar-Agar for preserving in glass). Eine Stange Agar-Agar
mit ½ Quart Wein aufgelöst und durch ein Mulltüchelchen geseiht, sieben Achtel-
quart leichter Rheinwein, nach Geschmack 3—6 Unzen in kleine Stücke geschlagener Zucker, eine fingerlange Rolle feiner Zimmt, ein gliedlanges Stückchen
Vanille und 4 Gewürznelken, nicht mehr.

Die Gewürze lasse man vorher in Wein ausziehen, dann den Zucker darin
schmelzen, bringe den Wein nebst der Auflösung des Agar-Agar bis vors Kochen
und gieße die Flüssigkeit durch ein Mulltuch (nicht zu heiß) in die bestimmten
Gefäße.

Wünscht man diese Gelee zu stürzen, so bedarf sie etwas mehr Konsistenz;
es würde dann der Wein mit der Auflösung gemessen und im Ganzen drei
Achtelquart das richtige Maß sein.

1375. Frucht-Gelee von eingekochtem Kirsch-, Himbeer- oder Johannis-
beer-Syrup mit Agar-Agar zum Stürzen (Fruit Jellies of preserved juice
of cherries, strawberries, or currants). Man löse 1 Stange Agar-Agar
mit drei Achtelquart Wasser auf, seihe solches durch ein Mulltuch und gieße
nun so viel leichten Weißwein hinzu, daß mit Zusatz von Fruchtsyrup ¾ Quart

entstehen. Da letzterer von verschiedener Qualität ist, so richtet man sich nach) seinem Geschmack; die Farbe muß schön roth sein. An Zucker ist bei der Zusammensetzung dieses Receptes 2 gehäufte Theelöffel ein richtiges Verhältniß, indeß würde der Zucker nach der Qualität des Fruchtsaftes eingerichtet werden müssen. Die Geleebrühe wird ganz heiß gemacht, dann durch ein Multtuch in eine mit kaltem Wasser ausgespülte Form gefüllt und vor dem Gebrauch gestürzt.

Diese Gelee, eben so klar und schön als angenehm von Geschmack, ist zugleich zum Verzieren vom hellem Gelee zu empfehlen; auch kann von der Geleebrühe eine Kleinigkeit in ausgespülte Eierbecher gegeben und mit den gestürzten kleinen rothen Hügelchen die halbe Geleeschüssel verziert werden.

1376. Rothe Wein-Gelee von Gelatine (Red Wine Jelly of Gelatine). 1½ Quart guter weißer Wein, stark ½ Quart starker Thee, ½ Quart Wasser, Saft und die abgeriebene Schale von 2 Citronen, stark mit Zucker versüßt, ein Guß Rum, im Winter 3 Unzen, im Sommer 3½, rothe Gelatine.

Mit Ausnahme der beiden letzten Theile wird alles zum Kochen gebracht, dann der Rum und die aufgelöste Gelatine durchgerührt.

1377. Citronen-Gelee (Lemon Jelly), fein! (Für 18 Personen.) Stark 1 Quart Milch, 1 Flasche Weißwein, 1¼ Pfund Zucker, Saft von acht guten Citronen, abgeriebene Schale einer Citrone, 2¼ Unzen rothe Gelatine aufgelöst.

Milch und Zucker lasse man kochen, gebe Wein, aufgelöste Gelatine, Citronensaft und Schale hinzu, wenn dann die Milch gerinnt, lasse man es einmal aufkochen und durch ein Multtuch in die mit Mandelöl bestrichene Crêmeschüssel fließen.

1378. Gelee mit allerlei Früchten (Jellies of different fruits). Man macht eine Wein- oder Citronen-Gelee süßer als gewöhnlich, gießt dieselbe in eine Assiette, setzt Früchte der mannigfaltigsten Art, als Erdbeeren, Kirschen, Himbeeren, Johannisbeeren 2c. in zierlichster Ordnung hinein und läßt die Gelee fest werden. Auch kann man die Gelee wie gewöhnlich versüßen und die Früchte eine Weile vorher mit Zucker bestreuen.

Oder man reibt 1¼ Quart reife Erdbeeren durch ein Sieb, giebt das Durchgelaufene und wieder heiß gemachte Citronen-Gelee darauf.

1379. Aepfel-Gelee (Apple Jelly). 1½ Pfund vorgerichtete und gewaschene gute saure Aepfel werden mit ½ Quart Wasser in einem irdenen Geschirr ganz weich gekocht, durch ein Sieb gerührt und mit ¼ Unze rother Gelatine, welche in stark ¼ Quart weißem Wein aufgelöst, warm vermischt. Dann gebe man die Schale einer halben, den Saft von 2 Citronen, 1 Pfund geriebenen Zucker und etwas Arrak hinzu, lasse die Masse unter fortwährendem Rühren warm werden und fülle sie in eine mit Mandelöl bestrichene Form. Die Gelee wird, vollständig erkaltet, vor dem Gebrauch gestürzt und ohne oder nach Belieben mit einer Vanille-Sauce gegeben.

1380. Himbeer- oder Stachelbeer-Gelee (Jelly of Raspberries or Gooseberries.) Auf jeden gehäuften Eßlöffel Himbeer- oder Stachelbeer-Gelee nehme man 2 desgleichen feingeriebenen Zucker und 1 Eiweiß. Solches wird zusammen so lange gerührt, bis es ganz steif ist. Es dient dies zugleich, in Häufchen gesetzt, zum beliebigen Verzieren von Crême, auch zum glatten Ueberstreichen von Schneepfannkuchen.

1381. Frucht-Gelee und Zusatz von Stand. Gelees von Johannisoder Himbeeren, besonders aber von Kirschäpfeln, wie man sie beim Einmachen der Früchte findet, in Glas- oder Porzellanformen aufbewahrt und beim Gebrauch umgestürzt, machen schöne Gelee-Schüsseln. Es wird feines Backwerk dazu gereicht.

1382. Gelee von Wein (Wine Jelly). 2 Unzen Gelatine werden mit 10 Unzen Zucker geläutert, sodann der Saft von 3 und die dünn abgeschälte Schale von 2 Citronen dazu gegeben, ¾ Quart weißer Wein hinzugefügt und die Gelee in die Form gefüllt, man läßt sie fest werden und richtet sie dann an. Die ganze Behandlung und Beendigung der Gelee ersehe aus Nr. 1372.

1383. Gelee mit Rum (Rum Jelly).

1384. „ „ **Arrak** (Arrack Jelly).

1385. „ „ **Punsch** (Punch Jelly).

1386. „ „ **Vanille** (Vanilla Jelly).

1387. „ „ **Marasquino** (Marasquino Jelly).

Bei allen diesen verschiedenen Arten von süßen Gelees wird eine Gelee ganz nach Nr. 1374—1382 zubereitet und, je nachdem man sie stark oder schwach schmeckend zu haben wünscht, vermischt man solche nebst dem Weine noch mit etwas von einem dieser verschiedenen Liqueure. Bei allen Gelees von starken geistigen Getränken ist es gut, wenn man immer etwas mehr Stand, z. B. statt 2, drei Unzen Gelatine, statt 1 Stange Agar-Agar, 1½—2 nimmt, sowie zu denjenigen von süßen Liqueuren, welche vielen Zuckerstoff enthalten, etwas weniger Zucker.

1388. Champagner-Gelee (Champagne Jelly). Wird ebenso wie Nr. 1382 behandelt und beendet, nur daß ebensoviel Champagner, stark gewöhnlichem weißen Wein genommen wird.

1389. Gelee von rothen Johannisbeeren (Jelly of red Currants).

1390. „ „ **weißen** „ „ (Jelly of white Currants).

Ungefähr 1 Quart von einer diesen beiden Sorten Johannisbeeren werden, nachdem die Beeren von den Stielen abgezogen sind, in einen Porzellantopf gegeben, mit einem Stückchen ganzen Zimmt und den abgeschälten Schalen von 3 Citronen belegt, zuerst wird ein Trinkglas frisches Wasser und dann werden ¾ Pfund kochender, geläuterter Zucker darüber gegossen, dieselben werden sodann über Nacht stehen gelassen und der Saft davon wird den andern Tag filtrirt; nun versetze man diesen mit 2 Unzen (ohne Zucker) geläuterter Gelatine, nachdem jeder Theil gehörig verkühlt hat, und einem Trinkglas rothen Wein und beende sodann diese Geleen ganz nach Nr. 1382.

1391a. Gelee von Aprikosen (Jelly of Apricots).

1391b. Gelee von Pfirsichen (Jelly of Peaches),

Ungefähr 12—16 Stück reife Aprikosen oder Pfirsiche werden entfernt, sauber gewaschen und sodann mit 6 Unzen geläutertem Zucker unter beständigem Abschäumen langsam weichgekocht; sie werden sodann auf eine aufgespannte Serviette abgeschüttet, der Saft wird gehörig geläutert und hierauf ganz wie die Fruchtgelees beendet; nur statt daß rothem Wein soviel weißer Wein und zum Läutern des Zuckers mit der Gelatine (siehe Nr. 1382) blos ein halbes Pfund Zucker genommen wird.

1392. Gelee von Ananas (Pine-Apple Jelly). Eine hübsche Ananas wird in kleine, dünne Scheibchen geschnitten, mit 6 Unzen geläutertem Zucker einmal überkocht, sodann 3—4 Stunden, bis sie kalt geworden ist, zugedeckt vom Feuer abgestellt und im Uebrigen ganz wie vorhergehende zwei Früchte zur Gelee behandelt.

1393. Gelee von Rosen (Rose Jelly).

1394. Gelee von Veilchen (Violet Jelly).

Drei Unzen frische Rosen- oder Veilchenblätter begieße man mit 6 Unzen kochendem, geläutertem Zucker, lasse sie zugedeckt über Nacht stehen und beende sodann die beiden Gelees ganz wie die von Früchten, nur daß statt rothem Wein ebensoviel weißer genommen wird; unter die Rosengelee gebe man mit dem Safte der Rosen etwas Rosenliqueur und färbe dieselbe zuletzt mit einigen Tropfen aufgelöster Cochenille zart rosa und die Veilchengelee mit Kermessaft hübsch violet.

1395. Orangenkörbchen mit Gelee (Baskets of Oranges with Jelly). Man bereite von 6 Stück Orangen kleine Körbchen mit Henkeln, und zwar auf folgende Art: die Orangen legt man mit der gewölbten Seite auf den Tisch, macht in dieselben von oben herunter genau in die Mitte zwei Einschnitte, kleinfingerdick breit von einander entfernt, bis auf die Mitte der Orange senkrecht herunter und schneidet sodann diese in wagrechter Linie, und zwar von beiden Seiten, genau in der Mitte durch, bis sich jeder dieser Einschnitte mit den senkrechten Einschnitten auf jeder Seite berührt. Nun nehme man von jeder Seite die beiden, rechtwinklig geschnittenen Stückchen heraus und man wird auf diese Art ein natürliches Körbchen erhalten; alsdann hebe man das Fleisch der Orangen, sowohl zwischen den Henkeln, wie auch in der Vertiefung der Körbchen, vermittelst eines scharfen, silbernen Theelöffels bis auf die Schale (ohne diese zu durchstoßen) behutsam heraus, wasche sie sodann gut aus, zacke den Rand derselben mit einem Messer hübsch fein, fülle sie mit einer beliebigen Gelee voll (am besten jedes mit einer anderen Farbe), lasse diese darin sulzen (fest werden) und richte die Körbchen sodann auf eine reine, schön zusammengelegte Serviette, welche man über eine flache Schüssel legt, an und garnire sie rund umher mit grünen Orangenblättern.

1396. Croutons von Gelee. Drei Stück hübsche Citronen werden in der Mitte der Quere nach durchschnitten und das Fleisch von jeder der Hälften wird mit einem scharfen, silbernen Theelöffel herausgehoben, ohne die Schalen zu durchstoßen; diese setze man sodann in grobes Salz, welches in eine tiefe Schüssel gegeben wird, der Art ein, daß sie fest und gerade stehen, fülle sie mit einer beliebigen Gelee voll, am besten mit der von verschiedenen Farben, so daß jedes derselben mit einer anderen Farbe angefüllt ist, lasse sie sulzen (fest werden), durchschneide alsdann jedes von oben kreuzweise, wodurch man aus jedem vier Croutons erhält; diese setze man mit ihren Farben abwechselnd um die aus ihrer Form gestürzte, süße Gelee herum und bringe solche hierauf zu Tische.

1397. Gefrorenes oder Eis (Ice Cream). **Allgemeine Regeln.** Ge= räthschaften und Bereitungsweise. Die Geräthschaften sind: ein Eimer und eine Büchse von Zinn oder Blech, die ganz fest verschlossen werden kann; zugleich darf das Eis nicht fehlen, welches man so fein zerschlagen muß, daß die Stückchen nicht größer sind als kleine Haselnüsse. Zuerst schüttet man eine Hand hoch Eis in den Eimer, ein paar Handvoll Salz; darüber, dann setzt man die mit Crème gefüllte Büchse, fest zugemacht, hinein, legt an beiden Seiten rund herum eine Lage Eis, streut eine Handvoll Salz darüber, stellt die Büchse fest und fährt mit dem Eis= und dem Salzstreuen so fort. Die Büchse und das Eis müssen mit der Höhe des Eimers gleichstehen. Dann streut man noch eine Handvoll Salz darüber. Ohne Salz kann kein Gefrorenes gemacht werden; je mehr man davon nimmt, desto schneller ist man fertig. So läßt man die Büchse ¼ Stunde im Eise stehen, dreht sie am Henkel einigemal herum, ohne sie zu heben, nimmt den Deckel behutsam ab, rührt mit einem dazu geschnittenen glatten Spaten die Masse durch, macht das, was sich an dem Boden und an den Seiten angesetzt hat, los, während man mit der andern Hand die Büchse immer so schnell als möglich im Kreise um den Spaten dreht; doch muß man ja vorsichtig dabei sein, daß kein Eis in die Büchse falle. Ist nun die Masse gut gerührt, so macht man die Büchse wieder fest zu und läßt sie nochmals ¼ Stunde ruhig stehen, fängt dann wieder an zu rühren, alles Eisige abzustoßen und mit der Masse zu vereinigen, indem die Büchse immer bewegt werden muß. So fährt man fort, bis die Masse dick geschmeidig wird und sich wie dicke Sahne rühren läßt. Wenn dieselbe zu schnell gefrieren sollte, muß man sie mit Gewalt losstoßen und zerrühren, jedoch ohne die Büchse zu heben, und langsamer drehen. Wird das Gefrorene zu früh fertig, so gießt man 1½ Quart kaltes Wasser auf das Eis, damit das in der Büchse Befindliche nicht nachfriere und eisig werde, deckt den Eimer mit einem Tuch zu und läßt die Büchse bis zum Anrichten darin stehen. Dann füllt man das Gefrorene in Gläser und giebt es zum Dessert.

1398. Eiscrême (Ice Cream). 6 Eier, 8 Unzen Zucker tüchtig ge= rührt werden in 1 Quart Milch gegossen, dann läßt man es langsam auf dem Feuer bis zum Kochen anziehen; sobald es sich verdickt (crêmeartig wird), hebt

man es ab und läßt es verkühlen, giebt es dann in die Gefrierbüchse und be=
endet das Gefrorene auf vorhergehende Art.

1399. Vanille=Gefrorenes (Vanille Ice Cream). Zwei Quart süßer
Rahm werdem mit ¾ Pfund weißem Zucker und einer ganzen, der Länge nach ge=
spaltenen Stange Vanille zum Feuer gesetzt, angekocht und ¼ Stunde fortgekocht;
alsdann vereinige (legire) man diese Substanz mit 20 Eigelb, indem man ver=
mittelst einer hölzernen Schneeruthe immerwährend die Eigelb schlägt; dann
schlage man das Ganze noch einen Augenblick über dem Feuer ab, wobei man
sehr aufmerksam zu Werke gehen muß, damit sich die Masse zwar etwas verdicke,
aber ja nicht gerinne; hierauf seihe (passire) man sie durch ein feines Haarsieb
in eine irdene Schüssel, rühre sie öfters bis zum gänzlichen Erkalten, gebe sie
in die auf vorhergehende Art hergerichtete Gefrierbüchse und beende hier=
auf das Gefrorene ebenfalls ganz nach der vorhergehend beschriebenen Art und
Weise.

1400a. Mandel=Gefrorenes (Almond Ice Cream).

1400b. Haselnuß=Gefrorenes (Hazelnut Ice Cream).

10 Unzen Mandel= oder Haselnußkerne werden, nachdem sie gebrüht und
abgezogen worden sind, in einem Backofen hübsch dunkelgelb geröstet und sodann
in einem Mörser mit etwas süßem Rahm so fein wie möglich gestoßen, alsdann
gebe man sie statt der Vanille in den kochenden Rahm, lasse denselben auf dem
hinteren Herde ungefähr eine Stunde lang stehen, seihe ihn durch ein feines Sieb,
füge ¾ Pfund weißen Zucker dazu, lasse die Substanz noch einigemal aufkochen,
legire sie hierauf mit 20 Eigelb, gleich dem Vanillegefrorenen, und beende diese
beiden Arten sonst jenem ganz gleich.

1401. Chocolade=Eiscrême (Chocolate Ice Cream).

1402. Caramel=Eiscrême (Caramel Ice Cream).

1403. Zimmt=Eiscrême (Cinnamon Ice Cream).

Bei diesen 3 Arten Gefrorenem findet dieselbe Behandlung statt, wie bei
dem vorhergehendem. Bei ersterem gebe man statt der Vanille ½ Pfund feine
Vanille=Chocolade in den kochenden Rahm und nehme statt ¾ Pfund Zucker
blos ½ Pfund; bei der zweiten Art von Caramel koche man 6 Unzen Zucker zu
hübsch rothbraunem Caramel, gieße ihn auf ein dünn mit Butter bestrichenes
Blech, stoße ihn nach seinem Erkalten in einem Mörser fein und gebe ihn sodann
mit noch 6 Unzen weißem Zucker, statt der Vanille, in den kochenden Rahm;
bei dem letzten von Zimmt gebe man 3 ganze Stangen feinen Zimmt statt der
Vanille in den kochenden Rahm; sonst werden sämmtliche 3 Crême ganz wie
das von Vanille weiter behandelt und ebenso beendet.

1404. Theegefrorenes (Tea Ice Cream).

1405. Kaffeegefrorenes (Coffee Ice Cream).

Ein halbes Pfund frisch gebrannter, gemahlener, feiner Kaffee wird heiß in zwei Quart kochenden Rahm geworfen, dieser sodann gut zugedeckt, vom Feuer zurückgestellt und 1 Stunde stehen gelassen; nach Verlauf dieser Zeit wird der Rahm durch ein feines Haarsieb gegossen, drei Viertelpfund feiner Zucker bazugefügt, die Substanz noch einmal aufgekocht, nachher wie bei dem Vanille=Eis mit 20 Eigelb legirt und gerade so wie jenes beendet. Bei dem Theegefrorenen gebe man statt Kaffee drei Viertel Unzen vom feinsten, grünen Thee; die übrige Behandlung bleibt indessen ganz dieselbe, wie beim Kaffeegefrorenen.

1406. Biskuitgefrorenes (Biscuit Ice Cream). 2 Quart kochender Rahm wird mit einem halben Pfund feinem Zucker versüßt, sodann mit 18 Eigelb legirt, hierauf noch einen Augenblick auf dem Feuer abgerührt, abgeseiht und kalt gerührt. Sodann verstoße man drei Viertelpfund Biskuit oder süße Makronen sehr fein, rühre sie unter die Masse und beende das Gefrorene nach Nr. 1399.

1407. Gefrorenes im Ofen.

Dieses Gefrorene von Rahm wird so fest wie möglich gefroren, sodann in die Büchse oder in eine beliebige Form recht fest eingedrückt und hierauf sogleich wieder aus derselben auf die bestimmte, flache Schüssel herausgestürzt, hierauf bestreiche man es überall fingerdick mit Schaummasse Nr. 1600, bestrene es mit dem nöthigen Zucker, gebe es einen Augenblick in einen sehr heißen Ofen, bis die Schaummasse eine gelbe Farbe erhalten hat, dann nehme man es heraus und bringe es sogleich zu Tische.

1408. Erdbeer=Gefrorenes (Strawberry Ice Cream).

1409. Himbeer=Gefrorenes (Raspberry Ice Cream).

1410. Johannisbeer=Gefrorenes (Currant Ice Cream).

Zwei Pfund rein verlesene Erdbeeren, Himbeeren oder Johannisbeeren (letztere werden von den Stielen befreit), streiche man durch ein feines Haarsieb, füge zu dem Durchgestrichenen ein Trinkglas weißen Wein, nebst 1 Pfund geläuterten Zucker, rühre das Ganze kalt, fülle es sodann in die Gefrierbüchse ein, lasse das Ganze 2 Stunden lang gefrieren.

1411. Apricosen=Gefrorenes (Apricot Ice Cream).

1412. Pfirsich=Gefrorenes (Peaches Ice Cream).

Sechszehn bis zwanzig reife Apricosen oder Pfirsiche werden gespalten, entkernt, durch ein feines Haarsieb getrieben. Das Durchgepreßte wird mit dem Safte einer Citrone, nebst einem Glas weißen Wein vermischt und ganz kalt gerührt; dann fülle man das Ganze in die Gefrierbüchse und beende diese beiden Gefrorenen ganz wie vorhergehende.

1413. Aepfel=Gefrorenes (Apple Ice Cream).

1414. Birnen=Gefrorenes (Pear Ice Cream).

1415. Quitten=Gefrorenes (Quinces Ice Cream).

Man nehme ebensoviel von einer dieser 3 Früchte, wie bei den Apricosen, schäle dieselben, schneide sie in 4 Theile, nehme die Kernhäuser heraus, koche die Früchte in etwas Wasser recht weich, streiche sie sodann durch ein feines Haar= sieb, läutere drei Viertelpfund Zucker, vermische das Durchgetriebene mit dem= selben, füge noch ein Trinkglas weißen Wein hinzu, rühre das Ganze recht kalt und beende hierauf diese Gefrorenen ganz nach Nr. 1399.

NB. Sollte eines der Gefrorenen vor dem Einfüllen in die Büchse viel= leicht noch etwas zu dick sein, so müßte man es mit dem Wasser, worin die Frucht weich gekocht worden, auf gewöhnliche Rahmesdicke verdünnen.

1416. Ananas=Gefrorenes (Pineapple Ice Cream). Zwei ansehn= liche, recht reife, stark riechende Ananas werden auf einem Reibeisen gerieben, sodann in 1 Pfund kochenden, geläuterten Zucker gegeben, fest zugedeckt in sich abgekühlt, dann durch ein feines Haarsieb gestrichen, das durchstrichene Mus wird mit einem Glase weißen Wein und dem Safte von 2 Citronen gut ver= rührt, hierauf in die Gefrierbüchse eingefüllt und nach Nr. 1399 gefroren und beendet.

1417. Orangen=Gefrorenes (Orange Ice Cream).

1418. Citronen=Gefrorenes (Lemon Ice Cream).

Von 4 Stück Orangen werden die Schalen auf 1 Pfund Zucker abgerieben, dieser sodann in einem Quart frischem Wasser aufgelöst und mit dem durch ein Sieb geseihten Safte der 4 Orangen und einem Glase weißen Weins vermischt und ganz nach Nr. 1399 gefroren. Bei dem Citronen=Gefrorenem reibe man die Schale von 3 Citronen auf 1 Pfund Zucker ab and verwende den Saft von 8 derselben.

1419. Rahm=Schneegefrorenes (Snow Cream). Einer der verschiedenen Rahmschnee (siehe die Nummern 1299—1308) wird in eine Eisform gegeben, dieselbe mit ihrem Deckel bedeckt, in fein gestampftes Eis eingegraben und zwei Stunden darin ruhig zum Gefrieren gebracht. Vor dem Anrichten tauche man die Form einen Augenblick in heißes Wasser, trockne sie wieder allenthalben schnell mit einem reinen Tuche ab, stürze das Gefrorene auf die bestimmte Schüssel heraus und bringe es zu Tische.

1420. Römischer Punsch (Roman Punch). Der Saft von 6 Citronen und 6 Orangen wird mit ½ Pfund Zucker und 1 Quart Wasser gut verrührt und sodann gefroren. Hierauf schlage man 6 Eiweiß zu festem Schnee, gebe 1 Pfund geläuterten Zucker darunter, mische dieses unter das Gefrorene und füge sodann unter stetem Schlagen, vermittelst einer hölzernen Schneeruthe, noch ½ Quart guten Rum und eine Flasche stark schäumenden Champagner dazu, lasse es noch einmal gefrieren und beende es ganz nach Nr. 1399.

NB. Dieses Gefrorene wird nie recht fest und kann deshalb blos in Bechern servirt werden.

1421. Gefrorener Kastanienpudding (Chestnut a la Nesselrode). Von 1 Pfund frischer Kastanien wird zuerst die äußere Schale abgezogen und die Kastanien werden sodann in Wasser auf dem Feuer so lange gebrüht, bis sich auch die zweite abziehen läßt. Diese Kastanien werden nun, nachdem sie ganz rein geputzt sind, mit einem starken ½ Quart Milch recht weich und kurz gedämpft, hierauf etwas verkühlt, in einem Mörser recht fein gestoßen und ein halbes Pfund gestoßener Zucker und 12 Eidotter werden dazu gefügt. Unterdessen wird in 2 Quart guten, süßen Rahmes eine der Länge nach gespaltene Stange Vanille gut ausgekocht, worauf die Schoten oder Hülsen der Vanille wieder herausgenommen werden; mit diesem Rahm löse man alsdann, wenn er verkühlt ist, die obige Kastanienmasse auf, rühre sie auf dem Feuer wieder zu einer dicklichen Masse ab, streiche sie dann durch ein feines Haarsieb, fülle sie in eine Gefrierbüchse ein und lasse sie fest gefrieren. Hierauf arbeite man 1 Glas Marasquino, ¼ Pfund rein verlesene, aus lauem Wasser herausgewaschene Sultanini- und ebensoviele kleine Rosinen (Corinthen), nebst 1 Unze klein würzig geschnittenen Citronat tüchtig darunter, lasse das Ganze nochmals recht fest gefrieren, presse sodann das Gefrorene in eine passende Eisform recht fest ein, stürze hierauf nach Verlauf einer Stunde den Pudding auf eine tiefe Schüssel, vermische etwas Rahmschnee, bis er süß genug ist, mit kaltem geläutertem Zucker und etwas Marasquino, gebe diese Sauce unter den Pudding und bringe ihn sodann zu Tische.

1422. Eisbombe mit Vanille (Vanilla Bomb). 5 Eier werden mit einigen Tropfen Milch verrührt, ½ Pfund geläuterter Zucker, wenn er etwas erkaltet ist, mit gestoßener Vanille an die Eier gethan und mit dem Schneebesen gut geschlagen. Sie werden nun unter den steifen Schnee von ½ Quart Schlagrahm gemengt, in eine sehr fest schließende Form gefüllt, Papier darauf gelegt und der Deckel so fest wie möglich darauf befestigt, daß ja kein Eiswasser eindringen kann. 8—10 Pfund verkleinertes Eis und 3—4 Pfund Steinsalz mengt man untereinander, nimmt es in einen Kübel und gräbt die Form so fest als möglich hinein, auch oben muß sie mit Eis bedeckt sein; man läßt sie drei Stunden darin stehen, hebt die Form heraus, reibt sie sorgfältig ab, stößt sie einen Augenblick in heißes Wasser, stürzt und übergießt sie mit Himbeersaft. — Statt des Eises kann auch Schnee genommen werden.

1423. Eisbombe mit Chocolade (Chocolate Bomb). ¼ Pfund feinste Cacaomasse wird mit 1 Pfund Zucker und ½ Quart Wasser bis auf die Hälfte eingekocht; 8 Eigelb werden mit einigen Tropfen Milch verrührt, die gekochte Chocolade durch ein Sieb daran gegossen, eine halbe Stunde gerührt und unter 1½ Quart steif geschlagenen Schlagrahm gemengt, eingefüllt und wie die Vanillebombe eingeeist.

1424. Bombe a la Prince Pückler. Zu einer Form von dem Inhalt von 1 Quart nimmt man ½ Quart guten Schlagrahm, den man recht steif schlägt. Dann nimmt man ¼ Pfund fein geschnittene Macronen, 3 Unzen fein geschnittene Pomeranzenschale, Vanillezucker nach Belieben, und vermengt dies alles recht vorsichtig mit dem Schlagrahm. Nun theilt man das Ganze in drei Theile, füllt den ersten, weißen Theil zuerst in die Form, dann den zweiten, mit flüssigem Karmin zart gefärbten Theil, dann den dritten Theil, den man mit aufgelöster Chocolade braun gefärbt hat. Alsdann deckt man die Form erst mit weißem Papier und dann mit dem Deckel gut zu und stellt sie 5—6 Stunden in Eis, in das man gehörig Steinsalz streut. Zum Anrichten taucht man die Form in warmes Wasser und stürzt die Bombe auf eine Platte.

XXXI. Brod, Butterteig, Hefenteig, Backereien — Bread, Butter paste, Yest cakes.

1425. Brod (Bread). **Bereitung der Butter- und Weiß-brodteige.** Bei jedem mit der Hand gemachtem Teige, sei es Butter- oder Brodteig, muß das sogenannte Kneten gänzlich vermieden werden, da solches nur dazu dient, den Teig zu verdichten. Um denselben locker und mürbe zu machen, lege man die Butter, und was es sei, in die Mitte des Mehles, menge und verarbeite den Teig anfangs mit einem Messer, dann mit dem Ballen der rechten Hand, während solcher umgekehrt und von allen Seiten nach der Mitte hin zusammengelegt werde, welches Verarbeiten so lange geschehe, bis Mehl und Butter verbunden sind. Dann stelle man den Hefenteig an einen warmen zugfreien Ort zum Aufgehen, den Butterteig aber einige Stunden an einen kalten Ort.

Um namentlich bei Biskuit-, Sand-, Brod-, Mandelkuchen und dergl. ein stärkeres Aufgehen zu bewirken, als es durch bemerktes starkes Rühren und die Anwendung eines steifen Eiweißschaumes schon geschieht, mische man mit dem Eiweißschaum etwa eine Messerspitze voll pulverisirtes Hirschhornsalz durch die Masse.

Hinsichtlich der Bereitung eines guten Hefenteiges sorge man vorher für frische, nicht bittere Hefe. Um dieselbe von ihrem unangenehmen Geschmack gänzlich zu befreien, gieße man am vorhergehenden Abend kaltes Wasser auf die Bierhefe und diese vor dem Gebrauch davon ab. Die jetzt so häufig ange-wandte Fleischmann's Preßhefe ist indeß, wo man sie frisch haben kann, weit bequemer, indem sie nie bitter macht; jedoch muß sie frisch sein. Einige Minuten vorher rühre man etwas lauwarme Milch und Zucker hinzu. Letzterer bewirkt eine stärkere Gährung. Ist man genöthigt, Hefe anzuwenden, welche nicht ganz genügt, so vermische man sie mit einigen gekochten, kalten, durch ein Sieb

geriebenen Kartoffeln, und rühre beim Gebrauch zu ⅛ Unze oder zu jedem Eß=
löffel voll gewässerter, dicker Hefe 1 Eßlöffel französischen Branntwein. Uebrigens
verlasse man sich, wenn die Hefe alt ist und ihre Kraft verloren hat, auf das be=
merkte Hülfsmittel nicht, man unterlasse lieber in solchem Falle das Backen, als
das Gebäck zu verderben.

Zu Hefenkuchen muß die Milch gut lauwarm sein, sowie auch Mehl,
Butter, Zucker und die zum Einrühren bestimmte Schale der Mulde. Ist der
Teig gut gerührt, so wird derselbe dadurch ungemein verbessert, milder und feiner,
wenn die Masse wenigstens ¼ Stunde ununterbrochen recht derbe geschlagen
wird. Es geschehe dies bei einem weichen Teige, wie z. B. Robon= oder Form=
kuchen, Puffert und dergl. mit der runden Seite des Rührlöffels, bei festerem
Teig nehme man denselben in die Hand, schlage ihn einigemal stark auf den
Backtisch, lege den also lang geschlagenen Teig zusammen und setze das Schlagen
und Zusammenlegen des Teiges bis zur bemerkten Zeit fort. Hat man eine
Backmulde, so kann man den Teig darin tüchtig hin und her werfen.

Nachdem stelle man denselben an einen warmen zugfreien Ort, bedecke ihn
mit einem sauberen erwärmten Tuche und lasse ihn langsam etwa 1½—2 Stunden
aufgehen. Ein langsames Gähren macht den Teig milde, ein zu rasches und
starkes Treiben aber trocken und zähe.

1426. Backpulver (Baking powder). Hierzu nimmt man 1 Unze
doppelt kohlensaures Natron (Natron bicarbonicum), 7 Drachmen Weinstein=
Säure (Cream of tartar) in Pulver. Man stößt und mischt es tüchtig und
hebt es in einer gut verschlossenen Flasche auf und nimmt einen Theelöffel voll
auf 1 Quart Mehl.

Um ganz sicher zu gehen, ist es am Besten, wenn man das hier gebräuch=
liche Royal Baking Powder kauft und wie oben anwendet.

1427. Brod=Sauerteig aus Kartoffeln (Yest of potatoes). Sechs
Kartoffeln, gekocht und zerquetscht, während sie noch heiß sind, 6 Theelöffel
Bäcker=Hefe, 2 Theelöffel weißen Zucker, 2 Theelöffel Schweinefett, 1 nicht ge=
häufter Theelöffel Koch=Soda, 1 Quart warmes — nicht heißes Wasser, drei
Tassen Mehl.

Die Kartoffeln werden zerdrückt und mit dem Fett und Zucker verarbeitet.
Man rühre sie zu Rahm und mische nach und nach 1 Quart von dem Wasser,
in welchem die Kartoffeln gekocht wurden, dazu, welches zu Blutwärme ab=
gekühlt wurde. Nun schlägt man das Mehl darunter, welches vorher mit etwas
Kartoffelwasser befeuchtet wurde, um das Bröckeligwerden zu verhüten, dann die
Hefe und zuletzt die Soda. Man deckt es bei warmem Wetter leicht zu, und
besser im Winter, und läßt es über Nacht an einem warmen Orte gehen oder
steigen.

1428. Brod=Sauerteig, einfach, (Yest Bread). 1 Quart warmes
Wasser, 6 Eßlöffel Bäcker=Hefe, 2 Eßlöffel Schweinefett, 2 Eßlöffel weißen
Zucker, 1 Theelöffel Koch=Soda, Mehl, um einen weichen Teig zu machen.

Das Fett wird in warmem Wasser geschmolzen, dann der Zucker, und nach
und nach das Mehl dazu gegeben und fein abgerührt. 1½ Quart Mehl ist ge=
wöhnlich genug, wenn die Qualität eine gute ist. Dann kommt die Hefe

darunter und zuletzt die Soda. Man schlägt es eine Weile gut ab und läßt es dann wie oben gehen.

1429. Semmel oder Milchbrödchen (Milk Rolls). Zu 1½ Quart frischer Milch 4 Pfund Mehl, 2—3 Eßlöffel frische Hefe und etwas Salz.

Nachdem das Mehl einige Stunden vorher an einem warmen Orte gestanden und die Milch lauwarm gemacht ist, wird die aufgelöste Hefe zu letzterer gegossen und soviel Mehl hinzugerührt, daß es eine breiartige Masse wird, die man mit Mehl überstäubt und zugedeckt zum Gähren an einen warmen Ort stellt. Das übrige Mehl bleibt zum Verarbeiten des Teiges zurück, welches aber erst dann geschehen darf, wenn derselbe stark gährt und auf der Oberfläche Risse entstehen, wo dann das Salz hinzu kommt und derselbe mit dem übrigen Mehl so lange verarbeitet wird, bis er nicht mehr an den Händen klebt. Das Verarbeiten muß mit der flachen Hand geschehen, das sogenannte Kneten macht jeden Teig fest (Schlagen der Masse); forme ihn zu Brödchen von beliebiger Form, oder zu einem großen Brod, welche von außen ganz glatt sein müssen und keine Risse haben dürfen; lasse sie auf der Platte nochmals ein wenig auf= gehen, mache dann einen Einschnitt darin, bestreiche sie auch nach Belieben mit verdünntem Ei, schiebe sie in einen gut geheizten Ofen und lasse sie nicht über das Garsein hinaus backen. Weißbrod ohne Milch, mit Wasser, wird ebenso gebacken; ein großes Brod muß eine Stunde in einem nicht zu stark geheizten Ofen backen.

1430. Milchbrödchen mit Butter (Butter Rolls). Man macht den= selben Teig wie im Vorhergehenden, indeß fügt man beim Verarbeiten desselben 4 Eier und ¼ Pfund Butter hinzu, formt kleine Milchbrödchen, die auf der Platte noch ein wenig aufgehen und schnell backen müssen.

1431. Feines gesäuertes Roggenbrod (Fine Rye Bread). Zu fünfzehn Achtelquart Wasser nimmt man 5 Pfund Roggenmehl und etwas Sauerteig von der Größe eines kleinen Apfels.

Des Abends vor dem Backtage mengt man, nachdem das Wasser gehörig warm gemacht ist, einen Theil des Mehls mit dem Wasser und dem Sauerteig zu einem Brei, bestäubt ihn gut mit Mehl und stellt ihn bis zum andern Morgen an einen warmen Ort. Darauf knetet man ihn mit etwas Salz und dem übrigen Mehl gut aus, macht ein langes Brod davon, legt es zum Aufgehen auf ein mit Mehl bestäubtes Backbrett und läßt es in einem gut geheizten Ofen 2 Stunden backen.

Sollte der Teig am Morgen nicht genug angegangen sein, so kann man beim Auskneten etwas Hefe zusetzen. Mengt man den Teig mit guter Butter= milch statt Wasser, so wird das Brod noch besser; man nimmt dann nur die Hälfte Sauerteig.

1432. Bostoner Braun=Brod (Boston brown Bread). Man setzt den Sauerteig über Nacht mit Kartoffeln oder weißem Mehl wie folgt: 1 Tasse Hefe, 6 Kartoffeln, mit drei Tassen Mehl fein gestampft, 1 Quart warmes Wasser, 2 Eßlöffel Schweinefett (oder wenn man die Kartoffeln wegläßt, ein Quart warmes Wasser auf 1½ Quart Mehl), 2 Eßlöffel braunen Zucker. Man schlägt es gut ab und läßt es 5 oder 6 Stunden gehen. Wenn es leicht ist, so siebt man in die Brodmulde: 1 Quart Roggenmehl (rye-flour), 2 Quart Maismehl, 1 Eßlöffel Salz, 1 Theelöffel Back-Soda oder Saleratus.

Das mischt man sehr gut mit dem schon gegangenen Sauerteig und giebt warmes Wasser dazu, wenn es nothwendig ist, und arbeitet nach und nach eine halbe Tasse Molasse darunter.

Man knetet es gut und läßt es 5 oder 6 Stunden steigen. Dann bearbeitet man es wieder und theilt es in Laibe, und giebt sie in gut mit Butter bestrichene, runde tiefe Formen. Das zweite Steigen soll eine Stunde dauern; am Ende der Zeit bäckt man das Brod in einem mäßig warmen Ofen ungefähr vier Stunden. Rasches Backen verdirbt es. Wenn es spät am Abend eingeschoben wurde, läßt man es die ganze Nacht im Ofen.

1433. Maisbrod (Corn Bread). Man setzt wie oben einen Sauerteig an, nimmt aber nur die halbe Quantität Wasser dazu. Am Morgen mischt man es mit folgendem: 1 Quart warme Milch, 1 Eßlöffel Salz, 1 Tasse Maismehl und genug Kornmehl, um einen schmiegsamen Teig zu machen.

Man geht vor, wie mit dem Weizenbrod, nur bäckt man es etwas länger. Es ist ein Irrthum, zu glauben, daß mehr oder weniger Säure der normale Zustand des Kornbrodes ist. Wenn man den Teig nur im Geringsten sauer findet, muß man dem gleich durch einen Theelöffel Koch-Soda, in warmem Wasser aufgelöst, abhelfen. Es ist am Besten, das immer in warmem Wasser beizumischen.

1434. Andere Art. Zwei gehäufte Tassen Maismehl, 1 Tasse weißes Mehl, 3 Eier, 2½ Tassen Milch, 1 Theelöffel Schweinefett, 2 Theelöffel weißen Zucker, 1 Theelöffel Soda, 2 Theelöffel Weinstein, 1 Theelöffel Salz.

Die Eier werden gut geschlagen, das Gelbe und Weiße allein, — das Fett geschmolzen, der Weinstein und die Soda mit dem Maismehl und dem weißen Mehl gesiebt und dieses zuletzt darunter gemischt. Dann arbeitet man dasselbe gut ½ Stunde. Man bäckt es schnell in einer mit Butter ausgestrichenen Form; eine halbe Stunde genügt gewöhnlich. Wenn man Maisbrod aufschneidet, muß man das Messer senkrecht halten und gegen sich schneiden.

1435. Reisbrod (Rice Bread). Man macht einen Sauerteig von: 1 Quart warmes Wasser, 1 Theetasse Hefe, 1 Eßlöffel weißen Zucker, 1 Eßlöffel Schweinefett, 1 Quart Weizenmehl.

Das wird gut abgeschlagen, und wenn es gestiegen ist, was in 4 oder 5 Stunden der Fall ist, fügt man 1½ Quart warme Milch und drei Theetassen Reismehl mit kalter Milch zu einer Paste verrührt und 4 Minuten wie Stärke gekocht, dazu. Es soll etwas wärmer als lau sein, wenn es beigerührt wird. Wenn es nicht dick genug ist, um einen Teig zu machen, giebt man noch etwas Weizenmehl dazu, knetet es tüchtig und behandelt es ganz wie Weizenbrod, was das zweimalige Steigen und Backen betrifft.

1436. Maismehlbrod (Pone). 1 Quart Maismehl, 1 Theelöffel Salz, etwas geschmolzenes Schweinefett, kaltes Wasser, um einen weichen Teig zu machen.

Man formt mit den Händen dünne ovale Kuchen, legt sie in gut ausge=
schmierte Formen und bäckt sie rasch.

Die gewöhnliche Art ist, diese Kuchen in der Mitte höher als an den
Enden zu formen und sie leicht mit den Händen zu drehen und den Teig über
und über zu schlagen. Es wird gebrochen, nicht geschnitten, und sehr heiß ge=
gessen.

1437. Gebratene "Pone"-Bödchen (Fried Pone Bread). Anstatt
den Teig mit den Händen zu formen, schneidet man ihn mit dem Messer in
Schnitten. Dann bratet man fetten Speck oder Schweinefleisch in einer Brat=
pfanne gut aus und bratet die Stücke in dieser Brühe hellbraun.

1438. Backpulver-Biscuits (Baking Powder Biscuits). 1 Quart
Mehl, 2 Theelöffel Backpulver (Baking Powder), 1 Eßlöffel Butter oder
Schmalz werden zusammen verrieben, mit kaltem Wasser oder Wasser mit Milch
und mit einem Messer schnell zu einem Teig vermischt; dann verarbeitet man
mit Mehl den Teig, bis er sich leicht ausrollen läßt (ungefähr 1 Zoll dick),
sticht mit einem runden Ausstecher oder kleinen Glase Biscuits davon aus und
backt sie in einem gut geheizten Ofen 15 Minuten.

Hefenteig-Gebackenes — Yest Cakes.

1439. Apostelkuchen (Apostle Cake). Man nehme zu 1¾ Pfund
trockenem, gesiebtem Mehl 10 ganze Eier, 1 Pfund glatt gearbeitete, frische
Butter, ungefähr 4—5 Eßlöffel gute Hefe, ½ Unze Salz, 1 Unze Zucker, 4 Eß=
löffel süßen Rahm. Ein halbes Pfund von obigem Mehl wird mit etwas
lauem Wasser und der Hefe an einem lauwarmen Orte auf einem Backtische mit
den Händen zu einem ziemlich weichen, leichten, glatten Teig gearbeitet (ge=
schlagen), welcher sich leicht von den Händen und dem Tische loslösen muß. Er
wird nun rund zusammengedreht, in eine mit Mehl bestreute irdene Schüssel
gesetzt, mit einer erwärmten Serviette bedeckt und an einen lauwarmen Orte
zum Aufgehen gestellt; unterdessen streiche man das übrige Mehl erhöht auf den
Backtisch, mache oben eine kleine Grube in dasselbe, gebe die Butter klein ge=
bröckelt, die Eier, das Salz, den Zucker und den Rahm hinein und verarbeite
dieses zu einem Teige. Ist nun der erstere Teig in der Schüssel um das Dop=
pelte aufgegangen, dann vereinige man beide und schlage das Ganze zu einem
elastisch=glänzenden Teige so lange ab, bis er sich gut von den Händen und dem
Backtische loslöst; er wird nun in einen runden Ballen zusammengedreht, in
eine mit Mehl bestreute, irdene Schüssel gesetzt, mit einer Serviette bedeckt und
mindestens 12 Stunden lang im Winter an einen warmen Ort hingestellt (es
ist gut, wenn man den Teig Abends vor dem Gebrauche zubereitet), sodann,
nachdem er um das Zweifache aufgegangen sein wird, stürze man ihn auf den
mit Mehl bestäubten Backtisch, überschlage ihn vier= bis sechsmal, dem Butter=
teig gleich, lasse ihn wieder 2 Stunden stehen und wiederhole dann das Ueber=
schlagen nochmals; nun drehe man 3 Theile des Teiges zu einem runden Ballen
zusammen, setze diesen auf ein leicht mit Butter bestrichenes Backblech, mache
oben in die Mitte mit der geballten Faust ein Vertiefung, formire den noch

übrigen Teig rund und etwas spitz verlaufend zu, setze ihn oben auf den Ballen, bestreiche hierauf den Kuchen allenthalben mit verschlagenen Eiern und backe ihn ungefähr anderthalb Stunden in einem ziemlich heißen Ofen zu schön hellbrauner Farbe, er muß alsdann fast zweimal so hoch aufgegangen sein; man lege ihn dann, des schnelleren Abkühlens wegen, auf ein großes, umgestürztes Haarsieb und bringe ihn zu Tische.

1440. Gugelhopf, feiner, auf schwäbische Art. Ein halbes Pfund Butter wird leicht gerührt, dann 9 Eier, 10 Unzen feines, getrocknetes Mehl, 1½ Unze feiner Zucker, 3 Eßlöffel Hefe und ein kleines Trinkglas süßer Rahm dazu gethan und ¼ Stunde lang gerührt. Die Masse wird in eine mit Butter bestrichene, mit Semmelmehl und Zucker bestreute Form gefüllt, und wenn sie gegangen ist, in frischer Hitze gebacken. Statt des Zuckers kann auch etwas mehr Salz in den Teig genommen werden.

1441. Gugelhopf auf schwäbische Art, geringer. Aus 1½ Pfund Mehl, ½ Quart lauwarmer Milch, worin ¼ Pfund Butter zergangen, 4 Eiern, 2 Eßlöffeln Zucker, etwas Salz und 2 Eßlöffeln Bierhefe (oder von Fleischmann's Hefe das nöthige Quantum) wird ein Teig tüchtig abgeschlagen und in der Schüssel zur Wärme gestellt. Wenn er gegangen ist, klopft man ihn noch einmal und mengt, wenn man will, ¼ Pfund große Rosinen darein, bestreicht die Form dick mit Butter, bestreut sie mit Semmelmehl und füllt die Masse ein; nach 1½stündigem langsamem Aufgehen stellt man ihn in den heißen Ofen; er braucht zum Fertigwerden ¾ Stunden.

1442. Gugelhopf auf französische Art (Baba). Zwei Pfund feines Mehl werden gesiebt und warm gestellt. Von ½ Pfund Mehl, ¼ Quart lauwarmer Milch und 3 Eßlöffel voll Hefe macht man in einer Schüssel einen kleinen Hefensatz, giebt die übrigen 1½ Pfund Mehl über den Hefensatz in die Schüssel und stellt denselben an einen lauwarmen Ort mit einer erwärmten Serviette bedeckt zum Aufgehen. Wenn der Hefensatz in doppelter Größe gegangen ist, so giebt man 8—10 Eier hinzu, etwas Milch, klopft ihn so lange, bis sich der Teig ganz zart von der Hand loslöst, dann giebt man 1 Pfund zerlassene Butter, etwas Salz und Zucker hinzu, arbeitet dieses Alles untereinander und zuletzt schafft man noch 6 Unzen große Rosinen und ein halbes Glas Rum in den Teig. Er wird sodann in eine mit Butter bestrichene, mit feinem Mehl ausgestreute Gugelhopfform etwas über halbvoll eingefüllt, nochmals an einen lauwarmen Ort zum Aufgehen gestellt, jedoch im Allgemeinen ganz der vorhergehenden Gugelhopfart gleich behandelt und beendet.

1443. Amerikanischer Gesundheitskuchen (Gugelhopf). ¼ Pfd. Butter, ¼ Pfund Zucker, 6 Eier, schwach ¼ Quart Milch und ¾ Pfund Mehl. Butter, Zucker und Eigelb werden schäumig gerührt, Citronenschale, 1½ Unze Baking Powder mit dem Mehl und der Milch gut hinein gerührt, der Schnee leicht untermengt, in eine mit Butter bestrichene und mit Zucker bestreute Form gefüllt und sogleich drei Viertelstunden in heißem Ofen gebacken. Wenn die Masse nicht schnell in den Ofen kommt, wird sie roth.

1444. Butterkuchen, mürber oder dicker Kuchen (Butter Cake). Das Verhältniß ist: 2 Pfund Mehl, ½ Pfund Butter, 2 Eier, 2 Eßlöffel Hefe und ungefähr ¾ Quart Milch, nebst dem nöthigen Salz. Es wird Vorteig gemacht, die Butter rings herum geschnitten und zur Wärme gestellt; ist der Vorteig gegangen, so wird das zum Auswürgen nöthige Mehl beiseite gethan, nun wird auch die Butter weich sein, man klopft sie tüchtig hinein, nimmt dann die Eier, Salz, Milch und die noch nöthige Hefe in die Schüssel und klopft daraus einen milden, weder nassen noch trockenen Teig. Nun läßt man den Teig zum zweitenmal gehen; dann würgt man ihn zu einer runden Form, wellt den Rand rings herum daumendick aus, schlägt ihn zweifingerbreit herauf, legt ihn auf ein mit Butter bestrichenes Backblech und läßt ihn noch eine halbe Stunde gehen; man schneidet nun ganz leicht mit einem spitzigen Messer Streifen in der Mitte des Kuchens, bestreicht ihn mit Ei und bestreut ihn mit Salz und Kümmel, oder bestreicht ihn mit ein wenig aufgelöstem Honig.

1445. Zimmtkuchen (Cinnamon Cake). Von 1¼ Pfund Mehl, etwas Salz, 3 Unzen Butter, 2 Unzen Zucker, Hefe und Milch wird wie bei Butterkuchen ein Teig gemacht. Ist er gegangen, so formt man einen runden Kuchen, legt ihn in ein bestrichenes Blech, drückt einen kleinen Rand in die Höhe, läßt ihn wieder gehen, bestreicht ihn mit 2 Unzen zerlassener Butter, die mit 1 Ei gut verrührt ist, vermengt 1 geriebenes Milchbrod mit 3 Unzen Zucker und einen halben Kaffeelöffel Zimmt, streut es auf den Kuchen und backt ihn nicht zu hart.

1446. Streuselkuchen. Der Kuchen wird ganz auf vorhergehende Art behandelt und beendet; nur bestreiche man ihn, nachdem er in seiner Form gehörig aufgegangen ist, mit leicht zerlassener Butter und bestreue ihn mit folgender Streuselmasse: 2 Unzen frische, zerlassene Butter rühre man schäumig, mische sodann 2 Unzen feinen Zucker, ebensoviel grob gehackte, abgezogene Mandeln und 2 Unzen feines Mehl gut darunter, bröckle diese Masse in ganz kleine Theilchen, welche alsdann über den Kuchen gestreut werden. Er wird hierauf in einem mittelheißen Backofen zu hübscher Farbe gebacken und nach seinem Abkühlen mit etwas feinem Zucker bestreut zu Tische gegeben.

1447. Mandelkuchen (Almond Cake). Den Kuchen Nr. 1444 bestreiche man nach seinem Garbacken halbfingerdick mit Schaummasse, streue sodann noch etwas stiftlich geschnittene, abgezogene Mandeln darüber und lasse ihn in einem mittelheißen Backofen so lange, bis die Mandeln und die Schaummasse eine hellgelbe Farbe erhalten haben, nehme ihn hierauf aus dem Ofen und bringe ihn nach einigem Abkühlen zu Tische.

1448. Obstkuchen von Hefenteig (Fruit Cake of Yestpaste). Nachdem der Hefenteig (Nr. 1444) in der Kuchenform aufgegangen ist, belege man ihn rund umher (ohne den Teig zu drücken), kleinfingerbreit vom Rande weg, mit einem beliebigen, frischen Obst ganz nach Art der Kuchen von geriebenem Teig. Nachdem der Kuchen zu hübscher Farbe gebacken und etwas verkühlt ist, bringe man ihn mit feinem Zucker bestreut zu Tische.

1449. Zwieback. In der Mitte von 1 Pfund feinem Mehl läßt man mit Hefe und lauer Milch einen Vorteig an, nimmt, wenn er gegangen, 2 Eier, 3 Unzen Zucker, 2 Unzen Butter und ganz wenig Salz dazu, schlägt ihn zu einem zarten, nicht zu weichen Teig, läßt ihn gehen, setzt längliche Zwiebacke auf ein mit Butter bestrichenes Blech und backt sie schön gelb, aber nicht hart. Sollen sie länger aufbewahrt werden, so zerschneidet man sie den andern Tag in der Mitte und röstet sie. Zu Th.e sind sie frisch oder mit folgendem Vanille-Guß sehr gut: etwa ¼ Pfund Zucker, etwas Vanillezucker und 1 Eiweiß werden untereinander gemengt und die in der Mitte zerschnittenen, einen Tag alten Zwiebacke damit bestrichen und im Ofen hellgelb gebacken.

1450. Hefen- oder Aniskranz. 1 Pfund und 2 Unzen feines, getrocknetes Mehl wird in eine Schüssel genommen, in der Mitte eine Vertiefung gemacht, 3 Eßlöffel Bierhefe mit lauwarmer Milch dünnflüssig angerührt und ein Vorteig damit gemacht. Wenn dieser aufgegangen ist, werden 3 Unzen zerlassene Butter, 3 Unzen gestoßener Zucker, die halbe Schale einer Citrone, etwas Anis, 4 Eier und, wenn nöthig, etwas lauwarme Milch dazu genommen und zu einem glatten, feinblasigen Teige abgeschlagen. Wenn er zum zweitenmal aufgegangen ist, wird er auf das mit Mehl besäte Backbrett genommen, in 3 Theile getheilt, diese leicht in lange, runde Streifen gewälzt und zu einem Zopf geflochten, der dann auf ein mit Butter bestrichenes Backblech im Kranze gelegt wird. Wenn er gegangen ist, wird er mit verrührtem Ei bestrichen, mit geschälten, fein geschnittenen Mandeln und gestoßenem Zucker bestreut und gebacken.

1451. Theekuchen (Tea Cake). In der Mitte von 1 Pfund Mehl rührt man mit Hefe und Milch einen Vorteig an, schafft, wenn er aufgegangen, etwas Salz, ¼ Pfund Butter, 2 Unzen Zucker, 3 Unzen große und kleine Rosinen, ½ Unze bittere, gestoßene Mandeln und 2 Eier hinein, schafft ihn zu einem zarten, nicht zu weichen Teig, läßt ihn gehen und formt ihn zu einem runden Kuchen, legt ihn auf ein mit Butter bestrichenes Blech, läßt ihn wieder gehen, bestreicht ihn mit Ei, streut geschnittene Mandeln und Zucker darüber und backt ihn in frischer Hitze.

1452. Englischer Theekuchen (English Teacake). ¼ Quart saurer Rahm wird mit 3 Eigelb verrührt, 5 Unzen Zucker, ½ Pfund rein gewaschene Rosinen, 1 Unze ungeschält grob gestoßene Mandeln, 1 Unze Citronat, die abgeriebene Schale einer halben Citrone und etwas Zimmt dazu genommen. Unter ¾ Pfund Mehl mengt man 1 Theelöffel voll Baking powder, rührt es in die Masse, mischt den Schnee der 3 Eiweiß leicht hinein, füllt es in eine mit Butter und Weckmehl gerichtete Form und backt es sogleich.

1453. Hefenbretzeln. Man nimmt 1 Pfund Mehl in eine Schüssel und rührt von der Hälfte des Mehls mit lauer Milch und 2 großen Eßlöffeln Bierhefe einen Teig an und läßt ihn gehen. Sobald er aufgegangen ist, nimmt man ¼ Pfund zerlassene Butter, 3 Eier, 4 Eßlöffel Rosenwasser, ¼ Pfund gestoßenen Zucker und arbeitet alles zu einem glatten, doch nicht weichen Teige ab. Wenn er wieder aufgegangen ist, wird er auf das mit Mehl besäte Backbrett genommen, kleine Stücke davon abgeschnitten, aus denen man Bretzeln formt; diese werden auf ein reines, mit zerlassener Butter bestrichenes Blech gelegt, wenn sie aufge= gangen sind, mit verrührtem Ei bestrichen, mit Zucker bestreut und schön ge= backen.

1454. Wiener Kipfel. In der Mitte von 1 Pfund Mehl rührt man mit ½ Unze Hefe und lauer Milch einen kleinen, festen Vorteig an, läßt ihn gehen, nimmt dann eine Messerspitze Salz, ¼ Pfund Zucker, 4 Eier, 5 Unzen Butter, etwas abgeriebene Citronenschale, etwas Hefe und die nöthige Milch dazu und schafft ihn zu einem feinen Teig, läßt ihn wieder gehen, wellt ihn dann halb= fingersdick aus, schneidet ihn in vierfingerbreite Streifen und diese in Dreiecke. Nun legt man in die Mitte jedes Dreiecks etwas eingemachte Himbeeren oder andere Früchte, schlägt die obere Spitze darüber, rollt sie leicht auf und legt die Halbmonde auf das mit Butter bestrichene Blech und bestreicht sie, wenn sie schön gegangen, mit Ei, streut Zucker darüber und backt sie in mäßiger Hitze nicht zu hart.

1455. Kaffeebrödchen (Coffee Cake). Schwach ½ Quart süße Milch wird mit ¼ Pf.d frischer Butter und 3 Unzen Zucker siedend gemacht, dann ½ Pfd. feines Mehl und 2 Eßlöffel Rosenwasser hineingethan und auf dem Feuer zu einem glatten Teig abgebrüht. Der Teig wird in eine Schüssel umgeleert und gleich mit 6 ganzen Eiern und 2 Eidottern glatt gerührt. Ein reines Backblech wird mit zerlassener Butter bestrichen, mit einem Eßlöffel Häufchen darauf ge= setzt, diese mit zu Schaum geschlagenem Eiweiß überstrichen, mit Zucker bestreut und in nicht sehr heißem Ofen gebacken. Statt des Rosenwassers kann auch gestoßene Vanille genommen werden.

1456. Andere Art. Wenn wie bei der vorhergehenden Nummer von ½ Quart Milch, 3 Unzen Butter, 3 Unzen Zucker und ½ Pfund Mehl ein ge= brühter Teig gekocht und mit 6 Eiern verrührt und abgekühlt ist, werden ¼ Pfd. gewaschene, abgetrocknete kleine Rosinen, 1 Unze Citronat und die Schale von einer halben Citrone in die Masse gerührt, dann kleine Brode aufgesetzt, gebacken und nachher mit Zucker bestreut.

1457. Pfitzauf. ½ Pfund feines Mehl wird mit dem nöthigen Salz mit etwas von schwach ½ Quart Milch glatt gerührt, dann werden 5 Eier, ¼ Pfd. zerlassene Butter, von der man 12 Förmchen gut bestrichen hat, dazu gethan; nun rührt man es mit der übrigen kochenden Milch an, füllt die Förmchen halb voll und backt sie in frischer Hitze. Als Beilage zu Obst, Spargeln, Schwar= wurzeln u. dgl. sind sie sehr gut.

1458. Rodon=, Schnecken= oder Napfkuchen. 1 Pfund feinstes, durch= gesiebtes Mehl, ½ Pfund abgeklärte Butter, ¼ Pfund etwas gröblich gestoßene Mandeln, ¼ Pfund durchgesiebten Zucker, 9 frische Eier, ⅛ Quart frisch erwärmte Milch, abgeriebene Schale einer Citrone, ½ Theelöffel Muskatblüthe oder ein Stück feingeschnittene Succade, ½ Theelöffel Salz und 1 Unze frische Hefe. — Die Butter wird zu Schaum gerieben, dann giebt man unter stetem Rühren

nach und nach die Eier hinzu, dann Mandeln, Milch, Gewürz, Zucker und auf=
gelöste Hefe, rührt zuletzt löffelweis das Mehl durch, und läßt die Masse in
einer mit Butter bestrichenen und mit Puderzucker oder Cracker bestreuten Form
aufgehen und backen.

1459. Hallesche Wecken (ein Nationalgebäck). 1½ Quart warme Milch,
2½ Pfund Butter, 2 Pfund gewaschene und ausgesteinte Rosinen, 1 Pfund ge=
reinigte Corinthen, 1 Pfund durchgesiebter Zucker, ¼ Pfund gewässerte trockene
Hefe, ¼ Pfund süße, halb so viel bittere, gröblich gestoßene Mandeln, gut zwei
Unzen Citronat, Zimmt und Muskatblüthe, von jedem Theile 1 Drachme,
2 abgeriebene Citronen, 5 Eidotter, etwas Salz und 3 bis 4 Pfund gutes
Mehl.

Man stellt das Mehl warm, die Hefe mit 1 Tasse Milch, 1 Löffel Rum
an einen nicht zu warmen Ort und besprengt die Rosinen mit Rum. Nachdem
man den Teig nach vorhergehender Angabe gemacht hat, formt man ihn zu zwei
Wecken — längliche Brode — läßt sie langsam und gut aufgehen, legt sie auf
ein Blech, welches mit einem bestrichenen Papier versehen ist, läßt sie gut aus=
backen, bestreicht sie sogleich beim Herausziehen mit Butter und bestreut sie mit
Zucker und Zimmt.

1460. Sächsischer Speckkuchen. Zum Teig: ¾ Pfund Mehl, ¼ Pfund
geschmolzene Butter, ¼ Quart lauwarme Milch, 1 Unze Zucker, 1 Eßlöffel
Hefe, 2 Eigelb, ½ Theelöffel Salz; zum Ueberstreuen: ¼ Pfund geräucherter,
kleinwürflig geschnittener Speck, Kümmel und Zucker. Man mache den Teig
wie beim Wickelkuchen, lasse ihn gut aufgehen, drücke ihn in eine flache Pfanne,
forme einen Rand und lasse ihn nochmals aufgehen. Dann bestreue man ihn
mit Speck, Kümmel und Zucker und backe ihn bei guter Hitze etwa drei Viertel=
stunden.

1461. Hamburger Kuchen. 2 Pfund feines Mehl, 1 Pfund Corinthen,
¼ Pfund Butter, 9 Eier, 5 Unzen Zucker, gut zwei Unzen kleingeschnittener
Citronat, abgeriebene Schale einer Citrone und gut 2 Unzen in Milch auf=
gelöste Hefe.

Die Butter reibt man schäumig, rührt abwechselnd Zucker und Eier hinzu,
dann nach und nach das Uebrige, giebt die Masse in eine gut ausgestrichene
Springform, bestreut den Kuchen mit einem Gemengsel von gehackten Mandeln,
Zucker und Zimmt, und läßt ihn, wenn er aufgegangen ist, bei starker Mittel=
hitze dunkelgelb backen.

1462. Mannheimer Kuchen. Zehn Unzen feines Mehl, ½ Pfund ge=
schmolzene Butter, 20 Eier, in warmem Wasser erwärmt, 2 Eßlöffel Zucker,
abgeriebene Schale einer Citrone, gut 1½ Eßlöffel in Milch aufgelöste Hefe und
etwas Salz.

Die Butter wird ½ Stunde lang zu schäumiger Sahne gerührt, dann die
Eier, eins nach dem andern, abwechselnd mit einem Löffel Mehl unter stetem
Rühren hinzugegeben, darauf mit Hefe, Zucker und Gewürz noch eine Weile
geschlagen und in die vorher gut zugerichtete Form gegeben. Man kann nach
Belieben die Form mit halben Mandeln auslegen.

1463. Bremer Klöben. Zum Teig 3 Pfund gutes durchgesiebtes Mehl, 1 Pfund ausgewaschene Butter, 1 Pfund gewaschene Rosinen, welche wo möglich ausgesteint und dann warm gestellt werden, ½ Pfund durchgesiebter Zucker, ¾ Quart warme Milch, 3 Eßlöffel Hefe oder ⅛ Stück Preßhefe, 3 Theelöffel Salz, Gewürz nach Gefallen. Zum beliebigen Füllen, wobei die Rosinen wegbleiben, drei Viertelpfund gewaschene und erwärmte Corinthen, ein Viertelpfund Zucker, gut zwei Unzen langgeschnittene Mandeln, eine Unze Succade.

1464. Schlesischer Brünkelkuchen. Hierzu ein Butterkuchenteig ohne Rosinen und Corinthen von 1½ Pfund Mehl. Zum Ueberstreuen ½ Pfund geriebener Zucker, ½ Pfund feines Mehl, ein halbes Pfund geschmolzene und abgeklärte Butter, gut zwei Unzen gröblich gestoßene Mandeln, ¼ Unze Zimmt.

Dies Alles wird mit der Hand lose durchgemengt, so daß es kleine Krümeln werden. Dann wird der Teig, nachdem er gut aufgegangen, auf einer Platte dünn ausgerollt, mit Butter bestrichen und mit obigem Gemengsel bestreut, mit einer Feder noch etwas zurückbehaltene geschmolzene Butter darüber gesprengt und der Kuchen schnell gebacken.

1465. Guter schlesischer Käsekuchen. Ein Teig wie im Vorhergehenden. Zum Ueberstreichen wird ein Suppenteller gute, abgelaufene Dick- oder Käsemilch mit junger Sahne fein, aber nicht zu dünn gerührt, 1 Obertasse geschmolzene Butter, Zucker und Zimmt nach Geschmack, zwei Eier und etwas gut gewaschene Corinthen durchgemischt.

Man rollt den Teig auf einer Platte dünn aus, läßt ihn aufgehen, streicht die etwas erwärmte Käsemasse darauf und backt ihn schnell wie Butterkuchen.

Anmerkung. Dieser Kuchen ist, wenn er nicht im Ofen ausgetrocknet, sondern weich gebacken und frisch gegessen wird, von sehr angenehmem Geschmack.

1466. Schlesischer Stollen. Man macht von 3½ Pfund Mehl mit ½ Quart lauwarmer Milch, 8 Eidottern, gut 2 Unzen Hefe und gut 1½ Unzen Salz einen Teig, den man im Warmen aufgehen läßt, arbeitet dann stark ½ Quart abgeklärte Butter, ½ Pfund ausgesteinte Rosinen, ¼ Pfund Zucker, gut 6 Unzen gröblich gestoßene Mandeln, noch 1 Eßlöffel Hefe und abgeriebene Citronenschale durch den Teig und läßt ihn nochmals aufgehen. Dann formt man ihn zu einem langen Brod, macht mit dem Messer auf der Oberfläche der Länge nach zwei zackige Streifen, streicht reichlich geschmolzene Butter darüber und backt ihn bei mittelmäßiger Hitze.

1467. Memminger Brod. In der Mitte von 1 Pfund Mehl wird mit Hefe und Milch ein Vorteig gemacht, ist er aufgegangen, nimmt man ¼ Pfund Zucker, 2 Eier, 2 Unzen grob geschnittenen Citronat, etwas Rosenwasser, Hefe, die nöthige Milch und 5 Unzen erweichte Butter dazu und arbeitet Alles zu einem festen Teige. Nun nimmt man ihn auf das Backbrett, würgt ihn gut und wellt dann 2 Kuchen aus, die man zu Broden zusammenrollt, langsam gehen läßt und mit Ei bestrichen backt.

1468. Hefenbiskuits (Yest Biscuits). Man rührt ein halbes Pfund Butter leicht, nimmt 8 Eidotter, 2 Eßlöffel gute Bierhefe, 5 Eßlöffel süßen Rahm, 1½ Unze gesiebten Zucker und ¾ Pfund feines Mehl dazu, und schlägt ihn zu einem Teig, der ganz leicht sein muß. Sollte er zu fest sein, so werden noch ein paar Eßlöffel Rahm daran gethan. Alsdann läßt man den Teig gehen, legt ihn auf ein mit Mehl bestreutes Brett, wellt ihn fingerdick aus, oder drückt ihn nur mit der Hand, schneidet ihn zu kleinen, langen Stückchen w e ein dünnes Biskuit, legt die Stücke etwas weit auseinander auf ein mit Mehl be= sätes Blech, läßt sie wieder gehen, bestreicht sie mit verrührtem Ei, streut Zucker und Zimmt darüber und backt sie langsam.

1469. Böhmische Hefenkolatschen. Man rühre ¼ Pfund frische, leicht zerlassene Butter mit 3 ganzen Eiern und 2 Eigelb schäumig, mische sodann ein Pfund trockenes, gesiebtes Mehl, eine Tasse süßen Rahm, 2 Eßlöffel gute Hefe, 2 Unzen feinen Zucker, etwas geriebene Citronenschale und eine Prise Salz dar= unter, schlage das Ganze mit einem Rührlöffel gehörig ab, setze dann auf ein mit Butter bestrichenes Backblech kleine Häufchen von der Größe eines Silberdollars und stelle sie an einen lauwarmen Ort zum Aufgehen. Nachdem sie nun ge= hörig aufgegangen sind, bestreiche man sie mit verschlagenen Eiern, bestreue sie mit Hagelzucker und backe sie in einem mittelheißen Ofen langsam zu hübscher Farbe. Sie werden hierauf von dem Backbleche weggenommen und nach einigem Abkühlen hübsch angerichtet servirt.

1470. Allgemeine Regel für feinere Backereien. Zum Backen wähle man das feinste getrocknete Mehl, mittelgroße frische Eier, feinen ausgetrockneten Zucker, große frische Mandeln, die keinen verlegenen Geschmack haben, ebenso kleine und große Rosinen (Eibeben), so frisch wie möglich, unter den Citronen die echten Genueser, wenn sie gleich theurer sind, den feinsten Zimmt, weil man von den geringeren Arten mehr nehmen muß und diese doch nie den feinen Ge= schmack geben. Ein besonderer Umstand bei den Backereien ist das „so und so lange rühren," „die Butter leicht rühren," das „zu steifem Schaum schlagen." Die Köchin weicht gar oft von dieser Vorschrift ab, es mag nun in manchen Fällen wahr sein, daß in Betreff der Güte kein Unterschied eintritt, aber gewiß, bei wahrer Prüfung, in der Menge. Von den Eiern darf keines an der be= treffenden Schüssel aufgeschlagen werden; fällt etwas von einem übelriechenden hinein, so theilt sich der Geruch der ganzen Rührmasse mit. — Backwerke, die aus viel ganzen Eiern und Zucker zusammengesetzt sind, kann man nach 6—8 Tagen noch mit Anstand geben, wie z. B. Biskuit= und Mandeltorten, langes Zucker= und Pomeranzenbrod und dergleichen; alles kleine Backwerk, in dem Eier sind, ist erst den andern Tag nach dem Backen feinschmeckend, den ersten ist es zu spröde. Der beste Aufbewahrungsort für Backwerk ist eine festschließende Porzellanschüssel oder Blechkapsel, die an einen kalten Ort gestellt ist; in Schub= laden und Schachteln bekommt es vor der Zeit einen unangenehmen Bei= geschmack.

Obstkuchen und Pies.

1471. Aepfelkuchen mit Butterteig (Apple Pie with Butter Paste). Es werden gute Aepfel geschält und in 4 Theile geschnitten, ¼ Pfund gesiebter

Zucker, 1 Drachme gestoßener Zimmt, 3 Eier und ¼ Pfund zerlassene Butter unter einander gerührt, die Aepfelschnitze darin umgekehrt und dicht in einen ausgewellten Kuchen von Butterteig gelegt. Hierauf mengt man eine Hand= voll geschälte und zart geschnittene Mandeln mit etwas gestoßenem Zucker und Zimmt, streut es über die Aepfel und backt den Kuchen. Wer den Zimmt nicht liebt, kann statt dessen etwas abgeriebene Citronenschale hinein thun.

1472. Einfacher Aepfelkuchen (Plain Apple Pie). Ein Kuchenblech wird mit einem Butter= oder Hefenteig ausgelegt, die Aepfel geschält, in Schnitze geschnitten, auf den Kuchen, außen anfangend, kranzartig gelegt und nun ent= weder bloß mit gestoßenem Zucker und Zimmt bestreut, oder geriebenes Brod und eine Handvoll gestoßene Mandeln mit Zucker und Zimmt gemischt darauf gestreut, einige Butterscheiben darauf geschnitten, gebacken und dann mit Zucker bestreut.

1473. Himbeerkuchen (Raspberry Tart). 1 Quart rein verlesene Him= beeren werden mit ¼ Pfund Zucker auf schwacher Gluth nur wenig gekocht, sodann, wenn sie völlig erkaltet sind, in ein mit gutem Butterteig belegtes und mit etwas geriebenem Milchbrod bestreutes Kuchenblech gefüllt. Nun rührt man ¼ Pfund geschälte, fein gestoßene Mandeln, 1 Eßlöffel Semmelmehl, drei Unzen gestoßenen Zucker, 1 Theelöffel gestoßenen Zimmt und drei Eßlöffel süßen Rahm dazu, rührt dies noch eine Weile, zieht den Schnee von vier Eiweiß leicht darunter, füllt die Masse in den Kuchen und backt ihn langsam.

1474. Heidelbeerkuchen (Huckleberry Tart). Wird genau wie vor= hergehender Himbeerkuchen zubereitet, nur daß die Beeren in etwas Wein mit verhältnißmäßig Zucker abgekocht werden, oder auch wie der nachfolgende Traubenkuchen.

1475. Einfacher Heidelbeerkuchen. Man legt ein Kuchenblech mit Hefen= oder Butterteig aus, mengt vier geriebene Milchbrode mit einem halben Pfund Zucker und einem Theelöffel Zimmt unter einande, streut die Hälfte in den Kuchen, 2 Quart rein verlesene Heidelbeeren darüber, das übrige Milch= brod darauf, schneidet einige Butterscheibchen auf ihn und backt ihn in guter Hitze.

1476. Kuchen von Johannisbeeren (Currant Tart). 1 Quart frisch abgezupfte Johannisbeeren werden mit 3 Unzen gestoßenem Zucker vermischt und zurückgestellt; indessen wird ein Kuchenblech leicht mit Butter bestrichen und mit gutem Butterteig belegt. Nun wird ¼ Pfund geschälte, fein gestoßene Mandeln, und ebensoviel fein gesiebter Zucker vermischt und mit dem Schnee von 9 Eiweiß leicht gemengt, die Hälfte von der Masse in das Blech gefüllt, die Johannisbeeren hineingelegt, der andere Theil darauf gegossen und in abge= kühltem Ofen gebacken.

1477. Traubenkuchen (Grape Tart). Ein mit Butter bestrichenes und mit Semmelmehl bestreutes Blech legt man mit gutem Butterteig aus, rührt ¼ Pfund geschälte und zartgestoßene Mandel, ebensoviel gesiebten Zucker, ein

Theelöffel gestoßenen Zimmt mit 1 Ei und 6 Eßlöffeln süßen Rahm und breitet dies in dem Boden des Butterteiges aus, zupft schwarze und rothe Trauben ab, legt die Beeren ganz dicht auf den Mandeln herum, rührt 6 Eier mit 3 Unzen gestoßenem Zucker und ein Fünftelquart gutem süßem Rahm, gießt dies über den Kuchen und backt ihn gelb. Statt des Eiergusses können auch ¼ Pfund gestoßene Mandeln mit 2 altgebackenen geriebenen Milchbroden, 5 Unzen Zucker und etwas gestoßenem Zimmt vermischt werden; man streut eine Hand=voll davon auf den Butterteig, legt die Traubenbeeren darauf, die übrigen Mandeln und Milchbrod darüber, schneidet dünne Butterscheiben darauf und backt ihn.

1478. Traubenkuchen mit Schaumguß (Grape Tart with Meringue). Ein mittelgroßes Blech wird mit einem süßen Butterteig ausgelegt, 6 Eiweiß zu sehr steifem Schnee geschlagen, ½ Pfund Zucker und die vorher abgezupften und ½ Stunde mit 3 Unzen Zucker eingezuckerten schwarzen Traubenbeeren vermischt, in den Butterteig gefüllt und gebacken.

1479. Apricosenkuchen (Apricot Tart). Ein Kuchenblech wird mit einem süßen Butter= oder Hefenteig, wie sie unter Abschnitt „Teige" angegeben sind, belegt, dann schneidet man die Aprikosen in 2 Theile, schlägt die Kerne auf, schält diese und stoßt sie mit 2 Unzen geschälten Mandeln, mischt 5 Unzen Zucker und etwas Zimmt darunter, streut davon auf den Boden des Kuchens und backt ihn in nicht zu heißem Ofen.

1480. Zwetschgenkuchen, einfacher (Prune Tart). Ein Kuchenblech wird mit einem Butter=, Hefen= oder süßen Teig ausgelegt, die Zwetschgen aus=gesteint und neben einander in das Kuchenblech gelegt; dann wird eine Hand=voll geriebenes Brod, etwas fein gestoßene Mandeln, Zucker und Zimmt mit einander vermischt, darüber gestreut, mit etwas zerlassener Butter besprizt oder mit einigen Butterscheibchen belegt und gebacken.

1481. Zwetschgenkuchen mit Schaumguß (Prune Tart with Meringue). Ein mit einem süßen Teig belegtes Blech wird mit ausgesteinten Zwetschgen be=legt, etwas Zucker und Zimmt darauf gestreut und gebacken. Noch warm wird er mit dem steifen Schnee von Eiweiß, unter den ¼ Pfund Zucker und etwas Vanille gemischt ist, belegt und lichtgelb gebacken.

1482. Gerührter Kirschenkuchen (Cherry Tart). ½ Pfund fein ge=siebter Zucker wird mit 8 Eidottern recht schaumig gerührt, ¼ Pfund geriebenes schwarzes Brod mit 2 Eßlöffeln Wein angefeuchtet, ¼ Pfund geschälte, fein ge=stoßene Mandeln dazu genommen und noch ¼ Stunde damit gerührt, dann eine Unze fein geschnittener Citronat, die fein geschnittene Schale von 1 Citrone und 1 Theelöffel Zimmt dazu gethan, das Weiße der Eier zu festem Schnee ge=schlagen und 2 Pfund schöne, schwarze, abgezupfte Kirschen darunter gemischt, und nun in eine mit Butter bestrichene und mit geriebenem Brod bestreute Form gefüllt, schnell in den Ofen gebracht und gebacken.

1483. Kirschenkuchen mit süßem Teig (Cherry Tart with sweet Paste). Ein Kuchenblech wird mit dem Teig Nr. 954 ausgelegt; ausgesteinte, abgetropfte, schwarze Kirschen werden darauf gelegt, mit etwas Zucker und Zimmt bestreut, gebacken und nachher mit Vanillezucker bestäubt, oder nach dem Backen der Schaum von 5 Eiweiß, unter den man 2½ Unzen Zucker und etwas Vanillezucker gemischt, aufgestrichen und schnell hellgelb überflammt.

1484. Kirschenkuchen mit Griesmehl (Cherry Tart with Farina). In 1 Quart kochende Milch werden 3 Hände voll, etwa 8 Unzen Griesmehl gethan, zu einem dicken Brei gekocht und kalt gestellt. Alsdann rührt man fünf Unzen frische Butter mit 10 Eidottern schaumig, nimmt ¼ Pfund geschälte, fein gestoßene Mandeln, ½ Pfund fein gestoßenen Zucker, die fein geschnittene Schale von 1 Citrone, 1 Unze fein geschnittenen Citronat, 2 Theelöffel gestoßenen Zimmt, die gekochte Griesmasse dazu und rührt das Ganze, bis es leicht und schaumig ist. Das Weiße der Eier wird zu festem Schnee geschlagen, unter die Masse gemischt, 2 Pfund schöne, schwarze, abgezupfte Kirschen leicht darunter gerührt, in eine mit Butter bestrichene und mit Weckmehl bestreute Form gefüllt und 1½ Stunden lang im Ofen gebacken. Statt der Mandeln können einige Hände voll Weckmehl genommen werden.

1485. Rahmkuchen (Cream Tart). Ein Kuchenblech belegt man den ganzen Rand herauf mit Butterteig, rührt 1 Kochlöffel feines Mehl mit zwei Unzen gestoßenen Zucker, an dem die Schale von 1 Citrone abgerieben wurde, mit einem Theil von ½ Quart süßem Rahm glatt an, rührt 10 ganze Eier hinein, nach diesem ½ Quart sauren Rahm und den übrigen süßen vollends dazu, streut 2 Unzen gewaschene kleine Rosinen auf den Boden des Kuchens, schüttet die angerührte Masse darauf und backt sie.

1486. Rahmkuchen auf andere Art. 6 Eiweiß werden zu steifem Schnee geschlagen, 3 Unzen Zucker, 6 Eigelb und 1 Eßlöffel Mehl gut darunter gerührt, 1½ Unzen zerlassene Butter, Zimmt, Citronenschale und ½ Quart Milch dazu gethan, die Masse in eine mit Butterteig belegte Form, auf die kleine und große Rosinen gestreut sind, gefüllt und gebacken.

1487. Käsekuchen (Cheese Tart). Man rührt 3 saure weiße Käse, wie sie gewöhnlich zu Markte kommen, in einer Schüssel recht glatt, nimmt dann 2 bis 3 Eßlöffel feines Mehl, etwas Salz, 3 Unzen zerlassene Butter, ¼ Pfund gestoßenen Zucker, etwas Zimmt, 6 Eier, ein paar Eßlöffel Rosenwasser, zwei Unzen gewaschene kleine und ebensoviel große Rosinen und ¼ Quart süßen oder sauren Rahm dazu; rührt, wenn der Käse mit dem Mehl, den Eiern und der Butter glatt gerührt ist, die übrigen angegebenen Bestandtheile darunter, füllt es in ein mit Butterteig belegtes Kuchenblech und backt ihn in frischer Hitze.

1488. Zwiebelkuchen (Onion Tart). 8 große Zwiebel werden gewürfelt geschnitten und in ¼ Pfd. Butter weich gedämpft. Wenn sie erkaltet sind, rührt man einen Kochlöffel feines Mehl, 4 Eier, ¼ Quart sauren Rahm, das nöthige Salz und einen Theelöffel Kümmel daran, belegt ein Kuchenblech mit Butterteig, füllt die angerührten Zwiebeln darauf, schneidet 2 Unzen Speck in kleine Würfel, bestreut den Kuchen damit und backt ihn in heißem Ofen.

Pies.

1489. Pie-Kruste. 1 Quart Mehl, ⅓ Pfund Schweinefett, gut und fest, ⅓ Pfund Butter, 1 kleine Theetasse Eiswasser.

Das Mehl wird in eine tiefe Holzschüssel gesiebt. Mit einem breiten Messer schneidet man das Fett unter das Mehl, bis es wie Staub wird. Nun macht man mit Eiswasser einen festen Teig und bearbeitet ihn mit einem Holzlöffel, bis man genöthigt ist, ihn mit den Händen zu einer Kugel zu formen. Man taucht die Hände in Mehl und knetet den Teig so rasch als möglich in die gewünschte Form. Nun legt man den Klumpen auf ein bemehltes Brodbrett und rollt ihn dünn aus und zwar von sich fort, mit rascher leichter Bewegung. Wenn er dünn genug ausgerollt ist, legt man kleine Stückchen Butter in dichten regelmäßigen Reihen über den ganzen Teig, benützt statt der Hände ein Messer dazu. Nun rollt man den Teig zusammen. Dann rollt man ihn wieder so dünn wie zuvor aus, bestreicht ihn mit Butter, rollt den Teig wieder zusammen und dann wieder aus, bis die Butter sich verbreitet hat. Es ist gut, das Innere der Teigfläche, ehe man sie zusammenrollt, nachdem man die Butter aufgelegt hat, mit Mehl zu bestreichen. Zuletzt rollt man die Kruste aus, d. h. den Teig dazu; bestreicht den Pie-Teller mit Butter, legt den Teig leicht darauf und schneidet ihn an den Rändern nett und gleich ab; die Abfälle verarbeitet man wieder zu einem anderen Pie-Flecken. Wenn die Pies eine obere Kruste haben sollen, füllt man die Teller mit Früchten oder was man eben dafür bereit hat, legt die obere Kruste darauf, schneidet sie passend zu, und preßt die Ränder fest zusammen, um das Auslaufen des Saftes zu verhindern. Man kann das mit einem Löffel oder Messer oder Zackeneisen machen und in der Weise verzieren.

Man bäckt sie in einem mäßig heißen Ofen, bis sie hell braun sind. Man muß besonders Acht haben, daß die Hitze oben und unten gleichmäßig ist, sonst wird die untere Teigkruste schwammig und nicht gar. Backwerk ist immer am Besten, wenn es frisch ist.

1490. Familien-Pie-Kruste. 1 Pfund Mehl, ¾ Pfund Butter, 1 Theelöffel Soda, 2 Theelöffel Weinstein, Eiswasser genug, um einen festen Teig zu machen.

Die Hälfte der Butter wird unter das Mehl geschnitten, bis es wie gelber Sand aussieht, (die Soda und der Weinstein werden mit dem Mehl zweimal durch ein Sieb gesiebt, um sicher zu sein, daß sie gut damit vermischt sind); nun macht man mit Eiswasser einen festen Teig, rollt ihn dünn aus, bestreicht ihn mit dem dritten Theil der übrigen Butter, faltet den Teig zusammen wie eine Rolle, rollt sie dann wieder aus, und so fort, bis die Butter verbraucht ist.

1491. Mince-Pie. 2 Pfund mageres Rindfleisch, gekocht und, wenn kalt, fein gehackt, 1 Pfund Kernfett, von allen Fasern befreit und zu Pulver gehackt, 5 Pfund Aepfel, geschält und gehackt, 2 Pfund Rosinen, ausgekernt und gehackt, 1 Pfund Sultan-Rosinen, gewaschen und ausgeklaubt, 2 Pfund Weinbeeren, gewaschen und sorgsam ausgeklaubt, ¾ Pfund Citronat, feingehackt, 2 Eßlöffel Zimmt, 1 Theelöffel Muskatnuß, 2 Eßlöffel Muskatblüthe, 1 Eßlöffel Gewürznelken, 1 Eßlöffel Neugewürz, 1 Eßlöffel feines Salz, 2½ Pfund braunen Zucker, 1 Quart braunen Sherry, 1 Quart vom besten Branntwein. Mince-Fleisch nach diesem Recept gemacht, hält sich den ganzen Winter an einem kühlen Ort. Man giebt es in Steintöpfe und bindet sie doppelt zu. Sollte die Mischung zu trocken werden, so giebt man mehr Branntwein dazu, wenn man einen Vorrath Pies macht.

Man legt Streifen von Teig, mit dem Zackenrand geschnitten, kreuzweise über die Pies anstatt einer oberen Kruste.

1492. Falsches Mince-Fleisch. 6 Soda-Crackers — fein gestoßen, 2 Tassen kaltes Wasser, 1 Tasse Melasse, 1 Tasse braunen Zucker, 1 Tasse braunen Cider, 1½ Tassen zerschlichene Butter, 1 Tasse Rosinen, ausgekernt und gehackt, 1 Tasse Weinbeeren, 2 Eier — gut geschlagen, 1 Eßlöffel Zimmt und Neugewürz, gemischt, 1 Theelöffel Muskatnuß, 1 Theelöffel Gewürznelken, 1 Theelöffel Salz, 1 Theelöffel schwarzen Pfeffer, 1 Weinglas Branntwein.

1493. Aepfel-Pie (Apple Pie). Gute saure Aepfel werden geschält, gewaschen und in ganz dünne Scheibchen geschnitten, auf den dazu bereiteten Teig gelegt, mit Zucker und Zimmt bestreut, Stückchen Butter darauf gelegt, mit wenig Mehl bestäubt, der Rand mit Wasser angefeuchtet, und, wenn die Aepfel nicht sehr saftig sind, etwas Wasser daran gegossen, etwa 3—4 Eßlöffel voll.

Dann rollt man ein Oberblatt davon aus, macht einige Einschnitte hinein und legt es auf den Pie, schneidet ihn ringsum mit einem Messer ab, drückt den Teig mit einer Gabel an, was gleich eine kleine Verzierung bildet, und backt ihn bei guter Hitze gar.

1494. Kürbis-Pie (Squash Pie). Man nimmt dazu 1 Pint Kürbis, 1 Pint Milch, 3 Eier, ½ Muskatnuß, 1 Theelöffel Zimmt, 1 Theelöffel Vanille oder gestoßenen Ingwer, 2 Tassen Zucker. Dies alles rührt man zu dem weichgekochten Kürbis, die Milch zuletzt, thut es auf den Pie und backt ihn ohne Oberblatt.

1495. Rhabarber-Pie (Rhubarb Pie). Man liest die Stengel ab, schneidet sie recht klein, brüht sie einige Minuten mit kochendem Wasser, läßt sie auf einem Durchschlag ablaufen und drückt sie mit den Händen noch etwas aus; dann bestäubt man den dünn ausgerollten und auf einen dazu bestimmten Teller gelegten Teig gut mit Mehl, legt den kleingeschnittenen Rhabarber darauf, stäubt etwas Mehl darüber, bestreut ihn gut mit Zucker (brauner Zucker ist am besten) und Zimmt, legt ein Oberblatt mit einigen Einschnitten versehen darüber, drückt den Rand ringsum mit einer Gabel fest an und backt ihn bei ziemlich starker Hitze gar.

1496. Frucht-Pie (Fruit Pie). Zu diesem nehme man eine Blech- oder Steinschüssel, die 2 Quart hält und unten fast so weit wie oben ist. Dann mache man einen guten Pie-Teig; nachdem man ihn dünn ausgerollt, bedecke man den Boden der Schüssel damit, doch nicht am Rande, dann lege man eine

Lage feingeschnittener Aepfel, 2 Zoll dick, darauf eine Lage gehackter Rosinen, streue Zucker darüber, lege kleine Stückchen Butter darauf, bestreue ihn mit beliebigem Gewürz, gestoßenen Nelken, Muskatnuß oder Zimmt. Dann kommt wieder eine Schicht Teig und Frucht, u. s. w., bis die Schüssel voll ist; jedoch muß Teig den Schluß bilden. 2 Stunden langsam backen. Wenn fertig, stürzt man ihn auf einen Teller, bestreut ihn mit Zucker und Zimmt und giebt ihn warm zur Tafel; er ist aufgewärmt fast so gut wie frisch gebraten. (Zu dieser Portion gehört 1 Pfund Rosinen, 10—12 große Aepfel und 2 Tassen Zucker).

1497. Citronen-Pie (Lemon Pie). 1 Citrone wird abgerieben, der Saft ausgedrückt, das Andere gehackt; ferner nimmt man von 4 Eiern das Gelbe, ein gutes Stück Butter, 3 Eßlöffel Wasser, Zucker nach Belieben; alles dies wird auf den Pie gegossen und damit gebacken, dann der Schnee geschlagen, 2 Eßlöffel Zucker in den Schnee gethan; 1 Theelöffel Cream of tartar, das auf den fertigen Pie gestrichen wird. Hierauf mag man ihn noch einmal in den Ofen schieben und gelb werden lassen.

1498. Aepfel-Crême-Pie (Apple Cream Pie). 3 Tassen gedünstete Aepfel, beinahe eine Tasse weißen Zucker, 6 Eier, 1 Quart Milch.
Man macht die gedünsteten Aepfel sehr süß und läßt sie auskühlen. Die Eier werden gut abgeschlagen und die Dotter gut mit den Aepfeln vermischt; als Gewürz nimmt man nur Muskatnuß. Dann rührt man nach und nach die Milch dazu, immerfort schlagend, zuletzt giebt man den Schnee. Nun füllt man den Teig und bäckt ihn offen.

1499. Aepfel-Meringue-Pie (Apple Meringue Pie). Man dünstet und versüßt reife saftige Aepfel, nachdem man sie geschält und in Stückchen geschnitten hat. Dann quetscht man sie fein ab und würzt sie mit Muskatnuß; wenn man den Geschmack liebt, so dünstet man Citronenschalen mit den Aepfeln und nimmt sie heraus, wenn dieselben kalt. Nun füllt man die Pastete und bäckt sie, bis sie gar sind. Dann streicht man über die Aepfel eine dicke Meringue, welche für jeden Pie von dem festen Schnee von 3 Eiern, mit einem Eßlöffel Zucker gemacht wird. Man giebt Rosenwasser und Vanille darunter; schlägt den Schnee bis er wie eine Mauer steht, und bedeckt die Pies ¾ Zoll damit. Man giebt sie zurück in den Ofen, bis die Meringue sich stockt. Sollte sie braun werden, so streut man Zucker darüber, wenn sie kalt ist. Man ißt sie kalt.

1500. Pumpkin-Pie (Nr. 1.) 1 Quart gedünstete Pumpkins durch ein Sieb gedrückt, 9 Eier, das Weiße und Gelbe einzeln geschlagen, 2 schwache Quart Milch, 1 Theelöffel Muskatblüthe, 1 Theelöffel Zimmt und ebensoviel Muskatnuß, 1½ Tasse weißen oder hellgelben Zucker.
Alles wird gut zusammen abgeschlagen und in Teigkrusten offen gebacken.

1501. Pumpkin-Pie (Nr. 2.) 1 Quart Pumpkin, gedünstet und durchpassirt, 1 Quart Milch, 1 Tasse Zucker, 7 Eier, recht gut geschlagen, 1 Theelöffel Ingwer und ebensoviel Zimmt und Muskatblüthe.

1502. Süßer Kartoffel-Pie (Sweet Potatoe Pie). Man überkocht, schält und schneidet feste süße Kartoffeln in Scheiben. Dann legt man eine Schüssel mit Pastetenteig aus, giebt eine Lage Kartoffeln hinein, bestreut sie dick mit Zucker und giebt einige Gewürznelken darunter, dann wieder Kartoffeln und so fort, bis die Schüssel voll ist. In jeden Pie giebt man einen Eßlöffel zer=lassene Butter, gießt etwas Wasser dazu, deckt den Teig darüber, bäckt ihn und ißt ihn kalt.

1503. Irländischer Kartoffel-Pie (Irish Potatoe Pie). 1 Pfund ge=quetschte Kartoffeln durch ein Sieb gedrückt, ½ Pfund Butter, mit dem Zucker rahmig abgerührt, 6 Eier, das Weiße und Gelbe einzeln geschlagen, 1 Citrone, unter die Kartoffeln ausgedrückt, während sie noch heiß sind, 1 Tasse Milch, 1 Theelöffel Muskatnuß und ebenso viel Muskatblüthe, 2 Tassen weißen Zucker.

Man mischt es wie den süßen Kartoffel-Pudding und bäckt es in offenen kleinen Pastetchen. Wird kalt gegessen.

1504. Citronen-Pie (Lemon Pie). ½ Pfund Butter, 1 Pfund Zucker, 6 Eier, das Weiße und Gelbe einzeln geschlagen, den Saft einer Citrone, die geriebene Schale von zweien, 1 Muskatnuß, ½ Glas Branntwein.

Die Butter und der Zucker werden zu Rahm gerührt, die Dotter, die Citrone und das Gewürz und Branntwein dazu gerührt, und der Schnee zuletzt hinein gegeben.

Es wird in Pastetenteig offen gebacken. Wenn man es sehr gut haben will, so giebt man den Schnee von 4 Eiern in die Mischung und macht vom Schnee von noch 4 Eiern und 5 Eßlöffel Zucker und etwas Citronensaft eine Meringue, um sie über jeden Pie zu streichen. Man ißt ihn kalt, sie sind sehr gut, wenn sie in kleine Blechformen gebacken werden.

1505. Orangen-Pie (Orange Pie). 3 Eier, ¾ Tassen weißen Zucker, 2 Eßlöffel Butter, von 1 Orange den Saft, und die Hälfte der Schale gerieben eine halbe Citrone, Saft und geriebene Schale, Muskatnuß nach Geschmuck.

Die Butter und der Zucker werden zusammen abgerahmt, dann die Orange und die Citrone darunter gerührt, hierauf die abgeschlagenen Dotter. Nun füllt man 2 Pastetchen und bäckt. Der Schnee wird mit 2 Eßlöffeln pulveri=sirtem Zucker sehr fest geschlagen und, wenn die Pies gebacken sind, darüber ge=strichen und auf 4—5 Minuten zurück in den Ofen gestellt.

1506. Cocosnuß-Pie (Cocoanut Pie). 1 Pfund geriebene Cocosnuß, ½ Pfund Butter, ½ Pfund pulverisirter Zucker, 1 Glas Branntwein, 2 Thee=löffel Citronensaft, 4 Eier, das Weiße und Gelbe einzeln geschlagen, 2 Thee=löffel Vanille.

Die Butter und der Zucker werden zusammen abgerührt und mit dem Branntwein und Citronensaft recht gut abgeschlagen; dann rührt man die ge=schlagenen Dotter und zuletzt die Cocosnuß und den Schnee abwechselnd. Man bäckt sie offen ohne Oberkruste.

Wird kalt, mit Butter bestreut, gegessen.

1507. Cocosnuß-Crême-Pie (Cocoanut Cream Pie). 1 Pfund geriebene Cocosnuß, ½ Pfund pulverisirter Zucker, 1 Quart unabgerahmte Milch, 6 Eier, schäumig geschlagen, 1 Theelöffel Muscatnuß, 2 Theelöffel Vanille oder Rosenwasser.

Die Milch wird gekocht, vom Feuer genommen und nach und nach die geschlagenen Eier dazu gerührt. Wenn sie beinahe kalt ist, giebt man das Gewürz und die Cocosnuß dazu und gießt es in Pastetchen. Die Milch und Eier dürfen nicht zusammen kochen. Man bäckt sie 20 Minuten.

Einige geben die Crême ungekocht in den Pastetenteig, aber in diesem Falle setzt sich die Cocosnuß leicht am Boden.

1508. Stärkemehl-Crême-Pie (Cornstarch Cream Pie). 6 Eier, 1½ Quart Milch, 6 Eßlöffel weißen Zucker, 2 Eßlöffel Stärkemehl, 2 Theelöffel bittere Mandelessenz.

Die Milch wird gekocht, das in etwas kalter Milch aufgelöste Stärkemehl dazu gegeben und eine Minute gekocht. Wenn sie beinahe kalt ist, rührt man den Zucker, die Dotter und das Weiße von 2 Eiern dazu, giebt den Geruch hinein und gießt es in die Pastetchen. Das übrige Weiße schlägt man mit zwei Eßlöffel weißem Zucker und einem Theelöffel Vanille zu einer Meringue, und wenn die Crême sich stockt, zieht man die Pies an den Rand des Ofens und bestreicht sie damit. Man muß es rasch thun, sonst fällt die Crême durch Aussetzung an die Luft.

1509. Crême-Pie. 4 Eier, 1 Quart Milch, 4 Eßlöffel weißen Zucker, Vanille oder anderen Geruch.

Die Eidotter werden mit dem Zucker gut abgeschlagen und mit der Milch gemischt; nun giebt man den Geruch dazu, den Schnee, mischt es gut und gießt es in die Pastetchen. Man reibt etwas Muscatnuß darüber.

Man bäckt sie wie Tassen-Crême oder Crême-Pudding in Tassen oder einer tiefen Schüssel, in eine Pfanne mit kochendem Wasser gestellt.

1510. Kirschen-Pie (Cherry Pie). Man belegt die Schüssel mit gutem Pastetenteig, giebt die reifen Kirschen hinein, und giebt den Zucker im Verhältniß zu ihrer Süße. Dann bedeckt man sie mit Teig und bäckt sie.

1511. Brombeer-, Himbeer- und Pflaumen-Pies (Blackberry, Raspberry and Plume Pie). Diese werden in derselben Weise gemacht.

1512. Reife Stachelbeer-Pie (Gooseberry Pie). Die Stiele und Kronen werden abgezupft, die Schüssel mit Teig belegt und mit den Beeren gefüllt, mit Zucker untermischt. Nun bedeckt man sie mit einer Oberkruste und bäckt sie.

XXXII. Torten, Zuckerbackwerk, —
Pastry, Confect.

1513. Biscuittorte mit Chocolade (Biscuit Tart with Chocolate). 5 Unzen Zucker rührt man mit 9 Eigelb schaumig, mengt 3 Unzen geriebene Vanillechocolade, Citronenschale, Zimmt und etwas Nelken, 5 Unzen Stärke= mehl und den steifen Schnee der 9 Eiweiß hinein, füllt die Masse in eine mit Butter bestrichene, mit Weckmehl bestreute Form und backt sie in nicht zu heißem Ofen.

1514. Biscuittorte (Biscuit Tart). Ein halbes Pfund Zucker wird mit 12 Eigelb und etwas abgeriebener Citronenschale recht schäumig gerührt, sodann das zu festem Schnee geschlagene Eiweiß der 12 Eier, nebst ½ Pfund fein ge= siebtes Mehl leicht darunter gezogen. Die Masse wird in ein mit Butter be= strichenes, mit Mehl bestäubtes Tortenblech eingefüllt, in einem abgekühlten Ofen sehr langsam, ungefähr 1 Stunde lang, zu schöner Farbe gebacken und dann ganz der Mandeltorte Nr. 1517 gleich beendet.

1515. Biscuittorte auf andere Art (Another kind, Genoise). Man gebe in einen kupfernen Schneekessel 12 ganze Eier, füge ½ Pfund feinen Zucker dazu und schlage dieses vermittelst eines Schneebesens von Draht über schwacher Kohlengluth (man muß immer die Hand unten am Kessel leiden können) so lange, bis die Masse ganz dick geworden ist, was man daran erkennt, daß, wenn man den Besen in die Höhe hebt, die abfallende Masse in der Form wie sie herunter= fällt, einige Augenblicke stehen bleibt. Dann schlage man die Masse an einem kühlen Orte noch so lange, bis sie ganz kalt geworden ist, mische hierauf ½ Pfd. fein gesiebtes Mehl nebst etwas abgeriebener Citronenschale leicht darunter, fülle sie in ein mit Butter bestrichenes, mit Mehl bestäubtes Tortenblech ein und beende die Torte ganz auf vorhergehende Art.

NB. Sollte vielleicht die Masse während des Schlagens zu heiß werden, dann müßte man sie einen Augenblick von der Kohlengluth wegnehmen, etwas kalt und dann wieder warm schlagen. Ebenso ist zu bemerken, daß alle Backereien von warm geschlagener Biscuitmasse bedeutend feiner wie solche von gerührten Massen werden.

1516. Biscuittorte mit Mandeln (Biscuit Tart with Almonds). 5 Unzen geschälte und mit Eiweiß sehr fein gestoßene Mandeln werden mit ½ Pfd. feinem Zucker und 15 Eidottern 1 Stunde sehr schaumig gerührt, dann mit dem zu festem Schnee geschlagenen Eiweiß nebst 5 Unzen Stärkemehl unter leichtem Umrühren genau vermischt, in die mit Butter bestrichene und mit feinem Semmel= mehl bestreute Form gefüllt und langsam 1 Stunde gebacken. 1 Unze bittere, ganz fein gestoßene Mandeln geben der Torte einen sehr angenehmen Geschmack.

1517. Mandeltorte (Almond Tart). Ein Pfund recht frische süße und knapp ½ Unze bittere Mandeln, ¾ Pfund durchgesiebter Zucker, 12—15 frische Eier, 1 Citrone, 1 Theelöffel Muscatblüthe, 2 gehäufte Eßlöffel feingeriebenes und durchgesiebtes Kartoffelmehl oder Kornstärke.

Die Mandeln werden abgezogen, gewaschen, abgetrocknet und gerieben, die Eidotter mit dem Zucker, worauf die Citrone abgerieben ist, nebst dem Saft derselben und Muscatblüthe eine Weile gerührt, die Mandeln hinzu gethan und die Masse gleichmäßig und ununterbrochen nach einer Richtung gerührt. Dann mischt man das zu festem Schaum geschlagene Weiße der Eier leicht durch, sowie hernach das Kartoffelmehl, füllt es sogleich in die bereitstehende zugerichtete Form, stellt sie bei 36½ Grad Hitze in den Ofen und läßt diesen Kuchen fünf Viertelstunden backen. Es darf nicht daran gestoßen werden, und die Hitze von unten nicht stärker als die von oben sein.

1518. Gewürzte Mandeltorte (Spiced Almond Tart). ½ Pfund abgezogene oder blos abgeriebene Mandeln werden fein gestoßen und mit ½ Pfund Zucker, 6 ganzen und 6 gelben Eiern ½ Stunde gerührt, dann nimmt man die abgeriebene Schale von einer Citrone, 1 Unze fein geschnittenen Citronat, ebensoviel Pomeranzenschale, ¼ Unze Zimmt und 5 gestoßene Nelken dazu, rührt es gut untereinander und füllt die Torte in eine mit Butter bestrichene und mit Semmelmehl bestreute Form.

1519. Chocoladetorte (Chocolate Tart). ¼ Pfund Zucker wird mit 5 ganzen Eiern und dem Gelben von 6 anderen recht schäumig gerührt, 3 Unzen geriebene Chocolade, gestoßene Vanille und der steife Schnee von 6 Eiweiß, sowie ¼ Pfund Stärkemehl dazu gethan, die Masse in eine stark mit Butter bestrichene und mit Weckmehl bestreute Form gefüllt und in nicht zu heißem Ofen gebacken.

1520. Chocoladetorte mit Mandeln (Chocolate Tart with Almonds). Ein halbes Pfund Zucker wird mit 12 Eigelb ½ Stunde stark gerührt, dann ¼ Pfund geschälte, mit 1 Ei fein gestoßene Mandeln dazu genommen, ¼ Stunde mitgerührt, ¼ Pfund geriebene Chocolade hineingemengt, die 12 Eiweiß zu steifem Schnee geschlagen, darunter gemischt und die Masse in eine gut mit Butter bestrichene und mit Weckmehl bestreute Ungelhopfen- oder glatte Form gefüllt und in nicht heißem Ofen gebacken. Sie kann mit Chocolade- oder Vanille-Glasur garnirt werden.

1521. Mandelcrêmetorte (Almond Cream Tart — Pithivier). Es werden aus dem zweimesserrückendick ausgerollten Butterteig zwei gleichgroße, runde Platten ausgestochen; die eine davon setze man über einen auf einem Backbleche ausgebreiteten Bogen Schreibpapier und streiche folgende Crême darüber, indem man rundum noch einen daumenbreiten Rand frei läßt, welcher mit Wasser befeuchtet wird. Zu der Crême rühre man ein halbes Pfund Zucker, ein halbes Pfund mit Eiweiß in einem Mörser fein gestoßene, abgezogene Mandeln, etwas abgeriebene Citronen- oder Orangenschale mit fünf ganzen Eiern nach und nach recht schäumig, mische zuletzt ein halbes Pfund leicht zerlassene,

friſche Butter darunter und rühre das Ganze noch einige Minuten fort. Nach=
dem nun dieſe Crême über die Platte geſtrichen iſt, decke man die zweite, ebenſo
große Platte genau über die erſtere, drücke die beiden Ränder leicht zuſammen,
beſtreiche ſodann die Torte auf ihrer Oberfläche mit verſchlagenen Eiern, gebe
ſie in einen mittelheißen Backofen, backe ſie zu hübſcher Farbe, glaſire ſie mit
feinem Zucker und bringe ſie nach einigem Abkühlen zu Tiſche.

1522. Wiener Gußtorte (Vienna Tart). Ein mit Butter beſtrichenes
Tortenblech füttere man ſowohl auf dem Boden, wie auch an der Seitenwand
mit ſtark meſſerrückendick ausgerolltem Butterteig aus, gebe eine meſſerrücken=
dicke Lage Aprikoſen=, Himbeeren=, oder Johannisbeerenmarmelade hinein und
backe die Torte in einem mittelheißen Backofen ungefähr eine Stunde langſam
zu ſchöner Farbe. Hierauf nehme man ſie aus der Form, beſtreue ſie nach eini=
gem Abkühlen mit feinem Zucker und bringe ſie zu Tiſche.

1523. Kleine Wiener Gußtörtchen. Kleine, runde, glatte Förmchen
werden mit Butter beſtrichen, ſodann ganz auf vorhergehende Art mit Butter=
teig ausgelegt und hierauf im Kleinen ganz ſo beendet, wie vorhergehende Torte
im Großen. Sie werden ungefähr 15—20 Minuten lang in mittelheißem
Ofen zu hübſcher Farbe gebacken, dann aus ihren Förmchen genommen
und nach einigem Abkühlen mit feinem Zucker beſtreut zu Tiſche gebracht

1524. Sandtorte (Pound Tart). Ein halbes Pfund Butter wird fein
gerührt, von 6 Eiern das Gelbe eins nach dem andern dazu gethan, gut unter=
einander gerührt, dann ¼ Pfund Zucker nach und nach hinein, ⅛ Pfund Stärke=
mehl und etwas Citronenſchale. Eine Stunde Rühren. Nachdem hierauf ein
Theelöffel Backpulver in's Mehl gemiſcht, muß man es drei Viertelſtunden
backen laſſen, die Form mit Papier belegen und mit Crackers beſtreuen; den
Schnee zuletzt hinein.

1525. Sandtorte, andere Art. Ein halbes Pfund leicht zerlaſſene
Butter wird recht ſchäumig gerührt, dann miſche man nach und nach unter be=
ſtändigem Rühren 8 ganze Eier, ½ Pfund feinen Zucker, ¼ Pfund fein geſiebtes
Mehl und ¼ Pfund Kartoffelmehl darunter, gebe die Maſſe in ein mit Butter
beſtrichenes und mit Mehl beſtäubtes Tortenblech, backe ſie in einem ſehr abge=
kühlten Ofen ganz langſam 1¼—1½ Stunden, nehme ſie dann aus dem
Ofen, ſtürze ſie behutſam (ſie bricht ſehr leicht) über ein umgeſtürztes Sieb,
laſſe ſie gehörig verkühlen und beende ſie ſodann der Mandeltorte ganz
gleich.

1526. Haſelnußtorte (Hazelnut Tart). Ein halbes Pfund geſchälte,
mit 2 ganzen Eiern fein geſtoßene Haſelnüſſe werden mit ½ Pfund Zucker, ge=
ſtoßener Vanille, Saft von einer halben Citrone und 12 Eigelb ſchaumig
gerührt, der ſteife Schnee von ſechs Eiweiß leicht hineingemiſcht, in eine mit
Butter und Weckmehl zugerichtete Form gefüllt und in nicht zu heißem Ofen ge=
backen.

1527. Rahmschneetorte (Whipped Cream Tart). Aus dem zwei=
messerrückendick ausgerollten Sandteige (Nr. 958) wird ein runder Boden ge=
schnitten, derselbe auf ein Backblech gesetzt und in einem mittelheißen Ofen halb
gar gebacken. Unterdessen werden sechs Eiweiß zu einem recht festen Schnee
geschlagen und dann mit drei Viertelpfund feinem Zucker leicht verrührt; hier=
auf bestreiche man ein warmes Backblech mit weißem Wachs und lasse es wieder
erkalten, fülle eine große Düte von einem halben Bogen Papier, welche unten
bis auf starke Daumenbreite gleich abgestutzt wird, mit obiger Schneemasse,
spritze auf das gewichste Backblech) einen Kranz, welcher genau ebenso groß ist,
wie der halb gar gebackene Boden, und dann, um den Rand des Bodens selbst,
einen zweiten Kranz; hierauf fülle man eine andere Düte ebenfalls mit obiger
Masse, stutze sie unten auf Kleinfingerweite gleich ab, spritze über den ersten
Kranz auf dem Wachsblech ein enges Gitter, bestreue die beiden gespritzten
Kränze mit feinem Zucker, gebe sie in einen abgekühlten Ofen, backe sie zu
hübsch gelber Farbe sehr langsam heraus, nehme sie von den Blechen weg, setze
den gebackenen Boden von Sandteig auf eine flache Schüssel, gebe unten messer=
rückendick etwas Johannisbeerenmarmelade hinein und streiche sodann drei=
fingerbreit hoch guten Vanillerahmschnee hübsch glatt darüber, setze sodann den
zweiten gegitterten Kranz als Deckel darüber und bringe die Torte zu Tische.

1528. Haselnußtorte, andere Art (Hazelnut Tart, another kind).
Drei Unzen Haselnüsse und ebensoviel Mandeln werden mit 3 Eiern fein
gestoßen; 18 Eigelb, 5 Unzen Zucker, der Saft und die Schale von einer Ci=
trone werden mit dem Gestoßenen recht schaumig gerührt, etwas gestoßene
Vanille, 2 Unzen Mehl und der feste Schnee von 10 Eiweiß hineingemengt, in
eine mit Butter bestrichene und mit Semmelmehl bestreute Form gefüllt und in
gelinder Hitze gebacken. Die Torte wird mit Vanille= oder Chocoladeglasur
bestrichen und im Ofen getrocknet. — Um die Haselnüsse abziehen zu können,
legt man sie so lange in einen nicht zu heißen Backofen, bis sich die Haut leicht
abreiben läßt.

1529. Kartoffeltorte (Potatoe Tart). 1¼ Pfund geriebene Kartoffeln,
16 Eier, drei Viertelpfund durchgesiebter Zucker, fünf Unzen süße, eine Unze
bittere geriebene Mandeln, eine Citrone, zwei gehäufte Eßlöffel pulverisirtes
durchgesiebtes Kartoffelmehl, in gänzlicher Ermangelung Puder.
Recht mehlreiche Kartoffeln werden am vorhergehenden Tage mit der
Schale schnell gar, aber nicht ganz weich gekocht, sogleich abgezogen, wenn sie
gänzlich kalt geworden, gerieben und das, was hinter die Reibe fällt, gewogen.
Man nimmt hiervon, wie bemerkt, 1¼ Pfund, breitet es auf einer flachen
Schüssel auseinander und stellt es bis zum nächsten Tage an einen luftigen Ort.
Dann rührt man die Eidotter, Zucker, worauf die Citrone abgerieben ist, nebst
dem Saft und den Mandeln eine halbe Stunde gleichmäßig und stark nach einer
Richtung, giebt dann die Kartoffeln nach und nach hinein und rührt das von
14 Eiern zu festem Schaum geschlagene Weiße mit dem Kartoffelmehl leicht
aber gut durch. Die Form muß, wie zu allen Kuchen, vorher zugerichtet sein,
damit die fertige Masse sogleich hineingethan und in den Ofen gesetzt werden
kann. Dieser Kuchen wird wie Mandeltorte gebacken und kann die Stelle der=

selben sehr gut vertreten; jedoch sind hierzu ganz mehlige Kartoffeln eine Be=
dingung.

1530. Reistorte mit Wein (Rice Tart with Wine). ¼ Pfund rein
gelesener, mit siedendem Wasser abgebrühter Reis wird mit ½ Quart weißem
Wein und einem Stückchen ganzen Zimmt langsam weich gekocht. Wenn der
Reis weich und abgekühlt ist, kommt der Zimmt heraus, 5 Unzen gestoßener
Zucker, der Saft und die fein geschnittene Schale von einer Citrone, 1 Eßlöffel
fein geschnittener Citronat und ebensoviel Pomeranzenschale dazu, dies Alles
mischt man gut untereinander. Nun wird ein Aufzugblech leicht mit Butter
bestrichen oder fein mit Mehl bestreut, mit gutem Butterteig belegt, die Masse
eingefüllt und mit zweifingerbreiten, aus dem Butterteig geschnittenen Streifen
in Form eines Gitters belegt. Die Torte wird in ziemlich heißem Ofen ge=
backen und fünf Minuten, ehe sie fertig ist, mit fein gestoßenem Zucker be=
streut. Sollte der Zucker nicht schmelzen, so wird eine glühende Schaufel dar=
über gehalten.

1531. Griestorte (Farina Tart). ¾ Pfund Zucker rührt man mit
1 Unze bitteren, geschälten, fein gestoßenen Mandeln und 12 Eigelb und zwei
ganzen Eiern ½ Stunde, nimmt die abgeriebene Schale und den Saft von einer
Citrone, 1 Unze fein geschnittenen Citronat und Pomeranzenschale und 5 Unzen
Griesmehl dazu, rührt es noch eine Viertelstunde, mengt den steifen Schnee des
Eiweiß hinein und backt die Torte in einer mit Butter bestrichenen und mit
Weckmehl bestreuten Form.

1532. Citronentorte (Lemon Tart). Ein großes Blech wird mit fei=
nem Butterteig belegt; ¾ Pfund Zucker, 1 Pfund geschälte und fein gestoßene
Mandeln, das Gelbe von einer und der Saft von 4 Citronen, ½ Quart Wein,
alles zusammen wird über das Feuer gesetzt, langsam ungerührt und, wenn es
zu kochen anfängt, wieder abgesetzt. Wenn es erkaltet ist, füllt man es auf den
Butterteig und backt nun die Torte in heißem Ofen. Ist sie aus dem Ofen,
so bestreicht man sie mit dem Schaum von 3 Eiweiß, in den man 1 Unze Zucker
und das abgeriebene Gelbe von einer Citrone gemengt hat, und schiebt sie noch=
mals in den Ofen, bis der Schaum lichtgelb gebrannt ist.

1533. Weckmehltorte. Die Schnitten von 3 Wecken röstet man hell=
braun im Backofen, stößt sie fein und nimmt ¼ Pfund davon zu der Torte. In=
dessen rührt man 10 Dotter mit ½ Pfund staubfeinem Zucker eine halbe Stunde
lang, dazu 1 Drachme Nelken und 2 Drachmen Zimmt, dann rührt man das
Weckmehl ein, zuletzt den Schaum des Eiweiß, und füllt nun die Torte in einen
mit Butter bestrichenen Biskuitmodel.

1534. Brodtorte (Bread Tart). Drei Viertelpfund geschälte, mit zwei
Eiern fein gestoßene Mandeln werden mit 1 Pfund gestoßenem Zucker, 10
ganzen Eiern und 12 Eidottern sehr schaumig gerührt; dann werden 1 Unze
Citronat, ebensoviel fein geschnittene Pomeranzenschale, die abgeriebene Schale
und der Saft von einer Citrone, eine Messerspitze gestoßene Gewürznelken und

zwei Drachmen gestoßener Zimmt dazu gethan und mit drei Unzen geriebenem schwarzem Brod, das zuvor mit 3 Eßlöffeln Arrak und ebensoviel gutem Wein angefeuchtet worden, unter leichtem Umrühren genau vermischt. Die Masse wird dann in eine mit Butter bestrichene und mit schwarzem Brod bestreute Form gefüllt und in einem nicht sehr heißen Ofen gebacken.

1535. Geriebene Aepfeltorte (Apple Tart). Man reibt 16 mittel= große, geschälte, gute Aepfel auf dem Reibeisen und läßt sie eine Zeit lang stehen; inzwischen rührt man ¼ Pfund ungeschälte gestoßene Mandeln, ebenso= viel gestoßenen Zucker, die fein geschnittene Schale von einer Citrone und ¼ Unz= Zimmt mit 12 Eidottern eine halbe Stunde, mischt dann die geriebenen Aepfel, von denen aber der Saft abgelaufen sein muß, mit dem zu festem Schnee ge= schlagenen Eiweiß darunter, füllt die Masse in ein mit Butterteig ausgelegtes Blech, bringt sie schnell in den Ofen und backt sie bei mäßiger Hitze.

1536. Andere Art (Another kind). 8—10 Borsdorfer Aepfel werden geschält, entzwei geschnitten, die Kerne herausgenommen, mit einem halben Quart Wein, etwas Wasser, ¼ Pfund Zucker und der fein geschnittenen Schale von einer Citrone weich gekocht, doch so, daß sie nicht zerfallen. Ein Blech wird mit Butterteig belegt und die erkalteten Aepfel darauf gelegt, dann werden sechs Unzen gestoßener Zucker, ebensoviel geschälte, fein gestoßene Mandeln mit fünf ganzen Eiern und fünf Dottern eine halbe Stunde lang gerührt, die fein ge= schnittene Schale von einer halben Citrone, 1 Unze Citronat und ebensoviel fein geschnittene Pomeranzenschale dazu gethan, die Masse über das Compote ge= gossen und schön gebacken

Auf diese Art werden auch Torten von eingemachten Kirschen, Johannis= beeren oder Himbeeren gemacht, nur muß man dann zu einem Kuchen wie dieser für 6—8 Personen den Guß von ½ Pfund Mandeln und Zucker machen und Citronat und Pomeranzenschale weglassen.

1537. Punschtorte (Punch Tart). Sechs Unzen Zucker werden mit 12 Eigelb schaumig gerührt, 3 Unzen Stärkemehl und ebensoviel feines Mehl, sowie die Schale von einer Citrone und der sehr steife Schnee der 12 Eier leicht hineingemengt und zuletzt 3 Unzen heiße Butter hineingerührt und in 3 runde, kuchengroße Kapseln von Papier, die einen zweifingerhohen Rand haben, gefüllt und in nicht zu starker Hitze schön gebacken. Die Kuchen werden dann aus dem Papier genommen, alle, bis auf einen, mit 9 Unzen Aepfelmarmelade (siehe im Register), die mit Arrak oder Rum verdünnt und worunter das an Zucker ab= geriebene Gelbe von einer Citrone oder Orange und etwas Saft gemengt ist, nachdem sie abgekühlt sind, bestrichen; sie werden nun aneinander gesetzt, der unbestrichene Kuchen oben darauf gelegt, mit der Punschglasur überzogen und, wenn sie getrocknet, mit eingemachten Früchten garnirt. — Die Glasur wird auf folgende Art gemacht: ½ Pfund sehr fein gestoßener Zucker wird mit Rum oder Arrak, etwas Citronensaft, und Wasser angerührt, bis sie glatt ist und die gehörige Dicke hat, dann wird die Torte damit überzogen, im Ofen getrocknet und schön verziert.

1538. Gewürztorte (Spice Tart). Diese wird gemacht und gebacken wie Sandkuchen, jedoch rührt man mit den Eidottern zugleich folgende Gewürze zu der Butter: 1 Drachme feingestoßene Nelken, halb so viel Kardamom, die abgeriebene Schale einer Citrone. Auch kann man nach Belieben stark ½ Unze gehackte Succade und stark ½ Unze confitürte Pomeranzenschale hinzufügen. Mit dem Eiweißschaum wird eine Drachme pulverisirtes Hirschhornsalz durch= gemischt.

1539. Anistorte (Anise Tart). Drei Viertelpfund staubfeiner Zucker, den Saft und das Gelbe von einer Citrone, ½ Unze bittere, fein gestoßene Man= deln, einen Theelöffel voll Anis rührt man mit 5 ganzen Eiern und 5 Dottern eine Stunde lang. Vor dem Einfüllen in das mit Butter bestrichene Blech mengt man ein halbes Pfund Stärkemehl und den Schaum von 5 Eiweiß dar= unter.

1540. Schweizer Schaumtorte (Switzer whipped Tart). Zum Teig drei Viertelpfund feines Mehl, ½ Pfund ausgewaschene Butter, drei ein Drittel Unze durchgesiebter Zucker, 1 Ei, ein halbes Weinglas französischer Branntwein und halb so viel kaltes Wasser. Auf den Kuchen ein gehäufter Suppenteller saure Kirschen, ¼ Pfund Zucker, stark ½ Quart dicker süßer Rahm, ein Stück= chen mit Zucker feingestoßene Vanille.

Die Butter wird in Stückchen zerpflückt, mit dem Mehl vermischt, in der Mitte eine Vertiefung gemacht, Zucker, Ei, Branntwein und Wasser hinein= gegeben und mittelst eines Messers im Kalten ein Teig davon gemacht, den man mit der Hand noch ein wenig verarbeitet und zum bequemeren Ausrollen etwas ruhen läßt. Dann rollt man stark zwei Drittel des Teiges aus, schneidet ihn nach gewünschter Größe rund, bestreicht den schmalen Rand des Unterblattes mit Ei, nur nicht die Seiten, welches dem Aufgehen hinderlich ist, legt von dem zurückgelassenen aufgerollten Teig einen schmalen Rand darauf und backt ihn etwa drei Viertelstunden. Unterdeß nimmt man aus den Kirschen die Steine, versüßt sie gehörig mit Zucker, legt sie mit dem Saft auf den Kuchen bis an den Rand und setzt ihn noch so lange in den Ofen, bis die Kirschen weich sind. Auch hat man einen mit Vanille geschlagenen Rahmschaum von stark ½ Quart gutem Rahm zu bereiten, den man kurz vorher über die Kirschen füllt, wenn der Kuchen zur Tafel gebracht werden soll.

1541. Schwäbische Torte (Suabian Tart). Hierzu ein Blätter=, Rahm=, oder ein Mürbeteig, ein gutes, recht steif gekochtes Compote von un= reifen Stachelbeeren, Johannisbeeren, Kirschen, Aepfeln oder Zwetschen, und zum Guß sechs Eier, ein Viertelpfund fein gestoßene Mandeln, ein Viertel= pfund durchgesiebter Zucker, abgeriebene Schale einer Citrone oder etwas Mus= katblüthe.

Man lege von dem gemachten Teige einen Boden mit aufstehendem Rande in eine Springform, bestreue das Unterblatt recht dick mit feingestoßenem Zwie= back, streiche das Compote darüber und bedecke es mit folgendem Guß: die Ei= dotter werden mit Zucker, Mandeln und Citronenschale ¼ Stunde stark gerührt und mit dem steifen Schaum dieser Eier vermischt. Wenn der Guß gelb ge=

worden ist, so lege man dünne Ruthen über die Form und bedecke sie mit eini=
gen Bogen Papier, damit der Guß nicht dunkler werde.

1542. Jägertorte (Chasseur Tart). 6 ganze Eier, 4 Dotter, das
Gelbe von 1 Citrone, ½ Pfund roh geriebene Mandeln und ebensoviel staub=
feinen Zucker rührt man 1 Stunde lang. Diese Masse füllt man in ein mit
Butter bestrichenes und bestreutes Blech und backt sie in heißem Ofen. Wenn
die Torte auf die Platte umgestürzt ist, so belegt man sie messerrückendick mit
eingemachten Himbeeren oder andern Früchten, thut den Guß darauf, bestehend
aus dem steifen Schnee von 4 Eiweiß, die mit ¼ Pfund Zucker ½ Stunde ge=
rührt werden, und in die ⅛ Pfund länglich geschnittene Mandeln und etwas
Citronensaft hineingemischt worden, thut den Guß auf die Himbeeren, bestreicht
auch neben dem Rand damit, und schiebt die Torte nochmals in den Ofen, bis
der Guß lichtgelb gebacken ist. Man kann auch statt des Gusses eine Citronen=
glasur (siehe Register) darauf thun.

1543. Linzertorte (Linz Tart). 6 Unzen süße Butter rührt man
schaumleicht, rührt darein 10 Unzen Zucker, 3 Unzen geschälte und fein gestoßene
Mandeln, das Gelbe von 1 Citrone, ½ Unze Zimmt oder gestoßene Vanille,
2 ganze Eier und 4 Dotter. Diese Masse rüh t man sehr leicht, dann mengt
man 7 Unzen Mehl und zuletzt den Schaum von 4 Eiweiß darunter, und füllt
die Masse in ein mittelgroßes, mit Butter bestrichenes Blech und backt sie in
heißem Ofen.

1544. Linzertorte, andere Art (Another kind). Zucker, Butter, Mehl,
von jedem ¾ Pfund, ebensoviel ungeschälte, fein gestoßene Mandeln werden mit
10 Eiern gut untereinander gewürgt; nun wellt man 2 Kuchen von gleicher
Größe, jedoch einen dicker als den andern, legt den dickern in ein bestrichenes und
bestreutes Blech, belegt ihn dick mit eingemachten Früchten, bedeckt ihn mit dem
andern und backt die Torte in einem nicht zu heißem Ofen gelb. Wer es liebt,
kann auch 2 Drachmen Zimmt, ein wenig Nelken, ½ Muscatnuß, die Schale
von 1 Citrone und 2 Löffel Kirschengeist dazu thun.

1545. Magdalenentorte (Magdalena Tart). Ein halbes Pfund
Butter wird schaumig gerührt, in einem andern Geschirr rührt man ebensoviel
fein gesiebten. Zucker, an dem zuvor die Schale von 1 Citrone abgerieben
worden, mit 10 Eidottern, mischt dann beide Theile untereinander nebst dem
festgeschlagenen Schnee von 8 Eiweiß und 10 Unzen Stärkemehl, füllt die Masse
in eine mit Butter bestrichene und mit gestoßenem Zucker bestreute Form und
backt sie im abgekühlten Ofen.

1546. Quittentorte (Quinze Tart). 3—4 Quitten werden im Wasser
gesotten, geschält und das Mark davon abgerieben. Zu 6 Unzen Mark nimmt
man ½ Pfund gestoßenen Zucker, 3 Unzen geschälte, fein gestoßene Mandeln,
die auf Zucker abgeriebene Schale von 1 Citrone, rührt es mit 9 Eigelb eine
halbe Stunde recht schaumig, und mischt den steifen Schnee der 9 Eiweiß hinein.
Nun legt man ein Kuchenblech mit gutem Butterteig aus, belegt denselben mit

eingemachten Quittenschnitzen, Quittenmark oder Aepfelschnitzen, gießt die ge=
rührte Masse darüber und backt sie in nicht zu heißem Ofen.

1547. Gußtorte von Himbeeren (Raspberries Tart). Ein kleines
Blech wird mit Butterteig ausgelegt, dick mit eingemachten Himbeeren belegt,
3 Unzen fein gestoßene Mandeln, 3 Unzen Zucker und die Schale von einer
halben Citrone mit 10 Eigelb schaumig gerührt, eine halbe Unze feines Mehl
und der steife Schnee von 6 Eiweiß hineingemengt, auf die Himbeeren gefüllt
und in einem warmen Ofen gebacken.

Statt des Mandelgusses kann auch eine Biscuitmasse von ¼ Pfund Zucker,
¼ Pfund Stärkemehl, Citronenschale und Saft, 9 Eigelb und der steife Schnee
von 5 Eiweiß genommen werden.

1548. Crêmetorte (Cream Tart). ¼ Pfund geschälte mit Orangeblüth=
wasser fein gestoßene Mandeln, ¼ Pfund frische Butter, ebensoviel gestoßener
Zucker und 1 Löffel Reismehl werden in eine Casserole genommen, mit 8 Ei=
dottern und 1 Quart süßem Rahm angerührt und auf dem Feuer zu einem
dicken Brei gekocht, dann in ein anderes Geschirr umgeleert und wenn es erkaltet
ist, noch 6 Eidotter und das zu festem Schnee geschlagene Weiße der 6 Eier
nebst der auf Zucker abgeriebenen Schale von 1 Citrone darunter gemischt.
Nun wird von einem guten Butterteig eine Torte gemacht, diese leer halbfertig
gebacken, die Masse gefüllt und vollends ausgebacken.

1549. Vanille-Crêmetorte (Vanilla Cream Tart). Von ½ Pfund
Zucker rührt man mit 10 Eiern eine schaumige Masse, mengt ½ Pfund feines
Mehl hinein und backt in einer gut bestrichenen Form einen flachen Kuchen.
Wenn er erkaltet ist, macht man Vanilleschaum wie bei Orange=Crêmetorte von
4 zu steifem Schnee geschlagenen Eiweiß, ½ Pfund Zucker und etwas Vanille,
legt von der Hälfte der Masse einen Rand um den Kuchen, von dem Uebrigen
macht man einen dünnen Boden, etwas kleiner als die Torte, backt beides schnell
hellgelb, belegt die Torte mit eingemachten Apricosen, legt den Boden darauf
und auf diesen folgende Crême: An 12 mit einem Fünftelquart Milch verrührte
Eigelb gießt man ein Fünftelquart siedende Milch, nimmt 3 Unzen Zucker und
gestoßene Vanille dazu, kocht es zu einer dicken Crême und mischt, wenn sie er=
kaltet, den steifen Schnee von 16 Eiweiß hinein, füllt sie auf die Torte und giebt
sie gleich zu Tisch.

1550. Marktorte (Marrow Tart) ½ Pfund reines Ochsenmark wird
mit 4 abgeschälten, in Milch eingeweichten und ausgedrückten Wecken gehackt,
dann mit 3 Unzen gestoßenem Zucker, ½ Pfund geschälten, gestoßenen Mandeln
und 1 Drachme gestoßener Muskatblüthe sammt 9 Eiern eine halbe Stunde ge=
rührt. Nun wird ein Tortenblech mit Butterteig belegt, die Masse eingefüllt
und mit geriebenem Milchbrod, das mit Zucker und Zimmt vermischt ist, be=
streut, schön gelb gebacken und warm zu Tisch gegeben.

1551. Erdbeertorte mit Vanille-Crême (Strawberries Tart with
Vanilla Cream). Hierzu ein Blätterteig, reife, reichlich mit Zucker versüßte
Erdbeeren, 6 Unzen Zucker, 8 Eier, ein Stückchen mit Zucker feingestoßene
Vanille, ½ Eßlöffel Puder oder ¼ Stange Agar=Agar zur Crême.

Der Blätterteig wird gebacken und die Crême gemacht wie folgt: Man rührt die Sahne mit dem Bindungsmittel und den Eidottern; giebt Zucker, Vanille hinzu und schlägt solches auf mäßigem Feuer bis vor dem Kochen. Dann schnell abgenommen, schlägt man das zu Schaum geschlagene Weiße von 6 Eiern unter die Crême und fährt mit dem Schlagen so lange fort, bis dieselbe nicht mehr heiß ist. Unterdeß werden die Erdbeeren nöthigenfalls leicht und behutsam gewaschen, auf einem Haarsieb abgetröpfelt und dick mit Zucker bestreut. Man rührt diese, wenn die Torte zur Tafel gebracht werden soll, unter die Crême nnd füllt solche bis an den Rand auf die Torte.

1552. Apfelsinentorte (Orange Tart). ⅔ Pfund Zucker, 6 Unzen geriebene Mandeln, 12 Eier, 2½ Unze Mehl und 2 Eßlöffel Arrak. Hiervon werden, nachdem die Bestandtheile wie Mandeltorte gerührt sind, 2 Kuchen gebacken. Dann werden 4 ganze Eier und 4 Eidotter, Saft von 4 Apfelsinen und 1 auf Zucker abgeriebene Apfelsine, Saft von 2 Citronen und ¼ Pfd. Zucker über Feuer mit einem Schaumbesen geschlagen, bis es dicklich wird. Diese Crême füllt man auf einen der Kuchen, legt den andern als Oberblatt darauf und glacirt die Tarte mit Folgendem: Der Saft von 2 Apfelsinen wird mit ¼ Pfund feingestoßenem Zucker und 1 Eßlöffel Wasser ¼ Stunde gerührt und glatt übergestrichen.

1553. Stachelbeertorte (Gooseberries Tart). Ein beliebiger Teig, Blätter=, mürber= oder Rahmteig, letzterer eignet sich besonders zu dieser Torte; ferner: 1½ Pfund von Stiel und Blume gereinigte unreife Stachelbeeren, 1 Pfd. geriebener Zucker und etwas Zimmt. Man rolle ⅔ des Teiges zu einem Unterblatt nicht zu dünn aus, weil sonst der Saft der Stachelbeeren dasselbe durchdringt und der Kuchen nicht unverletzt von der Platte genommen werden kann, und bestreue den Boden dick mit feingestoßenem Zwieback. Unterdeß bringe man die Stachelbeeren, mit kaltem Wasser aufs Feuer gesetzt, nicht völlig zum Kochen, wodurch sie sehr viel von ihrer scharfen Säure verlieren, lege sie zum Abtröpfeln auf ein Sieb und dann auf den Kuchen, wobei ein zwei Finger breiter Rand frei bleibe. Sind die Stachelbeeren sehr dick, so bedecken sie den Kuchen nicht, man schneide sie durch und lege die Schnittseite nach innen. Dann bestreue man sie mit dem Zucker und Zimmt, schlage den Rand darüber und backe den Kuchen 1¼ Stunde, in einem Bäckerofen kürzere Zeit. Uebrigens kann derselbe auch in einer Springform, wie Kuchen von frischen Zwetschgen, vorzüglich gebacken werden.

Auch kann man die Stachelbeeren zu einem steifen Compote einkochen, das Unterblatt von der Hälfte des Teiges ausrollen und das ganz kalt gewordene Compote darüber streichen. Dann werden von dem übrigen Teige schmale Streifen gerädert, diese gitterartig über die Stachelbeeren gelegt, so daß die Enden durch einen Rand, den man darüber legt, bedeckt werden.

Anmerkung. Ein übergeschlagener Rand ist bei saftigem Obst einem aufgelegtem Rande aus dem Grunde vorzuziehen, weil er das Durchdringen des Saftes verhindert.

Von Zucker darf nichts abgezogen werden; manche rechnen sogar auf jedes Pfund Stachelbeeren 1 Pfund Zucker.

1554. Weintraubentorte (Grape Tart). Ein mürber Teig, unreife Weintrauben mit Zucker in gleichem Gewicht.

Man mache die Torte nach Gefallen offen oder mit einem Oberblatt und rolle den Teig aus oder drücke ihn, wie es bei der Torte von frischen Zwetschgen genau beschrieben ist, in eine Springform. Dann bestreue man den Teig ziemlich dick mit gestoßenem Zwieback, lege die Weinbeeren dicht neben einander darauf, stelle den Kuchen so, oder mit einem Oberblatte versehen in den Ofen und lasse ihn während 1—1¼ Stunde dunkelgelb backen.

1555. Englischer Pflaumkuchen (English Plum cake). Ein Pfund gute Schmelzbutter oder frische Butter, welche laugsam geschmolzen, abgeklärt und wieder dick geworden ist, 1 Pfund geriebener und feindurchgesiebter Zucker, 1 Pfund gute Kornstärke, 1 Pfund gut gewaschene und wieder getrocknete Corinthen, 12 Eier, stark 2 Unzen feingeschnittene Succade, ¼ Unze Zimmt, ½ Unze Nelken, beide Gewürze fein gestoßen, und ein Weinglas Madeira oder Arrak.

Man reibt die Butter zu Sahne, rührt nach und nach Eidotter, Gewürze, Zucker und Corinthen hinzu und rührt die Masse ½ Stunde so stark, daß sie Blasen wirft. Dann zieht man das zu einem festem Schaum geschlagene Eiweiß leicht durch, rührt nachdem die Stärke hinzu, sowie auch zuletzt den Madeira, setzt den Kuchen sofort in den Ofen und backt ihn bei einer Mittelhitze anderthalb Stunden.

Anmerkung. Da man mitunter Stärke von säuerlichem Geschmack findet, so ist es nothwendig, sie vorher zu versuchen.

1556. Eine andere Art (Another kind). 1 Pfund Schmelzbutter, 8 Eier, 1 Pfund Zucker, 1 Muskatnuß, 1 Pfund Corinthen, 1 Pfund Kornstärke, 1 Weinglas Arrak oder Rum, nach vorhergehender Weise angerührt und gebacken.

1557. Kenziger aufgerollter Kuchen. ½ Pfund gut durchgesiebter Zucker, 6½ Unzen feines, durchgesiebtes Mehl, 15 Eier, Gelee oder Confitüren.

Der Zucker wird mit den Eidottern ½ Stunde stark gerührt, dann das Mehl und der feste Schaum der Eier durchgemischt. Hiervon werden 2 länglich viereckige Kuchen auf einer Platte 20—30 Minuten bei mittlerer Hitze gebacken. Einer derselben wird mit eingemachtem Mus jeder Art oder Gelee bestrichen, der andere darauf gelegt und das Ganze wie eine Papierrolle aufgerollt.

Anmerkung. Dieser Kuchen ist von angenehmen Geschmack, hält sich lange und kann immer wieder als ein ganzer zur Tafel gebracht werden, indem man von demselben fingerdicke Scheiben abschneidet, die man in passende Stücke zertheilt

1558. Lincoln-Kuchen (Lincoln Cake). ¾ Pfund Butter, 1 Pfund Zucker, 1 Pfund Mehl, 6 Eier, 2 Tassen sauren Rahm oder Milch, 1 geriebene Muskatnuß, 1 Theelöffel Zimmt, ¼ Pfund Citronat, 1 Eßlöffel Rosenwasser, 1 Theelöffel Soda, in heißem Wasser aufgelöst und in Milch gerührt, ehe man sie zum Kuchen rührt.

Man rührt die Butter und den Zucker zu Rahm, mischt das gut geschlagene Gelbe der Eier dazu, dann den Rahm, die Gewürze, das Mehl, das Rosenwasser, eine Handvoll fein geschnittenen Citronat mit Mehl bestäubt, und zuletzt den Schnee. Man rührt Alles gut untereinander und bäckt es wie einen Ziegel in einer flachen Kuchenform.

Es ist ein guter Kuchen und hält sich lange.

1559. Washington-Kuchen (Washington Cake). 3 Tassen Zucker, 2 Tassen Butter, 5 Eier, 1 Tasse Milch, 4 Tassen Mehl, 2 Theelöffel Weinstein, 1 Theelöffel Soda.

Man mischt es wie gewöhnlich und rührt zuletzt ½ Pfund Weinbeeren, gut gewaschen und mit Mehl bestäubt, ¼ Pfund Rosinen, ausgekernt und fein gehackt, dann mit Mehl bestäubt, eine Handvoll fein geschnittenen Citronat, Zimmt und Muskatnuß nach Geschmack hinzu.

Frucht-Kuchen braucht länger zum Backen als einfacher Kuchen und die Hitze muß gleichmäßig sein.

1560. Pfund-Kuchen (Pound Cake). 1 Pfund Mehl, 1 Pfund Eier, 1 Pfund Zucker, ¾ Pfund Butter, 1 Glas Branntwein, 1 Muskatnuß, 1 Theelöffel Muskatblüthe.

Das halbe Mehl wird mit der Butter zu Rahm verrührt und Branntwein und Gewürze dazu gethan. Das Gelbe der Eier wird recht abgeschlagen, dann der Zucker dazu gethan und das Weiße der Eier, und dann der Rest des Mehls. Wenn es ganz gemischt ist, so schlägt man das Ganze ½ Stunde.

1561. Englischer Kuchen (English Cake). Man nimmt dazu ein halbes Pfund frische Butter, 6 Unzen gesiebten Zucker, ½ Pfund feines Mehl, ¼ Pfund gewaschene und wieder getrocknete Rosinen, die abgeriebene Schale von einer Citrone, einen kleinen Theelöffel Zimmt und 8 Eidotter. Die Butter wird leicht gerührt, nach und nach die Eidotter, dann der Zucker, das Mehl, die Rosinen während des Rührens löffelweise darunter gemischt; dann die Citrone, der Zimmt und zuletzt der von 4 Eiweiß geschlagene Schnee dazu gethan, die Masse in ein mit Butter bestrichenes und mit feinem Semmelmehl bestreutes Tortenblech gefüllt, mit 2 Unzen geschälten, fein geschnittenen Mandeln, die mit gestoßenem Zucker vermischt sind, bestreut und langsam gebacken.

1562. Wiener Kuchen (Vienna Cake). Man rührt ein halbes Pfund Butter mit 2 ganzen Eiern und 5 Dottern leicht, nimmt drei Viertelpfund feines, getrocknetes Mehl, 2 Eßlöffel gute Bierhefe, 6 Eßlöffel süßen Rahm, 2 Eßlöffel Zucker nebst etwas Salz dazu und schlägt den Teig so lange, bis er sich von der Schüssel losschält. Inzwischen schneidet man 2 Unzen Citronat, die Schale von 2 Citronen und 2 Unzen geschälte Mandeln länglich fein, bestreicht ein Kuchenblech mit Butter, bestreut es mit gestoßenem Zucker und Semmelmehl, breitet die Hälfte des gegangenen Teiges darin aus, bestreut ihn mit Zucker und Zimmt, legt das Geschnittene darauf, von dem anderen Teig ein Gitter, das aber ziemlich dicht sein muß, darüber und stellt ihn an einen warmen Ort; wenn er aufgegangen ist, wird der Kuchen mit verrührtem Ei bestrichen, gelb gebacken und, wenn er etwas abgekühlt ist, mit Zucker und Zimmt bestreut. Statt der Fülle kann man auch ¼ Pfund große und ebensoviel kleine Rosinen mit Zucker in ¼ Quart Wein aufkochen und erkaltet in den Kuchen füllen.

1563. Theekuchen (Tea Cake). Ein halbes Pfund Butter wird leicht gerührt; 8 Eigelb, ½ Pfund Zucker, die Schale einer Citrone, 1 Unze fein ge= schnittener Citronat und 1 Unze Pomeranzenschalen werden recht gut mit der Butter gerührt, dann ¼ Pfund gewaschene und wieder abgetrocknete kleine, eben= soviel große Rosinen, 1 Pfund feines Mehl und der steife Schnee von 5 Eiweiß hinein gemengt, in eine mit Butter bestrichene und mit Weckmehl bestreute Form gefüllt und in guter Hitze drei Viertelstunden dunkelgelb gebacken. Fest zuge= deckt hält er sich mehrere Wochen.

1564. Blitzkuchen mit bitteren Mandeln. Ein Pfund Zucker, 1 Unze bittere, geschälte und gestoßene Mandeln und das Gelbe einer Citrone werden mit 10 ganzen Eiern und 6 Eigelb recht schaumig geschlagen, drei Viertelpfund Stärkemehl, der steife Schnee der 6 Eiweiß und zuletzt ein halbes Pfund zer= lassene lauwarme Butter hinein gemengt, in eine mit Butter und Weckmehl ge= richtete Form gefüllt und in nicht heißem Ofen gebacken.

1565. Hefenbrod (Yest Bread). ¼ Pfund feines Mehl rührt man in einer Schüssel mit 2 Eßlöffeln Hefe und lauer Milch etwas dicker als einen Fläd= leinteig an, läßt ihn gehen, nimmt drei Viertelpfund Mehl, ¼ Pfund zerlassene Butter, 3 Eier und ein wenig Salz dazu, schafft dies untereinander, läßt es wieder gehen, bestreut ein Blech mit Mehl, setzt von dem Teig kleine runde Kugeln in der Größe eines Balls darauf, läßt sie gehen, bestreicht sie mit ver= rührtem Ei, streut etwas Kümmel und Salz und in kleine Würfel geschnittenen Speck darauf und backt sie in frischer Hitze.

1566. Hefenbrod auf andere Art (Another kind). Der Teig wird wie der vorhergehende gemacht, nur nimmt man weniger Salz und 2 Eßlöffel Zucker, ein paar Eßlöffel Rosenwasser und ein wenig geriebene Citronenschale dazu, besteckt die Kugeln nach dem Aufsetzen und Bestreichen mit geschälten und länglich geschnittenen Mandeln und streut Zucker und Zimmt darüber.

1567. Blitzkuchen. 12 Eier und ebenso schwer Zucker wird eine halbe Stunde gerührt, dann kommt die Schale einer Citrone dazu und 6 Eier schwer zerlassene Butter, und zuletzt 9 Eier schwer Stärkemehl. Hierauf wird die Masse in ein mit Butter bestrichenes, mit Semmelmehl bestreutes Kuchenblech gefüllt und in nicht zu heißem Ofen gebacken. Zum Gelingen dieses Kuchens ist unbedingt nöthig, daß nur die Eier zu demselben verwendet werden, womit man den Zucker, das Mehl und die Butter gewogen hat.

1568. Blitzkuchen, andere Art. 9 Eigelb werden mit 4½ Unzen Zucker schaumig gerührt, ebensoviel Stärkemehl und 3 Unzen zerlassene abgekühlte Butter, von der aber nur das Helle genommen wird, darunter gerührt, die an Zucker abgeriebene Schale von einer Citrone und der steife Schnee des Eiweiß hinein gemengt und in eine mit Butter bestrichene und mit Zucker und fein geschnittenen Mandeln bestreute Form gefüllt und in einem nicht zu heißen Ofen gebacken.

1569. Biscuitroulade (Jelly Cake). Von der Biskuitmasse streiche man auf ein leicht mit Butter bestrichenes Backblech eine zweimesserrückendicke, länglich viereckige Platte aus und backe dieselbe in einem heißen Ofen zu hübsch rothgelber Farbe; sodann nehme man sie heraus, drehe sie geschickt auf dem Blech herum, daß die obere Seite nach unten kömmt; hierauf bestreiche man sie. messerrückendick mit einer beliebigen Marmelade, rolle sie ihrer Breite nach über sich zusammen, schneide sie von beiden Enden hübsch glatt zu, bestreiche sie mit Zuckerglasur, gebe sie nochmals in einen lauwarmen Ofen zum Abtrocknen, schneide sie dann der Breite nach mit einem scharfen, dünnen Messer in halbfingerdicke Scheibchen, richte diese kranzartig an und bringe sie zu Tische.

1570. Tassenkuchen. 4 Eier, 1 Tasse (6 Unzen) Butter, 2 Tassen ge= riebener Zucker, 3 Tassen Mehl, 1 Tasse Milch, worin ein Theelöffel Hirsch= hornsalz aufgelöst, oder 3 Theelöffel Baking Powder in's Mehl gethan, 3 Tassen Rosinen und Corinthen, sechs Stück fein gestoßene Nelken und die abgeriebene Schale einer Citrone.

Die Butter wird zu Rahm gerührt, Zucker, Gewürz und Eier nach und nach hinzugegeben, darnach die Milch und das Mehl und zuletzt die Rosinen und Corinthen.

Man läßt den Kuchen bei mäßiger Hitze 2 Stunden backen.

1571. Karmeliterkuchen. Nenn ganze und das Gelbe von 2 Eiern, drei Viertelunzen durchgesiebter Zucker, 1½ Pfund Mandeln mit der Schale, die mit Rosenwasser nicht ganz fein gestoßen sind, drei Eßlöffel Kirschwasser, die abgeriebene Schale einer Citrone, eine halbe Unze Zimmt, eine Mus= katnuß.

Eier und Eidotter werden schäumig geschlagen, die übrigen Bestandtheile nach einander hinzugefügt. Dann wird die Masse ½ Stunde stark und gleich= mäßig gerührt, ½ Pfund feines Mehl darunter gemischt und bei 36½ Grad Fahrenheit gebacken.

1572. Nugat. Ein Pfund abgezogene Mandeln wird lang stiftlich ge= schnitten, sodann auf ein mit Papier belegtes Backblech breit auseinander ge= geben und in einem mittelheißen Ofen hellgelb geröstet. Nun koche man ein Pfund Zucker zu Caramel, gebe, wenn er anfängt sich zu färben, die Mandeln hinein, rühre das Ganze gut untereinander, schütte es über ein leicht mit Butter bestrichenes Blech oder besser über eine Marmorplatte, fahre mit einem leicht mit Butter bestrichenen Rollholz fest darüber, daß es eine dünne Platte giebt, schneide diese sodann mit einem langen Messer nuten los und hierauf in fingerlange, zweifingerbreite Schnittchen und bringe solche dann zu Tische. Die ganze Ar= beit muß sehr rasch vor sich gehen, indem die Masse, wenn sie erkaltet ist, bricht und sich nicht mehr verarbeiten (schneiden) läßt; ebenso können die Schnittchen auch mit Zuckerglasur fein überspritzt werden.

1573. Zucker-Golatschen. Man nimmt 3 Unzen feines Mehl, 1½ Unze Butter, 2 Eßlöffel gestoßenen Zucker, 1 Unze gestoßene Mandeln, den Saft von einer halben Citrone, die abgeriebene Schale derselben und ein Eigelb. Davon würgt man schnell den Teig zusammen, wellt ihn halbfingerdick aus, sticht mit einem Ausstecher kleine Fleckchen daraus, legt sie auf ein Blech und backt sie schön gelblich. Wenn sie gebacken sind, giebt man ein wenig Eingemachtes (Marmelade) darauf, läßt die fertigen Golatschen im Ofen noch ein wenig trocknen und giebt sie auf den Tisch.

1574. Oesterreichische Dalken. Man rührt 6 Eigelb mit einer zum Süßmachen hinreichenden Menge Zucker eine Viertelstunde gut ab, giebt sechs Löffel voll Mehl hinein; dann schlägt man den Schnee von den 6 Eiweiß und rührt ihn leicht darunter, backt es in der Dalkenform aus dem Schmalz, oder sticht es in Ermangelung einer Form mit dem Löffel aus, füllt es ein und bestreut die Dalken mit Zucker.

1575. Böhmische Dalken. Man rührt in einem Topfe 4 Eigelb, 4 ganze Eier und 2 Eßlöffel voll Hefe mit einem halben Quart süßem Rahm ab, giebt etwas Zucker, Salz und soviel Mehl hinzu, bis ein dünnflüssiger Teig daraus entsteht. Diesen läßt man an einem warmen Orte in die Höhe gehen, macht etwas Butter in der Dalkenform heiß, giebt einen Löffel voll von der Masse darein, backt es auf beiden Seiten und richtet es dann auf die Schüssel an. Man bestreut sie mit Zucker, oder bestreicht sie mit eingemachter Marmelade und legt immer zwei und zwei zusammen.

1576. Feine Dalken. Man rührt 6 Eigelb sammt der zum Süßmachen erforderlichen Menge Zucker ¼ Stunde lang gut ab, giebt 6 Kaffeelöffel voll Mehl hinein. Dann schlägt man den Schnee von sechs Eiern und rührt ihn leicht darunter, backt dieselben aus dem Schmalz, füllt sie und bestreut sie mit Zucker.

1577. Biscuit-Plätzchen. ½ Pfund pulverisirter Zucker, ¼ Pfund Mehl, 4 Eier, das Gelbe und Weiße einzeln fest geschlagen, 1 Citrone, den Saft, die Schale nur halb.

Man formt sie auf mit Butter bestrichenem Papier, und nicht zu nahe an einander. Man versucht eines zuerst, und wenn es auseinanderläuft, schlägt man die Mischung noch einige Minuten fest ab, und giebt ein wenig Mehl dazu. Der Ofen muß heiß sein und die Plätzchen hellgelb werden.

1578. Damenfinger (Ladies Finger). Diese werden wie Biscuit-Plätzchen bereitet, nur anstatt rund, länglich und schmal auf das Papier getropft. Sie sind sehr gut, wenn man sie in Chocoladeglasur taucht, oder Caramel.

1579. Vanillebrod (Vanilla Bread). 1 Pfund Zucker wird mit vier ganzen Eiern und 8 Eigelb 1 Stunde gerührt, dann wird mit Zucker gestoßene Vanille und 1 Pfund Mehl hineingeschafft; nun setzt man kleine Brode auf ein mit Butter bestrichenes Blech, läßt sie 1 Stunde stehen und backt sie in nicht zu starker Hitze.

1580. Vanillebrod andere Art. ½ Pfund Zucker wird mit 2 Eiern ¾ Stunden lang gerührt, darein giebt man ½ Stange Vanille, die mit einem Stückchen Zucker fein gestoßen ist; nun rührt man ½ Pfund Mehl hinein, würgt den Teig auf dem Wellbrett, wellt ihn zweimesserrückendick aus, sticht mit blechernen Formen Küchlein aus, und backt sie in kühlem Ofen. Eine Vanille= glasur gerührt, die gebackenen Küchlein überstrichen und im Ofen kurze Zeit ge= trocknet.

1581. Belgrader Brod. ½ Pfund geschälte, in kleine Würfel geschnittene Mandeln, ½ Pfund gesiebten Zucker, ebensoviel feines Mehl, 2 Messerspitzen feine Pottasche, ½ Unze grob gestoßenen Zimmt, 1 Drachme Nelken, ½ Muskat= nuß, die fein geschnittene Schale von einer Citrone, 1 Unze fein geschnittenen Citronat und ebensoviel Pomeranzenschale rührt man mit 2 ganzen Eiern und 3 Dottern zu einem Teig an. Er wird nun auf dem Backbrett zweimesserrücken= dick ausgewellt und in zweifingerbreite und fingerlange Stücke geschnitten; diese legt man auf Bleche, die mit Wachs oder Butter bestrichen sind, und backt sie in frischer Hitze.

1582. Zuckerbrod. ½ Pfund gesiebten Zucker rührt man mit 8 Eiern eine halbe Stunde, mischt 6 Unzen feines Mehl darunter und füllt die Masse in kleine, eigens dazu gemachte blecherne Formen, die fingerlang und zweifinger= breit sind, oder in papierene Kapseln, bestreut sie mit fein gestoßenem Zucker und backt sie in abgekühltem Ofen. Diese Portion giebt ungefähr 30 Stück.

1583. Haselnußbrode (Hazlenut Bread). ½ Pfund Haselnüsse und ¼ Pfund Mandeln werden geschält und fein gewiegt. Von 5 Eiweiß schlägt man einen steifen Schnee, rührt 1 Pfund feinen Zucker eine halbe Stunde da= mit, mengt die Nüsse darunter und setzt kleine Häufchen auf mit Zucker bestreutes Papier und backt sie in warmem Ofen.

1584. Zimmtbrod (Cinnamon Bread). 1 Pfund gesiebten Zucker rührt man mit 7 Eiern eine Stunde, nimmt 1 Pfund länglich geschnittene, in einem Ofen zuvor gelb geröstete Mandeln, die fein geschnittene Schale von 2 Citronen, 2 Unzen fein geschnittenen Citronat, ¾ Unze gestoßenen Zimmt, ¼ Unze gestoßene Nelken und ¾ Pfund Mehl dazu und rührt es gut unter einander. Man nimmt den Teig auf das Backbrett, macht 3 lange Laibchen daraus, legt sie auf ein mit Butter bestrichenes und mit Mehl besätes Blech und backt sie gelb. Nach dem Backen werden sie zu Schnitten geschnitten und im Ofen auf beiden Seiten gelb geröstet.

1585. Echter Königsberger Marzipan (Marchpane). 1 Pfund beste süße und ½ Unze bittere Mandeln, 1 Pfund feiner durchgesiebter Zucker und Rosenwasser.

Die Mandeln werden wie oben behandelt und zum Abtrocknen 12 Stunden auf eine Schüssel ausgebreitet. Darauf werden sie auf einer Mandelreibe fein gerieben wie Mehl, mit dem Zucker vermischt und mit Rosenwasser zu einer festen, aber geschmeidigen Teigmasse gemacht, die zum Ausrollen weder zu spröde, noch zu weich sein darf. Dann bestreut man ein Backbrett mit durchgesiebtem

Zucker, theilt den Teig in runde Klumpen, rollt sie messerrückenstark aus und sticht kleine runde Kuchen oder mit kleinen Blechformen beliebige Figuren davon aus. Zu den Rändern wird der Teig etwas dicker ausgerollt, in Streifen ge= schnitten und nachdem die Stelle mit Rosenwasser bestrichen ist, rings herum ge= legt, wo alsdann der Rand mit einem Kneipeisen eingekerbt oder mit einem Messer bunt gemacht wird. Ist der Marzipan so weit fertig, so läßt man den Deckel einer äußerst sauberen Tortenpfanne durch aufgelegte Kohlen glühend heiß werden, schiebt die Kuchen, auf Blättchen Papier gelegt, darunter und läßt sie blaßgelb backen. Nachdem legt man sie zum Erkalten mit dem Papier auf flache Schüsseln. Unterdeß wird 1 Pfund durchgesiebter Zucker mit Rosen= wasser etwa ¾ Stunde lang gerührt und der Marzipan bis zum Rande damit gefüllt, der, sobald der Zucker steif geworden ist, mit seinen eingemachten Früchten belegt wird.

1586. Tyrolerbrod (Tyrolese Bread) ½ Pfund geschälte, fein ge= stoßene Mandeln, ½ Pfund feines Mehl, ebensoviel frische, in kleine Stücke zer= schnittene Butter, ¼ Pfund gesiebten Zucker, 1 Theelöffel rein verlesenen Anis und die fein geschnittene Schale von 1 Citrone rührt man mit 4 Eidottern und ½ Glas Wein zu einem Teige an, der dann auf das mit Mehl besäte Backbrett ge= nommen, leicht gewürzt, ausgewellt und überschlagen wird. Der Teig wird zweimesserrückendick ausgewellt, verschobene Vierecke daraus geschnitten, diese auf ein mit Mehl besätes Blech gelegt, mit verrührtem Ei bestrichen, mit gestoßenem Zucker und Zimmt bestreut und schön gelb gebacken.

1587. Bauernkrapfen. 6 Unzen fein gesiebten Zucker nimmt man in eine Schüssel, bespritzt ihn mit 1 Theelöffel voll Wasser, rührt ihn dann mit 2 ganzen Eiern und 1 Dotter zu einer dicken Masse, schält ½ Pfund Mandeln, hackt 6 Unzen davon fein, spaltet die übrigen 2 Unzen nur von einander, thut die gehackten Mandeln nebst 6 Unzen feinem Mehl in den Zucker, schneidet von Oblaten runde Stücke und streicht von der Masse eines starken Messerrückens dick darauf. Auf jedes der Stücke legt man 2 halbe gespaltene Mandeln und 2 ebenso breit geschnittene Stücke Citronat, setzt die Krapfen auf ein bestrichenes Blech und backt sie gelb.

1588. Kräpslein von Butterteig. Man macht einen guten Butterteig von 12 Unzen Mehl, ½ Pfund Butter, 4 Eigelb und etwas Wasser, wie die Be= reitung in Nr. 961 oder 962 angegeben ist. Wenn er fertig ist, wellt man den Teig stark messerrückendick aus, sticht runde Plättchen fast so groß wie eine untere Kaffeetasse aus, legt in die Mitte einen Kaffeelöffel eingemachte Himbeeren, Johannisbeeren, Aprikosen Marmelade, gedämpfte Aepfel oder nachstehende Mandelfülle, bestreicht den Rand mit Eigelb, schlägt die Hälfte darüber, be= streicht die Kräplein mit Eigelb und backt sie in frischer Hitze. Zu der Fülle, die vor dem Gebrauch einige Stunden stehen muß, nimmt man ¼ Pfund ge= stoßenen Zucker, ebensoviel geschälte, fein gestoßene Mandeln und macht dies mit dem Saft von einer Citrone gut unter einander.

1589. Zimmtbögen. ¼ Pfund geschälte, fein gestoßene und ebensoviel geschälte, länglich fein geschnittenen Citronat, die Schale von 1 Citrone, 1 Unze gestoßener Zimmt, eine Messerspitze voll gestoßene Nelken, ein halbes Pfund gesiebter Zucker, 2 Drachmen fein pulverisirter Tragant und der Saft von einer Citrone werden mit dem Schnee von 4 Eiweiß gut unter einander gerührt, stark messerrückendick auf mit Wachs bestrichene Bleche glatt aufgestrichen und wie Mandelbögen gebacken, zerschnitten und beendigt.

1590. Weiße Bögen.

½ Pfund fein gesiebter Zucker wird mit dem Schnee von 4 Eiweiß schaumig gerührt, dann mit der fein geschnittenen Schale von 1 Citrone und 1½ Unze feinem Mehl vermischt. Aus Oblaten werden zweifingerbreite und fingerlange Stücke geschnitten, und die Masse messerrückendick aufgestrichen; 1 Unze Citronat wird fein geschnitten und mit 2 Unzen geschälten, fein geschnittenen Mandeln vermischt, die Bögen damit bestreut, in abgekühltem Ofen hellgelb gebacken und über ein Wellholz gekrümmt.

1591. Leichtes Anisbrod (Anise Bread).

½ Pfund gesiebter Zucker wird mit 6 Eidottern ¼ Stunde gerührt, das zu festem Schnee geschlagene Weiße, ½ Pfund seines Mehl und 1 Theelöffel reiner Anis darunter gemischt, die Masse in mit Butter bestrichene und mit Semmelmehl bestreute blecherne Kapseln gefüllt, gebacken und nachdem sie erkaltet ist, in Schnitten geschnitten und im Ofen geröstet.

1592. Anisbrod in Kapseln.

½ Pfund gesiebten Zucker rührt man mit 8 Eiern ½ Stunde und thut das von einer halben Citrone Abgeriebene, ¼ Unze Anis und 6 Unzen feines Mehl daran. Hierzu gehören 2 blecherne Kapseln, welche mit Butter bestrichen, mit Semmelmehl bestreut und von der Masse halbvoll gefüllt werden. Wenn das Brod gebacken ist, wird es umgestürzt, erkaltet in Schnitten geschnitten, die dann im Ofen auf beiden Seiten gelb geröstet werden.

1593. Mandelbrod (Almond Bread).

1½ Pfund Zucker wird mit dem Schnee von 8 Eiweiß und gestoßener Vanille ½ Stunde schaumig gerührt, dann 7 Eßlöffel voll davon zum glasiren weggethan, 1 Pfund ungeschälte, auf dem Reibeisen geriebene Mandeln und ½ Unze Zimmt oder Vanille hineingemischt, halbfingerdick ausgewellt, in fingerlange und zweifingerbreite Stücke geschnitten, auf ein mit Butter bestrichenes Blech gelegt, geeist und in nicht zu heißem Ofen gebacken.

1594. Mandelmaultaschen.

Einen Butter- oder Weinbackwerkteig wellt man einen Messerrücken dick aus und schneidet viereckige Stücke davon. ¼ Pfd. geschälte und fein gestoßene Mandeln, ebenso viel gestoßener Zucker, die abgeriebene Schale von 1 Citrone werden mit 2 ganzen Eiern und 2 Eigelb ¼ Stunde lang gerührt; auf jedes abgeschnittene Stück Teig wird 1 Eßlöffel von der Masse gethan, die 4 Ecken mit verrührtem Ei bestrichen und diese gegen einander zusammengelegt. Wenn die Stücke Teig alle gefüllt sind, werden sie auf ein mit Mehl besätes Blech gelegt, mit verrührtem Ei bestrichen, mit grob gestoßenem Zucker bestreut und schön gelb gebacken.

1595. Corinthenplatz. 2¾ Pfund Mehl, ¾—1 Pfund Corinthen, gut gewaschen, ½ Pfund abgeklärte Butter, ½ Quart lauwarme Milch, 1½ Eßlöffel Hefe, 1 Obertaffe Zucker, 2 Eier, Muskatblüthe oder Zimmt und etwas Salz. Dies alles wird 1 Stunde vor dem Anrühren an einen warmen Ort gestellt. Dann rührt man Milch, Eier und die Hälfte der Hefe mit der Hälfte des Mehls an, läßt es aufgehen und macht solches mit dem Uebrigen zum Teig, welchen man mit der runden Seite eines Löffels so lange stark schlägt, bis er Blasen wirft. Darauf läßt man denselben in einer ausgestrichenen Form 1—1½ Stunde aufgehen, bestreicht ihn mit verdünntem Ei und läßt den Kuchen bei starker Mittelhitze ¾—1 Stunde backen.

1596. Vanilleschaum, Konfekt, (Vanilla Skim). 4 Eiweiß werden zu steifem Schaum geschlagen; 1 Stange Vanille stößt man mit einem Stückchen Zucker und mengt sie mit ¼ Pfund staubfeinem Zucker schnell und leicht in den Schaum, setzt längliche Häuflein auf ein mit Zucker bestreutes Papier, legt dieses auf ein Backblech und backt sie in ganz kühlem Ofen.

1597. Vanilleschnitten (Vanilla Slices). Von gutem Butterteig schneidet man fingerlange und zweifingerbreite Stückchen, bestreicht sie mit der Vanille-Glasur und backt sie in nicht zu greller Hitze.

1598. Schweizer gefüllte Kröpfli. Zum Teig nimmt man ½ Pfund Mehl, 3 Unzen Butter, 1½ Unze Zucker, 3 Eßlöffel französischer Branntwein, 1 Eßlöffel voll Wasser, zum Füllen eingemachte Früchte oder Gelee. Nachdem der Teig ausgerollt, werden mit einem großen Ausstecher (Größe eines Wasserglases) Boden oder Plätzchen davon ausgestochen, diese mit eingemachten Früchten oder Gelee gefüllt, einmal zusammen geschlagen, mit Ei bestrichen und schnell im Ofen gebacken.

1599. Wienerbrod (Vienna Bread). ¼ Pfund Butter rührt man leicht, schlägt 5 Eier daran und nimmt ¼ Pfund geschälte, fein gestoßene Mandeln, ¼ Pfund gesiebten Zucker, ebensoviel feines Mehl und Citronengelb dazu. Wenn es gut unter einander gerührt ist, wird die Masse in blecherne, mit Butter bestrichene und mit Semmelmehl bestreute Kapseln halb voll gefüllt und schön gelb gebacken. Nach dem Erkalten werden die Brode zu Schnitten geschnitten und diese im Ofen gelb geröstet.

1600. Meringue, Schaummasse-Guß. Acht Eiweiß werden zu festem Schnee geschlagen und dann 1 Pfund feiner Zucker, nebst 2 Theelöffel Vanille-zucker darunter gerührt. Von dieser Masse werden nun vermittelst eines Eßlöffels eigroße Häufchen ausgestrichen und auf ein geruchloses, stark daumen-dickes, glattes Brett von hartem Holze gesetzt, worauf sie mit feinem Zucker über-streut, eine halbe Stunde zum Abtrocknen an einen trocknen Ort gestellt und in einem ganz verkühlten Ofen sehr langsam ungefähr eine Stunde zu hübsch gelber Farbe herausgebacken werden. Nun nehme man sie behutsam von den Brettern weg, hole das innere Weiße vermittelst eines Theelöffels heraus, gebe die Meringue auf ein großes Haarsieb, mit der ausgehöhlten Seite nach oben und lasse sie an einem warmen Orte gehörig trocknen. Vor dem Gebrauche fülle man sie mit einem beliebigen Rahmschnee, setze zwei und zwei zusammen und bringe sie zu Tische.

1601. Mohren. Von der Schaummasse in der vorhergehenden Nummer werden kleine, runde Häufchen auf ein mit Papier belegtes Blech gesetzt, in abgekühltem Ofen gut durchgebacken, abgelöst und in die gekochte Chocoladeglasur getaucht und wieder getrocknet.

1602. Windbeutel. ½ Quart Wasser wird mit ¼ Pfund Butter und etwas feinem Salz aufgekocht, sodann lasse man 6 Unzen gesiebtes Mehl unter beständigem Rühren einlaufen, dämpfe die Masse so lange ab, bis sie sich von der Casserole loslöst und setze sie dann vom Feuer weg, lasse sie einen Augenblick verkühlen, rühre hierauf 7 ganze Eier darunter, setze auf ein mit Butter bestrichenes, mit Mehl bestäubtes Blech vermittelst eines Eßlöffels nußgroße Häufchen von dieser Masse, bestreiche sie mit verschlagenen Eiern und backe sie aus mittelheißem Ofen zu hübscher Farbe.

1603. Speculaci oder Theeletterchen an den Weihnachtsbaum. 1 Pfd. feines, durchgesiebtes Mehl, 1 Pfund durchgesiebter Zucker, ein halbes Pfund ausgewaschene Butter, 3 Eier, 1 Drachme Zimmt, abgeriebene Schale einer halben Citrone und 1 Drachme pulverisirtes Hirschhornsalz.

Die Butter wird in Stückchen zerpflückt, mit dem Mehl vermischt und mit den benannten Theilen — mit Ausnahme des Hirschhornsalzes — zum Teig gemacht, welcher über Nacht oder wenigstens einige Stunden zum Ruhen und Erstarren hingelegt werden muß; es schadet demselben gar nicht, wenn man ihn mehrere Tage vorher macht und an einem kalten Orte aufbewahrt. Dann drückt man den Teig auseinander, streut das Hirschhornsalz darüber hin, arbeitet es möglichst schnell durch und rollt den Teig stark einen Messerrücken dick aus. Nachdem werden aus demselben mit beliebigen Blechformen Figuren ausgestochen, auf einer mit Wachs bestrichenen Platte bei mittelmäßiger Hitze gelb gebacken.

1604. Mailänder Schnitten. ½ Pfund Mehl, ¼ Pfund Butter, gut 6 Unzen Zucker, 2 Eßlöffel dicke saure Sahne oder Franzbranntwein und 1 Ei.

Dies wird zum Teig gemacht, ausgerollt, in Stücke geschnitten, auch nach Belieben mit Ei bestrichen, schnell gebacken, erkaltet ein Stückchen Fruchtgelee darauf gelegt.

1605. Anisplätze. Ein halbes Pfund durchgesiebter Zucker, ein halbes Pfund zur Hälfte feines Mehl, zur Hälfte Puder oder Kartoffelmehl, gleichfalls durchgesiebt, 4 ganze Eier, 1—2 Eßlöffel ausgesuchter Anissamen.

Der Zucker wird mit den ganzen Eiern auf dem Herde mit einem kleinen Schaumbesen so lange geschlagen, bis die Masse warm und dicklich wird, sodann vom Feuer genommen und bis zum Abkühlen fortgeschlagen, wo man dann Anissamen und Mehl hinzu rührt. Darauf wird die Platte mit Wachs bestrichen, die Masse theelöffelweise darauf gelegt, sogleich in eine mittelmäßige Hitze gestellt und gelb gebacken.

Auch kann man die Masse auf der Platte auseinander streichen, und wenn sie aus dem Ofen kommt, in schrägwinkelige Vierecke schneiden.

1606. Suedoise. Ein halbes Pfund feiner Zucker wird mit 3 Eiweiß und dem Safte einer Citrone recht schäumig gerührt, sodann mit 6 Unzen abgezogenen, fein stiftlich geschnittenen, getrockneten, süßen Mandeln vermischt; aus dieser Masse werden nußgroße Häufchen auf ein leicht mit Butter bestrichenes Backblech gesetzt, welche in einem abgekühlten Ofen zu hübsch blaßgelber Farbe herausgebacken werden.

1607. Gute Zuckerplätzchen. Nr. 1. Ein halbes Pfund Puder, ein halbes Pfund gestoßener Zucker, beides fein durchgesiebt, 4 frische Eier, abgeriebene Schale einer halben Citrone.

Die Eier werden mit Zucker und Gewürz ¼ Stunde stark gerührt, dann wird das zu steifem Schaum geschlagene Weiße durchgemischt und darnach der Puder möglichst schnell durchgerührt. Dies wird theelöffelweise auf eine mit Butter bestrichene Platte gegeben und bei Mittelhitze gelb gebacken.

1608. Zuckerplätzchen. Nr. 2. 1 Pfund feines Mehl, 1 Pfund durchgesiebter Zucker, 5 ganze Eier, 4 Eidotter, abgeriebene Schale einer Citrone, eine Messerspitze feingestoßener Kardamom, ebensoviel Zimmt.

Eier, Zucker und Gewürz werden ½ Stunde gerührt, dann das Mehl schnell durchgemischt und nach vorhergehender Angabe gebacken.

1609. Mandelplätze. Ein halbes Pfund feines, durchgesiebtes Mehl, ein halbes Pfund durchgesiebter Zucker, 2 Unzen Butter, 2 Unzen geriebene Mandeln, 4 Eier, abgeriebene Schale einer halben Citrone.

Man reibt die Butter zu Sahne, rührt, indem man nach und nach Eier, Zucker, Gewürz und Mandeln hinzugiebt, ¼ Stunde, mischt das Mehl unter die Masse und backt sie theelöffelweise auf einer Platte bei mittlerer Hitze.

1610. Mandelplätze, andere Art. 1 Pfund Zucker, 1 Pfund Butter, 4 Eier, 1 Pfund süße Mandeln, 1½ Pfund Mehl, etwas Rosenwasser und die abgeriebene Schale einer Citrone. Butter, Zucker, Eier und Citronenschale werden gut zusammengerührt, dann die abgeschälten reingeschnittenen Mandeln nebst dem Rosenwasser hinzugefügt und zuletzt das Mehl durchgemischt. Dann rollt man den Teig zwei Messerrücken dick aus, sticht Sterne oder beliebige Figuren davon aus, bestreicht sie mit zerklopftem Ei und backt sie blaßgelb.

1611. Chocoladeplätze. Gut 6 Unzen durchgesiebter Zucker, ¼ Pfund geriebene und durchgesiebte süße Chocolade, gut 2 Unzen feines Mehl und die Eiweiß.

Das Eiweiß wird zu festem Schaum geschlagen, mit den benannten Theilen schnell vermischt, dann werden kleine Plätze davon auf eine stark bestrichene Platte gesetzt und bei Mittelhitze gebacken.

1612. Zimmtsterne. 1 Pfund durchgesiebter Zucker, 1 Pfund sorgfältig ausgesuchte Mandeln, welche gewaschen, getrocknet und mit der braunen Schale gerieben werden, 6 Eiweiß, ½ Unze feiner Zimmt und kleingeschnittene Schale einer Citrone.

Man rührt Zucker und Citronenschale mit dem zu Schaum geschlagenen Eiweiß ¼ Stunde stark und ununterbrochen, fügt den Zimmt hinzu, setzt einen Theil dieser Mischung bei Seite, rührt dann die Mandeln gut durch, rollt den Teig auf einem mit Mehl bestreuten Backbrett dünn aus und formt ihn mittelst eines Ausstechers zu Sternen von beliebiger Größe, welche man mit dem hinge= stellten Eiweiß und Zucker bestreicht und auf einer mit Wachs abgeriebenen Platte langsam backt.

Dieses Backwerk ist ausgezeichnet wohlschmeckend und erhält sich sehr lange.

1613. Thee= oder Zimmtbretzeln. ¾ Pfund feines Mehl, ein halbes Pfund Zucker, beides durchgesiebt, ¼ Pfund langsam geschmolzene und abge= klärte Butter, 3 Eier, ⅛ Pfund guter Zimmt, 1 Drachme pulverisirtes Hirsch= hornsalz.

Eier, Butter und Zucker werden gerührt, mit dem Hirschhornsalz, dem Zimmt und Mehl zum Teig gemacht, Bretzeln daraus geformt, mit Eigelb und Wasser bestrichen, in einem nicht zu heißen Ofen gelb gebacken.

1614. Mandelschnitten. Ausgewaschene Butter, durchgesiebter Zucker, geriebene Mandeln und feines durchgesiebtes Mehl, von jedem Theile ein halbes Pfund, 2 Eier, abgeriebene Schale einer halben Citrone.

Die Butter wird zu Sahne gerieben, mit dem Uebrigen zum Teig gemacht, wobei jedoch die Hälfte von Mandeln und Zucker zum Ueberstreuen zurückbleibt. Dann rollt man den Teig halbfingersdick aus, schneidet längliche viereckige Schnittchen daraus, bestreicht sie mit beschlagenem Eiweiß, streut Mandeln mit Zucker vermischt darüber und backt sie bei mäßiger Hitze gelb.

1615. Gebackene Eß (S S). 6 Unzen Mehl, ¼ Pfund Butter, 2 Unzen Zucker, die abgeriebene Schale von einer Citrone und 3 Eigelb werden gut untereinander gehackt, die Masse leicht zusammengeschafft, in kleine Stücke ge= schnitten und S S davon geformt. Man legt sie auf ein mit Butter bestrichenes und mit Mehl bestreutes Blech, bestreicht sie mit Eiweiß, streut grob gestoßenen Zucker darüber und backt sie in nicht zu heißem Ofen gelb. Die Butter kann auch leicht gerührt, und dann die andern Sachen dazu gethan werden, sie werden dadurch leichter.

1616. Sandschnitten. Aus dem Linzerteig (Nr. 964) werden kleine fingerlange, fingerdicke Schnitten gebildet, welche auf ein Backblech gesetzt, mit verschlagenen Eiern bestrichen, in einem mittelheißen Backofen zu hübscher Farbe gebacken und nach einigem Abkühlen hübsch angerichtet zu Tische gebracht werden.

1617. Gebrannte Mandeln (Roasted Almonds). 1 Pfund mit einem Tuche abgeriebene, nicht abgeschälte Mandeln, 1 Pfund Zucker, nach Belieben ½ Unze Zimmt.

Den Zucker tunkt man in Wasser und kocht ihn in einer kleinen messingenen Casserole bis zu folgender Probe: Man hält eine Gabel hinein, nimmt sie heraus und bläst dagegen; wenn der Zucker in Blasen davon fliegt, so ist er gut, und es werden dann die Mandeln hineingeschüttet, die man beständig mit einem eisernen Spaten rührt, bis sie den Zucker aufgenommen haben. Dann setzt man den Topf vom Feuer und rührt sie fortwährend, bis sie trocken geworden sind, wo man dann den Topf wieder ans Feuer setzt und die Mandeln rührt, bis sie glänzen. Nun schüttet man sie auf eine flache Schüssel, mischt noch heiß den Zimmt durch und pflückt sie von einander.

1618. Pfeffermünz. ¼ Pfund Zucker, einige Tropfen Pfeffermünzöl. Den Zucker lasse man kochen, wie zu gebrannten Mandeln, rühre einige Tropfen Pfeffermünzöl durch und lasse dies tropfenweise auf eine gut abgeriebene, erwärmte, mit Wachs bestrichene Platte fallen, indem man von einer steifen Papierdüte die Spitze schneidet und den Zucker durchtröpfeln läßt.

1619. Süße Makronen (Macaroons). 1½ Pfund geriebenen Zucker, ein Pfund geriebene Mandeln, vier Eiweiß, abgeriebene Schale einer Citrone.

Die Mandeln werden mit dem Zucker, der Citronenschale und dem sehr festen Eiweißschaum eine gute Weile gerührt, mit einem Löffel auf eine heißgemachte, mit Wachs bestrichene Platte gesetzt, bei schwacher Hitze gelb gebacken. Auch kann man die Makronen auf Oblaten backen, welches am bequemsten ist. Hat man indeß beides nicht und muß sie auf Papier backen, so bestreiche man dasselbe, wenn sie aus dem Ofen kommen, auf der unteren Seite mit einem nassen Pinsel, wodurch sie sich lösen.

1620. Makronen, andere Art. Ein Pfund Mandeln werden mit der Schale gehackt, ein Pfund Zucker, etwas Zimmt, dann vier Eiweiß zu Sahne geschlagen, etwas gestoßener Zwieback dazu gethan und langsam gebacken.

1621. Gewürz-Makronen (Spice Macaroons). Ein Pfund geriebene Mandeln, 1½ Pfund Zucker, 1 abgeriebene Citrone, ¼ Unze Zimmt, etwas Nelken, Muskatblüthe oder Muskatnuß und einige Eiweiß.

Vorstehende Theile werden mit so vielem Eiweiß vermischt, daß die Masse sich verbindet, welches auf folgende Weise geschieht: man stößt die Masse mit einem hölzernen Löffel eine gute Weile hin und her, ohne sie zu rühren. Die Makronen werden gleich den vorhergehenden gebacken.

1622. Chocolade-Makronen (Chocolate Macaroons). Ein halbes Pfund durchgesiebter Zucker, gut 6 Unzen süße und 1½ Unzen bittere Mandeln, gut 2 Unzen geriebene Chocolade, knapp 3 Eiweiß und ein Stückchen mit Zucker fein gestoßene Vanille.

Dies Alles wird so lange tüchtig gerührt, bis sich die Masse etwas vom Löffel loslöst, dann bringt man dieselbe mit einem Theelöffel bei kleinen Zwischenräumen auf eine gut abgeriebene, mit Wachs bestrichene Platte, oder auf ein mit Butter bestrichenes, weißes Papier und backt die Masse bei gelindem Feuer.

1623. Anisgebackenes, Springerle (Anise Cake). Ein Pfund feiner Zucker wird mit 4 ganzen Eiern und der abgeriebenen Schale einer Citrone recht schäumig gerührt und sodann mit einem Pfund gesiebtem Mehl zu einem Teige verarbeitet. Von diesem rolle man nun zweimesserrückendicke, viereckige Plättchen nach der Größe der besonders hierzu gestochenen Holzformen aus, drücke jene in die mit Mehl bestäubten Formen hinein, nehme sie dann behutsam heraus, lege sie über ein auf einem Tische ausgebreitetes Tuch, lasse sie 12 Stunden lang trocknen, setze sie sodann auf ein leicht mit Butter bestrichenes Backblech, welches genügend mit Anis bestreut ist, und backe sie aus einem ziemlich heißen Ofen zu hübscher, blaßgelber Farbe heraus.

1624. Baseler Lebkuchen. Stark ein halbes Quart Honig, welcher wenigstens ein Jahr alt sein muß, 2¾ Pfund Mehl, 1 Pfund 6 Unzen Zucker, 7 Unzen ungeschälte Mandeln, ebensoviel Pomeranzenschale, desgleichen Citronat und Schale von zwei Citronen, dies Alles gröblich geschnitten, 1½ Unzen Zimmt, ¼ Unze Nelken, 2 Theelöffel Muskatblüthe, 1 Unze gereinigte Potasche, 1 Glas Kirschwasser.

Honig und Zucker werden auf's Feuer gesetzt, wenn es steigt, die grob geschnittenen Mandeln eine gute Weile darin geröstet, dann vom Feuer genommen, das sämmtliche Gewürz hinzugefügt, und, etwas abgekühlt, die Potasche durchgerührt, dann kommt das Kirschwasser und zuletzt das Mehl hinzu. Man rollt den Teig, so lange er noch warm ist, zweimesserrückendick aus, schneidet ihn in länglich viereckige Stücke, legt sie dicht zusammen auf ein mit Mehl bestäubtes Blech und läßt sie über Nacht liegen. Dann backt man sie bei gelinder Hitze; die Hitze nach dem Brod in einem Bäckerofen ist eine geeignete. Noch heiß werden sie mit einem Messer in länglich viereckige Stückchen geschnitten, und nachdem sie kalt geworden, von einander gebrochen. Zum Guß läutert man Zucker, läßt ihn kochen, bis er Fäden zieht, und bestreicht damit die Kuchen.

1625. Baseler Leckerli. Ein Pfund Honig, ein Pfund gestoßener und durchgesiebter Zucker, 1 Pfund Mandeln mit der Schale, der Länge nach fein geschnitten, 1 Pfund feinstes Mehl, gut 2 Unzen Citronat und die Schale von einer Citrone klein geschnitten, eine halbe Muskatnuß, etwas Nelken und ein halbes Weinglas Arrak oder Rum.

Man läßt den Honig auf dem Feuer zergehen, schüttet Zucker und Mandeln hinein, rührt es gut durcheinander, fügt das Uebrige hinzu und verarbeitet es tüchtig zu einem Teig, den man acht Tage zugedeckt stehen läßt. Dann rollt man denselben einen halben Finger dick aus, legt ihn auf ein mit Wachs bestrichenes Blech, backt ihn bei starker Hitze und schneidet den Kuchen noch warm in beliebige, etwa zwei Finger breite und fingerlange Stücke.

1626. Pfeffernüsse (Gingernuts). Ein Pfund Zucker wird mit 4 Eigelb recht schäumig gerührt, sodann mit einer halben Unze Zimmt, etwas abgeriebener Citronenschale, einer Messerspitze Nelken und einem Pfund Mehl zu einem Teig verarbeitet. Derselbe wird auf dem Backtisch zweimesserrückendick ausgerollt und sodann werden vermittelst eines einen Zoll im Durchmesser haltenden, runden, glatten Ausstechers Plättchen ausgestochen, welche auf ein mit

Butter bestrichenes, mit Mehl bestäubtes Backblech gesetzt und in einem mittelheißen Ofen zu hübscher Farbe herausgebacken werden.

1627. Honigkuchen (Honey Cake). 2 Pfund Honig, 2 Pfund Mehl,
ein halbes Pfund Butter, zwei Fünftelpfund Mandeln mit der Schale einer
Citrone, ½ Unze Nelken, ½ Unze Kardamom, 1 Unze gereinigte, in etwas Wasser
aufgelöste Potasche.

Honig und Butter läßt man kochen, nimmt den Topf vom Feuer, rührt
Mehl, Gewürz und die gröblich gestoßenen Mandeln hinzu, mischt, wenn der
Teig etwas abgekühlt ist, die Potasche gut durch und läßt ihn über Nacht liegen.
Dann rollt man denselben einen kleinen Finger dick aus, macht ihn mit
einer Form oder einem Backrädchen zu kleinen viereckigen Kuchen, legt auf jede
Spitze eine gespaltene Mandel, auch ein Stückchen Citronat und backt sie gelb-
braun.

1628. Holländische Krackelinge. Man macht von einem halben Pfund
feinem Mehl, einem halben Pfund Zucker, 2 Eidottern, 1 Eßlöffel voll saurer
Sahne und 1 Eßlöffel voll gestoßenem Koriander einen Teig, von dem man
Stückchen abbricht, solche mit der Hand lang rollt, zu Bretzelchen oder Kränzchen formt und bei mittlerer Hitze gelb backt.

1629. Bentheimer Moppen oder Kümmelkuchen. 2½ Pfund Mehl
anderthalb Pfund Sandzucker, ein halbes Pfund Butter, ein halbes Quart
Milch, drei Eßlöffel gemahlener Kümmel, eine halbe Unze gereinigte Potasche.

Butter, Zucker, Milch und Kümmel werden zum Kochen gebracht; abgekühlt wird die Potasche hinein zerrührt und solches in die Mitte des Mehles geschüttet, das Ganze zu einem Teig gemacht und zum Ballen geformt. Alsdann
wird derselbe in Scheiben geschnitten, jede Scheibe einen kleinen Finger dick ausgerollt, mit kleinen blechernen Formen von der Größe eines Zweischillingstücks
ausgestochen und wie Pfeffernüsse gebacken.

A n m e r k u n g. Statt des Kümmels kann jedes andere Gewürz zu diesen
Moppen genommen werden.

1630. Schnitzbrod oder Hutzelbrod. Fünf Pfund gedörrte Birnen-
schnitze und 3 Pfund Zwetschgen werden mit Wasser, und wenn das Obst nicht
süß sein sollte, mit Zucker weich gekocht. Die Schnitze werden in 2 oder 3
Theile zerschnitten, die Zwetschgen ausgesteint und die Brühe in einem Topf
eingekocht und zugedeckt beiseite gestellt. Das gekochte Obst wird in ein ziemlich großes Geschirr gethan und mit ein Pfund großen Rosinen, die man mit
einem Glas Wein hat aufquellen lassen, 1 Pfund geschälten, geschnittenen Mandeln, den Kernen von 3 Quart Welschnüssen, 1 Pfund in 4 Theile geschnittenen
Feigen, ¼ Pfund geschnittenem Citronat und ebensoviel Pomeranzenschale, der
geschnittenen Schale von 2 Citronen, 2 Unzen gestoßenem Zimmt, ¼ Unze gestoßenen Nelken, ebensoviel reinem Fenchel, eine halbe Unze Anis und ein Glas
Kirschengeist genau mit einander vermengt und zugedeckt. Von dem Bäcker
nimmt man 9 Pfund reifen Brodteig und schafft ihn nebst 6 Eßlöffeln Bierhefe
und 2½ Pfund feinem Mehl recht stark in die Hutzelmasse. Ist der Teig recht
gleichförmig gearbeitet, so wird er mit feinem Mehl bestreut und zugedeckt; wenn

er aufgegangen ist, werden Laibchen in beliebiger Größe daraus geformt und auf ein mit Mehl besätes Blech gelegt, und wenn sie gegangen sind, in guter Hitze gebacken und dann mit Schnitzbrühe oder Zuckerwasser bestrichen. Will man den Brodteig selbst machen, so nimmt man 5½ Pfund Brodmehl und macht mit der Schnitzbrühe und Hefe oder Sauerteig einen Vorteig von der Hälfte des Mehls, nimmt dann die Hutzelmasse mit dem oben angegebenen Mehl hinein und behandelt den Teig wie den obigen.

1631. Geduldzeltchen. ¼ Pfund fein gestoßener Zucker, auf dem die Schale von einer halben Citrone abgerieben worden, wird mit dem fest geschlagenen Schnee von 4 Eiweiß eine Stunde gerührt, mit 2½ Unze feinem Mehl und dem Saft von einer halben Citrone vermischt. Von dieser Masse läßt man durch einen Trichter große Tropfen auf ein mit Wachs oder Butter bestrichenes Blech fallen, bestreut sie mit feinem Zucker, läßt sie eine Stunde stehen und backt sie in schwacher Hitze. Statt Citrone kann auch Vanille genommen werden.

1632. Herzoginnenbrödchen. Von der Windbeutelmasse (Nr. 1602) bilde man mit den Händen vermittelst etwas Mehl auf dem Backtische fingerlange, stark daumendicke Würstchen, setze diese auf ein mit Butter bestrichenes, mit Mehl bestäubtes Backblech, bestreiche sie auf ihrer Oberfläche mit verschlagenen Eiern, bestreue sie mit Hagelzucker und grob gehackten, abgezogenen, süßen Mandeln, backe sie in einem mittelheißen Ofen zu hübscher Farbe heraus, lasse sie einen Augenblick verkühlen, dann schneide man sie neben auf, fülle sie mit Vanillerahmschnee, drücke den Aufschnitt wieder zu und bringe die Brödchen hierauf zu Tische.

1633. Fruchttörtchen. Mürbeteig, Ei, beliebige frische Früchte oder Confituren, Zucker und Zimmt.
Der Teig wird ganz fein ausgerollt, dann werden mit einem großen Wasserglase Böden davon ausgestochen, aus der Hälfte derselben, um Ränder zu formen, kleinere Böden gemacht, die ersten rund herum, nur nicht die Seiten, mit Ei bestrichen, die Ringe als Ränder darauf gelegt. Dann belegt man sie mit beliebigen Früchten, — ausgesteinte Kirschen, Trauben, auch unreife Stachelbeeren können dazu genommen werden, letztere aber müssen vorher eben abgekocht und wieder erkältet sein, — giebt nach der Art der Früchte den nöthigen Zucker und Zimmt darüber und backt sie schnell gar. Nimmt man sehr saftige Früchte, als Johannisbeeren oder Himbeeren, so streue man etwas Zwieback auf den Boden. Bei Anwendung eingemachter Früchte oder Gelees werden die Törtchen ungefüllt gebacken und dann bestrichen.

1634. Marschallstörtchen. Blätterteig, 2 Eiweiß, ¼ Pfund Zucker, 3 Unzen geriebene Mandeln.
Man rollt den Teig einen Messerrücken dick aus, sticht mit einem kleinen Wasserglase Böden aus und legt von folgender Mischung etwas darauf, welches man mit einem Theelöffel ein wenig auseinander streicht. Hierzu das zu steifem Schaum geschlagene Eiweiß, Zucker und Mandeln. Diese Törtchen werden bei mittlerer Hitze gelb gebacken und frisch gegessen.

1635. Savoyer Törtchen. Man rührt ein halbes Pfund gesiebten Zucker mit 10 Eidottern eine halbe Stunde, nimmt 2 Unzen geschälte, fein geschnittene Pistazien, ebensoviel geschälte, fein geschnittene Mandeln, ¼ Pfund feines Mehl dazu, schlägt das Weiße von 8 Eiern zu steifem Schaum, rührt ihn unter die Masse, bestreicht kleine blecherne Formen mit Butter, füllt sie mit der Masse halb voll und backt sie in nicht zu heißem Ofen.

1636. Törtchen von Kirschen. Kleine flache Formen werden mit süßem Teig ausgelegt, ausgesteinte, abgetropfte Kirschen hineingelegt, etwas Zucker und Zimmt darüber gestreut, gebacken und nochmals mit Zucker bestäubt.

Mirabellen-, Zwetschgen-, Aprikosen- und Aepfeltörtchen werden ebenso gemacht und können mit Schaumguß (Nr. 1600) überstrichen werden.

1637. Gewöhnliche Hippen (Waffles). Ein halbes Pfund Mehl und ¼ Pfund gesiebten Zucker, die fein geschnittene Schale von einer halben Citrone, ¼ Unze fein gestoßenen Zimmt und eine Messerspitze gestoßene Nelken rührt man mit 2 Eßlöffeln Rosenwasser, 1 Ei, 1½ Unze zerlassener Butter und etwas Wein zu einem dünnflüssigen Teig an. Nun wird das Hippeneisen über Kohlen warm gemacht, mit Speck bestrichen und von dem Teig jedesmal nur so viel hineingegossen, daß es damit dünn bedeckt ist; es wird langsam zugemacht, in zwei Minuten auf beiden Seiten gelb gebacken und warm über ein rundes Holz gebogen, oder als Düte geformt und vor dem Serviren mit Vanilleschlagrahm gefüllt.

1638. Anishippen (Anise Waffles). ¼ Pfund gesiebten Zucker rührt man mit 2 Eiern ¼ Stunde, mengt die klein geschnittene Schale und den Saft von einer Citrone nebst 3 Unzen feinem Mehl darunter. Die Bleche bestreicht man mit Butter, bestreut sie mit Anis, streicht die Hippen darauf, backt sie schnell im Backofen und krümmt sie warm über ein rundes Holz.

1639. Zimmthippen (Cinnamon Waffles). ¼ Pfund erweichte Butter wird mit ebensoviel Zucker leicht gerührt, dann mit ¼ Unze gestoßenem Zimmt, 1 Ei und ¼ Pfund Mehl genau vermischt. Von dieser Masse nimmt man mit dem Löffel kleine Stücke in der Größe einer starken Welschnuß, formt Kugeln daraus und legt sie auf ein mit Mehl besätes Blech; wenn der Teig zu Ende ist, wird das Hippeneisen heiß gemacht, eine Kugel in die Mitte gelegt, langsam zugedrückt, die Hippe gelb gebacken und warm über ein kleines rundes Holz gebogen.

1640. Citronenhippen (Lemon Waffles). So viel als 4 Eier wiegen, nimmt man fein gestoßenen Zucker und rührt ihn mit 2 ganzen Eiern und 2 Eiweiß eine halbe Stunde lang, nimmt die klein geschnittene Schale von einer Citrone und 2 Eier schwer feines Mehl dazu, bestreicht Bleche mit Butter, setzt von der Masse kleine Häufchen weitläufig darauf, streicht sie mit dem Messer so weit auseinander, daß sie so groß als eine obere Kaffeetasse werden, legt, ehe sie in den Ofen kommen, zwei bis drei Stück Citronat auf jede Hippe, backt sie in einem nicht mehr heißem Ofen gelb und krümmt sie über ein kleines, rundes Holz.

1641. Mandelhippen (Almond Waffles). Sechs Eiweiß werden zu steifem Schnee geschlagen und mit 6 Unzen Zucker, ebensoviel länglich recht fein geschnittenen Mandeln, 2 Unzen Mehl und der Schale und dem Saft von einer Citrone leicht vermengt. Auf ein dünn mit Butter bestrichenes Blech streicht man nun runde Häufchen dünn auseinander, backt sie hellgelb und krümmt sie warm über ein rundes Holz.

1642. Braune Lebkuchen. In einer Messingpfanne werden 1 Quart Honig und 1 Pfund gestoßener Zucker auf das Feuer genommen, und wenn der Honig recht heiß ist, aber doch noch nicht kocht, 1 Pfund gewiegte, im Backofen etwas geröstete Mandeln, 3 Unzen fein geschnittene Pomeranzenschale, ebensoviel Citronat, eine halbe Unze gestoßener Zimmt, 1 Drachme Nelken, Schale und Saft von 2 Citronen, 1 Drachme pulverisirte Potasche und die Hälfte von 2½ Pfund Mehl hinein gethan, dann nimmt man die Pfanne vom Feuer, rührt das übrige Mehl und ein halbes Glas Kirschengeist hinein, schafft die Masse sehr stark und thut sie in eine Schüssel. Sechs bis acht Tage läßt man den Teig an einem kühlen Ort stehen und beendet die Lebkuchen wie die vorhergehenden.

1643. Weiße Lebkuchen. 1 Pfund Zucker wird mit 5 Eiern ¾ Stunden gerührt. ¼ Pfund Citronat und Pomeranzenschale, Citronenschale, ½ Unze Zimmt, etwas Nelken und Potasche, ¼ Pfund gewürfelt geschnittene Mandeln und 1 Pfund Mehl wird dazu gethan, ausgewellt, zu kleinen Lebkuchen geschnitten, auf ein bestrichenes und mit Mehl bestreutes Blech gesetzt und in gutem Ofen gebacken. Sie können noch mit Zuckerglasur bestrichen werden.

1644. Kleine harte Kuchen. 1 Pfund Mehl, ½ Pfund Zucker, ¼ Pfd. Butter, 4 Eier, ¼ Unze Hirschhornsalz, aufgerollt und gebacken.

1645. Cooky. 2 Tassen Zucker, ¾ Tasse Butter, 5 Eßlöffel saure Milch, 1 Theelöffel Saleratus, 4 Eier, Muscatnuß, ungefähr 5 Tassen Mehl, Butter und Zucker zuerst gut verrührt, dann die Eier tüchtig geschlagen, dann Milch und Mehl abwechselnd.

1646. Marble-Cake. Der weiße Theil: 1½ Tasse Zucker, ½ Tasse Butter fein gerührt, ½ Tasse süße Milch, 1 Theelöffel Soda, 2 Theelöffel Cream of tartar, das Weiße von 4 Eiern, 2½ Tassen Mehl.

Der dunkle Theil: 1 Tasse braunen Zucker, ½ Tasse Syrup, ½ Tasse Butter, ½ Tasse saure Milch, 1 gestrichener Theelöffel Soda, 2 Theelöffel Cream of tartar, 2½ Tassen Mehl, das Gelbe von 4 Eiern, Nelken, Zimmt, Muskatnuß, englisches Gewürz; von jedem ½ Eßlöffel voll. Dann abwechselnd von dem weißen und dunkeln Theil in die Form gethan. 1 Stunde backen.

1647. Kornstärke-Kuchen. ¾ Tasse Butter, 1 Tasse Zucker, 6 Eiweiß zu Schnee geschlagen, 1 Tasse weißes Mehl, 1 Tasse Kornstärke, 2 Theelöffel Backpulver, 1 Tasse süße Milch; Zucker und Butter gut verrührt, dann abwechselnd die Milch und das Mehl, das Backpulver ins Mehl vermischt, zuletzt den Schnee; ¾ oder 1 Stunde gebacken.

1648. Syrup-Kuchen. 2 Tassen Syrup, 1 Tasse braunen Zucker, eine Tasse Fett, ¾ Tasse süße Milch oder Wasser, 2 Theelöffel Saleratus, Ingwer und ungefähr 5 Tassen Mehl.

1649. Guter Syrupkuchen. 2 Tassen Syrup mit 2 Eiern verrührt, dann 1 Tasse halb Fett und Butter geschmolzen, 4 Tassen ungesiebtes Mehl, 1 Theelöffel Saleratus, Cream of tartar, dieses in eine halbe Tasse dicke Milch vor dem Mehl hineingethan, etwas Ingwer, 10 gestoßene Nelken und 1 Theelöffel Zimmt.

1650. Nelken-Kuchen. 1 Tasse Zucker, eine halbe Tasse Butter, 1 Theelöffel Nelken, 1 Theelöffel Zimmt, 1 Theelöffel Muskatnuß, 1 Tasse geschnittene Rosinen, 1 Theelöffel Saleratus, 1 Tasse saure Milch, ungefähr vier Tassen Mehl.

1651. Custard-Cake. Zum Teig: 1 Tasse Butter, 2 Tassen Zucker, 2½ Tassen Mehl, 6 Eier, das Weiße zu Schnee geschlagen, 1 Löffel Backpulver und ½ Tasse Milch. In 4 Schichten zu backen. — Zum Bestreichen der Schichten: 1 Tasse Milch bringe zum Kochen, 2 Eier werden geschlagen und in die Milch gethan, dann 2 Löffel Zucker und etwas Vanille; auf dem Ofen oder auf Dampf dick werden lassen.

1652. Sponge-Cake. 9 Eier, und soviel Zucker, wie 8 Eier wiegen, so viel Mehl, wie 6 Eier wiegen, Zucker und die Eidotter werden gut nach einer Seite gerührt, dann abwechselnd das Mehl und der Schnee von den 9 Eiern. Muskatnuß oder Citrone nach Geschmack. 1 Stunde backen.

1653. Spice-Cake. 1 Tasse Butter, 1½ Tasse Zucker, dieses tüchtig verrührt, 3 Eier, aber erst das Gelbe tüchtig geschlagen, 1 Tasse saure Milch, einen guten Theelöffel Soda, damit es gut aufgeht, dieses dazu, 1 Tasse große Rosinen (die Kerne heraus) etwas gehackt, 1 Tasse Corinthen, diese in eine Tasse Mehl vermengt, etwas Citronat, 3 Tassen Mehl im Ganzen, 1 Theelöffel Nelken, Zimmt, Muskatnuß, zuletzt den Schnee.

1654. Gold-Cake. 1 Tasse Butter, 2 Tassen Zucker, 8 Eigelb, vier Tassen Mehl, 1 Tasse Milch, 1 Löffel Soda in der Milch aufgelöst, 2 Theelöffel Cream of tartar mit dem Mehl vermischt, etwas Muskatnuß. Eine Stunde backen.

1655. Silver-Cake. 1½ Tasse Butter, 1½ Tasse Zucker, dieses tüchtig gerührt; 1 Tasse Milch, 1½ Tasse Mehl, ½ Tasse Kornstärke, 6 Eiweiß steif geschlagen, 1 Eßlöffel Vanille, ½ Theelöffel Soda und 2 Theelöffel Cream of tartar oder 2 Theelöffel Backpulver mit dem Mehl vermengt. Eine Stunde backen.

1656. Cocoanut. ½ Tasse Butter, 2 Tassen Zucker, tüchtig verarbeitet, 4 Eigelb dazu, 1 Tasse Milch dazu gerührt, 2¾ Tassen Mehl, im Mehl ein guter Theelöffel Backpulver, dann mit Zucker, Wasser, Citronensaft kochen lassen,

auf die Schichten streichen, mit Cocoanut bestreuen, jedesmal Frosting da=
zwischen, damit es besser zusammen hält.

1657. Gleich=Schwer. Ein halbes Pfund Butter, leicht gerührt, ein
halbes Pfund Zucker, eine halbe Citronenschale, 4—5 Eier tüchtig geschlagen,
ein halbes Pfund Mehl, in Gelee=Formen gebacken.

1658. Fruchtkuchen (Fruit Cake). 12 Eier, 1 Pfund brauner Zucker,
1 Pfund Butter, 1½ Pfund Mehl, 4 Pfund Sultan=Rosinen, 3 Pfund kleine
Rosinen, ein halbes Pfund Feigen, 1 Pfund Citronat, 2 Pfund Mandeln, eine
Orange, fein geschnitten, 1 Theelöffel Soda, ¼ Pint Brandy, ¼ Pint Wein,
¼ Pint Rosenwasser, 6 Eßlöffel Molasses, Nelken, Muskatblüthe und Muskat=
nuß. Butter und Zucker tüchtig gerührt, dann Spices und Molasses in die
Soda hinein gethan, damit es gut aufgehe, dann das Eigelb und zuletzt die
Frucht.

1659. Fruchtkuchen, andere Art (Another kind). 1 Pfund Mehl, ein
Pfund brauner Zucker, ¾ Pfund Butter, 3 Pfund Rosinen ohne Kerne, 1 Pfd.
Corinthen, 1 Pfund Citronat, ¼ Pfund süße Mandeln geschält und mit etwas
Rosenwasser gestoßen, 1 Muskatnuß, 1 Weinglas guter Brandy, 10 Eier.
Butter und Zucker werden tüchtig zusammen gerührt, dann das Weiße von
den Eiern und 8 Eigelb, jedes allein, geschlagen und hineingerührt, hierauf
Mehl und Gewürz, und zuletzt die Frucht. 2 Stunden langsam backen. Dieser
Kuchen hält sich 2 Jahre.

1660. Weiße Kuchen. 3 Tassen Zucker, eine halbe Tasse Butter, eine
Tasse Milch, 3 Tassen Mehl, knapp 3 Theelöffel Backpulver, mit dem Mehl gut
vermengt, das Weiße von 4 Eiern.
Butter und Zucker werden zu Rahm gerührt, dann Milch und Mehl ab=
wechselnd hineingerührt, zuletzt rühre man das zu Schaum geschlagene Weiße
leicht durch die Masse. 1 Stunde langsam backen. In der letzten halben
Stunde kann man die Hitze etwas stärker machen.

1661. Weiße Kuchen. 2 Tassen weißen Zucker, 1 Tasse süße Sahne,
1 Eßlöffel Butter, 2 Tassen Mehl, das Weiße von 5 Eiern, 1 Theelöffel
Cream of tartar, einen halben Theelöffel Soda oder 2 gute Theelöffel Baking
Powder, etwas abgeriebene Citronenschale.

1662. Schnee=Kuchen (Snow Cake). ¾ Tassen Butter, knapp 2 Tassen
Zucker, 1 Tasse Milch, 1 Tasse Kornstärke, 2 Tassen Mehl, anderthalb Thee=
löffel Baking Powder.
Mehl, Kornstärke und Powder werden zusammen vermischt, Butter und
Zucker zusammengerührt, dann Milch und Mehl hinzugerührt, zuletzt das zu
Schnee geschlagene Weiße von 7 Eiern, abgeriebene Citronenschale oder nach
Belieben Vanille oder Muskatnuß; 1 Stunde langsam backen.

1663. Delicate Cake. Anderthalb Tassen (Powder-) Zucker, eine
halbe Tasse Butter, anderthalb Tassen Mehl, eine halbe Tasse Kornstärke mit

dem Mehl vermischt, eine halbe Tasse Milch, das Weiße von 6 Eiern zu Schnee geschlagen, 1 knapper Theelöffel Cream of tartar, einen halben Thee= löffel Soda oder 2 Theelöffel Baking Powder mit dem Mehl vermischt; etwas Mandel= oder Vanille=Extrakt.

Bei schwacher Hitze 1 Stunde backen.

1664. White Pound Cake. 1 Pfund Mehl, 1 Pfund Zucker, drei Viertelpfund Butter, das Weiße von 16 Eiern zu festem Schaum geschlagen, etwas Bitter=Mandel=Extrakt oder nach Belieben auch Citronenschale.

Butter und Zucker werden tüchtig gerührt und Mehl und Eiweiß abwech= selnd langsam darunter gerührt. 1 Stunde backen.

1665. Feather Cake. 1 Tasse Zucker und 3 Eier zusammen tüchtig geschlagen, 1 Ei dick Butter, 1 Tasse Mehl, 2 Theelöffelchen Baking Powder, 8 Eßlöffel Milch oder Wasser, Muskatnuß oder Citronenschale. Einfach und gut.

1666. Crême=Kuchen (Cream Cake). 4 Eier, 3 Tassen Mehl, andert= halb Tassen Zucker, 3 Theelöffel Baking Powder. Mehl, Zucker und Baking Powder werden zusammen gemischt, mit einer Tasse guter Sahne und den vier Eiern zu einem glatten Teig gerührt und etwas Citrone oder Vanille hinein gethan. 20 Minuten backen lassen.

1667. Kornstärke=Kuchen (Cornstarch Cake). 1 Tasse Butter, zwei Tassen Zucker, 1 Tasse Milch, ⅔ Tassen Kornstärke, den Rest Mehl, 2 Tassen Mehl. 2 Theelöffel Baking Powder, das zu steifem Schaum geschlagene Weiße von 7 Eiern, etwas Citronenschale.

Butter und Zucker werden zu Sahne gerührt, dann Mehl, Milch und Kornstärke abwechselnd hinzugerührt, zuletzt das Eiweiß. 1 Stunde backen.

1668. Kaffee=Kuchen (Coffee Cake). 1 Tasse Butter, 1 Tasse Zucker, 1 Tasse Syrup, 1 Tasse starken Kaffee, 5 Tassen Mehl, 1 Pfund Rosinen, 1 Theelöffel Zimmt, 1 Theelöffel Allspice, eine halbe Muskatnuß, 3 Eier, (kann auch mit 1 oder 2 Eiern gemacht werden), Baking Powder mit dem Mehl vermischt oder 1 Theelöffel Soda in den Syrup gesiebt. Eine gute Stunde backen.

1669. Ein guter brauner Kuchen oder Kaffeekuchen. 1 Tasse Butter, 1 Pfund brauner Zucker, 6 Eier, 1 Pfund Rosinen ohne Kerne, 1 Pfund Co= rinthen, 2 Theelöffel Zimmt, 1 Theelöffel Nelken, 2 Tassen starker Kaffee, fünf Tassen Mehl, 3 gehäufte Theelöffel Baking Powder mit dem Mehl vermengt, eine halbe Muskatnuß, Butter und Zucker werden zusammen=, die Eier eins nach dem andern hinzugerührt, darauf das Gewürz, dann Mehl und Kaffee ab= wechselnd hineingerührt, zuletzt die Frucht.

Anderthalb bis zwei Stunden bei schwachem Feuer backen.

1670. Gold=Kuchen (Gold Cake). Anderthalb Tassen (Powder-) Zucker, eine halbe Tasse Butter, ¾ Tasse süße Sahne oder Milch, 2½—3 Tassen Mehl, 6 Eigelb, 2 Theelöffel Baking Powder mit dem Mehl vermischt.

1671. Silberkuchen (Silver Cake). Anderthalb Tassen Pulverzucker, eine halbe Tasse Butter, 3 Tassen Mehl, eine halben Tasse süße Sahne oder Milch, das Weiße von 6 Eiern zu Schaum geschlagen und anderthalb Löffel Backpulver. 1 Stunde backen.

1672. Schaumkuchen (Sponge Cake). 15 Eier, 3 Glas (Powder-) Zucker, 4 Glas Mehl, 3 Theelöffel Baking Powder, abgeriebene Citronen-schale oder Vanille. Eier und Zucker werden tüchtig zusammengerührt, das Eiweiß zu festem Schnee geschlagen, die Hälfte von dem Mehl in die Masse ge-rührt, dann die Hälfte von dem Eiweiß, darauf die andere Hälfte von dem Mehl und zuletzt der Rest des Eiweiß leicht durchgerührt. 1 Stunde langsam backen. Dies giebt 2 schöne Kuchen.

1673. Französischer Schaumkuchen (French Sponge Cake). 2 Eier, 2 Tassen Zucker, 1 Tasse Milch, 3 Tassen Mehl, 2 Theelöffel Backpulver; dies alles zu einem Teig gerührt und langsam gebacken, ungefähr drei Viertelstunden.

1674. Citronen-Kuchen. 3 Tassen Zucker, 1 Tasse Butter, 1 Tasse Milch, 5 Eier, 4 Tassen Mehl.
Butter und Zucker werden zu Sahne gerührt, die Eigelb gut gerührt dazu gethan, Mehl und Milch abwechselnd hinzu-, Schale und Saft einer guten Citrone gut durch- und zuletzt das zu steifem Schnee geschlagene Weiße hinzu-gerührt, 2 Theelöffel Backpulver ins Mehl gethan und 1 Stunde gebacken.

1675. Corinthen-Kuchen. Dazu gehört ein halbes Pfund Mehl, 1 Pfd. Zucker, drei Viertelpfund Butter, 7 Eier, ¼ Pint Milch, 3 Theelöffel Backpulver und 1 Pfund Corinthen.
Butter und Zucker werden tüchtig zusammengerührt, 1 Ei nach dem andern, dann Mehl u d Milch hinzugerührt, zuletzt die sauber gewaschenen Corinthen. 1 Stunde backen.

1676. Cream Sponge Cake. Man schlage 2 Eier in eine Tasse und fülle diese mit süßer Sahne bis an den Rand; dann nimmt man 1 Tasse weißen Zucker und eine kleine Prise Salz, thut es in eine Schüssel, rührt 2 Tassen Mehl hinzu, worunter 2 Theelöffel Baking Powder gemischt sind, und einen Theelöffel Citronen-Essenz, thut dies Alles in ein viereckiges Blech und bäckt es 15 Minuten. Einfach und gut.

1677. Cocosnuß-Kuchen. 1 Pfund Zucker, 1 Pfund Mehl, 1 Pfund Butter, das Weiße von 12 Eiern, 1 Cocosnuß, ½ Glas Wein, 2 Theelöffel Backpulver oder knapp 1 Theelöffel Soda.
Butter und Zucker zu Sahne rühren, dann Mehl und das zu steifem Schaum geschlagene Weiße nebst der fein geriebenen Cocosnuß hinzugerührt und 1 Stunde langsam gebacken.

1678. Clay Cake. Dazu gehören 1 Tasse Butter, 2½ Tasse Zucker, 1 Tasse Milch, 4 Tassen Mehl, das Gelbe von 5 und das Weiße von 7 Eiern, 2 Theelöffel Cream of tartar, 1 Theelöffel Soda oder 4 gute Theelöffel Back-pulver mit dem Mehl vermischt.

Butter und Zucker werden solange gerührt, bis es wie Sahne aussieht, dann das gut gerührte Eigelb hinzugethan, 1 Löffel Citronen-Extrakt, dann das Mehl, und zuletzt das zu steifem Schaum geschlagene Weiße von 7 Eiern durchgerührt. Diese Masse giebt zwei Kuchen. 1 Stunde langsam backen.

1679. Auflegekuchen. Cocosnußkuchen (Cocoanut Cake). 3 Tassen Mehl, ½ Tasse Butter, 1 Tasse Zucker, 1 Tasse Milch, 5 Eier, 2 Theelöffel Baking Powder. Butter und Zucker rührt man, bis es weiß ist, dann rührt man 1 Ei nach dem andern hinzu, darauf Milch und Mehl abwechselnd. Hiervon backt man 4 Schichten von gleicher Größe in einem gut geheizten Ofen. Dann werden 4 Eiweiß zu Schaum geschlagen und mit 1 Pfund (Powder-) Zucker vermischt; mit diesem werden die 4 Kuchen bestrichen und gut mit Cocosnuß bestreut. Man braucht ½ Pfund präparirte Cocosnuß dazu.

1680. Auflegekuchen. Weißer Cocosnuß-Kuchen (White Cocoanut Cake). 2 Tassen Zucker, zwei Dritteltasse Butter, das Weiße von 7 Eiern zu Schnee geschlagen, zwei Tritteltasse Milch, 2 Tassen Mehl, 1 Tasse Kornstärke, 2 Theelöffel Backpulver. In 4 Schichten gebacken. Der Ofen muß recht heiß sein. Zum Aufstreichen: Das Weiße von 4 Eiern schäumig geschlagen mit etwas Zucker, auf die Kuchen gestrichen und mit Cocosnuß bestreuen und aufeinander legen.

1681. Auflegekuchen mit Aepfeln. 7 Eier, ½ Tasse Butter, 2 Tassen Zucker, 2 Tassen Mehl, 2 kleine Eßlöffel Backpulver, 2 Eßlöffel Wasser.

Butter und Zucker zusammengerührt; die Eier, das Gelbe und Weiße, jedes allein geschlagen, dazu gerührt, sowie Mehl und Wasser. In 4 Schichten in einem heißen Ofen schnell gebacken. Zum Bestreichen der Kuchen: 1 Ei, 1 Tasse Zucker, 3 geriebene saure Aepfel und eine Citrone; dies Alles rührt man über dem Feuer, bis es dick wird; abgekühlt bestreicht man 3 Kuchen damit und legt sie aufeinander.

1682. Kröpfeln. 1 Pfund Mehl, gut 2 Unzen Butter, gut 1½ Unze Zucker, ¾ Quart Milch, 3 Eier, etwas Nelken, Zimmt und Kardamom.

Dies alles wird vorher erwärmt und zum Teig gemacht, in zwei Finger breite, lange Streifen geschnitten, diese der Länge nach dreimal so weit eingeschnitten, daß sie nur eben zusammenhalten, lose durcheinander geflochten und wie Mutzen gebacken.

1683. Züricher Küchli. Milch, feines Mehl, Zucker und Zimmt. Man läßt Milch und etwas Salz in einem eisernen Topfe kochen, rührt so viel Mehl hinein, daß der Teig sich vom Topfe loslöst, legt ihn auf ein Backbrett, formt ein Ei dicke, runde Klöße, backt sie in Schmelzbutter schön gelb und bestreut sie mit Zucker und Zimmt.

Man nimmt sie sowohl zum Thee als zum Nachtisch, auch, je nachdem sie eine Schüssel ausmachen sollen, mit einer Schaumsauce oder Fruchtsaft, sowie auch mit Compote.

XXXIII. Vom Zucker, Geruchzucker, Glasuren, Mandeln und Rosinen. — Sugar, Glazing, Almonds and Raisins.

1684. Zucker zu läutern (To clarify Sugar). Ein Eßlöffel Eier= schaum wird mit einem halben Quart Wasser in der Casserole verrührt, in wel= cher der Zucker geläutert wird, dazu nimmt man zwei Pfund gebröckelten Zucker und setzt die Casserole über gelinde Hitze; ehe der Zucker zu kochen anfängt, wird ein trüber Schaum sichtbar sein, diesen nimmt man sorgfältig ab und läßt nun den Zucker gut aufkochen, gießt ihn dann durch eine reine, in Wasser ge= tauchte Serviette in eine Porzellanschüssel und bewahrt ihn zum Gebrauch. Will man den Zucker recht weiß haben, so kann man den Saft von einer halben Citrone während des Kochens hineinthun.

1685. Zucker zum Breitlauf (To boil Sugar smooth). Der nach der vorigen Nummer geklärte Zucker wird so lange gekocht, bis, wenn man einen Löffel hineintaucht und wieder herauszieht, der letzte Tropfen breit vom Löffel fällt.

1686. Zucker zum Faden (Sugar to small and large Thread). Wenn der Zucker nach dem Breitlauf noch einige Minuten fortgekocht hat und er von dem schnell eingetauchten und wieder herausgenommenen Löffel beim Abfließen einen kleinen Faden spinnt, der sogleich wieder bricht, so ist er zum kleinen Faden, hat er noch eine Weile fortgekocht und man wiederholt dieselbe Probe und er dehnt sich mehr aus, so ist er zum großen Faden gekocht.

1687. Zucker zur Perle (Sugar to a little and large Pearl). Hat der Zucker nach dem Faden noch einige Minuten gekocht und man taucht einen Löffel ein, zieht ihn wieder heraus und man bemerkt an dem daran hängenden Faden kleine Perlen, so ist er zur kleinen Perle fertig; fällt der Zucker tiefer, ohne daß der Faden sogleich abreißt, so ist er zur großen Perle gekocht.

1688. Zucker zum Flug (Sugar to a Feather). Wenn der Zucker nach der Perle noch einige Minuten gekocht hat und man taucht den Schaum= löffel ein, schüttelt ihn ab, bläst durch und es kommen kleine Bläschen, die wieder schnell zergehen, so ist er zum kleinen Flug fertig, wenn aber nach einigen Augen= blicken beim Wiederholen der Probe große Blasen entstehen, so ist er zum großen Flug gekommen.

1689. Zucker zur Kugel (Sugar to a Ball). Man fährt mit dem Zeigefinger durch vorhergehenden Zucker, nachdem solcher noch einige Augenblicke fortgekocht hat, und giebt dann den Finger sogleich in danebenstehendes kaltes Wasser; läßt sich der daran klebende Zucker zu einer Kugel drehen, dann hat er den Grad der Kugel erreicht.

1690. Zucker zum Bruch (Sugar to a Crack). Hat vorhergehender, zur Kugel gekochte Zucker noch einen Augenblick fortgekocht, so fährt man mit dem Zeigefinger hindurch und giebt den Finger sogleich in danebenstehendes kaltes Wasser, löst den anklebenden Zucker von demselben ab und nimmt ihn zwischen die Zähne; wenn er sich nun zerbeißen läßt, ohne daß er noch klebrig an letzteren hängen bleibt, dann hat er den Grad des Bruches erreicht.

1691. Zucker zum Caramel (Sugar to Caramel). Hat vorhergehender, zur Kugel gekochte Zucker noch einen Augenblick fortgekocht und fängt an, sich rothbraun zu färben, dann hat er den Grad des Caramel erreicht. Die Casserole oder der Kessel muß hierauf des schnelleren Abkühlens wegen sogleich in kaltes Wasser gesetzt werden, um zu verhindern, daß er nicht zu braun wird.

Vom Geruchzucker — The flavoring Sugar.

1692. Vanillezucker (Vanilla Sugar). Ein Stängelchen Vanille wird getrocknet, sodann in kleine Stückchen geschnitten, mit ungefähr drei Unzen feinem Zucker recht fein gestoßen, dann durch ein feines Haarsieb gesiebt und in gut verschlossenen, blechernen Büchsen an einem trockenen Orte aufbewahrt.

1693. Citronenzucker (Lemon Sugar).

1694. Orangenzucker (Orange Sugar).

Von gesunden Citronen oder Orangen werden die Schalen an in Stücke gehacktem Zucker abgerieben, sodann mit einem Messer abgeschält, auf Papier an einem warmen Orte getrocknet, alsdann in einem Mörser feingestoßen und in einem wohlverschlossenen Glase oder Blechbüchschen an einem trockenen Orte zum Gebrauche aufbewahrt.

Vom Hagelzucker — Brocken Loaf Sugar.

1695. Weißer Hagelzucker. Hierzu gebraucht man zwei Siebe, nämlich ein feines und ein gröberes. Der feinste, weiße Zucker wird nicht zu fein gestoßen, sodann der feine Zucker durch das feinere Sieb abgesiebt und nachdem der übrige Zucker nochmals durch das zweite gröbere Sieb gesiebt; dieser Zucker (Hagelzucker oder Körnerzucker genannt) wird hierauf in Gläser gefüllt, welche, mit Papier und Bindfaden umbunden, an einem trockenen Orte bis zum Gebrauche aufbewahrt werden.

Von den verschiedenen Glasuren — Different kinds of Glazing.

1696. Wasserglasur — Tortenguß (Water Frost — Tart Frost). Ein halbes Pfund getrockneter, gestoßener, durch ein Trommelsieb gesiebter, feiner Zucker wird mit dem Saft einer Citrone und einigen Eßlöffeln kaltem Wasser zu einer dick vom Löffel fließenden Glasur abgerührt und sodann in Gebrauch genommen.

1697. Wasserglasur von Orangen (Orange Water Frost). In vorhergehende Glasur gebe man statt Citronensaft den Saft einer gesunden Orange.

1698. Marasquinoglasur (Marasquino Glazing). In die Glasur gebe man nach Belieben, je nachdem man sie stark oder schwach schmeckend zu haben wünscht, etwas guten Rum oder Arrak, oder auch ein wenig Marasquino= liqueur, lasse aber dafür so viel Wasser weg.

1699. Weiße Zuckerglasur (White Sugar Glazing — Glacé Royal). Ein halbes Pfund feiner getrockneter, gestoßener, durch ein Trommelsieb gesiebter Zucker wird mit einem reinen Eiweiß und dem Safte einer Citrone so lange gerührt, bis er schneeweiß und so dick geworden ist, daß, wenn man den Rühr= löffel herauszieht, die Glasur steif um letzteren heraussteht, worauf solche dann in Gebrauch genommen wird. Diese Glasur verwendet man meistens blos zum Spritzen verschiedener Backereien, als Torten 2c.; sollte sie jedoch zum Glasiren verwendet werden, so kann man noch etwas Eiweiß mehr nehmen und sie so lange rühren, bis sie recht dick vom Löffel fließt.

1700. Rothe Zuckerglasur (Red Sugar Glazing).

1701. Gelbe Zuckerglasur (Yellow Sugar Glazing).

1702. Grüne Zuckerglasur (Greene Sugar Glazing).

Vorhergehend weiße Zuckerglasur wird entweder mit einigen Tropfen auf= gelöster Cochenille (Carmin) hübsch rosenroth oder mit einigen Tropfen mit heißem Wasser angebrühtem Safran, nachdem er kalt geworden ist, schön gelb, oder auch mit einigen Tropfen Spinat= oder Bretongrün angenehm grün gefärbt.

1703. Chocoladeglasur (Boiled Chocolate Frost). Ein Viertelpfund feine Chocolade wird mit einem halben Pfund feinem Zucker und einem halben Quart Wasser in einem kupfernen, unverzinnten Casserolchen auf starkes Feuer gesetzt und unter Rühren so lange gekocht, bis sich von der Masse zwischen den Fingern ein Faden zieht; alsdann nehme man sie vom Feuer weg und verwende sie nach einigem Abkühlen zum Glasiren verschiedener Backereien.

1704. Gekochte Zuckerglasur zu Torten. Drei Viertelpfund gebröckelter Zucker wird mit dem Saft von 2 Citronen und 1 Glas starkem weißen Wein in einer Casserole über das Feuer gesetzt, abgeschäumt, und wenn keine Unreinigkeit mehr in die Höhe steigt, langsam umgerührt und ein paar Minuten gekocht, jedoch ohne daß der Zucker zäh wird; während der gekochte Zucker noch heiß ist, wird die Torte überpinselt.

1705. Rosenwasserglasur. Ein Viertelpfund Zucker wird mit einem halben Glas Rosenwasser gekocht, das Backwerk damit überpinselt und noch einen Augenblick im Ofen getrocknet.

1706. Geschälte Mandeln (Peeled Almonds). Die frischen, süßen oder bitteren Mandeln werden mit kaltem Wasser zum Feuer gesetzt und so lange gebrüht, bis sie sich zwischen den Fingern aus ihren Schalen leicht herausdrücken lassen; sie werden sodann auf ein Sieb geschüttet, mit kaltem Wasser abgekühlt und geschält.

1707. Geschälte Pistazien. Die Pistazien sollen frisch und von hübsch grüner Farbe sein; sie werden wie die Mandeln geschält.

Von den Rosinen — Currants.

1708. Kleine Rosinen. Die kleinen Rosinen werden einigemal tüchtig aus lauwarmem Wasser herausgewaschen, sodann auf einem Durchschlag abgetropft und auf einem Deckel sehr vorsichtig verlesen (es befindet sich immer viel Sand und Steinchen in denselben); alsdann trockne man sie in einem reinen Tuche gut ab und nehme sie in Gebrauch.

1709. Große Rosinen. Die großen Rosinen werden rein verlesen, von ihren Stielchen abgezupft, sodann aus lauem Wasser herausgewaschen, mit einem Tuche abgetrocknet und zum Gebrauche verwendet. Die sogenannten Sultanin-Rosinen werden blos rein verlesen und dann in Gebrauch genommen.

XXXIV. Eingemachte Früchte, Marmeladen, Obstgelees, Obstsäfte, getrocknete Früchte und in Dunst eingekochte Früchte. — Preserved Fruits, Marmelades, Fruit Jellies, Juices, dried Fruits, and vapored or steamed Fruits.

1710. Allgemeine Regeln. Durch Zuckerläutern lassen sich die ver=
gänglichsten Früchte auf jahrelange Dauer einmachen, wenn man dabei pünkt=
lich zu Werke geht; bei dieser Arbeit darf die Zeit nicht gespart werden, denn
nicht in einer Stunde, ja selbst nicht an einem Tage bringt man sie zu Ende,
wenn auch die Portion der einzumachenden Frucht noch so klein wäre, denn nur
durch wiederholtes Erkalten und Wiederaufkochen gewinnt die Zuckerkraft Ober=
hand über die vergänglichen Fruchtsäfte. Es muß hierzu bester Zucker genom=
men werden; bestehen die Früchte in Beeren, so nimmt man nur auserlesen reife
und beseitigt jede anklebende Unreinigkeit, es ist nicht rathsam, sie zu waschen;
sind es Früchte, von denen es heißt „nicht reif", so darf man darunter keine
zählen, die noch nicht ausgewachsen wären, im Gegentheil müssen sie ausge=
wachsen, nur noch nicht weich sein. Beim Kochen des Zuckers wie bei dem der
Früchte muß die Hitze sehr gelind sein, je später das Kochen, je schöner und
dauernder die Früchte. Sollte man in Ermangelung einer verzinnten Casserole
genöthigt sein, sich einer messingenen zu bedienen, so darf der Früchtesud in
dieser Casserole durchaus nicht stehen bleiben, um der Gesundheit willen. Ehe
die Früchte in die bestimmten Gefäße gefüllt werden, schwefelt man die letzteren,
indem man von einem Stückchen brennender, arsenikfreier Schwefelschnitte ein
paar Tropfen einfallen läßt und die Gefäße fest zudeckt. Die Früchte halten
sich am besten, wenn sie warm eingefüllt werden und einige Tage leicht zugedeckt
stehen bleiben. Der Fruchtsaft (Gelee) muß die Früchte bedecken; sie werden
mit einem Kirschengeistpapiere oder noch besser mit Papier, das in gelöste
Salicylsäure getaucht (auf 6 Eßlöffel Kirschen= oder Weingeist eine Messer=
spitze Salicylsäure), bedeckt und die Gefäße ganz einfach mit reinem Papier fest
zugebunden. Bei Anwendung von Salicylsäure wird zum Haltbarmachen der
Früchte auf 2 Quart Eingemachtes eine kleine Messerspitze in Weingeist aufge=
löste Salicylsäure genommen, welche man in die noch heißen Früchte rührt.
Durch Salicyl wird die Gährung verhindert und dadurch ist es möglich, ein
Viertel des sonst nöthigen Zuckers weniger zu nehmen. Der Aufbewahrungs=
ort muß kühl und frei von Ameisen sein. Nach zwei Wochen, von der Einmach=

zeit an gerechnet, sieht man nach, und träte eine Gährung ein, so kocht man die
Früchte noch einmal mit etwas Zucker auf, dann halten sie sicher.

1711. Apfelsinenschale einzumachen (Orange Peels). Süße Orangen
werden in 2 Theile getheilt, in kochendes Wasser gelegt und so lange gekocht,
bis man sie mit einem dünnen Hölzchen leicht durchstechen kann; sie werden dann
in kaltes Wasser gelegt und das Mark mit dem Löffel herausgenommen. Auf
ein Pfund solcher Schalen wird ein Pfund Zucker geläutert, die Schalen hinein=
gelegt und ein paarmal aufgekocht; sie werden dann in eine Schüssel umgeleert,
mit einem Tuche bedeckt und kalt gestellt. Dies muß 4—5 Tage wiederholt
werden, den sechsten Tag wird noch etwas frisch geläuterter Zucker dazu genom=
men und, nachdem sie noch einmal aufgekocht und erkaltet sind, werden sie in
Gläser gelegt, mit einem nach der Größe des Glases rund zugeschnittenen
Papier, das in Kirschengeist oder Arrak getaucht wurde, bedeckt, mit einem
andern Papier genau zugebunden und an einem trockenen, aber kühlen Orte auf=
bewahrt.

1712. Eingemachte Himbeeren (Raspberries). Ein Pfund frische
Himbeeren wird sauber verlesen und die kleinen Blättchen davon abgezupft.
Unterdessen wird ein Pfund geläuterter, weißer Zucker zum starken Faden ge=
kocht, die Himbeeren werden in den kochenden Zucker hineingegeben und einige=
mal unter gehörigem Abschäumen überwallt; man leert sie nun in eine reine,
irdene Schüssel aus, bedeckt sie mit einem reinen Tuch und läßt sie über Nacht
ruhig an einem kühlen Ort stehen. Den andern Tag schüttet man sie breit auf
ein großes, umgestürztes Haarsieb, worunter ein ebenso breites Gefäß gestellt
wird, damit der Saft hineinlaufen kann; diesen setze man alsdann wieder zum
Feuer, lasse ihn nochmals zu starkem Faden kochen, gebe die Himbeeren wieder
hinein, lasse sie noch einmal unter Abschäumen überwallen, nehme sie hierauf
vom Feuer weg, fülle sie nach gehörigem Abkühlen in die bestimmten Einmach=
gläser ein, so daß der Saft darüber steht, decke sodann nach der Oeffnung der
Gläser rund geschnittene, in Rum getauchte Plättchen von weißem Schreibpapier
unmittelbar über die Himbeeren, überbinde die Gläser zuerst mit einem nach
deren Größe rund geschnittenen Stück in lauem Wasser gut geweichte und
wieder fest ausgedrückte Ochsenblase und nochmals mit starkem weißem Papier
und bewahre das Eingemachte sodann an einem trockenen, kühlen Orte auf.

1713. Schwarze Johannisbeeren (Black Currants). Zu zwei Pfund
abgezupften, schwarzen Johannisbeeren läutert man 1½ Pfund Zucker, kocht die
Beeren dick darin ein und füllt sie halb erkaltet in Gläser.

1714. Johannisbeeren in Zucker einzumachen (Currants in Sugar).
Auf 1 Pfund abgezupfte Johannisbeeren nimmt man 1 Pfund gestoßenen Zucker,
mischt ihn unter die Beeren, läßt sie einige Stunden so stehen, nimmt sie dann
zuerst auf ein schwaches Feuer, bis sie Brühe gezogen haben, und läßt sie, wenn
sie überall zu kochen anfangen, noch 7 Minuten unter sorgfältigem Abschäumen
kochen. Sie werden mit einem in Salicylsäure getauchten Papier bedeckt, fest
mit Papier überbunden und halten sich mehrere Jahre ganz gut.

1715. Johannisbeeren in Zucker, andere Art (Another Style). Voll=
kommen reife, schöne Johannisbeeren werden abgerupft und gewogen. Dann
wird ebensoviel Zucker zum Breitlauf gekocht, die Johannisbeeren dazu gethan,
fleißig abgeschäumt und einige Minuten gekocht. Die Beeren werden nun mit
dem Schaumlöffel in eine Porzellanschüssel gelegt, der Saft noch etwas gekocht
und darüber gegossen, mit einem Tuche bedeckt und über Nacht an einen kühlen
Ort gestellt. Den andern Tag wird der Saft abgegossen, aufgekocht und ab=
geschäumt, die Beeren dazu genommen und 2—3 Minuten lang gekocht; sie
werden dann mit dem Schaumlöffel herausgenommen, der zurückgebliebene Saft
zur Perle gekocht und darüber gegossen. Man kann auch zu 2 Pfund Johannis=
beeren 1 Pfund Zucker nehmen, kocht sie ein auf obige Art und rührt noch heiß
eine ganz kleine Prise in Weingeist aufgelöste Salicylsäure hinein. Wenn sie
erkaltet sind, werden sie in Gläser gefüllt, mit Papier bedeckt, das in Kirschen=
geist oder in gelöste Salicylsäure getaucht wurde, mit anderem Papier gut zu=
gebunden und aufbewahrt.

1716. Kirschen in Zucker einzumachen (Cherries in Sugar). Zu ein
Pfund abgezupften und ausgesteinten Weichselkirschen wird ebensoviel Zucker
geläutert, zum Faden gekocht, die Kirschen eingelegt und unter fleißigem Ab=
schäumen 10 Minuten lang gekocht. Sie werden mit dem Schaumlöffel heraus=
gehoben, der Saft zur großen Perle eingekocht, den andern Tag die Kirschen
noch einmal 10 Minuten lang gekocht, und wenn sie erkaltet sind, in Gläsern
aufbewahrt. Bei süßen, schwarzen Kirschen kann ¾ Pfund Zucker auf 1 Pfund
Kirschen genommen werden.

1717. Eingemachte, unreife Aprikosen (Apricots).

1718. Eingemachte, unreife Pfirsiche (Peaches).

Die Aprikosen oder Pfirsiche, welche noch ganz unreif sind, noch keinen
Kern besitzen und grün aussehen, werden mit heller, gewöhnlicher Lauge zum
Feuer gesetzt und so lange mit der Hand umgerührt, bis die wolligen Haare
von denselben abgehen; sie werden alsdann in heißes Wasser gelegt, eine um
die andere wird herausgenommen, mit einem reinen Tuche gut abgetrocknet und
wieder in kaltes Wasser gelegt, worin sie dann über Nacht verbleiben, indem das
Wasser während dieser Zeit öfters gewechselt wird. Den andern Tag werden
sie in kochendem Wasser weich gekocht und dann wieder mit kaltem Wasser ab=
gekühlt; sodann wiege man die Früchte und nehme ebensoviel Zucker, der ge=
läutert wird, die abgetrockneten Früchte läßt man darin aufkochen, dann wird
Alles in eine irdene Schüssel umgeleert, mit einem Tuche bedeckt und über Nacht
an einem kühlen Orte stehen gelassen; den nächsten Tag gieße man den Zucker
ab, setze ihn zum Feuer, lasse ihn unter Abschäumen einmal aufkochen, gebe die
Früchte hinein, lege sie nach einmaligem Ueberwallen mit dem Schaumlöffel in
die irdene Schüssel heraus, koche den Zucker bis zum Breitlauf, gieße ihn dar=
über und lasse sie wieder über Nacht stehen. Dieses Verfahren wiederhole man
noch viermal, koche den letzten Tag den Zucker bis zur großen Perle, gebe die
Früchte hinein, koche sie einmal auf, nehme sie dann vom Feuer weg, fülle sie
nach ihrem gänzlichen Abkühlen in die bestimmten Gläser ein und beende sie wie
die Himbeeren.

1719. Eingemachte Reineclauden (Green Gage). Hübsche, grüne, zwar reife, aber noch feste Reineclauden werden mit einer Nadel überall durch= stochen, die Stiele etwas abgestutzt, die Früchte sodann mit kaltem Wasser zum Feuer gesetzt und sobald dieses anfängt heiß zu werden, setze man das Gefäß vom Feuer weg und lasse die Reineclauden über Nacht darin stehen. Den andern Tag stelle man sie mit dem Wasser und einer Handvoll Salz in einer unverzinnten Casserole zum Feuer und lasse sie so lange darauf, bis sie obenauf zu schwimmen kommen; dann gebe man sie mit einem Schaumlöffel in kaltes Wasser, lasse sie abkühlen und schütte sie sodann auf ein Haarsieb zum Ab= tropfen. Nun läutere man auf ein Pfund derselben fünf Viertelpfund Zucker, gebe in diesen kochenden Zucker die Reineclauden hinein, lasse sie unter Ab= schäumen 5 Minuten langsam kochen, leere sie sodann in eine irdene Schüssel um und lasse sie an einen kühlen Orte, mit einem reinen Tuche bedeckt über Nacht stehen. Den andern Tag wird der Zucker abgegossen, zum Breitlauf gekocht, die Reineclauden werden einmal aufgekocht, sodann wieder umgeleert und wieder über Nacht stehen gelassen; dieses Verfahren wird noch dreimal wiederholt, den letzten Tag wird der Zucker zur großen Perle gekocht, die Reineclauden werden dann noch einmal überkocht. Man nehme sie dann vom Feuer weg und beendige sie ganz wie vorhergehende Nummer.

1720. Preiselbeeren einzumachen (Cranberries). Zu 1 Pfund rein verlesenen Beeren läutert man ½ Pfund Zucker mit 1 Glas Wein, thut die Beeren dazu, läßt sie einige Zeit mitkochen und nimmt einige Zimmtstücke dazu. Noch warm werden sie in Gläser gefüllt und, wenn erkaltet, zugebunden und aufbewahrt.

1721. Preiselbeeren mit wenig Zucker, andere Art. 3½ Quart rein verlesene und gewaschene Beeren werden mit kaltem Wasser so lange auf das Feuer gestellt, bis es anfängt heiß zu werden, dann schüttet man das Wasser, das viel von der Herbe und Säure den Beeren weggenommen, ab und kocht sie mit 1 Pfund Zucker und einigen Stücken Zimmt völlig gar, schäumt sie ab und füllt sie noch warm in Töpfe oder Gläser.

1722. Eingemachter Ingwer (Ginger). Man schält die Wurzeln von frischem grünen Ingwer und legt sie 15 Minuten in kaltes Wasser. Dann kocht man sie in 3 Wassern und wechselt das heiße immer gegen kaltes, bis die Wurzeln sehr weich sind, dann seiht man sie und legt sie in Eiswasser. Für den Syrup rechnet man 1¼ Pfund Zucker auf 1 Pfund Ingwer, und eine Tasse Wasser auf jedes Pfund Zucker. Nun kocht man ihn bis kein Schaum mehr aufsteigt. Wenn der Syrup kalt ist, trocknet man den Ingwer ab und giebt ihn hinein und läßt ihn 24 Stunden stehen; dann seiht man ihn ab und wärmt den Syrup wieder und giebt dann den Ingwer hinein, stellt das Ganze weg und läßt es 2 Tage stehen; hierauf kocht man den Syrup wieder auf und gießt ihn kochend über den Ingwer. Nach einer Woche gießt man ihn wieder ab, kocht ihn auf und gießt ihn wieder heiß über den Ingwer und deckt diesen fest zu; in 14 Tagen ist er zum Gebrauch bereit.

1723. Eingemachte Feigen. (Figs). Das Gewicht der reifen Feigen in Zucker, die Schale einer Citrone, Saft von zweien, etwas Ingwer.

Man bedeckt die Feigen 12 Stunden mit kaltem Wasser. Dann dünstet man sie in soviel Wasser, daß sie davon bedeckt sind, bis sie weich sind; hierauf legt man sie auf ein Sieb zum Auskühlen und Hartwerden. Man giebt auf jedes Pfund Zucker eine Tasse kaltes Wasser und kocht ihn zu Syrup, bis er keinen Schaum mehr aufwirft. Nun giebt man die Feigen hinein und kocht sie langsam zehn Minuten. Hierauf nimmt man sie heraus und breitet sie auf Schüsseln in die Sonne. Nun fügt man den Citronensaft und den Ingwer bei und kocht den Syrup dick; läßt die Feigen nochmals 15 Minuten darin aufkochen und füllt die Gläser dreiviertel voll und gießt sie dann mit dem Syrup voll. Dann deckt man sie zu, und wenn sie kalt sind, versiegelt man sie oder bindet sie zu.

1724. Dürrlitzen in Zucker. Die Dürrlitzen müssen vollkommen reif, aber nicht teig sein. Auf 3 Pfund Früchte nimmt man 2 Pfd. Zucker; sie werden erst in ein Sieb gelegt, mit strudelndem Wasser übergossen, hernach in dem zum Faden geläuterten Zucker gekocht, dann mit dem Seiher herausgenommen, der Saft länger eingekocht, die Früchte wieder eingelegt und diese langsam noch einmal durchgekocht.

1725. Eingemachte Nüsse (Preserved Nuts). Die zum Einmachen bestimmten Nüsse müssen Mitte Juni gebrochen werden. Sie werden oben und unten abgeschnitten, mit einer dicken Nadel mehreremale durchstochen und acht Tage lang in ein Geschirr mit kaltem Wasser gelegt, das alle Tage abgegossen und durch frisches ersetzt werden muß. Den achten Tag werden sie abgegossen, in siedendes Wasser gelegt und so lange gekocht, bis man sie mit einem Hölzchen leicht durchstechen kann; sie werden dann wieder acht Tage in kaltes Wasser gelegt, das alle Tage gewechselt wird. Nach Verlauf dieser Zeit werden die Nüsse aus dem Wasser genommen und, wenn sie abgelaufen sind, gewogen; auf 1 Pfd. Nüsse wird ¾ Pfund Zucker schwach geläutert und die Nüsse damit begossen; dann werden sie mit einem reinen Tuche bedeckt und über Nacht stehen gelassen. Dieses Verfahren wird 4—5 Tage hindurch wiederholt; am sechsten Tage werden sie auf ein Sieb gelegt, jede Nuß mit 2 Nelken und einigen kleinen Stückchen Zimmt gespickt oder kocht man das Gewürz nur damit auf. Zu ¾ Pfund bisher gebrauchtem Zucker wird nun noch ½ Pfund geläuterter Zucker hinzugegossen, gut verschäumt, die Nüsse einigemal damit aufgekocht und, wenn sie erkaltet sind, in einen Porzellantopf gelegt, gut zugebunden und an einem trockenen Orte aufbewahrt.

1726. Quitten einzumachen (Preserved Quinces). Birnquitten werden geschält, das Kernhaus herausgenommen, in 4 Schnitze geschnitten und in kaltes Wasser gelegt. Die Schalen und Kerne werden gewaschen und mit etwas Zimmt und einigen Nelken in Wasser weich gekocht; sie werden auf ein Sieb gelegt und in kleine Schnitzchen geschnitten. Auf 1 Pfund Quitten wird 1 Pfd. Zucker mit dem abgelaufenen Saft geläutert, zum Faden gekocht, die Quitten einige Minuten darin gekocht, mit dem Seiher herausgefangen und in eine Porzellanschüssel gelegt, der Saft noch 10 Minuten lang gekocht, darüber gegossen, dieselben kalt gestellt und mit Papier leicht bedeckt. Den folgenden Tag wird der Saft abgeschüttet, ein wenig gekocht und nachdem er abgeschäumt ist, die Quitten hineingelegt und einmal aufgekocht; sie werden dann mit dem Schaumlöffel wieder in die Schüssel gelegt, der eingekochte Saft daran gegossen und nach ihrem Erkalten in Gläser eingefüllt. Wie alle eingemachten Früchte werden sie mit einem Papier bedeckt, das in Kirchengeist oder gelöste Salicyl= säure getaucht wurde, und mit einem andern Papier gut zugebunden.

1727. Quittenschnitze. 1 Pfund geschälte, in Schnitze geschnittene Birn= quitten, 1 Pfund Zucker und ein halbes Quart Wasser werden 2 Stunden lang= sam gekocht, abgekühlt in ein Glas gefüllt und nach der in voriger Nummer ge= gebenen Vorschrift verwahrt.

1728. Zwetschgen oder Pflaumen einzumachen (Prunes or Plums) zu Auflauf u. dgl. Zu 1 Pfund geschälten und ausgesteinten Zwetschgen läutert man ¾ Pfund Zucker mit etwas Wasser, thut von einer Citrone die klein ge= schnittene Schale daran, die Zwetschgen dazu, und läßt sie langsam einkochen. Man muß dabei sehr acht haben, daß sie nicht anbrennen. Wenn sie kalt sind, werden sie in einem Glase oder Porzellangefäß aufbewahrt.

1729. Stachelbeeren einzumachen (Preserved Gooseberries). Werden eingekocht wie Johannisbeeren, nur brühe man sie vorher ab und wasche sie gut, jedoch dürfen sie nicht zerkochen.

1730. Erdbeeren einzumachen (Preserved Strawberries). Nachdem die Erdbeeren abgezupft sind, lege man so viel auf eine Platte oder flache Schüssel, wie man auf einmal in den Topf thun kann, zu jedem Pfund Erdbeeren ¾ Pfd. Zucker, bestreue die Beeren damit und stelle sie 2—3 Stunden hin, bis sie Saft gezogen haben. Darauf gieße man den Saft in den zum Einkochen bestimmten Topf, lasse ihn zum Kochen kommen, schäume ihn gut ab, thue die Erdbeeren behutsam hinein, lasse sie eben zum Kochen kommen und fülle sie in ein heißge= machtes Glas; sollte es nicht ganz voll sein, so stelle man es gut warm, bis noch mehr Beeren fertig sind; dann schraube man das Glas schnell zu, so lange das Eingemachte noch kochend heiß ist. Wenn es kalt geworden ist, schraube man noch etwas nach.

1731. Erdbeeren eingemachte, andere Art (Strawberries, another kind). 1 Pfund reife Erdbeeren, 1 Pfund Zucker.

Nachdem der Zucker geläutert, nehme man den Topf vom Feuer, lege die ganz sauber gepflückten Erdbeeren hinein, fülle mit dem Löffel den Zucker dar= über, da selbst durch behutsames Umrühren die Früchte leiden, und stelle den Topf hin. Am andern Tage lasse man sie heiß werden und stelle sie wieder in demselben Topfe hin bis zum folgenden Tage, und wiederhole das Heißmachen noch einmal, ohne sie zu rühren. Nach dem Erkalten fülle man die Erdbeeren in Gläser, und sollte der Saft noch des Einkochens bedürfen, so setze man ihn noch ein wenig aufs Feuer und gieße ihn kalt darüber.

Unter allen Früchten sind Erdbeeren am ersten zur Gährung geneigt, wes= halb hierbei Folgendes zu beachten ist: Nach Verlauf von 8—14 Tagen stelle man das luftdicht verschlossene Glas in einem Topf mit kaltem Wasser, etwas Heu dazunter gelegt, aufs Feuer, lasse das Wasser langsam erwärmen und zum Kochen kommen und dann in dem Wasser erkalten.

Ein fingerlanges Stück eingemachten ostindischen Ingwer, in Stückchen geschnitten, mit den rohen Erdbeeren in den Zuckersaft gelegt und mit eingemacht, ist ein vorzügliches Mittel, die Früchte zu conserviren.

1732. Eingemachte Crab-Aepfel (Preserved Crab Apples). Der rothe sibirische Crab-Apfel ist der beste für diesen Zweck. Man sucht die vollkommensten aus, läßt die Stiele daran und giebt sie mit Wasser bedeckt in einen Einmachkessel. Nun kocht man sie langsam, bis die Schalen springen; dann seiht man sie durch, läßt sie auskühlen und schält sie, dann nimmt man mit einem Federmesser das Kerngehäuse am obern Ende des Apfels heraus, wiegt die Aepfel und rechnet auf jedes Pfund 1¼ Pfund Zucker und eine Tasse Wasser. Das Wasser kocht man mit dem Zucker, bis der Schaum nicht mehr steigt, dann giebt man die Frucht hinein, deckt den Kessel zu und dünstet sie, bis die Aepfel weich und hellroth sind. Man nimmt sie mit dem Schaumlöffel heraus, breitet sie auf Schüsseln zum Abkühlen und Hartwerden. Zu dem Syrup giebt man den Saft einer Citrone auf 3 Pfund Aepfel, und kocht ihn bis er klar und dick ist. Nun füllt man die Gläser dreiviertel voll mit Aepfeln, gießt den Syrup darüber, und wenn sie ausgekühlt sind, bindet man sie zu.

1733. Eingemachte Ananas (Preserved Pine Apples). Man schält und schneidet sie in Stücke, nimmt das Herz jeder Spalte heraus und wiegt sie und rechnet Pfund für Pfund. Nun legt man sie mit abwechselnden Lagen von Zucker in den Kessel und gießt Wasser daran, eine Tasse auf jedes Pfund Zucker. Man läßt es zum Kochen kommen, dann nimmt man die Ananas heraus und breitet sie auf Schüsseln in die Sonne. Den Syrup kocht und schäumt man eine halbe Stunde und giebt die Ananas zurück in den Kessel und kocht sie fünfzehn Minuten. Dann nimmt man sie heraus und legt sie in weite Gläser, gießt den Syrup darüber, deckt sie zu, damit die Hitze nicht entweicht und wenn sie kalt sind, bindet man sie zu und giebt vorher ein Stückchen in Branntwein getauchtes Papier darauf.

1734. Deutscher Ingwer von Kürbis (German Ginger). So viel Sorten Kürbis auch zum Einmachen empfohlen werden, so ist unserer Ansicht nach der große gelbe Centner-Kürbis mit röthlich gelbem Fleisch vorzüglich. Stellt man denselben nach der Reife an einen kalten, luftigen Ort und verzieht mit dem Einmachen einige Wochen, so steht er der Melone ziemlich gleich.

Zum nächstfolgenden Recept rechne man auf 2 Pfund Kürbisstücke 2 Pfd. Zucker, 1 Drachme pulverisirten Ingwer (der nicht durch langes Liegen an Kraft verloren hat) und ebensoviel gestoßenen weißen Pfeffer, nach Gefallen auch eine kleine Messerspitze Cayennepfeffer.

Der Kürbis wird bis an das Fleisch abgeschält, durchgeschnitten, das Kerngehäuse mit einem Eßlöffel vollständig herausgemacht und in Stücke von der Größe eines kleinen Fingers geschnitten, die man, nachdem sie gewogen sind, theilweise in stark siedendem Wasser einmal aufkochen läßt. Dann lasse man solche auf einem Siebe ablaufen, lege sie in eine porzellanene Schüssel, streue das bemerkte Gewürz und den geriebenen Zucker darüber und lasse sie über Nacht zugedeckt stehen. Am nächstfolgenden Tage bringe man den Zuckersaft zum Kochen, lege den Kürbis hinein und lasse ihn nur eine kleine Weile darin kochen, bis er klar wird, weich aber darf er nicht werden. Dann fülle man ihn in ein Glas, koche den Saft syrupähnlich ein und gieße ihn abgekühlt darüber. Sollte derselbe nach einigen Tagen wieder dünn geworden sein, so wird er noch ein wenig eingekocht und erkaltet der Kürbis damit bedeckt.

1735. Eingemachte Hagebutten, Rosenäpfel (Preserved Hips). Dazu werden die schönsten, größten genommen und rein abgerieben. Die Butzen werden abgeschnitten, die Kerne und alles Haarige mit einem spitzigen Hölzchen entfernt und dann in eine Schüssel gelegt. Auf 1 Pfund Hagebutten wird ein Pfund Zucker geläutert und wenn er etwas abgekühlt ist, darüber gegossen; sie werden dann mit einem Tuche bedeckt und kalt gestellt. Den andern Tag wird der Zucker abgegossen, zum Breitlauf gekocht, und die Hagebutten 10 Minuten mitgekocht, doch ja nicht zu weich, dann werden sie mit dem Schaumlöffel heraus= gehoben und der Zucker, zur Perle gekocht, darüber gegossen; wenn sie kalt sind, werden sie in Gläser gefüllt und wie alle eingemachte Früchte aufbewahrt.

1736. Melonen (Preserved Melons). Man schält sie, schneidet sie in längliche Stückchen und legt sie über Nacht in Essig und Wasser, dann gießt man es ab. Zu 1 Pfund Melonen ½ Pfund Zucker, etwas Zimmt und Nelken. Man läßt sie weich kochen, nimmt sie heraus und läßt die Sauce etwas ein= kochen.

1737. Zwetschgen oder Pflaumen in Blechbüchsen einzumachen, vorzüg= lich (Prunes or Plums in Cans). Man läutert auf 8 Pfund reife Zwetschgen 7 Pfund Zucker, legt die abgeriebenen, ganz unbeschädigten Zwetschgen lose in Blechbüchsen, gießt den kochenden Zucker darüber, läßt die Büchsen zulöthen, wie beim Einmachen der Gemüse angegeben ist, kocht sie während 1½ Stunden in einem großen Kessel mit kochendem Wasser aufge etzt, läßt sie im Wasser er= kalten und stellt die Büchsen an einen kühlen, trockenen Ort.

Beim Gebrauch wird die Sauce kochend über die Zwetschgen gegossen und erkaltet zur Tafel gegeben.

1738. Heidelbeeren in Flaschen einzumachen (Preserved Bilberries or Huckleberries). Reife Heidelbeeren werden an einem sonnigen Tage ge= pflückt, ausgesucht, in gut gereinigte, ganz ausgetrocknete, am besten geschwefelte Flaschen, welche eine weite Oeffnung haben, gefüllt und solche unverkorkt in einem Kessel mit kaltem Wasser auf ein rasches Feuer gestellt, doch muß der Boden mit Heu bedeckt und auch Heu zwischen die Flaschen gelegt sein, damit sie sich nicht berühren. Man läßt sie, vom Kochen an, ¾ Stunden kochen und im Kessel kalt werden. Da die Heidelbeeren beim Kochen sehr zusammenfallen, so nimmt man eine der Flaschen und füllt damit die andern bis auf 2 Finger breit voll, giebt einen Theelöffel voll Arrak oder Rum darauf, verkorkt die Flaschen mit neuen Korken, indem man solche hinein dreht, versiegelt sie oder bindet ein Stück Blase über den Kork und bewahrt sie, aufrecht stehend, im Keller an einem dunkeln Orte.

Beim Gebrauch rührt man entweder etwas Zucker durch), oder man läßt das Compote in einem irdenen Geschirr, worin nichts Fettiges gewesen, mit etwas Zucker und Zimmt durchkochen.

Beide Verfahren sind gut, der Geschmack aber verschieden, besonders da bei ersterem ein Arrakgeschmack etwas vorherrschend ist, der bei letzterem sich verliert.

1739. Heidelbeeren ohne Zucker in Flaschen, auf andere Art (Huckleberries without Sugar). Reife Heidelbeeren werden ausgesucht, gewaschen, zum Ablaufen auf einen Durchschlag gethan und in einem irdenen oder glasirten Topfe ohne Wasser offen weich gekocht, während man sie zuweilen durchrührt; zerkochen aber dürfen sie nicht. Vorher aber muß man für gut gereinigte und vollständig trockene Flaschen mit möglichst weiter Halsöffnung sorgen. Dahinein füllt man die abgekochten Beeren, indem man jedesmal einen Theil in ein porzellanenes Milchtöpfchen schüttet und beim Einfüllen mit einem Theelöffel nachhilft. Alsdann gießt man auf jede bis oben hin angefüllte Flasche zwei Theelöffel Rum oder Arrak, korkt sie fest zu, bindet ein Stück doppeltes Papier darüber und stellt sie aufrecht an einen trockenen, kalten Ort.

Anmerkung. Die Heidelbeeren erhalten sich so von einem Jahre in's andere. Beim Gebrauch giebt man ohne Weiteres den nöthigen Zucker dazu, oder kocht sie mit Zucker auf und verfährt damit wie bei Heidelbeer-Compote.

1740. Aprikosen und Pfirsiche in Gläser mit Zucker einzumachen (Apricots and Peaches in Glasses). Zu 3 Pfund Pfirsichen nimmt man 3 Tassen Wasser, und zu jedem Pfund Pfirsiche ¼ Pfund Zucker. Die Pfirsiche werden mit kochendem Wasser gebrüht und die Schale davon abgezogen, durchgetheilt und der Kern herausgenommen. (Man kann sie auch ganz lassen.) Unterdessen stelle man Zucker und Wasser auf's Feuer. Wenn es kocht, lege man so viel Pfirsiche hinein, wie auf der Oberfläche Platz haben, lasse sie eben aufkochen (zerkochen dürfen sie nicht), thue sie in die vorher heißgemachten Gläser, und fahre so fort, bis sie alle gekocht sind; dann vertheilt man den kochenden Saft in die Gläser und schraube sie fest zu. Nachdem die Gläser kalt sind, schraube man ein wenig nach.

Wünscht man Aprikosen ganz süß, so nimmt man auf 1 Pfund ausgesteinte Früchte 1 Pfund Zucker.

1741. Ananas einzumachen, zur Bowle (Pine-Apple to a Bowl). Die Ananas, aus welcher die Krone entfernt, wird in sehr feine Scheiben geschnitten, lagenweise mit geriebener Raffinade in ein zugedecktes Porzellangeschirr gelegt. Der Zucker richtet sich nach dem Wein. Zu einer Ananas von mittelmäßiger Größe kann man 10—12 Flaschen Wein und zu jeder Flasche gut zwei Unzen Zucker rechnen. Es wird also zu einer Ananas von angegebener Größe etwa 1½ Pfund Zucker gebraucht; wird mehr Zucker zum Punsch gewünscht, so kann nach Belieben etwas hinzugefügt werden. Nach Verlauf von 3—6 Tagen wird der Saft 5 Minuten gekocht, ein Glas Madeira durchgerührt, kochend über die Ananas gegossen und erkaltet in ein Glas gefüllt und zugebunden.

1742. Tomatoes — Liebesäpfel (Preserved Tomatoes). Zum Ein=
machen gehört zu jedem Pfund reifer Tomatoes drei Viertelpfund feiner
Zucker und ein fingerlanges Stück in Stückchen geschnittener eingemachter
Ingwer.

Man übergieße die Früchte mit kochendem Wasser, ziehe mit einem feinen
Messerchen die Haut ab, läutere den Zucker und lege die Tomatoes mit
dem Ingwer in den kochenden Zuckersaft. Nachdem dieser sofort vom Feuer
genommen, werden die Tomatoes in dem Zuckersaft umgedreht und nach fünf
Minuten mit dem Schaumlöffel auf eine flache Schüssel gelegt. Nach dem Er=
kalten lege man sie wieder in den heißgemachten Zucker und verfahre also drei=
mal. Dann thue man die Früchte in ein Glas, lasse den Saft etwas einkochen,
gieße ihn kochend darüber und binde das Glas zu.

1743. Gelbe Rüben in Zucker einzumachen (Preserved Carottes).
Ein Pfund mittelgroße, noch junge geschabte Gelberüben schneidet man in dünne,
breite Streifen, kocht sie in Wasser weich und läßt sie gut ablaufen. Nun
läutert man drei Viertelpfund Zucker und kocht die Rüben mit einer Unze ge=
schnittener Pomeranzenschale und dem Saft einer Citrone ziemlich dick, füllt sie
noch warm in Gläser und verwahrt sie wie andere eingemachte Früchte.

Marmeladen.

1744. Quittenmarmelade (Quince Marmelade). Die Quitten, welche
gut und zart sein müssen, werden, nachdem sie geschält sind, in kaltes Wasser
geworfen und sodann in dem nöthigen Wasser weich gekocht; alsdann schütte
und kühle man sie ab und streiche sie durch ein feines Haarsieb. Nun läutere
man auf 1 Pfund Mus ¾ Pfund Zucker, koche denselben in einem unverzinnten
Kessel oder einer Casserole zur großen Perle, gebe sodann das Mus dazu und
koche dieses nachher so lange unter stetem, festem Aufrühren ein, bis es, wenn
man mit dem breiten Kochlöffel durch das Mus fährt, nur langsam zusammen=
läuft und man den Boden des Gefäßes sehen kann. Es ist gut, wenn
man sich die rechte Hand mit einem Tuche leicht verbindet, indem man diese
sonst beim Abrühren durch das Aufspritzen der Marmelade leicht stark verbrennen
kann. Alsdann leere man das Ganze in eine irdene Schüssel aus, fülle es nach
einigem Abkühlen in die bestimmten Einmachgläser und beende es ganz wie die
Himbeeren.

1745. Aepfelmarmelade (Apples Marmelade). Dieselbe wird dem
vorhergehenden ganz gleich behandelt und beendet.

1746. Pfirsich= und Apricosenmarmelade (Peaches and Apricots
Marmelade). Ein Pfund gut gereifte Aprikosen oder Pfirsiche werden gespalten,
entkernt, die Schalen werden abgezogen, sodann durch ein grobes Haarsieb ge=
trieben und Alles hierauf ganz auf vorhergehende Art beendet; auf ein Pfund
durchgetriebenes Mus rechnet man ¾ Zucker.

1747. Kürbismarmelade (Pumpkin Marmelade). Man schneidet
den geschälten und vom weichen Mark und Kernen befreiten Kürbis in kleine

Stücke, kocht sie mit wenig Wasser weich und treibt sie durch ein Sieb. Nun nimmt man zu 2 Pfd. Kürbis 1 Pfd. gestoßenen Zucker und ¼ Quart Johannis= oder Himbeersaft, kocht es ein, füllt es warm in Gläser und überbindet es wie die übrigen.

Eine andere Art ist, daß mit Kürbis einige in Scheiben geschnittene Quitten gekocht und durchgetrieben werden, nur muß dann ¼ Pfund Zucker mehr ge= nommen werden.

1748. **Kirschen= und Johannisbeeren=Marmelade** (Cherries and Currants Marmelade). 3 Pfund schöne, schwarze Kirschen werden ausgesteint und mit 1 Pfund abgezupften Johannisbeeren in 2 Pfund geläutertem Zucker dick eingekocht. Sie werden warm in Gläser eingefüllt und aufbewahrt.

1749. **Dreifrucht=Marmelade** (Three Fruit Marmelade) von Kirschen, Johannisbeeren und Himbeeren (Dreierlei Gesälz). 3 Pfd. ausgesteinte, schwarze Kirschen werden mit ½ Pfund Zucker gekocht und aufbewahrt, dann werden drei Viertelquart Himbeeren, ebensoviel Johannisbeeren mit 1½ Pfund Zucker gekocht und heiß mit den Kirschen vermengt. Nimmt man Johannisbeersaft statt der Beeren, so wird es noch besser.

1750. **Himbeerenmarmelade** (Raspberry Marmelade). Rein ver= lesene, schöne Himbeeren werden durch ein feines Sieb getrieben. Zu 1 Pfund Mark wird 1 Pfund Zucker geläutert, zur Perle gekocht, das Mark dazu gethan, dick eingekocht und aufbewahrt.

1751. **Erdbeerenmarmelade** (Strawberry Marmelade) wird ganz wie die Marmelade von Himbeeren behandelt.

1752. **Birnenmarmelade**, Gesälz, (Pears Marmelade). Man schält und reibt Birnen (am besten Weinbirnen) auf dem Reibeisen, nimmt sie mit süßem Birnenmost in eine Casserole und läßt sie unter sorgfältigem Aufrühren ganz dick einkochen. Etwas gestoßenen Zimmt kann man hineinthun.

1753. **Zwetschgen= und Pflaumen=Marmelade** (Prunes and Plums Marmelade), Gesälz. Zu 6 Pfund ausgesteinten Zwetschgen nimmt man 1 Pfund Zucker, setzt sie auf ein schwaches Feuer, kocht sie weich, treibt sie durch ein Sieb und kocht sie nun unter beständigem Rühren ganz dick, mischt gestoßenen Zimmt und etwas Nelken darunter und füllt sie in steinerne Töpfe.

1754. **Traubenmarmelade** (Grapes Marmelade). Man siedet süßen Weinmost so viel beliebt, läßt den fünften Theil davon einkochen, dann nimmt man geschälte und zu Schnitzen geschnittene Quitten, süße Aepfel, Birnen, ab= gezupfte Trauben, gestoßenen Zimmt, Nelken und klein gewiegte Citronenschalen, alles nach Gutdünken und kocht es in dem Maß, bis es in der Dicke wie eine Apfelmarmelade ist; dann thut man es in Zuckergläser, Porzellan= oder Stein= Töpfe und verwahrt es wohl. Es ist im Winter gut zu Torten zu gebrauchen, oder man giebt es auch auf Brod= oder Weckschnitten.

1755. **Ananasmarmelade** (Pine Apples Marmelade). Man schält und spaltet die Ananas und nimmt das Herz heraus; hierauf wiegt man sie und schneidet sie in kleine Stücke. Nun macht man einen Syrup aus einer Theetasse Wasser auf 2 Pfund Zucker, löst ihn auf und läßt ihn zum Kochen kommen. Die gehackte Ananas erhitzt man in einem Gefäß, welches man in kochendes Wasser stellt und gut zudeckt, um es nicht ausrauchen zu lassen. Wenn sie dampfend heiß ist und klar aussieht, giebt man sie in den Syrup und kocht sie zusammen, unter fortwährendem Rühren, ½ Stunde, oder bis es ein klarer heller Brei ist.

1756. **Orangenmarmelade** (Oranges Marmelade). Man rechnet Pfund auf Pfund, schält die Hälfte der Orangen und schneidet die Schale in Streifen. Nun kocht man sie in 3 Wassern, bis sie weich sind, dann stellt man sie bei Seite. Die Schal n der zweiten Hälfte Orangen reibt man und schneidet alles Weiße weg. Die Orangen viertheilt man und nimmt die Kerne heraus, dann hackt man sie klein und seiht, ohne sie zu pressen, den Saft über den Zucker; nun erhitzt man ihn, bis der Zucker aufgelöst ist, und giebt etwas Wasser dazu, außer die Orangen sind sehr saftig. Man kocht ihn 5 Minuten und schäumt ihn gut ab, dann giebt man die gekochten Schalen dazu und kocht sie 10 Minuten, dann die gehackten Orangen und die geriebenen Schalen und kocht sie noch zwanzig Minuten. Wenn sie kalt sind, füllt man sie in kleine Gläser und bindet sie mit Blase zu, oder mit Papier, welches in Wachs getaucht worden war. Eine noch bessere Art ist, sie in Gläser mit selbstschließenden Metall-Deckeln zu füllen und in Branntwein getauchtes Seidenpapier fest auf die Früchte zu pressen.

1757. **Mirabellenmarmelade** (Mirabelle Marmelade).

1758. **Reineclaudenmarmelade** (Reineclaude Marmelade). Alle diese verschiedenartigen Früchte werden so reif wie möglich genommen, die Stiele werden davon abgezupft und die Früchte entfernt; nun läutere man auf 1 Pfund derselben drei Viertelpfund Zucker, koche ihn zur kleinen Perle, gebe die von diesen 4 Arten zur Marmelade bestimmte, entfernte Frucht dazu und beende das Mus in jeder Art ganz dem von Quitten gleich.

1759. **Stachelbeermarmelade** (Gooseberry Marmelade). 1 Pfd. reife Stachelbeeren, ½ Pfund Zucker, Citronenschale oder Zimmt.
Dunkelrothe überreife Stachelbeeren werden, nachdem sie abgeputzt, von Stiel und Blumen befreit sind, mit einem silbernen Löffel zerdrückt, alsdann durch ein Sieb gerührt, gewogen und in dem zu Syrup gekochten Zucker und Gewürz unter fortwährendem Rühren zu einer steifen Marmelade gekocht, welche, falls sie bis zu acht Tagen nachwässern möchte, gut aufgekocht werden muß.

Obstgelees.

1760. **Gelee von Johannisbeeren** (Currants Jelly). Die schönen, völlig reifen Johannisbeeren werden zerdrückt und durch ein reines Tuch oder durch ein Haarsieb gepreßt. Zu ½ Quart Saft wird ein Pfund Zucker mit

¼ Quart Wasser bis zum Fadenziehen eingekocht. Nun wird der Saft dazu gethan und unter sorgfältigem Abschäumen so lange gekocht, daß, wenn man einen Tropfen auf einen Teller fallen läßt, derselbe gesteht. Die Gelee wird noch warm in die dazu bestimmten Geleegläser eingefüllt, mit einem Tuche bedeckt und bis zum andern Tag ruhig stehen gelassen. Die Gläser werden nun mit in Rum, Kirschengeist oder aufgelöste Salicylsäure getauchtem Papier, das genau nach der Größe der Gläser geschnitten ist, bedeckt, dann mit anderem Papier fest überbunden und an einem kühlen, trocknen Ort aufbewahrt.

Gelee von schwarzen Johannisbeeren wird ebenso bereitet, bei diesen genügt zu ½ Quart Saft auch drei Viertelpfund Zucker.

1761. Johannisbeer- und Himbeer-Gelee (Currants and Raspberries Jelly). 1½ Quart abgebeerte Johannisbeeren und ½ Quart rein verlesene Himbeeren werden in einem Porzellantopfe oder Glase in ein Gefäß, das mit kaltem Wasser gefüllt ist, gestellt und so lange gekocht, bis der Saft aus den Beeren recht ausgekocht ist, nun läßt man ihn durch eine Serviette abfließen, nimmt auf ½ Quart ein halbes Pfund Zucker, kocht es zusammen, bis ein Tropfen auf einem kalten Porzellanteller gesteht, füllt die Gelee gleich in die Gläser und verwahrt sie wie die vorhergehende Johannisbeer-Gelee.

1762. Gelee von Himbeeren (Raspberries Jelly). Wird bereitet wie die von Johannisbeeren. Die rein verlesenen Himbeeren können auch in ihrem Safte aufgekocht, dann zum Ablaufen auf ein feines Haarsieb oder Serviette gegossen werden. Auf ½ Quart Saft wird nun 1 Pfund in Stücke geschlagener, geläuterter und bis zum Fadenziehen eingekochter Zucker genommen und das Ganze unter sorgfältigem Abschäumen eingekocht, bis zum Gestehen. Das Aufbewahren geschieht wie bei Johannisbeer-Gelee.

1763. Aepfel-Gelee (Apple Jelly). Eine gute Sorte Aepfel wird geschält, geviertheilt, die Kernhäuser werden herausgeschnitten, die Aepfel alsdann mit den Schalen sauber gewaschen, mit kaltem Wasser zum Feuer gesetzt und unter stetem Abschäumen gehörig weich gekocht, man schüttet sie hierauf auf ein feines Haarsieb, preßt sie leicht und läßt den Saft in die untenstehende irdene Schüssel laufen; man lasse ihn dann über Nacht stehen und gieße ihn den andern Tag rein und klar ab. Nun läutere man auf 1 Pfund Saft ebensoviel Zucker, füge den Aepfelsaft dazu, lasse das Ganze unter gehörigem Abschäumen bis zum Breitlauf einkochen, setze die Gelee dann vom Feuer weg, lasse sie etwas verkühlen, fülle sie noch warm in die bestimmten Geleegläser, decke, nach dem Erkalten der Gelee, ein nach der Oeffnung der Gläser rund geschnittenes, in Rum getauchtes Stückchen Postpapier unmittelbar über die Gelee, umbinde jedes der Gläser mit doppeltem Schreibpapier und Bindfaden und bewahre sie an einem kühlen, trocknen Orte auf.

1764. Quitten-Gelee (Quinces Jelly). Dieselbe wird ganz nach vorhergehender Art zubereitet und beendet.

1765. Kirschen-Gelee (Cherries Jelly). Gut gereifte Kirschen werden von ihren Stielen befreit, sammt den Kernen in einem Mörser verstoßen, unter

öfterem Umrühren einmal auf dem Feuer aufgekocht, sodann auf ein feines Haar=
sieb geschüttet, der Saft wird leicht durchgepreßt, über Nacht stehen gelassen und
die Gelee hierauf ganz der von Aepfeln gleich zubereitet und beendet.

1766. Preißelbeer=Gelee (Cranberry Jelly) (ganz vorzüglich zum Ver=
zieren kalter süßer Speisen). 1½ Quart Saft, 1 Pfund Zucker.

Die Beeren werden gekocht, der Saft wird vom Bodensatz klar abgegossen
und mit dem Zucker aufs Feuer gestellt, bei fortwährendem Schäumen etwa
15 Minuten gekocht, der Topf abgesetzt, nach einer Weile der sich zeigende
Schaum abgenommen und der Saft in Gläser gefüllt. Durch zu langes Kochen
verliert die Gelee ihr schönes Roth, fest aber muß sie werden, damit man sie
zum Verzieren in feine Blättchen oder beliebige Figuren schneiden kann, weshalb
es anzurathen ist, zum Erproben einige Tropfen des Saftes kalt werden zu
lassen.

1767. Kirschäpfel=Gelee von angenehmen Geschmack und vorzüglich
schöner Farbe. 1 Pfund Saft, ¾ Pfund Zucker.

Die Kirschäpfel werden gewaschen, in einem Messingkessel oder glasirten
Topf mit kaltem Wasser bedeckt, weich gekocht und mit der Brühe durchgepreßt.
Am nächsten Tag wird der Saft klar abgegossen, gewogen, mit dem Zucker aufs
Feuer gestellt, unter fortwährendem Schäumen 1 Stunde gekocht, wodurch einzig
und allein diese Gelee ihre schöne rothe Farbe erhält.

Man füllt dieselbe in Gläser und bewahrt sie wie Johannisbeer=Gelee auf.
Auch kann man sie in Glasformen aufbewahren, solche beim Gebrauch auf eine
Glasschüssel umstürzen, und man hat die schönste Geleeschüssel, sowohl zu feinem
Backwerk als zum Verzieren.

1768. Pfirsich=Gelee (Peach Jelly). Man nimmt ein Drittel der
Kernmandeln und giebt sie zerbröckelt in den Topf mit den Pfirsichen, welche
geschält, entkernt und gespalten werden müssen und in einem Topf mit kochendem
Wasser erhitzt werden. Man rührt von Zeit zu Zeit, bis die Frucht gut zer=
kocht ist. Dann seiht man sie, und auf jedes Quart Pfirsichsaft giebt man den
Saft einer Citrone; dann mißt man ihn wieder und rechnet 1 Pfund Zucker auf
¾ Quart Saft. Der Zucker wird sehr heiß gemacht und wird in den Saft ge=
geben, wenn derselbe 20 Minuten gekocht hat. Man läßt das Ganze einmal
aufkochen und nimmt es augenblicklich vom Feuer.

1769. Trauben=Gelee (Grape Jelly). Wird wie das Recept für Johannis=
beer=Gelee gemacht, nur daß man 1½ Pfund Zucker auf ½ Quart Saft rechnet.
Reife Trauben erfordern nur 1 Pfund auf ½ Quart.

1770. Himbeersaft (Raspberry Juice). Gute, reife Himbeeren werden
zerdrückt und in einem irdenen Topfe über Nacht zugedeckt in den Keller gestellt.
Den andern Tag presse man sie durch ein Tuch; dann läutere man auf 1 Pfund
Saft ebensoviel Zucker, gebe den Saft dazu, koche das Ganze unter gehörigem
Abschäumen klar und hell, was nach ungefähr 15 Minuten der Fall sein kann,
hierauf nehme man den Saft vom Feuer, lasse ihn etwas verkühlen, fülle ihn

sodann in Flaschen, pfropfe dieselben gut zu, umbinde die Pfropfen gut mit Bindfaden und bewahre den Saft an einem kühlen Orte auf.

1771. Johannisbeersaft (Currant Juice). Die gut gereiften Johannis= beeren werden, nachdem sie von ihren Stielen abgezupft sind, durch ein Tuch fest ausgepreßt; dann kläre man auf 1 Pfund Saft ebensoviel Zucker, koche diesen zur großen Perle, gebe den Saft dazu, lasse das Ganze unter gehörigem Ab= schäumen einigemal aufkochen, seihe den Saft nach dem ersten Abkühlen durch eine reine Serviette und beende ihn sodann wie vorhergehenden von Himbeeren.

1772. Kirschensaft (Cherry Juice). Die reifen, schwarzen Kirschen werden von den Stielen abgezupft, in einem Mörser mit den Kernen gestoßen und in einem steinernen Topfe über Nacht an einem kühlen Orte stehen gelassen. Den andern Tag presse man die Kirschen durch ein feines Haarsieb, läutere auf 1 Pfund Saft ebensoviel Zucker, koche ihn zur großen Perle, gebe den Kirschen= saft dazu, lasse das Ganze unter gehörigem Abschäumen einigemal aufkochen, seihe den gekochten Saft nach dem ersten Abkühlen durch eine reine Serviette und beende ihn ganz wie den von Himbeeren.

1773. Frauenhaarsaft (Maidenhair Juice). In 1 Pfund geläuterten Zucker, welcher zum Breitlauf gekocht ist, gebe man 1 Unze Frauenhaarthee, koche ihn unter Abschäumen einige Mal auf, lasse ihn sodann 1 Stunde lang zugedeckt stehen; alsdann gieße man ihn durch eine reine Serviette, koche ihn nochmals bis zum starken Faden ein, fülle ihn nach seinem Abkühlen in Flaschen und beende ihn wie den von Himbeeren.

1774. Rosensaft, Veilchensaft (Rose Juice, Violet Juice). Zwei Pfund in der Frühe frisch abgepflückte, wohlriechende Rosen= oder Veilchenblätter werden mit 2 Quart kochendem Wasser übergossen und sodann zugedeckt, 24 Stunden an einem warmen Orte stehen gelassen; nach Verlauf dieser Zeit seihe man das Blumenwasser durch eine reine Serviette, läutere auf 1 Quart Wasser 1 Pfund Zucker, koche ihn zur kleinen Perle, gebe den Saft dazu, lasse ihn unter Abschäumen einmal aufkochen, fülle ihn nach dem ersten Abkühlen in Flaschen und beende ihn gleich dem Himbeerensaft.

1775. Orangenblüthensaft. In ein Pfund geläuterten, zum Breitlauf gekochten Zucker gebe man 6 Unzen frisch gepflückte Orangenblüthe, lasse ihn unter Abschäumen einigemal aufkochen, leere das Ganze in einen Porzellantopf aus, lasse es bis zum gänzlichen Abkühlen zugedeckt stehen, seihe hierauf den Saft durch eine reine Serviette und beende ihn ganz; dem von Himbeeren gleich.

1776. Erdbeersaft (Strawberry Juice). Man nimmt 1⅔ Quart recht reife Walderdbeeren, 1 Pfund Zucker. Man koche den Zucker zu einem perlen= den Syrup, lege die Erdbeeren hinein, rühre sie mit einem silbernen Löffel be= hutsam durch den Zuckersaft, ohne sie zu zerdrücken, und lasse sie heiß werden, nicht kochen. Alsdann spanne man ein leinenes Tuch, welches aber vorher in frischem Wasser ausgekocht sein muß, über eine Schale Porzellan und schütte das

Ganze darauf, damit der Saft durchfließt. Die Erdbeeren dürfen weder gepreßt noch zerrührt werden, höchstens darf man mit dem Finger auf das Tuch
tippen. Nachdem der Saft erkaltet ist, wird er vom Bodensatz abgegossen und
in kleine halbe Flaschen oder Medizingläser gefüllt. 3½ Quart Erdbeeren liefern
stark ¾ Quart Saft, der in Krankheiten, besonders Brustleidenden theelöffelweise gegeben, außerordentlich heilsam und erquickend ist. Die Erdbeeren, welche,
wie bemerkt, nicht zerdrückt werden dürfen, sind erkaltet ein wohlschmeckendes
Compote. Auch kann man sie in Gläsern bis zur Zeit, wo es Johannisbeeren
und Himbeeren giebt, aufbewahren und dann mit diesen Früchten zu gleichen
Theilen zu einer Marmelade einkochen, wozu dann auf drei Pfund der frischen
Früchte Zucker genommen wird.

1777. Preißelbeersaft (Cranberry Juice). Recht reife Preißelbeeren
werden gut verlesen, gewaschen, weich gekocht und in einen ausgekochten Beutel
geschüttet. Der durchgelaufene Saft wird nach dem Erkalten klar vom Bodensatz abgegossen, zu 3½ Quart Saft 1 Pfund Zucker genommen, aufs Feuer gesetzt, ausgeschäumt und nach 10 Minuten Kochens wie Johannisbeersaft aufbewahrt.

1778. Johannisbeerwein (Currant Wine). Man nimmt schöne, völlig
reife Johannisbeeren, zerdrückt sie und preßt sie durch ein reines Tuch. Zu
½ Quart Saft wird 1 Quart Wasser und 1 Pfund in kleine Stücke zerschlagener
Zucker genommen. Das Ganze wird in einen Glaskolben gefüllt, von Zeit zu
Zeit geschüttelt, bis sich der Zucker vollkommen aufgelöst hat; der Kolben muß
ganz angefüllt sein und einen weiten Hals haben, damit beim Gähren das Unreine abgenommen werden kann. Von dem zubereiteten Wein muß eine Flasche
zurückbehalten werden, damit der Kolben angefüllt werden kann, weil er stets
voll sein muß; er wird nur leicht mit einem Tuche bedeckt, damit nichts Unreines
hineinfällt, und an einen kühlen Ort gestellt. Nach 6—8 Wochen, wenn der
Wein recht hell ist und keine Bläschen mehr wirft, wird er in Flaschen gefüllt,
gut zugepfropft und an einem kühlen Ort verwahrt.

1779. Stachelbeerwein (Gooseberries Wine). Reife Stachelbeeren
werden mit ¼ Quart Wasser zerdrückt und 2—3 Tage in den Keller gestellt,
bis sie gähren; nun preßt man sie aus, nimmt auf 9 Pfund Saft 3 Pfund in
wenig Wasser aufgelösten Zucker und füllt große Kolben ganz voll damit, bedeckt sie etwa 2—3 Wochen, bis sie vergohren haben, mit einem Tuche, verkorkt
sie und füllt den Wein nach Neujahr, wenn er ganz klar ist, mit einem Gummi-
schlauch in Flaschen, die fest verkorkt und im Keller aufbewahrt werden. Er
wird mit jedem Jahr besser, je älter er wird.

1780. Dreifruchtsaft (Three Fruit Juice). 1 Pfund Himbeersaft, 1
Pfund Johannisbeersaft, 1 Pfund saurer Kirschensaft mit 1½ Pfund Zucker wie
Johannisbeersaft gekocht und aufbewahrt.

1781. Allerlei Früchte in Branntwein (Mixed Fruits in Brandy).
In ein großes Glas oder in einen Kolben mit weitem Halse und Schrauben-
verschluß wird ½ Quart Arrak oder feiner französischer Branntwein gethan und

in diesen die reifen, aber nicht zu weichen, rein abgeriebenen Früchte. Auf ein Pfund Früchte nimmt man 1 Pfund gestoßenen Zucker und füllt ihn mit diesen in den Arrak. Alle Früchte, mit Ausnahme von Quitten, die vorher beinahe weich gekocht sind, werden frisch genommen; bei allen Beeren: Erdbeeren, Him= beeren, Trauben u. dergl. entfernt man die Stiele, bei Stachelbeeren auch) die Blättchen am Butzen; bei kleinerem Steinobst, Kirschen, Mirabellen, Zwetsch= gen u. dergl., nimmt man die Steine mit einem spitzigen Hölzchen heraus, Aprikosen und Pfirsiche halbirt man, rein abgeschälte Birnen, Aepfel und Quitten werden in Schnitzchen geschnitten; wünscht man vielerlei Früchte zu haben, so ist es besser, nur ½ oder ¼ Pfund Früchte von den einzelnen Arten zu nehmen. Die Früchte müssen immer von Arrak bedeckt sein und werden, wenn wieder frisch eingefüllt ist, drei Tage nach einander leicht aufgerührt. Ist es ein gewöhnliches Glas, so muß es mit Papier fest zugebunden werden. Es wird an einem kühlen, luftigen Ort aufbewahrt und erst nach Weihnachten ge= braucht.

1782. Getrocknete französische Katharinenpflaumen erster Qualität in Cognac. Katharinenpflaumen, weißer Wein, Cognac, Zucker, Zimmt und Nelken.

Man legt die Pflaumen 48 Stunden lang in ordinären oder trüben weißen Wein, damit sie völlig ausquillen, und läßt sie auf einem Durchschlag ab= tröpfeln. Dann legt man sie in ein Einmachglas, giebt einige Stücke Zimmt und einige Muskatnägelchen dazu, sowie auch feinen Zucker, gießt soviel Cognac darauf, daß die Pflaumen stark bedeckt sind, und stellt das Glas, gut zugebun= den, eine Zeitlang an die Sonne oder an einen warmen Ort.

1783. Flaschen mit Schwefel zu reinigen. Die Flaschen und Gläser werden wie gewöhnlich gut gespült und erstere in der Sonne inwendig ganz ausgetrocknet. Zugleich wird etwas Schwefel geschmolzen und ein kleines Stück Leinwand oder ein dicker zusammengelegter, baumwollener Faden hineingetunkt. Das Eine oder Andere kann zu diesem Gebrauche aufbewahrt werden. Es wird davon ein Stückchen an einen Draht, den man sich leicht auf folgende Art ver= fertigen kann, befestigt. Man nehme ein Stückchen starken Draht, mache an einem Ende ein Häkchen, klemme ein geschwefeltes Stückchen, etwa von der Größe einer weißen Bohne, hinein, lasse es anbrennen und stecke den Draht in die Flaschen oder Gläser, indem man erstere sogleich mit einem Kork und letztere mit einer Untertasse bedeckt. Darnach fülle man sofort das Bestimmte hinein, schwefle auch) leicht darüber hin und mache rasch den Verschluß. Das Schwefeln läßt keinen Schwefelgeschmack entstehen.

Die Flaschen müssen einige Tage vor dem Gebrauche ganz sauber gespült und inwendig an der Sonne oder Luft völlig getrocknet sein. Auch ist das Schwefeln sehr zu empfehlen, sowie auch den eingekochten Saft über Nacht stehen zu lassen, damit er beim Einfüllen vom Bodensatz abgegossen und letzterer be= sonders in Gläser gefüllt werden könne; doch müssen die Flaschen mit einem reinen Tuche zugedeckt werden. Hat man die Flaschen oder Gläser bis auf einen stark zwei Finger breiten Raum angefüllt, so dient es zum Erhalten der Fruchtsäfte, einen Theelöffel voll Arrak oder Franzbranntwein darauf zu gießen.

Alsdann verschließt man sie mit guten neuen Korken, welches vorsichtig geschehe, damit solche nicht mit Saft angefeuchtet werden, verlackt sie oder bindet ein Stückchen Pergamentpapier, in Ermangelung doppelt gelegtes Papier, darüber, ohne die Flasche zu schütteln, und bewahrt sie aufrecht stehend an einem trocke= nen, kühlen, etwas dunkeln Orte.

1784. Stein= und Kernobst in Blechbüchsen einzumachen (Preserved Stone and Kernel Fruits). Man nimmt Steinfrüchte jeder Art, nicht ganz reif, auch gute saftige Birnen. Aprikosen und Birnen werden geschält, andere Früchte gut abgeputzt. Dann legt man jede Frucht allein in die mit Soda ge= reinigten Büchsen in ¾ Höhe und bedeckt die Früchte mit geläutertem Zucker. Bedient man sich der bemerkten Blechbüchsen, so kann man sie selbst verschließen; andernfalls läßt man die Büchsen zulöthen, wie es beim Einmachen junger Ge= müse in Blechbüchsen bemerkt ist, stellt sie in kochendes Wasser, nimmt nach 15 Minuten den Topf vom Feuer, läßt sie darin erkalten und bewahrt sie luftig stehend auf.

1785a. Dunstfrüchte ohne Zucker (Vapored Fruits without Sugar). Dieselben machen ein wohlfeiles, zugleich aber ein angenehmes und erfrischendes Compote, besonders zu Mehlspeisen, und ist dieses, da weder Essig noch Gewürz dazu gebraucht wird, vorzüglich für Kranke zu empfehlen. Doch ist zum Er= halten derselben eine ganz geeignete Temperatur unerläßlich; der Platz, wo die Dunstfrüchte ohne Zucker aufbewahrt werden, muß ganz kühl, trocken und luftig sein.

Zum Einmachen eignet sich Kern= und Steinobst; auch unreife Stachel= beeren, wie sie zu Torten gebraucht werden, sind besonders anwendbar. Von ersteren sind nur Birnen, und zwar recht saftige, zum Einkochen passend. Diese werden geschält und können, wenn sie saftig und mürbe sind, ganz gelassen wer= den; Stiel und Blume werden entfernt. Im Uebrigen thut man besser, sie ein= mal zu theilen und das Kerngehäuse heraus zu schneiden.

Vom Steinobst eignen sich Aprikosen, Pfirsiche, Reineclauden, gewöhnliche gute Zwetschgen und Kirschen. Dasselbe wird unversehrt, möglichst frisch vom Baume genommen, und nachdem jede einzelne Frucht mit einem weichen Lein= wandtuche abgerieben worden, werden sie in Gläser so dicht, als es zulässig ist, angefüllt, ohne indessen das Obst zu zerquetschen. Alsdann werden die Gläser ganz dicht, möglichst luftdicht, verschlossen.

Die auf solche Weise angefüllten Gläser werden nun in einen Kessel oder Topf auf eine Lage Heu oder Hobelspäne gestellt und mit Heu oder Spänen derart umpackt, daß sie fest stehen und sich nicht berühren. Sodann füllt man den Kessel, welcher während des Kochens unbedeckt bleiben muß, seitwärts mit kaltem Wasser soweit an, daß die Gläser einen Zoll breit über der Fläche des Wassers hervorstehen, und sorgt dafür, daß das Wasser langsam erwärmt wird. Nachdem die Siedehitze erreicht ist, läßt man solches gelinde und so lange kochen, bis in den Gläsern etwa ¼ leerer Raum entstanden — nicht länger —, während zuweilen das verdampfte Wasser durch siedendes ersetzt wird. Ist das geschehen, o nimmt man den Kessel vom Feuer und läßt die Gläser darin erkalten, wischt sie alsdann mit einem feuchten Tuche ab und giebt denselben einen trockenen und kühlen Platz.

Die Dampffrüchte erhalten sich, nach Angabe eingekocht, im Ganzen gut, doch ist's nöthig, oft nachzusehen, und möchte in diesem oder jenem Glase, welches nicht ganz luftdicht war, ein kleines schimmeliches Bläschen auf den Früchten sich zeigen, so können sie nicht länger aufbewahrt werden.

1785b. Dunstfrüchte mit Zucker (Vapored Fruits with Sugar). Man legt nach vorhergehender Vorschrift das bemerkte Obst in Einmachgläser und streut auf etwa 1½ Quart desselben 4—6 Unzen geriebenen Zucker lagenweise durch), auch nach Belieben einige Stückchen feinen Zimmt. Ein mit Franzbranntwein getränktes Papier über die Früchte gelegt, giebt besonders dem Kernobst einen angenehmen Geschmack und dient zum Erhalten. Im Uebrigen wird auf die vorhergehende Vorschrift hingewiesen.

Getrocknete Früchte — Dried Fruits.

1786. Aepfel zu trocknen. Man nehme reife, vom Liegen etwas mürbe gewordene Aepfel, schäle sie und bohre das Kerngehäuse heraus, oder schneide sie in der Mitte durch, mache das Kerngehäuse heraus und trockne sie in einem mäßig geheizten Ofen.

1787. Weintrauben zu trocknen. Man nehme dazu die kleinen, süßen, schwarzen Trauben, pflücke sie ab und trockne sie wie Heidelbeeren. Man kann sie statt der Corinthen gebrauchen.

1788. Quitten zu trocknen. Wenn die Quitten vom Liegen etwas mürbe geworden sind, werden sie geschält, in acht Theile geschnitten und getrocknet. Zur Zeit können einige Stücke unter getrockneten Aepfeln und Birnen gekocht werden, wodurch solche für Manche einen angenehmen Geschmack erhalten.

1789. Kürbis zu trocknen. Man nehme aus einem reifen, abgeschälten Kürbis das Kerngehäuse, schneide ihn in längliche Stücke, trockne sie an der Sonne oder in einem mäßig geheizten Ofen und koche einen Theil mit getrocknetem Obst.

1790. Birnen zum Dessert zu trocknen. Große, nicht zu saftige Birnen (die sogenannte Pfundbirne eignet sich sehr dazu) werden geschält, von der Blume befreit, in Wasser, Wein, Zucker, Nelken und Citronenschale halb gar gekocht. Dann lege man sie, den Stiel zur Seite, auf ein Brett, ein gleiches darauf und drücke sie langsam platt bis zur Dicke eines Fingers. Darauf werden sie an der heißen Sonne oder im mäßig geheizten Ofen auf irdenen Schüsseln langsam, nicht hart getrocknet, mit Zucker bestreut und in steinernen Töpfen aufbewahrt.

Anmerkung. Beim Einkochen des Birnensaftes auf dem Lande kann man die geschälten Birnen ohne Weiteres in den Saft kochen, nach vorstehend bemerkter Weise behandeln und beim Einlegen in Töpfe mit dem Zucker etwas Zimmt vermischen.

1791. Birnen zum Küchengebrauch zu trocknen. Die Birnen werden sehr gut, wenn man sie, etwas mürbe geworden, in kochendes Wasser wirft, ein wenig kochen läßt, abschält und die Blume herausschlicht. Dann werden sie auf sogenannten mit Papier belegten Horden in einem mäßig geheizten Ofen sehr langsam, nicht hart getrocknet.

1792. Pflaumen (Zwetschgen) ohne Steine zu trocknen. Sind dieselben halb trocken geworden, so drücke man an der Stielseite den Stein heraus und setze sie wieder in den nicht heißen Ofen, doch müssen sie nicht zu lange darin sein, sondern an der Luft etwas nachtrocknen.

XXXV. Von den in Essig eingemachten Früchten und Gemüsen. — Preserved Fruits and Vegetables in Vinegar.

1793. Zwetschgen in Essig (Prunes in Vinegar). Auf 100 Stück große Zwetschgen nehme 1 Quart guten Weinessig und 1½ Pfund Zucker. Die Zwetschgen, wovon die Stiele etwas abgestutzt werden, durchsteche man einigemal mit einer Nadel und lege sie in einen steinernen Topf; dann koche man den Zucker mit dem Essig, ¾ Unzen ganzen Zimmt und ½ Unze ganzer Gewürznelken unter gehörigem Abschäumen einmal auf, gieße dieses über die Zwetschgen, decke sie gut zu und lasse sie über Nacht an einem kühlen Orte stehen. Den andern Tag schütte man den Essig ab, koche ihn wieder auf, gieße ihn über die Zwetschgen und lasse diese über Nacht stehen. Dieses Verfahren wird noch zwei Tage lang wiederholt; den letzten Tag, nachdem der Essig über die Zwetschgen gegossen worden, lasse man solche etwas abkühlen, bedecke sie hierauf unmittelbar mit einem nach der Größe der Oeffnung des Topfes rund geklopften, rein gewaschenen Schieferstein, überbinde sie zuerst mit einer in lauwarmem Wasser eingeweichten und wieder fest ausgedrückten Ochsenblase, dann nochmals mit starkem Papier und bewahre sie an einem kühlen Orte auf.

1794. Pflaumen in Essig (Plums in Vinegar). Diese werden gerade so behandelt und beendet wie die Zwetschgen.

1795. Kirfchen in Effig (Cherries in Vinegar). Auf ungefähr drei Pfund Weichfelkirfchen rechnet man ½ Quart guten Weineffig, ½ Unze ganzen Zimmt, ¼ Unze ganze Gewürznelken und ¾ Pfund Zucker. Von den Kirfchen werden die Stiele zur Hälfte abgeftutzt, jene fodann in einen fteinernen Topf gegeben und im Uebrigen ganz wie die vorhergehenden Zwetfchgen behandelt.

1796. Johannisbeeren in Effig (Currants in Vinegar). Auf zwei Pfund reife, hübfch rothe Johannisbeeren rechnet man ¾ Pfund Zucker, ½ Quart guten Weineffig, ½ Unze ganzen Zimmt und halb foviel ganze Gewürznelken. Der Zucker, der Effig und das Gewürz werden aufgekocht, fodann die Johannisbeeren dazu gegeben und einigemal überwallt. Alsdann fchütte man das Ganze in einen fteinernen Topf und laffe es gut zugedeckt über Nacht ftehen; den andern Tag gieße man den Effig ab, koche ihn auf, gieße ihn wieder über die Johannisbeeren, laffe diefe nochmals über Nacht ftehen, verfahre auf diefe Art noch zweimal und beende fodann die Johannisbeeren ganz den Zwetfchgen gleich.

1797. Melonen mit Effig und Zucker (Melons in Vinegar and Sugar). Nicht zu große und nicht zu reife Melonen werden gefchält, und wenn die Kerne und das Mark rein davon genommen find, in paffende Stücke gefchnitten; diefe legt man in eine Schüffel, gießt foviel guten Weineffig daran, bis die Melonen davon bedeckt find, und ftellt fie zugedeckt 1 Tag an einen kühlen Ort. Dann wird der Effig abgegoffen und halb fo fchwer Zucker als die Melonen wiegen, mit dem Effig gekocht. Nachdem er abgefchäumt ift, wird ¼ Unze in kleine Stücke gebrochener Zimmt und 10—12 Nelken dazu genommen, die Melonen darin halb weich gekocht und dann in ein Gefchirr umgeleert. Den andern Tag wird der Saft wieder abgegoffen, wenn er kocht, werden die Melonen vollends vorfichtig weich gekocht, nach ihrem Erkalten in die Töpfe gelegt, mit dem Safte begoffen, gut zugebunden und an einem kühlen Orte aufbewahrt.

1798. Grüne Bohnen in Zucker und Effig (String Beans). 1 Pfd. kleine Salatbohnen, ¾ Pfund Zucker, fünf Achtelquart Weineffig, ½ Unze ganzer Zimmt. Man nehme Salatbohnen, die noch keine Kerne haben, ftreife die Fafern davon ab, laffe fie, damit fie ihre fchöne grüne Farbe behalten, in einem kupfernen oder meffingenen Keffel in kochendem Waffer halb gar kochen, und lege fie zum Abtrocknen auf ein Tuch. Dann fchäume man Zucker und Effig, gebe Zimmt und die Bohnen hinein, koche es noch eine Weile, und nachdem es abgekühlt, fülle man es in Gläfer, koche nach einigen Tagen den Effig noch etwas ein, gieße ihn kalt über die Bohnen und verfahre weiter wie vorhergehend.

1799. Große Schlehen einzumachen. 3 Pfund Schlehen, ftark ½ Quart echter Vieressig, 1 Pfund Zucker oder guter Honig, ½ Unze in Stückchen gefchnittener Zimmt, eben fo viel Nelken. Die Schlehen find hierzu am beften, wenn der Reif darüber gegangen ift. Man fetze fie mit kaltem Waffer aufs Feuer und fchütte fie, ganz heiß geworden, auf ein Sieb. Dann koche man Vieressig und Zucker, nehme den Schaum ab, gebe die Schlehen nebft Gewürz hinein, laffe fie zum Kochen kommen, nehme fie heraus, koche den Essig etwas ein und gieße ihn, abgekühlt, über die Schlehen. Nach 8 Tagen wird das Einkochen des Essigs wiederholt und solcher kalt über=gegossen.

1800. Zwetschgenschnitze mit Essig. Zu 5 Pfund in Schnitze geschnittenen, ungeschälten Zwetschgen kocht man 2 Pfund Zucker mit 1 Quart Essig und ½ Unze ganzen Zimmt, schüttet es über die Zwetschgen und läßt es über Nacht stehen, gießt den Essig dann ab, kocht ihn und schüttet ihn über die Zwetschgen. Am dritten Tage nimmt man alles nebst 1 Unze geschnittenem Citronat und ebensoviel Pomeranzenschale auf das Feuer, kocht die Zwetschgen weich, legt sie in den Topf und gießt dann den noch etwas eingekochten Saft darüber.

1801. Zwetschgengesälz mit Essig. Zu 3 Pfund geschälten Zwetschgen, deren Steine man herausgenommen hat, läßt man 1 Pfund Zucker in ¾ Quart Weinessig aufkochen, nimmt die Zwetschgen dazu, läßt sie gut einkochen, und mengt dann 2 Unzen Citronat und ebensoviel Pomeranzenschale darunter. Gut zubereitet hält es sich mehrere Jahre.

1802. Melonenkürbis in Essig und Zucker. Hierzu auf 1 Quart guten Weinessig 1½ Pfund Zucker, Zimmt und Gewürznelken. Nachdem man aus dem nicht zu reifen Kürbis das Kerngehäuse sorgfältig herausgeschabt und die Schale hinlänglich abgeschält hat, werden aus demselben fingerlange und zwei Finger breite Streifen geschnitten, welche man an den 4 Spitzen abrundet und leicht blanchirt, indem man sie eine kleine Weile in kochendes Wasser thut und mit kaltem Wasser abkühlt. Dann wird die Mitte der einen Seite gleichmäßig in schräger Richtung mit 3 Stückchen feinem Zimmt und 2 Gewürznelken, aus welchen vorher die kleinen runden Blüthenknospen (Köpfchen) gebrochen sind, besteckt. Unterdeß kocht und klärt man den Essig und Zucker, läßt in diesem die blanchirten Kürbisstreifen behutsam gar, doch nicht zu weich kochen und stellt beides in einem irdenen Geschirr hin. Anderen Tages wird der Zuckeressig auf=gekocht und geschäumt, die Kürbisstücke darin kochend heiß gemacht und dann abermals beides in bemerktem Gefäß zurückgestellt. Am dritten Tage wird der Zuckeressig abgegossen, nochmals aufgekocht, geschäumt und zum Erkalten hinge=stellt. Darauf legt man die Kürbisstreifen in Gläser, füllt den Saft darüber, bindet dieselben mit Blase oder Pergamentpapier zu und bewahrt sie an einem kühlen Orte.

Der Saft muß leicht syrupartig, die Kürbisstreifen aber müssen glasig sein.

1803. Champignons in Essig (Mushrooms in Vinegar). Die kleinsten, geschlossenen Champignons werden, nachdem die Stiele etwas abgestutzt worden, aus kaltem Wasser einigemal sauber herausgewaschen, sodann in kochen=des Salzwasser gegeben und 10 Minuten lang darin gekocht. Nun lege man sie auf ein Sieb zum Abtrocknen vermittelst eines Schaumlöffels heraus, gebe sie lagenweise mit etwas Muscatblüthe, weißen Pfefferkörnern und einigen Lorbeer=blättern in einen steinernen Topf, übergieße mit gutem Weinessig und lasse sie gut zugedeckt ruhig über Nacht stehen. Den andern Tag gieße man den Essig ab, koche ihn auf und gebe ihn nach seinem gänzlichen Abkühlen über die Champignons, welche sodann gleich den Zwetschgen umbunden und aufbewahrt werden.

1804. Essiggurken (Vinegar Pickles). Von den kleinsten Gurken werden die Stiele abgeschnitten, die Gurken sodann aus kaltem Wasser sauber herausgewaschen und mit einem reinen Tuche, eine nach der andern gehörig abgetrocknet; sie werden nun lagenweise mit etwas Dill, ganz sauber geputztem, in Stückchen geschnittenem Meerrettig, Fenchel und einigen Lorbeerblättern in einen steinernen Topf fest eingepreßt, mit gutem Weinessig übergossen, und vier Tage gut zugedeckt an einem kühlen Orte stehen gelassen. Den vierten Tag gieße man den Essig ab, koche ihn bis auf die Hälfte ein und ersetze ihn wieder mit ebensovielem frischen Essig; nachdem er nun nochmals aufgekocht worden, gieße man ihn wieder über die Gurken und lasse diese wieder vier Tage zugedeckt stehen. Nach dieser Zeit gieße man den Essig wieder ab, koche ihn mit dem nöthigen Salze und einigen Pfefferkörnern auf, gieße ihn etwas kochend heiß über die Gurken und beende dieselben nach ihrem Abkochen ganz wie Zwetschgen.

1805. Zuckergurken (Sugar Pickles). In Stücken geschnitten und mäßig gesalzen muß man sie 24 Stunden stehen, dann ablaufen lassen und zweimal einen Tag um den andern mit kochendem Essig übergießen, dann über Nacht sie ablaufen lassen; das letzte Mal wird Essig mit Zucker gekocht, 1 Pfd. Zucker auf 1 Quart in den kochenden Essig gethan, hierauf läßt man sie einmal aufwallen, dann möge man sie herausnehmen, nachher den Saft darüber gießen und Zimmt und Nelken dazwischen streuen.

1806. Süße Glasgurken. 3 Pfund Gurken, 1 Pfund Zucker, ¾ Quart reiner unverfälschter Essig, ¼ Unze in Stückchen geschnittenen Zimmt, 1 Drachme Muscatblüthe (ganze Stücke), einige Stücke gereinigter Ingwer und sieben Achtelunzen Nelken, aus welchen die Köpfchen zu entfernen sind.

Hierzu nehme man schon etwas gelb gewordene Schlangengurken, behandele sie wie Zuckergurken, bringe Essig, Zucker und Gewürze zum Kochen und lasse die zuvor in ordinärem Essig kaum zum Drittel weich gewordenen Gurken darin eine Weile kochen, jedoch müssen sie etwas härtlich bleiben. Man richte sich übrigens nach Vorhergehendem, wobei zu bemerken ist, daß es hier, der geringeren Quantität des Zuckers wegen, nothwendig ist, den Essig zweimal nachzukochen.

1807. Senfgurken (Mustard Pickles). Zu einem 1 Gallone großen Steintopf ½ Pfund Salz, ½ Pfund Chalotten, ¼ Pfund Meerrettig, ¼ Pfund gelben Senfsamen, 1 Unze gereinigten Ingwer, ½ Unze Pfeffer, Nelken (die Köpfchen entfernt), desgleichen Lorbeerblätter, 2 Handvoll Dill.

Schon etwas gelb gewordene Gurken sind hierzu am besten, weil diese nicht so leicht weich werden. Man schäle und schneide sie der Länge nach durch, nehme mit einem silbernen Löffel das Kerngehäuse und was nicht fest ist, heraus, bestreue sie mit dem bemerkten Salz und lasse sie über Nacht stehen. Gut abgetrocknet, schneide man sie in fingerlange und fingerbreite Streifen, lege sie in einen Steintopf und gieße kalten Weinessig darauf. Nach Verlauf von 8—14

Tagen bringe man den Essig in einem Messingkessel zum Kochen, schäume ihn, lege die Gurken mit den bemerkten Gewürzen lagenweise in den Topf, gieße den Essig kalt darüber — derselbe muß die Gurken reichlich bedecken — binde den Topf zu und stelle ihn an einen kühlen Ort.

1808. Senfbirnen (Mustard Pears). Es gehört hierzu vorzugsweise die Königsbirne. Zu ¼ Bushel ½ Pfund gemahlener Senfsamen mit Essig an=gerührt, 2 dicke Stangen Meerrettig, gut gereinigt und in dünne Scheiben ge=schnitten, 24 Lorbeerblätter, 1 Unze schwarze Pfefferkörner, 1 Unze Nelkenpfeffer und 1 Unze Nelken.

Die Birnen werden mit der Schale in einem messingenen Kessel mit Wasser bedeckt, gekocht, bis sie sich durchstechen lassen, und zum Erkalten darin hinge=stellt, was bei Birnen nicht schädlich ist. Dann legt man dieselben in einen Steintopf, worin niemals etwas Fettiges gewesen ist, bestreut sie lagenweise mit dem bemerkten Gewürz, gießt die Brühe, mit dem Senf angerührt, darüber, womit die Birnen bedeckt sein müssen, bindet den Topf zu und stellt ihn in den Keller.

1809. Knoblauchgurken, sogenannte Teufelsgurken, (Garlic Pickles). Halbreife Gurken schält man, schneidet sie in vier Theile, nimmt das Inwendige heraus, salzt sie und stellt sie 48 Stunden lang hin. Dann trocknet man sie mit einem Tuche ab und legt sie lagenweise mit schwarzen und weißen Pfeffer=körnern, Chalotten, Meerrettig, Pfefferkraut oder blätteriger Kresse, Lorbeer=blättern, Fenchel, Kümmel, spanischem Pfeffer und Knoblauch (von den beiden letztgenannten Gewürzen nicht viel) in einen steinernen Topf, wobei von den Kräutern eine Unter= und Oberlage gemacht werden muß, kocht in einem mes=singenen Kessel Weinessig und gießt ihn kochend darauf. Der Essig muß dreimal ein über den andern Tag aufgekocht und jedesmal heiß aufgegossen werden.

1810. Salzgurken (Salt Pickles). Die vorhergehend geschälten, ge=putzten und geschnittenen Gurken werden aus kaltem Wasser herausgewaschen und eine nach der andern mit einem reinen Tuche sauber abgetrocknet. Nun be=lege man den Boden eines steinernen Topfes mit Traubenblättern, setze die Gurken lagenweise mit etwas grobem Salze, Lorbeerblättern, Dill, Fenchel, Estragonblättern in denselben etwas gepreßt hinein, übergieße sie mit Salzwasser und beende sie hierauf allen vorhergehenden Essiggemüsen gleich. Auf ein Quart Wasser rechnet man eine starke Handvoll Salz, das Salzwasser wird auf=gekocht und erst, nachdem es kalt geworden ist, über die Gurken gegeben.

1811. Salzgurken, andere Art (Salt Pickles, another kind). Halb=gewachsene Gurken werden in frisches Wasser über Nacht gelegt und mit einem Tuche abgetrocknet; dann werden sie in Fäßchen oder steinernen Häfen, deren Boden mit Traubenlaub bedeckt ist, schichtenweise eingelegt. Jede Lage wird mit ganzem Pfeffer, Dill, Fenchel, einigen Lorbeerblättern und Estragonblättern bestreut; dann gießt man kaltes Salzwasser, mit dem vierten Theil Weinessig vermischt, darauf, bis sie vollkommen davon bedeckt sind, und bewahrt sie wie die

Essiggurten auf. Die Gurken müssen oft geschüttelt werden, damit der Salzlack frisch bleibt.

1812. Gurkensalat einzumachen (Preserved Pickles Salad).

Halb ausgewachsene Gurken werden wie Salat geschnitten und gesalzen, dann in ein Sieb gethan, daß sie rein ablaufen, und darauf mit Weinessig in ein Geschirr gestellt, damit das Salz wieder herausziehe. Alsdann legt man ein Tuch in ein Sieb, schüttet die Gurken darauf und preßt sie wohl aus, legt sie, mit Zwiebeln und gestoßenem Pfeffer durchschichtet, in einen Steintopf oder in ein Glas, gießt hinreichend kalten Weinessig darauf und zuletzt etwas Provenceröl hinzu.

1813. Samba (Samba).

Man schält große Gurken, schneidet sie der Länge nach fein ab bis auf das Kernhaus und dann gleichfalls der Länge nach so fein wie Krautsalat, legt sie 3 Stunden in Salz, worauf sie in einem ausgebrühten Tuch aufgehängt werden, um auszulaufen. Sind sie ganz trocken, so legt man sie mit ganzer Muscatblüthe, weißen Pfefferkörnern und etwas Chalotten schichtweise in ein Glas und gießt gekochten und wieder erkalteten Weinessig darauf.

Es macht sich ganz hübsch, die Samba mit eingemachten Zwiebeln zu garniren, indem man diese in der Mitte des Schüsselchens aufhäuft und von ersterem einen Kranz darum legt.

1814. Gurken wie ostindischen Mango einzumachen.

Kapern, in Ermangelung eingemachte Kapuzinerkresse, Meerrettig, Chalotten, Alles in erbsengroße Würfel geschnitten, grob gestoßene Muskatnüsse, in Stückchen geschnittene Nelken (die Köpfchen entfernt), weiße Pfefferkörner und etwas gelber Senfsamen, Alles gut gemischt.

Man nimmt hierzu glatte Gurken von mittlerer Größe, schneidet in der Mitte derselben ein rundes Loch von der Größe eines Fünfundzwanzigcentstückes, macht mit einem Theelöffel alle Kerne und was nicht fest ist, heraus, streut Salz über die Gurken und läßt sie eine Nacht stehen. Am andern Tag gut abgetrocknet, füllt man die Höhlung mit den angegebenen gemischten Gewürzen, bedeckt dieselbe mit dem herausgeschnittenen Stück von der Gurke, legt eine zweifingerbreite Binde von Leinwand in der Mitte herum, heftet sie mit einigen Reihstichen zusammen, legt die Gurken in einen Topf und gießt in einem Messingkessel gekochten Weinessig kochend heiß darüber.

A n m e r k u n g. Mit dieser Binde wird der echte Mango zur Tafel gegeben und wie Salzgurken zum Suppenfleisch und Braten servirt.

1815. Mixed Pickles in Essig.

Man nehme schneeweißen Blumenkohl, fest geschlossene dicke Knospen des Brüsseler oder Rosenkohls, fest geschlossenen Wirsing, junge kleine gelbe Mohrrüben (Wurzeln), kleine junge Salatbohnen, ausgeschotete junge englische Erbsen, Perlzwiebeln, in Ermangelung kleine Chalotten oder gewöhnliche kleine Zwiebeln, kleine grüne Gurken, junge Maiskolben, Samen von Kapuzinerkresse, Schoten von Radies, einige der Länge nach in acht Theile geschnittene Citronen, in Scheibchen geschnittenen Meerrettig (dünne Wurzeln werden in gliedlange Stückchen getheilt), weißen Pfeffer, Dragon, Dill, frische Lorbeerblätter und Weinessig. Letzteren kann man, wenn er sehr stark ist, mit einem Viertel Brunnenwasser vermischen.

Die sechs ersten Theile werden nach ihrer Art sauber gereinigt, Blumenkohl und Wirsing in eigroße Stücke geschnitten, Mohrrüben, wenn sie nicht klein zu haben sind, einmal getheilt, kleine Salatbohnen bleiben selbstredend ganz, Perlzwiebeln werden vorgerichtet, wie es beim Einmachen derselben bemerkt ist. Dann wird jedes einzeln, Zwiebel eingeschlossen, in reichlich gesalzenem kochendem Wasser eine kleine Weile aufmerksam gekocht, denn es muß Alles noch härtlich bleiben, zum Abtröpfeln auf ein Sieb gelegt und jedes Einzelne in porzellanene Geschirrchen gefüllt. Wird zum Abkochen ein Messingkessel genommen, so bleiben die Salatböhnchen frisch grün. Gurken, Radieschoten und Kapuzinerkresse werden am Abend vorher gewaschen, mit etwas Salz bestreut und am andern Morgen mit dem Uebrigen zierlich in Gläser geordnet, wobei man lagenweise die Gewürze durchstreut. Darauf wird das Ganze mit einer Lage Kräuter und Gewürz versehen, mit rohem Essig bedeckt und mit einem Stück gereinigter Schweinsblase oder Pergamentpapier zugebunden.

1816. Mixed Pickles in Zucker. Man nehme die Bestandtheile wie Mixed Pickles in Essig (mit Ausnahme der Kräuter), alles recht jung, wiege es und rechne auf je 2 Pfund 1½ Pfund geriebenen Zucker, ¼ Unze weiße Pfefferkörner, desgleichen in Stückchen geschnittenen eingemachten Ingwer und in glatte Schei' 1 oder Stückchen getheilten Meerrettig.

Gurken, Maiskolben, Kapuzinerkresse und Schoten von Radies werden rein gewaschen und ohne Salz 24 Stunden mit Essig bedeckt; die Gemüse läßt man theilweise in stark siedendem Wasser ohne Salz rasch einigemal überwallen, bedeckt sie dann gleichfalls mit scharfem Essig und läßt auch diese 24 Stunden stehen. Alsdann wird der Essig abgegossen, Alles mit dem Zucker und Gewürz lagenweise in ein porzellanenes Geschirr gelegt und zugedeckt 12 Stunden hingestellt. Darauf läßt man den Zuckersaft abfließen und aufkochen, das Genannte darin langsam sieden, so daß es nicht zu weich wird und der Blumenkohl nicht zerfällt. Nach dem Abkühlen lege man die Pickles geordnet in Gläser und füge den Saft kalt hinzu, koche nach 6—8 Tagen den Saft etwas ein, gieße ihn kalt darüber, binde die Gläser zu und bewahre sie auf bis zum Gebrauche.

1817. Chalotten und Zwiebeln einzumachen (Pickled Onions). Von letzteren nehme man möglichst kleine, am besten ist, wenn zu diesem Zweck etwa Mitte Mai eine kleine Aussaat gemacht wird. Nachdem erstere oder letztere gewaschen, abgeschält und abgespült sind, stellt man sie, mit Salz durchstreut, über Nacht hin, macht anderen Tages die Haut ab, wäscht sie rein, läßt Essig sieden und die Zwiebeln theilweise, unter öfterem Durchrühren, darin gut durchkochen, wobei man sich, da dieselben leicht weich werden, nicht entfernen darf. Erkaltet werden sie mit reichlich Dill, Dragon, Meerrettig und Pfefferkörnern durchschichtet, mit dem kaltgewordenen Essig bedeckt, mit einer Schieferscheibe niedergehalten und zugebunden.

1818. Perlzwiebeln einzumachen. Perlzwiebeln, weißer Pfeffer, Meer=
rettig und reichlich Dragon.

Die Perlzwiebeln werden sehr rein gewaschen, zum leichteren Abziehen der
Haut lege man sie in lauwarmes Salzwasser, lasse sie darin erkalten und ziehe
dann die Haut mittelst eines silbernen Theelöffels ab. Ein Messer darf zum
Reinigen derselben nicht gebraucht werden, weil sonst schwarze Flecken entstehen.
Die Zwiebelchen werden in Weinessig mit weißem Pfeffer einige Minuten ge=
kocht, herausgenommen, erkaltet mit Dragon und Meerrettig lagenweise in ein
Glas gelegt, der ebenfalls kalt gewordene Essig darüber gegossen, mit einem
Schieferteinchen versehen und zugebunden.

Anmerkung. Die Perlzwiebeln dienen als Beilage zum Suppen=
fleisch und Hammelbraten. Auch eine Stunde in Hammel= oder Rindfleisch=
Ragout gekocht, geben sie demselben einen gewürzigen Geschmack. Beim An=
richten lege man sie wie aneinandergereiht in den Rand der Schüssel.

1819. Tomatoe-Pickles oder in Essig eingemachte Tomatoes. Zu
einem Peck grüner Tomatoes nimmt man 2 große Zwiebeln, zwei rothe oder
spanische Pfeffer=Schoten und schneidet dies alles in dünne Scheiben. Dann
gehören dazu: 1 Unze ganzer schwarzer Pfeffer, 1 Unze ganzer Senffamen,
1 Unze ganze Gewürznelken, ½ Unze Zimmtrinde. Hierauf werden nun ½ Pint
Salz, Gewürz und Tomatoes nebst Zwiebeln und Pfefferschoten schichtenweise
in einen Kessel gethan. Dann gießt man 3 Quart guten Essig darüber und
setzt es, gut zugedeckt, auf's Feuer. Fängt es an zu kochen, so nimmt man es
ab und läßt es zugedeckt erkalten. Während die Pickles auf dem Feuer sind,
muß man sie einige Male umrühren. Erkaltet werden sie in Steingefäße ge=
than und an einen kühlen Ort gestellt.

1820. Rothe Rüben in Essig (Beets in Vinegar). Bei diesen ist die
echte Burgunderart die beste. Zu ungefähr 4 mittelgroßen Rüben nimmt man
noch eine Drittelsstange Meerrettig; die Rüben werden in Wasser weich gekocht,
geschält, dick gerädelt, der Meerrettig roh in Stücke geschnitten, beides schichten=
weise in ein steinernes oder gläsernes Geschirr gethan, dazwischen Salz, grob
gestoßener Pfeffer, 1 Eßlöffel gestoßener Zucker; alsdann werden sie mit Essig
übergossen, daß dieser dreifingerhoch darüber geht.

1821. Welschkorn (Mais) in Essig (Sugar Corn in Vinegar). Das
fingerlange, noch ganz unreife Welschkorn wird von den Fasern gereinigt, einen
Tag in starkes Salzwasser gelegt und an einen kühlen Ort gestellt. Den andern
Tag wird es in siedendes, stark gesalzenes Wasser gelegt und halb weich gekocht,
in kaltem Wasser abgekühlt und zum Abtrocknen auf ein Tuch gelegt. Nun
wird das Welschkorn in Gläser gethan, mit Lorbeerblättern, ganzem Pfeffer und
Muskatblüthe belegt, mit gekochtem und wieder erkaltetem Essig begossen, zuge=
bunden und aufbewahrt.

1822. Bohnen in Essig (String Beans in Vinegar). Von kleinen
jungen Bohnen werden die Fäden abgezogen, dann läßt man sie in siedendem
Salzwasser zweimal aufkochen und legt sie, wenn sie auf einem Tuche gut abge=

trocknet sind, fest eingedrückt in steinerne Töpfe. Dazwischen legt man ganzen Pfeffer, Esdragon und Lorbeerblätter, Bohnenkraut und fein geschnittenen Meerrettig, gießt guten Weinessig daran, daß sie ganz davon bedeckt sind, und stellt sie an einen kühlen Ort. Nach vier Tagen wird der Essig abgegossen, mit dem nöthigen Salz aufgekocht und siedend über die Bohnen gegossen. Sie werden dann bedeckt, und nachdem sie abgekühlt sind, mit Provenceröl begossen, gut zugebunden und aufbewahrt.

1823. Blumenkohl in Essig (Cauliflower in Vinegar). Fester, weißer Blumenkohl wird in zierliche Stückchen geschnitten, abgeschält, in siedendem Salzwasser nicht zu weich gekocht, und wenn er gut abgelaufen, mit Meerrettig, Esdragon, Lorbeerlaub und Pfefferkörnern in ein Einmachglas gelegt, mit Essig begossen und zugebunden.

XXXVI. Senf, Essig, Catsups. —
Mustard, Vinegar, Catsups.

1824. Estragon=Essig (Tarragon Vinegar). 1 Pfund Estragon wird mit 1 Unze Pfeffer, 7 Unzen Kerbel, 3 Unzen Pimpernell, 2 Unzen Fenchel, 2 Unzen Senfkörner, 1 Unze Nelken, 25 Stück Lorbeerblätter, 4 Knoblauchzehen und 12 Chalotten in einen steinernen Krug gebracht und 3 Quart Essig daran gegossen, mit einem Kork fest zugepfropft und eine Staniolhaube über den Pfropfen gemacht, um die Verdunstung des Essigs zu verhindern. Nach einem Monat wird der Essig filtrirt, in Flaschen abgezogen, gepfropft und im Keller aufbewahrt.

1825. Obst=Essig (Fruit Vinegar). Die zum Essig bestimmten Aepfel, auch abgefallene Aepfel und Birnen (schwarz gewordene aber geben dem Essig einen bitteren Geschmack) werden so klein als möglich gestampft und in einer Obstpresse recht trocken ausgepreßt. Der so erhaltene Most wird in offene Fässer gethan, worin er 8—10 Tage stehen bleibt. Die Unreinigkeit gährt nach oben und wird vorsichtig abgenommen, dann der Most in Fässer gefüllt und diese an einen warmen Ort gebracht. Nun erfolgt noch etwas Gährung aus dem Spundloch, und der vorher in Flaschen hingestellte Most wird zum Nachfüllen gebraucht. Ist die Gährung ganz beendet, so wird das Spundloch mit einem nicht zu dichten Stück Leinwand bedeckt und die Fässer bleiben bis zum Frühjahr ruhig liegen, wo man alsdann den Essig entweder in Fässer oder Flaschen abzapft. Unten im Faß findet sich immer ein ziemlich starker Satz. Es ist ein

gutes Zeichen, wenn sich eine Haut auf der Oberfläche bildet, die vor dem Ab=
zapfen nicht gestört werden darf.

1826. Johannisbeer-Essig (Currants Vinegar). Die Johannisbeeren
werden ausgepreßt, der Saft wird bis zum andern Tage hingestellt und das
Klare in reine Flaschen gefüllt, wobei der Bodensatz zurückbleibt. Dann setzt
man die Flaschen offen zum Ausgähren an die Sonne oder an einen warmen
Ort und verkorkt sie erst dann, wenn die Gährung völlig beendet ist.

Dieser Essig kann statt französischem Essig zum Salat gebraucht werden
und giebt demselben einen feinen Geschmack.

1827. Zucker-Essig (Sugar Vinegar). Man nehme zu 6 Flaschen oder
5 Quart Wasser 1½ Pfund Puderzucker (Farin), koche solches ½ Stunde, wäh=
rend dem man es gut schäumt, und gieße es in ein offenes Faß. Wenn es ab=
gekühlt ist, füge man eine Schnitte Weißbrod, die dick mit Hefe bestrichen ist,
dazu und lasse es zwei Tage gähren.

Darauf gieße man die Flüssigkeit in ein anderes Faß, welches an einem
warmen, trockenen Ofen liegen muß, klebe ein Papierblatt über das Spundloch
und mache kleine Oeffnungen darein, daß die äußere Luft eindringen kann.
Wenn am Essig eine schöne Rheinweinfarbe erwünscht sein möchte, so füge man
Anfangs zu dem Wasser und Zucker eine Quantität gelber Primeln oder
Schlüsselblumen, die man mitkochen läßt.

1828. Angenehmer Gewürzsenf zu verschiedenem Fleisch (Spiced
Mustard). Es werden 4 Zwiebeln, 4 Zehen Knoblauch und 8 Lorbeerblätter
klein geschnitten, mit sieben Achtelquart Weinessig in einem irdenen Kochgeschirr
zugedeckt, 10 Minuten gekocht, durchgesiebt, ¼ Pfund braunes und ⅓ Pfund
gelbes fein pulverisirtes und durchgesiebtes Senfmehl hinzugefügt und solches
mit einer Reibekeule, in Ermangelung mit einem hölzernen Löffel so lange ge=
rieben, bis es ein dicklicher Brei geworden. Alsdann werden 6½ Unzen Gewürz=
nelken, ebensoviel guter Zimmt damit vermischt und ir einem verschlossenen
Glase aufbewahrt.

1829. Sardellen-Senf (Anchovy Mustard). Sardellen oder Ancho=
vis werden entgrätet, gewaschen, getrocknet, gestoßen, durch ein Haarsieb ge=
trieben, mit 5 Unzen mit Wasser abgeriebenem Senfmehl gut vermengt und die
gewonnene Senfmasse in einen steinernen Senftopf gefüllt, dieser dicht ver=
schlossen und kalt aufbewahrt.

1830. Englischer Senf (English Mustard). Ein halbes Pfund eng=
lisches Senfmehl wird mit ½ Quart gekochtem und wieder erkaltetem Wasser
gut abgerieben und die gewonnene Masse in einen steinernen Senftopf gefüllt,
dieser luftdicht verschlossen und trocken kalt aufbewahrt.

1831. Wiener Senf (Vienna Mustard). Eine beliebige Menge süßer
Wein= oder Obstmost wird auf 1 Quart Most mit 2 Unzen Zucker, 10 Nelken
und ⅓ Unze ganzem Zimmt zur Hälfte eingekocht, durch ein Sieb getrieben und

verkühlt, dann werden zwei Theile gelbes und ein Theil schwarzes Senfmehl eingerührt, bis sich ein dicker, glatter Brei ergeben. Dieser wird in einen Stein= topf gefüllt, mit einem Kork verschlossen, 4—6 Wochen trocken kalt gestellt und dann in Gebrauch genommen.

1832. Tomatoe-Catsup. Auf zwei Quart Tomatoes, wenn sie auf's Feuer gesetzt, durchaus heiß geworden und dann durch ein Sieb gerührt sind, nehme man 1 Eßlöffel voll Pfeffer und 1 Eßlöffel voll Salz, einen halben Eß= löffel Allspice, 1 Theelöffel voll Ingwer, 1 Theelöffel voll Nelken und ein halbes Quart Essig. Auch kann man ein wenig rothen Pfeffer daran thun. Dieses wird ungefähr acht Stunden gekocht, zuletzt einige Eßlöffel voll Senf mit Essig angerührt, hinzugethan und einige Minuten lang durchkochen lassen.

1833. Tomatoe-Catsup auf andere Art. Man nehme einen halben Bushel Tomatoes, koche sie recht weich und treibe sie dann durch ein Drahtsieb. Dazu nimmt man nun: 1 Quart guten Essig, ½ Pint Salz, ¾ Unzen gemahlene Nelken, ¼ Unze Allspice, ½ Unze rothen Pfeffer, 2 Knoblauchzehen fein gehackt, ⅓ Unze gemahlene Muskatblüthe (oder Mace). Dies Alles mische man mit den Tomatoes zusammen und koche es unter öfterem Umrühren etwa 3 Stunden, bis es ungefähr auf die Hälfte reduzirt ist. Dann läßt man es erkalten, füllt es in Flaschen und verkorkt es gut. Diese Art von Catsup hält sich mehrere Jahre.

Wenn man ihn scharf zu essen liebt, kann man ¼ mehr rothen Pfeffer dazu nehmen.

1834. Austern-Catsup (Oysters Catsup). 1 Quart Austern, 1 Eßlöffel Salz, 1 Theelöffel Cayenne-Pfeffer und ebensoviel Muscatblüthe, 1 Theetasse Cider-Essig, 1 Theetasse Sherry.

Die Austern werden gehackt und in ihrer eigenen Flüssigkeit gekocht, mit Beigabe einer Theetasse Essig; wenn sich Schaum bildet, so schöpft man ihn gut ab. Man kocht sie drei Minuten, seiht sie durch ein Sieb; giebt die Brühe zurück ans Feuer, fügt Wein, Pfeffer, Salz und Muscatblüthe dazu, kocht sie 15 Minuten, läßt sie auskühlen, und füllt sie auf Flaschen.

1835. Hollunderbeer-Catsup (Elderberry Catsup). 1 Quart Hollun= derbeeren, 1 Quart Essig, 6 Anchovis, geweicht und zerpflückt, ½ Theelöffel Muscatblüthe, 1 Priese Ingwer, 2 Eßlöffel weißen Zucker, 1 Theelöffel Salz, 1 Eßlöffel ganzen Pfeffer.

Man macht den Essig siedend heiß und gießt ihn über die Beeren, die von den Stielen gezupft und in einen großen Steintopf gegeben werden müssen. Man deckt ihn mit einer Glasscheibe zu und setzt ihn wenigstens zwei Tage in die heiße Sonne. Nun seiht man die Flüssigkeit ab, und kocht sie mit den anderen Ingredienzien eine Stunde, rührt oft um, läßt sie während des Kochens zugedeckt, abkühlen, seiht sie nochmals durch und füllt sie auf Flaschen.

Man braucht diesen Essig, um braune Saucen zu würzen, oder Suppen und Ragouts; in braune Butter gerührt, macht er eine sehr pikante Sauce für auf dem Rost gebratenen oder gekochten Fisch.

———•••———

XXXVII. Von den in Dunst gekochten und in Blechbüchsen aufbewahrten jungen Gemüsen. — Vapored or Steamed Vegetables preserved in boxes. Preserved Autumn Vegetables.

1836. Blechbüchsen (Tinboxes, Cans). Hierzu lasse man sich von einem Blecharbeiter Büchsen von ungefähr 7 Zoll Höhe und 3 Zoll im Durchmesser verfertigen, worauf jedoch kein Deckel sein darf. In diese Büchsen kommen dann die Gemüse, welche auf folgende Art und Weise zubereitet worden sind.

1837. Spargeln (Asparagus,. Die schönsten Spargeln werden nach der Höhe der Büchse (hier muß dieselbe ausnahmsweise etwas höher sein) unten abgeschnitten, geputzt, in Salzwasser ungefähr 10 Minuten gewallt (blanchirt), hierauf mit den Köpfen nach unten eine dicht an die andere in die Büchse gestellt und ein Stückchen frische Butter in der Größe eines Taubeneies wird dazugegeben. Der Deckel wird dann darauf gelöthet, so daß nirgends mehr eine Spur von Luft wahrzunehmen ist, worauf dieselbe in eine Casserolle gestellt und mit soviel kaltem Wasser übergossen werden, daß dasselbe darüber geht; nun bedecke man die Casserole mit ihrem Deckel, lasse das Wasser zum Kochen kommen und langsam 15 Minuten fortkochen. Dann stelle die Casserole vom Feuer ab, lasse die Büchsen bis zum gänzlichen Erkalten darin, worauf sie herausgenommen, abgetrocknet und an einem kühlen Ort aufbewahrt werden.

1838. Spargelerbsen. Die dünnsten Spargeln werden, nachdem sie geputzt sind, der Quere nach bis auf ein Viertel nach unten in erbsengroße Stückchen geschnitten, 5 Minuten in Salzwasser blanchirt und abgeschüttet. uf ungefähr ½ Quart rechnet man ein eigroßes Stück frische Butter, gebe dieselbe in eine flache Cafferole, laffe fie fo lange darin, bis fie etwas hell geworden ift, bringe alsdann die Pflückfpargeln dazu, und laffe fie ungefähr noch 5 Minuten unter ftetem Umfchwenken auf dem Feuer paffiren, gebe fie hierauf in die Büchfen, ftoße diefelben leicht auf, damit keine Luft dazwifchen bleibt, laffe den Deckel darauf löthen und beende fie im Uebrigen wie die vorhergehenden. Sie müffen ebenfalls 15 Minuten kochen.

1839. Schnittbohnen (String Beans). Hierzu nehme man entweder die ganz kleinen, jungen grünen Böhnchen, welche abgezogen werden und ganz bleiben, oder die fchon etwas größeren, welche jedoch zart fein müffen und in lange Streifchen gefchnitten werden müffen. Diefe nun oder jene walle man in Salzwaffer 5 Minuten lang, paffire diefelben ganz nach vorhergehender Art noch 5 Minuten auf dem Feuer mit einem eigroßen Stück frifcher Butter, fülle fie dann in die beftimmten Büchfen und beende fie gleich den Spargelfpitzen. Sie müffen jedoch 1½ Stunden kochen.

1840. Grüne Erbfen (Green Peas). 1 Quart frifche, fchöne, kleine Erbfen fetzt man, nachdem fie verlefen, mit ungefähr ¼ Pfund frifcher Butter, wenn diefelbe erft etwas klar geworden ift, zum Feuer, giebt ein wenig Salz darüber und fchwenkt (paffirt) diefelben auf dem Feuer ungefähr 10 Minuten, worauf fie in die beftimmten Büchfen kommen, welche mit ihren Deckeln bedeckt, gut zugelöthet und wie die Spargelerbfen beendet werden. Sie müffen 1 Stunde lang kochen.

1841. Junge gelbe Rübchen (Carrots). 2 Quart junge, gelbe Rübchen werden etwas geputzt, gewafchen und wieder abgetrocknet, hierauf in ½ Pfund frifcher Butter, gleich den Spargelerbfen, unter ftetem Schwingen über dem Feuer 10 Minuten paffirt, fodann in die Büchfen gefüllt, deren Deckel darauf gelöthet und die gelben Rübchen den Spargelerbfen gleich beendet. Sie müffen 15 Minuten lang kochen.

1842. Blumenkohl (Cauliflower). Der Blumenkohl wird zu fchönen Röschen geputzt, in Salzwaffer 5 Minuten lang blanchirt (gewallt); hierauf nehme man ungefähr zu 1 Quart folcher Röschen 2 Unzen frifche Butter, fchwinge, nachdem die Butter heiß und klar geworden ift, diefelben in diefer Butter 5 Minuten um, fülle fie in die Blechbüchfen, laffe deren Deckel darauf löthen und beendige den Blumenkohl im Uebrigen wie die vorhergehenden. Derfelbe muß noch 20 Minuten kochen.

1843. Endivien (Chicory).

1844. Sauerampfer (Sorrel).

1845. Rapunzelchen (Rampions).

Diefe 3 Arten Gemüfe werden, nachdem fie fauber geputzt find, in Salzwaffer einige Minuten gewallt, auf ½ Quart derfelben rechnet man 2 Unzen Butter. Sie werden fämmtlich wie die vorhergehenden Gemüfe behandelt und 15 Minuten gekocht.

1846. Paradies= oder Liebesäpfel (Tomatoes). Ungefähr 2 Quart Paradiesäpfel werden in der Mitte zerschnitten und ausgedrückt, d. h. die Kerne sammt dem Safte davon entfernt; alsdann stelle man sie mit ½ Pfund Butter zum Feuer und lasse sie langsam kurz dämpfen. Nachdem sie nun ziemlich trocken geworden sind, fülle man sie in die bestimmten Büchsen und beende sie den Spargelerbsen gleich.

1847. Champignons (Mushrooms). 2 Quart frisch gepflückte, schon geschlossene kleine Champignons werden etwas geputzt (d. h. der Stengel wird unten etwas abgestutzt), hierauf aus mit Citronensaft gesäuertem Wasser einige Male herausgewaschen, mit ½ Pfund frischer Butter und dem Saft von 2—3 Citronen zum Feuer gesetzt, etwas gesalzen, und so lange geschwungen, bis die Butter hell geworden ist; nun fülle man sie in ihre Büchsen und beende sie im Uebrigen ganz den Spargelerbsen gleich. Sie werden noch eine halbe Stunde gekocht.

1848. Trüffeln (Truffles). 1 Pfund Trüffeln werden in Wasser einge= weicht, mit einer Bürste sauber geputzt, aus mehreren Wassern herausgewaschen und dann abgeschält. Hierauf wird ein Liqueur=Gläschen Madeira nebst einer Messerspitze Salz hinzugefügt und das Ganze alsdann in Gläser oder Büchsen gefüllt.

Die Gläser werden mit Pfropfen, die Büchsen mit einem Blechdeckel zuge= macht, alsdann in kochendes Wasser gestellt und 2—3 Stunden, je nach Größe, fortgekocht und wie die Spargelspitzen beendet.

Gut ist es, wenn man die Pfropfen vor dem Kochen mit Draht verschnürt und nach dem Kochen mit Lack versiegelt.

Alle diese Dunstgemüse erhalten sich bei gehöriger Behandlung 2 Jahre lang gut und frisch, beim Oeffnen schneidet man den Deckel vermittelst eines Büchsenbrechers rund umher, beinahe am Rand, auf, wobei man jedoch zu beobachten hat, daß die Gemüse nicht beschädigt werden, und beendigt sie sodann ganz den frischen gleich.

Herbstgemüse einzumachen — Preserved Autumn vegetables.

1849. Sauerkraut einzumachen. Von den festgeschlossenen Krautköpfen werden die äußeren unreinen Blätter abgenommen, die Dorsche mit einem eigens hierzu gemachten Messer inwendig herausgebohrt, sodann der Kopf auf dem Krautmesser fein nudelartig geschnitten. Unter einen Kübel voll geschnittenes Kraut mengt man eine kleine Handvoll Salz, nach Belieben etwas Kümmel und Wachholderbeeren, und zur besseren Verdaulichkeit einige mit eingeschnittene Zwiebeln. Das zum Einmachen des Krautes bestimmte Gefäß muß rein und geruchlos sein. Der Boden desselben wird mit reinen Krautblättern belegt, das gesalzene Kraut lagenweise hineingethan und mit einem Stämpfel festge= stampft. Auf diese Weise fährt man fort, bis das Gefäß voll ist; dann wird es wieder mit Blättern belegt, mit einem passenden hölzernen Deckel bedeckt und mit Steinen beschwert. Nach 8 Tagen wird der sich erzeugende, unreine Saft abgenommen, doch so, daß das Kraut noch Flüssigkeit hat. Nach 14 Tagen ist es zum Gebrauch fertig. Es wird dann stets mit einem Tuche bedeckt, das, wie auch die Bretter beim Herausholen des Krautes, pünktlich gereinigt werden muß.

1850. Schneidebohnen roh einzumachen. Zum Einmachen möchten junge Specksalatbohnen den Schwertbohnen vorzuziehen sein, weil letztere, wenn man nicht Zeit hat, gerade den nöthigen Zeitpunkt zu benutzen, gar zu schnell hart werden. Uebrigens ist es nicht in Abrede zu stellen, daß letztere, weich ge= pflückt, feiner sind.

Zu 100 Pfund Bohnen (ein großer, runder, stark gefüllter Waschkorb voll), die man fein und lang schneidet, nimmt man 7½ Pfund Salz, welches man theilweise durchstreut und lose durchrührt. So läßt man die Bohnen über Nacht in dem Gefäße stehen und füllt sie am nächsten Morgen ohne die Brühe fest in das dazu bestimmte Faß. Es wird dann noch so viel Brühe hervor= treten, als nöthig ist, die Bohnen zu bedecken. Nach 3—4 Wochen wird das Unreine abgenommen, und sollte es nöthig sein, so wird eine gekochte Salzpökel darauf gegossen. Uebrigens richte man sich nach Nr. 1849.

Anmerkung. Man stellt diese Bohnen Abends vorher mit kaltem Wasser aufs Feuer, läßt sie eine Stunde kochen und setzt sie über Nacht in kaltes frisches Wasser. Am andern Morgen werden sie gut abgespült und zum Auf= stoßen mit Wasser und Butter aufs Feuer gebracht. Sie sind in einer Stunde gar und von sehr gutem Geschmack.

1851. Schneidebohnen abgekocht einzumachen. Da, wo die Bohnen im eigenen Garten wachsen, pflücke man solche, wie sie zum Einmachen passen, schneide dieselben fein und lang, vermische sie mit wenigem Salz und rühre sie so lange lose durcheinander, bis der Saft sich zeigt. Dann drücke man dieselben in ein Faß und beschwere sie mit Einleger und Gewicht. Sind Bohnen zum Einmachen wieder herangewachsen, füge man sie auf gleiche Weise zu den früheren und fahre so fort, bis die zum Einmachen bestimmten Bohnen zusammen sind. Dann bringt man reichlich Wasser in einem großen Kessel zum Kochen, füllt einen Korb zur Hälfte mit den eingemachten Bohnen, setzt ihn in das stark kochende Wasser, läßt sie eben durchkochen und legt sie zum Abkühlen in den Keller auf grobe Tücher. Durch das Abkühlen an der Luft verlieren die Bohnen ihre grüne Farbe. Darauf drücke man dieselben mit wenigem Salz in das Faß und versehe solches mit Tuch, Blättern, Einleger und Gewicht.

Anmerkung. Das Einmachen der Bohnen vor dem Abkochen dient zur Bequemlichkeit, um nur einmal die Mühe des Abkochens zu haben.

1852. Kleine Salatbohnen mit Salz einzumachen. Man nehme dazu eine beliebige Sorte Prinzeßböhnchen oder durchbrochene Wachsbohnen. Sie werden nach Belieben vor oder nach dem Abkochen aufmerksam abge= fäset, letzteres ist vorzuziehen, in einem kupfernen Kessel mit kochendem Wasser einige Minuten abgekocht, und nachdem sie erkaltet sind, mit recht vielem Salz lagenweise in ein Faß gedrückt und dieses nach Nr. 1849 verforgt.

1853. Kleine Salatbohnen roh. Zu 20 Pfund derselben drei Pfund Salz.

Die Böhnchen werden abgefäfet, gewaschen, auf ein Sieb geschüttet, mit dem Salz durchstreut und in einem sauberen Faffe über Nacht hingestellt. Andern Tags werden sie durchmengt, ganz fest in ein Einmachfaß gedrückt und dasselbe nach Nr. 1849 zugelegt. Das Reinigen werde nicht verfäumt.

1854. Salatbohnen in Effig. 2¼ Quart Weineffig, 1½ Quart Brunnen= waffer, eine Handvoll Salz, reichlich Meerrettig und trockne Ingwerstücke, Lor= beerblätter, Pfeffer und Nelkenpfeffer.

Die Salatbohnen, welche man nach Belieben von jeder Größe nehmen kann, werden gut abgefäfet, in einem kupfernen Keffel in braufend kochendes Waffer theilweise geworfen, worin sie aber nur etwa 10 Minuten bleiben dürfen, weil sie sonst weich würden und leicht verderben könnten. Dann legt man sie zum Kaltwerden auseinander, doch darf dies nicht an der Luft geschehen, die Luft be= nimmt den Bohnen ihre grüne Farbe. Alsdann drückt man sie lagenweise mit dem Gewürz in einen Topf, schlägt Effig, Waffer und Salz, bis letzteres aufge= löst ist, gießt es darüber — es muß die Bohnen völlig bedecken — und legt einen Beutel mit einer dünnen Lage Senffamen, welcher nach allen Seiten hin die Bohnen genau bedeckt, fammt Schiefer und Stein darauf, bindet den Topf zu und stellt ihn an einen luftigen und kalten Ort.

Anmerkung. Die Bohnen werden abgekocht, mit Oel und Effig, als Salat auch durchgeftovt, oder mit einer Eierfauce als Gemüse gegeben.

1855. Schneidebohnen zu trocknen. Man nehme dazu die großen fo= genannten Speckfalatbohnen, die schon ausgewachsen, aber noch recht zart sind, schneide sie beinahe einen halben Finger lang und einen Finger dick, koche sie in kochendem Waffer einige Minuten ab und trockne sie in einem leicht geheizten Ofen nicht zu stark. Sie müffen hellgrün und zähe bleiben, dürfen alfo nicht brechen.

1856. Salatböhnchen zu trocknen. Dazu sind die Prinzeffenböhnchen zu empfehlen, doch sind auch andere kleine Stockfalatbohnen gut. Man nehme sie nur nicht gar zu jung, wenigstens nicht eher, bis kleine Bohnen darin sind. Sie werden vorsichtig abgefäfet, einmal aufgekocht und weder zu langfam noch zu stark getrocknet. Die Bohne muß zähe bleiben, darf nicht brechen. Die Fafern oder Streifen laffen sich nach dem Kochen am besten abziehen.

XXXVIII. Von den kalten und warmen Getränken — Cold and hot Beverages.

1857. Kaffee (Coffee). Mokka ist der feinste, wohlschmeckendste und theuerste Kaffee, seines Feuers wegen aber nicht der gesundeste. Nächst diesem wird der gelbe und besonders der braune Java — selbstredend echt und unge= färbt — am meisten geschätzt. Diesem gleich steht der Minado. Rio ist ein starker, kräftiger und angenehmer Kaffee; wird derselbe aber etwas zu stark ge= brannt, so erhält er einen scharfen Geschmack. Domingo ist weniger kräftig und oft sehr unrein, aber milde und gesund. Ein höchst widerlicher Kaffee ist seines fauligen Beigeschmacks wegen der Brasil.

Vom Brennen des Kaffee's hängt der Geschmack eben so sehr ab, als von der Qualität. Ein zu starkes Brennen macht ihn scharf; ein zu schwaches Brennen giebt dem Kaffee einen sehr unangenehmen, faden, etwas säuerlichen Geschmack.

Unter den vielen Arten von Zubereitung und Brennen des Kaffees möge folgende als die zweckmäßigste empfohlen sein. Die Bohnen müssen langsam hellbraun geröstet werden, wenn sie ihre werthvollsten Bestandtheile, das Coffein und das Aroma behalten sollen; gegen das Ende des Brennens schütte man auf die Bohnen etwas gestoßenen Zucker (zu 2 Pfund Kaffee 1 Unze Zucker) und rüttele oder rühre den Kaffee damit gründlich untereinander, wodurch der Zucker schmilzt und die Bohnen mit einer undurchdringlichen Schicht von Ca= ramel überzieht, welche das Entweichen der aromatischen Stoffe verhindert. Hierauf breitet man die Bohnen auf einem Bleche zum Erkalten aus und be= wahrt sie in einer gut schließenden Büchse an einem trockenen Orte auf. Bei der Bereitung des Tranks setzt man das Wasser in einem emaillirten eisernen Geschirre zum Feuer, zermahlt die Bohnen (auf 2 Tassen ½ Unze Kaffee ge= rechnet) zu einem gröblichen Pulver, schüttet ¾ von demselben in das Wasser und läßt es 10 Minuten damit kochen, fügt nachher das letzte Viertel des Kaffees hinzu, nimmt aber das Geschirr sofort vom Feuer und läßt es 5 Minuten gut zugedeckt stehen, bis sich der Kaffee gesetzt hat. Das fertige Getränk muß eine hellbraune Farbe haben und ist außerordentlich wohlschmeckend, da durch das Sieden aus den ersten ¾ der Bohnen alle kräftigen Bestandtheile ausgekocht sind und aus dem bloßen Aufbrühen des letzten Viertels das Aroma dazu gewonnen worden ist.

1858. Thee (Tea). In früheren Jahren wurde bekanntlich der schwarze Thee nur mit grünem vermischt getrunken; mehr und mehr aber wird in gegen= wärtiger Zeit nur von ersterem Gebrauch gemacht, da dieser eine weniger auf= regende und Nerven angreifende Eigenschaft als der grüne Thee besitzt.

Pekko ist die beste Sorte des schwarzen Thees. Je mehr weiße Spitzen (Herzblätter) darin enthalten sind, desto besser die Qualität. Da dem Kara= wanen=Thee das dem Pekko eigenthümliche Aroma nicht durch die Seeluft ent= zogen wird, so ist derselbe von äußerst feinem, angenehmem Geschmack, wird aber auch theuer bezahlt. Viel billiger, als gewöhnlicher Pekko, ist Souchong= Thee, und eine gute Sorte desselben zu empfehlen. Congo ist am wenigsten ge= schätzt, indeß giebt es auch davon Sorten, die nicht übel sind.

Um den Thee recht gut zu machen, nehme man womöglich einen Theetopf mit einem runden Boden ohne Fuß, so daß er eine heiße Platte verträgt, und sorge für brausend kochendes Wasser.

Man gebe für eine Person etwa zwei große Theelöffel Thee (für mehrere Personen kann verhältnißmäßig mehr genommen werden) hinein, setze den Thee mit wenig kochendem Wasser an, lasse ihn etwas ziehen, fülle den Topf mit kochendem Wasser, stelle ihn einige Minuten heiß und rühre ihn mit einem Thee= löffel durch.

Grüner Thee wird mit einer Tasse kochendem Wasser übergossen, dieses in derselben Minute entfernt, mit wenig kochendem Wasser angefeuchtet, und nach= dem er gezogen hat, nachgefüllt; kochen darf der Thee nicht.

Weiches Wasser macht den Thee angenehmer als hartes und ungekochter Rahm oder Milch ist hierzu der gekochten vorzuziehen.

1859. Milch=Chokolade (Milk Chocolate). Hierzu läßt sich hinsicht= lich der Qualität der Chokolade und des Geschmacks kein bestimmtes Verhält= niß angeben. Indeß rechnet man gewöhnlich von guter, süßer Chokolade ein Viertelpfund zu 1¾ Quart oder eine halbe Unze zu 1½ Tasse, ½ Unze zu einer Tasse, zum Verkochen etwas zugegeben. Von bitterer Chokolade reicht weniger hin. Man setze die Chokolade mit Wasser kaum bedeckt auf's Feuer; nach= dem sie ganz weich geworden, rühre man sie zu einem gleichartigen Brei und die frische Milch hinzu, die man mit einem Drittheil Wasser verdünnen kann, wodurch das Getränk einen angenehmen Geschmack erhält und besser bekommt, als wenn es nur mit Milch zubereitet ist. Dann gebe man den nöthigen Zucker hinzu und lasse es etwa 10 Minuten unter beständigem Rühren kochen.

1860. Wasser=Chokolade. Man kann zu 1½ Quart ein Viertelpfund gute süße Chokolade oder zu jeder Tasse eine halbe Unze rechnen; zum Ver= kochen muß zugesetzt werden. Sie wird wie Milch-Chokolade gemacht, muß aber 10 Minuten bei starkem Feuer kochen und gerührt werden, wodurch sie sich bindet.

Anmerkung. Ganz besonders ist zu Wasser=Chokolade das holländische Chokoladenpulver in Flaschen zu empfehlen. Man rechnet davon als Abend= getränk à Person einen gehäuften Eßlöffel. Zum Frühstück auf 2 Personen 1½ Eßlöffel. Dasselbe bedarf nur des Durchkochens.

1861. Punch=Imperial. Eine in feine Scheiben geschnittene Ananas, 1 Flasche Champagner, 1 Flasche Rheinwein, nicht völlig eine Flasche Arrak, ein halber Krug Selterswasser, 1½ Quart kochendes Wasser, ½ bis ¾ Pfund Zucker, worauf eine Citrone abgerieben, nach Belieben auch die feine Schale einer kleinen Pomeranze, vier Apfelsinen, Saft von vier frischen Citronen, 1 Drachme feiner ganzer Zimmt und ein Stück Vanille von der Länge eines halben Fingers.

Man läßt in kochendem Wasser Zimmt und Vanille gut ausziehen, nimmt das Gewürz heraus, gießt das Wasser in die Bowle, giebt Zucker, Citronensaft, die abgezogenen, in Achtel geschnittenen Apfelsinen und die Ananas hinein. Nachdem dies kalt geworden ist, wird Rheinwein, Champagner, Arrak und Selterswasser hinzugegeben.

1862. Feiner Punsch a la Uhlenhorst. Auf eine Flasche guten Rum nehme man den Saft von 4 saftreichen Citronen ohne Kerne und Zucker bis zu 2 Pfund. Der Zucker und Citronensaft wird in eine Terrine gethan, etwas von der äußeren gelben, fein geschälten Citronenschale dazu geworfen und dann das Wasser kochend darauf gegossen. Bei gutem starkem Rum kann man vier Flaschen und wohl noch etwas mehr nehmen. Der Punsch wird in der Terrine, nachdem man noch eine Flasche Champagner dazu gegossen, zugedeckt, bis zum Gebrauch aufbewahrt, und soll gleichfalls besser sein, nachdem er einige Zeit oder während des Tages gestanden hat. Wenn er dann, namentlich im Winter, etwas warm getrunken werden soll, so kann man ihn in der Terrine im Ofen vorher erwärmen, oder auch in einem sauberen irdenen Topf erhitzen, wobei der Punsch zugedeckt bleiben muß. Wenn von dem Getränke etwas übrig bleibt, so kann man es in eine Flasche füllen und diese liegend aufbewahren, welches im Winter bis acht Tage geschehen kann, wodurch der Geschmack sich oft noch verbessert.

Auch ohne Champagner giebt die erwähnte Mischung einen guten Punsch.

1863. Weinpunsch, Nr. 1 (Wine Punch). Sechs Flaschen Rheinwein und ½—¾ Flasche Arrak (noch besser echter alter Jamaica=Rum) werden mit Zucker, ¼ Pfund per Flasche, bis zum Kochen erhitzt und dann in einer Bowle aufgetragen.

1864. Weinpunsch, Nr. 2. Eine Flasche Bordeaux, drei Unzen Zucker, zwei Flaschen Wasser, eine halbe Flasche feiner Arrak, Saft einer Citrone.

Wein und Zucker läßt man siedend heiß werden, aber nicht kochen, giebt das kochende Wasser hinzu und zuletzt Arrak und den Saft einer Citrone.

1865. Eierpunsch (Egg Punch). 1½ Flasche guter Franzwein, stark ½ Quart kochendes Wasser, ¼ Pfund Zucker, worauf eine frische Citrone abge= rieben, nebst dem Saft von 2 Citronen, etwas Thee, Muskatnuß und einige Nelken, 8 Stück frische Eier.

Man läßt die Gewürze in dem kochenden Wasser ausziehen und preßt sie aus, gießt das Uebrige hinzu und schlägt dies alles mit dem Schneebesen recht stark über raschem Feuer, bis der Schaum sich hebt, kochen darf es nicht. Wenn der Topf abgenommen ist, so muß noch ein wenig geschlagen und während des Schlagens nach Geschmack etwas Arrak hinzugefügt werden.

1866. Glühwein (Mulled Wine). Zu 4 Flaschen Rothwein 1 Pfund Zucker und 1 Unze in Stücke gebrochenen feinen Zimmt werden ein gutes Verhältniß sein, andernfalls kann nach dem Erhitzen noch Zucker hinzugefügt werden. Man stelle es zusammen in einem irdenen Topf zugedeckt auf's Feuer und gebe es, bis zum Kochen erhitzt, in eine Bowle.

1867. Heißer Eierwein — Dreifuß (Hot Egg Wine). Zu jedem ¼ Quart weißen Wein 1 frisches Ei und 1¾ Unze Zucker.

Man schlägt dies auf raschem Feuer mit dem Schaumbesen bis vor dem Kochen. Durchkochen darf es nicht, weil es dann gerinnt.

1868. Kalter Eierwein, ein erquickendes Getränk (Cold Egg Wine). Man nimmt zu ¼ Quart weißem oder auch rothem Wein zwei ganz frische Eidotter, rührt sie mit geriebenem Zucker und Muskatnuß und giebt dann den W.in allmählich dazu.

1869. Punsch-Extrakt, vorzüglich (Punch Extract). 1¼ Pfund feiner Zucker, Saft von 4 recht frischen saftigen Citronen, eine Flasche feiner Arrak. Den Zucker lasse man mit 1½ Tassen Wasser gar kochen, gebe den Citronensaft hinzu, und wenn es abgekühlt ist, den Arrak. Beim Gebrauch gießt man zu 1 Theil dieses Extraktes 2 Theile kochendes Wasser.

1870. Feiner Bischof. Zu einer Flasche Rothwein die möglichst fein abgeschälte Schale einer kleinen grünen Pomeranze und gut drei Unzen Zucker.

Die Schale muß nach 10 Minuten entfernt werden.

1871. Pfirsich-Bowle (Peaches Bowle). Nachdem die Haut der Pfirsiche möglichst dünn abgezogen ist, werden sie in feine Scheiben geschnitten, lagenweise mit gestoßenem Zucker reichlich bestreut, womöglich mehrere Stunden, noch besser einen ganzen Tag zum Ausziehen in einem verschlossenen oder mit Papier zugebundenen Gefäße aufbewahrt und dann wie bei der Erdbeer-Bowle damit verfahren.

Siehe auch Pfirsiche in Blechbüchsen einzumachen.

1872. Ananas-Bowle (Pine-Apple Bowle). Eine in dünne Scheiben geschnittene Ananas, je nach der Größe der Frucht, 8—12 Flaschen Rhein- oder Moselwein, 1 Flasche Rothwein und nach Geschmack per Flasche 2½—3 Unzen Zucker.

Die Scheiben der Ananas bestreue man lagenweise stark mit Zucker, gieße ein Glas Madeira, in dessen Ermangelung Wasser darüber und stelle sie 24 Stunden zugedeckt hin. Darnach lege man sie in eine Bowle und füge Wein und den etwa zurückgehaltenen Zucker hinzu. Nach Gefallen kann auch ein halber Krug Selterswasser durchgemischt werden.

1873. Maiwein (May Wine). Möglichst junger Waldmeister (in den Monaten April und Mai) vor der Blüthe wird, wenn man ihn nicht selbst gepflückt, unmittelbar vor dem Gebrauch rasch in Wasser abgespült und in eine Bowle gelegt, in welcher vorher Zucker, per Flasche 2½—3 Unzen, mit ein wenig Wasser aufgelöst ist, und dann soviel Mosel= oder Rheinwein hinzuge= geben, als man Maiwein zu haben wünscht. Nach etwa ½ Stunde müssen die Maikräuter aus der Bowle entfernt werden, da der Maiwein sonst zu stark dar= nach schmecken würde. Man giebt der Länge nach in kleine Stücke zertheilte Apfelsinen in die Bowle.

Einige Tage hält sich der Maiwein in Flaschen gefüllt, wobei jedoch sorg= fältig darauf zu achten ist, daß auch nicht das kleinste Stück Waldmeister mit in die Flasche kommt.

Anmerkung. Der Waldmeister soll dadurch sehr an Aroma gewinnen, daß man ihn einige Tage vor dem Gebrauch in einer ganz sauberen Schachtel verschlossen aufbewahrt.

1874. Whip. 2 Flaschen weißer Wein, ½ Pfund Zucker, woran die Schale von 1—2 Citronen abgerieben, nebst dem Saft, 1 Drachme feiner ganzer Zimmt, 6 zerklopfte frische Eier.

Dies alles wird mit einem Schaumbesen auf raschem Feuer bis vor dem Kochen stark geschlagen, schnell in eine Bowle gegossen, in Gläser gefüllt und heiß getrunken.

1875. Grog. Man gieße zu einem Theil Arrak oder Rum und Zucker nach Belieben 2—3 Theile kochendes Wasser.

1876. Schaumbier (Frothing Beer). Man rechne auf jede Person ¼ Quart Bier, 1 frisches Ei, 1 Unze Zucker, auch nach Belieben etwas Citronen= schale oder Zimmt.

Das Ei wird zerklopft, mit Bier und Zucker auf ein rasches Feuer gesetzt und mit dem Schaumbesen fortwährend bis vorm Kochen stark geschlagen (kochen darf es nicht, weil es sonst gerinnt), der Topf vom Feuer genommen, noch ein wenig geschlagen und in Gläser gefüllt.

1877. Limonade (Lemonade). Zwei Theile Wasser, ein Theil weißer Wein, einige Citronenscheiben werden mit Zucker nach Geschmack versüßt.

1878. Limonade. Zu 1¼ Quart kochendem Wasser gebe man den Saft (nicht die Schale) einer guten Citrone und entferne alle Kerne.

Dies wird in eine Flasche gefüllt und Kranken mit etwas Zucker ver= mischt zum Trinken gegeben.

1879. Mandelmilch (Almond Milk). Ein Viertelpfund geschälte, ge= waschene und geriebene, süße Mandeln werden mit ¾—1½ Quart kaltem Wasser vermischt, durch ein sauberes Tuch, welches vorher in heißem Wasser gelegen hat (weil die Mandelmilch gar leicht davon einen Geschmack annimmt), stark durchpreßt und etwas mit Zucker versüßt. Die Mandelmilch erhält sich — mit Ausnahme von heißen Sommertagen — in einer Flasche an einem kühlen Orte, in kaltes Wasser gestellt, bis zum dritten Tage.

Auch kann man zu den Mandeln 4—6 Stück bittere nehmen.

1880. Gerstenwasser (Barley Water). Die Gerste wird in kochendem Wasser mit einigen Citronenscheiben ohne die Kerne, oder ein wenig Weinessig, wodurch sie weiß wird, auf's Feuer gesetzt. Nach einer Stunde wird das Gerstenwasser durch ein Sieb gegossen, nicht gedrückt, und nach Belieben mit etwas Zucker versüßt.

1881. Sherry-Cobbler. Einige Scheiben Ananas, in kleine Vierecke geschnitten, 1 Citrone, fein in Scheiben geschnitten, 1 Orange, auch in feine Scheiben geschnitten, ½ Tasse pulverisirten Zucker, 1 Glas Sherry-Wein, Eiswasser und gehacktes Eis.

Man nimmt einen weithalsigen, quarthaltigen Krug und legt die Fruchtscheiben nett am Boden, und streut Zucker und Eis zwischen die Lagen. Dann giebt man zwei Gläser Wasser und den übrigen Zucker dazu und rührt gut um, damit er schmilzt. Nun füllt man den Krug beinahe voll mit gehacktem Eis, gießt den Wein dazu und rührt den Grund auf, bis die Ingredienzien gut gemischt sind. Wenn man einschenkt, giebt man in jedes Glas eine Scheibe der Früchte, ehe man sie vollschenkt.

Es wird am besten durch einen Strohhalm oder durch eine Glasröhre getrunken oder vielmehr gesogen.

1882. Isländisches Moos (Iceland Moss). 1 Handvoll Moos, in fünf Wassern gewaschen und eine Stunde geweicht, 1 Quart kochendes Wasser, zwei Citronen — nur den Saft, ein Glas Wein, ¼ Theelöffel Zimmt, schwach gemessen.

Man weicht das Moos in sehr wenig Wasser, dann rührt man es damit in das kochende und läßt es kochen, bis es aufgelöst ist. Nun versüßt man es, giebt Geruch dazu und seiht es in Formen. Man kann zwei Gläser Cider statt des Weines nehmen für Fieberkranke, und giebt weniger Wasser dazu.

Es ist gut für Erkältungen und sehr nahrhaft.

1883. Aepfelwasser (Apple Water). Vier Borsdorfer werden fein geschnitzelt und in eine Porzellanschüssel gethan; man siedet in 1¼ Quart Wasser 1 Unze Kandiszucker, gießt den Sud an die Aepfel und deckt die Schüssel zu; nach einer Viertelstunde seiht man den Trank durch und giebt ihn.

Liqueure — Liquors.

1884. Im Allgemeinen. Zur Bereitung derselben nimmt man eine große Flasche mit einer weiten Halsöffnung, füllt das Bestimmte nebst dem Branntwein, wozu man nach Belieben Franz-, Kirsch- oder auch echten Kornbranntwein wählt, hinein, korkt die Flasche gut zu und stellt sie 3—4 Wochen an die Sonne oder an einen warmen Ort, während man sie oft schüttelt. Dann thut man den in kleine Stücke geschnittenen Zucker in Wasser, kocht und schäumt ihn, läßt ihn etwas abkühlen, rührt den Branntwein dazu und läßt ihn durch Fließpapier laufen. Alsdann füllt man den bereiteten Liqueur in reine, trockne Flaschen und verkorkt sie gut. Auf die Kräuter kann man wieder etwas Branntwein füllen. Zu Franz= und Kirschbranntwein kommt zu stark ¾ Quart ein Viertelquart gekochtes Wasser, welches man zu dem Zucker gießt. Diese Mischung wird in den folgenden Recepten als 1½ Quart Branntwein ange= nommen.

1885. Gewürznelken=Liquer (Clove Liquor). 1½ Quart Brannt= wein, ½ Pfund Zucker, ¼ Unze Nelken, ½ Unze Coriander, beides gröblich ge= stoßen, und 20 Stück getrocknete schwarze Kirschen.

1886. Zimmt=Liquer (Cinnamon Liquor). 1½ Quart Branntwein, ¼ Pfund Zucker, ½ Unze gestoßener Zimmt.

1887. Gewürz=Liquer (Spice Liquor). 1½ Quart Branntwein, ½ Pfund Zucker, ½ Unze Fenchel, Anisſamen, Wachholderbeeren oder Coriander, gut 1 Drachme Zimmt und 6—8 Stück Gewürznelken.

1888. Französischer Erdbeer=Liquer (French Strawberry Liquor). Man fülle eine Liqueurflasche halb mit kleinen reifen Walderdbeeren, halb mit gestoßenem Kandis und fülle sie übrigens bis an den Kork mit feinem Arrak oder anderem Franzbranntwein, stelle sie täglich an die Sonne, gieße den Inhalt nach Verlauf von einigen Monaten durch ein Flanelltuch, und der Liqueur ist fertig.

1889. Kirsch=Liquer (Cherry Liquor). 1½ Quart Branntwein, ½ Pfund Zucker, 2 Pfund schwarze Kirschen, halb süße halb saure, welche ge= stoßen werden, 1 Obertasse voll schwarze Johannisbeeren, 1 Drachme Zimmt. Dies alles in eine Flasche gefüllt und 25 Stunden hingestellt.

1890. Himbeer=Liquer (Raspberry Liquor). 1½ Quart Franz= branntwein, gut 1 Drachme Zimmt, ¾ Pfund Zucker, ¼ Quart Himbeeren.

1891. Liquer von schwarzen Johannisbeeren (Black Currants Li- quor). Man richte sich nach vorhergehender Angabe; jedoch ist ½ Pfund Zucker hinreichend.

1892. Vanille=Liquer (Vanilla Liquor). ½ Unze fein geschnittene Vanille läßt man 14 Tage in einer Flasche feinen Franzbranntwein ausziehen, giebt dann ½ Pfund geläuterten Zucker hinzu und färbt den Liqueur mit Saft von sauren Kirschen.

1893. Nuß=Liquer (Walnut Liquor). 1 Pfund Nüsse, die 8 Tage vor Johanni gebrochen werden, schneidet man klein, thut sie in einen Glaskolben, nimmt ½ Unze Zimmt, ¼ Unze Nelken dazu, gießt 1½ Quart guten Branntwein darüber und stellt es leicht zugebunden 6 Wochen an die Sonne. Nach dieser Zeit preßt man es durch ein Tuch und filtrirt den durchgepreßten Saft durch Fließpapier. Nun wird 1 Pfund Zucker mit ½ Quart Wasser geläutert, nach dessen Erkalten der Saft dazu gegossen, gut untereinander gemischt und in Flaschen gefüllt.

1894. Kalmus-Liqueur. Zu 1 Quart guten Branntwein nimmt man 2 Unzen klein geschnittenen Kalmus und stellt es in einer Flasche leicht zugebunden 4 Wochen an die Sonne. ½ Pfund Zucker wird mit ½ Quart Wasser über dem Feuer aufgelöst, bis auf ¼ Quart eingekocht und abgekühlt an den Branntwein gegossen; der Liqueur wird filtrirt und in Flaschen zum Gebrauche verwahrt.

XXXIX. Vom Salzen und Räuchern des Fleisches. Wurst im Allgemeinen.
The salting and smoking of Meat. Sausages in general.

1895. Schweinefleisch zum Räuchern einzupökeln (Pickle for Pork). Auf 100 Pfund Fleisch (Schinken, Schulterstücke, halbe Köpfe, Speckseiten und Kleinigkeiten) rechne man 5 Pfund geriebenes Salz und 2½ Unzen Salpeter. Man bestreue den Boden des Fasses dünn mit Salz, reibe die Speckseiten gehörig mit Salz ein und vermische dann das übrige Salz mit dem Salpeter. Hiermit reibe man die Schinken nun so stark ein, daß sie kein Salz mehr aufnehmen, auch die übrigen Stücke, lege die Schinken unten ins Faß, fülle jeden Raum, auch den kleinsten, mit kleinen Stückchen Fleisch oder Knochen aus und packe alles so, daß es fest ineinander schließt, streue das übriggebliebene Salz lagenweise auf das Fleisch und lege die Seiten, auch mit Salz bestreut, oben auf. Von diesem festen Zusammenpacken hängt viel der reine Geschmack des Fleisches ab. Auch ist hierbei zu bemerken, daß es zum Erhalten des Fleisches besser ist, den auf der Fleischseite hervorstehenden Knochen n i c h t abzusägen; es kann dies, falls der Schinken zum Kochen bestimmt ist, vor dem Gebrauch geschehen. Ebenso ist es zu rathen, das Fleisch nicht vom Knochen los zu machen, um die Lücke mit Pfeffer und Salz zu füllen, wie es häufig geschieht.

Ueber den Zeitraum des Einpökelns ist man verschiedener Ansicht. Allgemein können 14 Tage angenommen werden; aufmerksame und erfahrene Oekonomen halten es für besser, das Fleisch nicht über 8 Tage in der Pökel liegen zu lassen. Man hänge es darnach zum Räuchern an einen luftigen Ort und räuchere wo möglich mit Wachholder, wozu man auf folgende Weise leicht Einrichtung treffen kann: Es wird nämlich da, wo geräuchert werden soll, ein

alter Ofen ohne Deckel und Röhre hingestellt und mit einigen Wachholder=
zweigen gefüllt, die angezündet werden. Dies wird wenigstens 8 Tage täglich
wiederholt, während auch dem Fleisch durch Oeffnen der Fenster häufig Luft ge=
geben werden muß, weil nicht Rauch allein, sondern Rauch mit Luft verbunden
dem Fleische einen guten Geschmack giebt.

1896. Luftspeck zu machen. Eine gute, frische Seite Speck wird an
beiden Seiten mit feingemachtem Salz, welches mit etwas Salpeter vermischt
ist, so lange stark eingerieben, bis sie kein Salz mehr aufnimmt. Dann wird
sie 14—16 Tage in ein sauberes Gefäß gelegt und, sollte bei feuchter Witterung
das Salz flüssig werden, täglich damit begossen. Nachdem legt man die Seite
auf einen schrägstehenden Tisch, ein Brett, mit etwas Gewicht darauf, damit die
Flüssigkeit abtröpfele und der Speck durch das Pressen fester werde. Nach
einigen Tagen hänge man sie an einem luftigen Orte auf.

1897. Gute Fleischpökel (Pickle for Meat). Zu 100 Pfund sei es
Rind= oder Schweinefleisch, wird 7 Pfund Salz, ¾ Pfund Kandiszucker, fünf
Drittelunzen Salpeter und 16 Quart Wasser zusammengekocht und, ganz kalt
geworden, aufs Fleisch gegossen.

1898. Andere Art Fleischpökel. Zu 50 Pfund Fleisch nimmt man
3 Pfund Salz, ½ Pfund weißen Zucker, 1¾ Unzen Salpeter und knapp 7 Quart
Wasser. Sobald das Wasser kocht, wird das Bemerkte hinein gethan und so
lange gekocht, bis das Wasser klar geworden. Bevor man das Fleisch ins Faß
legt, reibt man es gelinde mit Salz ein, gießt die Pökel völlig erkaltet darüber
und beschwert es mit Brettchen und Stein.

1899. Eingesalzene Brustkerne (Salted Breast). Man bestelle dazu
ein Stück von der Brust, 10—12 Pfund schwer. Hat man Gelegenheit, sehr
gutes, fettes Fleisch zu bekommen, so ist die Bei= oder Nebenbrust vorzuziehen,
weil erstere zu fett sein möchte. Die Knochen lasse man vom Schlächter heraus=
schneiden, lege das Stück in eine Pökel nach ersterer Angabe, worin es 14 Tage,
auch noch länger liegen kann. Soll es gekocht werden, so rollt man es fest auf,
umwickelt es stramm mit einem Bindfaden, legt es mit so vielem Salz in
kochendes Wasser, daß dieses wie versalzene Fleischbrühe schmeckt, und läßt es
langsam weich kochen, wobei man eigentlich nicht hineinstechen darf. Dann legt
man das Fleisch auf ein Brettchen mit Gewicht beschwert, wo es liegen bleibt,
bis es völlig kalt geworden ist. Beim Gebrauch werden Scheiben davon abge=
schnitten. Auch kann man es nach dem Aufrollen räuchern und bis zum Sommer
aufbewahren.

1900. Ein einzelnes Pökelstück. Am besten eignet sich dazu ein gutes
Schwanzstück, von sehr fettem Vieh das zweite Schwanzstück, weil hiervon das
erste zu fett sein würde. Man nehme zu 7 Pfund 2 Quart Wasser, ½ Pfund
Salz, 1 Unze Sandzucker, 1½ Drachme Salpeter und 2 Eßlöffel Syrup. Dies
alles wird zusammen abgeschäumt und kalt über das Fleisch gegossen, welches
ungefähr 8—9 Tage darin liegen muß.

Beim Kochen wird das Stück, damit der Saft nicht herauslaufe, mit kochendem Wasser aufs Feuer gebracht.

Anmerkung. Diese Pökel hält sich sehr lange, und man kann sie daher von neuem abschäumen und nochmals gebrauchen.

1901. Rauchfleisch (Smoked Meat). Zu einem Stück Rindfleisch aus dem Binnerspalt (Oberschale) von 6—8 Pfund nimmt man ½ Pfund Salz, ⅓ Unze Salpeter, 1 Unze Zucker und ½ Glas Rothwein. Nachdem dies gut gemischt, wird das Fleisch von allen Seiten tüchtig damit eingerieben, wohl 1 Stunde, dann läßt man es 3 Tage darin liegen und begießt es, unter häufigem Umlegen, oft mit dem daraus fließenden Saft. Hierauf wird das Fleisch in einen reinen Lappen genäht, mit einem Bindfaden fest umwickelt und höchstens 8 Tage geräuchert.

Man kann es gleich gebrauchen.

1902. Sauerbraten beim Einschlachten. Hat man Sauerbraten zum Aufbewahren ausschneiden lassen, so erhalten sich diese besonders gut, wenn man sie einige Minuten lang in das kochende Nierenfett legt, dann auf einer Schüssel kalt werden läßt und darauf solche in einem steinernen Topfe mit Essig bedeckt.

Die Fettdecke erhält das Fleisch lang frisch und läßt auch nicht so viel Säure eindringen.

Zu Sauerbraten ist scharfer Bieressig jedem andern Essig vorzuziehen.

1903. Wilde Schweinsschlegel zu räuchern. Sie mögen von einem Frischling oder älteren Schwein sein, so können sie zum Räuchern gebraucht werden, wenn sie keinen Schuß haben. Zu 2 Schlegeln nimmt man 3 Unzen Salpeter, reibt sie zuerst damit ein, streut 4 Hände voll Salz darüber, beschwert sie stark in einem Geschirr, und hängt sie nach 14 Tagen in einen kalten Rauch auf; denn wenn sie warm hängen, werden sie schwammig. Sie werden wie die Schinken vom zahmen Schweine gekocht.

1904. Kalbsschlegel (wie westfälischer Schinken schmeckend). Der Schlegel eines fetten Kalbes wird geklopft und mit Salz gehörig eingerieben; so läßt man ihn in seinem Behälter 1 Tag liegen, indessen wird folgende Pökel gekocht; 5½ Quart Wasser, ½ Pfund Salz; 5 Zwiebeln, 1 Büschel Peter-silie, 5 Sellerieköpfe, ein paar Stengel Lauch, 2 Lorbeerblätter, 1 Drachme Nelken, ⅛ Unze Pfeffer, all dieses einmal aufgekocht und erkaltet an den Schlegel geschüttet, derselbe wird beschwert und an kühlem Ort 3—4 Wochen liegen ge-lassen. Im Rauch darf er nicht lange sein, sonst wird er zäh, gewöhnlich braucht er nur 7 Tage.

1905. Spickgänse auf pommerische Art zu räuchern. Den zum Räuchern gut gemästeten jungen Gänsen schneidet man nach dem Ausnehmen Füße, Hals und Flügel kurz ab, spaltet sie genau in der Mitte der Länge nach, reibt sie mit Salpeter und wenig Salz ein und packt sie fest und schließend in ein recht sau-beres Fäßchen, welches darnach zugedeckt wird. Darnach läßt man sie nicht länger als 3 Tage liegen, nimmt dann die Gänsehälften einzeln heraus und bestreut sie, ohne die Nässe und das daran hängende Salz abzuschütteln, stark mit trockner Weizenkleie und wälzt sie darin herum, daß Fett und Fleisch nicht mehr zu sehen sind. Dann hängt man sie in den Rauch, wobei zwischen jedem Stück ein zwei Finger breiter Raum bleibt und die Feuerhitze nicht im Geringsten darauf einwirken kann. Nach Verlauf von acht Tagen werden die Spickgänse aus dem Rauch genommen, an einem recht luftigen Ort aufgehangen und nach kurzer Zeit mit einem trocknen zusammengefaßten Leinwandlappen von aller Kleie gereinigt.

Die so geräucherten Gänse sind von frischer Farbe, gutem Geschmack und erhalten sich sehr lange.

1906. Gänsebrust zu räuchern. Zum Räuchern eignen sich nur fette große Gänse. Nachdem die Brust vom Brustknochen abgelöst ist, werden die Schinken im Gelenk abgeschnitten, mit wenig Salz und etwas Salpeter nicht zu stark eingerieben und nach drei Tagen geräuchert. Länger als 3 Tage dürfen sie nicht im Rauche hängen und müssen während dieser Zeit mehr Luft als Rauch haben.

Sie werden roh mit ihrem Fett in dünne Scheiben geschnitten und zum Butterbrod gegeben.

1907. Panhas. Der Panhas wird am besten, wenn man dazu halb Rindfleisch, halb etwas fettes Schweinefleisch nimmt; jedoch kann man ihn sowohl von ersterem, als auch von letzterem schmackhaft zubereiten. Man koche das Fleisch recht weich, suche alle Knöchelchen vorsichtig heraus, schneide dasselbe in große Würfel, hacke es fein und lasse es mit der Brühe, welche durch ein Sieb gegossen wird, zum Kochen kommen. Dann würze man es mit Salz, Pfeffer, Nelken und Nelkenpfeffer, streue unter fortwährendem Rühren so viel gutes Buchweizenmehl (Weizenmehl kann nicht hierzu gebraucht werden) hinein, daß die Masse, nachdem das Mehl ausgequollen und der Panhas $\frac{1}{2}$—$\frac{3}{4}$ Stunde gekocht hat, recht steif wird und sich vom Topfe löst. Darnach fülle man ihn in wohl gereinigte und im Ofen ausgetrocknete irdene Schalen und bewahre ihn an einem kühlen luftigen Orte.

Das Braten geschieht, wie es in Abschnitt „Fleischspeisen" bemerkt worden.

Das Verhältniß des Buchweizenmehls zum Fleische hängt davon ab, ob der Panhas mehr oder weniger kräftig gekocht werden soll; ein gutes Verhältniß aber zu einem wohlschmeckenden Panhas ist Folgendes: 2 Pfund fettes Rindfleisch ohne Knochen, knapp 3½ Quart Brühe, worin das Fleisch gekocht ist, und 1 Pfund Buchweizenmehl. Es darf nicht zu wenig Gewürz genommen werden.

1908. Sülze von Schweinefleisch (Pickle of Pork). Zu 2 Pfund Schweinefleisch vom Kopfe nimmt man 3 gereinigte Kalbsfüße und kocht dies mit Salz gar. Die nicht zu lange Brühe wird mit ganzen Zwiebeln, Nelken, Pfeffer und Nelkenpfeffer, Citronenschale, einigen Lorberblättern und einer Tasse scharfem Essig noch eine Weile gekocht und durch ein Haarsieb gegeben. Unterdeß wird das Fleisch sammt den Füßen in Würfel geschnitten, die Brühe, vom Bodensatz abgegossen, hinzugefügt, auch der Saft einer Citrone, und solches gut durchgekocht. Dann wird eine Form oder tiefe Schüssel mit kaltem Wasser umgespült, wodurch sich die Sülze besser löst, eine Verzierung von Citronenscheiben darin gelegt, das Eingekochte behutsam hineingefüllt und übrigens wie im Vorhergehenden verfahren.

1909. Westfälische dünne Mettwurst zum Räuchern, sowie zum frischen Gebrauch. Ist dieselbe zum Räuchern und Kochen bestimmt, so gehört auf 10 Pfund Schweinefleisch ¼ Pfund Salz und ½ Unze Pfeffer. Zum frischen Gebrauch, also zum Braten, nehme man zu 5 Pfund 1 Unze feines Salz, eine Sechstelunze gestoßenen Pfeffer und, wenn man den Geschmack liebt, die Hälfte feingestoßene Muskatnelken; jedoch ist zu rathen, die zum Räuchern bestimmten Würste nicht mit Nelken zu würzen, weil sie dadurch einen starken Geschmack erhalten.

Da die Wurst recht saftig sein muß, so ist hierzu am besten durchgewachsenes Schweinefleisch, sonst muß gehörig Fett untergemischt werden. Beides wird in kleine Würfel geschnitten, nicht gehackt, weil dadurch die zum Räuchern bestimmten Würste saftiger bleiben. Ein Theil aber des geschnittenen Fleisches zu den Würsten, welche frisch gegessen werden sollen, kann nach Gefallen fein gehackt werden. Dann vermische man das Fleisch gut mit dem feingeriebenen Salz und Pfeffer, fülle die Fleischmasse in saubere dünne Därme und räuchere sie bei wenig Rauch und viel Luft etwa 2—3 Wochen. Die Würste, welche frisch gegessen werden sollen, lassen sich einige Zeit luftig hängend aufbewahren; tritt aber weiche, nasse Witterung ein, so werden sie leicht klebrig und erhalten einen Beigeschmack, weshalb man in solchem Falle sicherer geht, sie in eine Fleischpökel zu legen, wie oben einige bemerkt sind, und worin sie sich gut erhalten.

1910. Mecklenburgische Knackwurst. Ein Theil gutes, gekochtes Schweinefleisch, der Speck größtentheils davon abgeschnitten, um ihn zur Blutwurst anzuwenden, wird recht fein gehackt, mit Salz, Pfeffer, Nelkenpfeffer, Muskatblüthe, feingehackter Citronenschale gewürzt, gut durchgemengt, in saubere dünne Därme gefüllt, ¼ Stunde gekocht, in kaltes Wasser getunkt und nach dem Erkalten an einem luftigen, frostfreien Orte aufgehangen.

1911. Rindfleischwurst (Beef Sausage). Rindfleisch wird sehr weich gekocht, das beste Fleisch von Haut und Sehnen befreit und ganz fein gehackt. Dann giebt man fette, kräftige Fleischbrühe, Salz, Muskat und gestoßene Nelken dazu. Hat man Rollenbrühe, so giebt diese derselben einen angenehmen Geschmack. Die Masse muß nicht zu mager, recht saftig sein. Man füllt sie in dünne Rindsdärme, kocht sie ¼ Stunde in Brühe, legt sie 5 Minuten in kaltes Wasser und hängt sie völlig erkaltet an einen luftigen Ort.

A n m e r k u n g. Diese Wurst wird vorzüglich fein und saftig, wenn man zu 1 Pfund gehacktem Fleisch gut 3 Unzen altes Weißbrod ohne Rinde, in heißer Fleischbrühe eingeweicht, und gut 3 Unzen geschmolzenes Rindermark nimmt. In Ermangelung desselben kann man auch gekochten, feingehackten, frischen Speck nehmen.

1912. Mecklenburgische Preßwurst. 5 Pfund mageres Rindfleisch wird geschabt und alles Sehnige entfernt, oder so fein gehackt, daß sich beim Anfühlen keine feste Fleischtheile mehr finden, mit 5 Pfund feingewürfeltem Speck, Salz,

Pfeffer, Nelken und Nelkenpfeffer gut durchgemengt, recht fest in saubere Rinds=
därme gefüllt, mit feinem gestoßenem Salz besprengt, über Nacht hingelegt,
12 Stunden gepreßt, mit Papier umbunden und 8 Tage geräuchert.

1913. Leberwurst (Liver Sausage). Man nimmt hierzu Bauchfleisch
nebst fettem Schweinefleisch, Nieren, Zunge und Schwarten, alles weich gekocht.
Die Leber wird roh gehackt, durch einen Durchschlag getrieben, Bauchfleisch,
Zunge, Fett und Schwarten werden feinwürflig geschnitten, Nieren fein gehackt.
Darnach wird dies alles mit feingestoßenem Salz, Pfeffer, Nelken und feinge=
riebenem, durchgesiebtem Thymian und Majoran gewürzt, Füllfett von der
Fleischbrühe hinzugegeben und die Masse in saubere Därme gefüllt. Da die
Leber sich ausdehnt, so dürfen die Würste nicht zu fest gestopft werden. Man
kocht sie ½ Stunde in der Brühe, taucht sie beim herausnehmen in kaltes Wasser,
legt sie zum weiteren Abkühlen auf Stroh und gebraucht sie nach Gefallen frisch
oder etwas geräuchert.

1914. Blutwurst. Das Blut wird warm, sowie es vom Schweine
kommt, mit einem Besen geschlagen, bis es ganz kalt geworden, und durch ein
Sieb gerührt, wodurch es flüssig bleibt. Dann giebt man zu einem Theil des
Blutes reichlich vom besten gekochten und feingehackten Schweinefleisch, mager
und fett, nebst den weichgekochten und feingehackten Schwarten, ferner gekochten
Speck, welcher in kleine Würfel geschnitten ist, Salz, Pfeffer, Nelken und Nelken=
pfeffer. Dies alles wohl gemischt, wie Leberwurst in dicke, möglichst glatte
Därme nicht fest gefüllt, damit die Masse sich ausdehnen kann, und ½ Stunde
gekocht. Etwas geräuchert, wird die Wurst zum Butterbrod gegeben.

XL.   Farben, Essenzen und Pulver.
Unschädliche Farben zum Küchengebrauch, zum Färben von Gelees, Creams und Gla= suren — Colors, Essences, Powders.
Colors for Jellies, Creams and Glazing.

1915. Safran=Gelb (Saffron Yellow). 1 Drachme feinster Safran
wird in ein Fünftelquart Wasser gekocht, dann geseiht, in Fläschchen abgefüllt,
diese gut verkorkt und kalt aufbewahrt. Ein Theelöffel voll genügt für eine
große Platte.

1916. Spinat=Grün (Spinach Green). Die Blätter von 10 Spinat=pflanzen werden von den Stielen befreit, aus frischem Wasser wiederholt ge=waschen, zum Abtrocknen ausgelegt, dann zerstampft, der Saft ausgepreßt, in ein Gefäß gefüllt und im Warmbad (au bain marie) gekocht, bis sich die Farbe gesetzt hat. Hierauf wird das Wasser von der Farbe abgegossen, diese mit feingestoßenem Zucker vermischt und gut verkorkt aufbewahrt. Auch diese Farbe ist sehr ausgiebig.

1917. Blau (Blue). Man löst ein wenig Indigo mit heißem Wasser auf oder vermischt Alkermes Saft mit einigen Tropfen Citronensaft.

1918. Zucker=Braun (Sugar Brown). 2 Unzen gestoßener Zucker werden in einem Pfännchen mit ½ Pint siedendem Wasser übergossen und so lange gekocht, bis die Masse braun geworden. Wenn erkaltet, wird etwas Wasser mit aufgekocht, die Farbe in ein Fläschchen abgefüllt und aufbewahrt.

1919. Orange=Gelb (Orange Yellow). Hierzu vermischt man etwas Safrangelb nach obiger Anweisung mit einigen Tropfen Cochenilletinktur.

1920. Rosenroth (Rose Red). Auf 1 Quart frisch gepflückte, sorgsam gelesene Rosenblätter drückt man den Saft einer Citrone, gießt ¼ Quart kochen=des Wasser darüber und läßt dies in einer festverschlossenen zinnernen Büchse mit aufgeschraubtem Deckel 2 Tage stehen. Dann preßt man den Rosensaft gut aus, kocht ihn mit ½ Pfund Zucker auf und benutzt ihn. Auch aus Cochenille=tinktur mit etwas Milch versetzt erhält man eine schöne rosenrothe Farbe.

1921. Rothe Farbe (Red Color). ½ Unze gestoßene Cochenille wird mit ½ Unze feingestoßener Pottasche, ebensoviel gebranntem Alaun und 1 Unze Cremor tartari vermischt und in einer Reibschale zusammen verrieben, worauf man die Masse vorsichtig in ½ Quart kochendes Wasser schüttet, einmal umrührt, rasch vom Feuer nimmt, durch ein Tuch seiht, mit 6 Unzen gestoßenem Zucker nochmals aufkochen läßt und nach dem Erkalten in einer wohl verschlossenen Flasche aufbewahrt.

1922. Veilchen Farbe (Violet Color). Im Frühjahr, während der Blüthezeit der Veilchen, pflückt man möglichst dunkle Gartenveilchen von starkem Dufte, befreit sie von den Stielen und grünen Kelchblättern und legt sie in eine verschlossene zinnerne Büchse, damit sich der Geruch nicht verflüchtigt. Hat man 1 Quart Blüthen beisammen, so drückt man sie in die Büchse fest ein, preßt den Saft einer Citrone darüber, übergießt sie mit 1 Quart stark kochendem Wasser, schraubt den Deckel auf die Büchse und läßt sie so 1—2 Tage stehen. Dann preßt man den Saft durch ein Tuch, kocht ihn mit ½ Pfund Zucker einmal auf und füllt ihn nach dem Erkalten in kleine Fläschchen.

1923. Weiße Farbe (White Color). Diese erhält man durch An=wendung von Rahm, Mandelmilch oder Arrow-root.

1924. Schwarze Farbe (Black Color). Man läßt 2 Unzen Choco=lade auf dem warmen Ofen vergehen, zerdrückt und zerrührt sie dann mit einem silbernen Löffel, vermischt sie mit 2—3 Eßlöffel voll heißem Wasser und ist sie dann zum Gebrauche fertig.

Essenzen — Essences.

1925. Champignon-Essenz (Mushroom Essence). Ein Pfund Champignons werden geputzt, flüchtig gewaschen, in eine Casserole geschüttet, mit dem Safte von zwei Citronen und ¼ Unze Salz 5—6 Minuten zugedeckt über das Feuer gestellt, mit ½ Quart kräftiger Hühnerbrühe übergossen und ¼ Stunde damit verkocht, worauf man die Essenz durch ein Tuch seiht und in einer wohlverschlossenen Flasche aufbewahrt.

1926. Hühner-Essenz (Chicken Essence). Von drei alten Hühnern löst man die Brust ab und verwendet sie zu Hühnerbrüstchen oder einem ähnlichen Gerichte, zerhackt das Uebrige in kleine Stückchen und legt sie mit zwei Pfund Kalbfleisch, das man ebenfalls klein gehackt hat, in eine Casserole, fügt 2 Zwiebeln, eine gelbe Rübe, ein Kräuterbündelchen, 2 Gewürznelken und zwei Quart Hühnerbrühe hinzu, kocht dies mehrere Stunden hindurch sehr langsam, bis das Fleisch völlig weich ist, worauf man die Essenz durchseiht, entfettet und in Flaschen aufbewahrt.

1927. Sardellen-Essenz (Anchovy Essence). 12—15 ausgegrätete Sardellen werden langsam in drei Achtelquart Wasser gekocht, bis sie zu Brei zerfallen sind. Dann seiht man die Essenz, die so dick wie Syrup sein muß, und füllt sie in kleine Flaschen, um sie caffeelöffelweise zur Würze von Saucen zu verwenden.

1928. Trüffel-Essenz (Truffle Essence). Zwei Pfund sauber gereinigte und geschälte Trüffeln werden zerschnitten, in eine Casserole gethan und mit einer Flasche Madeira und 1 Quart kräftiger Fleischbrühe oder Hühnerbrühe übergossen, worauf man ein Bouquet garni von Kräutern, ¼ Unze Salz, 1 Drachme weißen Pfeffer und ein Blatt Macis hinzufügt und die Casserole gut zudeckt, den Inhalt eine halbe Stunde über raschem Feuer kochen läßt. Nach dem Erkalten streicht man die Essenz durch, bewahrt sie zur Würze für Saucen auf und verwendet die Trüffeln, welche durch das Auskochen nichts von ihrer Schmackhaftigkeit verlieren, nach Belieben zu Ragouts, Farcen und dergleichen.

1929. Wildpret-Essenz (Venison Essence). Ein Pfund Hirsch- oder Rehfleisch, 2 alte Rebhühner und zwei wilde Kaninchen oder ein Hase werden gehackt und mit 2 Quart Fleischbrühe in einer Casserole zum Kochen gebracht; dann gießt man ½ Quart Weißwein zu, läßt die Brühe einkochen, fügt 2 Zwiebeln, 2 gelbe Rüben, etwas Thymian und Basilikum, einige Wachholderbeeren und 2 Nelken hinzu, schäumt gut ab, kocht das Fleisch langsam sehr weich, läßt es in der Brühe erkalten und seiht die Essenz durch, füllt sie in Flaschen und hebt sie zum Gebrauche auf.

1930. Gewürz-Essenz (Spice Essence). Die gebrühten und geschälten Kerne von einem Schock Wallnüsse legt man mit ½ Unze Muskatblüthe, ebenso-viel Gewürznelken, Knoblauch und Ingwer, 1 Unze Senfsamen, 40 Pfeffer-körnern, 2 Eßlöffel Salz, 6 Lorbeerblättern und einer Stange geriebenem Meer-rettig in abwechselnden Schichten in einen Topf, gießt ein Quart kochenden Weinessig darüber, bindet nach dessen Erkalten den Topf zu, setzt ihn an einen luftigen Ort und füllt nach Verlauf von 14 Tagen den Essig in kleine Flaschen, die man verkorkt und versiegelt, worauf man nochmals 1 Quart kochenden Essig über die Gewürze gießt und 3 Wochen ziehen läßt, bevor man ihn ebenfalls ab-füllt. Man verwendet diese sehr kräftige Essenz zur Würze von braunem Ragout; 1—2 Theelöffel voll davon genügen völlig, der Sauce einen höchst pikanten Geschmack zu geben.

Pulver — Powder.

1931. Curry-Pulver (Curry Powder). Alle Bestandtheile desselben müssen sehr gut getrocknet, fein gestoßen und gehörig vermischt sein. Hier folgen zwei Rezepte, die etwas in der Zusammensetzung von einander abweichen. Ein sehr gutes ist folgendes: ½ Unze Coriander, ½ Unze Ingwer, ½ Unze Kümmel, ½ Unze weißer Pfeffer, ⅓ Unze Curcuma, ¼ Unze Cardamomen, 1 Drachme spanischer Pfeffer. Die andere Zusammenstellung besteht aus 2 Unzen Corian-der, 1 Unze Mohnsamen, 1 Unze Curcuma, ½ Unze Ingwer, ¼ Unze Zimmt, ½ Unze Senfkörner, ¼ Unze spanischer Pfeffer. Manche setzen auch ein wenig Knoblauch dazu, doch kommt das auf den persönlichen Geschmack an.

1932. Austern-Pulver (Oyster Powder). Man öffnet etwa 18 Stück frische Austern, stößt sie mit etwas Salz in einem Mörser, streicht sie durch ein Haarsieb und mischt sie mit soviel feinem Mehl, daß ein geschmeidiger Teig daraus wird, den man 3—4mal ausrollt und wieder zusammenschlägt, bis man ihn schließlich ungefähr zur Dicke eines Tellerrandes auftreibt und zu kleinen Kuchen formt, die man mit Mehl bestreut und unter häufigem Umwenden in einem ausgekühlten Ofen langsam trocknet. Sind sie völlig trocken, so reibt oder stößt man sie zu Pulver, das man in geschlossenen Flaschen aufbewahrt. Will man Sauce davon machen, so mischt man einen Eßlöffel voll von dem Pulver mit einer Unze geschmolzener Butter und sechs Eßlöffel voll Milch, rührt dies bei mäßiger Hitze, bis es kocht und würzt es mit etwas Cayennepfeffer und Citronensaft.

Vom Einfassen der Schüsseln — Garnishing of Dishes.

1933. Das Einfassen der Schüsseln soll dazu dienen, das Aussehen der schön angerichteten Speisen noch mehr zu heben, denn der Koch oder die Köchin muß nicht allein für den Gaumen, sondern auch für das Auge arbeiten. Man hat nun verschiedene Arten von Einfassungen, von welchen nachstehend einige aufgeführt sind.

1934. Einfassung von Brod (Garnishing of Bread). Man bildet hiervon alle mögliche Formen: Dreiecke, Vierecke, Halbmonde, Ringe, Hahnen= kämme, Sägeböcke ꝛc. Die Croutons bestehen zur Hälfte aus weißem, zur anderen Hälfte aus schwarzem Brod. Das weiße Brod wird ganz hellgelb aus heißem Schmalze, das schwarze jedoch dunkelbraun herausgebacken und auf Löschpapier gelegt, damit das Fett vollends davon abläuft. Hierauf wird von einem Eiweiß und einem kleinen Eßlöffel voll Mehl etwas Pappe angerührt, die Schüssel, welche zum Garniren bestimmt ist, in dem Backofen erhitzt, dann wird jedesmal erst ein weißer, dann ein brauner Crouton an den Rand der Schüssel, da wo die Vertiefung angeht, immer einer dicht an den andern abwechselnd aufgesetzt, indem man etwas Pappe unten auf die Croutons streicht.

1935. Einfassungen von Blätter= oder Butterteig (Garnishing of Puff or Butter Paste). Von dem Blätter= oder Butterteig werden ver= schiedenartige Figuren, wie Ringe, Sterne, Halbmonde, Dreiecke ꝛc. vermittelst blecherner Ausstecher, welche die Gestalt dieser Figuren enthalten, ausgestochen, auf ihrer Oberfläche mit verschlagenen Eiern bestrichen und nachdem sie gebacken sind, um die Ragouts an der inneren Seite der Schüssel schön auf= gestellt.

1936. Einfassungen von Aspick — saure Gelee (Garnishing of Aspick). Von der sauren Gelee, wovon die Hälfte weiß bleibt, die andere Hälfte schön roth gefärbt ist, werden ebenfalls Dreiecke, Vierecke ꝛc. in Zollhöhe ausgeschnitten. Solche Figuren werden nun abwechselnd, jedesmal eine rothe, dann eine weiße auf den breiten Rand der Schüssel aufgestellt. Diese Bordüre wird jedoch nur bei kalten Speisen, Fischen, kalten Braten, Pasteten ꝛc. ver= wendet. Die in der Vertiefung der Schüssel leeren Zwischenräume werden alsdann mit den Abfällen derselben Gelee, welche ziemlich sein gehackt wird, zierlich ausgefüllt.

1937. Einfassungen von Nudelteig (Garnishing of Vermicelli Paste). Von diesem macht man unstreitig die schönsten Bordüren. Es wird ein Nudel= teig, jedoch blos von Eiweiß und Mehl, ziemlich fest angemacht und recht glatt mit dem Ballen der Hand gearbeitet. Die Hälfte wird schön rosenroth mit etwas aufgelöster Cochenille, welche man bei jedem Conditor erhalten kann, ge= färbt; der Teig wird nun schwach messerrückendick ausgerollt, etwas in der Luft abgetrocknet und in verschiedenen Formen ganz nach vorhergehenden Arten, doch kleiner und zierlicher gehalten, ausgeschnitten oder vermittelst sehr kleiner, blecherner Ausstecher ausgestochen. Hierauf lasse man die Figuren vollends in der Luft trocknen und befestige sie auf dieselbe Art wie die Croutons von Brod an den Rand der Schüssel, jedesmal ein rothes und ein weißes mit einander abwechselnd.

1938. Einfassungen von Eiern (Garnishing of Eggs). Diese Ein= fassungen gebraucht man ebenfalls und zwar in Verbindung mit schönen Salat=

herzchen, abgekochten, rothen, weißen und gelben Rüben, welche schön mit kleinen Ausstechern zu verschiedenen Formen ausgestochen werden, zum Garniren von kalten Speisen, wie die saure Gelee; z. B. zur Mayonnaise von Geflügel oder von Fischen, kalten Salm, Aal 2c. Die Eier werden halb gekocht, halbirt oder geviertheilt und um die angerichteten kalten Speisen jedesmal abwechselnd ein Ei, dann ein Salatherzchen aufgestellt; ebenso werden auch die Wurzeln benutzt. Sehr schön machen sich die Körbchen von Eiern. Die Eier werden nämlich hart gekocht, jedes derselben der Quere nach genau in der Mitte durchschnitten, der Dotter dann behutsam aus jedem halben Ei herausgenommen, ohne das Weiße zu verletzen. Der äußere Rand des halben Eies wird alsdann schön fein abgezackt, die Spitze unten etwas glatt abgeschnitten, damit das Körbchen stehen bleibt; hierauf wird von einer Citrone ein Streifen Schale der Länge nach, jedoch etwas dick, heruntergeschnitten, daraus ein ungefähr drei Messerrücken breites, egales Streifchen zugeschnitten. Dasselbe wird mit beiden Enden in das ausgezackte halbe Ei hineingesteckt, so daß es den Henkel des Körbchens bildet. Diese so verfertigten Eierkörbchen werden wechselweise mit Capern, fein gehackter weißer, und fein gehackter rother Gelee gefüllt und ebenfalls um die kalten Speisen aufgestellt. Namentlich passen diese Eierkörbchen sehr gut zu italienischem Salate, wo sie dann obenauf zu stehen kommen.

1939. Einfassung von Butter (Garnishing of Butter). Ein Stück, ungefähr ein halbes Pfund frische Butter wird recht glatt und geschmeidig gearbeitet und alsdann in drei Theile getheilt. Der erste Theil bleibt weiß, der zweite wird mit Spinatgrün schön grün und der dritte Theil mit Cochenille-Auflösung rosenroth gefärbt. Jeder Theil wird nun für sich, namentlich im Sommer, messerrückendick auf einen Casseroledeckel glatt ausgestrichen, auf's Eis gestellt und verhärtet, mit verschiedenen kleinen Ausstechern ausgestochen und ebenfalls zum Garniren der kalten Speisen verwendet.

Anhang.

Dieser enthält noch einige der beliebtesten Nationalspeisen, Garnituren, einige ihrer Seltenheit wegen wenig vorkommende Speisen, die bekanntesten amerikanischen Mixed-Drinks, sowie Beschreibung einiger Schau=Stücke, der Verfertigung und Garnirung der Fettsockel, Hatelets, Einfassungen von Gelees, Eier=Nudeln und Tragantteigen.

———

1940. Eiercrême Suppe (Consommé à la Royal). Man bereitet 4 Quart Hühnerbrühe (siehe diese). Unterdessen zerquirlt man 15 Eigelb, vier ganze Eier und 1 Quart süßen Rahm in einer Schüssel, würzt diese Masse mit Salz, Muskatnuß und etwas Zucker und passirt sie durch ein Sieb. Dann streicht man eine flache Form (Charlottenform) oder mehrere kleinere flache Formen mit Butter aus und füllt sie mit der Crême. Die gefüllten Formen werden nun in heißem Wasserbade (au bain marie) pochirt; jedoch darf das Wasser nicht kochen, nur ziehen. Ist die Masse fest, so läßt man sie erkalten und schneidet sie in gerade, oder in schiefwinkelige Vierecke, giebt sie in die Hühnerbrühe und bringt sie zu Tische.

1941. Consomme a la Delignac. Man macht eine Eiscrême wie zur Royal, nur nimmt man statt Milch oder Rahm die nämliche Quantität Hühnerbrühe. Die übrige Behandlung bleibt wie oben.

1942. Garnituren zu Brunoise Suppe. Man schneidet das rothe der gelben Rüben, weiße Rüben, 1 Selleriekopf, Kohlraben, Lauch (Poirée) in regelmäßige, kleine, viereckige Stücke und dämpft sie, bis sie völlig gar sind, füllt die Suppe auf und fügt einige Löffel grüne Erbsen und gekochte Gerste hinzu.

1943. Frühlingssuppe (Consommé à la Printanier). Gelbe Rüben, weiße Rüben, Gurken, Kohlraben und Sellerie werden mittelst eines kleinen Gemüsebohrers ausgestochen und in Bouillon kurz gedämpft; Erbsen, Spargel= köpfe und Blumenkohl werden extra gekocht, ebenso Bohnen in längliche Vierecke geschnitten. Diese Gemüse werden nun untereinander gemischt und mit kräftiger Bouillon aufgefüllt. Man läßt sie noch einmal unter Beifügung von etwas fein geschnittenem Sauerampfer und Lettuce (Salat) aufkochen und ist sie nun zum Gebrauche fertig. Bei feineren Gelegenheiten werden jedoch auch Hühner= klöschen in der Größe einer Erbse hinzu gegeben.

1944. Consommé a la Colbert. Erleidet die nämliche Behandlung wie die Brunoise oder Julienne; beim Anrichten legt man sorgfältig pochirte, hübsch zugeschnittene Eier, eins für jede Person, in die Suppenterrine.

1945. Windsor Suppe (Windsor Soup). 2 Pfund Ochsenfleisch vom Schlegel und 3 Pfund Kalbfleisch werden in Stücke geschnitten und mit ½ Pfd. magerem Schinken, Zwiebeln, gelben Rüben, Lauch und ½ Selleriewurzel in einer Casserole mit ½ Pfund Butter geröstet, sodann wird die Casserole mit guter Fleischbrühe aufgefüllt und 4 Stunden langsam gekocht. Zwei alte Hühner werden flambirt, ausgenommen, die Brüste ausgelöst und eine feine Hühnerfülle davon bereitet; die Reste werden zerhackt und in die Suppe gethan. Unterdessen läßt man ¼ Pfund Butter heiß werden, giebt 3 Kochlöffel Mehl dazu und röstet dies langsam leichtbraun. Nachdem es mit einfacher Fleischbrühe angerührt ist, gießt man es zu der Suppe und läßt es gut verkochen. Man passirt nun die Suppe durch einen feinen Durchschlag oder ein Tuch und stellt sie warm. Indessen kocht man nun Maccaroni-Nudeln, kühlt sie ab und schneidet ¼ Zoll gleich lange Stückchen, welche man mit 1 Glas Sherry, 1 Messerspitze Cayennepfeffer und 1 Stückchen Fleischextrakt nebst etwas Salz in eine Casserole giebt und noch etwas andämpfen läßt. Die Klöschen der obigen Hühnerfülle werden, die eine Hälfte in leichter Fleischbrühe abblanchirt, die andere Hälfte in Schmalz leichtbraun gebacken und nebst den Maccaroni in die Suppenterrine gethan. Nachdem die Suppe sorgfältig entfettet, gießt man ½ Flasche Sherry hinzu, mit 1 Prise Cayennepfeffer und dem nöthigen Salz gehoben, läßt sie noch eine Zeitlang kochen und giebt sie nun über die Klöschen und Nudeln.

Diese Suppe muß sich durch ihre Reinheit, kräftigen Geschmack und durch ihre Bündigkeit auszeichnen. Nach einer anderen Art wird sie auch mit Kalbs-füßen zubereitet, welches man statt des Kalbfleisches nimmt. Dieselben werden dann statt der Maccaroni in die Suppe gegeben.

1946. Batavia Suppe von Indischen Schwalbennestern (Batavia Soup). Nach der gewöhnlichen Meinung bestehen die indischen Schwalben-nester aus gallertartigen, gewürzhaften Seegewächsen, und würde man sie für getrocknete Schwämme halten, da sie in Hinsicht ihres faserigen Wesens die Natur derselben zu haben scheinen. Die Bereitung ist folgende: 5—6 Unzen solcher Nester werden in kalter Bouillon über Nacht eingeweicht, dann mit der Spicknadel alle die kleinen Federchen, die schwarzen Punkten gleichen, herausge-nommen, die Nestchen, welche gehörig aufgeweicht sind, filetartig geschnitten, in eine Casserole gethan und mit Madeira oder Sherry, etwas Cayennepfeffer und einem Stücke Fleischextrakt langsam gekocht. Ferner hat man eine sehr kräftige Hühnerbrühe zu bereiten, welche mit ½ Flasche Sherry, etwas Cayennepfeffer und den Schwalbennestern vollends weichgekocht wird. Beim Anrichten wird sie rein abgefettet und in die Terrine gegossen. Die Suppe muß sich durch einen kräftigen Geschmack auszeichnen.

1947. Durchgestrichene Bohnensuppe (Cream of White Beans). Man bereitet ein Bohnenmus (Purée), welches mit etwas rohem, mageren Schinken, Zwiebeln, Petersilie und etwas frischer Butter aufgesetzt wird. Sind die Bohnen durchgestrichen, so wird das Mus mit guter Fleischbrühe zu einer dünnfließenden, jedoch gebundenen Suppe verdünnt und vor dem Anrichten kochend heiß ge=macht, sodann gehörig gesalzen, gepfeffert und mit einem Stück frischer Butter im Geschmacke gehoben und über den mitgekochten würflig geschnittenen Schinken oder Speck und geröstetes Brod angerichtet.

1948. Mullagatawny Suppe (Indische).

Man legt eine Casserole mit Speckscheiben aus, zertheilt 2 junge Kaninchen oder Hühner in kleine Stücke und bratet dieselben auf beiden Seiten in dem Specke hellbraun, oder nach Be=lieben auch in Butter, gießt ein Quart gute Fleischbrühe daran, giebt sechs in Scheiben geschnittene, in Butter gelb geschwitzte Zwiebeln und eine kleine Knob=lauchzehe hinzu und dämpft das Fleisch langsam weich, schäumt die Brühe ab, seiht sie durch, setzt noch 2 Quart Fleischbrühe zu und giebt sie sammt dem Fleische zurück in die Casserole, während man Zwiebeln und Knoblauch beseitigt. Nun stößt man 1 Unze süße, geschälte Mandeln mit etwas Fleischbrühe, verreibt sie mit 2 Eßlöffeln Curry=Pulver zu einem dicken Teig, läßt denselben in der Suppe verkochen, schärft sie mit Citronen=, Mango= oder Tamarinden=Saft ab und servirt sie nebst körnig gekochtem Reis. Man kann dieselbe jedoch auch aus Kalbfleisch bereiten.

1949. Mullagatawny Suppe von Gemüsen.

5—6 junge Markkürbisse und ebensoviele mittelgroße Gurken werden geschält, erstere von den Kernen be=freit und alles in große Würfel geschnitten, wozu man 4 saure, in Scheiben zer=theilte Aepfel, 3 Tomatoes (Liebesäpfel) und 3 Zwiebeln fügt. Die Zwiebel=scheiben werden in einer großen Casserole mit ¼ Pfund Butter hellgelb ge=schwitzt, die übrigen Gemüse dann hinzu gethan und unter öfterem Umrühren und Umschütteln langsam halbweich gedämpft, worauf man 2—3 gehäufte Eß=löffel Curry=Pulver darüber streut, etwas Fleischbrühe zugießt und die Gemüse so lange dämpft, bis sie zu Brei zerfallen. Man passirt nun alles durch ein grobes Haarsieb, gießt noch 2—2½ Quart Brühe zu, würzt dieselbe mit Salz, Cayennepfeffer und Citronensaft, verkocht die Suppe, welche sehr sämig sein muß, eine Zeitlang und servirt sie mit in Wasser gekochtem Reis.

1950. Fisch=Bäuschel Suppe (Oestreichische).

Die Bäuschelsuppe ge=hört zu den beliebtesten östreichischen Fastensuppen. Man nimmt hierzu von einem Karpfen die Milch oder den Rogen und das sogenannte Bündel, kocht dies in Wasser mit etwas Essig und Salz weich, nimmt es dann heraus und gießt zu der Brühe so viel Wasser, als man Suppe bedarf, thut eine Zwiebel, ein Lorbeerblatt, einige Nelken und Pfefferkörner, sowie etwas Thymian und Basili=cum daran und läßt dies eine Stunde zusammen kochen. Unterdessen dünstet man etwas Wurzelwerk (klein geschnitten) in Butter gelb, röstet einen Löffel Mehl darin, gießt die Brühe hinzu und läßt sie ¼ Stunde damit verkochen, paf=sirt hierauf die Brühe durch ein Sieb über die zerschnittene Bäuschel (wie man in Oesterreich Milch, Rogen und Bündel vom Karpfen mit einem Gesammtnamen benennt) und richtet sie mit gerösteten Semmelwürfeln an.

1951. Garnitur a la Lyonaise.

Dieselbe besteht aus kurz gedämpf=ten Kastanien, gefüllten Zwiebeln, Artischokenviertel, Cervelatwurst in Scheiben geschnitten. Man arrangirt die Garnitur gruppenweise um die Platte und servirt eine Madeirasauce separat dazu.

1952. Garnitur a la Marechal. Wird bereitet aus geschwungenen Trüffeln, Hühnerklößchen und Hahnenkämmen. Klöße werden mit weißer Sauce servirt.

1953. Garnitur a la Fermiere. Besteht aus kleinem, in Bouquets geformtem Kohl, gedämpftem Lettuce (Lattich), tournirten Carotten in Bouillon gekocht, ausgestochenen und in Butter gebratenen Kartoffeln. Man dressirt sie mit Farbenwechsel in Gruppen.

1954. Garnitur a la Camerani. Besteht aus gut gekochtem Sauer=kraut, welches ganz kurz und trocken gehalten wird, man giebt einige in Julienne geschnittene Trüffeln nebst einem Glase Sherry und etwas Fleischextraft hinzu, läßt es auf hellem Feuer eindämpfen und garnirt das Sauerkraut um die Piecen herum.

1955. Garnitur a la Perigord. Runde ausgewählte Trüffeln wer=den, nachdem sie geschält sind, in Sherry und etwas Fleischextraft sechs bis acht Minuten gekocht. Man maskirt sie beim Anrichten mit etwas Madeira=sauce.

1956. Garnitur a la Mariniere. Diese Garnitur wird bereitet aus Clams, kleinen Fischklößchen mit Cayennepfeffer, Krebsschwänzen und Trüffeln. Man vermischt alles gut in einem Sautoir untereinander, giebt etwas weiße Sauce und etwas von dem Clam=Jus dazu und fügt im letzten Momente etwas frische Butter hinzu.

1957. Garnitur a l'Admiral. Besteht aus Clamfritters, jede einzeln, Krebsschwänzen und Garnelen (Shrimps) und ganzer Petersilie. Man dressirt die Garnitur bouquetartig und servirt eine Matelotesauce dazu.

1958. Garnitur a la Castilane. Man schneidet zwei Hummer=schwänze noch warm in schöne Tranchen, legt sie mit 5—6 großen, in Scheiben geschnittenen Trüffeln in ein Sautoir und saucirt sie mit einer gut eingekochten Austernsauce, welche mit etwas Krebsbutter vermischt ist (zu Fischen).

1959. Garnitur a la Commodore. Besteht in Krebseroquetten, Klößchen mit Krebsbutter und Cayennepfeffer, großen ganzen Trüffeln, Clam=fritters. Man dressirt sie in Gruppen.

1960. Garnitur a la Flamande. Besteht aus blanchirtem, gekochtem, geräuchertem Speck, gedämpftem, in kleine Bouquets geformten Kohl. In Birnenform zugeschnittene gelbe und weiße Rüben, welche gedämpft und glasirt werden, werden herum gelegt.

1961. Garnitur a la Regence. Diese Garnitur wird zu Relevées von Fischen, Geflügel und Fleischpiecen gebraucht. Für die ersteren wird sie aus Krebsschwänzen, Fischmilchnern, großen dekorirten Fischklößchen, Trüffeln und Champignons bereitet und in kleine Bouquets dressirt. Trüffelsauce wird separat dazu gegeben.

Für Geflügel besteht sie aus Gänseleber, großen dekorirten Klößen aus Hühnerfülle, Hahnensteinchen und Hahnenkämmen, ganzen Trüffeln und Champignons.

Für Fleischpiecen besteht sie aus gespickten Kalbsmilchnern, großen dekorirten Klößen, Trüffeln und Champignons, jedoch ohne Hahnenkämme, Hahnensteinchen oder Gänseleber. — Trüffelsauce.

1962. Garnitur a la Claremont. Besteht aus in Wasser gekochtem Blumenkohl, Rosenkohl und ausgestochenen Kartoffeln, welche in Bouquets um Fisch oder Fleisch herumgelegt werden.

1963. Garnitur a la Godard. Besteht aus großen dekorirten Klößen, kleinen Kalbsmilchnern, Escaloppen von Kalbfleisch, Trüffeln und Champignons. Die Klöße und Champignons sind leicht saucirt, Trüffeln, Kalbsmilchner und Escaloppen glasirt. Wird in Gruppen dressirt.

1964. Garnitur a la Providence. Besteht aus kleinen tournirten Trüffeln, Champignonköpfen, runden dollargleich großen Gänseleberstückchen, kleinen Klößchen und ausgesteinten blanchirten Oliven. Man mischt diese Garnitur untereinander mit einer Madeirasauce.

1965. Garnitur a l'Andalouse. Besteht aus klein geformtem Lettuce (Lattich) und Kohl, welche gedämpft werden, spanischer Wurst (Chorisos), welche mit dem Kohl gedämpft, beim Anrichten in Scheiben geschnitten wird, Erbsen und feinen Schinkenschnitten. Man dressirt die Gemüse gruppenweise; auf beide Enden der Platte Wurst und Schinken. Man servirt diese Garnitur mit Tomatoesauce.

1966. Garnitur a la Radziwill. Besteht aus Karpfenmilchner, Aalruttenlebern, in Scheiben geschnittenen Trüffeln, in zwei Theile geschnittenen Champignonköpfen, grünen, in Kugeln gedrehten Essiggurken und kleinen Klößchen aus Krebsbutter. Die Garnitur wird in einem Sautoir mit etwas Genoise Sauce gut untereinander gemengt. (Für Fische.)

1967. Garnitur la Chivry. Wird zusammengesetzt aus kleinen Austern-Pastetchen, Kartoffelcroquetten, Clamfritters, großen ganzen Garnelen (Shrimps). Man dressirt diese Garnitur in Gruppen zu Tisch.

1968. Garnitur von York-Pudding. Man giebt in eine Schüssel ein halbes Quart Mehl, welches mit nicht ganz einem halben Quart Milch und 5 ganzen Eiern glatt verrührt wird, giebt etwas Salz und 2—3 Unzen gutes zerlassenes Fett hinzu. Die Masse muß flüssig sein und durch ein Sieb passirt werden. Nun buttert man ein Sautoir, macht daſſelbe heiß und gießt die Maſſe hinein, backt nun den Pudding im Ofen ¾ Stunde, nachher dreht man ihn um und läßt ihn eine weitere Viertelſtunde backen. Beim Anrichten wird derſelbe in Carrée geſchnitten und auf einer Platte ſeparat zu Tiſche gegeben. In England wird dieſe Garnitur gewöhnlich zu Roaſtbeaf ſervirt.

1969. Garnitur a la Duchesse. Beſteht aus geſpickten Lamm= milchnern, Hühnercroquetten mit Trüffeln, kleinen farcirten Zwiebeln, gekoch= tem Kalbshirn und ſchön glaſirten Carotten, geſchmackvoll um ein Filet ꝛc. garnirt.

1970. Garnitur a la Cardinal. Beſteht aus einem hochrothen Klein= Ragout aus Krebsſchwänzen, Auſtern, Geflügelklößchen mit Krebsbutter, Hah= nenkämmen und Hahnenſteinchen.

1971. Garnitur a la Talleyrand. Wird hergeſtellt aus mit Trüffeln geſpickten ſautirten Hühnerbrüſtchen, Brodcroutons, wachsweichem und geſchäl= tem Ei, Hahnenkämmen und recht rother Ochſenzunge, welche um eine Bordure aus Farce garnirt werden.

1972. Garnitur a la Portugaise. Wird bereitet aus kleinen glaſirten Zwiebeln, gefüllten Champignons und gefüllten Tomatoes, welche gruppenweiſe garnirt werden.

1973. Garnitur a la Dauphine. Beſteht aus Kartoffeln à la Dau- phine, gedämpften Lattichköpfen, glaſirten kleinen Zwiebeln und kleinen, mit Salpicon gefüllten Riſſollen. Die Dauphine=Kartoffeln werden bereitet aus halb Kartoffel=Purée und halb gebrühtem Teig (Pâte à choux), welche man gut durcheinander rührt. Mittelſt der Hand, welche man in Mehl taucht, wer= den kleine Kugeln geformt und in gutem Fette oder Butter zu goldgelber Farbe herausgebacken.

1974. Garnitur a la Nivernaise. Dieſe Garnitur beſteht aus kleinen neuen Carotten gleicher Größe, welche blanchirt und kurz mit Bouillon, Butter und einer Meſſerſpitze Zucker eingedämpft werden.

1975. Garnitur a la Paysanne. Beſteht aus großen in Scheiben geſchnittenen gelben Rüben in der Dicke eines ¼ Zolles, welche blanchirt und ge= dämpft werden, gefüllten in Stücke geſchnittenen Gurken und kleinen gebratenen Würſtchen. Man dreſſirt dieſe Garnitur in kleine Bouquets um die Piecen herum.

1976. Macedoine von Gemüſen. Man ſtellt eine Macedoine nach den Erzeugniſſen der Jahreszeit zuſammen z. B. im Frühling aus jungen Ca= rotten, Blumenkohlröschen, Spargel, jungen grünen Bohnen, grünen Erbſen, ſpäter aus Kohlrabi, Turnips, Blumenkohl, enthülſten Limabohnen, kleinen Zwiebeln, Roſenkohlherzchen, Schwarzwurzeln, kleinen Champignons und der=

gleichen, formt die Rüben und Carotten mit dem Gemüseausstecher oder einem Chartreusemesser in zierliche Oliven, Birnen u. s. w., die Bohnen in schräge Dreiecke, den Blumenkohl in kleine Röschen, Artichoken in Würfel, blanchirt jedes Gemüse in siedendem Wasser und dünstet dann jedes für sich in Butter oder Fleischbrühe weich, worauf man dieselben mit legirter deutscher Sauce bindet und beim Anrichten kranzförmig oder in einzelnen Feldern auf die Schüssel arrangirt.

1977. Garnitur a la Jardiniere. Ist in Nr. 512, Rostbeef à la Jardinière, beschrieben.

1978. Garnitur a la Dieppoise. Besteht aus einem Ragout von Austern, Champignons und Krebsschwänzen, welches mit einer guten rothen Krebssauce nach dem Verhältniß zu den Ingredienzien in richtiger Bindung ist.

1979. Garnitur a la Provencale. Besteht aus grillirten Toma= toes und gefüllten Champignons.

1980. Garnitur a la Zingara. Zu dieser Garnitur giebt man größtentheils Hühnerfilet, Kalbscoteletten 2c., welche vorsichtig ausgelöst und dann mit Trüffeln und Schinken fein gespickt werden, garnirt dieselben, bevor man sie zu Tische bringt, mit gleichmäßig tournirten Trüffeln, kleinen Hühner= klöschen und schönen großen ausgesteinten und blanchirten Oliven, welche man in Bouquets darum legt. (Siehe Espagnol apart).

1981. Garnitur a la Trianon. Wird gewöhnlich zu einem Fri= candeau u. s. w. servirt. Dieselbe besteht aus 3 verschiedenen Purées: 1 von Kastanien, 1 von grünen Erbsen oder Spinat, 1 von Zwiebeln à la Soubise oder 1 von schönen rothen Tomatoes, welche man mit Hülfe eines dazu be= stimmten Spritzbeutels in schönem Farbenwechsel um die Piece herum garnirt.

1982. Potatoes parisienne. Sind runde ausgestochene Kartoffeln, welche in Butter zu goldgelber Farbe gebacken und zur Garnirung verschiedener Piecen verwendet werden.

1983. Potatoes a la Duchesse. Nachdem die Kartoffeln gekocht und zubereitet sind wie zur Croquettenmasse von Nr. 141, werden dieselben in kleine Partien getheilt und auf einem mit Mehl bestäubten Tische zu kleinen Würstchen geformt und mit einem Messer plattgedrückt. Man macht mit dem Rücken des Messers schräge Einschnitte von rechts nach links und umgekehrt. Oder man wellt einen größeren Theil der Masse mittelst der Hand zu einem langen dicken Streifen, drückt ihn platt und versieht denselben mit Einschnitten, schneidet nun nach beliebiger Form und Größe Stücke ab, legt sie in eine Casserole mit ausgelassener Butter und bäckt sie von beiden Seiten zu schöner goldgelber Farbe. Auch werden die Stücke häufig auf ein Backblech gelegt, mit zer= schlagenem Ei bestrichen und im Ofen gebacken. Sehr beliebt zu Garnituren.

1984. Soya. In England und Nordamerika ist die Soya außerordentlich viel in Gebrauch. Dieselbe ist eine Art dicklicher Sauce, welche in China und Japan, sowie auch in Ostindien aus der Soyabohne bereitet und als angenehme würzige und kräftige Zuthat zu Braten und Fischsaucen benutzt wird. Man darf jedoch nicht zuviel nehmen, ein knapper Theelöffel voll giebt jeder Bratensauce einen besonderen Wohlgeschmack. Man wäscht die Bohnen, kocht sie in Wasser weich, zerstampft sie in einem großen Mörser, vermischt sie mit dem gleichen Gewicht groben Gerstenmehls, läßt die Mischung gut zugedeckt an einem warmen Orte gähren, löst hierauf soviel Salz als ursprünglich das Gewicht der Bohnen betrug, in dem fünffachen Gewichte Wasser auf, verrührt das Salzwasser tüchtig mit der gegohrenen Masse, deckt dieselbe zu und läßt sie 3 Monate lang stehen, wobei man sie jedoch täglich 2 Stunden lang umrührt und durcharbeitet. Dann filtrirt man die Soya durch baumwollene Tücher, preßt sie gut aus, füllt sie in hölzerne Fässer, lagert sie eine Zeit lang und zieht sie in Büchsen oder Flaschen ab. Der beim Auspressen gebliebene Rückstand wird wieder mit Wasser übergossen und zu einer ordinären Sorte Soya verarbeitet. Gute Soya muß angenehm und kräftig schmecken und riechen, weder zu salzig noch zu süß sein, eine syrupartige Consistenz und tiefbraune Farbe haben. Wenn man sie in einer Glasflasche oder in einer Büchse umschüttelt, muß sie auf der Oberfläche eine gelbbraune Decke zeigen — ist dies nicht der Fall, so ist sie von untergeordneter Qualität.

1985. Fondue. ½ Pfund Schweizerkäse wird fein gerieben und mit 3 Eidottern und ½ Quart Rahm oder Wein verrührt, worauf man in einer tiefen Casserole oder einer die Hitze gut vertragenden Schüssel 2—3 Unzen Butter schmelzen läßt, die Masse hineinschüttet und über ziemlich starkem Feuer so lange umrührt, bis sie rings herum zu kochen und zu steigen beginnt. Man muß sie dann sofort in derselben oder einer andern, sehr gut erwärmten Schüssel zu Tische bringen.

1986. Lobster Stew, Old England Style. Aus einem frisch gekochten Hummer löst man sorgsam alles Fleisch aus, schneidet es in Scheiben und legt es, mit Salz, Pfeffer und einer Messerspitze Cayennepfeffer überstreut, in eine Casserole, fügt einen Kaffeelöffel voll Senf, einen Löffel Weinessig, sowie 2 Unzen frische Butter hinzu und läßt es gut zugedeckt langsam etwa 6 Minuten dämpfen, dann gießt man noch ein Glas Weißwein hinzu, dünstet den Hummer noch weitere 4—5 Minuten und giebt ihn auf den Tisch. Beim Anrichten garnirt man die Schüssel mit Petersilie und Citronenscheiben.

1987. Lobster Stew a la Newbourg. Wird im Ganzen ebenso bereitet wie vorstehender, mit Hinweglassung des Senfs, Weinessigs und Weißweins; statt dessen fügt man 1—2 Glas guten Rahm hinzu und legirt den Hummer beim Anrichten mit 2—3 Eigelb, welche mit etwas Sherry und Citronensaft verrührt sind.

1988. Echte Schildkröten-Eier. Man kocht sie in siedendem Wasser hart und giebt sie ausgeschält in die Suppe, oder man kocht sie halb hart, servirt sie in den Schalen in einer zierlich gebrochenen Serviette und reicht frische Butter dazu.

1989. Aal-Stew. Eine hier sehr beliebte Methode der Zubereitung ist: man nimmt zwei mittelgroße Aale, häutet und säubert sie, schneidet Köpfe und Schwänze ab, zertheilt das Uebrige in große Stücke, wendet sie in Mehl, Pfeffer und Salz und backt sie in Schmelzbutter. Sind sie braun, so nimmt man sie heraus, stellt sie eine halbe Viertelstunde vor das Feuer und läßt das Fett herausschwitzen und sie dann erkalten. Inzwischen hat man eine kräftige Brühe gekocht von starker Bouillon, den Köpfen und Schwänzen der Aale, nebst einem Löffel voll Sardellen-Essenz oder mehreren klein gehackten Sardellen, etlichen Mushrooms, einer halben Tasse Weinessig und einem Weinglas voll Sherry. In dieser Sauce läßt man die Aale noch eine halbe Stunde langsam dämpfen und giebt sie damit zu Tische.

1990. Cock-a-Leckie. Man bereitet diese Suppe, indem man ein altes Huhn mit 3—4 Pfund magerem Rindfleisch, etwas Pfeffer und Salz und 5—6 Quart Wasser, nebst etwa 1½—2 Dutzend Poirée, von dem man die grünen Blätter und die Wurzeln abgeschnitten, kocht. Das Huhn zerschneidet man dann in nette Stücke und giebt dieselben in die Suppe, während man das Rindfleisch zu einer beliebigen kalten oder warmen Sauce verzehrt. Häufig fügt man auch noch ½ Pfund gekochten Reis oder statt dessen, wenn das Huhn schon fast weich ist, ⅛ Pfund getrocknete Pflaumen mit in den Topf und läßt den Cock-a-Leckie ½ Stunde länger kochen.

1991. English Stew. Dieses sehr beliebte englische Gericht wird folgendermaßen bereitet: 4 Pfund Rindslende werden in Scheiben zerschnitten, von allem Fette befreit und 2 Stunden mit etwas Salz und Cayennepfeffer in 1 Quart brauner Fleisch- oder Kraftbrühe weich gedämpft. Hierauf fügt man den Saft einer halben und die fein gehackte Schale einer Citrone, ein Glas Portwein, einen Eßlöffel voll Reismehl, drei Eßlöffel voll Champignon-Catsup und einen Eßlöffel voll Soya zu der Sauce, läßt das Fleisch noch eine Viertelstunde damit dämpfen und giebt es mit einer Garnirung von Brod-Croutons, kleinen Klößchen oder Kartöffelchen zu Tisch. Zuweilen würzt man es auch mit Currypulver und servirt junge Gemüse dazu.

1992. Kuheuter (Udder). Da das Kuheuter, wenn man es nicht von einem jungen Thiere bekommt, was wohl selten der Fall ist, sehr lange Zeit zum Weichkochen bedarf, so thut man besser, es schon am Tage vor der eigentlichen Zubereitung abzukochen. Man setzt es gut gewässert und gebrüht mit Wasser, Salz, 1 Zwiebel, 1 Lorbeerblatt und etwas Wurzelwerk zu, läßt es langsam 4—5 Stunden und länger kochen, bis es weich ist, nimmt es dann aus der Brühe, läßt es auskühlen, häutet es ab, schneidet es in Scheiben, bereitet mit kräftiger Fleischbrühe eine Sardellen-, Zwiebel-, Citronen- oder Tomatocsauce, legt die Scheiben hinein, dämpft sie ein wenig damit durch und servirt sie.

Kuheuter gebacken: Das abgekochte und erkaltete Euter wird in Scheiben geschnitten, mit Salz und Pfeffer bestreut, in Ei und geriebenem Cracker um-

gewendet oder in einen Bier= oder Backteig getaucht und in Butter hellbraun ge=
backen; man giebt es zu Gemüsen oder mit einer Senf=, Sardellen= oder
Kräutersauce.

1993. Lamm=Steak. Aus einer gut abgelegenen Lammkeule oder beiden
Keulen schneidet man fingerstarke Steaks, klopft sie ein wenig, taucht sie in ge=
schlagenes Ei und hierauf in geriebene Cracker, welche mit etwas Salz, geriebe=
ner Muskatnuß, gehackter Petersilie und Citronenschale gewürzt sind. Dann
backt man die Steaks in heißem Schmalz oder bratet sie auf dem Roste und
servirt sie mit einer Champignonsauce, grünen Erbsen, gedämpften Gurken und
dergleichen.

Auch können die Lamm=Steaks naturel zubereitet werden, welches bei den
Amerikanern noch beliebter ist. Man bestreicht die geschnittenen Steaks mit
gutem Oele oder Butter, salzt und pfeffert sie tüchtig, bratet sie auf dem Roste
und servirt sie ohne Sauce oder mit einer Sauce Mexicaine, welche auf fol=
gende Weise bereitet wird: man läßt 5—6 feingeschnittene Chalotten, eine
Knoblauchzehe, ebenso feingeschnittenen Piment mit frischem, grünen, spanischen
Pfeffer 5—6 Minuten auf dem Feuer hellgelb in etwas Butter anziehen, fügt
dann 5—6 in Stücke geschnittene, frische oder conservirte Tomatoes hinzu.
Nachdem dies 10 Minuten zusammen kurz eingedämpft ist, giebt man einen
Löffel voll guter spanischer Sauce hinzu, kocht die Sauce dann noch etwas ein,
und giebt sie unter das Lammsteak. Ebenso ist diese Sauce sehr beliebt zur
Füllung von Omelettes, Mexicaine oder Spanish Style, wie auch zu ge=
bratenen Fischen.

1994. Rindfleisch als Inky-pinky. Man zerschneidet 2 Pfund kaltes,
gebratenes Rindfleisch in kleine dünne Scheiben, die man nebst 2—3 in Wasser
abgekochten und in Stücke zerschnittenen gelben Rüben und einer ganzen Zwiebel
½ Stunde in ½—¾ Quart kräftiger Fleischbrühe dämpft, wobei man die Brühe
mit etwas Salz, Pfeffer und Essig würzt. Die Zwiebel wird dann herausge=
nommen und die Brühe mit einem Stück in Mehl gerollter Butter verdickt,
worauf man das Fleisch sammt den gelben Rüben mit gerösteten Brodcroutons
garnirt und die Sauce darüber anrichtet.

1995. Emince von kaltem Hammelfleisch. Man schneidet zu diesem
Zwecke die Ueberreste einer gebratenen Hammelkeule, von der man alles Fett,
Haut und Sehnen entfernt hat, in sehr kleine Scheiben, die man bis zum Ge=
brauch bei Seite stellt, dünstet 2 in Scheiben zertheilte Zwiebel in Butter weich,
ohne daß sie bräunen, läßt einen Löffel voll Mehl darin gelb schwitzen, gießt
½ Quart kräftige Fleischbrühe, einen Theil der übrigen Bratensauce, ein Glas
Rothwein und 2—3 Eßlöffel voll Essig hinzu und verkocht dies zu einer sämigen
Sauce, entfettet sie, seiht sie durch, würzt sie mit Pfeffer und Salz, kocht sie
noch etwas ein und läßt nun das Fleisch darin heiß werden, aber nicht kochen.
Wenn das Emincé zugerichtet wird, garnirt man es mit einem Reisrand oder
giebt ein Kartoffelpurée dazu.

1996. Hammelfleisch als China=Chilo. Etwa 1½—2 Pfd. gutes Hammel=
fleisch von der Keule oder dem Halse wird roh in kleine Stücke zerschnitten, wo=

bei man etwas weniges von dem Fett mit kleinschneiden kann; ebenso hackt man 2 Zwiebeln und 2 Salatköpfe ziemlich fein, thut dieselben nebst ½ Quart aus= gehülsten grünen Erbsen und dem Fleisch zu ¼ Pfund zerlassener Butter, schwitzt alles einige Minuten darin, fügt hierauf ¼ Quart Wasser, einen Theelöffel voll Salz und ebensoviel gestoßenen Pfeffer hinzu, deckt die Casserole fest zu und dämpft alles ungefähr 2 Stunden über langsamem Feuer, wonach man das pikante und sehr wohlschmeckende Gericht mit einem Reisrande servirt.

1997. Kedgeree. Man kocht ¾ Pfund Reis in Salzwasser etwa zwanzig Minuten, so daß er weich, aber noch kernig ist, gießt dann das Wasser ab, läßt den Reis vor dem Feuer trocknen, thut ihn in eine Casserole, fügt 2 Unzen Butter und etwa ½—¾ Pfund gekochten, von Haut und Gräten befreiten, in kleine Stücke geschnittenen Fisch (Turbot, Salmon, Soles) oder kleine ausgeschälte Seekrebschen hinzu, würzt alles mit Salz, Pfeffer und Cayennepfeffer, verrührt das Kedgeree über dem Feuer, bis es beinahe kocht, mischt dann noch drei zer= schlagene Eier darunter und giebt es zu Tisch. Häufig thut man auch klein ge= schnittene, hartgekochte Eier von Anfang an zu dem Gericht, anstatt rohe Eier zuletzt hinzuzufügen.

1998. Champignons-Catsup. Man nimmt 9 Quart Champignons, welche vollkommen trocken sein müssen, weder gewaschen noch geputzt sein dürfen, sondern nur von Sand und Staub oder wurmstichigen Theilen befreit und in Stücke gebrochen werden, nachdem man den untersten Theil des Stieles abge= schnitten hat, legt die Stücke in einen steinernen Topf, streut ¾ Pfund Salz da= zwischen, deckt den Topf gut zu und läßt ihn 3 Tage stehen, wobei man die Champignons dreimal täglich mit einem Holzlöffel umrührt. Nach Verlauf dieser Zeit setzt man den Topf ¾ Stunden in einen nicht zu warmen Ofen, seiht den ausgeflossenen Saft, ohne die Champignons zu drücken, durch ein grobes Tuch und kocht ihn eine Viertelstunde, thut dann auf jedes Quart der Flüssig= keit ¼ Unze Piment (Nelkenpfeffer, englisch Gewürz) und ½ Unze schwarzen Pfeffer, zwei Blätter Macis, ein wenig Ingwer und 4—5 Nelken, siedet damit die Flüssigkeit zur Hälfte ein, seiht sie durch ein Sieb, läßt sie auskühlen und füllt sie in kleine Flaschen.

1999. Ziegenfleisch-Ragout (Goat Ragout). Die Schulterstücke, Hals, Brust, Leber und Nieren werden in kleine Stücke geschnitten, in reichlicher Butter mit Scheiben von Zwiebeln und gelben Rüben, sowie dem nöthigen Salz halb gar gedämpft, mit Mehl bestäubt und mit ½ Quart kräftiger Fleisch= brühe, sowie ¼ Quart fettem, saurem Rahm übergossen, mit einer Messerspitze Paprika gewürzt und unter häufigem Umrühren vollends weich gedämpft. Beim Anrichten giebt man die sämige, entfettete und durchgeseihte Sauce über das Fleisch. Wenn man den Rahm weglassen will, kann man statt desselben Toma= toes nehmen.

2000. Hotch-potch. 2 Pfund saftiges, mageres Rindfleisch wird in etwa 1½ Zoll große viereckige Stücke zerschnitten und nebst einigen Stücken ettem Rindfleisch und etlichen Kalbsknochen in eine Casserole gelegt, mit

2½ Quart Wasser, ¼ Quart Bier übergossen und zum Kochen gebracht. So=
bald man gehörig abgeschäumt hat, fügt man 1 Löffel Salz, 2 große in Scheiben
geschnittene gelbe Rüben, 2 Zwiebeln, etwas Blumenkohl, Turnips und Sellery
hinzu, legt einen festschließenden Deckel auf die Casserole und läßt alles drei
Stunden langsam kochen. Inzwischen bereitet man eine braune Mehlschwitze
aus 2 Unzen Butter und einem Kochlöffel Mehl, verkocht sie mit einem Theil der
Brühe, würzt dieselbe mit Catsup, schüttet sie wieder in die Casserole zurück,
läßt alles mehreremal zusammen aufkochen, fügt etwas Pfeffer und Salz hinzu
und legt beim Anrichten das Fleisch in die Mitte der Gemüse. Man bereitet
das Hotch-potch aus Rind=, Hammel= und Lammfleisch, gepökeltem Schweine=
fleisch oder Geflügel, oder auch zweierlei Sorten Fisch, und wählt die Gemüse
der Jahreszeit entsprechend. Das schottische Hotch-potch wird bereitet aus
jungen Frühlingsgemüsen, wie Kohlrabi, Carotten, Zwiebeln, kleingeschnittenem
Lattich, Blumenkohl, 1 Quart grüne Erbsen und kleingehacktes Petersilie, die
mit 3 Quart guter Hammelfleischbrühe und 3 Pfund Hammelfleisch=Steaks aus
der Keule oder dem Rückenstück in einer zugedeckten Casserole weich gedämpft
werden.

2001. Krautkuchen, englischer (Cabbage Cake).

Man putzt einen
sehr großen, festen Krautkopf, schneidet den Strunk aus und kocht den Kopf
ganz in Salzwasser, bis er völlig weich ist, drückt ihn aus, und schneidet ihn
fein. Hierauf bestreicht man eine Pie=Schüssel oder Form mit Butter, bestreut
sie mit geriebenem Weißbrod und legt eine dicke Lage Kraut hinein, auf welche
eine Lage gehacktes und gehörig gewürztes kaltes Rindfleisch oder Hammelfleisch
kommt, dann abermals Kraut, und so fort, bis die Schüssel ziemlich voll ist.
Die oberste Krautlage bedeckt man mit Speckscheiben, stellt die Schüssel in einen
mäßig heißen Ofen und läßt das Ganze ¼ Stunde backen, bis der Speck hell=
braun geworden ist, wonach man den Krautkuchen auf eine Schüssel stürzt, etwas
kräftige braune Brühe rund herum gießt und ihn zu Tische bringt.

2002. Löwenzahn=Gemüse, englisch (Dandelion).

Man reinigt und
wäscht eine gleich große Menge Löwenzahn und Sauerampfer=Blätter, siedet aber
zuerst den Löwenzahn in kochendem Wasser beinahe weich, bevor man den Sauer=
ampfer hinzu thut und ebenfalls blanchirt. Wenn beide Gemüse weich sind,
dann zerdrückt man sie zu Brei, verrührt denselben mit einem Stück Butter, nebst
etwas Pfeffer und Salz, kocht ihn noch einmal auf und giebt ihn mit hartge=
kochten oder verlorenen Eiern zu Kalbscoteletten ꝛc. zu Tische.

2003. Macedoines von Früchten in Gelee.

Man grabt eine gewöhnliche
Geleeform oder noch besser eine ziemlich hohe Kuppelform in gestoßenes Eis ein.
In diese Form sollte eine zweite etwas kleinere Form eingehängt werden können,
deren innerer Raum ebenfalls mit gestoßenem Eis gefüllt wird. Man füllt
nun mit vorher bereiteter Ananas=, Citronen= oder Weingelee die größere in das
Eis eingegrabene Form und läßt es gehörig erkalten und fest werden; hierauf
nimmt man das Eis aus der innen eingehängten kleineren Form, füllt sie schnell
mit warmem Wasser an und hebt sie heraus. Der innere, dadurch leer gewordene
Raum wird nun entweder mit auserlesenen frischen Garten=Erdbeeren, weißen

und rothen Himbeeren, weißen und rothen Johannisbeeren kranzförmig belegt und diese Beerenlage jedesmal mit Gelee übergossen, das man vor dem Ein= legen einer neuen Lage erstarren läßt, oder man ordnet Aprikosen, Pfirsiche, blaue und rothe Pflaumen, Birnen, Aepfel, Kirschen, kleine Weintrauben, Orangen= scheiben nebst allerhand eingelegten Früchten, in schönem Farbenwechsel mit da. zwischen eingegossenen Lagen von durchsichtigen Gelees. Die oberste Schicht wird von der Gelee gebildet, die Form mit einem Deckel belegt, auf den man ebenfalls gestoßenes Eis thut, worauf man die Form mehrere Stunden lang so stehen läßt, dann rasch in warmes Wasser taucht, abwischt und auf eine Schale oder Platte ausstürzt.

2004. Fleisch=Wandel, österreichisch. 1 Pfund Rindslende, 1 Pfund Kalbfleisch und 1 Pfund Schinken werden feingehackt oder in Würfel geschnitten, mit 3 Eiern, ¼ Pfund Butter, 2 Eßlöffel voll gehackter Petersilie, Salz und Pfeffer vermischt in eine butterbestrichene Wandel (Reißform) gefüllt und lang= sam bei gelinder Hitze 1½ Stunden gebacken, um sie zu Gemüsen verschiedener Art aufzutragen.

2005. Fleisch=Pfanzel, österreichisch. 3 Unzen abgeschälte Semmel werden in Scheiben geschnitten, mit Milch übergossen und nach etwa 10 Minuten leicht ausgedrückt, auf dem Feuer zu einem trocknen Brei abgerührt und einstweilen beiseite gestellt. Hierauf reibt man 3 Unzen Butter zu Schaum, mischt nach und nach 3 ganze Eier und ½—¾ Pfund feingehacktes Fleisch, sei es nun von Rindfleisch, Kalbsbraten oder Wildpret, oder mehreren dieser Fleischsorten unter= einander, thut Salz, eine Prise weißen Pfeffer und Muskatnuß, sowie den Semmelbrei hinzu, schüttet die Masse in eine mit Butter ausgestrichene flache Pfanne oder eine viereckige flache Form, streicht die Oberfläche glatt, stellt das Pfanzel in eine sehr gelind erwärmte Ofenröhre und backt es langsam gut durch, stürzt es aus und schneidet es in zolllange Stücke oder Würfel und läßt es 2—3 Minuten in der siedenden Bouillon aufkochen.

2006. Mais=Fritters (Mock Oysters). Zu ½ Quart jungen grünen, von den Kolben abgeriebenen und dadurch zerquetschten Maiskörnern mischt man 3 Eßlöffel Milch, eine Obertasse Mehl, ein nußgroßes Stück Butter, ein Ei, 1 Theelöffel voll Salz, etwas Pfeffer, mengt alles gut durcheinander und legt die Masse theelöffelweise in heiße Butter oder kochendes gutes Fett ein, um sie auf beiden Seiten goldbraun zu backen und dann sofort heiß zum Thee oder Lunch zu serviren. Diese Fritters ähneln im Aussehen und Geschmack den ge= backenen Austern und werden deßhalb Mock Oysters genannt.

2007. Minestra, italienisch. ½ Pfund Reis wird mit heißem Wasser einmal gebrüht und sobald es auf einem Siebe völlig abgetropft ist, in 2 Quart Fleischbrühe ziemlich rasch dick ausgequellt, wobei jedoch jedes Reiskorn ganz bleiben muß. Unterdessen hat man gelbe und weiße Rüben würflig geschnitten, Kraut= und Lattichblätter nudelartig fein geschnitten und in etwas Butter und Fleischbrühe weich gedünstet, ebenso einige Geflügellebern und Magen gekocht und klein geschnitten, was man sämmtlich mit dem Reis vermischt und zusammen in einer Schüssel anrichtet.

2008. Reis a la Jackson. Nachdem ¾ Pfund vom besten Reis einige Stunden in öfters gewechseltem Wasser geweicht und tüchtig gewaschen ist, wird er blanchirt, mit frischem Wasser abgekühlt und auf ein Sieb zum Abtropfen geschüttet. Man quellt ihn dann in ¼ Quart Wein und ebensoviel Wasser, worin man ¾ Pfund Zucker mit der abgeriebenen Schale und dem Saft einer Citrone aufgelöst hat, langsam weich und kernig aus und läßt ihn in einer Schüssel auskühlen. Von ¼ Quart Wein, 4 Eiern, ¼ Pfund Zucker und dem Safte einer Citrone nebst einem Theelöffel voll Kartoffelmehl wird über dem Feuer oder in einem Gefäß mit kochendem Wasser ein dickschaumiger Chaudeau ge-schlagen, mit ½ Unze aufgelöste Gelatine vermischt und bei Seite gestellt. Dann gräbt man eine passende Form in kleingeschlagenes Eis ein, füllt zuerst eine Schicht von dem ausgekühlten Reis, dann eine solche von ausgekernten, stark ge-zuckerten Orangescheiben hinein, gießt einen Theil von dem Chaudeau darüber und fährt mit dem Einlegen dieser abwechselnden Schichten fort, bis die Form ganz voll ist, läßt dieselbe einige Stunden in Eis stehen, stürzt sie auf eine Schüssel und verziert diese sehr angenehm schmeckende Speise mit frischen oder candirten Orangescheiben.

2009. Pillaw. Man blanchirt ½ Pfund Reis, schüttet ihn in einen Topf oder Casserole, so daß er sich in dessen Mitte aufhäufelt, dann gießt man behutsam am Rande des Topfes 1 Quart Wasser zu, ohne daß die Reiskörner aus ihrer Lage kommen, deckt den Topf zu und setzt ihn an ein mäßiges Feuer. Bevor das Wasser völlig verdunstet ist, rückt man den Topf an eine vom Feuer entferntere Stelle und läßt alle Feuchtigkeit langsam verdampfen. Unterdessen verschmelzt man ¼ Pfund frische Butter, übergießt den Reis damit, bedeckt den Topf und stellt ihn noch 8 Minuten an eine mäßig warme Stelle, wonach man den Reis mit einem Löffel von beiden Seiten nach der Mitte aufschichtet, wieder zudeckt und das Durchrühren nach einigen Minuten wiederholt, bevor man den Pillaw zu Tische giebt. Man kann denselben nach Belieben auf der Oberfläche mit Safran gelb, oder mit Spinatgrün grün färben und mit Hammelfleisch, Hühnern, gebratenen Wachteln oder Fischen garniren, auch mit einer Tomatoe-sauce schmeckt er vorzüglich.

2010. Oxford Dumplings. 1 Pfund Rindsnierenfett wird, nachdem alles Häutige gut daraus entfernt, klein gehackt, dann mit 8 Kochlöffeln voll Mehl, 2 Kaffeelöffel Salz, ½ Unze gestoßenem Ingwer, 1 Pfund verlesenen und gewaschenen Corinthen, 4 Eiern und einer halben Quart Milch vermischt. Dann verarbeitet man es zu einem leichten Teig, aus dem man flach gedrückte Kugeln formt, die man ¼ Stunde lang in siedendem Wasser kochen läßt und mit einer Rumsauce servirt.

2011. Gnocci, italienisch. In ¼ Quart siedendes Wasser giebt man 1 Unze Butter, etwas Salz und Pfeffer und arbeitet 5 Unzen Mehl nebst zwei Unzen geriebenem Parmesankäse hinein; verrührt es so lange, bis sich die Masse von der Casserole loslöst, läßt sie verkühlen, vermischt sie mit 3—4 Eier, formt sie zu kleinen Klöschen und kocht dieselben in siedender Milch. Hierauf bereitet man eine Bachamel (s. Rahmsauce). In eine Form legt man eine Lage der Gnocci oder Klöschen, überstreut sie mit geriebenem Parmesankäse und übergießt sie mit einer dicken Lage Sauce, dann kommen abermals Klöschen, Käse und Sauce, bis die Form oder Schüssel gefüllt ist. Oben darauf streut man eine dicke Lage Parmesankäse, läßt die Gnocci im Ofen backen, bis sich eine braune Kruste darauf gebildet hat und giebt sie zu Tisch.

2012. Fürsten-Koch. 3 Unzen gestoßenes Bisquit und 3 Unzen ge-stoßene Makronen werden mit ¾ Quart Rahm über dem Feuer zu einem steifen Teige verrührt, den man in einer Schüssel auskühlen läßt, dann mit 8 Eidottern und dem Schnee von 6 Eiweiß vermischt und in einer gebutterten und gezuckerten Form langsam bei mäßiger Hitze backt, auf eine Schüssel stürzt und mit einer Rothweinsauce servirt.

2013. Weihnachtskuchen (Christmas Cake). 1 Pfund Butter wird zu Schaum geschlagen und dann mit 3 Eiern, 2 Pfund Mehl, 1 Pfund ausge-kernten Rosinen, 1 Pfund Zucker, ½ Quart Milch und 5 Theelöffel voll Baking powder vermischt, der Teig in eine butterbestrichene Form gethan und zwei Stunden lang gebacken.

2014. Yankee Cake. Man rührt ½ Pfund Butter zu Schaum, fügt allmählig 3 Eier, 3½ Unzen Zucker, etwas Salz, Muskatnuß und einen Thee-löffel voll doppeltkohlensaures Natron, (Natron bicarbonicum) in einer Tasse Milch aufgelöst, hinzu, mischt Alles tüchtig untereinander und rührt soviel feines Mehl darunter, daß man einen steifen Teig erhält, den man einige Minuten über dem Feuer schlägt, dann in eine gebutterte Form füllt und drei Viertelstunden in einem heißen Ofen backt.

2015. Madeira Buns. ½ Pfund feines Mehl, ¼ Pfund frische Butter, 3 Unzen gestoßener Zucker, die abgeriebene Schale einer halben Citrone, ein Theelöffel voll gestoßener Ingwer, ½ Unze gestoßener Kümmel, etwas Salz und Muskatnuß, 2 zerschlagene Eier und ein halbes Glas Madeira, werden zu einem leichten Teige verarbeitet und dieser in gebutterten Tortenförmchen eine Viertelstunde bei ziemlicher Hitze gebacken.

2016. Barn break, irländisches. 2 Pfund Weizenmehl rührt man mit 1 Quart warmer Milch und 1 Unze aufgelöster Hefe nebst etwas Salz, zwei Unzen Kümmel, 6 Unzen Zucker, 4 Eiern und ¼ Pfund Butter zu einem steifen Teig, der ½ Stunde lang tüchtig durchgeknetet wird, dann formt man runde Kuchen daraus und backt sie bei mäßiger Hitze.

2017. Bath Cakes. 1 Pfund Mehl wird mit ½ Pfund Butter, drei Viertelunze Hefe und ¼ Quart warmen Rahm zu einem leichten Teige gerührt, den man nach dem Aufgehen mit 5 Unzen gestoßenem Kümmel durchknetet.

Dann formt man kleine Kuchen daraus, bestreut sie mit Kümmel, backt sie auf einem Blech und giebt sie heiß zum Frühstück.

2018. Kleine Oswego-Kuchen. ¼ Pfund Butter wird zu Schaum ge= rührt und mit ¼ Pfund feinem Zucker, 6 Unzen Oswegostärke, 1 Eßlöffel voll Rahm, 3 geschlagenen Eiern und Vanille= oder Citronen-Essenz vermischt. Eine Viertelstunde rührt man die Masse nach einer Seite hin oder schlägt sie mit dem Schneebesen, füllt sie in gebutterte Formen und backt die Kuchen zehn Minuten in mäßiger Wärme.

2019. Oswego. Dies besteht aus fein pulverisirter Maisstärke, die zu Mehlspeisen, Kuchen u. s. w. verwendet wird.

2020. Welsh rabbit or Rarebit. Man schneidet ungefähr ½ Pfd. weichen Gloucerstekäse in dünne Scheiben, verrührt dann 2 Unzen frische, etwas erwärmte Butter mit einem Theelöffel voll Senf und einer Prise Cayenne= pfeffer zu einer schaumigen Masse, röstet von der Rinde befreite Weißbrodschnitten, bestreicht sie mit gewöhnlicher frischer Butter, legt die Hälfte der Käsescheiben darauf, breitet darüber eine Schicht von der gewürzten Butter und fügt zuletzt den übrigen Käse und den Rest der Butter hinzu. Nun legt man die Brod= schnitten in eine eiserne Pfanne, stellt dieselbe in einen mäßig heißen Ofen und läßt sie solange darin, bis der Käse zerschmolzen ist, um die Schnitte sehr heiß zu serviren. Größtentheils läßt man den Käse vorher schmelzen indem man ¼ Pfund zerschnittenen Käse nebst einem Theelöffel Senf, einer halben Tasse Milch, Bier oder Wein und etwas Salz über dem Feuer zu einer halbflüssigen, glatten Masse vermischt, dann streicht man ihn auf das frischgeröstete und ge= butterte Brod.

2021. Golden Buck. Wird wie vorstehendes Recept für Welsh rabbit bereitet, nur legt man 2 poachirte Eier beim Anrichten über denselben.

2022. Wasser-Strübli, Schweizer. 1 Pfund Mehl vermischt man mit 1 Theelöffel Salz, rührt es mit kalter Milch und 3 Eiern zu einem dickflüssigen Teig an und läßt denselben durch einen Trichter, den man im Kreise herum= schwenkt, in eine breite Casserole mit siedendem Wasser laufen. Wenn die Strübli obenauf schwimmen, hebt man sie mit dem Schaumlöffel heraus und fährt damit fort, bis der Teig verbraucht ist. Dann macht man in einer Ome= lettenpfanne etwas Butter heiß, legt die Strübli hinein, backt sie dunkelgelb und bestreut sie beim Anrichten mit in Butter geröstetem, geriebenem Brod.

2023. Toddy, amerikanischer. Eine Mischung von Rum, Zucker, ge= riebener Muskatnuß und kochendem Wasser. Feineren Toddy macht man auf folgende Art: Von 2 großen Citronen schält man die gelbe Schale sehr dünn ab, läßt sie nebst ½ Pfund gestoßenem Zucker und ¼ Quart Wasser gut zugedeckt so lange ziehen, bis der Geschmack der Citronenschale sich dem Wasser mitgetheilt hat, nimmt die Schale heraus, fügt eine Ananasscheibe, oder einen Pfirsich, einige schöne reife Erdbeeren und dergleichen, hierauf ½ Quart besten Rum und etwas klein geschlagenes Eis hinzu und servirt den gehörig durcheinander geschüttelten Toddy. Zu heißem Toddy nimmt man kein Eis, sondern kochendes Wasser.

2024. Usquebagh, irländisch. Man nimmt 2 Quart besten Brandy, 1 Pfund ausgesteinte Rosinen, ¼ Unze geriebene Muskatnuß, ¼ Unze gestoßene Nelken, ¼ Unze Cardamomen, die auf Zucker abgeriebene Schale einer bitteren Pomeranze, ½ Pfund braunen Candiszucker und ein wenig Safrantinctur, mischt dies alles mit einander und läßt es 14 Tage unter täglichem Umschütteln digeriren, filtrirt es dann und zieht es auf Flaschen.

2025. Tom and Jerry. Eine Art Eierpunsch. Man schlägt vier Eier mit 6 gehäuften Eßlöffeln voll Zucker zu Schaum, gießt 6 Weingläser feinen Rum und ⅛ Quart siedendes Wasser allmählich hinzu, vermischt alles gut durch hin= und herschütteln in 2 Gefäßen und servirt den Punsch in Gläsern, wobei man auf die Oberfläche jedes Glases etwas Muskatnuß reibt.

2026. Syllabub. In einem großen Porzellantopf oder einer Terrine vermischt man ⅛ Quart fetten süßen Rahm, ¼ Quart guten Rhein= oder Ungar= wein, 4—5 Unzen gestoßenen Zucker, die auf Zucker abgeriebene Schale von einer Citrone und den Saft derselben, läßt die Mischung auf Eis recht kalt werden und schlägt sie mit der Schneeruthe zu dickem Schaum, den man in Gläsern oder Bechern zum Dessert oder nach dem Kaffee servirt.

2027. Syllabub, rother. Man reibt die Schalen von 2 Citronen auf ½ Pfund Zucker ab, schlägt den Zucker klein und löst ihn in 1 Quart süßem Rahm auf. Sobald dies geschehen, mischt man drei Viertelquart Rothwein und den Saft der Citronen damit, stellt alles 1 Stunde auf Eis und schlägt es zu Schaum.

2028. Sprossenbier (Spruce Beer). Spruce= oder Sprossenbier wird bereitet, indem man Wasser mit Zucker oder braunem Zuckersyrup gekocht, mit Spruceessenz, d. h. einer concentrirten Abkochung von jungen Tannen= oder Fichtensprossen, würzt oder auch mit frischen Sprossen einmal aufkochen läßt und mit etwas beigefügter Hefe zur Gährung bringt. Man kocht 16 Pfund braunen Syrup in 36 Quart Wasser auf, seiht die Flüssigkeit durch, füllt sie in ein Faß, fügt noch 36 Quart kaltes Wasser und 6—8 Löffel Spruceessenz bei, verrührt alles mit ¼ Quart guter Bierhefe, läßt es 1—2 Tage an einem warmen Orte gähren, verspundet das Faß läßt es einige Tage ruhig stehen und füllt das Bier dann auf Flaschen um es nach 8—14 Tagen zu benutzen. Bisweilen würzt man das Bier noch mit einer Abkochung von Ingwer, Piement und Hopfen und nimmt auf obige Quantität, dann eine kleine Tasse voll gestoßenem Ingwer, einen Theelöffel voll Piment und 3 Unzen Hopfen, den man in ein wenig Wasser einmal aufkocht und das durchgeseihte Wasser vor der Gährung zu dem Bier schüttet.

2029. Whisky Cordial. Man legt die dünn abgeschälte gelbe Schale einer Citrone nebst ¼ Quart recht reifer und ganz wenig zerquetschen, weißer

Johannisbeeren und einem kleinen Stück Ingwer in einen Steintopf, gießt ein Quart Whisky darüber, stellt den Topf fest zugedeckt 24 Stunden an einen warmen Ort, filtrirt den Branntwein, versüßt ihn mit ¼ Pfund geläutertem Zucker, filtrirt ihn nochmals und füllt ihn auf Flaschen.

2030. Cocktail. Eine Art kalter Grog, welchen man aus Brandy, Bitter-Liqueur, Eis und Zucker zusammensetzt; zuweilen wird statt des Bitteren auch Pfeffermünz-Liqueur genommen. Man hat Brandy-Cocktail, Whisky-Cocktail, Gin-Cocktail u. s. w., je nachdem man zu einem Glase dieses Getränkes Cognac oder anderen Branntwein nimmt. Das Verfahren ist folgendes: Man thut in ein Glas etwa 2—3 Eßlöffel Bitterliqueur, 2—3 Eßlöffel klargekochten Zuckersyrup, 1 Weinglas Cognac, Gin oder Whisky und ein Stück dünn abgeschälte Citronenschale, füllt das Glas zu einem Drittel mit gestoßenem Eis, schüttet das Getränk einigemale hin und her, seiht es durch und gießt es in ein großes Weinglas. Statt Bitterliqueur kann man guten Pomeranzenliqueur oder Magenbitter nehmen.

2031. Sherry Cobler. Ein großer Glaspokal wird mit gestoßenem Eis gefüllt, worauf man 2 Weingläser voll Sherry, einen Eßlöffel gestoßenen Zucker und Orangenschnitze hinein thut, das Getränk in zwei mit der Oeffnung aufeinander gesetzten Gläsern tüchtig hin- und herschüttelt, mit ein wenig Portwein abschreckt und obendrauf mit frischen Erd- oder Himbeeren belegt. Bisweilen thut man auch eine in Stückchen geschnittene Orange, Ananassaft oder einen Löffel Curacao hinzu und läßt dann die frischen Beeren weg, genießt es dann durch einen Strohhalm oder ein Glasröhrchen.

2032. Bread Panada. Getränk für fieberfreie schwache Kranke. ½—¾ Quart Wasser mit 1 Weinglas voll Sherry, etwas Zucker, geriebener Muskatnuß und Citronenschale wird zum kochen gebracht; in dem Augenblick, wo es zum sieden kommt, thue man eine knappe Obertasse geriebenes Weißbrod hinzu und gebe es so dem Kranken.

2033. Ginger Pop. In 3 Quart siedendes Wasser schüttet man ein Pfund Zucker, 1 Unze gemahlenen oder gestoßenen Ingwer, 1 Unze Cremor tartari. Wenn das Wasser beinahe erkaltet ist, giebt man noch einen Löffel Hefe dazu, seiht es durch, zieht es auf Flaschen, bindet den Kork fest und kann das Getränk dann nach 6—8 Stunden gebrauchen.

2034. Meth (Mead). 50 Quart Wasser werden mit 6 Eiweiß und 20 Pfund Honig vermischt, eine Stunde langsam zusammen gekocht und mit einem Zweige Rosmarin, ein wenig Macis, Ingwer, Zimmt und Nelken gewürzt; nachdem die Flüssigkeit abgekühlt ist, thut man einige Löffel frische Hefe hinein, schüttet den Meth während des Gährens in ein Faß, verschließt dasselbe nach Beendigung des Gährens und läßt es 6—8 Monate in einem trockenen Keller lagern, worauf man das Getränk in Flaschen füllt. Ebenso braut man Meth ohne allen Zusatz von Gewürzen, welcher Vielen ungleich schmackhafter erscheint.

2035. Mint Julep. In einen großen Glaspokal thut man einen Zweig frisches Pfefferminzkraut, einen gehäuften Theelöffel voll gestoßenen Zucker, die Schale und den Saft einer Citrone, ein Glas Genever und 1 Glas Sherry, füllt den Pokal mit gestoßenem Eise an und schüttet die Mischung rasch einigemal von einem Glas in ein anderes, um die Bestandtheile gehörig untereinander zu mengen, worauf man den Julep durch ein Röhrchen trinkt. Häufig fügt man auch ein wenig Ananasfaft hinzu oder reibt das Glas mit einem Stück Ananas, falls man dies bei der Hand hat.

2036. Nectar, englische Art. 2 Pfund ausgekernte, kleingeschnittene Rosinen und 4 Pfund Zucker werden mit 9 Quart siedendem Wasser übergossen und so lange umgerührt, bis das Wasser abgekühlt ist; hierauf fügt man zwei in Scheiben geschnittene Citronen, 1½—2 Quart Rum oder feinen Cognac hinzu, deckt das Gefäß fest zu, läßt das Getränk unter häufigem Umschütteln 6—7 Tage stehen, preßt es durch ein Tuch, stellt es nochmals eine Woche lang an einen kühlen Ort zum Abklären und füllt es auf Flaschen.

2037. Nectarpunsch, amerikanisch, zum Aufbewahren. Man legt die dünn abgeschälte Schale von 15 Citronen 48 Stunden lang in drei Viertelquart feinen Rum. Nach Verlauf dieser Zeit seiht man den Rum durch, fügt 2 Quart kaltes Wasser, noch 3 Quart Rum, den Saft der sämmtlichen Citronen, eine geriebene Muskatnuß und 2½ Quart kochende Milch hinzu, läßt alles 24 Stunden lang fest zugedeckt stehen, versüßt schließlich den Punsch mit 3 Pfund feinem Zucker, rührt fleißig um, bis der Zucker aufgelöst ist, seiht das Getränk mehrmals durch einen Flanellbeutel und füllt es, sobald es ganz klar ist, auf Flaschen, um den Punsch nach Bedarf zu gebrauchen.

2038. Negus. Man bereitet denselben gewöhnlich aus Portwein und nimmt dazu ebensoviel Wasser als Wein, ½ Quart Portwein und 1 Quart heißes Wasser oder auch, was wohl üblicher sein mag, ebensoviel Wasser als Wein. Auf ½ Quart Portwein rechnet man mindestens 3 Unzen Zucker, den vierten Theil einer Muskatnuß, die Schale einer halben Citrone oder Orange und ½ Quart kochendes Wasser, seiht es durch und gießt es in starke Gläser, die man vorher durch den Dampf des Getränkes erwärmt hat.

2039. Ching-Ching. Dieses Getränk besteht aus einem Gemisch von ¼ Quart Pfefferminzwasser, ¼ Quart Rum, 3—4 Tropfen Nelkenessenz, was mit einer in Scheiben geschnittenen Orange, einen Eßlöffel voll Zucker und zwei Eßlöffel voll gestoßenem Eis in einen großen Glasbecher gut umgerührt und durch einen Strohhalm getrunken wird.

2040. United Service Punch. In 1½ Quart heißem starken Thee löst man 1 Pfund Zucker auf und fügt den Saft von 6 Citronen, ½ Quart Arrak und ½ Quart Portwein hinzu.

2041. Brandy mixture für Kranke. Man quillt in einem Porzellantopf ¼ Quart Brandy oder feinen Rum mit ¼ Quart Zimmtwasser, 2 Eidottern und ½ Unze gestoßenem Zucker gut durch einander und giebt Kranken bei Fällen von besonderer Schwäche und Erschöpfung alle Viertelstunde einen Eßlöffel voll davon.

2042. Bread-berry, englischer. Getränk für Kranke bei Fieber und Unterleibsleiden. Man schneidet dünne Weißbrodscheiben in einen Porzellan= topf, gießt kochendes Wasser darüber und würzt das Getränk, welches man zuge= deckt eine Stunde stehen läßt, mit etwas braunem Zucker und einem Löffel voll Zimmtwasser.

Illustrationen und illustrirte Recepte für Garnituren.—Illustrations and illustrated Prescriptions of Garnitures.

2038. Hühnercroquetten (Chicken-croquettes).

Siehe No. 123.

2039. Gefüllte Champignons (Stuffed Mushrooms au gratin).

Siehe No. 172.

2040. Bundgemüse. Chartreuse von Enten, Fasanen u. dgl.

Siehe No. 215.

2041. Hummer-Salat (Lobster Salad).

Siehe No. 296.

2042. Aal und Karpfen en matelote (Eel and Carp en matelote).

Siehe No. 406.

2043. Forellen in Gelee (Trout in Jelly).
Siehe No. 971.

2044. Forellen gebacken (Fried Trouts).

Siehe No. 441.

2045. Steinbutte (Turbot).

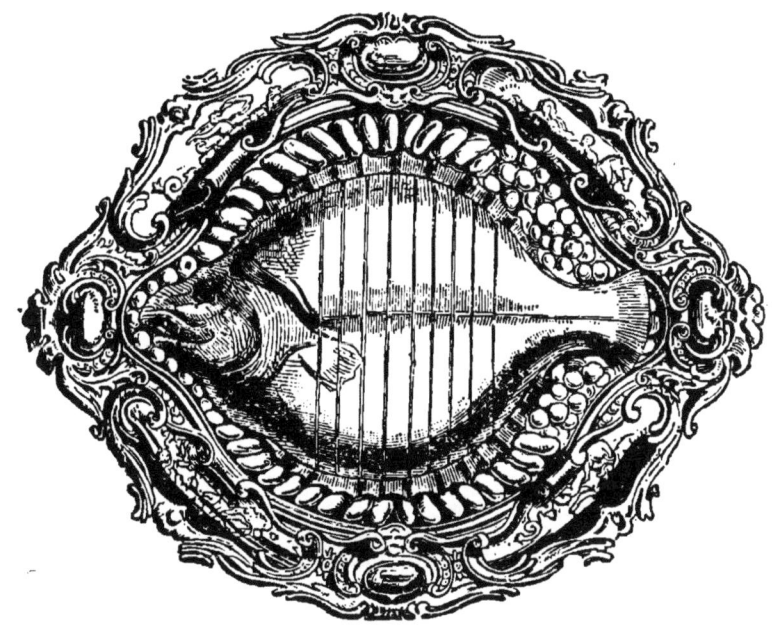

Siehe No. 457.

2046. Lachs (Salmon à la Richelieu). Ein Lachs mittlerer Größe wird gut gereinigt, dann in zweizöllige Scheiben geschnitten, diese in eine

Terrine gelegt, gesalzen, mit Citronenscheiben, Petersilie, in Scheiben geschnitte-nen Zwiebeln gewürzt, mit etwas feinem Oel übergossen und so einige Stunden

marinirt. Eine halbe Stunde vor dem Anrichten werden die Scheiben auf einen ſehr heiß gemachten, mit Oel beſtrichenen Roſt gelegt und auf beiden Seiten grillirt. Von Zeit zu Zeit werden dieſe Stücke mit ihrer eigenen Mari= nade mit einem Pinſel beſtrichen. Der Lachs wird dann wieder in ſeiner natür= lichen Geſtalt, Stück an Stück, auf einer paſſenden Schüſſel angerichtet, ſchön glaſirt und außen herum mit Muſcheln, welche mit einem Salpicon von Rutten= lebern, Champignons und Trüffeln gefüllt ſind, garnirt. Eine Trüffelſauce wird extra mitſervirt.

2047. Salm, Hecht oder Karpfen a la Chambord (Salmon, Pike or Carp à la Chambord). Die Fiſche werden nach Nr. 415 zubereitet. Die Garnitur beſteht aus ganzen Krebſen, geſpickten und ſchön glaſirten Kalbs= milchnern, mit Trüffeln dekorirten Geflügel= oder Fiſchklößchen, abgeſchälten

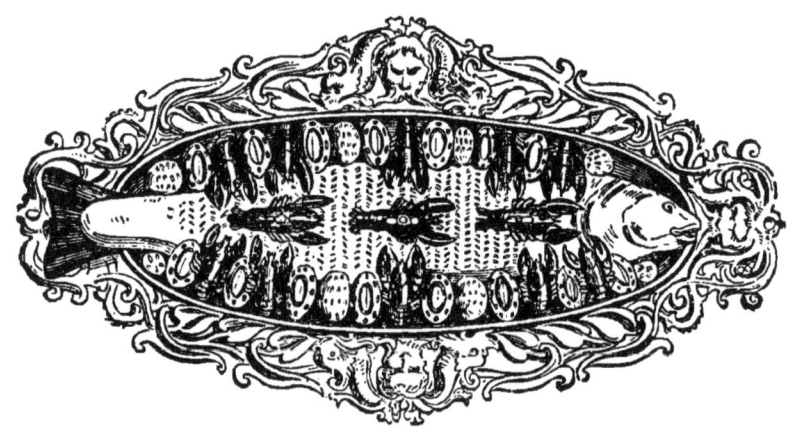

ganzen, in Bordeaux=Wein abgekochten Trüffeln, auf jeder Seite ungefähr von jeder Sorte 5—6 Stück, in ſchönſter Ordnung herum und darüber gelegt und nachdem das Ganze nochmals ſchön glaſirt iſt, wird dieſes ſchöne Schauſtück zur Tafel gegeben.

2048. Vaſe mit verſchiedenen Blumen aus Gefrorenem (Vase with different kind of Flowers of Ice Cream). Die mit Vanille und Choko= lade=Gefrorenem marmorirt eingefüllte Vaſe wird genau zugemacht, in naß= gemachtes Papier eingehüllt und 3 Stunden in feingeſtoßenes, gut geſalzenes Eis gegraben. Die Blumen beſtehen aus Lilien, weißen und rothen Roſen,

Narziſſen, Tulpen u. dergl., werden ebenfalls eingehäuft, eine Stunde in's Eis gegraben und das Gefrorene wie angegeben beendet.

2049. Schwan aus Vanille-Gefrorenem (Swan of Vanilla Ice

Cream). Die Form wird mit Vanille-Gefrorenem gefüllt und 3 Stunden in Eis gegraben. Ferner werden 12—14 kleine Schwanenförmchen mit Marasquino oder Citronen-Gefrorenem gefüllt und ebenso eine Stunde in gestoßenes Eis gegraben. Vor dem Gebrauche wird eine ovale, passende Schüssel auf Eis erkaltet, der große Schwan aus dem Eis genommen, in lauwarmes Wasser getaucht, die Form behutsam, damit nichts an dem Halse geschieht, geöffnet, der Schwan herausgenommen, in die erkaltete Platte gestürzt, der Schnabel und die Augen leicht gemalt und die kleinen Schwänchen herumgesetzt.

2050. **Aufgesetzte Meringuen** (Meringues montés). Man bereitet von 20 Eiweiß und 2¼ Pfund Staubzucker eine gute Meringue-Masse, aus welcher

runde Ringe auf weißem Papier durch eine Spritze in der Weise dressirt werden, daß immer ein Ring kleiner als der andere ist, so daß der letzte die Größe eines Weinglases hat. Die Ringe werden mit feinem Staubzucker nochmals bestreut und in einem ausgekühlten Ofen auf Backblechen in der Art gebacken, daß sie sehr spröde sind und eine blaßgelbe Farbe haben. Nun werden sie über eine Platte aus hartem Zuckerteig übereinander mit Meringue-Masse bestrichen, pyramidenartig aufgesetzt und an einen trockenen Ort gestellt. Zu gleicher Zeit hat man aus derselben Masse runde Meringuen über ein mit Butter bestrichenes Blech dressirt, welche nach der Größe der Ringe nach oben hin immer kleiner werden. Diese werden mit grünen Pistazien besteckt und beinahe ganz weiß recht spröde gebacken. Sie werden sodann mit Meringue-Masse bestrichen, eins an das andere an die Ringe, nach beigegebener Zeichnung, angesetzt, und bis sie wieder fest angetrocknet sind, in den Wärmofen gestellt. Dieses Stück wird bei besonderen Gelegenheiten über eine Schale oder sonst passenden Sockel nach der Zeichnung aufgestellt, oben darauf mit einem Pompon aus gesponnenem Zucker besteckt. Nachdem der Sockel noch mit Meringuen, welche mit Vanille-Schlagrahm gefüllt sind, garnirt ist, wird dieses schöne Tafelstück aufgesetzt.

2051. Neapolitanisches Gateau. Man bereitet aus 1¼ Pfund sehr frischer Butter, 1¼ Pfund gestoßenem Zucker mit dem abgeriebenen Gelben einer Citrone, 8 ganzen Eiern und 8 Eigelb, welche nach und nach dazu geschlagen und ½ Stunde recht schaumig gerührt werden, eine Genoise-Masse. Ist dieselbe so weit, so werden ¾ Pfund fein gesiebtes Mehl und ¼ Pfund Kartoffelmehl dazu gegeben und mit der geklärten, warmen Butter, die nach und nach dazu gegossen wird, genau unter die Masse gerührt, daß daraus ein zarter, feiner Teig entsteht, unter welchen noch der festgeschlagene Schnee von 12 Eiweiß langsam gerührt wird. Aus dieser Masse werden nun über reine Backbleche runde, messerrückendicke Ringe aufgestrichen, welche im Durchmesser 6 Finger breit und 2 Finger schmal sind, sie werden blaßgelb gebacken, vom Bleche gelöst und wenn sie kalt sind, mit Aprikosen-Marmelade bestrichen, übereinander gesetzt und außen herum mit einem scharfen Messer ganz egal und rein zugeschnitten. Dieses Gateau wird nun außen herum ganz dünn mit aufgelöster, recht heller Aprikosen-Marmelade bestrichen und dann mit ganz weiß gebackenem Butterteig, zu welchem die Abfälle verwendet werden, garnirt und in die Vertiefungen recht helles Johannisbeergelee gespritzt. Dieses Gateau wird dann über einen Sockel, welcher aus hartem Zuckerteig bereitet und mit rosa Hagelzucker bestreut ist, aufgestellt, innen wird Schlagrahm mit Erdbeeren garnirt gefüllt, dann ein schön gesponnener Pompon oder Sultane nach der beigefügten Zeichnung darüber gesetzt. Nachdem das Gateau noch mit kleinen gestürzten Krapfen und der Sockel mit glasirten Chocolade-Bisquits garnirt ist, wird dieses Stück zu Tische gebracht. Die obere Verzierung um das Gateau ist mit Spritzglasur (Glace royal) ausgeführt. Ein anderer vorzüglicher Teig zu diesem Gateau, welcher viel angewandt wird, ist folgender: Mit 2 Pfund Mehl, 1½ Pfund Butter, 1 Pfund Zucker, 1 Pfund Mandeln, 12 Eigelben, 2 ganzen Eiern, etwas süßem Rahm, der abgeriebenen Schale von 2 Citronen und 1 Orange, 1 Messerspitze Salz wird ein Teig gemacht. Die abgezogenen Mandeln müssen mit 4 Eigelb gestoßen sein, werden dann durch ein Sieb passirt. Das Mehl wird mit einer

Vertiefung in der Mitte auf ein Nudelbrett, wenn eine Marmorplatte vorhanden, auf diese aufgehäuft. In diese Vertiefung giebt man nun die Butter, Zucker, Mandeln, Eier, Rahm, Citronenschalen und das Salz. Nun wird alles rasch mittelst der Hand untereinander gemengt zu einem zarten Teig; man läßt diesen einige Stunden auf Eis erkalten. Die Ringe werden nun, wie oben beschrieben, hergestellt und ganz blaßgelb gebacken und nach der Abnahme vom Blech mit einem leichten Gewichte beschwert. Im Uebrigen wird ganz nach Obigem verfahren.

2052. Vase von hartem Zuckerteig mit Meringuen gefüllt (Vase of hard Sugar paste stuffed with Meringues). Hierzu wählt man eine kupferne Form nach beigegebener Zeichnung; sie wird mit Butter ausgestrichen und mit hartem Zuckerteig ausgedrückt, dann mit einer Nadel überall durchstochen, mit trocknen Erbsen gefüllt, über ein Backblech gestellt und langsam gebacken. Wenn die Vase gut gebacken und kalt geworden ist, werden die Erbsen

herausgenommen, beide Theile mit Tragantkitt verbunden und durch die ganze Vase ein Hölzchen zur Sicherheit angebracht; über diese wird eine runde Platte aus demselben Teig federkieldick ausgerollt, ¼ Zoll größer als der Durchmesser der Vase beträgt, rund geschnitten, blaß gebacken und mit Tragantkitt über die Vase befestigt. Wenn alles gut trocken ist, wird die Vase mit weißer, dünner

Glace royal bestrichen, mit blaßrothem Hagelzucker bestreut und langsam ge=
trocknet; unterdessen bereitet man im Verhältniß zu der Vase einen stufenartigen
Sockel aus hartem Zuckerteig, welcher aber weiß glasirt und mit weißem Hagel=
zucker bestreut wird.   Dieser Sockel wird mit Tragantkitt über eine passende,
flache Schüssel befestigt und de Vase unten mit Kitt bestrichen, darüber aufge=
stellt.   Unten herum werden kleine Törtchen von Haselnuß=Bisquit=Masse, mit
Aprikosen=Marmelade gefüllt und mit Orangenguß glasirt, welche noch mit
eingemachten Früchten schön garnirt sind, gelegt.   Die zweite Bäckerei sind kleine
Nougats, mit Schlagrahm und Erdbeeren gefüllt, die dritte aber besteht aus
Herzoginnenbrödchen.   Ueber die Vase werden kleine, rund dressirte mit feinge=
schnittenen Pistazien bestreute, ganz weiß gebackene, mit Schlagrahm gefüllte
Meringuen erhaben aufgerichtet.

2053.   Füllhorn von Mandeln mit caramelirten Früchten.   Die nach
beigegebener Zeichnung gewählte Füllhorn=Form wird mit Mandelöl ausge=

strichen und mit gerösteten Mandeln und Nougat ⅛ Zoll dick ausgedrückt und dann zum Auskühlen beiseite gelegt, dann wählt man eine runde oder ovale Schüssel in deren Vertiefung ein 2—3 Zoll hoher Sockel aus Zuckerteig, nach oben etwas ausgeschweift, in einer Blechform gebacken und dann mit grünem Hagelzucker überall bestreut wird. Die äußere Kante des Sockels wird mit einer schönen Garnitur nach beigegebener Zeichnung garnirt und in der Mitte das Füllhorn mit Caramel=Zucker befestigt, aufgestellt. Dann werden eingemachte, recht grüne Reineclauden, kleine Aprikosen, Orangenschnitten, Kirschen, Datteln 2c. gut getrocknet, in zum Bruch gekochten Zucker getaucht und das Füllhorn damit geschmackvoll ausgarnirt. Die glasirten Früchte werden deßhalb jedesmal an einer Stelle in Bruchzucker leicht eingetaucht, damit eine an die andere befestigt werden kann, welches mit einiger Sorgfalt zu geschehen hat. Unten herum kommen kleine runde Meringuen, diese ausgehöhlt mit Schlagrahm gefüllt und mit recht grünen, halbirten Pistazien besteckt.

2054. Rehrippchen (Venison-chops à la financiére).

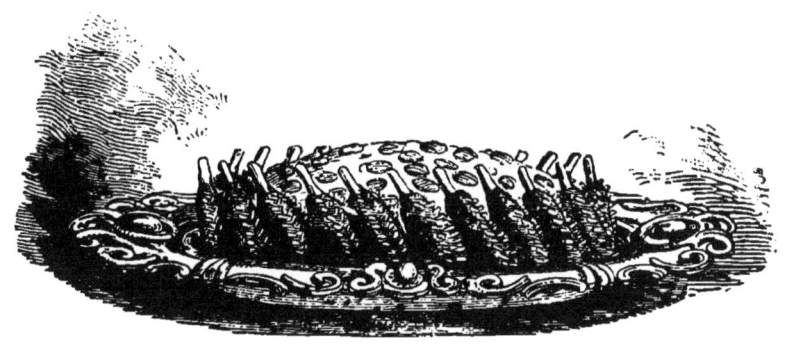

Siehe No. 744.

2055. Rahmküchelchen (Cream Fritters).

Siehe No. 1167.

2056.   Auflauf (Soufflées)

Siehe No. 1191.

2057.   Casserole-Pastete (Timbale à la Toulouse).

Siehe No. 936.

2058.   Cabinets-Pudding.

Siehe No. 1290.

2059. Pudding von Nudeln (Vermicelli Pudding).

Siehe No. 1298.

2060. Gestürzte Kaffee-Crême.

Siehe No. 341.

2061. Colorirtes Blanc-Manger.

Siehe No. 1317.

2062. Champagner-Gelee (Champagne Jelly).

Siehe No. 1388.

2063. Haselnuß=Torte (Hazelnut Tart).

Siehe No. 1526.

2064. Punsch=Torte (Punch Tart).

Siehe No. 1557.

2065. Jäger-Torte (Chasseur Tart).

Siehe No. 1542.

2066. Silberspießchen (Hatelets).

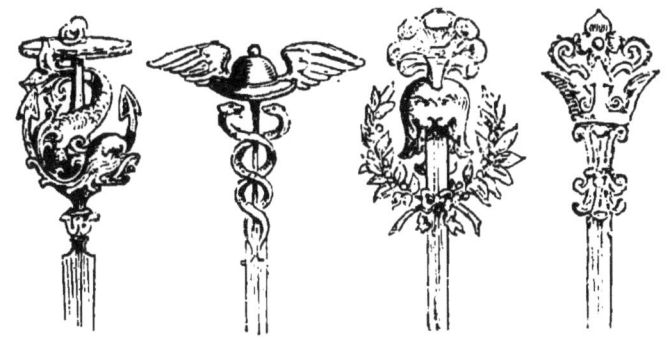

Silberspießchen für die Zwischenspeisen.

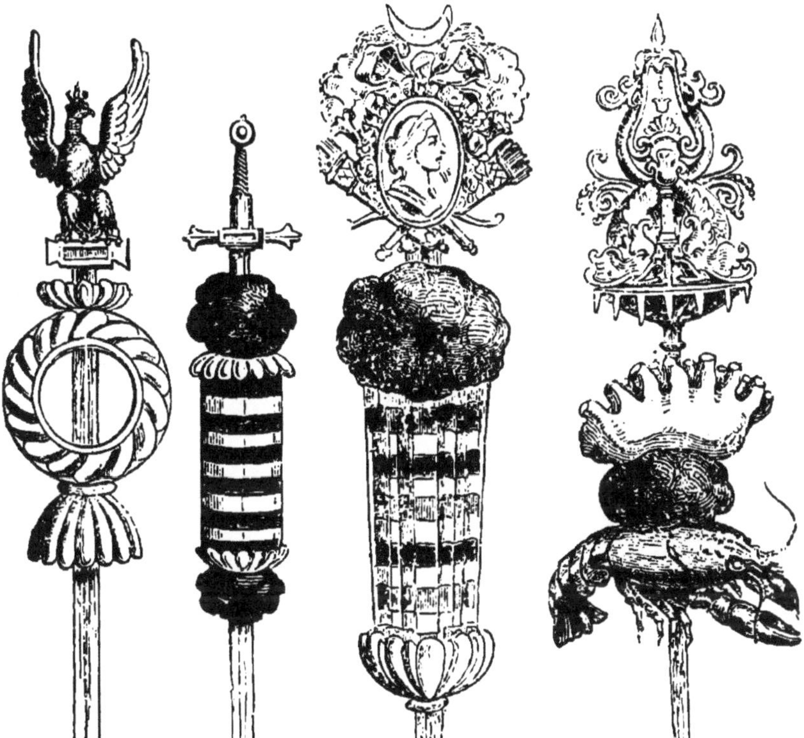

1.   2.   3.   4.

1. Silberspießchen mit einer Decoration aus Rüben geschnitten.
2. Silberspießchen von Fleischsulz mit Trüffeln und Champignons besteckt, für kalte Entrées.
3. Silberspießchen von Fleischsulz mit Trüffeln und Champignons besteckt, für kalte grosses pièces.
4. Silberspießchen für warme grosses pièces.

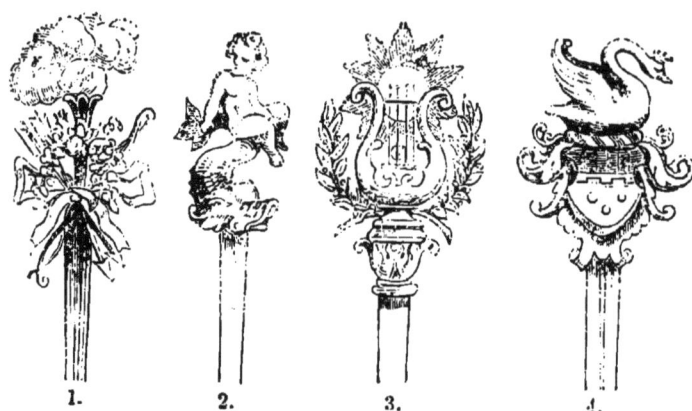

1.   2.   3.   4.

1. und 2. Silberspießchen für warme und kalte Entrées.
3. und 4. Silberspießchen für warme und kalte grosses pièces.

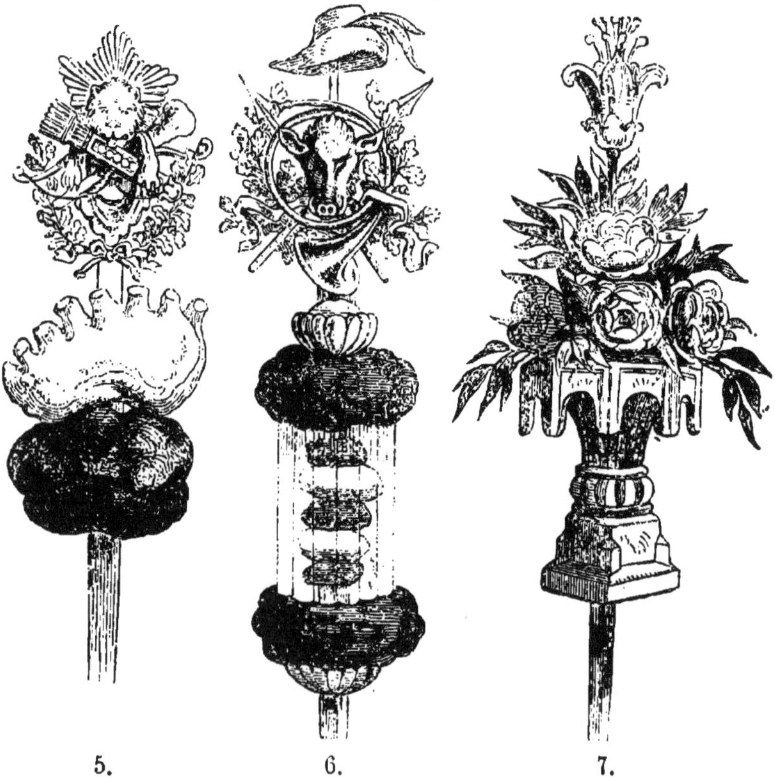

5.   6.   7.

Silberspießchen für warme Entrées.
Silberspießchen für kalte grosses pièces.
Silberspießchen mit Base voll Rosen aus Rüben geschnitten für warme und kalte grosses pièces.

2067. Fettsockel. Von den Aufsätzen von Fett. Unter Aufsätzen von Fett versteht man solche, welche niemals für sich allein erscheinen, sondern nur als Untersätze dienen, um gestürzte, große Aspicks, kalte Schinken, Fleischgelees, ganze, kalte Fische u. dgl. zu tragen und diesen noch größeres Ansehen und mehr Eleganz zu geben. Sie erfordern deshalb in ihrer Zubereitung längere Uebung und Kenntniß und sollten deshalb mit großem Fleiß in schöner Zeichnung und besonders in ihrer Verzierung im feinsten Geschmacke ausgeführt sein. Die Sockel sollen zierlicher Natur sein, indem sie in Vasenform in Schalen von Amors getragen und zwar mit großer Eleganz; ganz dem Alabaster ähnlich dargestellt werden. Die Anwendung solcher Aufsätze findet bei besonderen Gelegenheiten statt, wie z. B. bei Bällen und bei großen Festessen. Bei letzteren werden sie etwas kleiner gehalten, da sie die kalten Entrées tragen und mit diesen zugleich präsentirt werden sollen. Die Bereitungsart derselben ist folgende: 6 Pfd. Hammel- und ebensoviel Schweinsfett werden fein geschnitten, rein gewaschen und in ein passendes, mit dickem Boden versehenes Geschirr gethan, mit vier Quart Wasser übergossen, halb zugedeckt auf's Feuer gestellt und bei öfterem Umrühren langsam gekocht. Wenn das Wasser ganz verdampft und das Fett ganz weiß ausgelassen ist, wird es durch ein reines Tuch in eine irdene starke Schüssel geseiht und an einen kalten staublosen Ort gestellt. Ist das Fett gänzlich abgekühlt und fängt an zu stocken, so wird es vermittelst eines Kochlöffels oder Schneebesens wie zu einer Pomade schneeweiß und schaumig gerührt und nach und nach der Saft von 3 Citronen oder etwas Essigsäure (von letzterem jedoch nur einige Tropfen) hinzugethan. Unterdessen wird auf ein rundes oder ovales, ganz nach der Schüsselgröße geschnittenes Brettchen aus einem Brode ein Skelett geschnitten, welches über das Brettchen gesetzt und mit Fett befestigt wird. Um dieses Skelett wird das Fett zwei- bis dreifingerdick glatt herum und fingerdick darüber gestrichen und so bis zum gänzlichen Stocken an einen kalten Ort gestellt. Wenn das Fett ganz fest geworden ist, so wird mit einem aus starkem Kupferblech oder auch aus hartem Holz geschnittenen Sockelprofil, welches man in heißes Wasser taucht, in gleichen und sicheren Zügen herum gefahren, bis das Profil sich nach und nach ganz in das Fett eindrückt und der Sockel in schönster reiner Form erscheint; dies Verfahren erfordert jedoch längere Uebung und Geschicklichkeit. Der Sockel wird dann an seinen vorstehenden Contouren geschmackvoll mit gefärbtem Fett, den Torten ähnlich, mit Arabesken, Rosetten, wie auch bordureartig in reiner Zeichnung bespritzt und auch mit Pastillage der in Holz geschnittenen Models gedrückt, oder auch mit lebenden oder gemachten Blümchen garnirt. Wenn derselbe auf irgend eine hier genannte Art geschmackvoll garnirt ist, wird das Brettchen über eine mit kochendem Wasser gefüllte Casserole einige Minuten, damit sich der Sockel ablöst, gestellt, dann abgehoben, der Sockel auf die bestimmte Schüssel gestellt, oben mit ganz feinem, weißem Papier belegt und bis zum Gebrauch an einen kalten trockenen Ort zugedeckt gestellt.

In neuerer Zeit werden die Sockel häufig mit Figuren, Blättern u. s. w. aus Terra alba garnirt. Diese Composition besteht aus 1 Pfund angeriebenem Tragant, welcher mit 2 Pfund Terra alba vermischt wird. Sollte die Masse trocken sein, so fügt man so viel Wasser bei, daß man sie mit leichter Mühe in Formen ausdrücken kann.

Wo Zucker angewendet werden soll, wird 1 Pfund Zucker auf 1 Pfund Terra alba genommen.

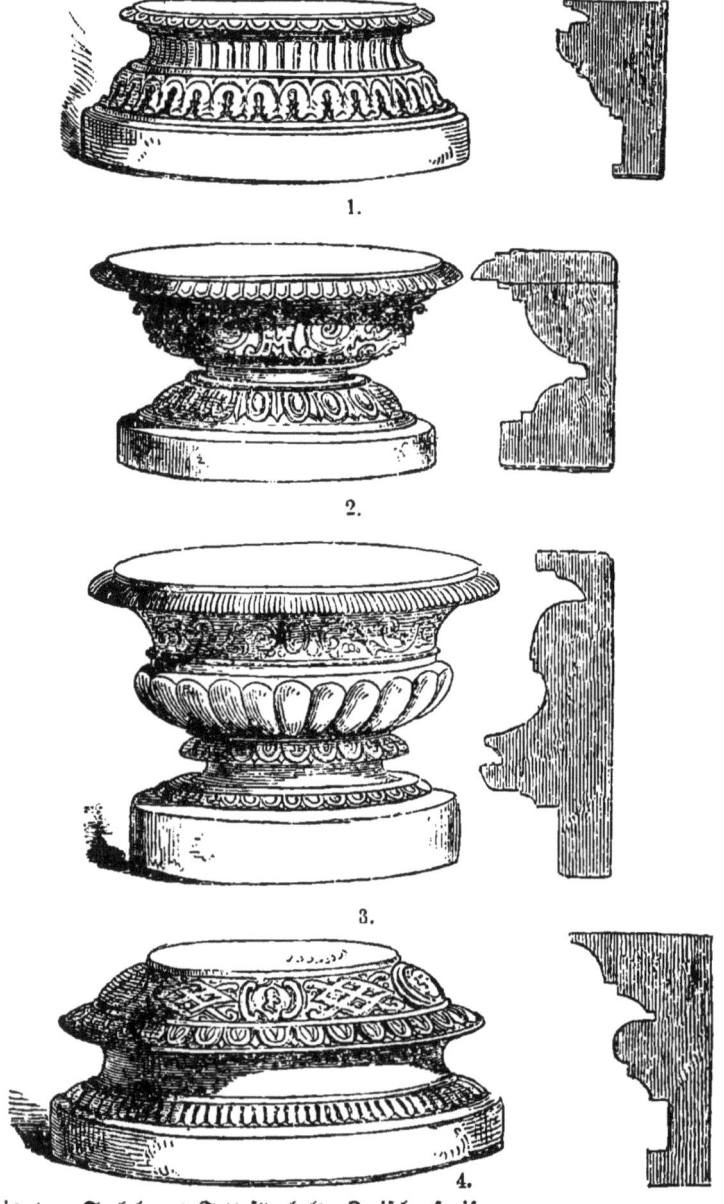

1. bis 4.   Sockel aus Fett für kalte Zwischenspeisen.

Fettsockel für kalte Fische.

Fett-Vase für kalte grosses pièces.

Fettsockel für kalte Fische.

Fett=Vase für kalte grosses pièces.

Zwei Fettsockel für einen Wildschweinskopf oder eine Galantine von Indian.

2068. Gelee-oder Aspic Croutons.

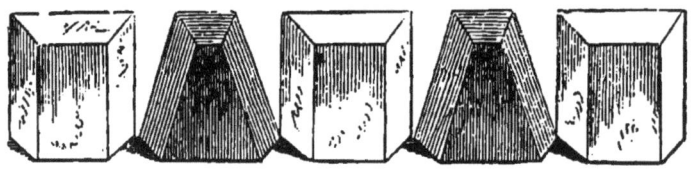

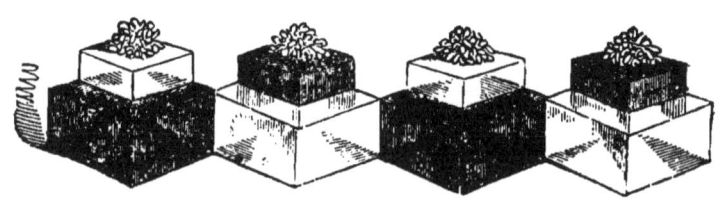

2069. Ausgestochene Borduren aus Nudelteig.

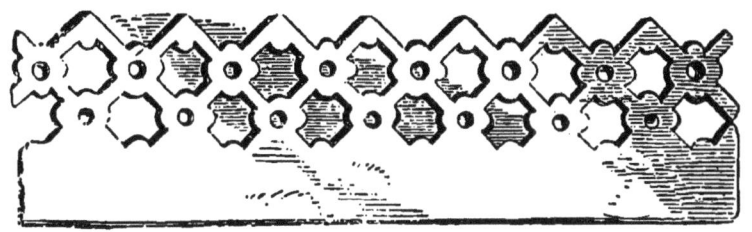

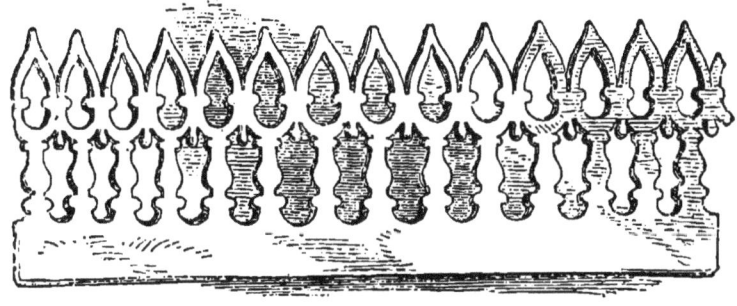

2070. Borduren von hartgekochten Eiern mit Sardellenfilets, Kapern, Salatherzchen und kleinen Monat-Rettigen zusammengesetzt.

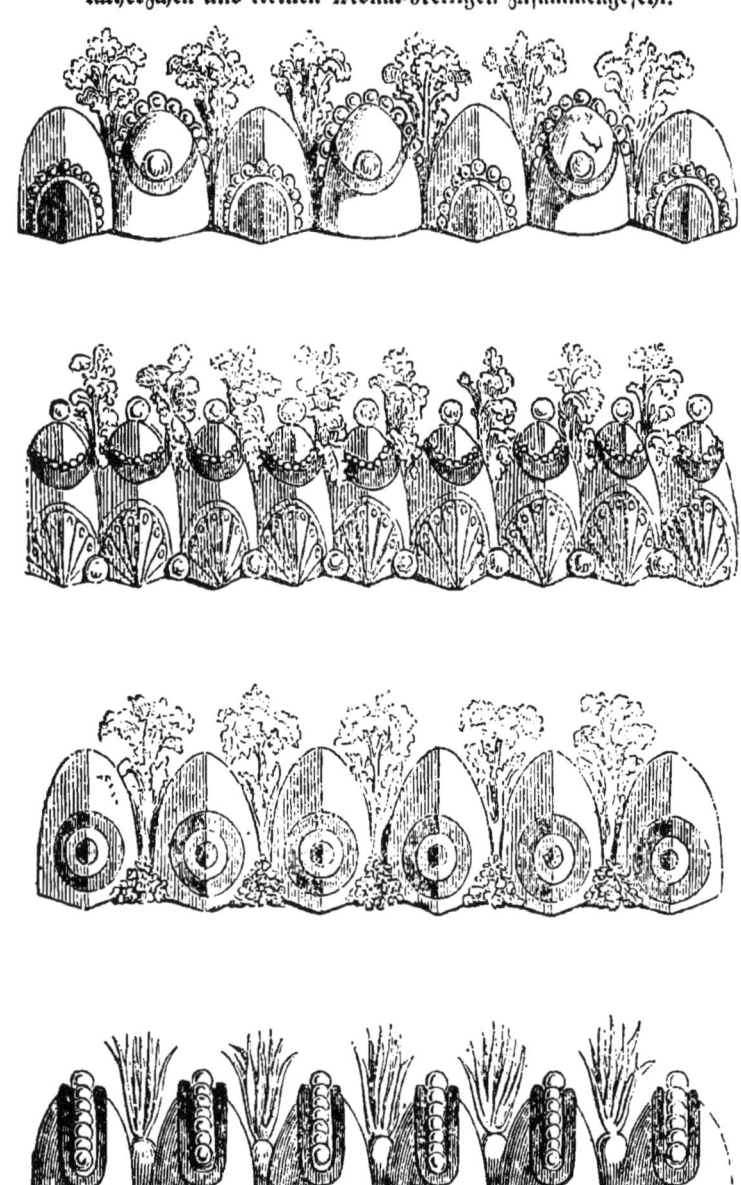

2071. Borduren aus weißem frischem Toastbrode,

theils geschnitten, theils ausgestochen, welche, wie es die Zeichnung gibt, blaß und etwas dunkel aus dem Schmalze gebacken und dann über die heißgemachten Schüsseln mit Eiweiß und Mehl aufgesetzt werden.

2072. Borduren aus weißem Tragantteig ausgestochen.

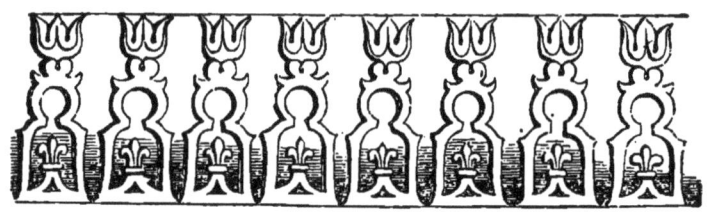

2073. Traganteig (Pastillage). Proportionen: 1 Pfund Zucker zu feinstem Staube pulverisirt, 4 Unzen feines Stärkemehl, 3 Unzen Tragant= gummi und einige Tropfen Citronensaft. Dies Alles wird im Reibstein oder Mörser gut verrieben, bis es einen festen Teig giebt, und gut zugebunden in einem sauberen Gefäß einige Tage bis zum Gebrauche aufgehoben, dann wird er noch tüchtig auf einer Marmorplatte einige Minuten unter bestreuen mit Stärkemehl durchgearbeitet. Man kann ihn, was vorzuziehen ist, ganz auf einer Marmorplatte verarbeiten. Man wäscht den Tragantgummi in lauwarmen Wasser, legt ihn einige Stunden in kaltes Wasser, um ihn zu erweichen. Ist dies erreicht, so drückt man ihn durch ein saubres Tuch auf die Marmorplatte und arbeitet den Gummi, bis er glatt und schön weiß ist. Dann fügt man den Citronensaft und nach und nach den Zucker hinzu, giebt ihn in einen Topf und läßt ihn an einem kühlem Orte ausruhen. So hält sich der Tragantgummi 8 Tage. Will man ihn beendigen, so nimmt man ihn wieder auf die Marmor= platte und arbeitet das Stärkemehl hinein, indem man sich leicht die Hand in kaltem Wasser netzt. Derselbe dient nun zu Vordüren oder zum Befestigen der Aufsätze und erhält nach langsamen Trocknen eine erstaunliche Festigkeit und Härte.

2074. Silber-Borduren.

2075. Macedoines des Fruits.

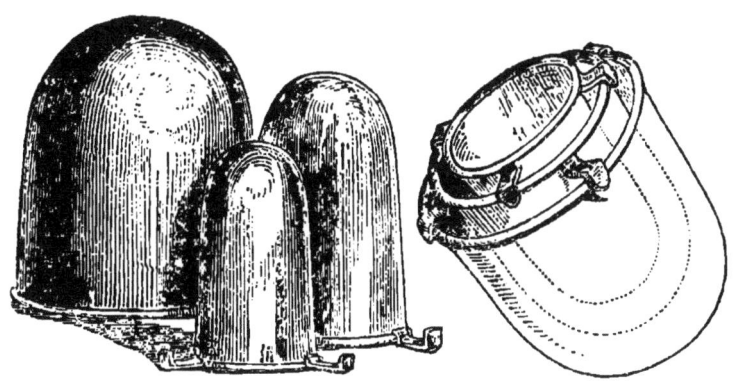

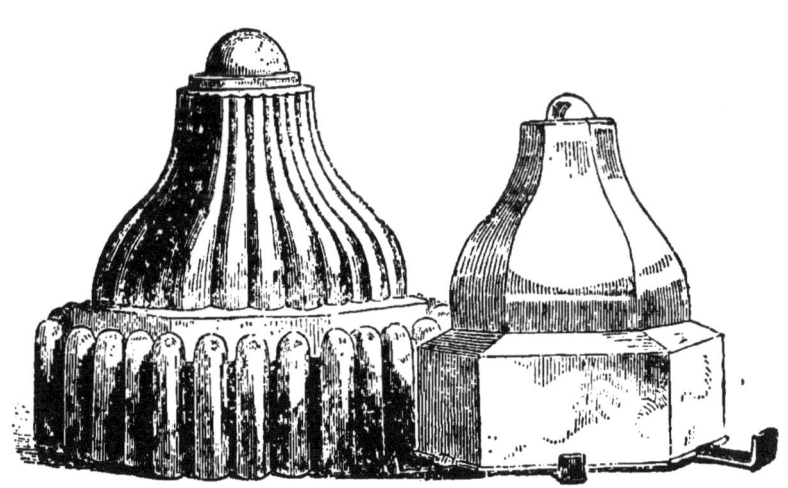

2076. Formen zu Hatelets. Chartreuse=Messer, Gemüse=Bohrer u. s. w.

Küchenzettel — Bill of Fare
für geringere und höhere Ansprüche in dreifacher Auswahl.

I.

1) Bouillonsuppe mit Markklößchen; Rindsbraten mit Salat und Compote.
2) Tomatoes mit Reis; gebratene Kalbskeule mit Spinat.
3) Kartoffelsuppe; Fricadellen mit Bairisch Kraut.
4) Griessuppe; Ragout von Rindsbraten mit Kartoffelmus.
5) Mehlsuppe; saure Linsen mit Bratwurst.
6) Gerstensuppe; Rindfleisch mit gelben Rüben; Senfsauce.
7) Einlaufsuppe; Schweinsknöchel mit Sauerkraut und Erbsenbrei.
8) Gemüsesuppe; Hasenbraten mit Aepfelcompote-Sauce.
9) Selleriesuppe; altes Huhn mit Reis.
10) Graupensuppe; Hammelfleisch mit Kartoffelstückchen.
11) Grahamsuppe; gebratene Gans mit Grünkohl und Kartoffeln.
12) Sagosuppe; saurer Rindsbraten mit Kartoffelklößen oder Nudeln.
13) Gekochte Tauben oder Rindfleisch mit Reis und Blumenkohl.
14) Reissuppe; saure Linsen mit Frankfurter Wurst.
15) Gräupchensuppe; gebratene Kalbsleber und Kartoffelbrei.
16) Linsensuppe; Rindfleisch mit Reis und hessische Marktklöße; Chow-Chow.
17) Bohnensuppe; gedämpfter Hammelschlegel mit Salzkartoffeln.
18) Flädleinsuppe; Königsberger Klopps mit Sardellensauce u. Bratkartoffeln.
19) Suppe mit Maultaschen; Fricassée von Kalbfleisch.
20) Brodsuppe; Schellfisch mit brauner Butter und Kartoffeln.
21) Gerstenschleim; Schweinscoteletten mit Spinat und gedämpften Kartoffeln.
22) Bouillon mit Schwammklößchen; Beef à la Mode mit Kartoffelpfannkuchen.
23) Erbsensuppe; Gullasch mit Kartoffelbrei.
24) Buchweizengrützsuppe; gebratene Leberwurst, Sauerkraut und Kartoffeln.
25) Linsensuppe; Grünkohl oder Spinat mit Kalbscoteletten.
26) Zwiebacksuppe; Pillaw von Hammelfleisch mit Reis.
27) Nudelsuppe; Irish Stew with Vegetables.

28) Gebrannte Mehlsuppe; Rindsbrust, gekocht mit Schnittlauch oder Zwiebel=sauce, und Kartoffelklöße.

29) Kalbfleischsuppe; Kalbsbratenragout mit Kartoffelbrei.

30) Gräupchensuppe; Macaroni mit Schinken.

31) Muttonbroth; Beefsteak mit gebratenen Kartoffeln.

32) Eiergerste; Kalbsnierenbraten mit Lettuce=Salat und Compote.

33) Kerbelsuppe; Rindsroulade mit Russian Turnips.

34) Fadennudeln; saure Linsen mit Fleischklößen und Spiegeleiern.

35) Englische Beefsuppe; Hefenklöße mit Obstmus.

36) Grünkernsuppe; gewärmter Kalbsbraten oder Schüsselragout mit Kalbs=braten.

37) Kohlsuppe; gebratene Taube mit Compote; Windbeutel.

38) Suppe mit Butternocken; Blumenkohl mit weißer Sauce und Kalbs=coteletten.

39) Wurzelsuppe; Zuckerschoten mit Fleischklößen.

40) Reissuppe; Westphälisches Pfeffer=Potthast.

41) Tapiocasuppe; Ragout von Rind= oder Hammelfleisch mit neuen Kar=toffeln und Spätzle.

42) Gehirnsuppe; Stockfisch mit Schoten.

43) Poiréesuppe; Schnittbohnen mit Rindfleisch und neuem Häring.

44) Blumenkohlsuppe; gebratener Schweinsrücken mit Salat und Kartoffeln.

45) Einlaufsuppe; gebratene Ente mit Rothkraut und Kastanien.

46) Heidelbeer=Kaltschale; Hammelfleisch mit grünen Bohnen.

47) Sauerampfersuppe; Rindfleisch mit Gurkensalat.

48) Kräutersuppe; Schweinscoteletten mit Blaukraut und Kartoffeln.

49) Kürbissuppe; Hammelfleisch mit Rüben.

50) Eierkäsesuppe; Corned Beef with Cabbage.

51) Gänseklein mit Reis; gebratene Gansleber.

52) Zwiebelsuppe; gehacktes Beefsteak mit grünen Erbsen.

II.

53) Gehirnsuppe; Kalbs= oder Lammcoteletten mit Endivien; gebratene Ente mit Salat und Compote; Apple Pie.

54) Mutton broth; Halibut=Steak mit Tomatoesauce; Lendenbraden à la Jardinière.

55) Austernsuppe; Kalbsfricassée mit Champignons; gefüllte Gans mit Ka=stanien und Rothkraut; Schwammpudding.

56) Chicken Giblet; gekochter Salm mit holländischer Sauce und Kartoffeln; Roastbeef mit Brüsseler Kohl; Bananas Fritters.

57) Okra=Suppe; Hecht mit Kapernsauce; gebratener Hammelsschlegel mit grünen Bohnen; Vanille=Crème.

58) Englische Taubensuppe; Oysterpatties à la poulette; gebratener Reh= schlegel mit Rahmsauce; Sagopudding.

59) Oesterreichische Bäuschelsuppe; gespickter Karpfen mit Genueser Sauce; gebratene Wildente mit gedämpftem Kraut; Reis à la Jackson.

60) Mongolsuppe; Beef à la Mode, Kartoffelklöße; gebratene Hühner mit Aepfelsauce und Salat; Erdbeeren=Fritters.

61) Spargelsuppe; Rosenkohl mit gepökelter Zunge; gespickte und gebratene Kalbsleber mit Endiviensalat; Corinthenpudding.

62) Juliennesuppe; Karpfen blau gesotten mit Buttersauce; gebratene Rinds= lende mit Lettuce=Salat; Aepfelstrudel.

63) Durchgeschlagene Hühnersuppe; Beefsteak mit Kräuterbutter und gebacke= nen Kartoffeln; Birkhuhn mit Currant Jelly; Salat; Windbeutel.

64) Krebssuppe; Hühnerfricassée mit Reis; gebratene Wildschweinskeule mit Salat und Compote; gestürzte Citronen=Crême.

65) Bouillon mit Markklößchen; Aal=Stew mit Kartoffeln; Hammelsteak, Mexicane Style, Salat; Custard Pie.

66) Grahamsuppe; Fischcroquetten; junge gebratene Gans mit Compote und Salat; Rhabarber Pie.

67) Mock Turtle Soup; gefüllte Hummern; Lammcoteletten mit grünen Bohnen; Apple Dumplings.

68) Ox Tail; Rindfleisch mit Gurkensalat oder Mixed Pickles; Kalbs= fricandeau mit Spinat und Eier; Chokoladepudding.

69) Turtle Soup; Makrelen auf dem Roste gebraten à la maitre d'hôtel; Englischer Roastbraten mit Schwarzwurzeln; Gries=Flummeri.

70) Suppe mit Maultaschen; grüne Erbsen mit Schinken; Beefsteak=Pie; Reis= pudding.

71) Suppe mit Hühnerklößchen; gebratene Lammbrust mit Tomatoesauce; Reh= rücken mit Currant Jelly und Blumenkohl; Mandeltorte.

72) Tomatoesuppe; Curry von Lammfleisch; Wiener Backhändl mit Salat; Stachelbeer=Pie.

73) Graupenschleim; Zunge mit Rosinensauce; gebratener Kalbsrücken mit Compote und Salat; Dukatennudeln.

74) Fischsuppe; Kalbskopf en tortue; gebratener Hammelsrücken mit Com= pote und Salat; French Pan Cakes.

75) Jägersuppe; Wiener Rostbraten garnirt; gebratener Hase mit Rahmsauce und Salat; Dampfnudeln mit Vanillesauce.

76) Clam Chowder; gebackene Smelts mit Buttersauce; gebratener Turkey mit Salat und Compote; Prinz=Regentenpudding.

77) Tapiocasuppe; Curry von Hühnern mit Reis; gebratener Rehziemer mit Salat und Compote; englischer Plumpudding mit Rumsauce.

III.

Große Dinners auf russische Art.

78) Turtle Soup or Soup à la Reine, Chicken Croquettes, Salmon
with hollandaise Sauce, Roast Eel, Turbot with Crabs Sauce,
Capon à la Toulouse or Financière, Saddle of Lamb à la Jardinière, Salmy of Snipes, Sweet Breads with Tomatoe Sauce,
Lobster Mayonaise; Hot Partridge or Quail Pie; Roast Turkey
stuffed with Truffles; Saddle of Venison, Salads, Compotes;
Asparagus; French Peas; Diplomaten=Crême; Ice Pudding à la
Nesselrode; Punsch=Gelee; Chocolade Tart; Cream Tart; Cro-
quembouche; Apples, Pears, Grapes, Figs, Bread, Butter and
different Cheese.

Fasten=Dinner.

79) Fischsuppe mit Fischklößen; Croquetten mit Krebsragout; Eier im Ofen
gebacken; Salm in Gelée mit Tartarsauce; Blumenkohl im Ofen; Codfish Pie; gebratener Karpfen mit Salat; Citronen=Gelée; Linzer Torte;
Backwerk, Früchte, Confect, Brod, Butter und Käse.

Weihnachts=Dinner auf englische Art.

80) Wildprettsuppe, Consommé à la Royal; Zander au gratin; Hecht
à la maître d'hôtel; Hühnerfricassee; Curry von wilden Kaninchen;
Austernpastete; gebratener Turkey mit Würsten garnirt; gedämpftes Rind=
fleisch mit Gemüsen; Schinken mit Spinat; gebratene Gans, gebratener
Fasan; Salate und Compotes; Plumpudding, Cabinetspudding, Mince ·
Pies, Charlotte Russe, Weingelée, Citronencrême, Apfeltorte, Dessert
und Früchte.

Kleines Dinner auf deutsche Art.

81) Juliennesuppe; Krebspastetchen à la Cardinal; Hecht mit Kapernsauce;
glasirtes Kalbsfricandeau mit Maccaroni; Rosenkohl mit gepökelter Rinds=
zunge; Gänseleber mit Trüffeln; Hirschziemer mit Johannisbeergelée und
Endiviensalat; Soufflée, Weingelée, Torten; Eis à la Pückler, Hohl=
hippen und Mandelbögen; Brod, Butter und Neufchateller Käse; Kaffee.

82) Consommé mit Markklößchen; Rühreier mit Trüffeln oder Kieler
Sprotten; Karpfen mit Kapernsauce; gedämpfte Ochsenzunge mit pikanter
Sauce; Bundgemüse mit Wachteln oder Rebhühner; Hirschziemer und
gebratene Wildente mit Salaten und Compotes; Chocoladenpuddingsauce;
Ananas Gelée; Quittentorte, Backwerk, Obst, Brod, Butter, Käse und
Kaffee.

83) Braune Bouillon mit Geflügelklößchen; gespickter und gebratener Hecht; gedämpfte Rebhühner mit Rothkraut; Champignongemüse mit Hühnercroquetten; Citronenauflauf, gebratener Rehschlegel mit Salat und Compote; Pflaumentorte von Blätterteig; Weingelee, Backwerk, Obst, Rahmgefrorenes, Kaffee mit Marasquino.

84) Mock Turtle, Pfirsich-Kaltschale; Geflügelcroquetten; Muschelschalen mit Kalbshirn; Forellen à la Meunière; Krebse à la Bordelaise; gedämpfte Wildenten mit Trüffelsauce; Hammelsrücken à la Godard; Bundgemüse (Chartreuse) von Hühnerbrüstchen; Orangenauflauf; gebratene Rehkeule und gebratene Schnepfen mit Compote und Salat; Torten, Gelées, Backwerk, Ananas, Melonen, Birnen, Aprikosen, Käse, Johannisbeer- und Ananasgefrorenes, Kaffee mit feinen Liqueuren.

Großes Dinner.

85) Consommé Sevigné, Crabs Soup; Patties à la Cardinal; Salmon à la Condé; Tenderloin of Beef à la Chipolara, Ham of York, Sauce Madeira; Capon à la Chevalière, Chaud-froix of Partridges and Quails, Champagne Sorbet; French Peas, String Beans, english Style; Saddle of Venison, Pepper Sauce, stuffed Turkey with Truffles, Lettuce Salad; Plumpudding, Nougat, Ice Bombe à la Prince Pueckler; Dessert, Cheese, Coffee.

86) Chicken Okra; Radishes, stuffed Olives, Cucumbers; Salmon Sauce hollandaise, Potatoes, Vol-au-vent à la financière, Tenderloin of Beef with Mushrooms, String Beans, Cauliflower, Potatoe Croquettes; Philadelphia Capon with Lettuce Salad; Fancy Ice Cream, Cakes, Cheese, Coffee.

87) Cream of Asparagus, Consommé à la Royal; Fried Oysters, Stuffed Olives; Turbot, Shrimp Sauce; Saddle of Lamb à la Soubise; Capon à la Toulouse; Tenderloin of Beef à la Godard; Partridges Pie, Goose Liver de Strassburg in Jelly; Roast Pheasant, Bread Sauce, Ortolans and Salads; Truffles with Champagne, Asparagus Sauce hollandaise; Lemon Pudding, Bombe à la Nesselrode; Dessert, Cheese, Coffee.

88) Blue Points; Terrapin à la Francaise; Consommé aux Quenelles; Sliced Tomatoes, Sliced Cucumbers; Broiled Potomac Shad à la mâitre d'hotel; Pommes Farcie; Boiled Leg of Southdown Mutton à la Soubise; Spaghetti, au Gratin; Sirloin of Beef; Baked Mashed Potatoes; Spring Lamb, Mint Sauce; Turkey stuffed, Cranberry Jelly; Green Peas, Lima Beans; Breast of Capon, Saute, Purée de Marrons; Asparagus Hollandaise; Sweetbreads, Glacé à la Trianon; New Beets; Lamb Fries, Breaded, Sauce Tomatoe; New Turnips, Mashed; Orange Glacé, au Marasquino; Romain Punch; Roast Mallard Duck

à la Bigarrade; Corn Fritters; Currant Jelly; Mayonnaise de Volaille; Lettuce Salad; Fresh Shrimps; Galantine with Jelly; Orange Cream Meringue Pudding; Apple Pie, Mince Pie, Assorted Cakes, Champagne Jelly, Confectionery, Vanilla Ice Cream, Crackers and Cheese, Hoe Cakes, Coffee, Buttermilk.

89) *Huîtres:* Blue Points on Half Shell; *Potages:* Cream of Asparagus à l'Allemande; Consommé of Chicken à la Royal; *Hors d'Oeuvre:* Filet of Green Turtle à la Duxell; Celery au Mayonnaise; *Poisson:* Broiled Shad à la mâitre d'hôtel; Sliced Hot-House Cucumbers; Potatoes Hollandaise; *Releve:* Saddle of Canada Mutton à la Flamande; String Beans, Turnips, Sweet Potatoes, Ribs of Beef, Tomatoes, Potatoes; *Entrees:* Tenderloin of Beef, Saute à la Trianon; French Peas; Breast of Pheasant, Piqué à la Parisienne; Maccaroni Napolitaine; Asparagus on Toast; *Sorbet:* A l'Ananas; *Game:* Quail, with English Bread Sauce; *Salad:* Lettuce; Roquefort and Stilton Cheese, Cheese Sticks; *Patisserie:* Boiled Bread Pudding à l'Anglaise; Cream Pie, Peach Pie, Macarons, Punch Cuts, Biscuit Glacé à la Vanilla; *Dessert:* Bonbons, Gateaux Napolitaine, Fruits in Season, Coffee Noir.

90) Blue Points; Cream of Celery, au Croutons; Chicken Consommé; Cucumbers, Olives, Sliced Tomatoes; Shrimp à la Bechamel; Salted Almonds; Broiled Shad à la mâitre d'hôtel; Potato Parisienne; Sirloin of Beef; New Potatoes, boiled; New Turnips; Turkey, Cranberry Sauce; Sweet Potatoes; New Beets; Young Pig, Apple Sauce; French Peas; Sweet Breads, en Brochette, Trianon; Fried Egg Plant; Cream Fritters, Glacé; Imperial Punch; Roast Head Duck, Currant Jelly; Baked Beans with Pork; Pate de Foie Gras; Chicken, Water Cress, Lettuce, Lobster Salads; English Plum Pudding, Brandy and Hard Sauce; Assorted Cake, Apple Pie, Jelly au Muscatel, Mince Pie, Confectionery, Rhubarb Pie; Strawberries with Cream; Biscuit Glacé; Fruit, Nuts, Figs, Prunes; Roquefort, Edam and American Cheese; Bent's Crackers, Coffee.

91) Blue Point Oysters; Mock Turtle; Consommé, Printanière Royale; Petit Bouchées à la Reine; Boiled Kennebec Salmon, Lobster Sauce; Selery, Sliced Tomatoes, Cucumbers, Pomme Dauphine; Boiled Turkey, Oyster Sauce, Roast Ribs of Beef; Roast Spring Lamb, Mint Sauce; Roast Mongrel Goose, stuffed, Apple Sauce; Roast Cincinnati Ham Glacé au madère; *Cold:* Beef, Tongue, Lamb, Chicken, Lobster, Ham; Boned Turkey with Jelly, Corned Beef; Pickled Lamb Tongues; *Salads:* Chicken, Lobster, Dressed Celery; Chicken Pot Pie, american style; Sweet Breads, Piqué au Petit Pois; Cotelettes de Homard; Apples with Rice, Bourgeoise; Kirschwasser Punch; Newark

Pudding; Chasseur Tart; Champagne Jelly; Vanilla Ice Cream; Cheese; Coffee.

92) Absecom Salt Oysters; Little Neck Clams; Green Turtle, aux Quenelles; Olives, Celery, Radishes; Kennebec Salmon, Sauce Sûpreme; Sliced Cucumbers; Potatoes Duchess; Filet of Beef, larded with Mushrooms; Purée de Pommes; Diamond-Back Terrapin, à la Maryland; Sweet Breads, en Caisse, with French Peas; Croquettes of Chicken à la Jardinière; Oyster Patties à la Bechamel; French Pan Cakes with Jelly; Roman Punch; Canvas-Back Duck; Broiled Quail on Toast; Water Cresses; Fresh Lobster Salad; Sliced Tomatoes; Asparagus; Lettuce; Charlotte Russe; Chocolate Eclairs; Champagne Jelly; Mixed Cake; Ice Cream; Fruit, Assorted Nuts, Dehesa Raisins; Pineapple and Edam Cheese; Coffee.

93) *Soup:* Cream of Tomato; *Fish:* Broiled Shad, Parsley Sauce; Potatoes au fines herbes; Radishes, Young Onions, Lettuce, Queen Olives; *Boiled:* Leg of Southdown Mutton, Caper Sauce; *Roast:* Sirloin of Beef, Young Pig, stuffed, Turkey, Cranberry Sauce; *Entrees:* Spring Chicken, braised, with Mushrooms; Lobster Croquettes with French Peas; Apple Charlotte, Brandy Sauce; Hot Corn Bread; St. Julien Claret; *Vegetables:* Candied Sweet Potatoes; Mashed Potatoes; Cold Slaw; Green Peas; Asparagus; *Pastry:* Chocolate Pudding, Cream Sauce; Peach Pie; Cheese Custard Pie; Assorted Cake; Ice Cream; Nuts, Raisins; American, Edam and Pineapple Cheese; Crackers; Fruit; Coffee.

94) *Oysters:* New York Counts; *Soup:* Green Ocean Turtle; Consommé; *Fish:* Broiled Potomac Shad, Lemon Butter; Potato Croquettes; Sliced Tomatoes; Queen Olives; Sliced Cucumbers; *Boiled:* Capon, Oyster Sauce; Leg of Mutton, Caper Sauce; *Roast:* Ham, Champagne Sauce; Sirloin of Beef; Young Turkey with Dressing, Cranberry Sauce; *Entrees:* Sweet Breads, braised, French Peas; Tenderloin of Beef, Larded—Mushrooms; Apple Fritters, Brandy Sauce; Young Radishes; Dressed Lettuce; Young Onions; *Game:* Roast Teal Duck, Currant Jelly; Punch Benedictine; *Cold:* Roast Beef; Lamb; Smoked Beef Tongue; Lobster Salad; Mayonnaise of Chicken; *Vegetables:* Mashed Potatoes; Sugar Corn; Stewed Tomatoes; Green Peas; Hot Slaw; Asparagus on Toast; *Pastry, etc.:* English Plum Pudding, steamed, Rum Sauce; Washington Pie; Mince Pie; Fancy assorted Cake; Charlotte Russe; Almond Macaroons; New Strawberries; Vanilla Ice Cream; Mixed Nuts, Figs, Raisins, Oranges, Bananas, Malaga Grapes, Apples; Edam and New York Cream Cheese; Crackers; Coffee.

95) Blue Points; Tomato with Rice; Consommé Printanière; Cu-
cumbers; Sliced Tomatoes; Croutés aux Champignons; Salted
Almonds; Broiled Pompano, fine Herbs; Hollandaise Potatoes;
Sirloin of Beef; Browned Mashed Potatoes; Hubbard Squash;
Turkey, Cranberry Sauce; Sweet Potatoes; Onions à la Cream;
Young Goose, Apple Sauce; Stewed Tomatoes; Sweet Breads,
braised, Toulouse; New Cauliflower; Stewed Terrapin à la
Maryland; Asparagus Points; Pineapple Fritters, Glacé Bene-
dictine; Cardinal Punch; Rost Mallard Duck, Currant Jelly;
Baked Beans with Pork; Boned Turkey; Chicken; Water Cress,
Lettuce, Lobster Salads; English Plum Pudding, Brandy and
Hard Sauce; Assorted Cake; Apple Pie; Macaroons; Mince
Pie; Muscatelle Jelly; Rhubarb Pie; Biscuit Glacé à la Vanilla;
Confectionery; Fruits, Nuts, Dates, Prunes; Neufchatel,
Roquefort, Édam and American Cheese; Bent's Crackers;
Coffee.

96) *Huîtres*: Blue Points on Half Shell; *Potages*: Mulligatawny;
Colbert; *Hors d'Oeuvre*: Small Tartelettes of Shrimps à la
Bearnoise; Olives; Chow-Chow; *Poisson*: Filet of Striped Bass
à la Duxell; Potatoes Hollandaise; *Releve*: Lamb, Mint Sauce;
String Beans; Tomatoes; Potatoes; Ribs of Beef; Sweet Pota-
toes; Turnips; *Entrees*: Breast of Capon à la Toulouse; French
Peas; Maccaroni au Gratin; Lamb Cotelettes, aux Points
d'Asperges; *Sorbet*: Roman Punch; *Roti*: Turkey, Cranberry
Sauce; *Game*: Pheasant, English Bread Sauce; *Salads*: Lettuce;
Italian; Roquefort Cheese; Stilton Cheese; *Patisserie*: English
Plum Pudding, Brandy Sauce; Apple Pie; Custard Pie; Maca-
roons; Boston Cream Cakes; Apricot Ice Cream; *Dessert*:
Assorted Confectionery; Fruits in Season; Coffee Noir.

Speisen und Getränke für Kranke.

Auszug aus Dr. J. Weil's Kochbuch für Kranke.

(Siehe auch die Abtheilung „Fastenspeisen.")

Bei sehr vielen Krankheiten nützen gute deutsche Küchenrecepte entschieden mehr als ganze Bündel von lateinischen, welche nichts als Mixturen, Pflaster, Salben u. dgl. zur Folge haben. So ist z. B. eine geordnete Diät oft allein ausreichend und namentlich die Hauptsache bei allen hitzigen Fiebern, dann selbstverständlich bei allen jenen Krankheiten, welche durch fehlerhafte Ernährung entstanden sind und bei sehr vielen Magenleiden, endlich schützt eine richtig ge= wählte Diät im Wochenbett und bei Neugeborenen vor vielen Erkrankungen. Der Verfasser hat deßhalb die nachbenannten Speisezettel ausgedacht:

1. Speisezettel für Fieberkranke. Bei jedem Fieber besteht eine Störung in der Verdauung; die Absonderung des Magensaftes ist vermindert und damit auch das Verdauungsvermögen. Die Kranken haben oft nicht den geringsten Appetit, dagegen Durst, viel Durst! Für einen Menschen, welcher in der Fieber= gluth daliegt, giebt es kaum eine größere Wohlthat als einen kühlenden Trunk; ungescheut gebe man ihm Wasser, frisch vom Brunnen, unter Umständen sogar noch mit Eis versetzt — so oft er darnach verlangt — aber immer nur in kleinen Schlücken. Zuckerwasser ist lange nicht so zweckmäßig. In manchen Gegenden wird der Apfelmost (Cider) als Fiebertrank benützt. Wenn derselbe gut ge= halten ist und noch ein wenig moussirt, leistet er sehr gute Dienste und kann längere Zeit fortgegeben werden. Am besten kühlt Limonade; dieselbe hat aber die große Schattenseite, daß sie bald den Magen verdirbt.

Was nun den Appetitmangel anbelangt, so behandle man denselben unbe= dingt eine Zeit lang mit — Fasten.

Wenn sich jemals ein ächtes Verlangen nach Nahrung einstellt, dann treffe man eine sachgemäße Wahl. In der Regel ist die Zunge trocken; also eignen sich nur flüssige Speisen: Suppen. Vielfach wird mit einer Wassersuppe aus verkochtem Brod der Anfang gemacht. Fort mit Brodsuppen! Weit besser sind die Suppen mit saurem Rahm; mit Recht werden dieselben allgemein verordnet bei Scharlach=, Masern=, Katarrh= u. a. Fiebern. Sehr angenehm kühlend sind ferner die weniger bekannten Obstsuppen (Kirschen=, Pflaumen=, Heidelbeer=, Himbeer=, Apfel=, Birnen=, Hagebutten=, Hollunderbeeren=Suppen.

Später gebe man dem Kranken einmal im Tage, etwa Mittags, einen kleinen (halbpfündigen) Fisch. Der Fisch darf weder gebacken, noch gebraten, sondern muß einfach blau abgesotten werden. Am besten bekommt er kalt servirt, mit einem Citronenscheibchen.

Zur Abwechslung eignen sich schwach angesäuerte Leimstoffspeisen. Dar=
unter rechnet man Fische, Kalbskopf, Kalbs= und Schweinsfüße, junges Ge=
flügel 2c. Kaum als Fieberspeise gekannt und viel zu wenig als solche verordnet ist
mageres Pökelfleisch. Dasselbe ist nicht übertrieben nahrhaft und das will man
ja beim Fieber; ferner wirkt sein Gehalt an Salz ebenso gut als kühlendes
Mittel wie eine Salpetermixtur. Besonders wohlschmeckend und zweckmäßig
sind Rädchen von schwach geräucherter Kalbszunge in gesäuertes Gelee ein=
gelegt.

Wenn das Fieber nachläßt, wenn der Appetit wieder kommt, dann gehe
man zu etwas Kräftigerem über, reite aber nicht im Galopp, sondern suche
einen zweckmäßigen Uebergang. Für diesen eignen sich namentlich Fleischhäcksel=
suppen, nachher allenfalls jene Braten, welche auf dem Speisezettel für Gicht=
kranke zusammengestellt sind.

a. Speisezettel für Masernkranke. Die Beschwerden der „Halsent=
zündung" werden bedeutend gemindert, wenn der Kranke öfters im Tage kleine
Portionen Thee trinkt und außerdem mit Thee gurgelt, und zwar mit Linden=
blüthen= oder Wollenblumenthee.

Das Essen muß einmal im Tage (Mittags) aus magerem, gut geräuchertem
Speck (angenehmer Ersatz für den Fischthran!) mit Brodrinde bestehen; das
Frühstück aus Milch mit Selterswasser, das Nachtessen aus einer Milchsuppe.

b. Speisezettel beim Scharlach. Wenn der Verlauf des Scharlachs
regelmäßig, das Fieber mäßig, die Halsbeschwerden gering, braucht man kein
Recept, da genügt das Einhalten folgender Diät:

Aeltere Kranke nehmen täglich 3 Mal dünne Fleischbrühe, nicht zu warm,
in der Zwischenzeit nach Belieben milde, leicht verdauliche Compote von säuer=
lichen Früchten, am besten kalt, mit Spuren von Zucker. Kinder bekommen
3 Mal täglich dünne Milchsuppen oder mit Selterswasser verdünnte Milch, in
der Zwischenzeit hie und da einige Löffel voll Sauermilch ohne Rahm.

Als Getränk gieb reichlich und, so oft es die Kranken verlangen, frisches
Wasser, frisch vom Brunnen weg; zur Abwechselung mag allenfalls eine Limo=
nade dienen. Kleinen Kindern muß man das Wasser anbieten und so oft als
möglich die Lippen feucht machen. Große Wohlthat für Kinder!

Ist die Krankheit gebrochen, ist längere Zeit keine Fieberbewegung mehr
aufgetreten, dann gebe man dem Kranken Braten von rothfaserigem Fleische.

c. Speisezettel für Blatternkranke. Bei weitem die meisten Blattern=
kranke werden ohne jede Arzneibehandlung, nur bei Beobachtung einer gewissen
Diät wieder gesund.

Der große Verlust an Säften, welcher diese Krankheit besonders auszeichnet
und bei den meist massenhaften Ausscheidungen auf der Haut leicht zu erklären
ist, gebietet, in thunlichster Bälde an einen Wiederersatz durch kräftige Speisen
zu denken. Bei normalem Verlaufe beginnt nach dem 12. Tage die Abtrocknung

der Blattern, das Fieber hört auf, der Kranke schläft gut und es stellt sich ein recht gesegneter Appetit ein. Sobald dies der Fall ist, darf man ungescheut, wenigstens einmal im Tage, am besten Mittags, eine leichte Fleischspeise, einen Braten von weißfaserigem Fleische (junges Geflügel, Kälbernes) geben und dazu einen Apfelbrei oder gekochte Birnen und Aehnliches. Zum Frühstück eignet sich eine Fleischbrühsuppe besser als Kaffee, weil dieser weniger nahrhaft ist und dazu noch aufregend wirkt. Abends kommt außer einer kräftigen Fleischbrühsuppe noch ein kleiner, blau abgesottener Hecht, am besten ohne alle Beigabe, nur mit einem Citronenscheibchen. Wer überhaupt eine solche Delicatesse werth ist, wird soviel Einsicht haben, daß der Genuß größer ist, wenn der Fisch vor der Suppe verspeist wird. Auf diese Weise wird aber nur ein paar Tage gekocht. Sobald das Fieber vollständig aufgehört hat, muß man zu den kräftigsten Stoffersatzmitteln übergehen, zu den Braten aus rothfaserigem Fleische.

2. Speisezettel für Fettsüchtige (neue Banting's-Cur).

Suppen. Fleischbrühsuppen a) mit Einlagen aus dem Thierreiche: Fleischextract, Fleischhäcksel von Wild und magerem Geflügel, ferner die Froschschenkel- und die Austernsuppe; b) mit Einlagen aus dem Pflanzenreiche: die verschiedenen Kräutersuppen (Julienne, Printanière). — Daß zu all diesen Suppen nur eine gründlich entfettete Fleischbrühe genommen werden darf, ist klar.

Fleischspeisen. Vom Rind folgende Braten: Beefsteaks, Rost- und Spießbraten, boeuf à la mode — die Saucen gründlich entfettet und, wo thunlich, angesäuert; alle Kalbsbraten, mit Ausnahme des Nierenstücks; vom Haarwild: Hase, Reh, Edelhirsch; vom Federwild: Feld-, Hasel-, Schneehuhn, Birkhuhn, Wildtaube, Waldschnepfe, Bekassine, Riesenschneppe. Was das zahme Geflügel anbelangt, merke man sich wohl, daß ausgewachsenes und gemästetes hier weniger am Platze ist als junges. Sehr geeignet sind die kleinen Frühlingshühner. Die Wasservögel sind ausgeschlossen. Vom niederen Gethier sind erlaubt: Fluß- und Seekrebse, Schnecken, Austern, Muscheln und Froschschenkel; von den Eingeweiden: Kalbsbriesle, Nieren, Kutteln, Herz (nicht geröstet, sondern in saurer Bratensauce).

Als Beigabe zum Fleisch eignen sich Salate besser als Gemüse, weil diese meistens in ziemlich viel Butter verdämpft werden. Geeignete Salate sind: Endivien, Gurken, Lattich, Kopfsalat, Gartenkresse, Rettig, Tomate, Capern.

Von gewissen Früchten und Obst soll ein umfassender Gebrauch gemacht werden: Die Kürbisfrüchte, die Agrumen, endlich alle säuerlichen Arten von Kern-, Stein- und Beerenobst sind sehr geeignet; dagegen ist das Schalenobst verboten.

Von Eiern darf nur das Weiße verwendet werden, der fettreiche Dotter nicht.

Von den Käsen sind zuträglich (d. h. wenn's der Magen erlaubt): der Roquefort, der Kräuterkäse, der Parmesan; schon weniger geeignet, obwohl leichter zu verdauen, sind: der Emmenthaler, Chester, Edamer; verboten sind: Fromage de Brie, Strachino di Milano, Bondons de Neufchatel und andere fette Käse mehr.

Kaffee und Thee sind zuträglich, aber ohne Milch und nur wenig oder gar nicht versüßt. — Chocolade verboten. — Von den conservirten Nahrungsmitteln sind mehrere sehr zu empfehlen, z. B. die in Salz oder Essig eingemachten Pflanzenstoffe und mageres Pökelfleisch.

Am schärfsten verboten sind: Milch, Butter, Eigelb, fette Fische, die stärke= mehlreichen einheimischen und fremden Cerealien (Reis, Sago, Tapioca), die Kartoffeln, — Bier.

Nach dem Gesagten wird nunmehr folgendes Tischreglement aufgestellt:

8 Uhr F r ü h st ü ck : Beefsteak mit 1 Tasse Peccob=Thee ohne Milch.

12 Uhr L u n ch : Magere Käse, mageres Pökelfleisch, Austern. Ein Glas Wein.

4 Uhr D i n n e r : Ein Teller voll einer der genannten Suppen; der Fleischbraten mit einem Salat. Eine halbe Stunde darauf 1 Glas Wein.

8 Uhr N a ch t e s s e n : Kalter Fleischbraten, dazu Pecco ohne Milch.

3. Speisezettel für Magere.

Aus dem Kapitel der Suppen eignen sich die Fleischbrühsuppen, welche stärkemehlreiche Einlagen haben: Gerste, Reis, Sago, Tapioca, Brod, Gries, Eiernudeln, Knöpfle, Hülsenfrüchte, Kartoffeln. Eine besondere Empfehlung verdient die delicate Suppe von grünen Körnern. Fast noch schneller als die Fleischsuppen machen jene Milchsuppen fett, welche Reis, Sago, Zwieback, Brod u. dgl. zur Einlage haben.

Von den Fleischspeisen eignen sich alle fetten Braten mit saftigen Butter= saucen, besonders zu nennen sind: Schweins=Braten und =Coteletten, Hammels= Braten und =Coteletten, gemästete Wasservögel (Gänse, Enten), Poularden.

Sollten diese fetten Braten einmal Humor im Magen verursachen (Sod= brennen), dann muß man abwechseln. Zur Abwechslung sind geeignet: Kalbs= nierenbraten, Wachteln, die Fettammer.

Von den Fischen sind gerade die besten, unter andern auch die Fisch= aristokratie der Salmoniden, auf diese Speisezettel zu setzen, im Besonderen: Schill, Kaulquappe, Barbe, Schleihe, Wels, Lachs, Lachsforelle, Rothforelle, Saibling, Huchen, Häring, Sprotte, Sardine, Anchovis, Trische, Aal. Muräne, Lamprete, Prickle (dies die fetteren Fische; die mageren findet man zusammenge= stellt im Speisezettel für Gichtkranke).

Von den Eingeweiden sind geeignet: Hirn — gebraten, Gans=, Enten=, Fisch= und Kalbslebern.

Von den Würsten passen: die frischen Blut= und Leberwürste, sowie jene Bratwürste, zu welchen mehr Schweine= als Kalbsfleisch verhackt wurde. Schwach räuchern!

Von den Eierspeisen sind zu empfehlen: die delicate Fondue, die milden Omeletten au jus, die pikanten Omeletten mit Bücklingen oder Sprotten, endlich die Rühreier mit Lachs= oder Schinkenschnitten.

Von den Käsen wähle: Fromage de Brie, Schachtelkäse, Stilton, Strachino di Milano, Gorgonzolo, Bondons de Neufschatel, Münster= käse, Limburger.

Kaffee und Thee muß man immer mit Rahm und Zucker nehmen; noch mehr trägt die Chocolade mit Rahm und Eiern zur Fettbildung bei.

Von den Gemüsen eignen sich nur die stärkemehlreichen Knollen= und Wurzelgemüse.

Von den Früchten passen nur die Schalenfrüchte: Mandeln, Kastanien, Nüsse, weil sie einen bedeutenden Gehalt an fettem Oel und Stärkemehl haben.

Was die Speisezusätze anbelangt, so bedarf es wohl keiner weiteren Aus= einandersetzung, daß alle Speisen reichlich zu fetten sind. Ebenso wenig darf bei den Honig=, Zucker= u. dgl. Speisen mit diesen Versüßungsmitteln gespart werden. Alle diese Dinge sind aber sogleich auszusetzen, wenn Sodbrennen entsteht.

Zum Getränke eignet sich namentlich malzreiches Bier. Schau nur die fetten Bierbrauer an! Auch die stark geistigen Rothweine von Bordeaux, Ungarn, Veltlin enthalten das Zeug zum Fettmachen; endlich könnte man auch — wenn es überhaupt anständig wäre — den Schnaps anempfehlen.

Ueber die sonstige Lebensweise nur die kurze, aber wichtige Bemerkung: „Ein guter Hahn wird nie fett!"

4. Speisezettel für Vollblütige, d. h. für wohlgenährte Leute mit blau= rothen Köpfen, vollem Pulsschlag, Kopfcongestionen, Schwindel; für Leute, die gegründete Ursache haben, sich vor einem „Schlag" zu fürchten.

Fürs Erste ist die Menge der Nahrung überhaupt zu beschneiden. Wie viel es leiden mag, ist leicht zu bestimmen; einen sicheren Anhaltspunkt giebt das Gefühl des Sattseins, bis zu diesem Gefühle sollten es solche Leute gar nie kommen lassen. Um die Reduction der Nahrungsmittel in Zahlen auszudrücken, wird folgende Rechnung gemacht: Im Durchschnitt genießt ein erwachsener Mensch täglich ungefähr 3 Pfund feste Nahrung, wovon annähernd 1 Pfund Fleischspeisen, das Uebrige Vegetabilien sind. Bei fraglichen Patienten wäre die Hälfte genug. Außerdem sollte die Fleischnahrung mehr in den Hinter= grund treten; denn diese ist es ja hauptsächlich, welche Blut giebt und, wenn man so sagen darf, das Blut concentrirter macht. Man halte sich also haupt= sächlich an Vegetabilien.

Fürs Zweite gilt es eine Zusammenstellung zu machen von lauter Speisen, welche wenig zur Blutbildung beitragen und keine Blutwallungen verursachen können. Diese Eigenschaften haben ungefähr folgende Artikel·

Suppen: Dünne Fleischbrühsuppen mit Einlagen aus der Klasse der Suppenkräuter.

Fleisch: Je jünger das Thier ist, desto mehr Leimstoff enthält das Fleisch, desto weniger trägt es zur Blutfülle bei. Durchschnittlich hat solches Fleisch eine weiße Faser. Im Speziellen sind gestattet: Junges Kalbfleisch, nicht älter als 14 Tage, und junges Geflügel. Es ist besser, diese Fleischarten in feinen milden Saucen zu geben, anstatt zu braten. Ganz besonders geeignet ist die Tomatoesauce.

Fische, welche diesen Kranken zuträglich sind, sieht man im Speisezettel für Gichtkranke zusammengestellt.

Kaffee und Thee regen zu sehr auf, mehren somit die Gefahr des Schlag= flusses. An ihre Stelle lasse man deßhalb Suppen treten.

Chocolade ist weniger aufregend; doch giebt es viele Speisen, die besser hierher passen.

Von den Mehlspeisen sind nur jene erlaubt, welche kühlende Früchte zu Einlagen haben. Besonders zu empfehlen sind die frischen Obstkuchen.

Gemüse ist vielen von diesen Kranken fast lieber als Fleisch. Mit Aus= nahme der Hülsenfrüchte und Kartoffeln sind alle erlaubt. Besonders zuträglich sind: gelbe Rüben, Schwarzwurzeln, Spargeln, Spinat, Löwenzahn, Butterkraut, Kohl. Alle diese Gemüse sollen gründlich gekocht, fein verwiegt und in Butter verdämpft werden ohne Zusatz von Mehl.

Mit Ausnahme des Bohnen= und des Kartoffelsalats sind alle Pflanzen= salate zuträglich; von den Fleischsalaten eignen sich: der Ochsenmaul=, der Schnecken= und der Fischsalat.

Von Früchten und Obst verdienen ganz besondere Empfehlung: Melone, Ananas, Orangen, Aepfel, Birnen, sämmtliches Stein= und Beerenobst, (Schalenobst taugt nichts).

Zum Getränk eignet sich leichtes Bier, ferner die leichteren Weißweine, ver= steht sich, in mäßiger Menge. Starke Getränke, namentlich in Festquantitäten, sind gefährlich, weil sie das Blut zu sehr in Wallung bringen.

„Um das Blut zu verdünnen", mögen sich solche Kranke auch angewöhnen, viel Wasser zu trinken. Am besten ist ein Brunnen, zu welchem sie mindestens eine Stunde weit zu gehen haben![1]

5. **Speisezettel für Blutarme** (für bleichsüchtige Mädchen — für Wöch= nerinnen, welche große Blutverluste gehabt haben, für Kranke mit langwierigen Eiterungen und anderen Säfte=Verlusten, für Reconvalescenten).

Bei diesen Zuständen hat sich die rein diätetische Behandlung den größten Ruf erworben. Schon manche Bleichsucht, bei welcher alle möglichen Arznei= kuren erfolglos waren, ist schließlich noch auf diesem Wege geheilt worden.

S u p p e n. Am meisten nützen die kräftig ausgekochten, gründlich entfet= teten Fleischbrühsuppen mit Einlagen von Gehäcksel aus rothfaserigem Fleische (Haarwild). Ganz besonders zu empfehlen ist die bekannte Suppe à la reine, vorausgesetzt, daß sie nicht zu fett und nicht gewürzt ist.

F l e i s c h. Geeignet sind hier nur die Fleischsorten mit rother (blutreicher) Faser und zwar in der Form von Braten, also: Beefsteaks, Rost= und Spieß= braten, Hammelsbraten, (mager), Haarwild und etliche wilde Vögel. Saucen sind wegen ihres Gehaltes an Fett und Leim nicht geeignet; gekochtes Fleisch deßhalb nicht, weil es Saft und Kraft eingebüßt hat.

Fleisch muß überhaupt die erste Nahrung für diese Kranken sein! Es gehört ihnen nicht nur Mittags ein Braten, sondern auch zum Morgenessen ein Beefsteak, vor dem Nachmittagskaffee ein Stückchen kaltes Geflügel und auch das Nachtessen muß einen Braten zum Hauptgange haben.

Verboten ist alles Fleisch mit weißer Faser: Schweinefleisch, Kalbfleisch, Fische. Ungeeignet sind ferner sämmtliche Leimstoffspeisen, Kalbskopf, Kalbs- oder Schweinefüße, junges Geflügel; Käse erträgt der schwache Magen nicht.

Es ist schon mehrfach darauf hingewiesen worden, daß Eierspeisen unpassend sind.

Kaffee und Thee sind wegen ihrer aufregenden Wirkung nicht zuträglich, jedenfalls dürfen keine so großen Tassen genommen werden, daß schon das Ansehen Herzklopfen macht. Am wenigsten zeigt sich die aufregende Wirkung, wenn vorher mit einem Stückchen Braten ein Boden gelegt wurde.

Chocolade besser.

Gemüse. Wegen seines merkwürdig großen Eisengehaltes wäre allenfalls der Spinat zu empfehlen; doch gilt auch vom Spinat dasjenige, was von den Gemüsen überhaupt zu sagen ist: Dinge mit so geringem Nährwerthe gehören in den Hintergrund gestellt, dürfen höchstens als Beigabe zum Fleische dienen. Jedenfalls müssen sie gut blanchirt sein.

Noch weniger als Gemüse passen die Salate.

Alle geistigen Getränke sind verboten, weil sie das Gefäß- und Nervensystem aufregen und höchstens zur Fettbildung, dagegen nichts zur Verbesserung der Blutmasse beitragen.

6. Speisezettel für Hämorrhoidarier. Suppen.
Zuträglich sind alle mageren Fleischbrühsuppen mit folgenden Einlagen aus dem Thierreiche: Fleischhäcksel, Froschschenkel, Kalbsbriesle; von den Suppen mit Einlagen aus dem Pflanzenreich ist nur gestattet die (delicate) Suppe von grünen Körnern.

Das Fleisch-Quantum muß beschnitten werden. In kleinen Portionen und mit milden Saucen sind alle zarten Fleischgattungen erlaubt; dazu als Beilage ein Mus von säuerlichen Früchten, weil diese den Stuhl fördert.

Eierspeisen und Käse passen nicht.

Kaffee und Thee sind ungeeignet, weil sie wenig zur Förderung des Stuhlganges beitragen. Die aufregende Wirkung, welche man hier nicht brauchen kann, wird verdeckt, wenn man Milch dazu nimmt.

Chocolade nicht geeignet, weil sie verstopft.

Brod, Backwerk, Mehlspeisen nicht geeignet, weil sie viel Abgang machen, welcher dann unter allerhand Blähungen träge abgeht.

G e m ü s e. Im Allgemeinen sind alle jene Gemüse gestattet, welche auf dem Speisezettel für Vollblütige stehen. Dabei ist aber wohl zu beachten, daß bei der hier regelmäßig vorhandenen Trägheit der Darmbewegungen nur kleine Quantitäten gut thun. Kohlgemüse sind wegen ihrer blähenden Eigenschaft ganz verboten; ebenso Hülsenfrüchte und Kartoffeln.

Salat ist weniger geeignet, weil dazu die Pflanzentheile gewöhnlich unge= kocht angemacht werden.

F r ü c h t e und O b s t. Mit Ausnahme des fett= und stärkemehlreichen Schalenobstes sind alle hierher gehörigen Artikel zuträglich; einige davon werden sogar als Heilmittel gebraucht. Die Traubencuren haben schon manchen voll= saftigen Hämorrhoidarier wieder in Ordnung gebracht.

G e t r ä n k. Die Kranken sollen nicht nur nach jedem Essen ein Glas Wasser trinken, sondern auch unter Tage sich häufiger auf diesen Artikel ein= lassen. Leichte Weißweine können zur Abwechslung seine Stelle vertreten, ebenso das gewöhnliche Bier, das ja bekanntlich neben dem Wasser feil hat.

7. Speisezettel für Gichtkranke. Für Gichtkranke sind zweierlei Speise= zettel zu machen: einer für die Zeit des Gichtanfalls, der andere gegen die Dys= krasie. Für den ersten Fall paßt der Fieberspeisezettel; für die Aufstellung des andern sind folgende Punkte ins Auge zu fassen:

1) Dem Ausbruche der Gicht geht immer eine Störung in der Verdauung voraus, bei welcher die Uebersäurung des Magens besonders zu Tage tritt.

2) In der Gicht hat das Blut viel Harnsäure; es kommt häufig zur Ab= lagerung dieser Säure in die Gelenke und an andere Orte.

3) Der Harnsäure=Ueberschuß bildet sich hauptsächlich bei einer reichlichen Stickstoffnahrung und bei Mangel an Körperbewegung.

Nach dem Gesagten ergiebt sich nun folgender Speisezettel:

S u p p e n : Dünne Fleischbrühsuppen mit leimstoffreichen Einlagen (falsche und wahre Schildkrötensuppe, Fisch= und Schneckensuppe), die Kräuter= suppen (Julienne, Printanière, Kerbelsuppe).

Ueber die Fleischspeisen ist zu bemerken: Abgesehen davon, daß die Por= tionen überhaupt beschnitten werden müssen, sind alle kräftigeren Sorten ganz zu streichen. Diese Fleischsorten stehen beisammen im Speisezettel für Blut= arme. Fische sollen die Stelle des Fleisches vertreten. Die beste Form ist au naturel, kalt, in Gelee. Im Besonderen sind erlaubt: Flußkarpfen Hecht, Flußbarsch, Forelle, Aesche, Felchen, Kabeljau (Laberdan), Schellfisch, Scholle, Seezunge, die Rochen. — Am geeignetsten sind halbpfündige Hechte, Forellen.

Wenn die Sache wieder etwas besser steht, mag das Fleisch junger Thiere (Kalbfleisch, Spanferkel, Lamm, ganz junges Geflügel) die Abwechslung bilden.

Von den Leimstoffspeisen eignen sich: die Fischgallerten, die schwach sauren

Kalbssulzen, Kalbskopf au naturel, eingesalztes Ochsenmaul, junges Geflügel in Gelee.

Kaffee taugt nichts, weil er zur Bildung von Harnsäure beiträgt. Das Gleiche gilt auch vom Thee.

Chocolade ist aus mehreren Gründen hier nicht am Platz, insbesondere ist ihre stopfende Wirkung nicht erwünscht.

Ueber die Gemüse lies den Speisezettel für Vollblütige.

Die Salate sind, wie alle sauren Speisen, ohne Ausnahme verboten.

Früchte und Obst. Alle säuerlichen Arten sind im Stande, die Harnsäure im Blute zu vermehren. Demnach sind zu meiden: die Agrumen, die säuerlichen Birnen und Aepfel, das saure Steinobst und fast alles Beerenobst. Zu gestatten sind: die süßen Birnen und Aepfel, die Trauben, etliche süße Arten von Steinobst und die Kürbisfrüchte. Alles am besten frisch (ungekocht), zum Dessert — aber in mäßigen Quantitäten!

Getränk. Es ist bekannt, daß jene Menschen, welche weder Wein noch Bier trinken, keine Gicht bekommen. Nichts vermag der übermäßigen Harnsäurebildung mehr zu steuern als reichliches Wassertrinken. Die schönen Erfolge der von Cadet de Vaux empfohlenen Curmethode, welche darin besteht, daß der Kranke, anstatt stündlich einen Eßlöffel voll Medicin, stündlich oder halbstündlich ein Glas warmes Wassen zu nehmen hat, sprechen deutlich hiefür.

Die Mineralwässer, welche bei der Gicht verordnet zu werden pflegen, sind: Kissingen, Wiesbaden, Homburg, Ems, Karlsbad, Vichy ꝛc.

Schließlich sei noch bemerkt, daß die Gichtkranken, insofern ihr Fußwerk nicht gar zu schadhaft ist, sich möglichst viel Bewegung machen sollten.

8. Speisezettel in der Harnsteinkrankheit.
Gewisse Nahrungsmittel vermögen im Urin gewisse Stoffe in größerer Menge auszuscheiden, welche dann in der Harnblase, oder wohl auch schon weiter oben, sich zu verschiedenen großen Concrementen vereinigen, so die Harnsäure, die harnsauren Salze, der kleesaure Kalk und die phosphorsauren Erden. Es hat also bei den Steinkrankheiten die Regulirung der Diät einen ganz besonderen Werth. Um hierbei auf den rechten Weg zu kommen, ist vor Allem nöthig, die Harnconcremente, welche von einem Kranken abgehen, chemisch zu untersuchen; nach dem chemischen Befunde richtet sich dann die Wahl der Speisen.

A. Harnsaure Steinbildung. Im vorigen Speisezettel ist bereits hervorgehoben worden, daß bei Gichtkranken das Blut überreich ist an Harnsäure und daß davon eine größere Menge nicht blos in die Gelenke abgelagert wird, sondern auch in verschiedene Excrete übergeht, namentlich in den Urin. Für diese Sorte von Steinkrankheit paßt also auch der Speisezettel für Gichtkranke — mit einer Abänderung: Thee ist erlaubt! Seine harntreibende Wirkung trägt zur Ausscheidung verschiedener Harnconcremente bei; ja es vermag sogar der Thee, wenn er in größerer Menge getrunken wird, zur Auflösung von Harnsteinen beizutragen.

B. Bei Steinen aus k l e e s a u r e m K a l k ist im Allgemeinen auch der Speisezettel für Gichtkranke mit der eben erwähnten Abänderung anzustellen, im Besonderen aber noch jene Nahrungsmittel zu streichen, welche kleesauren Kalk enthalten. Mit Recht wird bei der Steinkrankheit auch Bedacht auf das Trinkwasser genommen und das sogenannte harte (kalkreiche) besonders gemieden.

C. Bei der Steinbildung aus p h o s p h o r s a u r e n E r d e n (phosphor=saurer Kalk, phosphorsaure Ammoniak=Magnesia, kohlensaurer Kalk ꝛc.) ist eben=falls der Speisezettel für Gichtkranke zu empfehlen, jedoch mit einer ganz erheb=lichen Aenderung: Die Essigsäure kann obengenannte Salze auflösen; Essig=speisen sind demnach wichtige Heilmittel bei dieser Sorte von Steinkrankheit. Aus dem gleichen Grunde gehören auch auf diesen Speisezettel alle Früchte und Obstgattungen, welche viel freie Säure haben. Es paßt also von diesem Artikel gerade dasjenige, was oben sub A verboten wurde; das saure Beeren= und Steinobst und die Agrumen. Ingleichen ist hier auch ächter Weißwein erlaubt.

9. **Speisezettel für Skrophulöse,** paßt sowohl für die Drüsenkrankheit im Allgemeinen, als auch für ihre vielnamigen Folgeübel: skrophulöse Gelenk=krankheiten, skrophulöse Augenentzündungen ꝛc.

In der ersten Lebensperiode ist der sog. Kindsbrei (Milchmehlbrei) die=jenige Nahrung, welche die nach allen Richtungen so verderbliche Skrophelkrank=heit verursacht; später ist es namentlich die einseitige Kartoffel= und Mehlnahrung, welche diese Krankheit unterhält. Wer demnach das vortreffliche Mittel gegen die Skropheln, den Leberthran, verordnet, ohne zugleich die Mehlspeisen und die Kartoffeln zu verbieten, kann dazu kommen, daß er über den Leberthran schimpft, während er selbst den Schimpf verdient hat.

Nach dem Gesagten ergiebt sich folgende Speise=Karte für diese Kranken:

Milch ist wohl die zuträglichste Speise.

Der Eichelkaffee wird sehr oft als diätetisches Mittel in der Skrophelkrank=heit gebraucht.

Von den Fleischbrühsuppen sind nur jene gut, welche Einlagen aus dem Thierreiche haben. Die Milchsuppen sind deßhalb nicht geeignet, weil man nur Einlagen dazu nehmen kann, welche für diesen Fall nicht passen.

Alles Fleisch von Säugethieren und Vögeln ist zuträglich; bei jeder Mahlzeit sollte ein derartiges Gericht kommen. Als Beigabe zum Fleisch eignen sich die zarten Gemüsekräuter, wie sie im Speisezettel Nr. 4 zusammengestellt sind. Sehr nachtheilig sind die Kartoffeln. — Salat erträgt der Magen nicht. — Früchte und Obst sind (mit Ausnahme der stärkemehlreichen Schalenfrüchte) ge=eignete Beigabe zum Fleisch.

Weiche Eierspeisen sehr zuträglich! Käse deßgleichen, namentlich die leicht=verdaulichen, fetten.

Eine Hauptspeise, die sogar von mehreren Seiten als Heilmittel empfohlen wird, ist der geräucherte Speck. Derselbe ist namentlich dann zu verordnen,

wenn man weiß, daß der Leberthran doch nicht genommen oder, wenn er ge=
nommen, nicht ertragen wird.

Da die Kranken so sehr geneigt sind, unbequeme ärztliche Verordnungen
zu drehen und zu wenden, so sei nochmals ausdrücklich bemerkt, daß nicht nur
Brod, Backwerk und Mehlspeisen 'schaden, sondern auch alle Suppen mit stärke=
mehlreichen Einlagen.

Außer der bezeichneten Diät sind es namentlich der Gebrauch von Sool=
bäder und der Aufenthalt in gesunder Luft, welche zum Heile führen.

10. Speisezettel bei der Rhachitis und Osteomalacie. Es giebt für diese
Kranke nur eine zuträgliche Gattung von Speisen, die Fleischspeisen. Das
Fleisch muß aber immer von ausgewachsenen Thieren gewählt werden, weil
dieses reicher ist an phosphorsaurem Kalk als junges. Die besten Speisen sind
also: Beefsteaks, das Roastbeef, die Hammelscoteletten, kurz die Fleischspeisen
und die Suppen, welche im Speisezettel Nr. 5 zusammengestellt sind. Bei
kleinen Kindern macht man mit fein geschabtem rohem Fleisch oft gute Geschäfte,
große Kinder ekelt diese Speise an. Ausdrücklich verbieten wir das Kalbfleisch
und überhaupt das Fleisch junger Thiere, weil dasselbe, wie bemerkt, ärmer an
phosphorsaurem Kalk ist als ausgewachsenes Fleisch. Aus der chemischen Ana=
lyse der Eier geht hervor, daß der Eidotter sehr reich ist an phosphorsaurem
Kalk; somit sind in diesem Fall Eierspeisen am Platze. Am besten eignet sich
der Eidotter roh eingerührt in eine sachgemäß zubereitete Fleischhäckselsuppe.

Zum Schluß sei noch darauf hingewiesen, daß die Rhachitis sehr häufig
auf strophulösem Boden ruht, daß somit auch mit wenigen Abweichungen der
Speisezettel Nr. 9 versucht werden kann. In der Osteomalacie ist der Fettge=
halt der Knochen bedeutend vermehrt; demnach müssen aus dem genannten
Speisezettel einige wichtige Speisen (roher Speck, Leberthran) gestrichen werden,
wenn er für diese Kranken passen soll.

11. Speisezettel bei der Lungenschwindsucht, Lungentuberculose. (Auch
die Kranken, welche am chron. Bronchialcatarrh, am Asthma, am Lungenemphysem
u. s. w. leiden, mögen sich an diesen Speisezettel halten.)

Der Hauptgesichtspunkt, an welchem bei Aufstellung eines vollständigen
Speisezettels für Lungenschwindsüchtige festzuhalten ist, lautet: Nimm solche leicht
verdauliche und kräftig nährende Speisen, welche von jeder Reizwirkung auf die
Lunge frei sind! Im Allgemeinen paßt so ziemlich Alles, was im Speisezettel
für Strophulöse zusammengestellt wurde; Strophulose und Tuberculose sind ja
auch die nächsten Vettern! Im Besonderen wird folgende Tischordnung für
Tuberculöse anbefohlen:

1 Stunde vor dem Frühstück (um 7 Uhr) trinkt der Kranke das ihm etwa
verordnete Mineralwasser.

Frühstück (8 Uhr): frische Ziegen= oder Eselinenmilch, warm vom Thiere
weg, mit Brodrinde.

Der Mittagstisch (12 Uhr) ist, wenn gerade kein Fieber vorhanden, aus den in Nr. 9 erwähnten Speisen zusammen zu stellen, andernfalls gebietet die Vorsicht den Speisezettel Nr. 1.

Das Abendessen (4 Uhr) besteht aus rohem Speck (anstatt Leberthran) mit Brodrinde. Der Salzgehalt macht sogar den Speck für jene Fälle geeignet, wo leichte Fieberbewegungen vorhanden sind.

Das Nachtessen (8 Uhr) sollte nur aus einer einfachen Fleischbrühsuppe bestehen. Bekanntlich legt gegen Abend das Fieber zu, bekanntlich sind es vorzugsweise die Nächte, welche an diesen Kranken zehren, nur der regelmäßig auftretenden Morgenschweiße zu gedenken. Diese schlimmen Dinger kommen viel stärker, wenn der Kranke zuviel zu Nacht ißt oder bald nach dem Nachtessen zu Bette geht.

Es ist nicht gut, wenn diese Kranken auch noch Abends Milch trinken.

Am meisten ist das Blut im Auswurfe, der Bluthusten oder gar der Blutsturz gefürchtet! Wenn sich je ein „Aederchen" im Auswurfe zeigt, soll nicht nur die strengste körperliche und geistige Ruhe beobachtet, sondern auch gar nicht gesprochen werden. Außer den einfachen Mitteln, den kalten Umschlägen auf die Brust, hat auch die Küche mit zu helfen. Kälte, Kochsalz und Säuren sind bekanntlich die hier gebrauchten Mittel zur Blutstillung. Die Küche hat diese Mittel in sehr angenehmen Formen: Als kaltes Mittel empfehlen wir irgend ein Fruchteis; von den salzreichen Mitteln stehen in erster Reihe: Salzsardellen, Häringsmilchen, dann folgen: roher Speck, Schinken. Von den säuerlichen Speisen eignen sich namentlich die Obst- oder Früchtecompote.

12. Speisezettel beim Scorbut. Es giebt keine Krankheit, bei welcher die Diät so viel und so schnell nützt, wie beim Scorbut; selbst bei den schlimmsten Fällen tritt auf die richtige Diät eine rasche Wendung zum Bessern ein, und leichtere Fälle heilen in ein paar Tagen.

Eine Hauptsache bleibt die Beschaffung guter Gemüse. Man kaufe vor Allem nur solche, welche sich durch einen hohen Nährwerth auszeichnen, also Hülsenfrüchte. Ein anderes, sehr werthvolles und zuträgliches Gemüse ist das Sauerkraut, das sich wegen seines Gehaltes an Milchsäure namentlich als Beilage zum Fleisch eignet.

Rindfleisch mit gesottenen Kartoffeln taugt nichts. Zum Fleische gehört ein leicht säuerliches Gemüse oder ein Salat, weil die leichten Pflanzensäuren die Verdauung der Eiweißkörper fördern. Auch Rettige, Meerrettig, Senf sind die richtige Beigabe zum Rindfleisch; alle diese Dinge gelten ja bekanntlich als Volksmittel gegen den Scorbut. Sind in einer Anstalt bereits Skorbutkranke, so gebe man auch jedem Gesunden — als Vorbauungsmittel — Vormittags und Nachmittags einmal entweder einen Apfel oder eine Handvoll ungekochtes Sauerkraut.

Für die Kranken gilt folgender Küchenzettel:
Jeder erhält täglich 3 Mal frischen Braten, dazu reichlich folgende Gemüse: Meerrettig, Sauerampfer, Brunnenkresse, Kohl- und Krautarten (Sauerkraut

sehr gut!), Löwenzahn, oder folgende Salate: Rettig, Lattich, Brunnenkresse, Löffelkraut. Endlich paßt recht gut alles säuerliche Kernobst; vom Steinobste wähle die Sauerkirschen, vom Beerenobste die Johannisbeeren.

13. Speisezettel in der Zuckerharn-Ruhr.

In dieser Krankheit wird mit dem Urin eine große Menge Zucker (bis zu 1 Pfund innerhalb 24 Stunden) entleert; dabei ist die Menge des Urins selbst ungemein gesteigert. Der nähere Hergang über die enorme Zuckerbereitung im Körper ist noch nicht aufgeklärt. Deßhalb sind auch die therapeutischen Vorschläge schwankend, und viele Kranken suchen ihr Heil nur in der Diät. Es sind nicht wenig Fälle bekannt, wo allein durch eine Nahrung, bei welcher Zucker und Stärkemehl fehlten, Heilung erzielt wurde. Demgemäß wird folgender Küchenzettel gemacht:

Milchspeisen. Sowohl die reine Milch wie namentlich die Milchmehl=speisen sind verboten; dagegen ist süßer Rahm erlaubt.

Suppen. Nur die Fleischbrühsuppen sind erlaubt und von diesen wieder nur folgende Arten: Fleischhäckselsuppe (beste!), Wildpret=, Froschschenkel=, Fisch=, Krebs=, Austern=, Kalbsbriesle= und Eiersuppen. — Sehr zu meiden sind alle Suppen mit Einlagen aus dem Pflanzenreiche.

Fleisch. Alle Arten von gesottenem Fleische und von Braten sind er=laubt. Daß zu letzteren keine Mehlsaucen kommen dürfen, versteht sich von selbst.

Eier. Von den Eierspeisen sind alle jene erlaubt, zu welchen weder Zucker noch Mehl genommen wird.

Kaffee und **Thee** erlaubt, aber ohne Zucker, dagegen mit Rahm. Chocolade verboten!

Käse wären gerade nicht schädlich, werden aber gewöhnlich nicht gut er=tragen.

Brod. Dem unwiderstehlichen Verlangen nach Brod kann dadurch etwas entsprochen werden, daß man für diesen Kranken besonders Kleienbrod backen läßt; dieses enthält viel weniger Material zur Zuckerbildung als das gewöhn=liche Brod.

Gemüse. Erlaubt sind: Spargeln, Hopfensprossen, Spinat, alle Kohl= und Krautarten, Löwenzahn, Blumen= und Rosenkohl, Artischocke.

Salate. Zuträglich sind: alle einfachen Fleischsalate; von den Pflanzen=salaten der Lattich= (Kopf=), Endivien=, Brunnenkresse=, Gartenkresse=, Valeria=nella=Salat.

Früchte und Obst. Erlaubt da Beerenobst, vom Steinobste nur die säuerlichen, endlich die Agrumen.

Getränke. Es gab einmal eine Zeit, wo man diesen Kranken zu=muthete, den gräßlichen Durst, welchen sie meistens haben, nicht zu stillen; man rechnete, daß auf diese Weise die große Menge Urin doch zuletzt abnehmen müßte. Nachdem die Kranken aber das Experiment nicht aushielten, nachdem sich ihr Allgemeinbefinden bedenklich verschlimmerte, kam man davon ab und suchte nach Getränken, welche arm sind an Zuckerbildnern: Schwache Rothweine und malzarmes Bier.

Zum Schlusse noch folgende Bemerkung über die Quantität: Starke Mahlzeiten und reichliches Trinken vermehren alsbald die Zuckerausscheidung durch den Urin; Hungern und Dursten vermindern dieselbe.

14. Speisezettel bei trägem Stuhl. Wer an trägem Stuhle leidet, muß vor allem der Quelle des Leidens nachforschen; ungeeignete Mittel, also auch eine ungeeignete Zusammenstellung von „eröffnenden" Speisen, können großen Schaden anrichten. Daß die Stuhlverstopfung eine Menge, zum Theil höchst verschiedener Ursachen haben kann, weiß wohl Jedermann.

Es gibt gar nicht wenige, sonst ganz gesunde Menschen, die eben immer nur alle zwei oder drei Tage einen Stuhlgang haben, sich dabei aber vollkommen wohl fühlen. So lange dies der Fall ist, wäre es überflüssig, etwas an der Lebensweise zu ändern. Wenn aber einmal ein unbehagliches Gefühl von Völle im Leib entsteht, wenn ein meist resultatloser Drang zum Stuhle vorhanden, verbunden mit der bekannten widerlichen Stimmung eines Vollbluthämorrhoidariers, wenn sich endlich die Folgen des Druckes großer Kothmassen auf die Blutgefäße der Unterleibsorgane bemerklich machen durch Anschwellung der Füße, durch Krampfadern, durch ständiges Kaltwerden der Füße, durch Vergrößerung der Hämorrhoidalknoten mit Blutungen oder Austritt einer wässerigen Flüssigkeit und Jucken am After, ferner durch häufige Erectionen und Pollutionen, bei Frauen durch weißen Fluß, wenn endlich auch noch in Folge von Gallenstauung ein gelblicher Teint entsteht, — dann muß etwas geschehen!

S u p p e n. Flüssige Nahrung taugt mehr als feste; somit sind die Suppen sehr am Platze, mit Ausnahme derjenigen Arten, welche Cerealien zur Einlage haben.

F l e i s c h. Das gebratene Fleisch soll immer mit den Saucen verspeist werden. Junges Fleisch wirkt mehr auf Stuhl als altes, gebeiztes mehr als ungebeiztes.

E i e r. Die harten Eier gelten als verstopfend, alle anderen sollen den Stuhl eher fördern, als träge machen.

Nur der Aufgußkaffee hat einen merkbaren Einfluß auf den Stuhl; der abgekochte enthält Tannin und bewirkt also eher das Gegentheil.

Ein Thee, der nicht länger als 5 Minuten angebrüht wurde, fördert die Stuhlentleerung; steht der Thee länger am Wasser, so nimmt er Tannin auf und verstopft.

B r o d ist im Allgemeinen verboten.

G e m ü s e und Salate. Der Gehalt an organischen Säuren macht manche

Pflanzen zu Mitteln gegen trägen Stuhl; bei vielen hilft auch noch der große Gehalt an Wasser mit. In besagter Weise wirken z. B. die Wurzelgemüse, die Sprossen, die Kräuter, die Blumen- und Blüthenstände, namentlich werden die säuerlichen Früchte und das Obst häufig als Hausmittel gegen habituelle Stuhlverstopfung gebraucht.

G e t r ä n k e. Leichte Weißweine und Bier geeignet.

15. Speisezettel bei Diarrhoe. S u p p e n. Die Fleischbrühsuppen mit Einlagen von stärkemehlreichen Cerealien, Gerstenschleim 2c., sind in der ganzen Welt bekannt als Diät bei Reizzuständen des Darmkanals, bei der Diarrhoe, als Krankenspeise.

C h o k o l a d e. Die entölte Cacao mit Milch gekocht ist die zweite Cardinalspeise in besagten Fällen.

Zwei Hausmittel, gedörrte Birnen und Heidelbeeren sind nicht zu empfehlen; ihre Kerne und Bälge können der gereizten Darmschleimhaut nur noch mehr Beschädigungen zufügen.

G e t r ä n k e. Es ist durchaus nicht am Platze, solchen Kranken das Wassertrinken ganz zu verbieten; man hat blos zu befehlen, daß es nur in kleinen Schlücken geschehen soll.

Ueberall und mit Recht gelten tanninreiche Rothweine als Mittel gegen Diarrhoe. Nimm kleine Dosen, am besten unmittelbar auf eine schleimige Suppe.

Als Anhang zu dieser Sammlung von Speisezetteln für Kranke folgen hier noch zwei für Gesunde eigenthümlicher Art.

16. Speisezettel für Wöchnerinnen. Die Hebammen finden in ihren Lehrbüchern genügende Anweisung über die Behandlung des Wochenbettes; über die Hauptsache, über die Diät der Wöchnerinnen, sind die Belehrungen in der Regel sehr dünn. Es dürfte deshalb diesem Buche wohl anstehen, wenn es auf dieses wichtige Thema näher eingeht, zumal da, namentlich auf dem Lande, wirklich noch recht verzwickte und zum Theil sehr nachtheilige Gebräuche regieren. So werden z. B. viele Wöchnerinnen regelmäßig 9 Tage lang mit nichts Anderem gespeist, als mit den „Kindbettsuppen" (armselige Wassersuppen!). Wenngleich schon nach dem dritten Tage ein entschiedenes Verlangen nach etwas Besserem eintritt, wenn sich die Wöchnerin sonst ganz wohl fühlt, wenn sich sogar schon die große Ausgabe des Stillens bemerkbar macht, gleichviel: es müssen die 9 Tage bei den Wassersuppen ausgehalten sein, die Wöchnerin mag abgeschwächt werden wie sie will! Am zehnten Tage wird dann, so zu sagen mit dem Schlage der Uhr, auf einmal Alles umgemodelt, im Sprunge geht es von den mageren Wassersuppen zu den kräftigsten Fleischspeisen über.

Für die ersten drei Tage genügen allerdings Wasser- und Rahmsuppen. Ueber die Aufbesserung in der Nahrung giebt der Appetit ganz richtigen Aufschluß; ein ganz ächtes Hungergefühl läßt nach Umfluß des dritten Tages sicherlich nicht mehr lange auf sich warten, namentlich bei einer Wöchnerin, welche

die heiligste aller Mutterpflichten erfüllt, welche ihr Kind selbst stillt. Da ge=
nügen die Wassersuppen nicht mehr; als Speisen, welche jetzt folgen müssen,
sind vorab die Milchmehlspeisen und die Milchsuppen zu bezeichnen. Einige
Tage später können dann die als Kindbettspeisen berühmten Hühnersuppen
folgen, aber nur mit Einlagen aus dem Reiche der Cerealien. Besonders zu
empfehlen sind: Tapioca=, Reis=, Röstbrod= und Knöpflesuppen. Noch ein paar
Tage und es müssen, wenigstens einmal im Tage (am besten Mittags), Kalbs=
briesle, eingemachtes Kalbfleisch, Geflügel=, oder auch nur Kalbsbraten auf den
Speisezettel gesetzt werden. Als Beigaben zum Fleische eignen sich junge
Hülsenfrüchte, Kartoffeln und die süßen Wurzelgemüse. Als unschädliche
Näschereien sind allenfalls die Schalenfrüchte (Mandeln, Nüsse, Kastanien) zu
bezeichnen. Zum Morgenessen ist, da es ja doch eine FrauensPerson ohne
Kaffee nicht lange aushalten kann, ein Aufgußkaffee, reichlich mit Milch und
Zucker gemischt, zu wählen. Sonst wäre allerdings Cacao mit Milch zehnmal
besser. Zum Nachtessen eignen sich die Eiermehlspeisen.

Ueber die Verwendung der Speisezusätze zu den Speisen für Wöchnerinnen
bleibt zu bemerken, daß mit allen Gewürzen sparsam zu verfahren ist, da diese
der Muttermilch Eigenschaften verleihen, welche dem kindlichen Magen übel be=
kommen.

Das beste Getränk für stillende Frauen ist ein gut gegohrenes, malzreiches
Bier.

Gewisse Vorkommnisse gebieten gewisse Abänderungen von diesem allge=
meinen Speisezettel für Wöchnerinnen. So erheischt z. B. die Stuhlverstopfung,
mit welcher die meisten Neuentbundenen in den ersten Tagen des Wochenbettes
geplagt sind, nach Umfluß des dritten Tages eine gelind eröffnende Diät.
Wenigstens einmal im Tage, am besten zum Mittagessen, gebe man gutgekochte,
zarte Gemüse oder süße Obstmuß zu mildem Saucenfleische. Diese Diät
fördert auch die Entleerung des Urins, welche bei Neuentbundenen in den ersten
Tagen bekanntlich ebenfalls ziemlich schwer von Statten geht.

17. Speisezettel für Neugeborene. Die Sterblichkeit der Kinder im
ersten Lebensjahre ist außerordentlich groß. Bei weitem in den meisten Fällen
sind fehlerhafte Gebräuche in Betreff der Ernährung daran Schuld.

Die beste Nahrung für ein neugeborenes Kind ist und bleibt die Milch der
eigenen Mutter, und auch für diese hat das Stillen soviel Gutes, daß man jede
Hebamme steinigen sollte, welche noch gegen dasselbe wirkt. Statistische Notizen
haben gezeigt, daß von 100 Kindern, welche von der eigenen Mutter gestillt
werden, 8 Prozent, von den anderen dagegen 30 Prozent sterben!

Ist das Selbststillen nicht möglich, dann suche man eine Amme. Bei der
Wahl der Amme prüfe, ob dieselbe körperlich und geistig gesund, ob sie im Alter
und in der Zeit ihrer Niederkunft nicht zu weit abweicht von der Mutter, ob
die Brüste zum Stillen geeignet und namentlich ob die Milch qualitativ und
quantitativ genügt.

Ist keine Amme zu finden, dann muß Kuhmilch genügen. (Wo es recht
arm hergeht, wird der kleine Proletarier mit Ziegenmilch zufrieden gestellt.)
Sonst wären die Stuten= und Eselinnenmilch die besten, weil sie in allen ihren

Eigenschaften, namentlich auch in Betreff des Caseïns, der Frauenmilch am nächsten stehen.

Am zuträglichsten ist frischgemolkene, naturwarme Milch. Da diese aber nicht immer zu haben ist, so sorge man wenigstens dafür, daß die Milch gut aufbewahrt wird.

Die Milch soll immer von der nämlichen, gesunden und gut gehaltenen Kuh sein. Man halte sich nur an eine zuverlässige Bezugsquelle, wo möglich an ein Haus, wo man auch Kinder hat und — ein Herz für Kinder. Da wird wohl keine zusammengeschüttete Milch hergegeben.

Jeder Wechsel im Futter hat seine Folgen; so bekommen Kuh und Kind Diarrhoe, wenn der Kuh einmal Rüben= oder Grünfutter (statt Heu) gegeben wurde.

So wenig eine Frau stillen darf, welche an Lungenschwindsucht, an Scro= pheln oder an Syphilis leidet, ebensowenig darf eine kranke Kuh Ammenstelle versehen. Auch die Milch von einer hochträchtigen oder ganz frischmelkigen Kuh bekommt den Kindern nicht gut.

Die Kuhmilch muß mit Zuckerwasser verdünnt werden. Die Verdünnung beträgt im ersten Monat ⅔, im zweiten und dritten Monat ½, im vierten und fünften Monat ⅓ Zuckerwasser; nach Umfluß dieser Zeit giebt man die Milch, wie sie ist.

So lange die auf besagte Weise verdünnte Milch dem Kinde gut bekommt, sind alle anderen Zusätze überflüssig; treten aber Uebersäurung des Magens, Erbrechen und Diarrhoe auf, dann mische der Milch (und zwar für die Tages= ration) einen Kaffeelöffel voll von folgendem Pulver bei:

Doppelt kohlensaures Natron,

Gummi arabicum,

Milchzucker   āā 20 Grm.

Auf dem Lande gelingt es fast immer, gute Milch zu bekommen; in größe= ren Städten dagegen hält dies für Viele schwer. Da muß man an Ersatzmittel für die Milch denken. Diese sind:

Die condensirte Milch, die Liebig'sche Suppe und Nestle's Kindermehl. Da aber bei der Darmerkrankung gewöhnlich die Speichelsecretion mangelhaft ist, so werden die Versuche mit den stärkemehlhaltigen Ersatzmitteln oft fehl= schlagen. Jedenfalls ist immer nur ein kurzer Versuch gestattet, und wenn sich dann die Ernährung nicht sofort bessert, so gebe man dem Kinde gequirltes Ei= weiß mit Wasser verdünnt, mit einem Zusatze von condensirter Milch. In solchen Fällen mag auch ein Versuch gemacht werden mit kräftiger aber gründ= lich entfetteter Fleischbrühe.

Hat endlich der kleine Weltbürger glücklich sein erstes Lebensjahr über= standen, so wird er in einem für alle Vorkommnisse eingerichteten, hohen Stuhle an den Familientisch gesetzt. Milchsuppen und Fleischsuppen mit Einlagen aus dem Reiche der Cerealien bilden den Uebergang zum gewöhnlichen Familien= essen.

Inhalt der verschiedenen Abtheilungen.

Index of the different Sections.

Allgemeines Inhalts-Verzeichniß.

Register der englischen Namen

der Kochrecepte für solche Frauen, welchen der deutsche Name
unbekannt ist.

Die vorderen Zahlen bezeichnen die Seite, die mit **No.** bezeichneten Zahlen
beziehen sich auf die Nummer des betreffenden Receptes.

Koch-Schule

für den bürgerlichen und den feinen Tisch

von

Frau Laura Wolfe, praktische Köchin,

243 East 79. Str., New York.

Hiemit erlaube ich mir, den geehrten Damen anzuzeigen, daß ich am 15. September in oben genanntem, total neu und zu meinen Zwecken eigens einge= richteten Hause eine Koch-Schule eröffnet habe. In dem ersten Cursus für den einfachen bürgerlichen Tisch wird Folgendes gelehrt: Suppen, Gemüse, Braten, Saucen, Beilagen, Salate, einfache süße Speisen und Bäckereien, Blätterteig und Hefenteig, Griddle- und Buckwheat Cakes, und amerikanische Custards.

Der zweite Cursus für die feine deutsch=französische und amerikanische Küche umfaßt folgende Speisen. Feine Suppen: Green Turtle, Mock Turtle, Krebs= und Aal=Suppen, Geflügel= und Rahm=Suppen, große und kleine Paste= ten aller Art; Mayonnaisen; Entrees; Ragouts fins und Fricassees; feine Salate von Fischen, Hummer, Hühnern, Häringe rc.; Geflügel und Wild in verschiedenartiger Zubereitung; Maccaroni und Spaghetti à l'Italienne und auf andere Art; Fische gekocht, gebraten, en Gratin, und gefüllt; wildes und zahmes Geflügel in Gelee; feine warme und kalte Puddings und Aufläufe; Torten und Confecte; Obst= und Wein=Gelees, Gefrorenes.

Der Unterricht wird erst durch mündlichen Vortrag ertheilt, dem das prak= tische Vorkochen folgt; an diesem haben sich die Schülerinnen zuerst durch Hilfe= leistungen zu betheiligen, um dann zur selbständigen Zubereitung der Speisen vorzuschreiten. Der erste Cursus für den bürgerlichen Tisch umfaßt 30—40 Unterrichts-Stunden, d. h. 30—40 Vormittage; der Preis für jede Schülerin beträgt $30.00—40.00 für den Cursus. Der zweite Cursus für den feinen Tisch umfaßt 60 Unterrichts=Stunden oder 60 Vormittage zum Preise von $80.00 für jede Schülerin. Sämmtliche Utensilien zur Zubereitung der Speisen werden den Schülerinnen kostenfrei geliefert. Der Unterricht findet täglich von 9—1 Uhr statt, und von 2—6 Nachmittags. Indem ich noch bemerke, daß mir die besten City Referenzen zur Seite stehen, führe ich einige der Damen hier an, die mir dieselben gerne geben werden:

MRS. MATHILDE WENDT, 1186 Lexington Avenue.
MRS. JOSEF M. LICHTENAUER, 58 West 52nd Street.
MRS. L. M. HORNTHAL, 780 Madison Ave., near 67th St.
MRS. SAMSON, 30 East 75th Street.

Zu näherer mündlichen Auskunft bin ich in meiner Wohnung, 243 East 79. Straße jederzeit bereit.

Achtungsvoll

Laura Wolfe.

STEVENSVILLE MILLS.

IMPEROYAL Vacuum Cooked OATS.

IMPEROYAL Vacuum Cooked WHEAT.

ONE
MINUTE
IN
Preparation.

Absolute
PURITY.
Household
NECESSITIES.

IMPEROYAL Vacuum Cooked HOMINY.

IMPEROYAL WHEAT GRIDDLE CAKE FLOUR.

Room 18 New York Mercantile Exchange.

Für einen tüchtigen Koch bedarf es nur einer kleinen Anweisung, um die besten Resultate aus

M. D. Steven's Imperoyal Mehl

zu erzielen.

Man sehe streng darauf, daß **nur kalte Milch** oder **kaltes Wasser** zum Anmachen des Mehls genommen wird.

Man **backe** sofort in einem heißen Ofen, wenn der Teig, der locker sein muß, fertig ist.

Man nehme **weder Salz, Hefe** oder **Backpulver** (Baking Powder). Brod oder Biscuit, wenn im Ofen, bedecke man leicht, so daß das Aufgehen derselben während des Backens nicht gehindert wird.

Eine Anweisung zum Backen steht auf jedem Packet.

M. D. Steven's Mehl kann zu Brod, Pasteten, Biscuit, Dampfnudeln, Griddle Cakes 2c. benutzt werden und da es absolut frei ist von Alaun (Alum), Terra alba oder andern der Gesundheit gefährlichen Stoffen, so sollte es in keiner Haushaltung fehlen. Keine Hausfrau wird, sobald sie sich von den Vorzügen desselben überzeugt hat, ohne dasselbe sein wollen.

Zu haben in allen besseren Grocerien.

Der edelſt gezüchtete, hocharomatiſch feineſtſchmeckendſte, nervenberuhigende

Ruſſiſche Caravanen Thee

In jedem feine Waare führenden Grocerie= oder Delikateſſen-Geſchäfte zu haben.

Der beſte Thee der Welt!

Folgendes die Zubereitung nach Recept der kaiſerlichen und königlichen Hofküchen in Europa.

Nehme für eine Taſſe Thee 1 Theelöffel nicht ganz; voll Thee, lege ſolchen in die Taſſe, übergieße ihn mit friſch kochendem Waſſer (nehme kein altes Waſſer), und laſſe den Thee gerade 5 Minuten ziehen. Nach verſtrichener Zeit entferne mittelſt Sieb die Theeblätter und ſetze dem Thee 2—3 Tropfen Citronenſaft oder Rum, Arrac oder Coguac bei.

B. Fiſcher & Co., New York, Importeure.

Daul's Butter-Maſchine.

Wie ſich Jeder ſeine eigene, reine Butter in 5 Minuten ſelbſt machen kann.

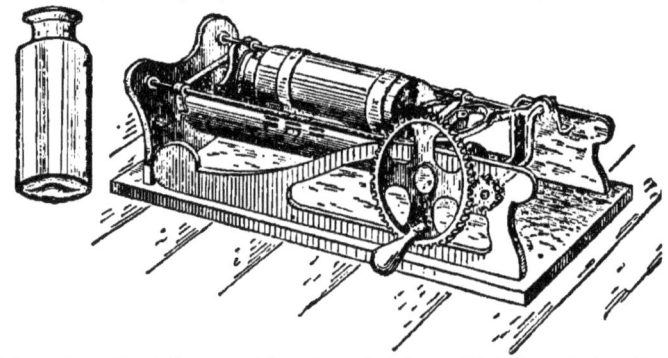

Mit obiger Maſchine, welche ein 12jähriges Kind handhaben kann, läßt ſich in der angegebenen Zeit aus ſaurem oder ſüßem Rahm und in etwa 8—10 Minuten aus ſüßer Milch feſte, waſſerfreie Butter herſtellen.

Der Preis einer Maſchine für Familien oder Beſitzer von einer oder zwei Kühen iſt $5.00, für eine größere für Beſitzer von 3—4 Kühen $7.50.

Für Köche, Confectioners ꝛc., welche nur mit reiner Butter etwas Gutes leiſten können, iſt die Daul'ſche Maſchine ein Bedürfniß. Circulare gratis.

Daul's Butter Machine Manuf. Co.,
24 Beekman Str., (P. B. 1857), New York.

Kochbuch

Verfaßt
von
Charles Hellstern.

Verlag
von
G. Heerbrandt.

New York.

Man bittet die Rückseite zu beachten!

Seit 10 Jahren ist nicht ein einziges neues Kochbuch in den Ver. Staat
erschienen und die wenigen, welche wir besitzen, sind in Bezug auf die hiesig
Produkte, wie Austern, Tomatoes ꝛc., äußerst mangelhaft; in denselben ist ebe
so wenig Rücksicht auf hiesige Speisen, Pies, Cakes, Zubereitung der Früd
beim Einmachen ꝛc. genommen und glaube ich deßhalb, daß das von mir n
vorliegendem ersten Hefte begonnene

Illustrirte deutsch-amerik. Kochbuch

jeder Hausfrau willkommen sein wird.

Um die Anschaffung desselben jeder Freundin eines guten Kochbuchs zu (
möglichen, erscheint dasselbe in Lieferungen von drei Bogen zum Preise v
nur 10 Cents.
Alle 14 Tage erscheint eine Lieferung.

Der Verfasser des Kochbuchs ist ein durch und durch praktischer Koch u
hat der Bearbeitung desselben die größte Sorgfalt gewidmet, hierzu die best
vorhandenen Kochbücher benützt und eine Menge neuer Recepte beigefügt,
daß ich mit Recht hoffen darf, daß sich dasselbe überall rasch einbürgern wird.

Mit dem letzten Hefte liefere ich eine schöne Einbanddecke, wie sie zu d
schönen Ausstattung des Buches paßt, zu dem billigen Preise von 25 Cents.

New York im März 1888.

G. Heerbrandt, Herausgeber.

Daul's Butter-Maschine.

Es existiren bekanntlich eine Menge Buttermaschinen, allein die meist
derselben sind unpraktisch, weil entweder die Reinigung derselben zu viel Zeit
Anspruch nimmt oder nicht aller Butterstoff aus dem Rahm entfernt wird. D
„Daul'sche Maschine", das Ergebniß eines langjährigen Studiums, verein
alle Vortheile in sich, welche an eine praktische und dabei einfac
Maschine gestellt werden können.

Illustrirtes
Deutsch-amerikanisches
Kochbuch

Verfaßt
von
Charles Hellstern.

Verlag
von
G. Heerbrandt.

New-York.

Heft 2. **Man bittet die Rückseite zu beachten!**

Seit 10 Jahren ist nicht ein einziges neues Kochbuch in den Ver. Staaten erschienen und die wenigen, welche wir besitzen, sind in Bezug auf die hiesigen Produkte, wie Austern, Tomatoes 2c., äußerst mangelhaft; in denselben ist eben= so wenig Rücksicht auf hiesige Speisen, Pies, Cakes, Zubereitung der Früchte beim Einmachen 2c. genommen und glaube ich deßhalb, daß das von mir mit vorliegendem ersten Hefte begonnene

Illustrirte deutsch-amerik. Kochbuch

jeder Hausfrau willkommen sein wird.

Um die Anschaffung desselben jeder Freundin eines guten Kochbuchs zu er= möglichen, erscheint dasselbe in Lieferungen von drei Bogen zum Preise von **nur 10 Cents.**

Alle 14 Tage erscheint eine Lieferung.

Der Verfasser des Kochbuchs ist ein durch und durch praktischer Koch und hat der Bearbeitung desselben die größte Sorgfalt gewidmet, hierzu die besten vorhandenen Kochbücher benützt und eine Menge neuer Recepte beigefügt, so daß ich mit Recht hoffen darf, daß sich dasselbe überall rasch einbürgern wird.

Mit dem letzten Hefte liefere ich eine schöne Einbanddecke, wie sie zu der schönen Ausstattung des Buches paßt, zu dem billigen Preise von 25 Cents.

New York im März 1888.

G. Heerbrandt, Herausgeber.

Für alle Arten von **Backwerk** gebrauche man

Fleischmann & Co.'s

Preß-Hefe.

Besondere Achtung lenken wir auf unser gelbes Etiquette, welches jedem Stückchen Hefe angeheftet ist und dazu dient, unsere Waare von werthlosen Nachahmungen zu unterscheiden.

Illustrirtes
Deutsch-amerikanisches
Kochbuch

Verfaßt
von
Charles Hellstern.

Verlag
von
G. Heerbrandt.

New York.

Heft 3.   **Man bittet die Rückseite zu beachten!**

Seit 10 Jahren ist nicht ein einziges neues Kochbuch in den Ver. Staaten erschienen und die wenigen, welche wir besitzen, sind in Bezug auf die hiesigen Produkte, wie Austern, Tomatoes ꝛc., äußerst mangelhaft; in denselben ist eben=so wenig Rücksicht auf hiesige Speisen, Pies, Cakes, Zubereitung der Früchte beim Einmachen ꝛc. genommen und glaube ich deßhalb, daß das von mir mit vorliegendem ersten Hefte begonnene

Illustrirte deutsch-amerik. Kochbuch

jeder Hausfrau willkommen sein wird.

Um die Anschaffung desselben jeder Freundin eines guten Kochbuchs zu er=möglichen, erscheint dasselbe in Lieferungen von drei Bogen zum Preise von **nur 10 Cents.**

Alle 14 Tage erscheint eine Lieferung.

Der Verfasser des Kochbuchs ist ein durch und durch praktischer Koch und hat der Bearbeitung desselben die größte Sorgfalt gewidmet, hierzu die besten vorhandenen Kochbücher benützt und eine Menge neuer Recepte beigefügt, so daß ich mit Recht hoffen darf, daß sich dasselbe überall rasch einbürgern wird.

Mit dem letzten Hefte liefere ich eine schöne Einbanddecke, wie sie zu der schönen Ausstattung des Buches paßt, zu dem billigen Preise von 25 Cents.

New York im März 1888.

G. Heerbrandt, Herausgeber.

STEVENSVILLE MILLS.

Für einen tüchtigen Koch bedarf es nur einer kleinen Anweisung, um die besten Resultate aus

M. D. Steven's Imperoyal Mehl

zu erzielen.

Man sehe streng darauf, daß **nur kalte Milch** oder **kaltes Wasser** zum Ausmachen des Mehls genommen wird.

Man **backe** sofort in einem heißen Ofen, wenn der Teig, der locker sein muß, fertig ist.

Man nehme **weder Salz, Hefe** oder **Backpulver** (Baking Powder). Brod oder Biscuit, wenn im Ofen, bedecke man leicht, so daß das Aufgehen derselben während des Backens nicht gehindert wird.

Eine Anweisung zum Backen steht auf jedem Packet.

M. D. Steven's Mehl kann zu Brod, Pasteten, Biscuit, Dampfnudeln, Griddle Cakes rc. benutzt werden und da es absolut frei ist von Alaun (Alum), Terrá alba oder andern der Gesundheit gefährlichen Stoffen, so sollte es in keiner Haushaltung fehlen. Keine Hausfrau wird, sobald sie sich von den Vorzügen desselben überzeugt hat, ohne dasselbe sein wollen.

Zu haben in allen besseren Groccrien.

für alle Arten von **Backwerk** gebrauche man

Fleischmann & Co.'s

Preß-Hefe.

Besondere Achtung lenken wir auf unser gelbes Etiquette, welches jedem Stückchen Hefe angeheftet ist und dazu dient, unsere Waare von werthlosen Nachahmungen zu unterscheiden.

Illustrirtes
Deutsch-amerikanisches
Kochbuch

Verfaßt
von
Charles Hellstern.

Verlag
von
G. Neerbrandt.

New York.

Heft 4. Man bittet die Rückseite zu beachten!

für alle Arten von **Backwerk** gebrauche man

Fleischmann & Co.'s

Preß-Hefe.

Besondere Achtung lenken wir auf unser gelbes Etiquette, welches jedem Stückchen Hefe angeheftet ist und dazu dient, unsere Waare von werthlosen Nachahmungen zu unterscheiden.

Illustrirtes

Deutsch-amerikanisches

Kochbuch

Verfaßt
von
Charles Hellstern.

Verlag
von
G. Heerbrandt.

New York.

Heft 5.   Man bittet die Rückseite zu beachten!

Für alle Arten von **Backwerk** gebrauche man

Fleischmann & Co.'s

Preß-Hefe.

Besondere Achtung lenken wir auf unser gelbes Etiquette, welches jedem Stückchen Hefe angeheftet ist und dazu dient, unsere Waare von werthlosen Nachahmungen zu unterscheiden.

Illustrirtes
Deutsch-amerikanisches
Kochbuch

Verfaßt
von
Charles Hellstern.

Verlag
von
G. Heerbrandt.

New York.

Heft 6.   Man bittet die Rückseite zu beachten!

Seit 10 Jahren ist nicht ein einziges neues Kochbuch in den Ver. Staaten erschienen und die wenigen, welche wir besitzen, sind in Bezug auf die hiesigen Produkte, wie Austern, Tomatoes :c., äußerst mangelhaft; in denselben ist ebenso wenig Rücksicht auf hiesige Speisen, Pies, Cakes, Zubereitung der Früchte beim Einmachen :c. genommen und glaube ich deßhalb, daß das von mir mit vorliegendem ersten Hefte begonnene

Illustrirte deutsch-amerik. Kochbuch

jeder Hausfrau willkommen sein wird.

Um die Anschaffung desselben jeder Freundin eines guten Kochbuchs zu ermöglichen, erscheint dasselbe in Lieferungen von drei Bogen zum Preise von **nur 10 Cents.**

Alle 14 Tage erscheint eine Lieferung.

Der Verfasser des Kochbuchs ist ein durch und durch praktischer Koch und hat der Bearbeitung desselben die größte Sorgfalt gewidmet, hierzu die besten vorhandenen Kochbücher benützt und eine Menge neuer Recepte beigefügt, so daß ich mit Recht hoffen darf, daß sich dasselbe überall rasch einbürgern wird.

Mit dem letzten Hefte liefere ich eine schöne Einbanddecke, wie sie zu der schönen Ausstattung des Buches paßt, zu dem billigen Preise von 25 Cents.

New York im März 1888.

G. Heerbrandt, Herausgeber.

Für alle Arten von **Backwerk** gebrauche man

Fleischmann & Co.'s

Preß-Hefe.

Besondere Achtung lenken wir auf unser gelbes Etiquette, welches jedem Stückchen Hefe angeheftet ist und dazu dient, unsere Waare von werthlosen Nachahmungen zu unterscheiden.

Illustrirtes
Deutsch-amerikanisches
Kochbuch

Verfaßt
von
Charles Hellstern.

Verlag
von
G. Heerbrandt.

New York.

Heft 7.   Man bittet die Rückseite zu beachten!

Seit 10 Jahren ist nicht ein einziges neues Kochbuch in den Ver. Staaten erschienen und die wenigen, welche wir besitzen, sind in Bezug auf die hiesigen Produkte, wie Austern, Tomatoes ꝛc., äußerst mangelhaft; in denselben ist ebenso wenig Rücksicht auf hiesige Speisen, Pies, Cakes, Zubereitung der Früchte beim Einmachen ꝛc. genommen und glaube ich deßhalb, daß das von mir mit vorliegendem ersten Hefte begonnene

Illustrirte deutsch-amerik. Kochbuch

jeder Hausfrau willkommen sein wird.

Um die Anschaffung desselben jeder Freundin eines guten Kochbuchs zu ermöglichen, erscheint dasselbe in Lieferungen von drei Bogen zum Preise von **nur 10 Cents.**

Alle 14 Tage erscheint eine Lieferung.

Der Verfasser des Kochbuchs ist ein durch und durch praktischer Koch und hat der Bearbeitung desselben die größte Sorgfalt gewidmet, hierzu die besten vorhandenen Kochbücher benützt und eine Menge neuer Recepte beigefügt, so daß ich mit Recht hoffen darf, daß sich dasselbe überall rasch einbürgern wird.

Mit dem letzten Hefte liefere ich eine schöne Einbanddecke, wie sie zu der schönen Ausstattung des Buches paßt, zu dem billigen Preise von 25 Cents.

New York im März 1888.

G. Heerbrandt, Herausgeber.

Für alle Arten von **Backwerk** gebrauche man

Fleischmann & Co.'s

Besondere Achtung lenken wir auf unser gelbes Etiquette, welches jedem Stückchen Hefe angeheftet ist und dazu dient, unsere Waare von werthlosen Nachahmungen zu unterscheiden.

Illustrirtes
Deutsch-amerikanisches
Kochbuch

Verfaßt
von
Charles Hellstern.

Verlag
von
G. Neerbrandt.

New York.

Heft 8. Man bittet die Rückseite zu beachten!

Seit 10 Jahren ist nicht ein einziges neues Kochbuch in den Ver. Staaten erschienen und die wenigen, welche wir besitzen, sind in Bezug auf die hiesigen Produkte, wie Austern, Tomatoes 2c., äußerst mangelhaft; in denselben ist ebenso wenig Rücksicht auf hiesige Speisen, Pies, Cakes, Zubereitung der Früchte beim Einmachen 2c. genommen und glaube ich deßhalb, daß das von mir mit vorliegendem ersten Hefte begonnene

Illustrirte deutsch-amerik. Kochbuch

jeder Hausfrau willkommen sein wird.

Um die Anschaffung desselben jeder Freundin eines guten Kochbuchs zu ermöglichen, erscheint dasselbe in Lieferungen von drei Bogen zum Preise von **nur 10 Cents.**

Alle 14 Tage erscheint eine Lieferung.

Der Verfasser des Kochbuchs ist ein durch und durch praktischer Koch und hat der Bearbeitung desselben die größte Sorgfalt gewidmet, hierzu die besten vorhandenen Kochbücher benützt und eine Menge neuer Recepte beigefügt, so daß ich mit Recht hoffen darf, daß sich dasselbe überall rasch einbürgern wird.

Mit dem letzten Hefte liefere ich eine schöne Einbanddecke, wie sie zu der schönen Ausstattung des Buches paßt, zu dem billigen Preise von 25 Cents.

New York im März 1888.

G. Heerbrandt, Herausgeber.

STEVENSVILLE MILLS.

Für einen tüchtigen Koch bedarf es nur einer kleinen Anweisung, um die besten Resultate aus

M. D. Steven's Imperoyal Mehl

zu erzielen.

Man sehe streng darauf, daß nur kalte Milch oder kaltes Wasser zum Anmachen des Mehls genommen wird.

Man backe sofort in einem heißen Ofen, wenn der Teig, der locker sein muß, fertig ist.

Man nehme weder Salz, Hefe oder Backpulver (Baking Powder). Brod oder Biscuit, wenn im Ofen, bedecke man leicht, so daß das Aufgehen derselben während des Backens nicht gehindert wird.

Eine Anweisung zum Backen steht auf jedem Packet.

M. D. Steven's Mehl kann zu Brod, Pasteten, Biscuit, Dampfnudeln, Griddle Cakes 2c. benutzt werden und da es absolut frei ist von Alaun (Alum), Terra alba oder andern der Gesundheit gefährlichen Stoffen, so sollte es in keiner Haushaltung fehlen. Keine Hausfrau wird, sobald sie sich von den Vorzügen desselben überzeugt hat, ohne dasselbe sein wollen.

Zu haben in allen besseren Grocerien.

Für alle Arten von **Backwerk** gebrauche man

Fleischmann & Co.'s

Preß-Hefe.

Besondere Achtung lenken wir auf unser gelbes Etiquette, welches jedem Stückchen Hefe angeheftet ist und dazu dient, unsere Waare von werthlosen Nachahmungen zu unterscheiden.

Man bittet die Rückseite zu beachten!

Seit 10 Jahren ist nicht ein einziges neues Kochbuch in den Ver. Staaten
erschienen und die wenigen, welche wir besitzen, sind in Bezug auf die hiesigen
Produkte, wie Austern, Tomatoes ⁊c., äußerst mangelhaft; in denselben ist eben=
so wenig Rücksicht auf hiesige Speisen, Pies, Cakes, Zubereitung der Früchte
beim Einmachen ⁊c. genommen und glaube ich deßhalb, daß das von mir mit
vorliegendem ersten Hefte begonnene

Illustrirte deutsch-amerik. Kochbuch

jeder Hausfrau willkommen sein wird.

Um die Anschaffung desselben jeder Freundin eines guten Kochbuchs zu er=
möglichen, erscheint dasselbe in Lieferungen von drei Bogen zum Preise von
nur 10 Cents.

Alle 14 Tage erscheint eine Lieferung.

Der Verfasser des Kochbuchs ist ein durch und durch praktischer Koch und
hat der Bearbeitung desselben die größte Sorgfalt gewidmet, hierzu die besten
vorhandenen Kochbücher benützt und eine Menge neuer Recepte beigefügt, so
daß ich mit Recht hoffen darf, daß sich dasselbe überall rasch einbürgern wird.

Mit dem letzten Hefte liefere ich eine schöne Einbanddecke, wie sie zu der
schönen Ausstattung des Buches paßt, zu dem billigen Preise von 25 Cents.

New York im März 1888.

H. Heerbrandt, Herausgeber.

Für alle Arten von **Backwerk** gebrauche man

Fleischmann & Co.'s

Besondere Achtung lenken wir auf unser gelbes Etiquette, welches jedem Stückchen Hefe angeheftet ist und dazu dient, unsere Waare von werthlosen Nachahmungen zu unterscheiden.

Illustrirtes
Deutsch-amerikanisches
Kochbuch

Verfaßt
von
Charles Hellstern.

Verlag
von
G. Heerbrandt.

New York.

Heft 10. **Man bittet die Rückseite zu beachten!**

Seit 10 Jahren ist nicht ein einziges neues Kochbuch in den Ver. Staaten erschienen und die wenigen, welche wir besitzen, sind in Bezug auf die hiesigen Produkte, wie Austern, Tomatoes ꝛc., äußerst mangelhaft; in denselben ist ebenso wenig Rücksicht auf hiesige Speisen, Pies, Cakes, Zubereitung der Früchte beim Einmachen ꝛc. genommen und glaube ich deßhalb, daß das von mir mit vorliegendem ersten Hefte begonnene

Illustrirte deutsch-amerik. Kochbuch

jeder Hausfrau willkommen sein wird.

Um die Anschaffung desselben jeder Freundin eines guten Kochbuchs zu ermöglichen, erscheint dasselbe in Lieferungen von drei Bogen zum Preise von **nur 10 Cents.**

Alle 14 Tage erscheint eine Lieferung.

Der Verfasser des Kochbuchs ist ein durch und durch praktischer Koch und hat der Bearbeitung desselben die größte Sorgfalt gewidmet, hierzu die besten vorhandenen Kochbücher benützt und eine Menge neuer Recepte beigefügt, so daß ich mit Recht hoffen darf, daß sich dasselbe überall rasch einbürgern wird.

Mit dem letzten Hefte liefere ich eine schöne Einbanddecke, wie sie zu der schönen Ausstattung des Buches paßt, zu dem billigen Preise von 25 Cents.

New York im März 1888.

G. Heerbrandt, Herausgeber.

Für alle Arten von **Backwerk** gebrauche man

Fleischmann & Co.'s

Besondere Achtung lenken wir auf unser gelbes Etiquette, welches jedem Stückchen Hefe angeheftet ist und dazu dient, unsere Waare von werthlosen Nachahmungen zu unterscheiden.

Illustrirtes
Deutsch-amerikanisches
Kochbuch

Verfaßt
von
Charles Hellstern.

Verlag
von
G. Heerbrandt.

New York.

Heft 11.   **Man bittet die Rückseite zu beachten!**

Seit 10 Jahren ist nicht ein einziges neues Kochbuch in den Ver. Staaten erschienen und die wenigen, welche wir besitzen, sind in Bezug auf die hiesigen Produkte, wie Austern, Tomatoes 2c., äußerst mangelhaft; in denselben ist ebenso wenig Rücksicht auf hiesige Speisen, Pies, Cakes, Zubereitung der Früchte beim Einmachen 2c. genommen und glaube ich deßhalb, daß das von mir mit vorliegendem ersten Hefte begonnene

Illustrirte deutsch-amerik. Kochbuch

jeder Hausfrau willkommen sein wird.

Um die Anschaffung desselben jeder Freundin eines guten Kochbuchs zu ermöglichen, erscheint dasselbe in Lieferungen von drei Bogen zum Preise von **nur 10 Cents.** Alle 14 Tage erscheint eine Lieferung.

Der Verfasser des Kochbuchs ist ein durch und durch praktischer Koch und hat der Bearbeitung desselben die größte Sorgfalt gewidmet, hiezu die besten vorhandenen Kochbücher benützt und eine Menge neuer Recepte beigefügt, so daß ich mit Recht hoffen darf, daß sich dasselbe überall rasch einbürgern wird.

Mit dem letzten Hefte liefere ich eine schöne Einbanddecke, wie sie zu der schönen Ausstattung des Buches paßt, zu dem billigen Preise von 25 Cents.

New York im März 1888.

G. Heerbrandt, Herausgeber.

STEVENSVILLE MILLS.

IMPEROYAL
Vacuum Cooked
OATS.

ONE
MINUTE
IN
Preparation.

IMPEROYAL
Vacuum Cooked
HOMINY.

Room 18 New York Mercantile Exchange.

IMPEROYAL
Vacuum Cooked
WHEAT.

Absolute
PURITY.

Household
NECESSITIES.

IMPEROYAL
WHEAT GRIDDLE CAKE
FLOUR.

Für einen tüchtigen Koch bedarf es nur einer kleinen Anweisung, um die besten Resultate aus

M. D. Steven's Imperoyal Mehl

zu erzielen.

Man sehe streng darauf, daß **nur kalte Milch** oder **kaltes Wasser zum An-machen des Mehls** genommen wird.

Man **backe** sofort in einem heißen Ofen, wenn der Teig, der locker sein muß, fertig ist.

Man nehme **weder Salz, Hefe** oder **Backpulver** (Baking Powder). Brod oder Biscuit, wenn im Ofen, bedecke man leicht, so daß das Aufgehen der-selben während des Backens nicht gehindert wird.

Eine Anweisung zum Backen steht auf jedem Packet.

M. D. Steven's Mehl kann zu Brod, Pasteten, Biscuit, Dampfnudeln, Griddle Cakes 2c. benutzt werden und da es absolut frei ist von Alaun (Alum), Terra alba oder andern der Gesundheit gefährlichen Stoffen, so sollte es in keiner Haushaltung fehlen. Keine Hausfrau wird, sobald sie sich von den Vor-zügen desselben überzeugt hat, ohne dasselbe sein wollen.

Zu haben in allen besseren Grocerien.

Für alle Arten von **Backwerk** gebrauche man

Fleischmann & Co.'s

Besondere Achtung lenken wir auf unser gelbes Etiquette, welches jedem Stückchen Hefe angeheftet ist und dazu dient, unsere Waare von werthlosen Nachahmungen zu unterscheiden.